시작하며

최근 들어 컴퓨터를 이용하여 그림을 그리는 학생들이 많아졌습니다. 텔레비전이나 인터넷을 통하여 쉽게 접할 수 있는 애니메이션이나 게임 캐릭터들을 그려보면서 일찌감치 각자의 꿈을 키워 가는 것 같습니다. 저희들이 컴퓨터로 그림을 그리기 시작한 시기와 비교하면 엄청나게 빠르다고 할 수 있는데, 각자의 꿈을 위해 일찍부터 자신이 하고 싶은 것을 한다는 자체가 너무 부럽기도 합니다.

디지털 페인팅의 대부분은 상업적인 목적이 크기 때문에 접하기 쉬운 캐릭터를 중심으로 그리는 것이 사실이지만, 나날이 발전하는 그래픽 기술과 게임이나 영화 속 배경들의 비주얼에 매료되어 게임 배경에도 관심을 갖기 시작하는 분들이 많아지고 있습니다. 게임 실무에서도 배경에 종사하는 분들이 캐릭터에 비해 수요가 적기 때문에 배경을 하고자 하는 분들이 많아진다는 사실은 배경을 하는 저희들도 기쁜 일이 아닐 수 없습니다.

하지만 안타까운 현실은 배경 그래픽을 배우고 싶어 하는 분들의 대부분이 어떻게 시작을 하고, 준비를 해야 하는지 모르고 있다는 것입니다. 저희가 이 책을 쓰게 된 것은 바로 게임업계에서 게임을 수년간 개발해 오면서 터득한 노하우와 경험들을 이러한 분들에게 책으로나마 조금이라도 알려드리는 것이 좋겠다는 생각에서 비롯되었습니다.

대부분 배경을 준비하는 분들은 배경을 잘하기 위해서는 콘셉트 스케치나 일러스트를 멋지게 그리면 된다고 생각하는 것 같습니다. 물론 콘셉트와 일러스트도 중요하지만, 그보다는 게임 속 배경을 이루는 작은 오브젝트들을 이해하는 것이 중요합니다. 게임 지형이 만들어지기 위해서는 작은 오브젝트들이 모여 하나의 마을이나 필드를 이루고, 여러 마을이나 필드들이 모여 지형을 이루기 때문에 하나하나의 작은 오브젝트들을 그리면서 콘셉트를 이해하는 것이 중요합니다.

이 책에서는 배경 속 오브젝트 하나하나가 어떤 콘셉트로 디자인되고, 3D 프로그램을 이용하여 어떻게 만들어져서 필드에 세워지며, 마을을 이루는지에 대한 과정을 구체적으로 설명하였습니다. 이러한 일련의 작업 과정은 실무자들이 일반적으로 사용하고 있는 방식입니다. 이 책에서는 특히 콘셉트와 스케치를 하는 배경 원화와 모델링과 텍스처 작업을 거쳐 3D로 완성하는 그래픽 간의 커뮤니케이션에 중점을 두어 집필하였습니다.

세목과 목차를 보시면 아시겠지만, 이 책은 배경 원화와 배경 그래픽을 동시에 다루고 있습니다. 그 이유는 게임 배경 원화를 잘 그리기 위해서는 배경 3D를 이해해야 하며, 배경 3D를 잘 만들기 위해서는 원화를 잘 이해해야 하기 때문입니다. 이러한 사실을 인식하면 각자의 작업에 많은 도움이 될 것입니다.

끝으로 저희의 집필 의도를 이해해주시고, 기회를 주신 성안당 출판사 관계자 여러분께 감사드립니다.

저자 안승철, 박재형

추천사

처음 게임 배경 그래픽이라는 분야를 접하게 되면 무엇을 해야 할지, 어떻게 해야 할지 갈피를 못 잡는 것이 현실입니다. 이 책은 다른 책과는 달리 게임 배경에 대한 이해부터, 기초, 제작, 실무에 이르기까지 전 과정을 이해하기 쉽도록 구성되어 있습니다. 게임 배경 그래픽 분야에 종사하고자 하는 분, 게임 배경 제작에 대한 이해가 부족하신 분, 게임 배경 공부를 시작하신 지 얼마 안 되신 분들 모두에게 이 책을 추천합니다.

리버스팀 PD 윤태진 / 위메이드

이 책은 오랜 경험과 높은 실력을 가진 배경 아티스트들이 실무에서 쌓은 노하우들과 실제 실무에서 작업을 할 때 무엇이 필요한지에 대한 해답을 예제를 통해 이해하기 쉽게 보여주고 있습니다. 배경 아티스트를 꿈꾸고 있는 분들에게 이 책을 권해 드립니다.

'블레스' 배경팀장 김황규 / 네오위즈

게임의 배경을 구현하는 데 있어서 콘셉트부터 제작까지의 전 과정을 일목요연하게 정리한 서적은 흔치 않습니다. 다년간의 실무 경험을 바탕으로 큰 흐름은 물론 세밀한 부분까지 심도 있게 다룬 이 책은 배경 제작의 전반적인 프로세스를 파악하는 데 있어서 콘셉트 아티스트와 3D 그래픽 작업자 모두에게 매우 유용할 것입니다.

트라이포드팀 원화팀장 김종필 / 스마일게이트

저자의 다년간의 경험을 통한 제작 노하우를 엿볼 수 있는 책입니다. 특히, 엔진을 이용한 배경 작업물의 연동과 콘셉트와의 업무 조율은 매우 훌륭합니다. 기존의 그래픽 서적보다 실무적이며, 다양한 실례를 통해 보다 실전적인 게임 배경 제작이 가능할 것으로 봅니다.

콘셉트팀장 윤일환 / ㈜트라이세븐

게임 배경 그래픽 디자인 제작 노트

안승철 · 박재형 지음

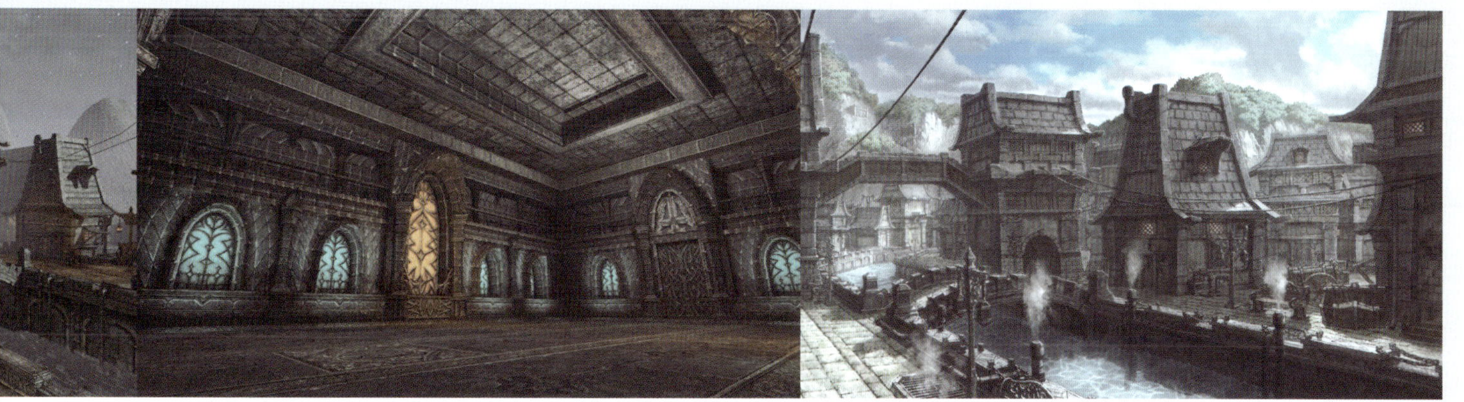

오랜 경험과 노하우를 바탕으로 배경 그래픽 개발 실무에서 실질적으로 필요한 부분들을 다양한 관점에서 풀어놓은 배경 그래픽 책입니다. 게임 배경 그래픽을 시작하는 분들에게 게임 배경 그래픽 실무에 대한 빠른 이해와 콘셉트 제작의 상호 관계 및 전반적인 게임 배경을 이해하는 데 도움을 줄 뿐만 아니라 책의 내용을 통해 간접적으로 배경 제작을 경험해볼 수 있을 것입니다.

'Team Bloodlust' 배경 콘셉트팀장 최용철 / 엔씨소프트

이 책은 배경 제작뿐만 아니라 배경 콘셉트가 실제 게임에 어떻게 적용이 될 수 있는지를 보여주는 교재입니다. 그래픽 공부를 하면서 게임의 배경에 대해 관심이 있지만 어떻게 시작을 해야 할지 모르는 분에게도 많은 도움이 되리라 생각합니다.

'리니지2' 배경팀장 고상철 / 엔씨소프트

이 책은 게임 배경 작업의 기본적인 부분부터 전체적인 구성에 이르기까지 배경 작업의 전반적인 흐름을 잘 파악하여 설명하고 있으며, 각각의 작업마다 에피소드를 적어놓음으로써 저자의 의견이나 노하우를 꼼꼼하게 전달해주고 있어서 배경 그래픽을 공부하는 많은 분들에게 좋은 가이드가 될 것이라고 생각합니다.

'리니지 이터널' 배경팀장 차지원 / 엔씨소프트

Q&A

안승철

2006~2012년 NCSoft
리니지2 그래픽팀 근무
3D Environment Artist
현재 게임그래픽 디자이너

박재형

2005~2012년 NCSoft
리니지2 그래픽팀 근무
Environment Concept Artist
현재 청강문화산업대학교
게임학과 겸임 교수

Q 자신을 간단하게 소개한다면?

A **안승철**

게임을 하게 되면서 배경 그래픽에 흥미를 느끼기 시작하였고, 그 중에서도 3D 배경에 매료되어 게임 배경 그래픽을 시작하게 되었으며, 지금까지 10여 년 동안 배경 제작을 하고 있습니다.

박재형

어려서부터 그림 그리는 것을 좋아했고, 대학교도 무대 미술을 전공하였습니다. 졸업 후에 시작한 것은 공간을 디자인하는 방식이 비슷한 애니메이션 배경 콘셉트였는데, 그 후에 게임 배경으로 바꾸어 지금까지 게임 배경 콘셉트 디자이너로 일하고 있습니다. 현재는 실무에서 잠시 벗어나 대학교에서 강의를 하고 있습니다.

Q 원화가와 3D 제작자와의 작업에 있어 어려운 점이 있다면 어떤 것이고, 그 문제의 해결책은 무엇인지?

A 게임 원화가와 3D 제작자는 서로 업무가 다르지만, 결과물의 그래픽적인 내용은 같습니다. 원화가와 3D 제작자와의 배경 제작 시에 어려운 점은 여러 가지가 있을 수 있는데, 그 중에서도 가장 중요하게 생각해야 할 점을 말씀드리겠습니다. 원화가의 입장에서 작업의 완성도가 높고 3D에 대한 이해를 갖고 있다면 큰 문제가 없지만, 완성도가 낮거나 3D의 이해가 부족한 상태로 원화가 나오면 3D 제작자 입장에서 원화가가 어떤 의도로 원화를 그렸는지 모르게 될 것이고, 결과물의 완성도는 당연히 떨어질 것입니다.

자신이 원화를 아무리 잘 그린다고 해도 3D 제작자가 그 의도를 정확히 파악하지 못하면 원화와 다른 결과물이 나올 수 있습니다. 그러므로 3D 제작자 또한 커뮤니케이션을 통해 원화가의 제작 의도를 정확하게 이해하고 넘어가야 합니다. 서로 대화와 소통 없이 각자의 작업만을 하면, 최종 결과물의 완성도가 떨어질 가능성이 크기 때문에 커뮤니케이션이 그만큼 중요하다고 할 수 있습니다.

Q 작품을 보거나 작업할 때 어떤 부분에 많은 신경을 쓰는지?

A 원화 입장에서 보면 일단은 용도에 따른 쓰임새에 따라 두 가지로 나누어볼 수 있을 것 같습니다. 첫째, 게임에서 만들어질 지형이나 구조물들에 대한 콘셉트 스케치를 본다면 그 콘셉트에 맞게 디자인이 잘 되었는지, 아니면 3D 구현이 가능한 디자인인지를 보고 그 부분에 신경을 쓸 것입니다. 둘째, 콘셉트 일러스트의 경우에는 이 이미지로 게임의 성격을 잘 설명하고 있는지에 대한 부분이 가장 클 것이고, 그 다음은 전체적인 구도나 공간감 표현, 그리고 색감을 어울리게 잘 사용하였는지 등일 것입니다.

3D 입장에서 작품을 볼 경우에는 오브젝트의 전체적인 구성이 잘 되어 있는지를 가장 먼저 보게 되고, 그 다음으로는 색감, 모델링의 디테일 등을 보게 됩니다. 작업을 할 경우, 그래픽적으로는 오브젝트의 전체적인 구성과 느낌 등을 보아가면서 제작을 하고, 시스템적으로는 내가 제작한 오브젝트의 모델링과 텍스처의 용량이 크지 않은지를 살피면서 제작합니다.

모델링과 텍스처를 아무리 잘 만들었다고 하더라도 용량이 너무 크면, 게임이 원활하게 실행되지 못하므로 잘 만든 결과물이라고 할 수 없습니다.

Q 이 책의 특징은 무엇이며, 독자들에게 어떤 책이 되었으면 좋겠는지?

A 이 책은 게임 배경 그래픽을 처음 공부하는 분들을 생각하며 원화가와 3D 제작자가 공동으로 집필하였다는 것과 책을 기획하는 과정에서 필요한 원화와 그 원화를 바탕으로 3D를 동시에 제작할 수 있다는 것이 가장 큰 특징입니다.

원화를 공부하시는 분들은 원화를 공부하면서 자신이 공부한 원화가 3D로 이떻게 제작이 되는지 알 수 있고, 3D를 공부하시는 분들은 3D를 공부하면서 원화가의 의도도 알 수 있을 것이라 생각합니다.

이와 아울러 게임 그래픽을 준비하거나 공부하는 분들에게 배경 그래픽도 재미있고, 결코 어렵지 않다는 것을 알려드리고 싶습니다.

Q 배경 콘셉트 디자인이 차지하는 중요성과 비전은?

A 게임 안에서 배경이 차지하는 비중은 매우 크며, 게임을 기획하는 시작 단계에서 월드에 대한 콘셉트가 잘 짜여 있어야 3D로 만들어져 최종 필드에서 보여지는 배경의 완성도가 높아질 것입니다. 배경 콘셉트 디자인은 게임의 배경을 그리는 처음 단계입니다. 모든 일에는 첫 단추를 잘 꿰어야 한다는 말이 있듯이, 이러한 점에서 배경 콘셉트는 매우 중요하다고 할 수 있습니다.

하지만 배경 콘셉트 디자인이라는 분야는 매우 광범위하기 때문에 캐릭터에 비해 수요가 적습니다. 그만큼 배경 콘셉트 디자이너를 필요로 하는 회사들이 많습니다. 이러한 사실을 통해 볼 때, 배경 콘셉트 디자인을 열심히 공부하면 그만큼 일을 할 수 있는 곳이 많을 것입니다.

Q 이 책에서 중요한 부분이 있다면?

A 원화와 3D 제작 과정을 연결해서 볼 수 있는 Part 4 부분이 가장 중요합니다. Part 4에서는 원화를 연필로 스케치하는 과정과 포토샵에서 텍스처를 활용한 컬러링 과정을 설명하였으며, 완성된 원화를 바탕으로 모델링과 텍스처 제작을 통하여 3D상에서 완성된 결과물을 볼 수 있습니다.

특히, 포토샵 부분에는 PSD 파일을 첨부하였고, 3ds max 부분에는 모델링 과정을 모두 포함하였으므로 반드시 살펴보면서 학습하시기 바랍니다.

Q 실무 또는 개인 작업 시 슬럼프에 빠질 때 어떤 방법으로 극복하는지?

A **안승철**

작업을 하다 보면 아이디어도 안 떠오르고, 무엇을 해도 마음에 안 들 때가 있습니다. 그럴 때에는 음악을 듣거나 친한 친구를 만나 이런저런 이야기를 하는 편입니다. 그러다 보면 일을 잠시 잊게 되고, 슬럼프도 조금이나마 극복할 수 있게 됩니다. 작업이 잘 안된다고 해서 될 때까지 계속 그것만 붙잡고 있는 것은 바람직하지 않습니다.

박재형

배경 콘셉트 디자인을 하다 보면 다양한 종류의 디자인을 하게 되며, 그 중에서 각자의 스타일에 맞는 디자인이 생기게 됩니다. 자기가 좋아하고 잘할 수 있는 부분만 한다면 슬럼프는 거의 없을 것이라 생각하지만, 새로운 디자인을 한다거나 모르는 것이 생겼을 때는 약간의 두려움과 자신에 대한 실망감이 생기게 됩니다. 이때 저는 조금이라도 만족할 수 있는 디자인이 나올 때까지 수십 가지의 그림을 그리는 편입니다. 이때가 가장 괴로운 시간이지만 끝까지 참고 그리다 보면 만족스러운 디자인이 나오게 되고, 그때부터는 그 부분을 집중적으로 연구하고 생각하여 슬럼프를 극복합니다.

Q 국내에서 취업을 준비하는 독자들에게 당부하고 싶은 말이 있다면?

A 게임 회사에 취업을 할 때 인간성, 근면, 성실함도 중요하지만, 그 중에서도 가장 중요한 것은 자신의 능력을 최대한 보여줄 수 있는 멋진 포트폴리오일 것입니다.

지금 이 순간에도 열심히 땀을 흘려가며 포트폴리오를 만드는 분들이 많을 것이라 생각합니다. 하지만 포트폴리오를 잘 만들어 회사에 취업이 된다고 하더라도 실무에서 업무를 얼마나 잘 소화할 수 있는지가 더 중요합니다. 여기서 말씀드리고 싶은 것은 너무 포장을 하여 자신의 능력 밖의 포트폴리오를 만들면 입사를 한 후 업무를 잘 소화하지 못할 일이 생기게 되며, 그로 인해 자신에게 불이익이 돌아올 수도 있다는 것입니다.

포트폴리오를 잘 포장하는 것이 나쁜 일은 아니지만 능력 밖의 포트폴리오는 나중에 자신에게 좋지 않은 영향을 줄 수 있다는 것을 잘 아셨으면 좋겠습니다. 가장 중요한 것은 자기가 소화할 수 있는 포트폴리오를 만드는 것입니다. 이 책을 통하여 많은 것을 얻을 수 있는 기회가 되었으면 좋겠습니다. 그 밖의 다른 부분에서도 자신이 지금 필요로 하는 것을 빨리 찾고, 그것을 해결하기 위해 노력하면 반드시 좋은 결과가 있으리라 생각합니다.

Gallery

게임 배경 콘셉트 일러스트와 여러 가지 스케치들을 정리해보았습니다. 다음은 이 책에서 다룬 예제와는 별도로 필자가 개인적으로 작업했던 콘셉트 이미지들입니다. 이렇게 다양한 콘셉트 이미지들을 소개하는 이유는 이 책의 예제 외에 배경 콘셉트 작업은 이처럼 다양한 작업물들이 포함되어 있다는 것을 보여드리고 싶기 때문입니다.

Title : 던전 입구 콘셉트 배경 일러스트
Software : Photoshop CS2

Title : 용암 지형 콘셉트 배경 일러스트
Software : Photoshop CS2

Title : 용암 성 콘셉트 배경 일러스트
Software : Photoshop CS2

Title : 용 서식지 콘셉트 배경 일러스트
Software : Photoshop CS2

Title : 판타지 지형 콘셉트 배경 일러스트
Software : Photoshop CS2

Title : 곤충의 날개를 모티브로 한 성 콘셉트 배경 일러스트
Software : Photoshop CS2

Title : 산적 아지트 지형 콘셉트 배경 일러스트
Software : Photoshop CS2

Title : 포자 지형 콘셉트 배경 일러스트
Software : Photoshop CS2

Title : 거대 식물 지형 콘셉트 배경 일러스트
Software : Photoshop CS2

Title : 마을
Software : Photoshop CS2

Title : 던전
Software : Photoshop CS2

Title : 지형을 이용한 콘셉트 스케치 모음

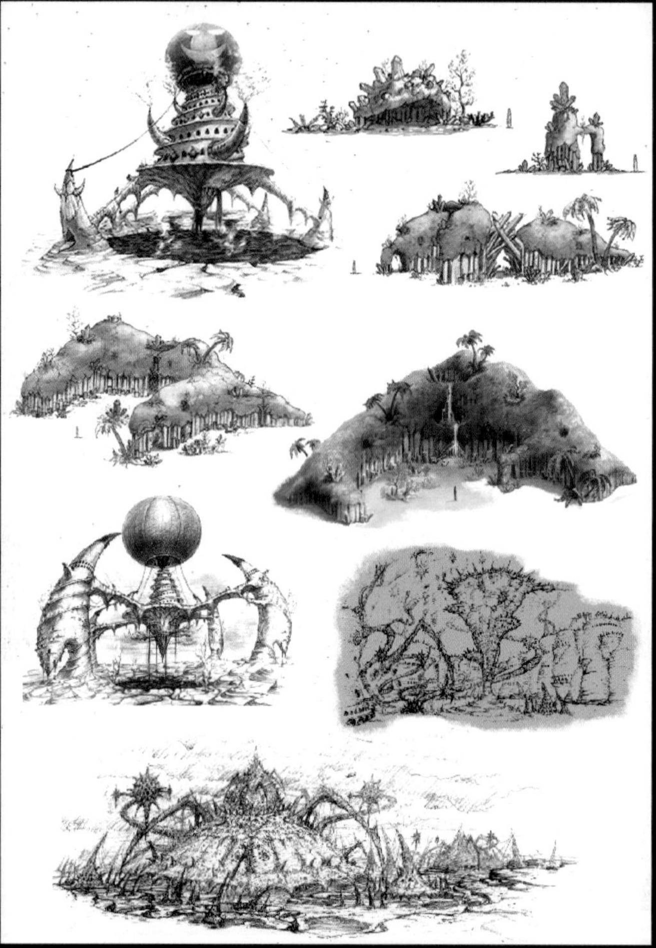

Title : 중세 판타지 건물과 유적지 콘셉트 스케치 모음

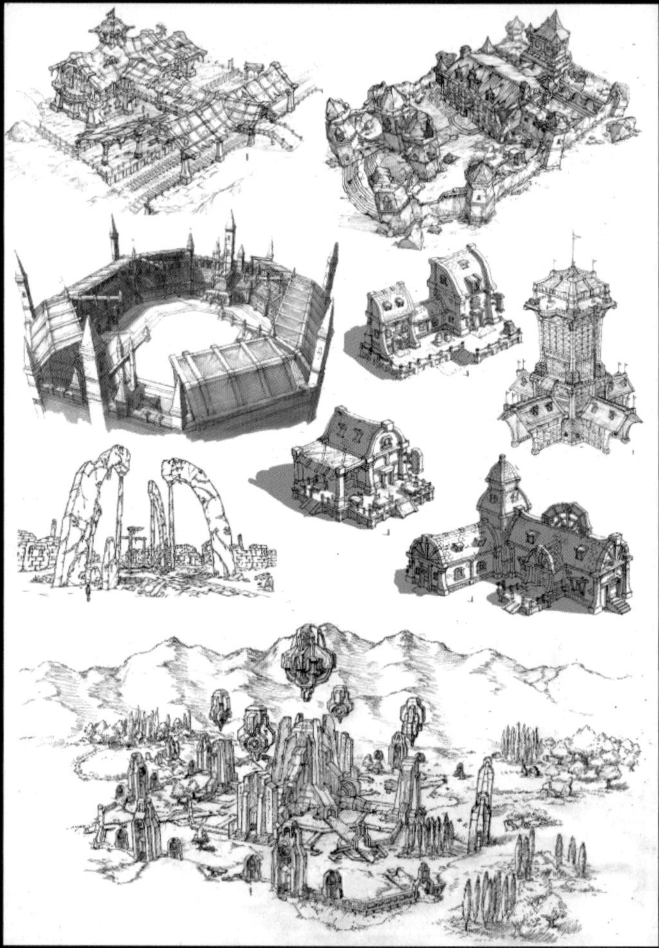

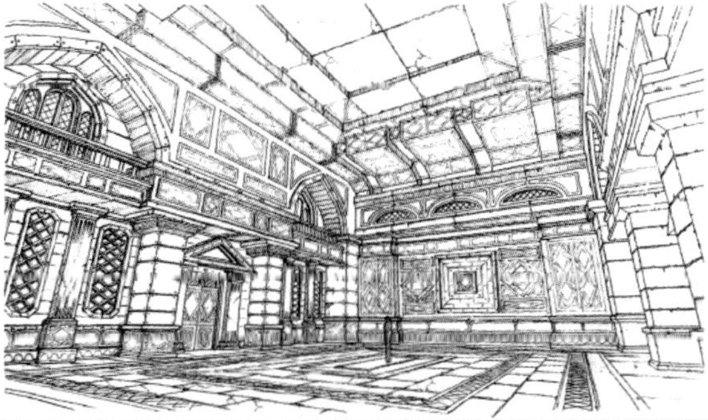

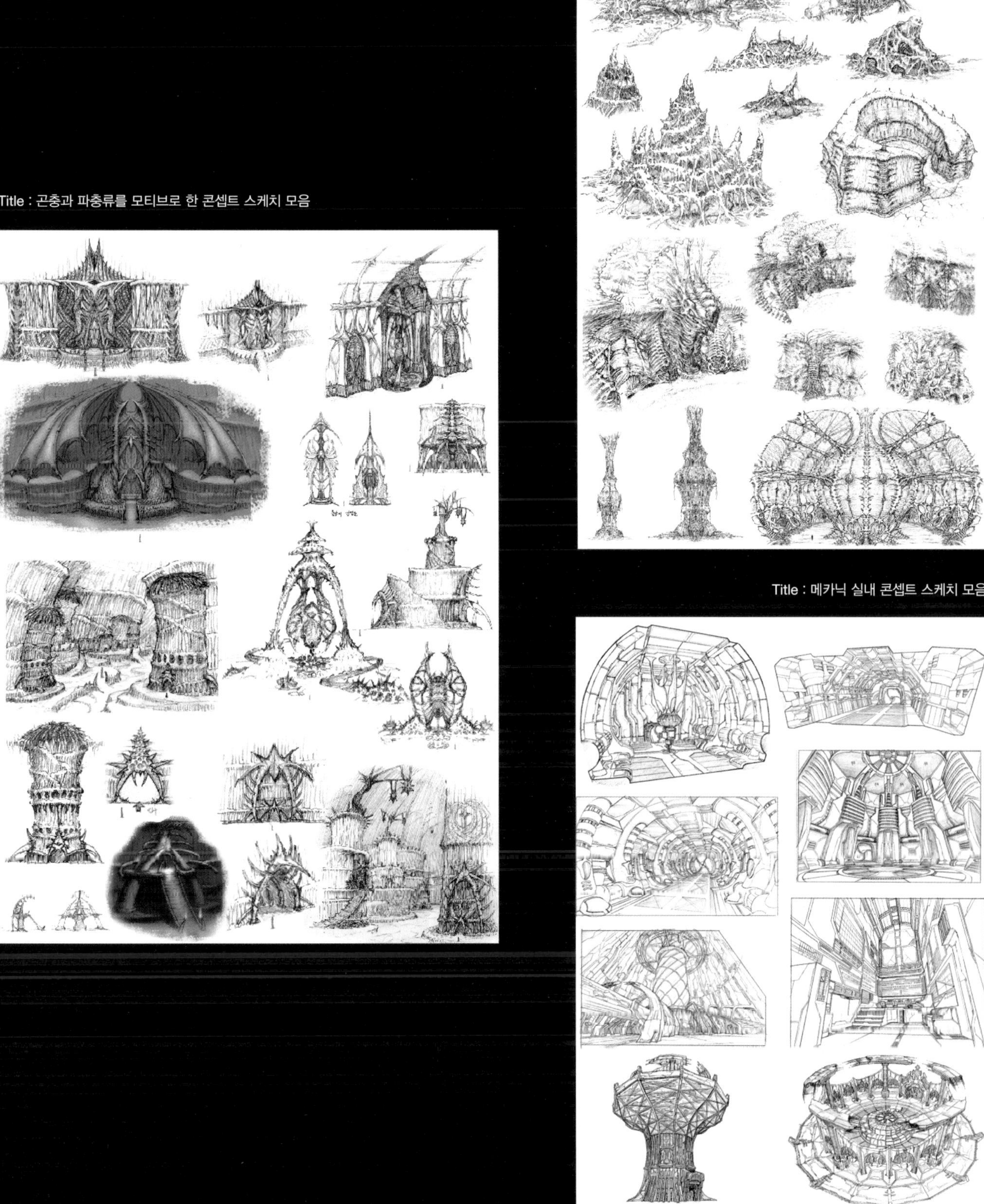

Title : 곤충과 파충류를 모티브로 한 콘셉트 스케치 모음
Title : 메카닉 실내 콘셉트 스케치 모음

이 책의 구성

이 책은 게임 배경 콘셉트 및 3D 관련 직업을 준비하고 있는 분들과 실무에서 개발자로 일하고 있지만 좀 더 자기 계발이 필요한 사람들에게 추천합니다.

이 책은 단순히 난이도에 따라 제작 순서를 나눈 것이 아니라 실무에 적용되는 제작 방법이나 순서, 그리고 제작 시 노하우들을 제시하고, 하나의 필드나 던전을 완성해 나가면서 원화와 3D 작업자 간의 커뮤니케이션을 제시함으로써 톱니바퀴처럼 돌아가는 다른 팀 간의 실무 노하우를 제시하는 데 중점을 두었습니다. 초보자가 쉽게 따라할 수 있도록 각각의 작업 내용을 빠짐 없이 설명하였으며, 총 6개의 파트(Part)와 24개의 장(Chapter), 그리고 각 장을 다시 2~3개의 스텝(Step)으로 나누어 단계별 학습이 가능하도록 하였습니다.

앞으로 게임 배경 콘셉트 및 제작을 직업으로 생각하고 준비하고 계신 분들이라면 이 책 한 권으로 정말로 소중한 실무 경험을 느낄 수 있는 소중한 기회가 될 것입니다.

챕터 제목 및 발문

각 챕터에서 학습할 제목과 배우게 될 중요한 핵심 내용을 파악할 수 있습니다.

따라하기

예제를 직접 활용하여 익혀보는 과정으로, 따라하기 방식으로 구성되어 있습니다. 단계를 체계적으로 구성하였기 때문에 누구나 쉽게 학습할 수 있습니다.

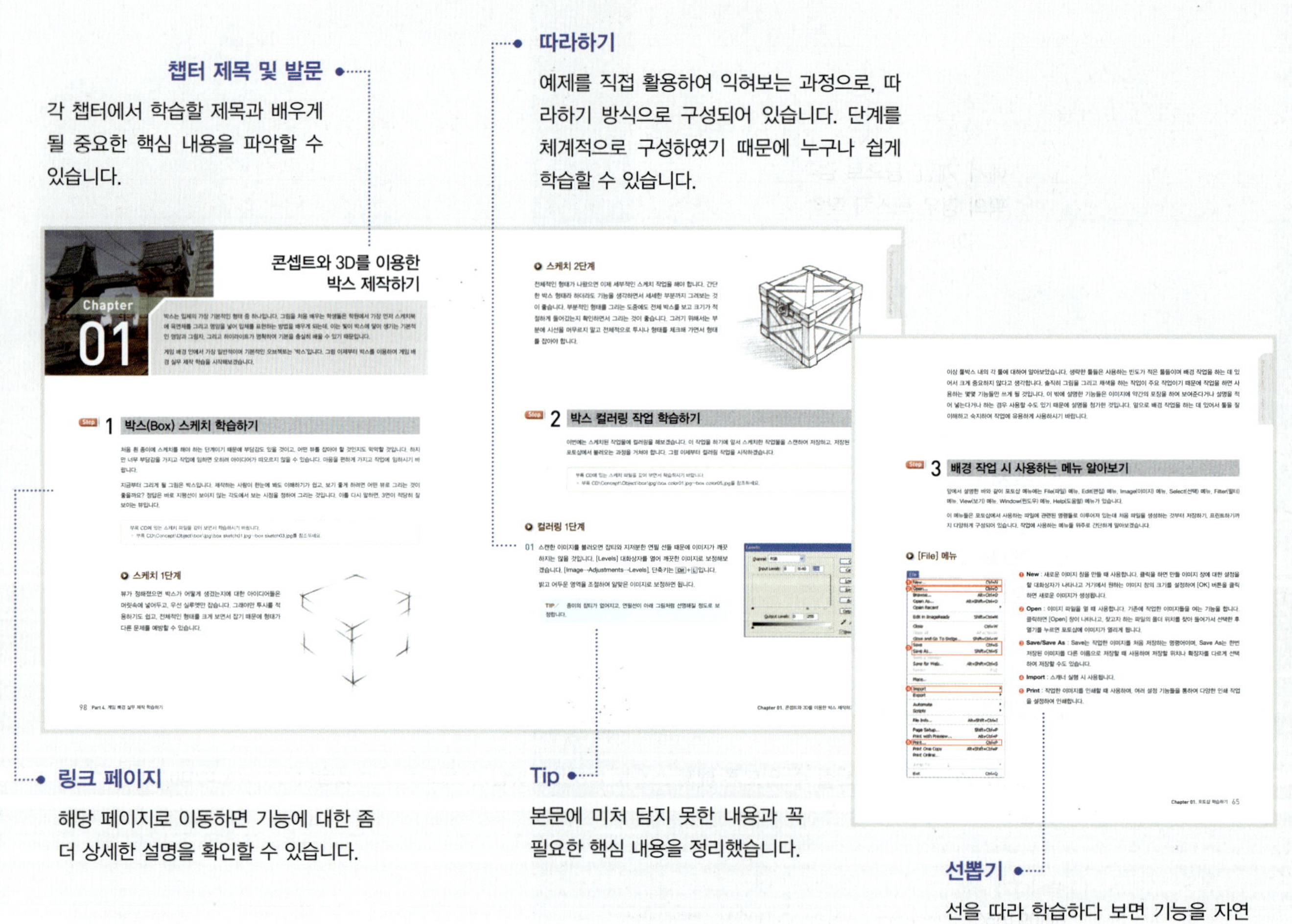

링크 페이지

해당 페이지로 이동하면 기능에 대한 좀 더 상세한 설명을 확인할 수 있습니다.

Tip

본문에 미처 담지 못한 내용과 꼭 필요한 핵심 내용을 정리했습니다.

선뽑기

선을 따라 학습하다 보면 기능을 자연스럽게 익힐 수 있습니다.

앞에서 배운 스텝 과정을 요약 정리했
으며, 작업의 효율을 향상시키고자 할
때 알아두면 좋을 유용한 지식들과 저
자의 풍부한 실전 경험을 바탕으로 한
알짜 노하우를 정리하였습니다.

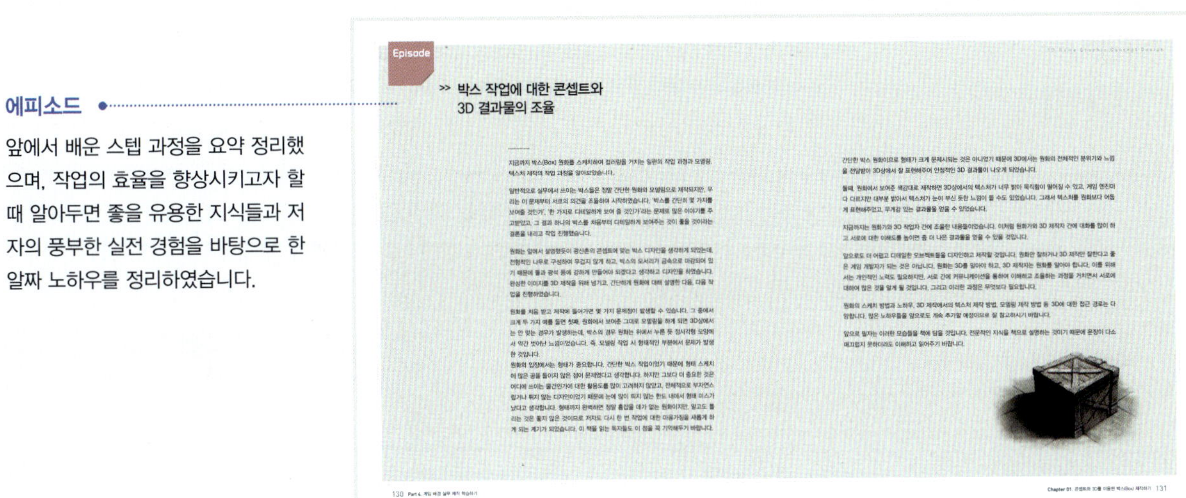

예제 파일의 구성

이 책의 예제 소스는 성안당 홈페이지(www.cyber.co.kr)의 자료실 〉 자료실에서 간단한 회원 가입 후 검색창
에서 '게임' 등으로 검색하셔서 다운로드 가능합니다. 원화의 경우 psd 파일과 jpg 파일이 들어 있고, 3D 그래
픽의 경우 텍스처 작업이 되어 있는 psd 파일이 들어 있으므로 작업을 하는 데에 많은 도움이 될 것입니다.
그리고 모델링이 제작되는 과정이 모두 들어가 있는 데이터도 예제 소스에 포함하였으므로 반드시 참고하시기
바랍니다.

책을 읽기 전에 알아두세요!

이런 분들께 추천합니다!

- 게임 그래픽을 전공하고 있는 대학생
- 로우 폴리곤 3D 배경 그래픽 제작에 관심이 있으신 분
- 실무에 종사 중인 현직 아티스트

- 게임 배경 원화에 관심이 있는 분
- 게임 업계에 입문하고자 하는 취업 준비생

- 이 책에 사용된 소프트웨어는 3ds max 2009/SpeedTree 5.02(UDK Ver)/언리얼 엔진(UDK) 2011년 12월 버전 그리고 Photoshop CS2 버전입니다. 3ds max나 언리얼 엔진의 경우, 이하의 버전에서는 해당 예제 파일이 열리지 않을 수 있으므로 참고하시기 바랍니다.
- 이 책의 작업 내용을 좀 더 쉽게 이해할 수 있도록 예제 소스를 다운로드하실 수 있도록 준비했습니다(www.cyber.co.kr의 자료실 〉 자료실).

Q&A 학습하다가 궁금한 점이 있다면…?
E-mail : pjh09155@naver.com, goguma0000@hotmail.com
블로그 : http://blog.naver.com/pjh09155(원화), http://blog.naver.com/goguma0000(3D)

이 책을 보는 방법

이 책을 학습하기 전에 아래 내용을 꼭! 읽어본 후에 학습하세요.
책과 예제 소스를 어떻게 활용할 것인지에 대해 전체적으로 간략히 설명해 드리겠습니다.

※ 본문에 사용된 예제의 소스 파일과 결과 파일은 모두 예제 소스로 제공합니다.

이 책은 총 6개의 Part로 이루어져 있습니다. 각 Part마다 학습 방법에 대해 기술하였으므로 반드시 확인해서 여러분의 것으로 만드세요.

Part 1~Part 2 게임 배경에 대한 전체적인 개요와 실무에서 게임 배경이 제작되어는 순서를 적어 놓은 것으로, 가벼운 마음으로 이해를 하면서 읽으시면 됩니다.

Part 3 포토샵과 3ds max의 기본적인 툴 사용법에 대해 설명하였습니다. 이 책은 게임 그래픽을 제작하는 방법에 대한 책이므로 Photoshop과 3ds max 내에 전체적인 툴 사용법을 모두 설명한 것이 아니라 필자들이 실무에서 자주 사용하는 툴 위주로 설명하였습니다. Part 3을 잘 숙지하면 Part 4에서 제작되는 작업들은 어렵지 않게 학습할 수 있을 것입니다.

Part 4 이 책에서 가장 중요한 부분이라고 할 수 있습니다. 원화를 연필로 스케치하는 과정과 포토샵에서 텍스처를 활용한 컬러링 과정을 설명하였으며, 완성된 원화를 바탕으로 모델링과 텍스처 제작을 통해 3D상에서 완성된 결과물을 볼 수 있습니다. 또한 일러스트의 작업 과정과 노멀맵, 엔진상에 적용시켜 본 결과물을 수록하여 좀 더 리얼한 결과물을 볼 수 있도록 하였습니다. Part 4의 제작 의도는 중세 배경과 스팀펑크 느낌을 결합하여 광산촌을 설정하였고, 서민적인 집과 오브젝트들을 디자인하여 배경의 전체적인 채도를 낮게 설정하였습니다. 학습을 하면서 채도 및 색감 부분에서 자신의 스타일에 맞게 맞춰 나가면서 제작하는 것도 좋을 것입니다.
Part 4를 학습하는 방법은 아래와 같습니다.
책만 가지고 학습하는 것보다는 책과 예제 소스를 같이 보면서 학습하시기 바랍니다. 콘셉트의 경우에는 *.jpg와 *.psd 파일이 첨부되어 있으므로 직접 보면서 학습하시고, 3D의 경우에 텍스처는 *.psd 파일을 중점적으로 참고하시기 바랍니다. 모델링 데이터에는 모델링이 제작되는 과정이 모두 들어가 있으므로 반드시 참고하면서 학습하시기 바랍니다. 3D 모델링은 예제 소스에 들어가 있는 모델링 과정만 잘 따라하셔도 충분히 결과물이 잘 나올 수 있을 것입니다. Part 4는 가볍게 보는 것이 아닌 학습을 해야 할 Part이므로 잘 읽고 숙지하시기 바랍니다.

Part 5 노멀맵에 대한 전체적인 개요와 노멀맵을 생성할 수 있는 툴들에 대해 설명하였습니다. 노멀에 대한 이해도가 올라가면 어렵지 않게 제작할 수 있을 것입니다. 개인적으로 모델링과 텍스처 제작이 어느 정도 안정적이 된 후에 고퀄리티의 노멀맵을 공부하는 것을 추천합니다.

Part 6 UDK 엔진에 관련된 부분들을 설명하였습니다. 제작된 모델링을 엔진에 어떻게 적용하고, 텍스처는 어떻게 적용된 모델링에 적용되는지와 노멀맵과 스펙큘러맵의 적용 방법도 간단히 설명하였습니다.

다시 한 번 말씀드리지만 이 책에서 가장 중요시 다룬 부분은 Part 4입니다.
이 책의 순서대로 Part 4를 중점적으로 학습한다면 좋은 결과물을 얻을 수 있을 것입니다.

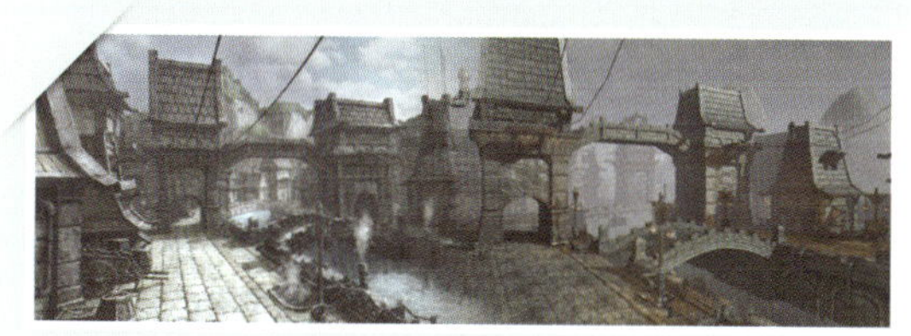

Contents

목차

Part 1 게임 배경에 대해 알아보기

Part 2 게임 배경 제작 순서 알아보기

Contents

Contents

게임 배경에 대해 알아보기

하나의 게임을 만들기 위해서는 게임 기획팀, 그래픽팀, 프로그램팀, 사운드팀, 게임 테스트 및 게임 운영팀, 게임 개발 서비스팀 등이 서로 협력해야 합니다.

이 중에서 그래픽팀에 대해 좀 더 구체적으로 살펴보면, 게임의 캐릭터 디자인과 제작을 담당하는 캐릭터 분야, 캐릭터의 동작과 모션 등을 제작하는 애니메이션 분야, 게임의 전체 월드를 구성하고 맵과 필드, 건물, 각종 오브젝트들을 디자인하고 제작하는 배경 분야, 각종 화려한 효과들로 게임에 활력을 불어넣는 이펙트 분야, 인터페이스 분야 등으로 세분할 수 있습니다. 배경 분야는 이 여러 가지 분야 중에서 게임 월드의 구성과 게임 전체의 느낌을 대부분 결정하는 매우 중요한 분야라고 할 수 있습니다.

Part 1

01 게임 배경의 개요

요즘 게임들은 컴퓨터 성능과 게임 엔진의 성능이 뛰어나기 때문에 그래픽을 사실적으로 구현할 수 있습니다. 더욱이 가상 현실의 완벽한 창조와 화려한 시각적 연출 완성도가 높은 게임들 안에서 배경의 역할과 비중은 매우 높다고 할 수 있으며, 최신 게임상에서 가상공간 안의 사실적인 공간 연출과 화려한 그래픽 구현이 차지하는 비중 또한 크다고 할 수 있습니다.

특히 방대한 규모의 MMORPG 게임들이 생겨나는 오늘날의 게임에서는 배경의 비중이 더욱 크다고 할 수 있습니다. 수많은 게임 플레이어들에게 게임이 가지고 있는 세계관과 완성도 높은 넓은 월드를 제공하기 위해서는 게임 배경 제작에 더욱 많은 관심과 개발 역량을 쏟아야 할 것입니다.

02 게임 장르에 따른 배경

게임을 분류하는 데에는 하드웨어에 따른 분류, 사용자 수에 따른 분류, 사용 장소에 따른 분류 등이 있습니다. 좀 더 크게 보면 게임 장르라는 분류로 나누어볼 수 있는데, 어떠한 하드웨어로 게임을 하며, 어느 장소에서 게임을 하느냐에 따른 분류보다는 게임상에 표현되는 형식이나 내용으로 분류하는 방법이 보편적이라 할 수 있습니다.

이는 개발자들이 게임을 개발하고자 할 때 하드웨어적이나 장소, 목적보다는 게임의 디자인이나 게임 스토리와 같은 게임 장르를 보고 게임을 분류하며, 개발하고 싶은 마음을 결정한다고 생각합니다.

지금 이 순간에도 수많은 게임들이 개발되고 있으며, 각 게임의 장르에 따른 특성에 맞게 세계관과 배경들이 만들어지고 있습니다. 그럼 수많은 게임들은 어떠한 장르로 나누어져 있으며, 게임 속의 배경들은 어떠한 특성을 가지고 제작되고 있는지 간단하게 알아보겠습니다.

▶ 시뮬레이션 게임의 배경

시뮬레이션 게임의 대표적인 특징은 비행기나 자동차를 실제로 운전하는 듯한 현실감을 느낄 수 있도록 물리적 엔진을 이용하여 플레이어들에게 현실감 넘치는 스릴을 느끼게 해주는 것이라 할 수 있습니다. 플레이어들이 이러한 현실감을 느끼도록 하기 위해서는 게임 공간 속 배경에 대한 정확한 조사와 자료 수집, 연구를 통하여 사실감 있는 그래픽을 구현하는 것이 중요하다고 할 수 있습니다.

시뮬레이션 게임의 종류에는 육성 시뮬레이션 게임, 경영 시뮬레이션 게임, 전략 시뮬레이션 게임 등이 있습니다. 대부분의 게임들은 미션을 수행하거나 멀티로 플레이하는 맵들로 이루어져 있으며, 플레이 시간과 맵의 크기 등을 고려하여 제작됩니다. 대부분의 배경은 쿼터 뷰로 제작하지만, 요즘에는 컴퓨터의 성능과 3D 기술의 발전으로 말미암아 다양한 뷰가 이용되고 있으며, 디테일 또한 높은 게임들이 만들어지고 있습니다.

▼ ㈜마이크로소프트의 시뮬레이션 게임 〈플라이트 시뮬레이터 시리즈〉
Copyright © Microsoft. All rights reserved.

▲ ㈜마이크로소프트의 시뮬레이션 게임 〈맥 워리어 5 트레일러〉
Copyright © Microsoft. All rights reserved.

▲ ㈜맥시스의 건설·경영 시뮬레이션 게임 〈심시티 4.0〉

▲ ㈜맥시스의 건설·경영 시뮬레이션 게임 〈심시티 5.0〉

◀ ㈜블리자드의 전략 시뮬레이션 게임 〈스타크래프트 2〉

◀ ㈜블리자드의 전략 시뮬레이션 게임 〈스타크래프트 2〉 동영상

● 스포츠, 레이싱 게임의 배경

이 게임들은 이름에서도 알 수 있듯이 각각의 경기가 펼쳐지는 경기장이나 레이싱 트랙이 배경입니다. 실제의 경기장이나 트랙들을 그대로 게임 배경 안에 옮겨 놓은 것처럼 사실적인 배경을 바탕으로 만들어지는 실사 게임의 배경과 독특한 배경 콘셉트를 바탕으로 만들어지거나 귀엽고 아기자기한 캐주얼 게임의 배경으로도 만들어지고 있습니다.

▲ ㈜네오위즈 게임즈, ㈜일렉트로닉아츠(EA)의 스포츠 게임 〈피파 온라인 2〉
Copyright © neowiz. All rights reserved.

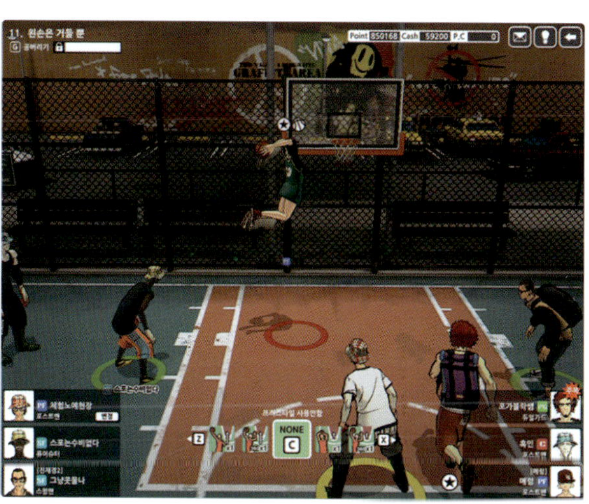

▲ ㈜JCE의 스포츠 게임 〈프리 스타일 2〉
Copyright © jceworld. All rights reserved.

▲ ㈜앰플레닛의 레이싱 게임 〈히트 더 로드〉
Copyright © M.PLANET. All rights reserved.

▲ ㈜넥슨의 캐주얼 레이싱 게임 〈카트라이너〉
Copyright © nexon. All rights reserved.

▶ FPS 게임의 배경

게임의 특성상 디테일한 배경 제작이 요구되는 게
임 장르이며, 최고의 그래픽 기술과 엔진이 필요
한 게임이기도 합니다. 역사적인 고증을 바탕으로
배경을 제작하기도 하지만, 미래의 배경과 판타지
를 접목시킨 콘셉트로 배경을 제작하기도 합니다.

▲ ㈜일렉트로닉아츠(EA)의 FPS 게임 〈크라이시스 2〉

▲ ㈜슬레지해머 게임즈, ㈜인피니티워드의 FPS 게임 〈콜드 오브 듀티 모던 워 페어〉
시리즈

▲ ㈜슬레지해머 게임즈, ㈜인피니티워드의 FPS 게임 〈콜드 오브 듀티 모던 워 페어〉
시리즈

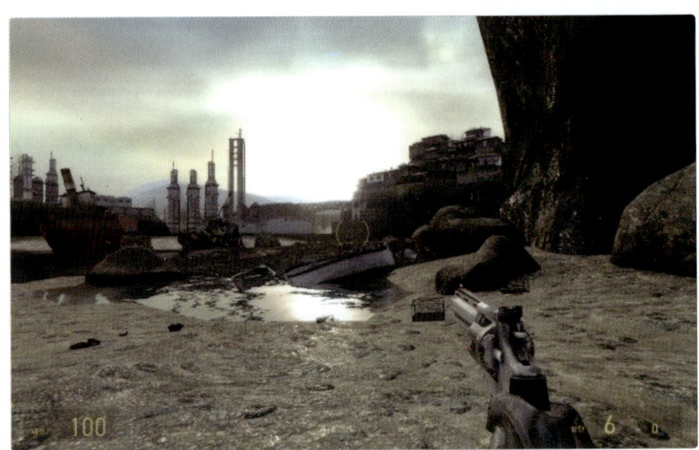

▶ ㈜벨브의 FPS 게임 〈하프라이프 2〉

▶ RPG, 액션, 어드벤처 게임의 배경

RPG, 액션, 어드벤처 게임 배경을 하나로 묶어 설명하는 이유는 게임의 형식적인 면에서는 각각 다르지만, 배경 그래픽 측면에서는 다양한 소재의 배경으로 만들어진다는 점에서 같은 장르라고 할 수 있기 때문입니다.

역사적인 시대를 배경으로 하거나 미래 또는 현재의 시대를 배경으로 하기도 하며, 배경에 판타지한 요소들이 가미된 배경들이 제작되기도 합니다. 배경의 소재도 필드나 마을, 던전 등과 같이 다양합니다.

▶ ㈜블리자드의 RPG 게임 〈디아블로 3〉
Copyright © Blizzard. All rights reserved.

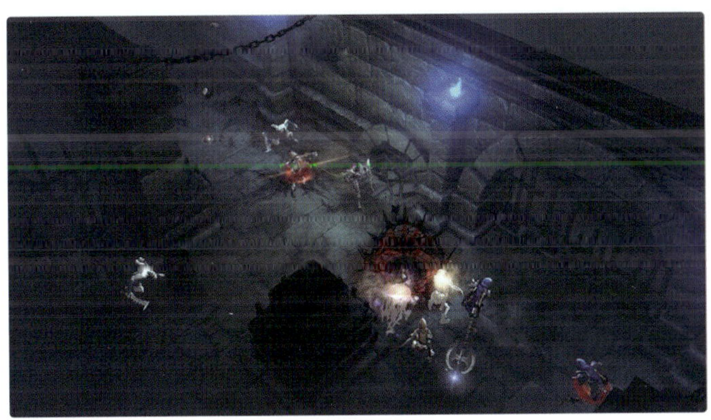

▶ ㈜블리자드의 RPG 게임 〈디아블로 3〉
Copyright © Blizzard. All rights reserved.

▶ MMORPG 온라인 게임의 배경

수많은 플레이어들이 즐기는 게임이며, RPG, 액션, 어드벤처 게임과 같이 다양한 소재의 배경으로 만들어집니다. 방대한 규모와 세계관을 바탕으로 하며, 온라인 게임의 특성상 다중 플레이어들을 수용해야 하기 때문에 많은 맵으로 인한 데이터의 양과 그에 따른 그래픽 표현의 제한이 생기게 되므로 효율적인 제작이 가장 중요합니다. 작업량도 방대하여 많은 제작 인원이 필요한 게임 장르입니다.

▲ ㈜한빛소프트의 MMORPG 온라인 게임 〈그라나도 에스파다〉
Copyright © HANBITSOFT. All rights reserved.

▲ ㈜한빛소프트의 MMORPG 온라인 게임 〈그라나도 에스파다〉
Copyright © HANBITSOFT. All rights reserved.

▲ ㈜엔도어즈의 MMORPG 온라인 게임 〈아틀란티카〉
Copyright © Nexon&Ndoors. All rights reserved.

▲ ㈜엔도어즈의 MMORPG 온라인 게임 〈아틀란티카〉
Copyright © Nexon&Ndoors. All rights reserved.

▲ ㈜엔도어즈의 MMORPG 온라인 게임 〈아틀란티카〉

● 모바일 게임의 배경

모바일 게임이라는 말을 위키 백과사전에서 찾아보면 '휴대 전화나 스마트폰, PDA, 포터블 미디어 플레이어 등의 휴대 기기를 통해 즐길 수 있는 게임을 통틀어 이르는 말'이라고 정의되어 있습니다. 하지만 국내에서의 모바일 게임은 휴대 전화로 실행하는 게임이라는 인식이 강합니다. 반면 해외에서는 휴대 전화뿐만 아니라 손으로 들고 다니는 기기에서 실행하는 게임을 통틀어 일컫는다고 합니다.

이처럼 국내와 해외에서 인식하는 모바일 게임의 정의가 다른 것을 알 수 있는데, 이러한 입장 차이가 스마트폰의 등장으로 인해 많이 좁혀졌습니다. 그 이유는 스마트폰의 성능이 휴대 기기와 비슷한 수준으로 향상되면서 게임의 질이 큰 차이가 없어졌으며, 멀티 플랫폼으로 게임들이 제작되면서 게임의 구성 또한 비슷한 수준까지 만들어지고 있다는 것입니다. 또한 아이패드나 태블릿 PC로 게임을 즐기게 되면서 모바일 게임의 범주가 좀 더 넓어졌습니다.

최근의 게임 시장을 살펴보면 온라인 게임과 모바일 게임의 성장이 두드러진 것을 알 수 있습니다. 그중에서도 2009년 아이폰(iPhone)의 도입으로 스마트폰을 이용한 모바일 게임들이 많은 관심의 대상이 되고 있는 상황입니다. 게임 개발자들도 자연스럽게 모바일 게임 개발에 대한 관심이 높아지고 있으며, 이미 많은 개발자들이 자리를 옮겨 개발에 열중하고 있습니다. 이러한 변화는 모두 그래픽 기술의 향상 때문이라고 할 수 있습니다.

스마트폰의 등장으로 인해 모바일 게임의 그래픽 기술은 커다란 변화를 가져왔습니다. 예전의 휴대폰 게임은 2D 형식의 도트 게임들이 대부분이었고, 게임의 비주얼 표현에 한계가 있었지만, 요즘의 모바일 게임들은 모바일 3D 엔진을 활용하여 온라인 게임 못지않은 그래픽 기술과 비주얼을 보여주고 있습니다. 또한 이러한 그래픽 기술로 만들어진 게임들은 스마트폰이라는 하드웨어를 가지고 3G나 WiFi를 통해 PC와 거의 동일한 속도의 네트워크로 게임을 즐길 수 있게 되었습니다.

모바일 게임의 배경은 아직까지 2D 형식의 쿼터 뷰로 제작되고 있으며, 큰 규모의 게임들은 PC 게임 못지않은 비주얼을 보여주기도 하지만, 아직은 제한이 많은 것이 사실입니다. 스마트폰이나 다른 휴대 기기들에서 게임이 원활하게 실행되려면 그래픽 소스들의 크기를 최적화하여 만들어야 하며, 제작 기간이 상대적으로 짧기 때문에 어떻게 보면 처음 그래픽 공부를 하는 분들이 온라인 게임에 비해 쉽게 접근할 수 있을 것입니다.

로비오 모바일(Rovio Mobile)이라는 회사에서 만든 스마트폰 게임 중 하나인 '앵그리 버드'는 터치 디바이스와 물리 엔진을 이용하여 만든 것입니다.

▲ ㈜Rovio의 대표적인 스마트폰 게임 〈앵그리 버드〉

다음은 '기어스 오브 워' 시리즈로 알려진 에픽 게임즈가 만든 '인피니티 블레이드'입니다. 이는 언리얼 엔진 3를 iOS로 포팅하여 만든 게임이며, 언리얼 엔진 3를 활용하여 기존에 있던 모바일 3D 엔진보다 월등한 성능으로 만들어졌습니다.

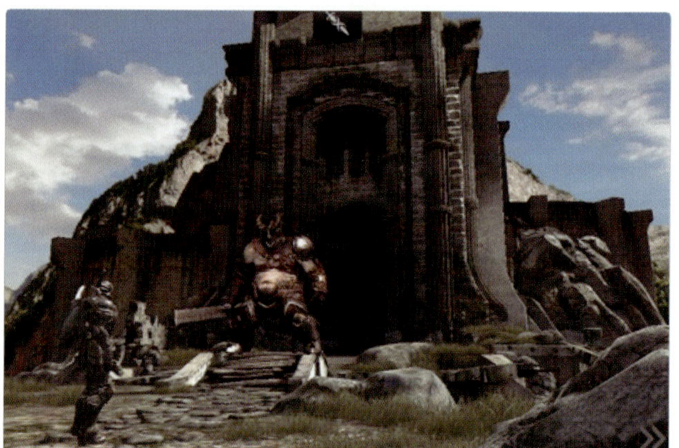

▲ ㈜체어엔터테인먼트의 모바일 3D 엔진 게임 〈인피니티 블레이드 2〉

3G나 WiFi를 통한 네트워크 서비스는 게임과 결합하여 소셜 네트워크 게임이라는 하나의 새로운 게임 장르를 만들어 냈습니다. 대표적인 것으로 '시티빌' 게임을 들 수 있으며, 이 밖에 '룰 더 스카이'라는 게임도 있습니다.

▲ ㈜징가의 소셜 네트워크 게임 〈시티빌〉

▲ ㈜제이씨엔터테인먼트의 소셜 네트워크 게임 〈룰 더 스카이〉

03 게임 배경 설정 시 고려 사항

MMORPG 온라인 게임의 배경은 앞에서 언급한 바와 같이 방대한 규무이 세계관을 중심으로 맵 단위의 월드기 만들어지고, 맵 안에는 마을과 사냥터, 그리고 각종 오브젝트들이나 던전 등이 만들어집니다.

이처럼 망대한 맵이 구현되기 위해서는 게임 배경에 환경이라는 요소를 정해주어야 합니다. 이는 게임을 하는 데 있어서 기본적인 소재와 재료가 되고, 게임 배경의 분위기를 연출하는 데 있어서 중요한 요소로 작용합니다.

그럼 지금부터 배경을 설정하는 데 있어서 중요한 배경 환경에 대해 알아보겠습니다.

▶ 시대적, 문화적, 역사적 환경 요소

과거, 현재, 미래의 생활, 문화적 배경, 역사를 바탕으로 한 건축 양식 및 생활 스타일 등을 게임 배경에 활용하는 환경 설정입니다. 게임 플레이에 활용되는 시대나 문화에 따른 다른 환경 요소들을 인지하고 기획이나 디자인, 그래픽 제작에 활용하기 때문에 게임의 완성도와 게임 콘텐츠의 질을 향상시키는 데 기여할 것입니다.

▶ 자연적, 인공적 환경 요소

지형과 기후 및 식물 등을 게임 배경에 적용하는 자연적 환경 설정과 건축물이나 교통 수단 등을 게임 배경에 적용하는 인공적 환경 설정이 있습니다. 대부분의 게임들은 자연적이고 지형적인 요소들을 배경으로 하고 있습니다. 자연적인 특징과 현상 등을 게임의 콘셉트와 분위기에 조화롭게 접목시키면 완성도 높은 게임을 제작할 수 있을 것입니다.

▶ 기상 현상적 환경 요소

햇빛과 바람, 비, 눈, 구름, 안개, 파도, 태풍 등의 일기 요소와 온도, 습도 그리고 불이나 연기, 분수 같은 현상을 환경 설정 요소로 활용하기도 합니다. 가상공간이라 하더라도 현실과 같은 자연 현상적인 요소를 게임에 적용하는 사례들이 많으며, 이는 게임을 훨씬 현실감 있게 만들어줍니다.

▶ 가상적 환경 요소

지구상에 존재하지 않는 가상 세계를 게임 배경으로 활용하기도 합니다. 공상적인 사실을 게임 배경에 접목하여 제작하며, 그에 맞는 게임 배경 환경을 설계해야 하기 때문에 난해한 제작이 요구되지만 상상력을 펼치고 현실적인 환경 요소들을 잘 활용하여 그럴 듯하게 바꿔주면 훨씬 더 흥미롭고 재미있는 게임을 제작할 수 있게 될 것입니다.

게임 배경
제작 순서 알아보기

게임 배경 그래픽은 게임 기획이 가장 먼저 나온 후에 들어가며, 기획에서 설계한 게임의 특성이나 시대적, 공간적 배경을 시작으로 비주얼적인 방향성을 제시하는 것입니다.

필자는 이 책을 집필하기 위하여 간단하게나마 마을 배경을 설정해보았습니다. 그럼 지금부터 필자가 준비한 마을 배경을 바탕으로 게임 배경이 어떻게 제작되는지 간략하게 알아보겠습니다. 던전 작업의 제작 순서도 마을과 같기 때문에 마을 제작 설명이 끝난 후에 이어서 설명하겠습니다.

Part **2**

01 배경 설정하기

필자는 중세를 시대적 배경으로 설정하면서 판타지 요소와 스팀펑크 요소를 가미하였고, 볼거리와 재미적인 요소를 보여줄 수 있는 '광산촌 마을'이라는 지형적인 특성을 가진 배경 환경 요소로 설정하였습니다.

광산촌 배경을 설정으로 잡은 이유는 배경을 제작 시 나무, 돌, 금속 등이 실무 제작에서 어떻게 쓰이는지를 보여주고, 투박하면서도 단순한 형태들로 이루어진 서민적인 마을이라는 설정을 통해 이 책을 처음 접하는 분들이 부담 없이 보실 수 있도록 하기 위한 것입니다.

그럼 이제 마을 분위기를 간단하게 묘사해보겠습니다.

마을의 전체 분위기는 투박하지만 비교적 깔끔하며, 마을 중간에 폭이 좁은 강물이 흐르고 있고, 마을과 마을을 잇는 다리가 놓여 있어서 평화롭게 보입니다. 마을 뒤쪽에는 광산 채굴을 한 흔적으로 깎여 있는 높지 않은 돌산들이 보이고, 강물의 밑에서부터 올라온 파이프들이 군데군데 세워져 있습니다. 이 파이프들은 마을의 각 오브젝트들로 연결되어 가스 연료를 공급해주기도 하는데, 이 연료는 거리의 조명을 켜거나 일상생활을 영위하게 해주는 역할을 합니다.

마을 곳곳에는 박스와 원통, 그리고 수레 등과 같은 오브젝트들이 놓여 있어 바쁜 서민들의 일상을 엿볼 수 있으며, 가로등과 의자들도 군데군데 놓여 있어 평화로운 마을의 분위기를 느끼게 합니다. 또한 마을 지하에서 공급받는 가스 연료뿐만 아니라 전기도 사용하기 때문에 집과 집을 잇는 전선들이 군데군데 이어져 있습니다.

강물 속에서부터 강둑 난간의 벽면을 의지하면서 세워져 있는 파이프들 중에서 몇몇 파이프들의 끝은 뚫려 있으며, 그 구멍으로 연기가 피어 올라 정적인 마을의 분위기에 생기를 주고 있습니다.

02 배경 설정에 맞는 자료 수집하기

문서로 된 배경 설정을 정독한 후에는 배경 설정에 맞는 자료를 수집해야 합니다. 보통 인터넷이나 웹상에서 공개되는 다양한 이미지들을 수집하기도 하며, 배경 관련 이미지 서적이나 영화, 애니메이션, 그리고 공개된 다른 게임들의 스크린 샷을 바탕으로 수집하기도 합니다. 현실적인 배경을 바탕으로 제작하는 게임의 경우에는 직접 주변이나 현장을 찾아가서 자료가 될 만한 것들을 사진과 동영상으로 꼼꼼히 수집하여 제작하기도 합니다.

자료 수집은 작업을 하는 데 있어서의 첫 단계이며, 이 단계에서 거의 모든 콘셉트의 그림이 그려진다고 해도 과언이 아닙니다. 그만큼 자료 수집은 중요한 과정이라고 할 수 있습니다. 따라서 작업에 대한 의욕과 열정을 가지고 수집해야 하며, 많은 자료들이 모일수록 콘셉트의 방향과 아이디어가 좀 더 쉽게 떠오른다는 사실을 인식해야 할 것입니다. 이렇게 열정적으로 작업에 임하면 작업이 재미있고 결과물 또한 만족스러울 것입니다.

다음은 위에서 설명한 배경 설정에 관련된 자료들을 수집한 것입니다.

작은 오브젝트들에서부터 마을이 이루는 집이나 다리 등과 같은 큰 오브젝트들에 이르기까지 하나하나 꼼꼼하게 수집하는 것이 좋습니다. 여기서는 간단한 수집의 예를 보여주는 것이므로 몇몇 이미지들만 모아서 정리해보았습니다.

▲ 마을의 실상을 바탕으로 수집한 사진 자료 이미지들

수집한 자료들을 보면서 광산촌 마을을 머릿속에 떠올립니다. 투박하고 서민적인 배경을 생각하면서 콘셉트 이미지를 스케치합니다. 위의 자료에서 살펴보았듯이 사실적인 이미지를 잡는 데는 자료가 도움이 되겠지만, 판타지 요소나 스팀펑크 요소들과 같이 상상력이 필요한 자료들은 다른 게임이나 애니메이션, 영화 등을 통해 찾아보시기 바랍니다.

처음에는 러프하게 접근하면서 다양한 스케치들을 그려봅니다. 다음은 설정에 따른 마을의 전체적인 분위기를 러프하게 잡아본 스케치들과 Part 4에 들어갈 몇 개의 오브젝트 스케치들입니다.

▲ 마을의 분위기와 오브젝트들을 러프하게 스케치한 이미지들

04 콘셉트 이미지 작업 구체화하기

이미지들을 러프하게 스케치한 후에는 컨펌자와의 의견 조율을 거쳐 이미지 작업을 합니다. 그런 다음, 정성스럽게 형태를 잡고 채색 작업을 거쳐 원화를 완성합니다. 다음은 Part 4에서 보여줄 박스와 원통의 원화 완성 이미지입니다.

▲ 구체화된 원화로 완성된 박스와 원통 이미지

05 원화를 바탕으로 3D 제작하기

3D 제작자는 완성된 원화를 받고 제작에 착수합니다. 제작 과정에서 원화를 보고 의문이 들거나 이해가 안 가는 부분들이 있는 경우에는 원화가와의 의견 조율을 통해 해결해야 합니다. 대화를 통해 원화가의 의도를 정확히 파악한 후 작업에 임해야만 원화에서 의도하는 결과물을 만들어 낼 수 있기 때문입니다. 다음의 3D 작업물 또한 Part 4에서 배울 결과물입니다.

앞으로 실무 제작 학습하기에서 원화가와 3D 제작자 간의 의견 조율이 중요함을 많이 언급할 것이므로 이 점을 잘 숙지하시기 바랍니다.

▲ 원화를 바탕으로 하여 3D로 제작한 박스와 원통 이미지

06 던전 제작하기

던전의 제작 과정도 마을과 다르지 않습니다. 보통 여러 개의 공간으로 이루어져 있는 던전은 하나하나의 공간마다 특징을 가지고 있는데, 이것들 또한 기획과 공간의 설정을 바탕으로 자료 수집이 이루어지며, 이 자료들을 바탕으로 아이디어 스케치를 하고, 하나의 이미지를 정하여 구체화한 다음 3D로 제작합니다.

필드나 마을 제작과 던전 제작의 다른 점은 여러 공간을 작업해야 하기 때문에 효율적인 작업이 이루어지기 위해서는 벽면이나 특정 부분을 패턴화하여 반복 배치한다는 것입니다.

이번에 책을 집필하는 과정에서 마을의 배경을 비교적 일반적인 디자인을 바탕으로 설정하였다면, 던전은 정통 판타지 게임에 나오는 종족인 다크엘프와 어울리는 분위기의 공간을 잡아보았습니다. 마을과 같은 분위기와 콘셉트로 갈 수도 있지만, 이와 다르게 잡은 이유는 이 책을 접하시는 많은 분들에게 다양한 콘셉트로 제작되는 작업 과정과 결과물을 제시해드리는 것이 좋겠다는 생각 때문입니다.

던전은 전체적으로 어두운 분위기이며, 판타지의 상징이자 상상 속의 동물인 용에서 모티브를 가져와 분위기를 잡아보았습니다. 용에서 느껴지는 뾰족함과 날카로움, 불 그리고 날렵한 곡선의 느낌을 던전 공간에 표현하였기 때문에 판타지 게임에서 콘셉트의 성격이 강한 던전의 분위기를 느끼실 수 있을 것입니다.

앞에서 마을의 자료 수집과 스케치 과정을 설명하였고, Part 4에서도 자세히 보실 수 있으므로, 던전 제작에 대한 설명은 이것으로 마치겠습니다.

지형을 콘셉트로 하여 스케치한 여러 가지 이미지들입니다. 용암 지형, 해안 지형, 동굴 지형 같은 자연적인 지형의 콘셉트에 맞는 상징적인 형상들을 인위적으로 만들어주어 주변 지형들과 자연스럽게 어울리도록 디자인하는 것이 포인트라고 할 수 있습니다.

Photoshop과
3ds max 학습하기

예전에는 스케치 원화의 채색 작업과 일러스트 채색 작업을 할 때, '페인터'를 많이 사용하였지만, 요즘에는
포토샵을 많이 사용합니다. 포토샵은 채색 작업 기능들이 많이 좋아졌고, 포토샵 본래의 기능들인 합성, 편
집 같은 유용한 기능들까지 작업에 적용하여 함께 사용할 수 있기 때문에 많은 사람들이 이용하고 있습니다.
게임에서 3D를 제작할 때 사용하는 프로그램은 3ds max입니다.

이번에는 게임 제작을 학습하기에 앞서, 작업을 할 때 사용하는 프로그램인 포토샵과 3ds max의 기능들 중
에서 작업에 필요한 기능들만을 중심으로 그것들이 실제 작업에 어떻게 활용되는지에 대해 알아보겠습니다.

Part 3

Chapter 01

포토샵의 다양한 기능들 중에서도 배경 작업에 필요한 기능은 콘셉트, 원화 작업 시의 페인팅 기능 및 합성 기능, 간단한 편집 기능들입니다. 이번에는 이러한 기능들에 대해 하나하나 알아보겠습니다.

'포토샵 학습하기'에서 학습할 버전은 포토샵 CS2입니다. 많은 실무자들도 최신 버전이 나올 때마다 업그레이드하여 사용하지는 않습니다. 각자의 손에 익은 버전들이 있고, 이전 버전이라 하더라도 배경 작업을 하는 데 아무런 문제가 되지 않기 때문입니다. 그 이유는 각 버전에 따라 새로 추가되는 기능들이 배경 작업에 그리 많은 영향을 미치지 않기 때문입니다. 먼저 포토샵의 기본 화면 구성과 기본 설정에 대해 알아본 후에 배경 작업에 필요한 기능들만을 선택하여 알아보겠습니다.

Step 1 포토샵의 화면 구성과 기본 설정 알아보기

▶ 배경 작업을 위한 화면 구성

포토샵은 기본적으로 상단의 메뉴 바와 툴박스 그리고 각종 팔레트들로 이루어져 있습니다. 처음 포토샵을 접하는 분들은 복잡해 보일 수 있습니다. 하지만 배경 작업을 할 때 사용하는 기능들은 많지 않기 때문에 학습하는 데 큰 부담은 없을 것입니다.

❶ **메뉴 표시줄** : 포토샵 메뉴가 항목별로 분류되어 있고, 좀 더 세부적으로 들어가면 여러 메뉴들이 있지만 배경 작업에 사용하는 메뉴는 많지 않습니다.

❷ **툴박스** : 포토샵에서 기본적으로 가장 많이 사용하는 툴을 모아 놓은 곳입니다. 이곳에 있는 도구들은 드로잉 기능, 채색 기능, 이미지를 선택하거나 복사하는 기능, 수정 기능, 합성 기능 등과 같은 대부분의 포토샵 작업을 수행합니다. 툴의 종류는 많지만, 여기서는 배경 작업에 사용하는 툴들을 중심으로 알아보겠습니다.

❸ **옵션 바** : 각 툴 사용 시 옵션 바를 이용하여 세부적으로 조절하면서 작업할 수 있습니다.

❹ **패널** : 여러 패널들을 사용하여 세부 설정을 할 수 있습니다. 배경 작업을 할 때 주로 사용하는 패널들로는 [Layers] 패널, [Channels] 패널, [History] 패널을 들 수 있습니다.

▶ 배경 작업을 위한 환경 설정

포토샵 작업을 능률적으로 수행하기 위한 설정과 배경 작업과 연관되어 있는 설정에 대해 알아보겠습니다.

먼저 포토샵에서 [Edit-Preferences] 메뉴를 선택하면 포토샵의 전체 환경을 설정할 수 있는 [Preferences] 대화상자가 나타납니다.

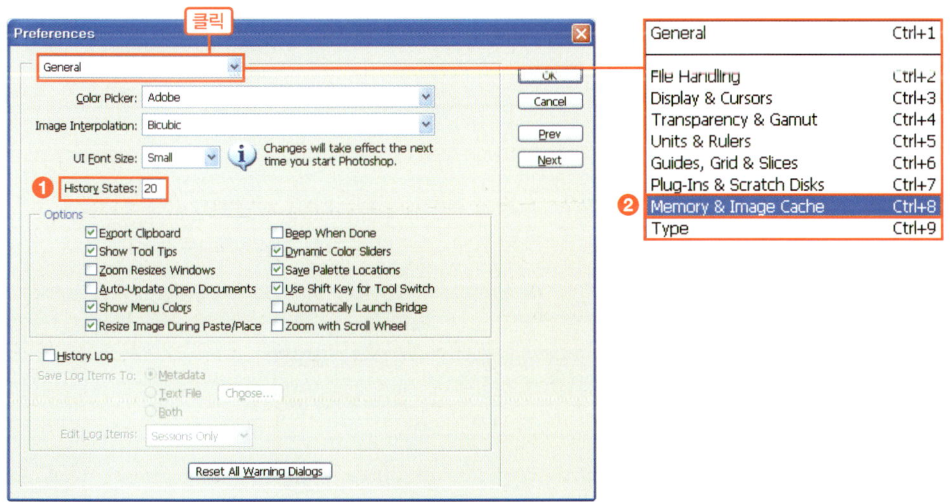

❶ **History States** : 히스토리의 Undo 수를 결정하는 항목입니다. 기본 값은 '20'으로 설정되어 있습니다. 자신의 작업 스타일에 따라 숫자를 늘려 사용하시기 바랍니다.

❷ **Mcmory & Image Cache** : 보통 시스템에 맞게 기본 값이 설정되어 있지만, 포토샵 하나만 사용하는 분들은 메모리를 60~70%로 설정해 좋고 사용하는 것이 좋습니다. 하지만 여러 가지 프로그램을 동시에 열어 놓고 작업할 경우에는 일반적으로 40~50%로 설정해 놓고 사용하는 것이 적당합니다.

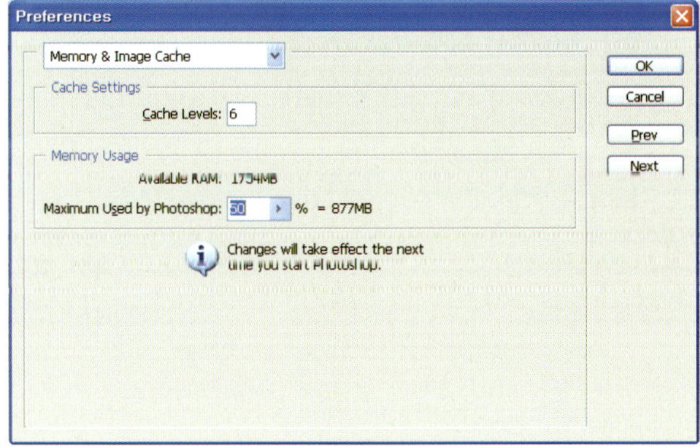

▶ 배경 작업을 위한 스캐너 설정

스케치로 작업할 경우, 스캐너는 필수 장비입니다. 시중에 많은 스캐너들이 있지만 '어떤 스캐너를 사용하는 것이 좋다'라는 것은 없습니다. 별 문제 없이 스캔된다면 어떤 스캐너라도 상관없습니다. 여기서는 EPSON 스캐너로 스캔하는 방법에 대하여 알아보겠습니다.

01 포토샵에서 [File–Import–EPSON TWAIN 3(32–bit)] 메뉴를 선택합니다.

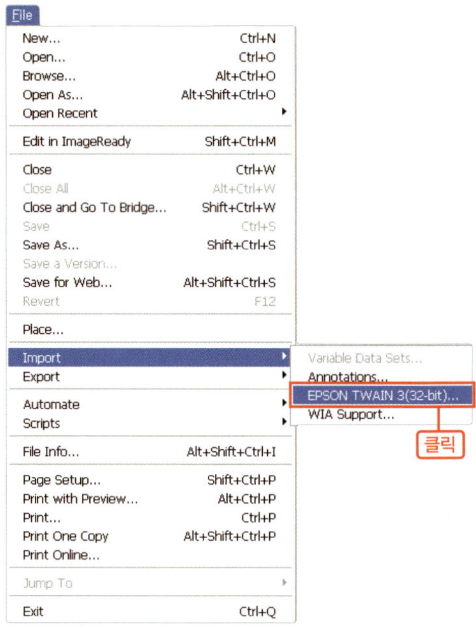

02 [EPSON TWAIN 3] 대화상자가 나타나면, 스캔을 하기 전에 해야 할 몇 가지 요소를 설정합니다.

먼저 이미지 형식은 말 그대로 컬러 이미지를 스캔할 것인지, 흑백 이미지를 스캔할 것인지를 정하는 것입니다. 해상도는 보통 300dpi로 설정한 후에 사용합니다.

중간 밑에 있는 미리 보기라는 종이 아이콘 버튼을 클릭하면 스캔을 할 이미지가 오른쪽의 흰색 구역에 미리 나타납니다. 부분 스캔 또는 전체 스캔을 정한 후에 [스캔]이라는 아이콘을 클릭하면 이미지가 스캔되어 포토샵에 나타납니다.

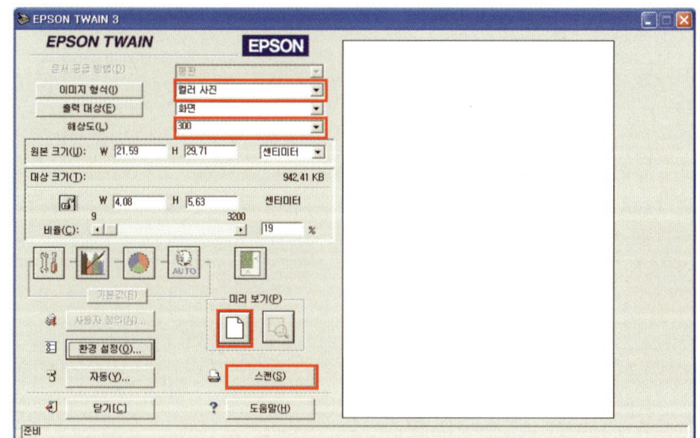

Step 2 배경 작업 시 사용하는 툴박스 알아보기

툴박스에는 여러 가지 툴들이 있습니다. 각 툴들에는 숨어 있는 다른 툴들이 있고, 이것들은 마우스를 이용하여 볼 수 있습니다. 마우스 커서를 하나의 툴 위에 올려놓고 오른쪽이나 왼쪽을 클릭한 채로 있으면 툴박스들이 나타납니다. 마우스 왼쪽보다 오른쪽이 메뉴가 나타나는 속도가 빠릅니다. 배경 작업을 하는 데 있어서 반드시 사용해야 하는 태블릿 펜으로 사용하고자 하는 툴을 눌러도 툴박스들이 나타납니다.

앞으로 마우스를 기준으로 설명하게 될 경우, 마우스 오른쪽 버튼 클릭은 태블릿 펜의 펜촉이 태블릿 바닥에 눌러져 있다는 것과 같으므로 이점을 인지하시고 읽어주시기 바랍니다.

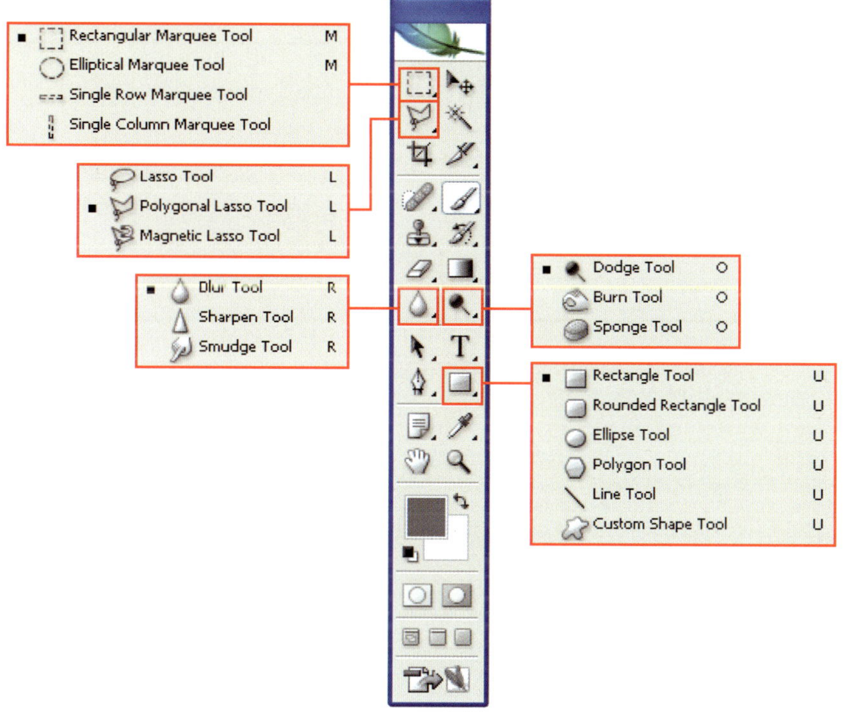

위에 보이는 것처럼 옆으로 나온 툴박스들은 배경 작업 시 많이 사용하는 것들입니다. 툴박스가 나와 있지 않은 것들은 많이 사용하지 않기 때문에 따로 설명하지 않겠습니다.

그럼 먼저 툴박스를 4등분하여 툴들의 기능을 알아보겠습니다.

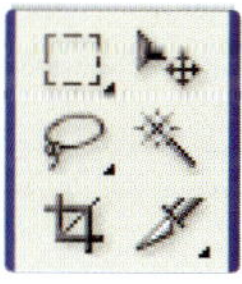

선택 도구 : 이미지들을 선택하거나, 자르거나, 이동시키는 데 사용하는 툴입니다.

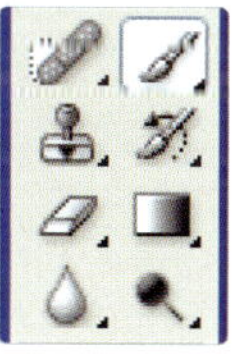

페인팅 도구 : 가장 많이 사용하는 툴로, 이미지들을 그리거나, 재색하거나, 지우는 데 사용하며, 문질러서 흐리게 하거나 그러데이션을 줄 수도 있습니다.

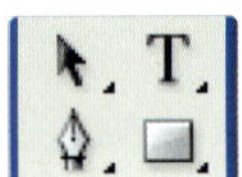 **입력 도구** : 이미지에 문자나 도형들을 넣을 때 사용하는 툴입니다.

 **유용한 도구** : 이미지에 메모를 넣거나, 색상을 선택하거나, 이미지를 확대 또는 축소할 때 사용하는 툴입니다.

위와 같이 툴박스는 크게 네 가지로 나누어 볼 수 있습니다. 앞으로 많은 작업들을 하다 보면 툴박스의 툴들을 거의 다 사용해 보겠지만 배경 작업을 하는 데 사용되는 툴은 그리 많지 않습니다.

그러므로 이 책에서는 모두 설명하지 않고 그림을 그리거나 약간의 툴을 사용하여 이미지를 바꾸어주면서 좀 더 쉽게 작업할 수 있는 작업 중심의 툴들에 대하여 자세히 알아보겠습니다. 툴박스의 기능에 대해 좀 더 알고 싶으신 분은 시중에 나와 있는 포토샵 책을 참고하시기 바랍니다.

그럼 이제부터 툴에 대하여 좀 더 자세하게 알아보겠습니다.

▶ 선택 도구

선택 툴

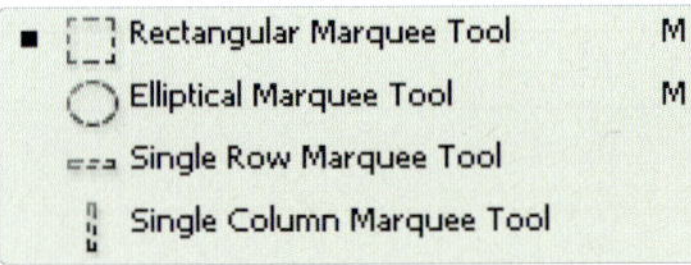

선택 툴(Marquee Tool)에는 사각, 원형, 가로, 세로 선택 툴이 있습니다. 각각의 툴로 이미지를 드래그하여 지우거나, 색을 넣거나, 흐리게 하거나, 변형을 줄 수 있습니다.

이동 툴

이동 툴은 선택된 부분을 다른 곳으로 이동할 경우에 사용합니다. 가로나 세로 직선 방향으로 이동하려면 키보드의 Shift 를 누른 상태에서 움직이고, 선택한 영역을 복사해야 할 경우에는 키보드의 Alt 를 누른 상태에서 움직이면 됩니다. 이때 주의할 점은 복사된 영역이 원래 이미지와 떨어져 있는 것이 아니기 때문에 선택 툴이 사라지면 원본 이미지와 합쳐진다는 것입니다. 따로 복사된 부분을 사용해야 할 경우에는 새로운 창으로 가져 갔다가 다시 가져와서 사용하면 됩니다.

올가미 툴

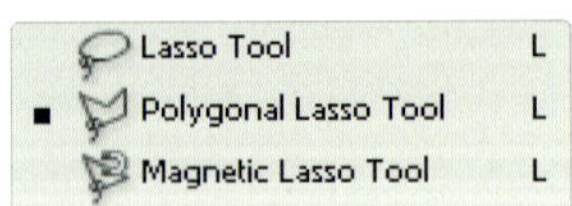

올가미 툴(Lasso Tool)은 마우스로 드래그하는 대로 자유롭게 영역을 선택할 수 있으며, 직선적인 영역 선택과 곡선적인 영역 선택을 할 수 있는 툴이 있습니다. 이 툴에서도 직선적인 가로, 세로 영역을 선택할 경우에는 키보드의 Alt 를 누른 후에 선택하면 됩니다.

마술봉 툴

마술봉 툴(Magic wand Tool)을 이용하여 이미지에서 특정 색상을 클릭하면, 그 색상과 비슷한 색상을 찾아 자동으로 선택 영역이 지정됩니다.

크롭 툴 ⌗

크롭 툴(Crop Tool)은 이미지의 원하는 부분만 남기고 그 밖의 부분은 모두 지울 때에 사용합니다. 선택되는 부분은 남기는 것이고, 그 밖의 부분만 지워지는 것이므로 이 점을 잘 인지하시기 바랍니다. 선택한 후에 키보드의 Enter 를 누르거나 드래그하여 선택한 부분을 더블클릭하면 지워집니다.

▶ 페인팅 도구

브러시 툴 ✎

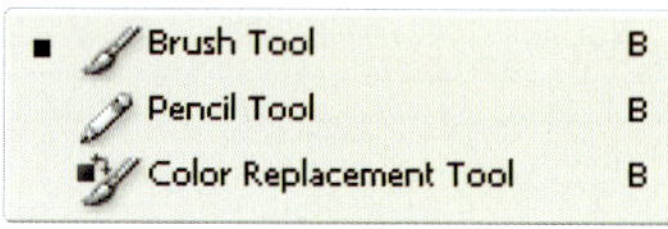

브러시 툴은 배경 작업에서 가장 많이 사용하는 툴입니다. 그림을 그릴 수도 있고 채색할 수도 있으며, 이 밖에도 여러 가지 기능들이 있습니다. 브러시 툴 밑에는 연필 툴이 있는데 작업을 하는 데 있어서 크게 다른 기능이 없기 때문에 브러시 툴의 기능만 설명하겠습니다. 브러시 툴을 선택한 후 옵션 바를 이용하여 다양한 브러시를 만들 수 있으며, 다양한 이미지를 그리는 데 유용합니다.

브러시 툴의 옵션 바를 이용하여 다양한 브러시를 만들 수 있습니다. 브러시를 만드는 기능에 대하여 좀 더 알아보겠습니다.

옵션 바에서 Brushes를 클릭하면 다음과 같은 박스가 나타나는데, 이 박스에 있는 Brush Presets를 살펴보면 11가지로 구성되어 있는 것을 알 수 있습니다. 이 스타일들을 이용하면 다양한 브러시를 만들 수 있습니다.

❶ **브러시 피커** : 등록되어 있는 브러시들을 보여줍니다.

❷ **Master Diameter** : 브러시 피커에서 선택한 브러시의 크기를 조절합니다.

❸ **프리뷰 창** : 브러시 피커에서 선택한 브러시 모양을 미리 확인할 수 있습니다.

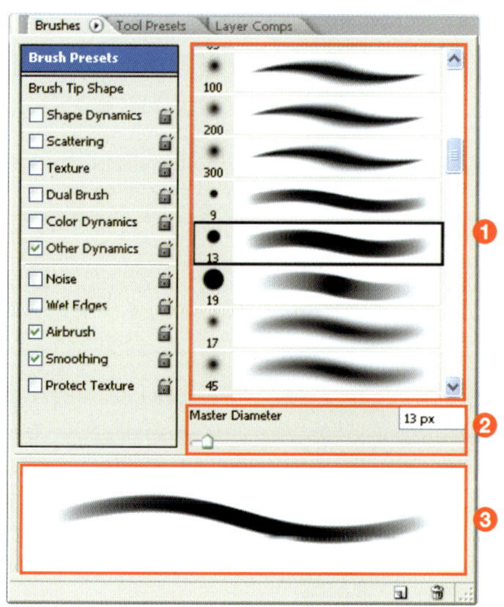

Brush Tip Shape 옵션은 브러시 피커에서 작업할 브러시를 선택한 후에
브러시 끝부분을 제작하거나 수정할 때 사용하며, 브러시의 질감이나 각
도까지 조절할 수 있는 유용한 기능입니다.

❶ **Diameter** : Brush Presets에서와 같은 브러시 크기를 조절합니다.
❷ **Angle** : 브러시의 각도를 조절하는 기능이며, Roundness와 병행하여
   각도 조절을 합니다.
❸ **Spacing** : 브러시 입자의 간격을 조절하는 기능입니다.

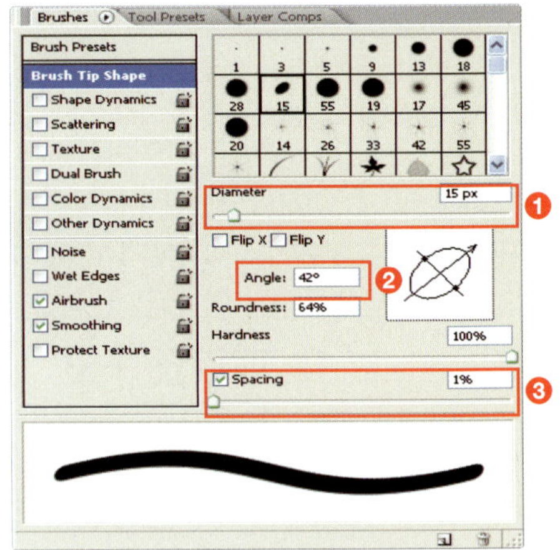

Shape Dynamic 옵션은 브러시의 테두리 형태를 조절하는 기능을 가지
고 있습니다.

❶ **Size Jitter** : 브러시 테두리의 울퉁불퉁한 정도를 조절합니다.
❷ **Minimum Diameter** : 선의 양쪽 끝부분을 가늘게 하는 기능입니다.
❸ **Tilt Scale** : 브러시의 경사각 크기를 조절합니다.
❹ **Angle Jitter** : 브러시의 각도를 불규칙한 형태로 조절합니다.
❺ **Roundness Jitter** : 브러시 끝부분의 울퉁불퉁한 빈도를 조절하며, 수
   치가 높을수록 불규칙한 상태가 됩니다.
❻ **Minimum Roundness** : 수치가 낮을수록 Roundness의 크기가 최
   소화됩니다.

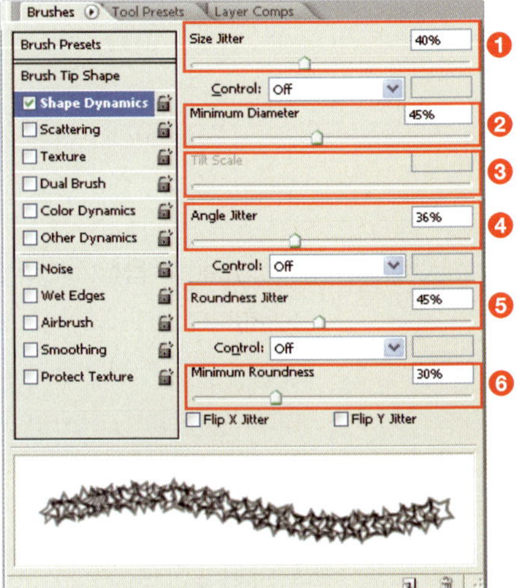

Scattering 옵션은 브러시의 분산도를 조절하는 것으로, Scatter의 수치
가 높을수록 브러시 입자의 분산도가 산만해지며, Count로 빈도 수를 조
절하여 브러시를 만듭니다.

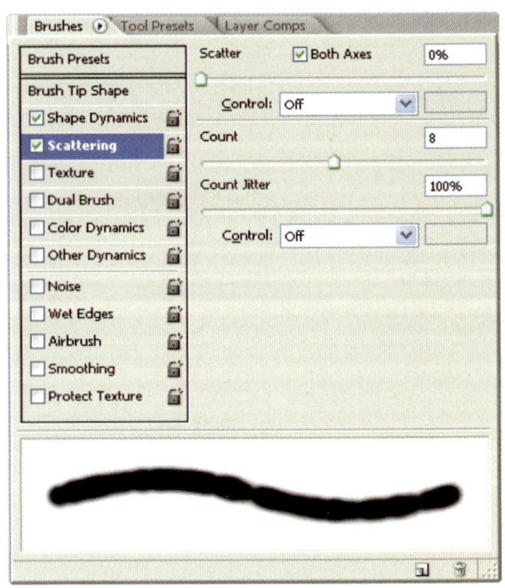

Texture 옵션은 브러시에 원하는 텍스처를 넣는 것입니다. 텍스처의 질감 조절과 크기 등을 조절합니다. 블렌드 모드로 설정하여 텍스처와 브러시 자국을 합성하기도 하고 텍스처 크기를 확대, 축소하기도 합니다. Dual Brush 옵션은 브러시의 자국에 새로운 붓 자국을 추가하여 중복 효과를 나타냅니다. 브러시의 크기, 간격 조절, 브러시 입자의 분산도를 조절합니다.

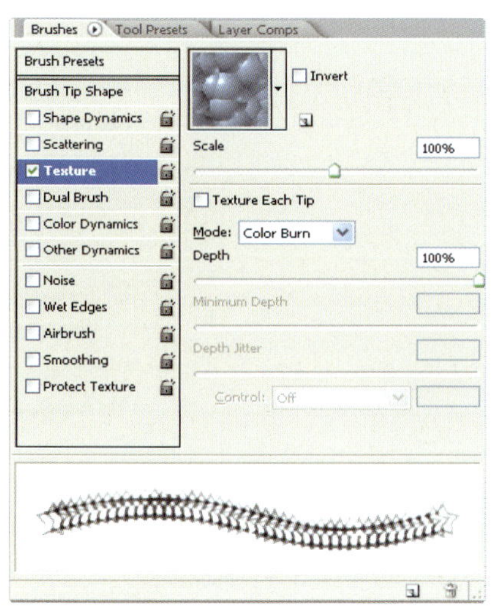
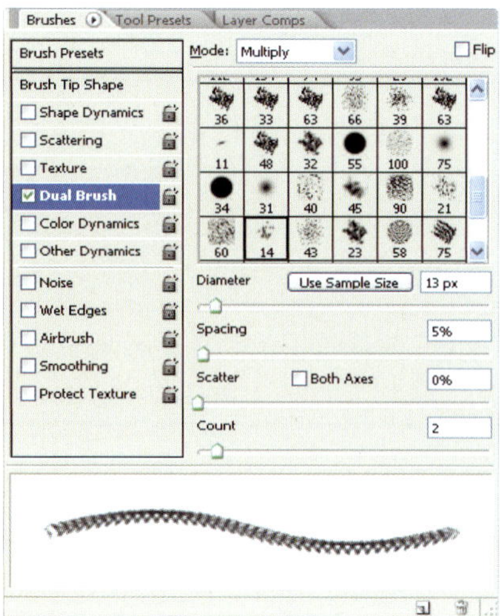

Color Dynamic 옵션은 브러시에 사용되는 색상에 대한 옵션들을 지정하고, Other Dynamic 옵션은 브러시 색상의 투명도를 조절합니다.

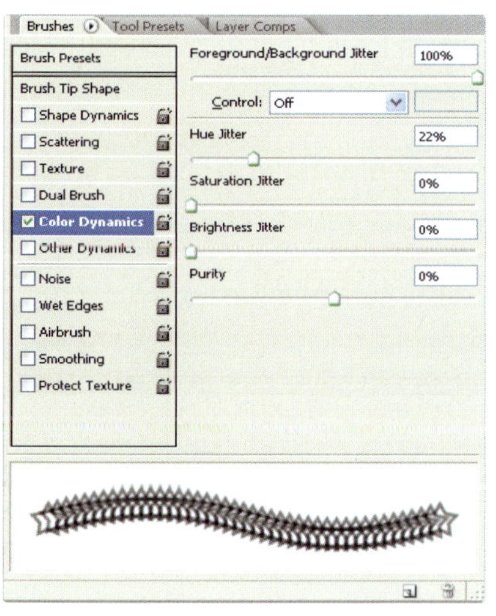
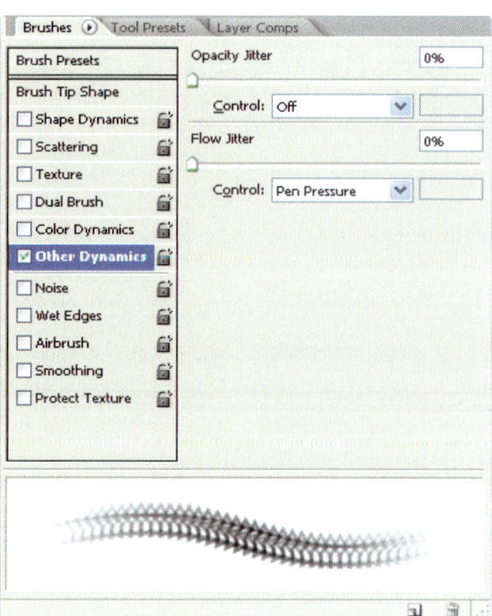

지금까지 옵션 바를 이용하여 원하는 브러시로 만드는 기능들에 대해 알아보았습니다. 이 기능들은 직접 조절해보면서 감을 익혀야 이해가 빠를 것입니다. 원하는 브러시를 포토샵에서 직접 만들어 보면서 작업에 유용하게 사용해보시기 바랍니다.

 지금까지 설명한 것처럼 브러시 툴을 처음 사용할 때 툴박스에서 선택한 후 옵션 바에서 브러시 상자를 열어 선택하는 방법도 있지만, 이미지 창 안에 마우스 커서를 올려놓은 상태에서 마우스 오른쪽 버튼을 클릭하여 오른쪽 이미지처럼 프리셋 피커 창이 나타났을 때 브러시의 종류를 선택하는 방법도 있습니다.

지우개 툴

지우개 툴은 이미지를 지울 때 사용하며, 지워진 이미지 영역은 배경색으로 채워집니다. 지우개 툴도 브러시 툴과 마찬가지로 붓의 종류를 선택하여 지울 수 있으며, 브러시 툴의 팁(Tip)에서 설명한 것과 마찬가지로 지우개 툴 또한 마우스 오른쪽 버튼을 클릭한 후에 나타나는 프리셋 피커 창에서 브러시를 선택하여 사용하는 방법도 있습니다.

블러 툴 / 샤픈 툴

블러 툴은 이미지의 픽셀과 픽셀 경계 사이를 부드럽게 뭉개주는 기능이 있고, 샤픈 툴은 픽셀의 경계를 선명하고 날카롭게 만들어주는 기능이 있습니다. 블러는 이미지에서 멀리 있는 이미지 표현이나 비쳐지는 표현 등에 사용하며, 샤픈은 이미지를 좀 더 부각시키거나 강조해줄 이미지에 사용합니다.

블러/샤픈 툴도 이와 마찬가지로 마우스 오른쪽 버튼을 클릭하면 브러시 프리셋 피커 창이 나타나는데, 브러시를 맞게 선택하여 블러/샤픈 기능을 사용하면 됩니다.

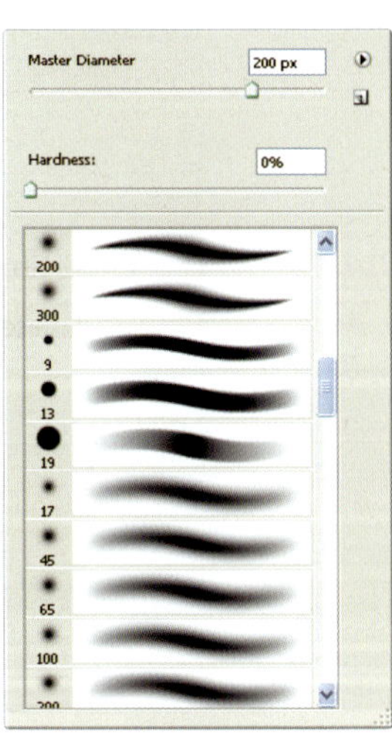

닷지 툴 / 번 툴

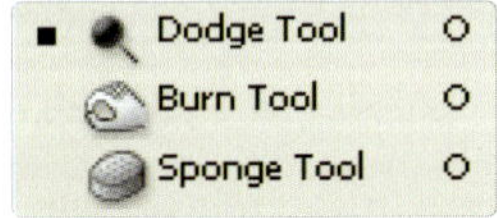

닷지/번 툴은 이미지에 가해지는 노출의 정도에 따라 밝기와 채도를 조절하는 기능이 있습니다. 닷지 툴은 기본적으로 이미지를 밝게 해주는 반면, 번 툴은 이미지를 어둡게 해주는 상반된 특징을 가지고 있습니다.

닷지 툴/번 툴의 옵션 바에 대해 알아보겠습니다.

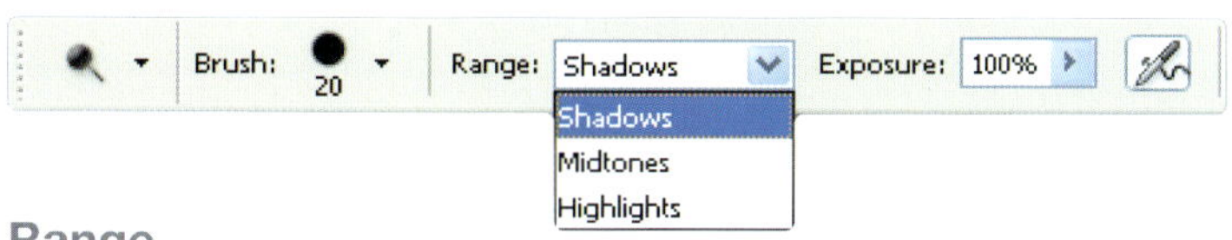

Range

- **Shadows** : 이미지의 어두운 톤 부분에 밝은 효과가 적용됩니다.
- **Midtones** : 이미지의 중간 톤 부분에 밝은 효과가 적용됩니다.
- **Highlights** : 이미지의 밝은 톤 부분에 더 밝은 효과가 적용됩니다.

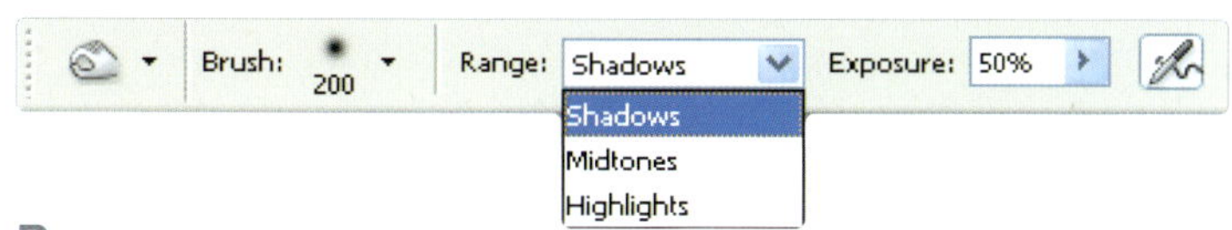

Range

- **Shadows** : 이미지의 어두운 톤 부분에 더 어두운 효과가 적용됩니다.
- **Midtones** : 이미지의 중간 톤 부분에 어두운 효과가 적용됩니다.
- **Highlights** : 이미지의 밝은 톤 부분에 어두운 효과가 적용됩니다.

스펀지 툴

스펀지 툴은 이미지의 채도를 높이거나 낮출 경우에 사용합니다. 옵션 바에서 좀 더 자세히 알아보겠습니다.

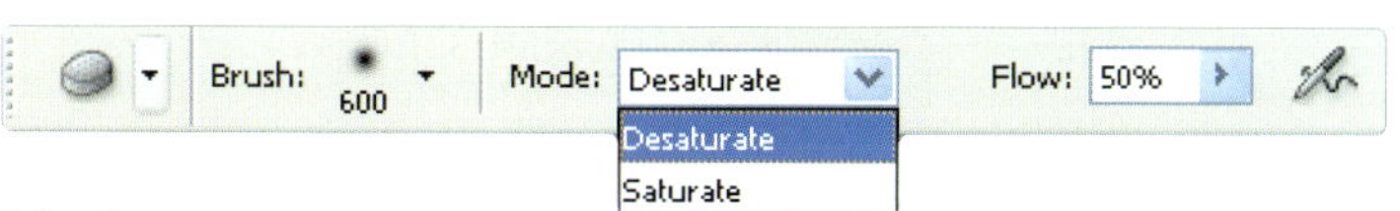

Mode

- **Desaturate** : 사용하고자 하는 영역의 이미지 채도가 낮아집니다. 계속 낮추다 보면 그레이스케일로 변합니다.
- **Saturate** : 사용하고자 하는 영역의 이미지 채도가 높아집니다.

● 입력 도구

문자 툴

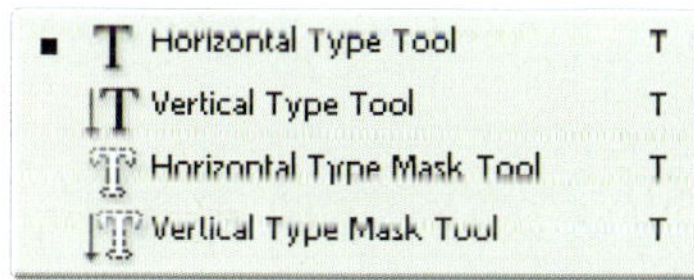

문자 툴은 이미지 위에 직접 문자를 입력할 수 있는 도구입니다. 왼쪽의 툴박스를 살펴보면 네 가지 종류의 문자 툴을 선택할 수 있는데 위에서부터 차례로 가로 문자 툴, 세로 문자 툴, 가로 문자 마스크 툴, 세로 문자 마스크 툴이라고 합니다.

가로 문자 툴과 세로 문자 툴은 레이어에 새로운 문자 레이어가 만들어지고, 가로 문자 마스크 툴과 세로 문자 마스크 툴은 입력된 문자의 형태로 선택 영역이 만들어지는 기능을 가지고 있습니다.

▶ 유용한 도구

스포이트 툴

색을 추출할 때 사용하며, 브러시 툴을 사용할 때 키보드의 Alt 를 누르면 일시적으로 스포이트 툴을 사용할 수 있습니다.

손바닥 툴

손바닥 툴은 이미지를 크게 하여 부분적으로 볼 경우에 사용하는 도구입니다. 키보드의 Space bar 를 누르면 일시적으로 손바닥 툴을 사용할 수 있습니다.

돋보기 툴

돋보기 툴은 이미지를 확대하고 축소할 때 사용합니다. 돋보기를 이미지 위에 올려놓으면 돋보기 모양에 '+' 모양이 나타나는데, 이때 이미지를 클릭하면 점점 확대됩니다. 그리고 키보드의 Alt 를 누르면 돋보기 모양에 '−' 모양이 나타나는데, 이때 클릭하면 이미지가 축소됩니다.

> **TIP /** Ctrl 을 누른 상태에서 '+'를 누르면 확대되고, '−'를 누르면 축소됩니다.

▶ 색상 모드

색상 모드는 전경색과 배경색을 선택하여 원하는 색상을 지정해주는 기능을 합니다.

- **전경색** : 이미지에 색상을 채울 때 기본이 되는 색입니다.
- **배경색** : 이미지를 지우면 바탕에 남는 색을 말합니다.
- **기본 색상 설정 값** : 클릭하면 전경색과 배경색을 검은색과 흰색의 기본 설정 값으로 되돌리는 기능을 합니다.

툴박스의 전경색을 클릭하면 [Color Picker] 대화상자가 나타납니다. 이 대화상자의 색상 표시 창에 마우스 커서를 가져가서 원하는 색상을 선택한 후 [OK] 버튼을 클릭하면 색상 모드의 전경색 네모 박스에 선택한 색이 나타납니다. 이러한 순서대로 색상을 선택하여 이미지 페인팅 작업을 하면 됩니다.

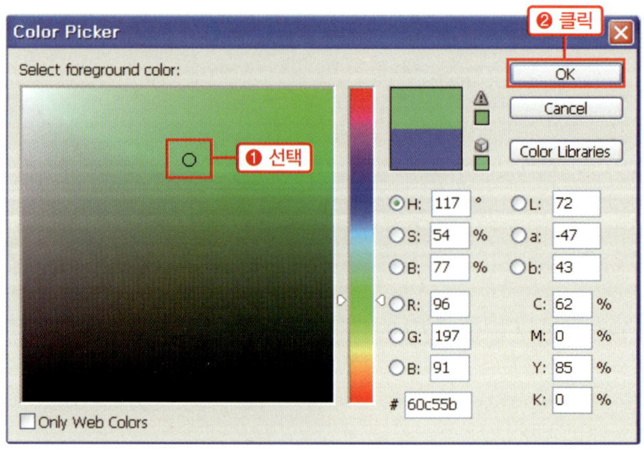

지금까지 툴박스 내의 각 툴에 대하여 알아보았습니다. 생략한 툴들은 사용하는 빈도가 적은 툴들이며, 배경 작업을 하는 데 있어서 크게 중요하지 않다고 생각합니다. 그림을 그리거나 채색하는 것이 주요 작업이기 때문에 몇몇 기능들만 사용하게 될 것입니다. 이 밖에 설명한 기능들은 이미지에 약간의 포장을 하여 보여준다거나 설명을 적어 넣는다거나 하는 경우에 사용할 수도 있기 때문에 설명을 첨가한 것입니다. 앞으로 배경 작업을 하는 데 있어서 툴을 잘 이해하고 숙지하여 작업에 활용하시기 바랍니다.

Step 3 배경 작업 시 사용하는 메뉴 알아보기

앞에서 설명한 바와 같이 포토샵 메뉴에는 File(파일) 메뉴, Edit(편집) 메뉴, Image(이미지) 메뉴, Select(선택) 메뉴, Filter(필터) 메뉴, View(보기) 메뉴, Window(윈도우) 메뉴, Help(도움말) 메뉴가 있습니다.

이 메뉴들은 포토샵에서 사용하는 파일에 관련된 명령들로 이루어져 있는데 처음 파일을 생성하는 것부터 저장하기, 프린트하기까지 다양하게 구성되어 있습니다. 작업에 사용하는 메뉴들을 중심으로 간단하게 알아보겠습니다.

▶ [File] 메뉴

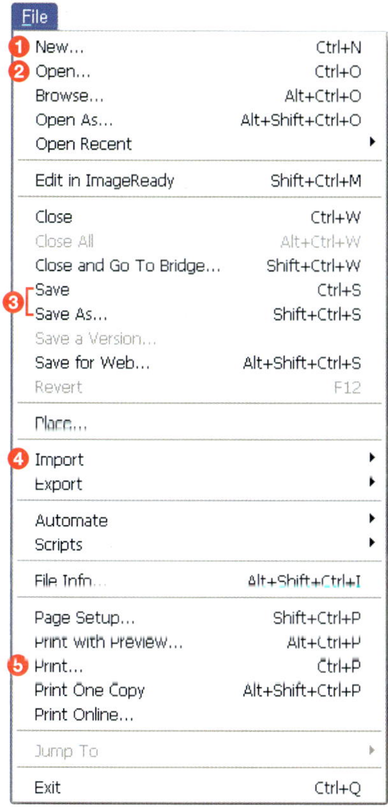

❶ **New** : 새로운 이미지 창을 만들 때 사용합니다. 클릭을 하면 만들 이미지 창에 대한 설정 대화상자가 나타나고, 여기에서 원하는 이미지 창의 크기를 설정한 후 [OK] 버튼을 클릭하면 새로운 이미지가 생성됩니다.

❷ **Open** : 이미지 파일을 열 때 사용합니다. 기존에 작업한 이미지들을 여는 기능을 합니다. 클릭하면 [Open] 창이 나타나고, 찾고자 하는 파일의 폴더 위치를 찾아 선택한 후 열기를 누르면 이미지가 열립니다.

❸ **Save/Save As** : Save는 작업한 이미지를 처음 저장할 때 사용하며, Save As는 한 번 저장된 이미지를 다른 이름으로 저장할 때 사용합니다. 저장할 위치나 확장자를 다르게 선택하여 저장할 수도 있습니다.

❹ **Import** : 스캐너를 실행할 때 사용합니다.

❺ **Print** : 작업한 이미지를 인쇄할 때 사용하며, 여러 설정 기능들을 사용하면 다양한 인쇄 작업을 할 수 있습니다.

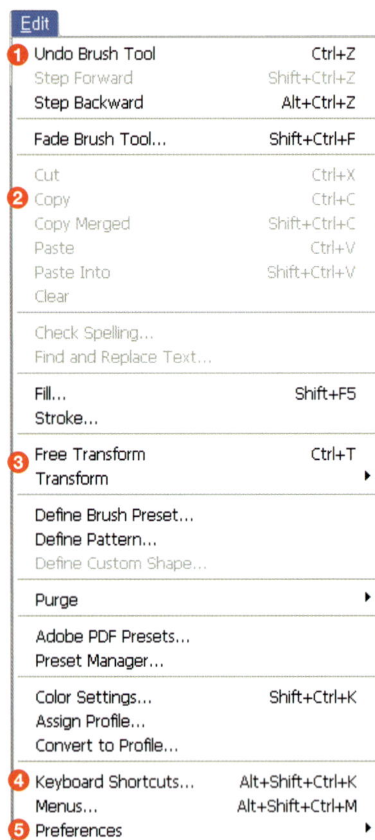 [Edit] 메뉴

❶ Undo Brush Tool : 방금 작업한 것을 취소할 수 있으며, 단축키는 Ctrl + Z 입니다.

❷ Copy : 선택한 영역을 복사할 수 있으며, 단축키는 Ctrl + C 입니다.

❸ Free Transform / Transform : 선택한 이미지를 자유롭게 변형하는 기능입니다. 크기를 늘리거나, 줄이거나, 반대로 뒤집거나, 돌리면서 원하는 이미지를 만들 수 있는 기능입니다. 단축키는 Ctrl + T 입니다.

❹ Keyboard Shortcuts : 키보드 단축키를 설정할 수 있습니다.

❺ Preferences : 포토샵의 사용 환경을 설정하는 기능입니다. 클릭하면 나타나는 대화상자의 세부 옵션들을 통하여 최적의 조건을 직접 설정하는 기능을 가지고 있습니다.

▶ [Image] 메뉴

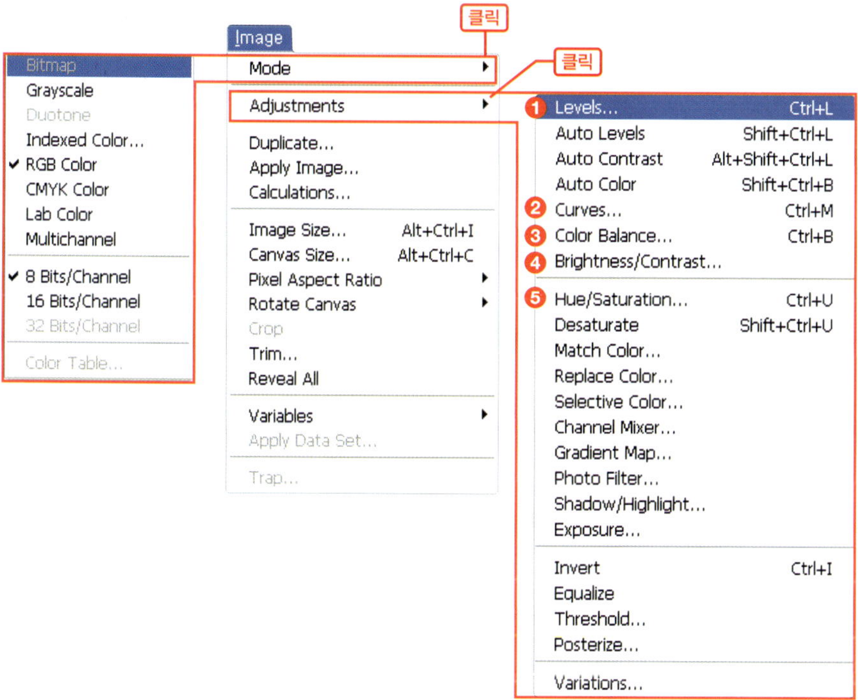

Mode

이미지의 색상을 표현하는 방식을 '모드'라고 합니다. 우리가 항상 접하고 있는 모니터의 색상은 빛의 3원색으로 구성되어 있는 RGB 모드이며, 작업을 하는 대부분의 이미지는 RGB 모드로 작업합니다. 이 밖에도 여러 가지 모드들이 있는데 각각의 특성에 맞게 이미지의 모드를 바꾸어 작업할 경우에 사용합니다.

Adjustments

이미지를 보정하는 데 가장 많이 사용하는 유용한 기능입니다. 자주 사용하는 기능들을 하나하나 알아보겠습니다.

① Levels(레벨)

- 이미지의 명도와 대비를 조절하여 색상을 보정하는 기능을 합니다.
- 주로 이미지의 색상이 어둡거나 밝을 때 사용하며, 3개의 삼각형 슬라이더를 좌우로 드래그하며 조절하는 방법으로 색상을 보정합니다.
- 단축키는 Ctrl + L 입니다.

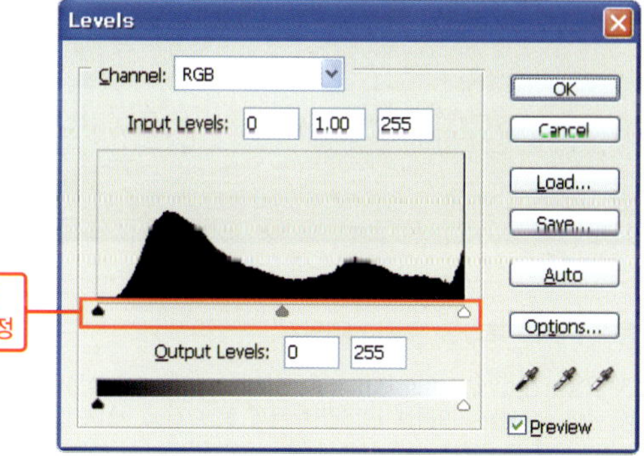

❷ Curves(커브)

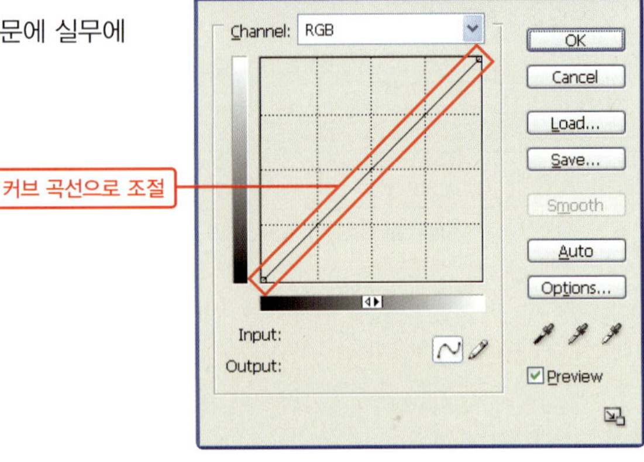

- 이미지의 색상 값을 커브 곡선으로 조절하여 보정하는 기능을 합니다.
- 여러 색상 보정 기능들 중에서 가장 자연스럽게 색상을 보정하기 때문에 실무에서 가장 많이 사용합니다.
- 단축키는 Ctrl + M 입니다.

❸ Color Balance(컬러 밸런스)

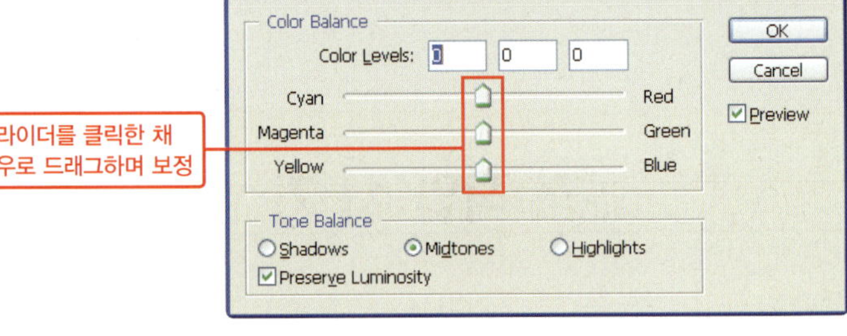

- 이미지에 컬러를 추가하거나 삭제하는 방식으로 색상을 보정합니다.
- 가운데 슬라이더를 좌우로 드래그하며 원하는 색감을 정합니다.
- 단축키는 Ctrl + B 입니다.

❹ Brightness/Contrast(밝기/대비)

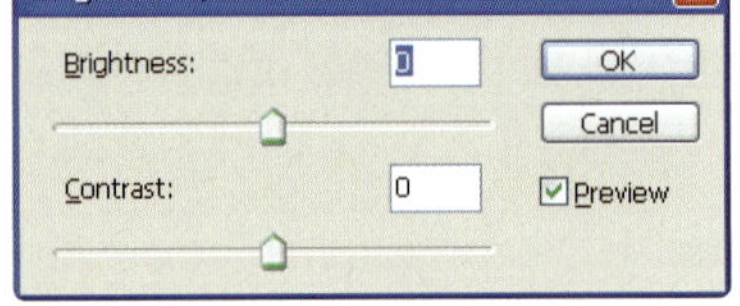

- 이미지의 밝기와 대비를 조절합니다.
- 이미지 색상의 명암을 직관적으로 조절하는 기능으로, 포토샵을 처음 접하는 분들이 쉽게 사용할 수 있는 기능입니다.

❺ Hue/Saturation(색상/채도)

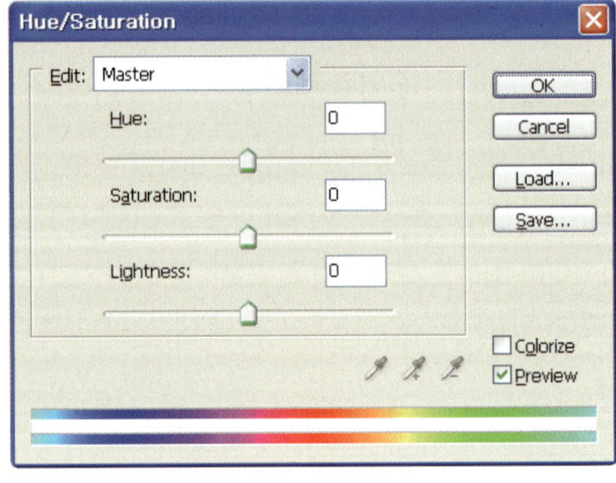

- 색의 3요소인 색상, 명도, 채도를 이용하여 이미지 색상으로 보정합니다.
- 오른쪽 아래에 있는 Colorize에 체크 표시를 하면 한 가지 계열의 색상으로 이미지를 보여줍니다.
- 단축키는 Ctrl + U 입니다.

▶ [Layer] 메뉴

작업을 하는 데 있어서 중요한 기능이며, 뒤에서 자세히 알아보겠습니다.

▶ [Select] 메뉴

이미지의 전체와 영역을 선택하여 작업하는 기능이며, 이 기능은 툴박스의 선택 툴▣과 밀접한 관련이 있습니다.

▶ [Filter] 메뉴

작업을 하는 데 있어서 중요한 기능이며, 뒤에서 자세히 알아보겠습니다.

이 밖의 메뉴에 대한 설명은 생략하겠습니다. 더 자세히 알고 싶은 분들은 포토샵 전문 서적을 보시기 바랍니다.

Step 4 배경 작업 시 가장 중요한 레이어 알아보기

레이어는 포토샵에서 가장 중요한 기능입니다. 이미지 위에 다른 이미지를 겹쳐 놓고 작업하므로 색상 보정과 복잡한 이미지 보정 시 편리하며, 합성의 기초이기도 합니다. 그럼 이제부터 레이어에 대해 알아보겠습니다.

▶ 레이어 선택하기

하나의 레이어를 선택할 경우, 마우스로 해당 레이어를 클릭하면 오른쪽과 같이 파란색으로 활성화되면서 선택됩니다. 또한 여러 개의 레이어를 선택할 경우에는 키보드 단축키인 Ctrl +클릭으로 다중의 레이어를 선택할 수 있습니다. 이럴 경우 선택된 여러 레이어들을 하나의 레이어로 간주하여 한 번에 수정하거나 변형힐 수 있습니다.

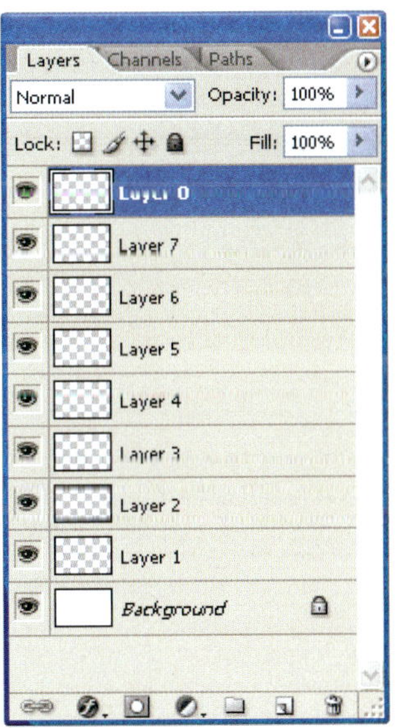

◉ 레이어 이동하기

레이어 팔레트에서 레이어를 이동시켜야 할 경우에는 마우스로 레이어를 선택하여 이동하고자 하는 곳으로 드래그하면 됩니다.

◉ 레이어 보이기/숨기기

해당 레이어 왼쪽에 있는 눈 모양의 아이콘을 클릭하여 지우면 레이어가 가려집니다.

◉ 레이어 하나로 합치기

레이어 창 왼쪽 맨 아래에 있는 사슬 아이콘 버튼을 누른 후, 오른쪽 맨 위에 있는 삼각형 아이콘을 누르고 Merge Layers 를 클릭하면 하나로 합쳐집니다. 단축키는 Ctrl + E 입니다.

◉ 레이어 팔레트

❶ 레이어 블렌드 모드

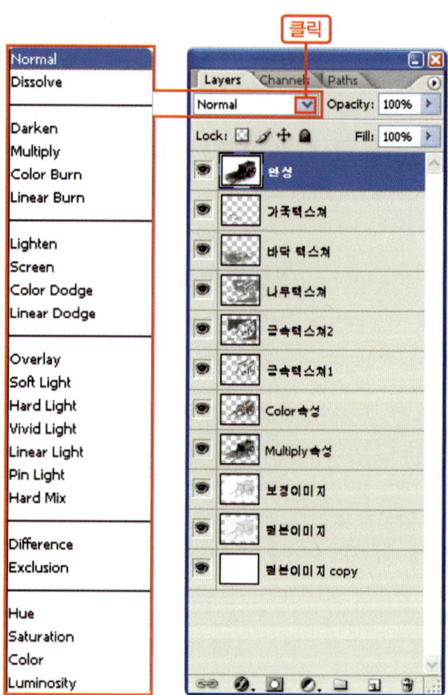

선택된 레이어 색상이 하위 레이어에 혼합되는 방식이며, 레이어 팔레트 왼쪽의 긴 상자에 있는 것들이 다양한 블렌딩 효과를 주는 기능들입니다.

이 기능은 배경 작업을 하는 데 많이 사용됩니다. 특히 Multiply, Overlay, Color 속성은 Part 4에서 많이 사용될 것입니다. 옆에 레이어 창 이미지는 Part 4의 5장에서 학습할 psd 파일 레이어를 정리한 것입니다. 이렇게 작업하면서 필요한 부분은 블렌딩 효과의 특성을 잘 숙지하여 적절하게 활용하면서 그림을 완성합니다.

❷ 레이어 불투명도(Opacity)

레이어의 불투명도를 조절할 수 있습니다. 수치가 낮을수록 이미지가 투명해집니다.

❸ **휴지통 버튼**

레이어를 선택한 후에 휴지통 버튼을 누르면 레이어가 삭제됩니다.

❹ **신규 레이어 생성 버튼**

새로운 레이어가 생성됩니다.

❺ **레이어 스타일 버튼**

오른쪽과 같이 선택된 레이어에 다양한 이펙트를 적용하는 기능입니
다. 레이어의 기능 중에서 중요하며 많이 사용하는 기능이기 때문에
따로 알아보겠습니다.

◉ 레이어 스타일(Layer Style)

레이어 스타일은 선택된 레이어에 다양한 이펙트 효과를 적용하는 기능입니다. 블렌딩 옵션 항목과 열 가지의 기본 이펙트
목록으로 구성되어 있는 이 기능들은 문자에 여러 가지 효과를 적용할 수 있으며, 버튼 등을 쉽게 만들 수 있는 기능들이 있
습니다.

생성 방법은 레이어 팔레트 하단에 있는
아이콘을 클릭하는 방법과 옵션 바
메뉴를 클릭한 후 Layer 메뉴로 늘어가
서 Layer Style을 클릭하는 방법이 있습
니다. 이 밖에 레이어를 더블클릭하는 방
법도 있습니다.

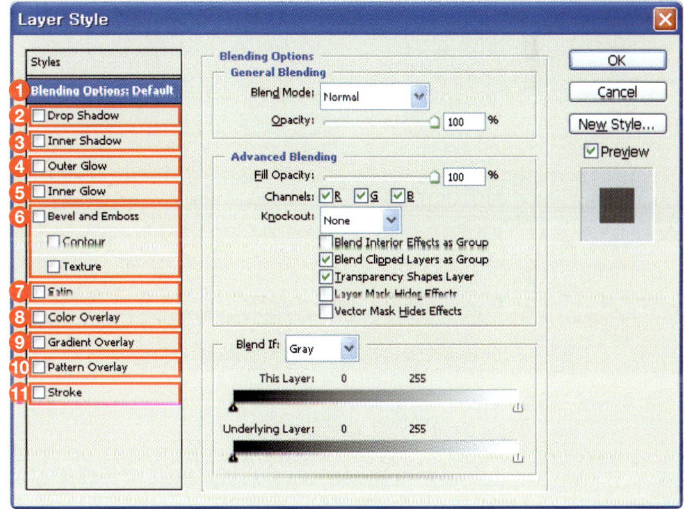

❶ Blending Option(블렌딩 옵션)

블렌딩 옵션은 선택 레이어가 아래의 레이어와 어떠한 형식으로 보여질 것인지를 설정하는 기능입니다. 기본적으로 레이어 블렌딩 모드와 불투명도를 조절하며, 10가지 레이어 스타일 목록 중에서 원하는 이펙트 효과를 적용할 수 있습니다.

❷ Drop Shadow(그림자 스타일)

선택된 레이어 이미지 바깥쪽에 그림자 효과를 적용할 수 있습니다. 그림자의 투명도 조절과 그림자 각도 및 거리 등을 설정하는 기능이 있습니다.

❸ Inner Shadow(내부 그림자 스타일)

Drop Shadow와 반대의 효과로, 레이어 이미지 안쪽에 그림자 효과를 적용시키며, 그림자의 투명도 조절과 그림자 각도 및 거리 등을 설정하는 기능이 있습니다.

❹ Outer Glow(발광 스타일)

레이어 이미지의 경계 부분을 기준으로 빛이 발산되는 듯한 발광 효과가 적용되는 기능이 있습니다.

❺ Inner Glow(내부 발광 스타일)

Outer Glow와 반대의 효과로, 레이어 이미지의 안쪽을 중심으로 빛이 발산되는 기능이 있습니다.

❻ Bevel and Emboss(베벨과 엠보스 스타일)

이미지를 돌출시키거나 함몰시키는 기능이 있습니다. 세부적으로 설정하면 선명해지거나, 부드럽게 돌출되거나, 함몰되는 효과를 만들 수도 있습니다.

❼ Satin(광택 스타일)

레이어의 이미지에 광택이 나는 금속 재질을 입혀 광택 효과를 나타내는 기능이 있습니다.

❽ Color Overlay(색상 겹침 효과)

선택된 레이어에 사용자가 지정한 컬러를 겹치게 하는 기능이 있습니다.

❾ Gradient Overlay

선택된 레이어 이미지에 사용자가 지정한 그레이디언트를 적용하는 기능이 있습니다.

❿ Pattern Overlay

선택된 레이어 이미지에 사용자가 지정한 패턴을 오버레이하는 기능이 있습니다.

⓫ Stroke(외곽선 스타일)

선택된 레이어 이미지에 외곽선을 만들 때 두께를 설정하여 만들 수 있는 기능이 있습니다.

지금까지 설명한 11가지의 레이어 스타일을 중복하여 적용할 수도 있습니다. 각 레이어들의 세부적인 설정 요소들은 더블 클릭을 하면 나타납니다. 다양한 효과들을 적절하게 적용하여 사용하시기 바랍니다.

배경 작업 시 유용한 필터에 대하여 알아보기

필터는 단순 옵션으로 조절하여 만들기 힘든 여러 가지 효과들을 환상적으로 만들 수 있는 기능들이 있습니다. 배경 작업을 하면서 포토샵의 이러한 기능들을 적절히 사용하면 빠른 시간에 다양한 느낌의 이미지들을 멋지게 그릴 수 있습니다. 따라서 효과적인 결과물이 필요한 실무에서 필터 기능을 많이 활용하고 있습니다. 그럼 지금부터 많이 사용하는 필터의 기능들을 중심으로 알아보겠습니다.

● Artistic

아티스틱 필터 메뉴는 이미지를 손으로 직접 그린 듯한 유화 효과를 내는 기능이며, 15가지의 필터들로 구성되어 있습니다. 펜 터치 효과, 노이즈 효과, 네온 효과, 유화를 나이프로 뭉개면서 그린 효과, 거친 종이에 파스텔로 그린 효과, 수채화 물감으로 그린 효과 등의 다양한 효과를 주는 기능들이 있습니다.

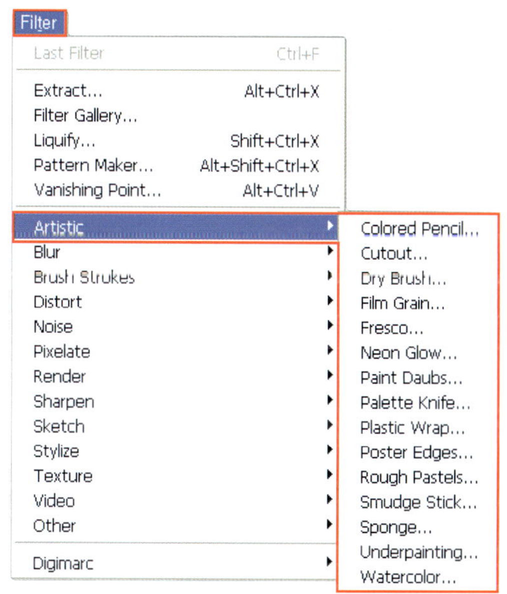

● Blur

이미지에 블러 효과를 주는 11가지 필터들로 구성되어 있습니다. 이미지의 초점을 흐리거나, 비슷한 필터들을 뭉개서 비슷하게 한다거나, 이미지들을 일부러 불분명하게 만들 때 사용됩니다. 흔들리는 효과를 표현할 때 일부 활용한다거나 멀리 있는 듯한 거리감을 주려고 할 때도 활용할 수 있습니다.

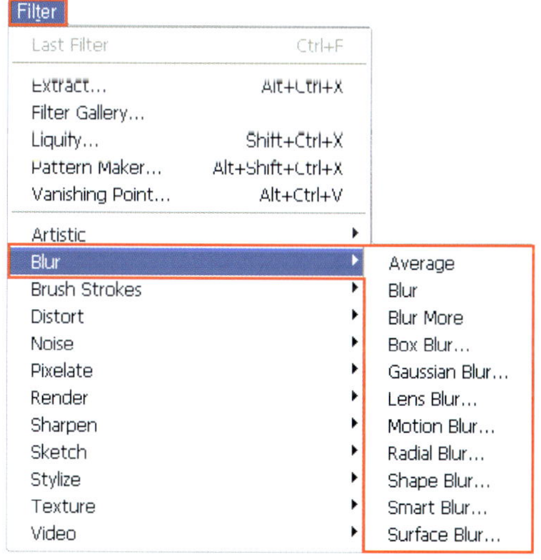

● Sharpen

필터의 색상 대비를 높여 이미지를 선명하게 강조하는 기능을
가지고 있으며, 다섯 가지 필터로 구성되어 있습니다.

이미지의 초점이 불분명한 경우에 사용하면 경계 부분이 강조
되어 이미지가 선명하게 보이는 효과를 얻을 수 있습니다.

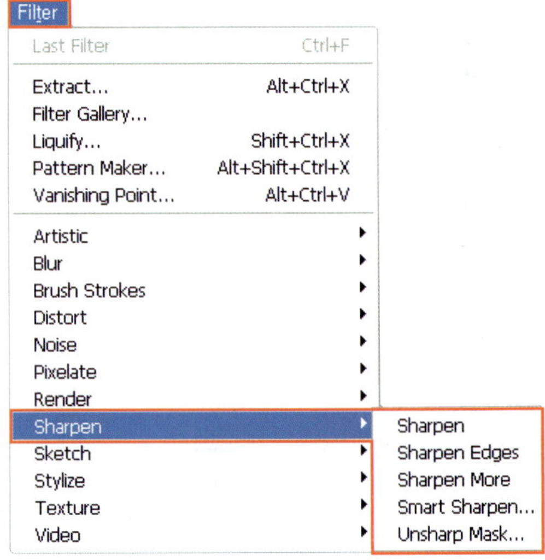

필터 메뉴에 대하여 간단하게 알아보았습니다. 이 밖의 필터 기능들이 궁금하면 직접 하나하나 실행해보시기 바랍니다.

지금까지 포토샵의 기능들에 대하여 간략하게 알아보았습니다. 배경 스케치와 채색 작업을 위해 사용하는 포토샵의 기능들
은 그리 많지 않은 것 같습니다. 지금까지 알아본 기능들만 이용해도 작업하는 데 아무 문제가 없지만, 개인마다 좀 더 유용
한 기능들을 찾아 응용하고 싶다는 생각을 하시는 분들은 포토샵 전문 서적을 참고하시기 바랍니다.

중세 판타지 게임 배경에 나오는 다양한 형태의 건물들과 유적지 콘셉트 스케치 이미지들입니다. 여러 종류의 크고 작은 이미지 하나하나마다 캐릭터를 세워놓았으므로 확인하면서 보시면 스케일을 가늠할 수 있을 것입니다.

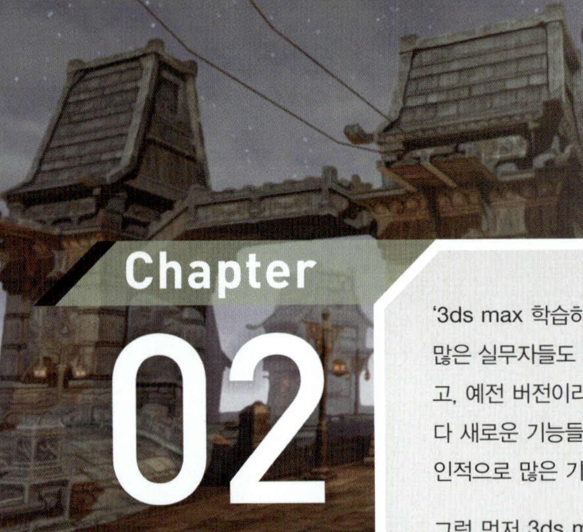

3ds max 학습하기

'3ds max 학습하기'에서 학습할 버전은 3ds max 9입니다.

많은 실무자들도 최신 버전이 나올 때마다 업그레이드하여 사용하지는 않습니다. 각자의 손에 익은 버전들이 있고, 예전 버전이라 해도 배경 제작을 하는 데 있어 큰 문제는 되지 않기 때문입니다. 물론 새 버전이 나올 때마다 새로운 기능들이 추가되는 것은 사실이지만 3ds max의 모든 새로운 기능들을 다 사용하지는 않습니다. 개인적으로 많은 기능을 안다고 해서 제작한 결과물이 확연히 좋아진다고 보지는 않습니다.

그럼 먼저 3ds max 9의 기본 인터페이스에 대하여 알아보고, 배경 제작에 필요한 기능들만을 중심으로 알아보겠습니다.

Step 1 3ds max 9의 기본 인터페이스에 대해 알아보기

기본적인 인터페이스를 이해하고 게임 배경 제작에서 주로 사용하는 레이아웃의 위치와 기능을 살펴보겠습니다. 참고로 이 책에서 사용하는 기능들은 필자가 주로 사용하는 것입니다.

3ds max를 처음 실행하면 아래와 같은 화면이 나타납니다.

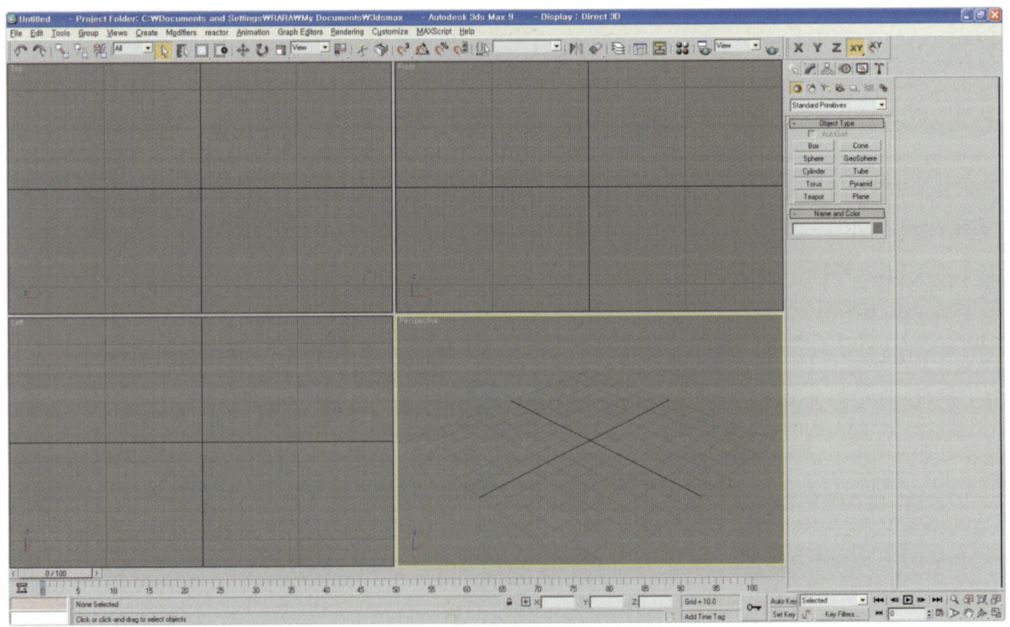

Menu

3ds max에서 구사할 수 있는 대부분의 기능이 포함되어 있습니다. 하지만 Main Toolbar와 Command Panel을 사용하여 제작하는 것이 효율적이므로 사용 빈도가 낮은 편입니다.

Main Toolbar

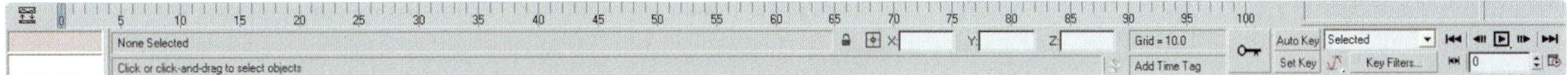

오브젝트의 선택, 이동, 크기 변경, 회전, 렌더링, 복사 등의 기능을 수행하는 곳입니다. 이 부분 중에서 빈 공간을 마우스 오른쪽 버튼을 클릭하면 Main Toolbar와 Command Panel 등을 추가하거나 삭제할 수 있습니다.

애니메이션 관련 기능들입니다. 게임 배경 제작에서는 활용도가 적은 편입니다.

Command Panel

오브젝트를 생성하거나 생성된 오브젝트를 수정할 수 있는 곳입니다. 이 패널은 다른 패널들보다 많이 사용합니다.

 뷰포트의 이동, 확대, 축소 등의 기능을 하는 곳입니다.

Viewport

생성된 오브젝트를 Top, Front, Left, Perspective Views로 보여주는 기능을 하는 곳입니다. 각 View를 선택하면 크게 확대한 후에 더욱 세밀하게 모델링할 수 있습니다.

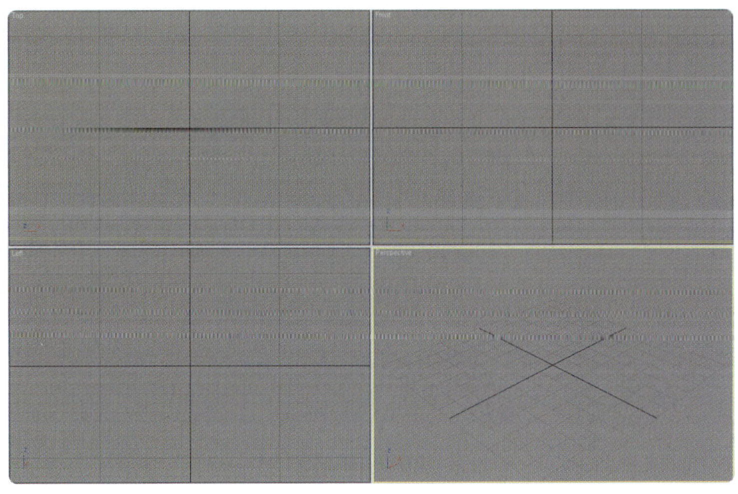

이번 장에서는 크게 필요하지 않은 기능은 제외하고, 앞으로 학습할 기능들과 게임 배경을 제작할 때에 주로 사용하는 기능들에 대해 살펴보겠습니다. 이제부터 앞에서 설명한 기본 인터페이스를 바탕으로 어떠한 기능들이 있는지 하나씩 짚어 보겠습니다.

화면상의 [File] 메뉴를 클릭하면, 그림과 같은 창이 나타나는 것을 볼 수 있습니다.

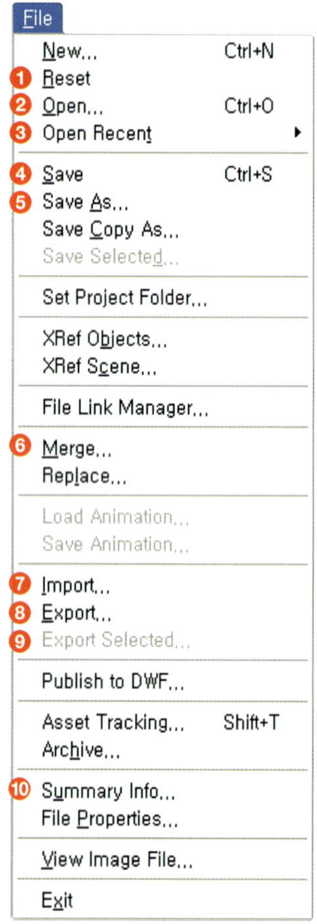

❶ **Reset** : 아무것도 없는 새 화면을 엽니다.

❷ **Open** : 저장된 파일을 불러 옵니다.

❸ **Open Recent** : 최근 사용했던 파일을 불러올 수 있습니다.

❹ **Save** : 파일을 저장합니다.

❺ **Save As** : 다른 이름으로 파일을 저장합니다.

❻ **Merge** : 현재 상태에서 다른 곳에 저장되어 있는 오브젝트를 불러옵니다.

❼ **Import** : 파일 형식이 3ds max가 아닌 다른 파일 형식을 불러옵니다. 주로 3DS, Obj 파일 형식을 주로 불러오는 편입니다.

❽ **Export** : Viewport상에 있는 오브젝트를 Export합니다. 주로 ASE, 3DS, Obj 파일 형식으로 Export하는 편입니다.

❾ **Export Selected** : 선택된 오브젝트를 Export합니다.

❿ **Summary Info** : 현재 Open되어 있는 파일의 여러 가지 정보를 보여 주는 곳입니다.

앞에서 간단히 설명한 Main Toolbar와 Command Panel에 대하여 좀 더 살펴보겠습니다.

● Main Toolbar

앞 단계로 돌아갈 때 사용합니다. 단축키는 Ctrl + Z 입니다.

뒷 단계로 돌아갈 때 사용합니다.

오브젝트를 선택할 수 있습니다.

현재 Viewport에 보이는 오브젝트의 Name을 보고, 원하는 오브젝트를 선택할 수 있습니다. 만일 오브젝트가 Hide되어 있다면 보이지 않습니다.

오브젝트를 드래그하여 선택할 때 사용하는 드래그의 종류입니다. 보통 기본으로 사용합니다.

드래그하여 오브젝트를 선택할 때 오브젝트의 모든 면을 드래그해야 선택할 수 있는지, 한 부분만 드래그를 해도 선택할 수 있는지를 설정합니다.

선택된 오브젝트를 이동할 수 있습니다.

선택된 오브젝트를 Rotate할 수 있습니다.

선택된 오브젝트의 Scale을 조절할 수 있습니다.

Snaps를 설정할 수 있습니다.

Rotate를 사용할 때 각도 값을 정확히 설정할 수 있습니다.

Mirror 기능을 설정할 수 있습니다.

다른 오브젝트의 중심점과 같게 이동해주는 기능입니다.

Material Editor 창입니다.

렌더링 옵션을 볼 수 있습니다.

Viewport상에서 제작된 오브젝트를 레더링할 수 있습니다

오브젝트의 이동, 회전, 크기의 방향을 보여줍니다.

● Command Panel

개인적으로는 게임 배경 제작을 할 때 Editable Poly, Editable Mesh, Unwrap UVW를 자주 사용합니다.
물론 다른 좋은 툴들도 많지만, 활용도가 높지 않은 편입니다.

Editable Poly

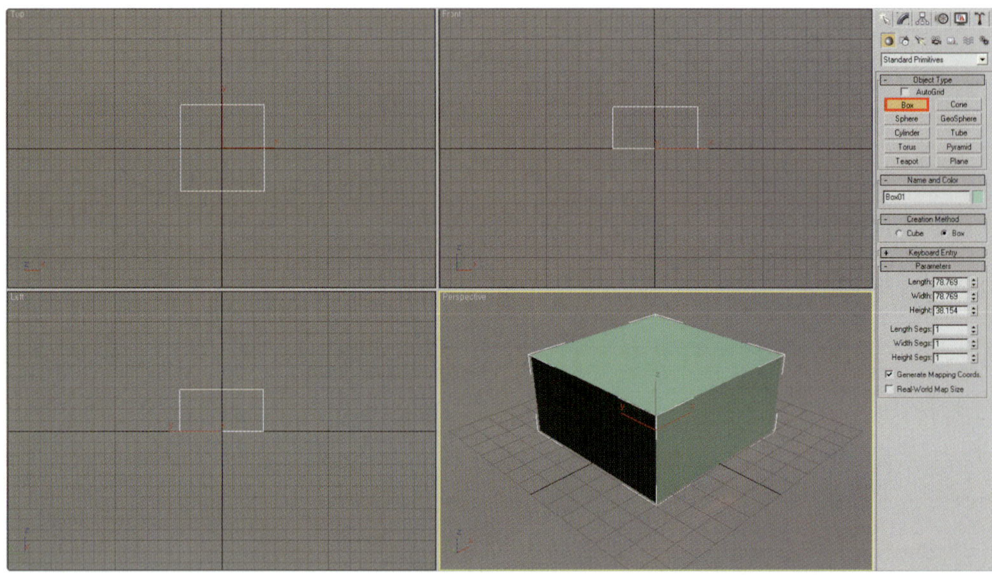

위 그림과 같이 Create에서 기본적인 Box를 꺼내보겠습니다.

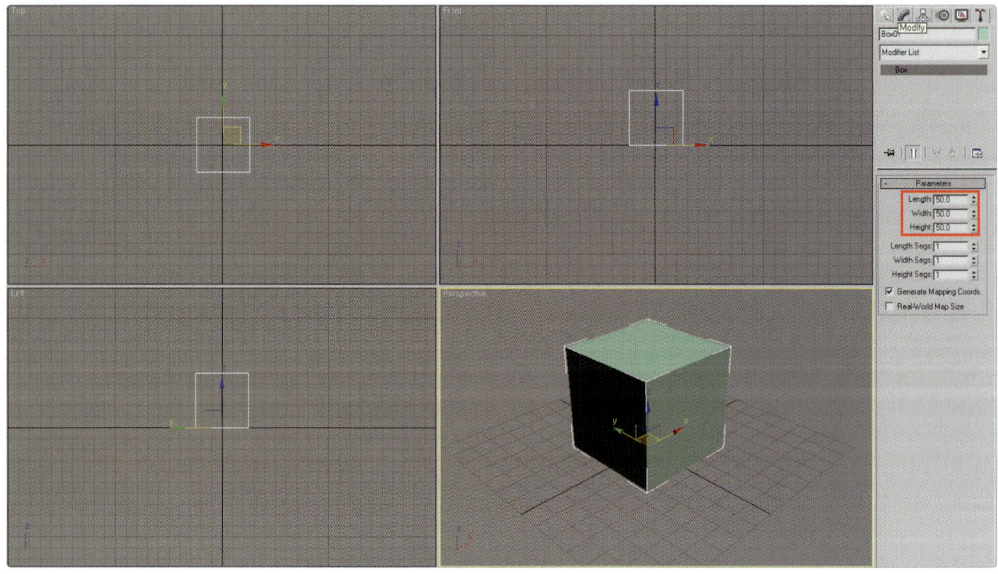

Modify의 Parameters에서 Box의 수치를 변경할 수 있습니다.

그림과 같이 Box가 선택된 상태에서 마우스 오른쪽 버튼을 클릭하여 Editable Poly로 변환해보겠습니다.

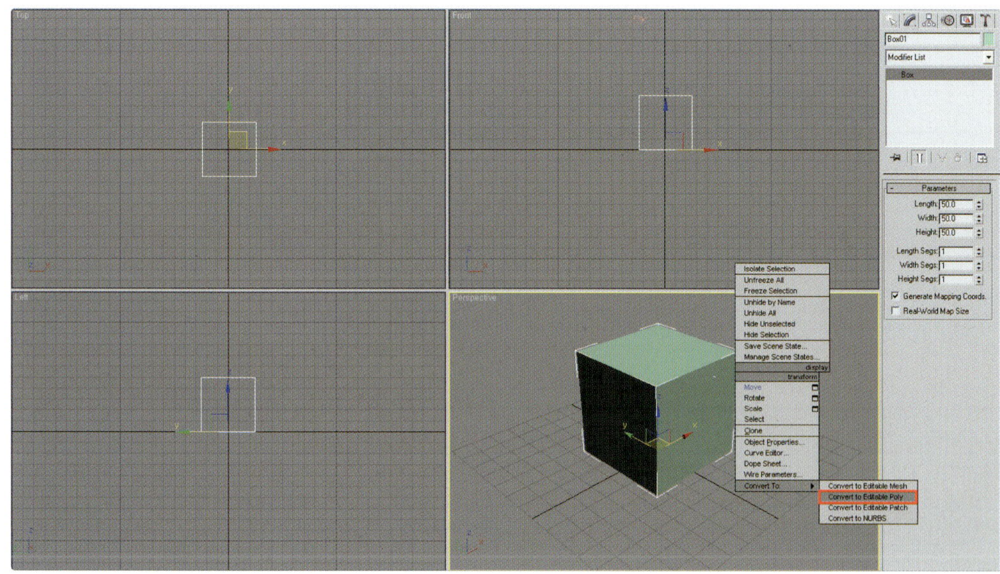

그림과 같이 Editable Poly로 변환된 것을 볼 수 있습니다.

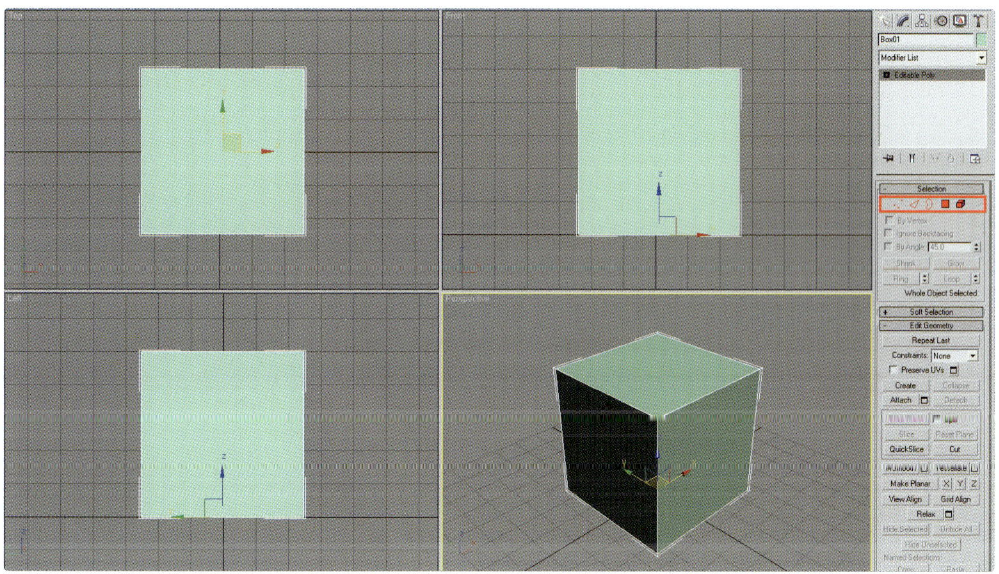

Editable Poly에서의 세부 설정을 알아보겠습니다.

Vertex : 모델링을 구성하고 있는 최소 단위이며, 점을 선택하면 모델링을 수정할 수 있습니다.

Edge : 모델링에서 선을 선택하여 수정합니다.

Border : 모델링의 열린 모서리를 한꺼번에 선택하고 수정합니다,

Polygon : 모델링의 평면을 선택하여 수정합니다.

Element : 면으로 연결된 하나의 모델링을 수정합니다.

Ignore Backfacing

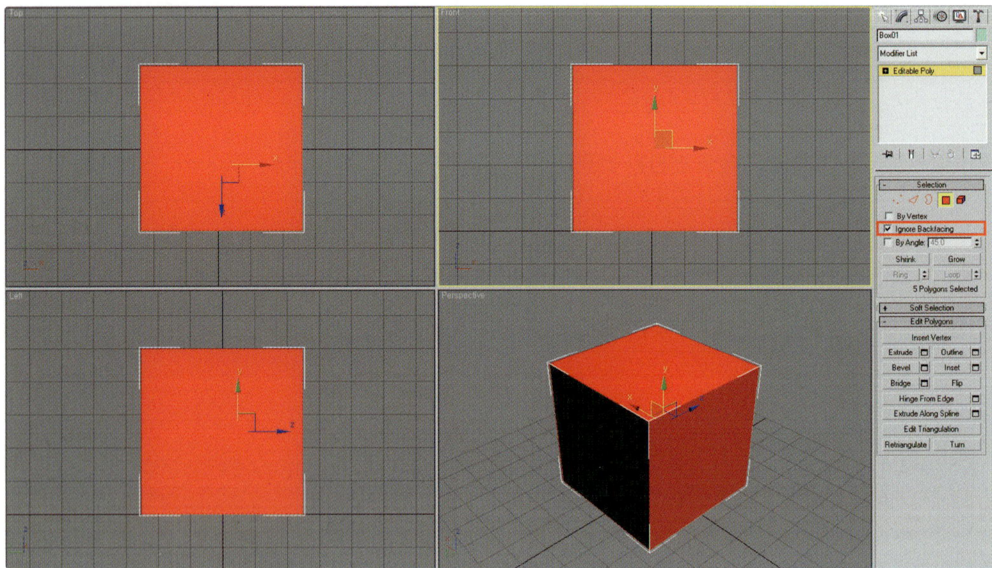

그림과 같이 Ignore Backfacing에 체크 표시를 하면 뒷면은 선택되지 않습니다.

Grow

선택한 면, 선, 점의 선택 영역을 확장해 나가는 것입니다. Sphere를 사용하여 테스트해보겠습니다.

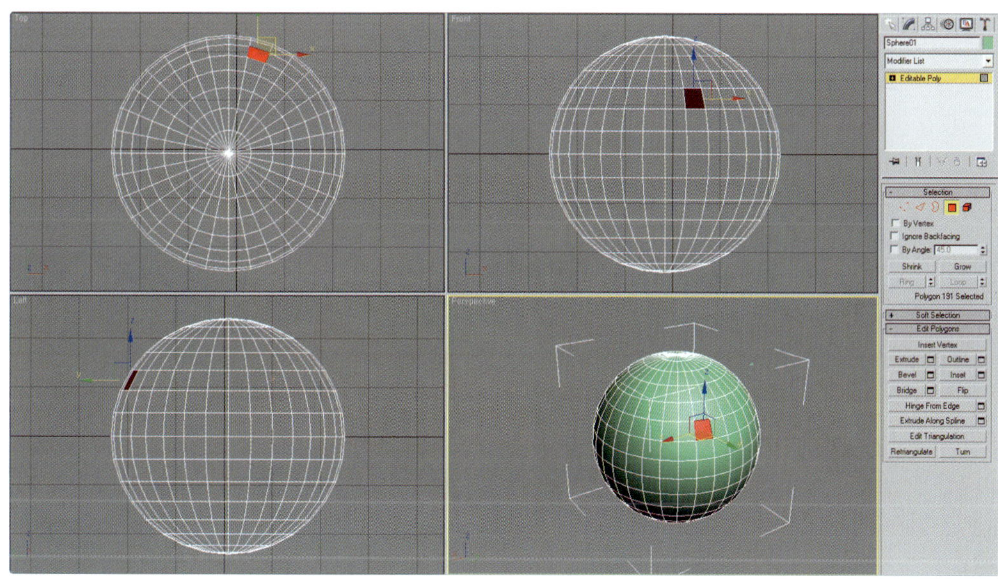

위 그림과 같이 면을 하나 선택하겠습니다.

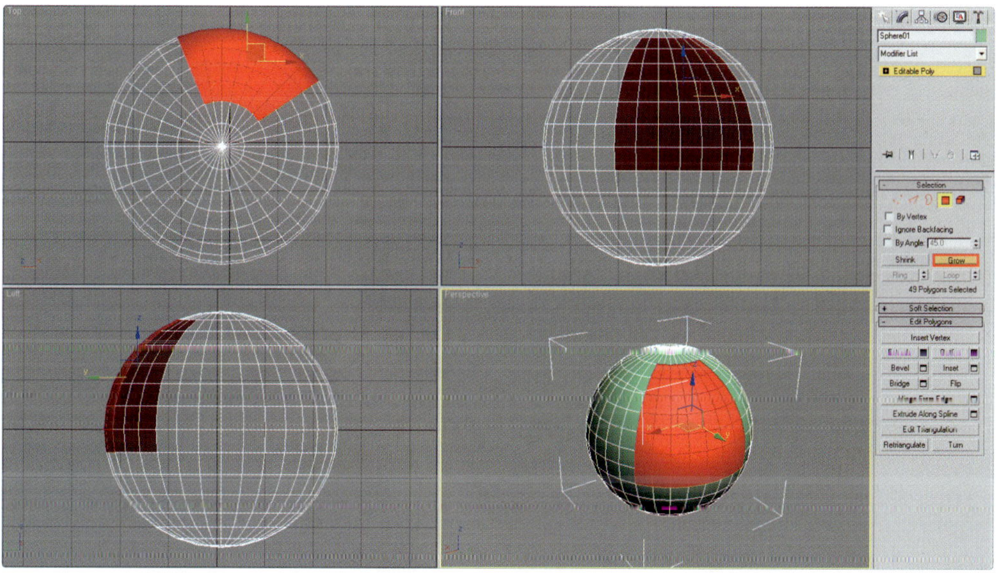

Grow를 클릭할 때마다 면이 확장되는 것을 알 수 있습니다.

Shrink

선택한 면, 선, 점의 선택 영역을 축소해 나가는 것입니다.

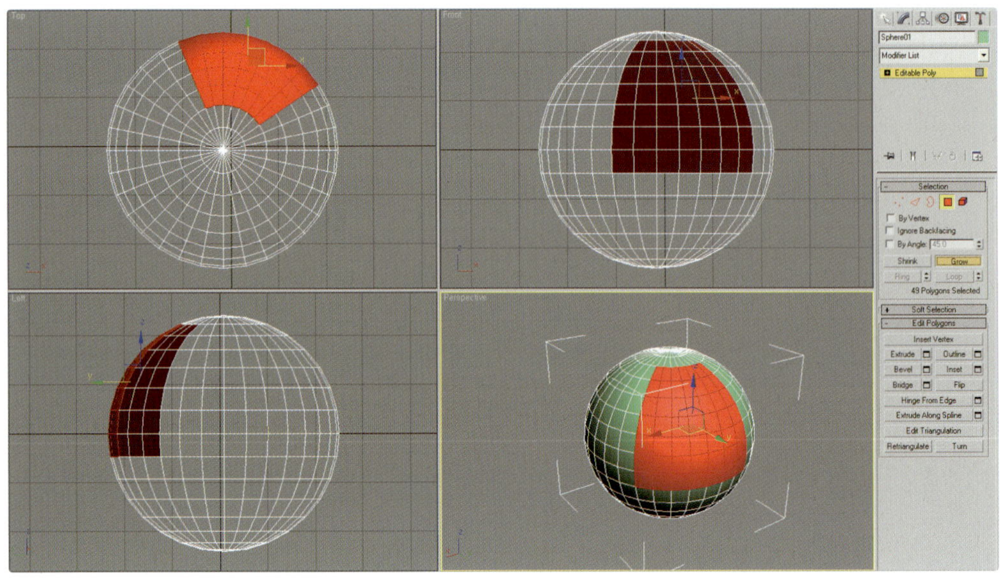

위 그림과 같이 여러 면들을 선택하였습니다.

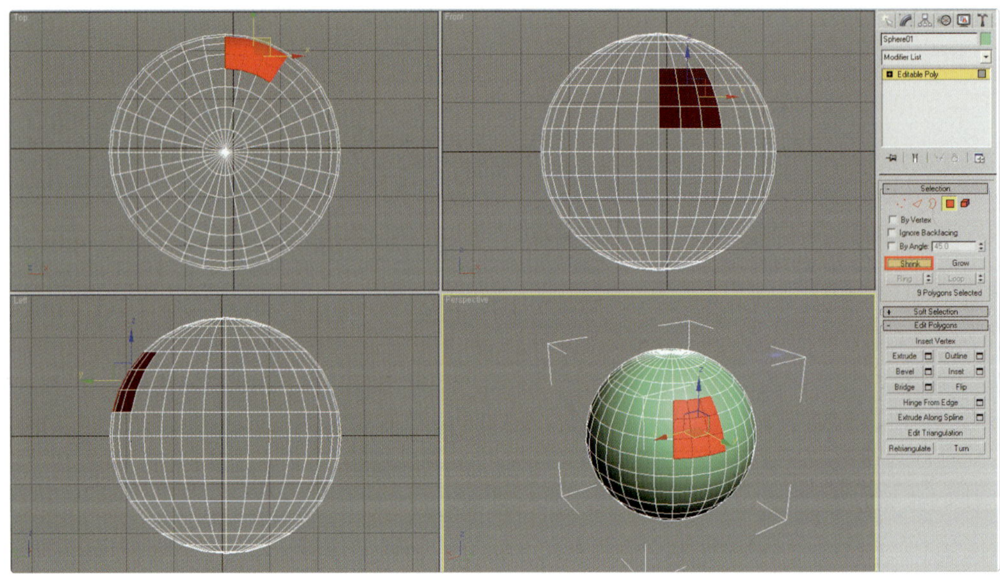

Shrink를 클릭할 때마다 면이 축소되는 것을 알 수 있습니다.

Ring과 Loop

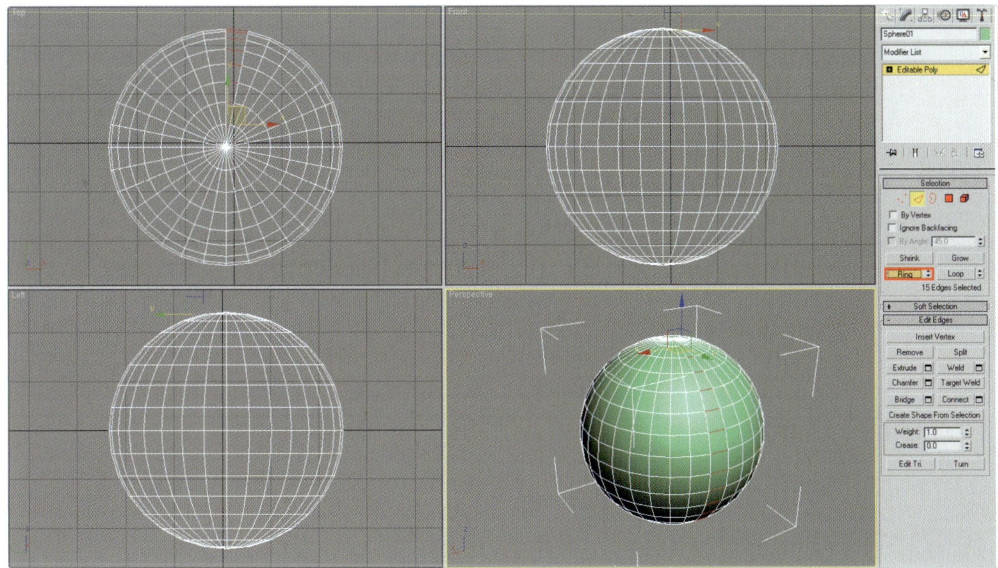

위 그림과 같이 **Edge**를 하나 잡은 상태에서 **Ring**을 클릭하면 선택 영역이 그림처럼 확장됩니다.

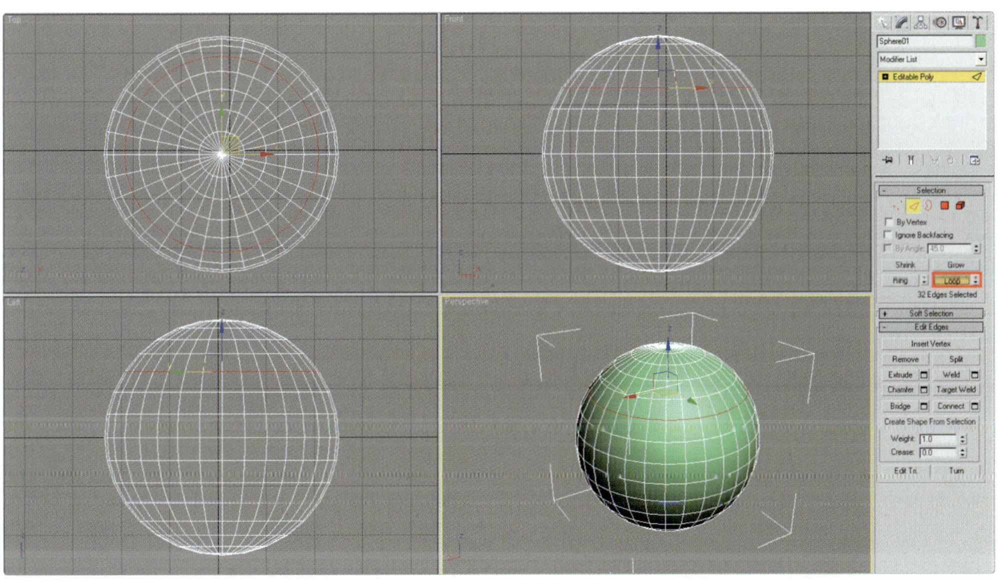

위 그림과 같이 **Edge**를 하나 잡은 상태에서 **Loop**를 클릭하면 선택 영역이 그림처럼 확장됩니다

Attach, Detach

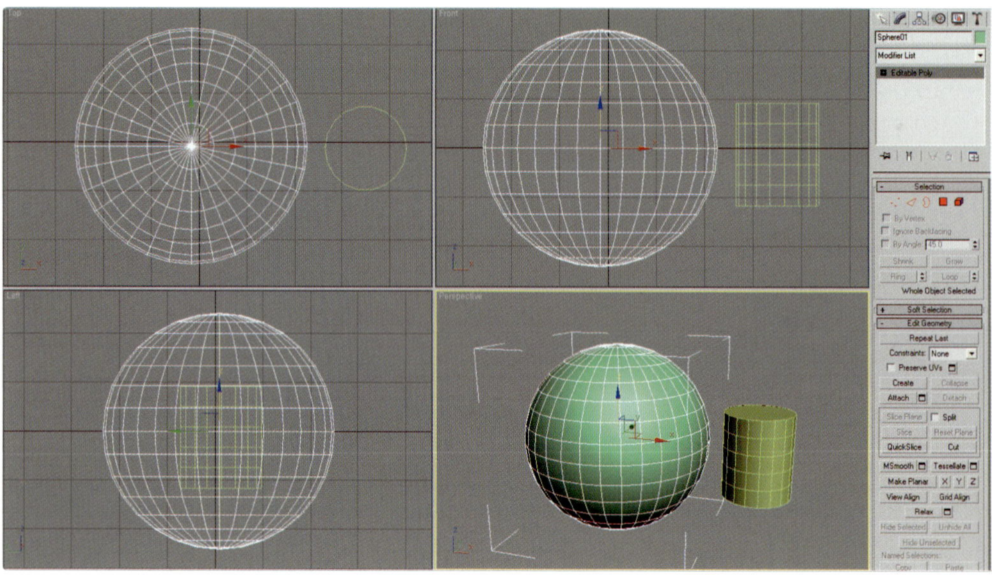

위 그림과 같이 2개의 모델링이 있습니다.

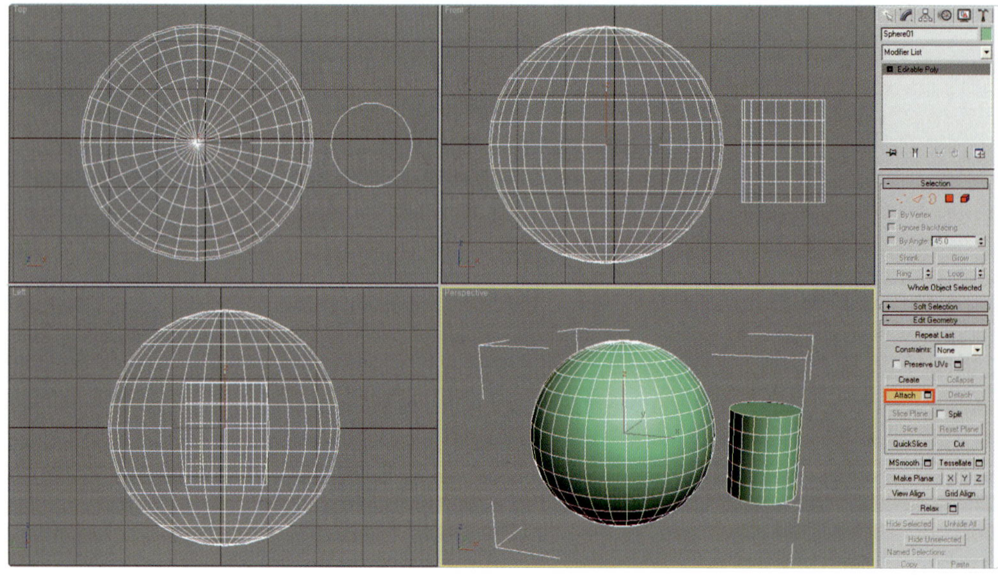

Attach를 클릭한 후에 다른 하나의 오브젝트를 클릭하면 오브젝트가 합쳐지는 것을 볼 수 있습니다. 원래 있던 Sphere에 Cylinder가 붙는 것이므로, Pivot의 위치는 Sphere가 있던 곳에 그대로 위치합니다.

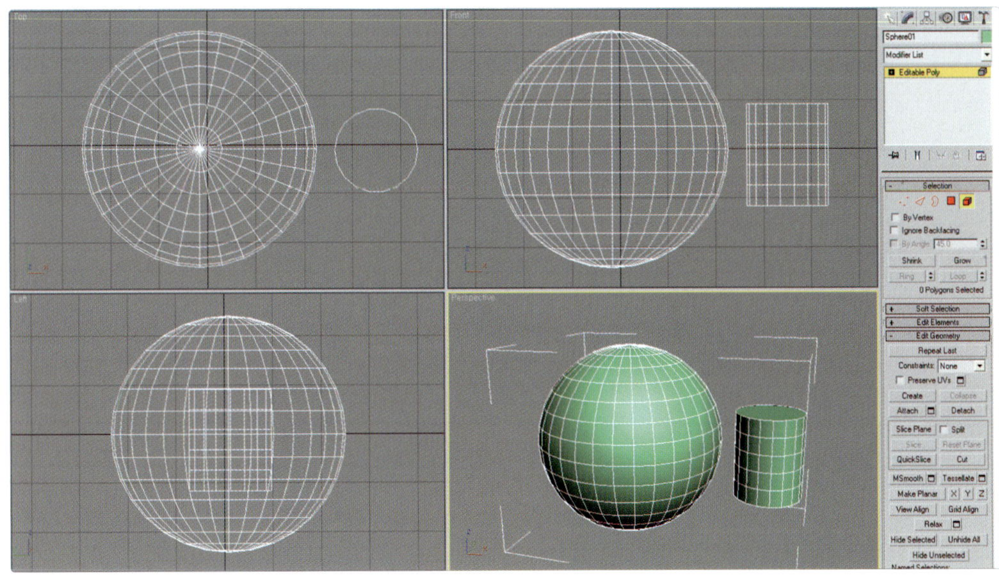

위 그림과 같은 모델링이 있습니다.

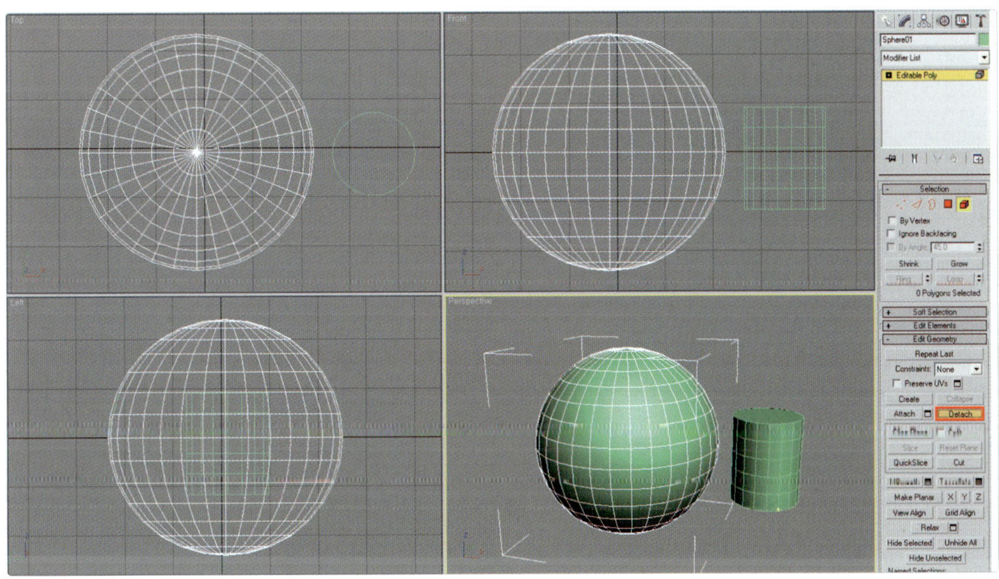

분리하고 싶은 면을 선택한 후에 Detach를 클릭하면 그림과 같이 오브젝트가 2개로 분리됩니다. 분리된
Cylinder의 Pivot의 위치는 Sphere가 있던 위치에 그대로 위치합니다.

Collapse, Weld

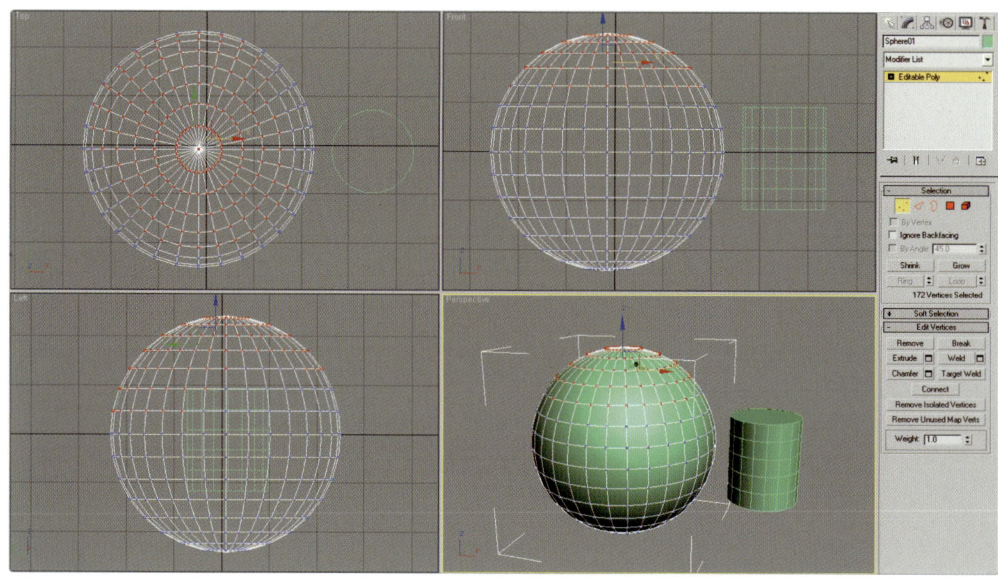

위 그림과 같이 Vertex를 여러 개 선택해보겠습니다.

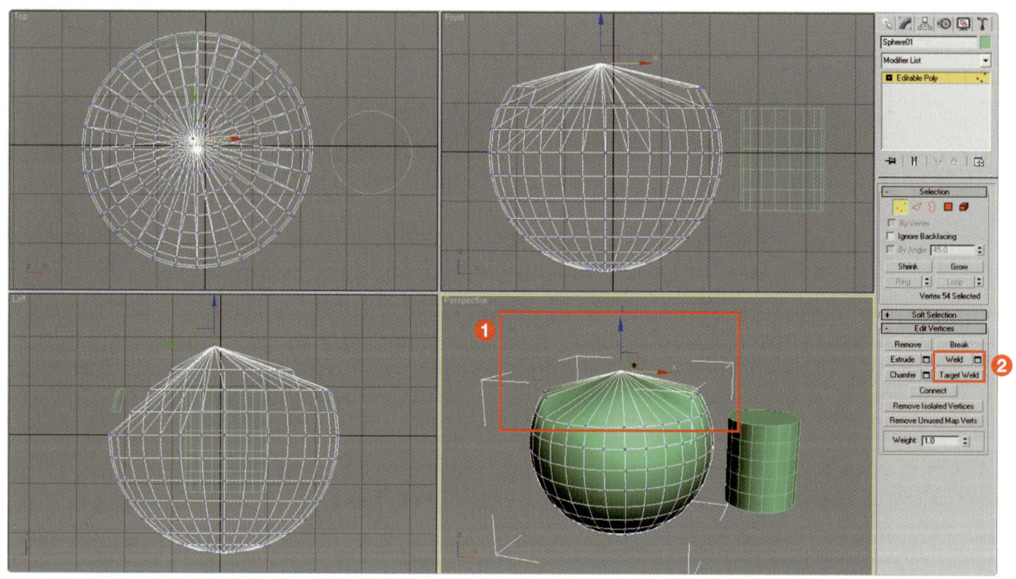

선택된 상태에서 ❶ Collapse를 클릭하면 선택된 Vertex들이 하나로 합쳐집니다. Vertex가 아닌 다른 모드
에서도 가능합니다.

비슷한 기능으로는 ❷ Weld가 있습니다. Collapse는 선택된 모든 것을 합쳐주는 방식이고, Weld는 거리를 정한 후, 그 거리 안에 있는 것들만 합쳐주는 방식입니다.

선택한 Vertex를 다른 원하는 Vertex에 합치려고 할 때 사용합니다.

Cut

오브젝트 안에서 어떤 부분부터 원하는 부분으로 선을 그어주면, 또 다른 면을 생성할 수 있습니다. 면, 선, 점 모두 가능합니다.

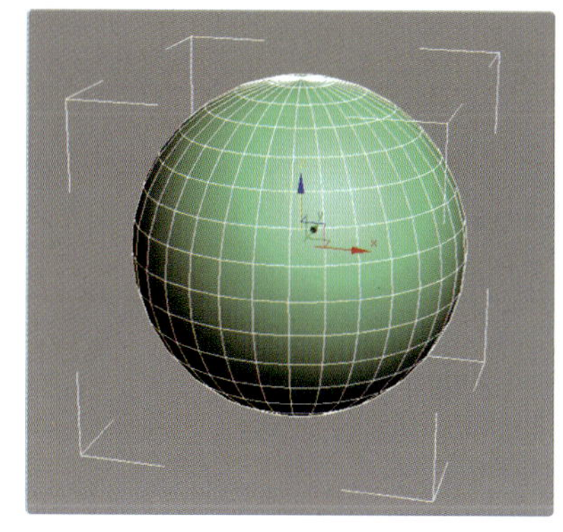
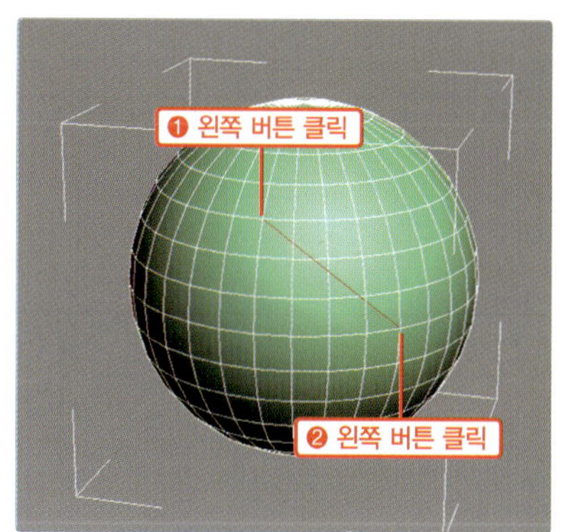

위 그림처럼 왼쪽의 Sphere에서 Cut를 사용했더니 오른쪽 Sphere처럼 변한 것을 알 수 있습니다.

Hide, Unhide

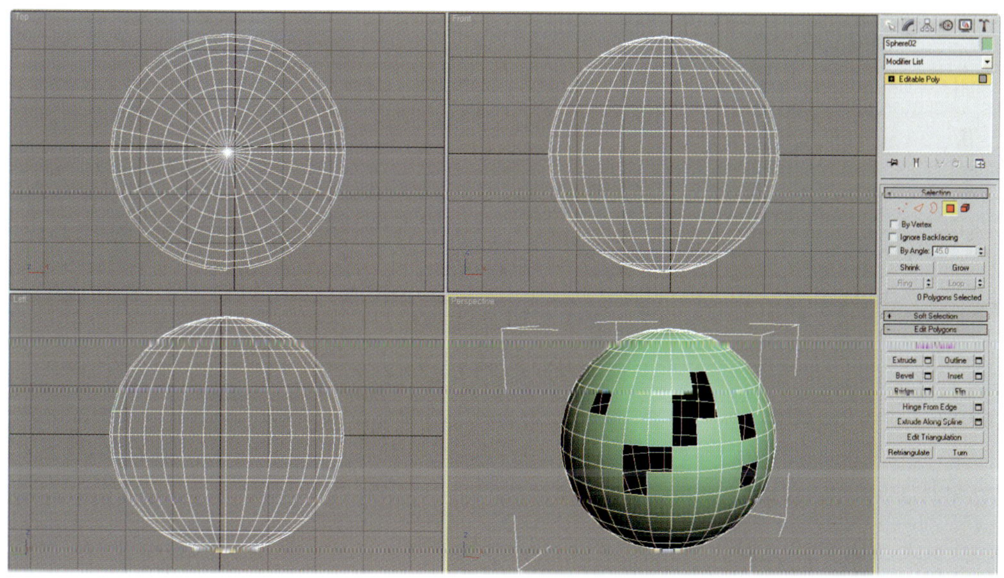

위 그림과 같이 숨기고 싶은 면들을 선택한 후에 Hide Selected를 클릭하면 선택된 면들이 보이지 않게 됩니다.

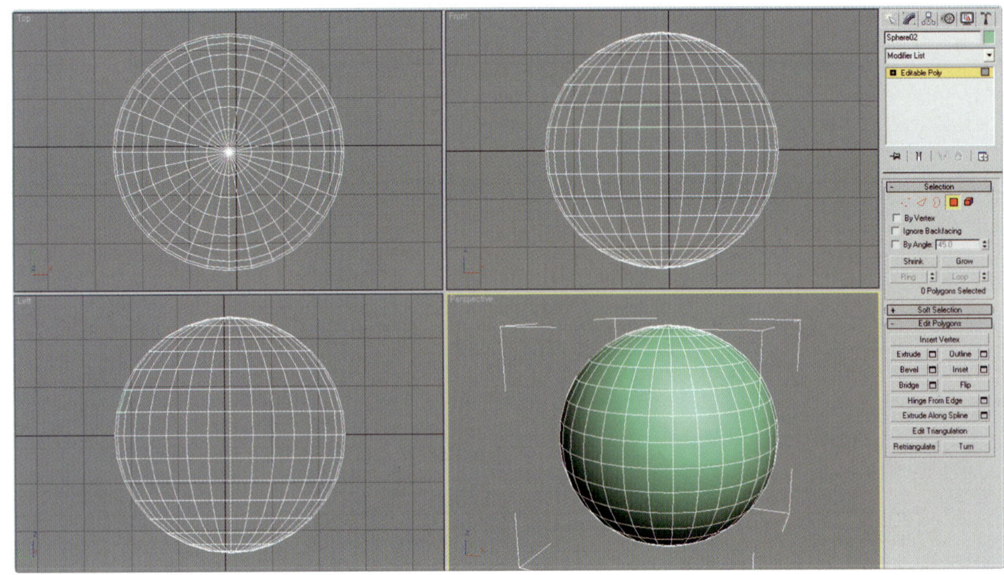

위 그림과 같이 Unhide All을 클릭하면 모든 면이 나타납니다.

Smoothing Groups

왼쪽 그림에 나타난 것이 Smoothing Groups입니다. Smoothing Groups 를 잘 이용하면 좀 더 나은 결과물을 만들어 낼 수 있습니다.

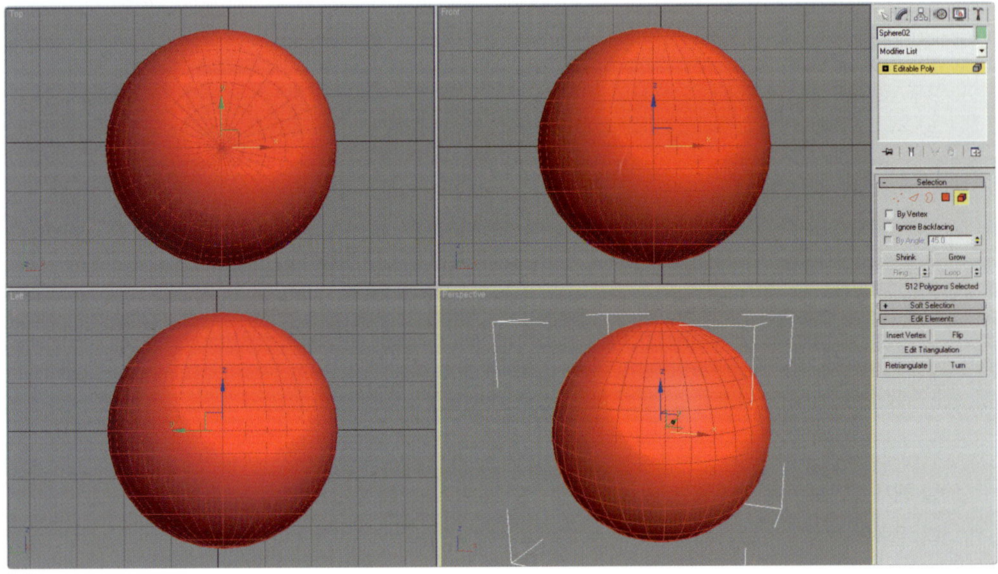

앞의 그림을 살펴보면 Sphere의 Smoothing Groups 값이 모두 1로 설정되어 있는 것을 알 수 있습니다. 예를 들어 같은 Smoothing Groups의 값을 가진 면들은 서로 자연스럽게 보인다고 생각하면 되고, 다른 Smoothing Groups의 값을 가진 면들은 딱딱하게 끊어져 보인다고 생각하면 됩니다.

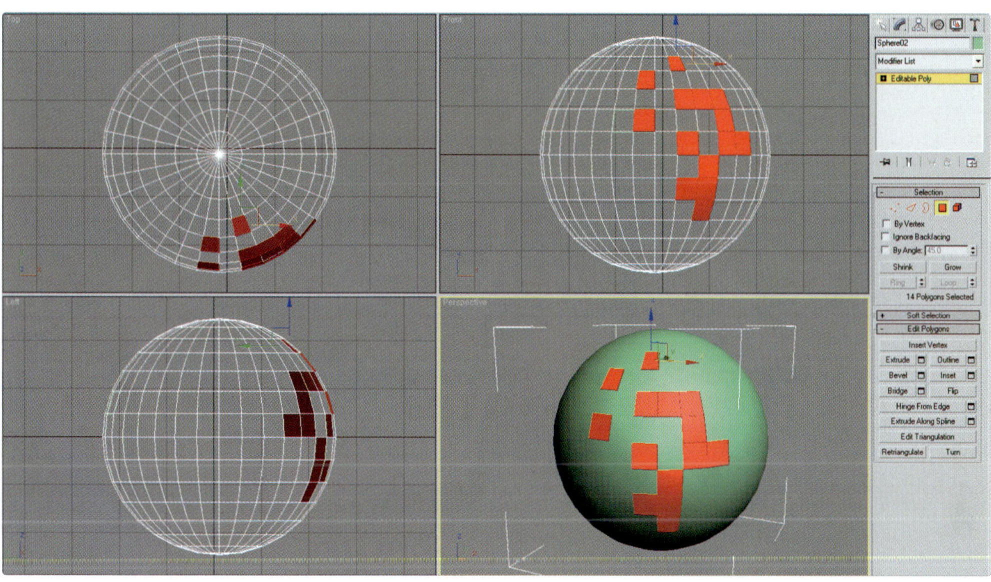

위 그림에서처럼 선택된 부분의 Smoothing Groups 값을 2로 변경하였습니다.

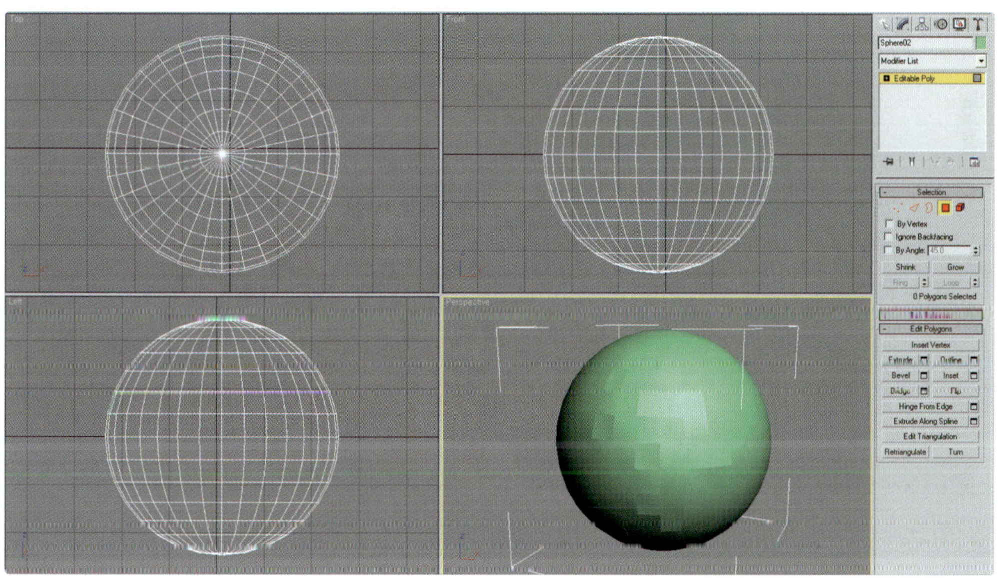

선택을 해제한 후에 확인해보면 Smoothing Groups의 값에 따라 서로 다른 면으로 보인다는 것을 알 수 있습니다. 필자는 배경을 제작할 때 많이 사용합니다.

Polygon Properties

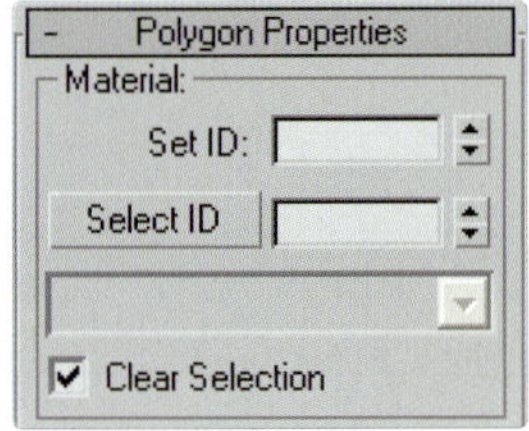

왼쪽 그림은 Polygon Properties에 대한 것인데, 각각의 Polygon마다 ID가 입력되어 있고, 또한 다른 ID로 교체할 수도 있습니다.

Select ID에서는 몇 번째 텍스처가 어느 Polygon에 입력되어 있는지 확인할 수 있습니다. 만일 원하는 Polygon에 원하는 텍스처를 입히고 싶다면 Polygon을 선택한 상태에서 Set ID에 원하는 텍스처의 ID를 입력한 후에 Enter 를 누르면 됩니다.

● Viewport 오브젝트 옵션

Editable Poly로 변환한 후에 오브젝트를 클릭한 상태에서 마우스 오른쪽 버튼을 클릭하면 아래 그림과 같이 오브젝트에 관련된 옵션들이 나타납니다. 자주 사용하는 옵션을 중심으로 알아보겠습니다.

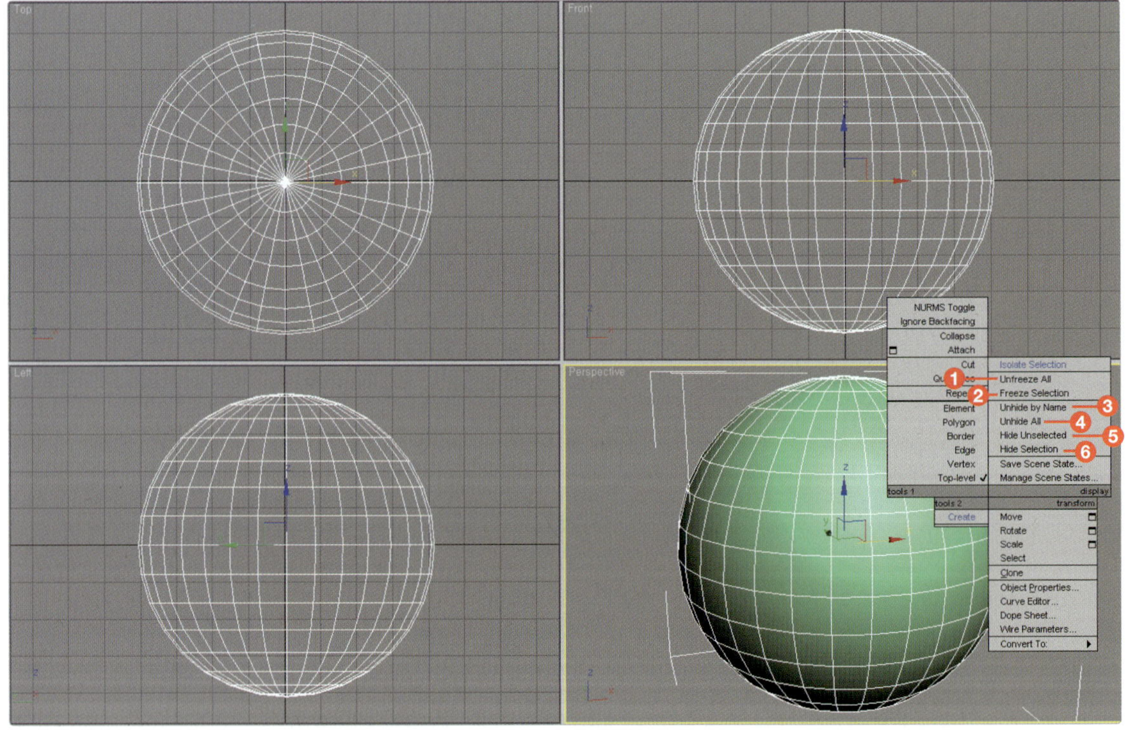

❶ Unfreeze All : Freeze시켰던 오브젝트를 원래 상태로 복구시킵니다.

❷ Freeze Selection : 선택된 오브젝트를 움직이지도 못하게 하고, 선택하지도 못하게 합니다.

❸ Unhide by Name : 숨겨놓은 오브젝트 목록을 보여주고, 원하는 오브젝트만 보이게 해줍니다.

❹ Unhide All : 숨겨놓은 모든 오브젝트를 보이게 해줍니다.

❺ Hide Unselected : 선택한 오브젝트 외에 모든 것을 숨깁니다.

❻ Hide Selection : 선택한 오브젝트를 숨깁니다.

나머지 부분들은 크게 어렵지 않으므로 한 번씩 실행해보면 금방 익힐 수 있을 것입니다.

▶ Material Editor

Material Editor를 간단하게 학습해보겠습니다. 게임 배경을 제작할 때는 하나의 모델링에 여러 개의 텍스처를 사용합니다.

그림을 보면 24개의 Material이 있습니다. 모두 사용하는 것이 아니라 하나의 Material을 멀티 방식으로 사용하는 것이 좋습니다. 그림처럼 Standard를 클릭하겠습니다.

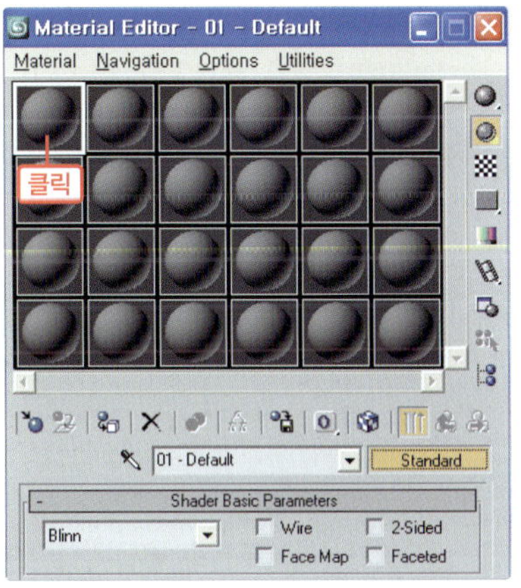

Standard를 클릭하면 그림처럼 Material/Map Browser 창이 나타납니다. Multi/Sub-Object를 선택합니다.

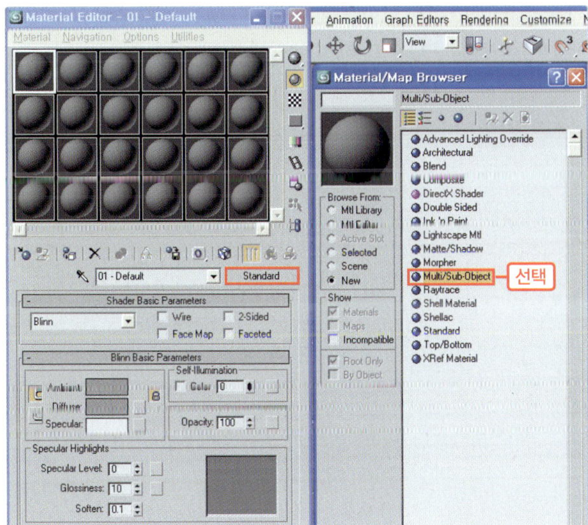

Multi/Sub-Object를 선택하면 그림과 같이 기본적으로 ID가 서로 다른 10개의 Material을 생성할 수 있습니다. 생성된 Material의 ID는 앞에서 학습한 Polygon Properties의 ID와 연결하여 사용합니다.

Polygon Properties의 ID값이 1이면, Material에서 1번 텍스처가 선택된 Polygon에 입혀집니다.

필요없는 Material은 클릭한 후에 ❶ Delete를 클릭하여 삭제합니다. Material을 늘리고 싶다면 ❷ Add를 클릭하여 추가합니다.

❸ Set Number를 클릭한 후에 원하는 수치를 적어주면, 원하는 Material 개수만큼 추가 또는 삭제할 수 있습니다.

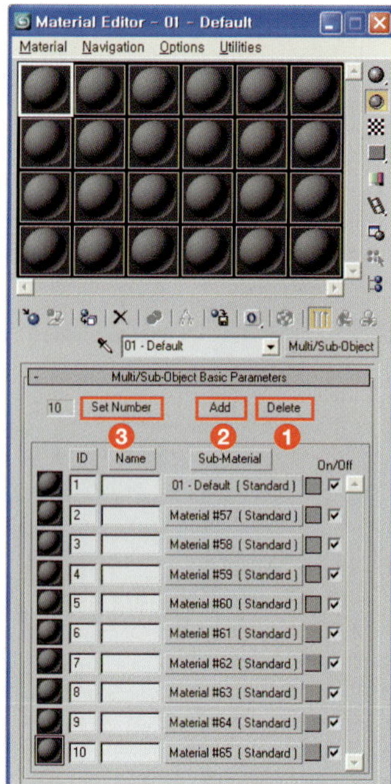

◉ Unwrap UVW

게임 배경 제작에서는 UVW Map보다는 Unwrap UVW를 사용합니다. Unwrap UVW에 대해 간단히 알아보겠습니다.

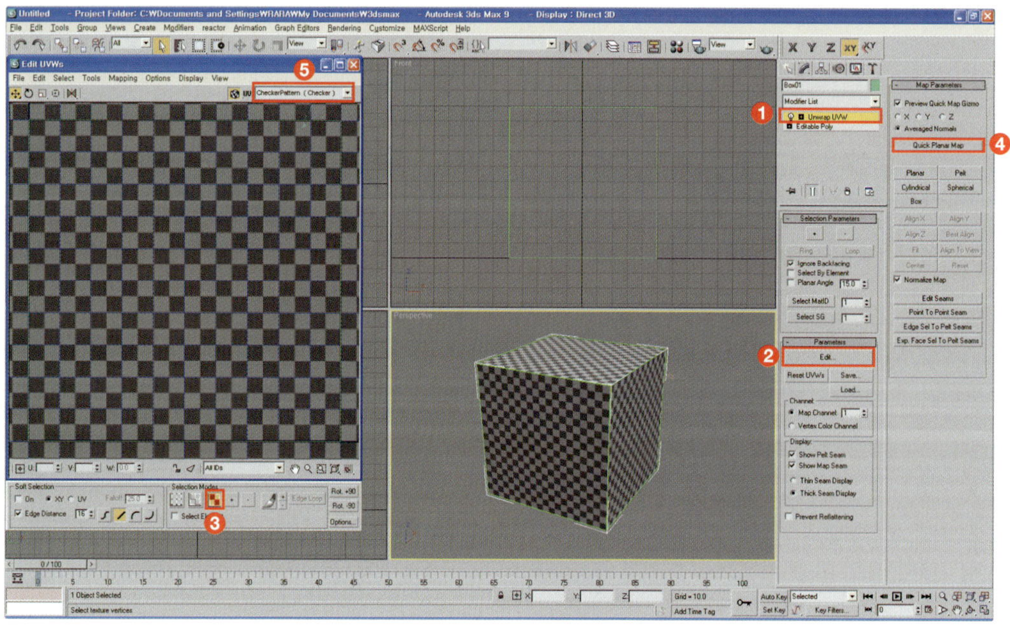

앞의 그림은 ❶ Unwrap UVW를 선택한 후에 Unwrap UVW를 활성화시키고 ❷ Edit를 클릭하여 Edit UVWs 창이 나오도록 한 것입니다. 이 상태가 Unwrap을 펴는 첫 단계인 셈입니다. 맵을 펴려면 ❸ 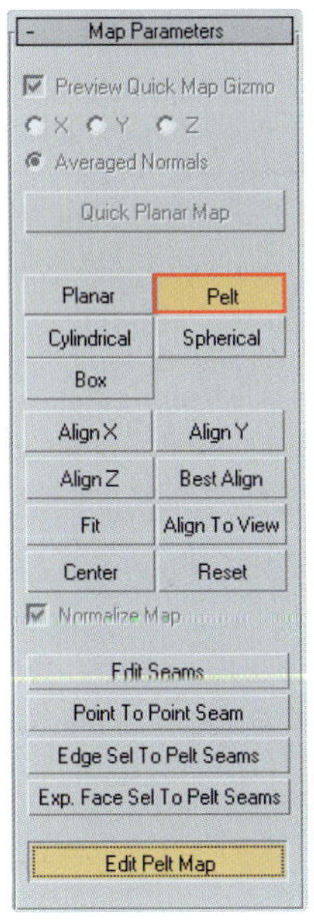 를 클릭한 상태에서 ❹ Quick Planer Map을 사용하면 됩니다. 오브젝트를 보면 ❺ CheckerPattern 형식으로 맵이 입혀져 있는데, 이 CheckerPattern을 사용하면 Unwrap을 펼 때에 늘어난 부분이 없는지 살펴볼 수 있습니다.

Pelt를 사용하여 Unwrap을 펴주는 기능입니다. Pelt를 클릭한 후 Edit Pelt Map를 클릭하면 Pelt에 관련된 옵션 창이 나타납니다. 이때 옵션 창을 사용하여 자연스럽게 펴주면 됩니다.

Pelt를 사용하는 이유는 곡선으로 제작된 모델링 같은 경우 텍스처가 늘어나지 않게 펴기가 쉽지 않기 때문입니다. 예를 들어 석상과 같은 캐릭터스러운 모델링에 많이 사용됩니다.

참고로 UI에 관련하여 추가로 설명하겠습니다. 오른쪽 그림과 같이 Custom UI 관련된 부분을 클릭하면 3ds max의 기본적인 UI를 변경할 수 있습니다.

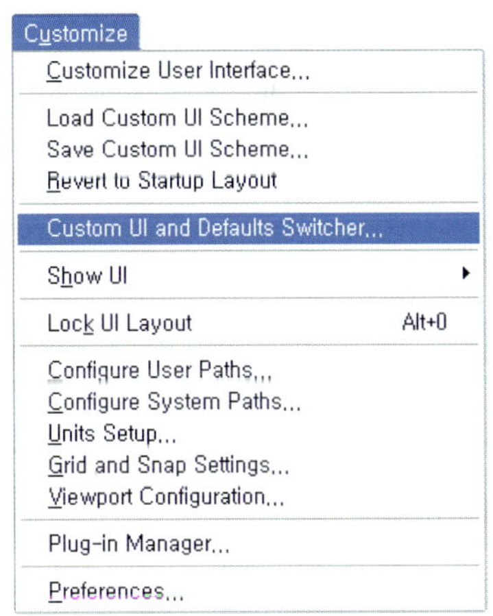

필자의 경우에는 현재 '3ds max 관련 학습하기'에서 Default UI 상태로 설명하였습니다. 뒤에 실 제작 학습하기에서는 ame-dark UI로 변경하여 제작하겠습니다. 특별히 변경하는 이유는 없으며, 필자의 취향일 뿐입니다. 개인의 취향대로 변경하여 사용하면 됩니다.

지금까지 3ds max에 대해 간단하게 알아보았습니다. 3ds max는 너무 방대하여 자세히 설명하지는 못하고 개인적으로 많이 사용하고 있는 부분들을 중심으로 적어보았습니다. 이 책에서 3D의 목적은 모델링과 텍스처 제작 기법이므로 3ds max의 툴 설명이 부족하더라도 이후에 모델링 제작 단계에서 더 자세히 나온 부분도 있으므로 이해해주시기 바랍니다.

게임 배경
실무 제작 학습하기

이번에는 게임 배경을 실무에서 제작하는 방법을 배울 것입니다. 그림을 그리거나 제작하는 부분은 개인적으로 작업하는 분들과 크게 다르지 않을 것입니다. 하지만 실무에서는 원화가와 제작자가 많은 대화를 해야만 좋은 결과물을 얻을 수 있습니다. 이 과정에서의 의견 조율은 개인적으로 작업하는 분들은 미처 생각하지 못하는 부분이기 때문에 여러 가지 면에서 많은 도움이 될 것입니다.

지금부터 원화를 스케치하고, 채색하여 완성된 원화가 나오는 작업 과정과 그 원화를 가지고 3D 제작에서 원화가와 의견을 나누면서 마지막 결과물까지 완성하는 일련의 게임 배경 제작 과정에 대해 자세하게 알아보겠습니다.

Part 4

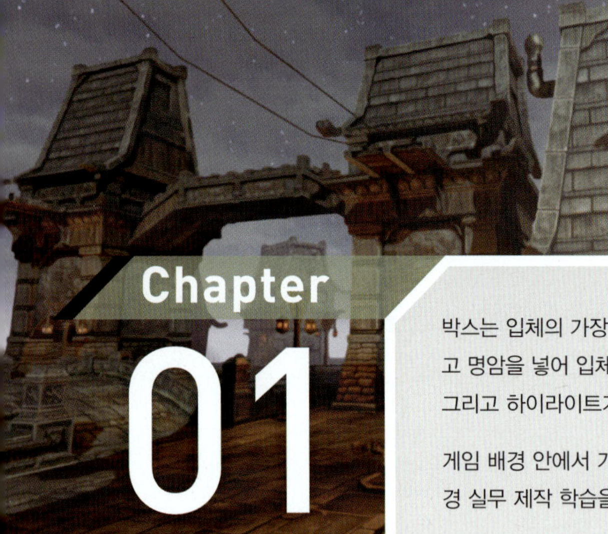

콘셉트와 3D를 이용한 박스 제작하기

박스는 입체의 가장 기본적인 형태 중 하나입니다. 그림을 처음 배울 때는 가장 먼저 스케치북에 육면체를 그리고 명암을 넣어 입체를 표현하는 방법을 배우는데, 그 이유는 빛이 박스에 닿아 생기는 기본적인 명암과 그림자, 그리고 하이라이트가 명확하여 기본을 충실히 배울 수 있기 때문입니다.

게임 배경 안에서 가장 일반적이며 기본적인 오브젝트는 '박스'입니다. 그럼 이제부터 박스를 이용하여 게임 배경 실무 제작 학습을 시작해보겠습니다.

Step 1 박스(Box) 스케치 학습하기

처음 흰 종이에 스케치를 해야 하는 단계이기 때문에 부담감도 있을 것이고, 어떤 뷰를 잡아야 할 것인지도 막막할 것입니다. 하지만 너무 부담감을 가지고 작업에 임하면 오히려 아이디어가 떠오르지 않을 수 있습니다. 마음을 편하게 가지고 작업에 임하시기 바랍니다.

지금부터 그리게 될 그림은 박스(Box)입니다. 제작하는 사람이 한눈에 봐도 이해하기가 쉽고, 보기 좋게 하려면 어떤 뷰로 그리는 것이 좋을까요? 정답은 바로 지평선이 보이지 않는 각도에서 보는 시점을 정하여 그리는 것입니다. 이를 다시 말하면, 3면이 적당히 잘 보이는 뷰입니다.

> 예제 소스에 있는 스케치 파일을 같이 보면서 학습하시기 바랍니다.
> - 예제 소스\Concept\Object\box\jpg\box sketch01.jpg~box sketch03.jpg를 참조하세요.

▶ 스케치 1단계

뷰가 정해졌으면 어떤 박스를 만들 것인지에 대한 아이디어는 머릿속에 넣어두고, 우선 실루엣만 잡습니다. 그래야만 투시를 적용하기도 쉽고, 전체적인 형태를 크게 보면서 잡을 수 있기 때문에 균형 있는 박스 형태를 그릴 수 있습니다.

◉ 스케치 2단계

전체적인 형태가 나왔으면 이제 세부적인 스케치 작업을
해야 합니다. 간단한 박스 형태라 하더라도 기능을 생각하
면서 세세한 부분까지 그려보는 것이 좋습니다. 부분적인
형태를 그리는 도중에도 전체 박스를 보고 크기가 적절한
지 확인하면서 그리는 것이 좋습니다. 그러기 위해서는 부
분에 시선을 머무르게 하지 말고 전체적으로 투시나 형태
를 체크해 가면서 형태를 잡아야 합니다.

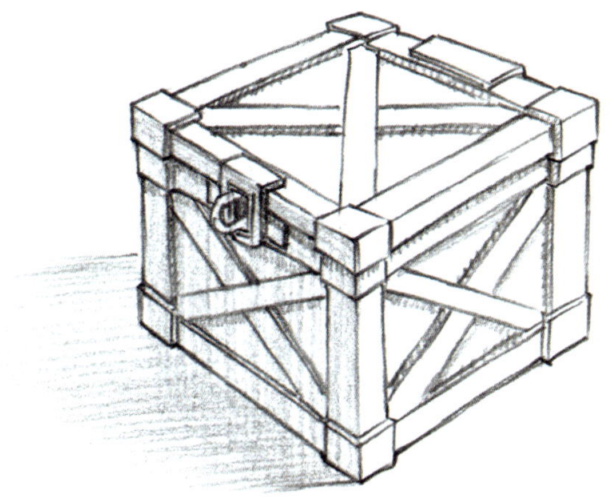

◉ 스케치 3단계

스케치의 마무리 단계입니다. 못이 박힌 상태아 나무들끼
리의 이음 부분이 이떻게 미감되어 있는지를 자세하게 그
려주면서 스케치를 완성하였습니다.

게임 실무에서는 이 단계를 '제작 원화'라고도 하는데, 지
금처럼 연필로 적당하게 묘사하거나 질감을 넣어주면 컬
러링 작업이 훨씬 수월해지기도 합니다.

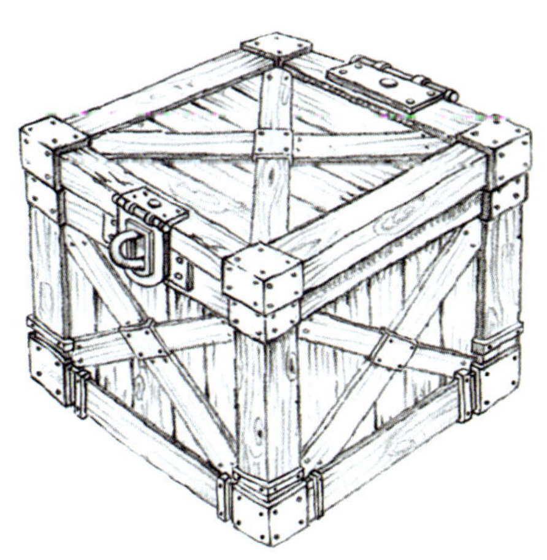

> **TIP /** 박스를 자세하게 그리는 단계에서는 스케치 전에
> 모아 놓은 박스에 대한 자료들을 토대로 작은 부분까지도 세
> 심하게 그려줍니다. 이 단계를 제작 원화의 완성이라고 말할
> 수 있는데 많은, 시간과 노력을 들여 완성하면 컬러링 작업도
> 편하게 할 수 있습니다.

박스 컬러링 작업 학습하기

이번에는 스케치된 작업물에 컬러링을 해보겠습니다. 이 작업을 하기에 앞서 스케치한 작업물을 스캔하여 저장하고, 저장된 파일을
포토샵에서 불러오는 과정을 거쳐야 합니다. 그럼 이제부터 컬러링 작업을 시작하겠습니다.

> 예제 소스에 있는 스케치 파일을 같이 보면서 학습하시기 바랍니다.
> ■ 예제 소스\Concept\Object\box\jpg\box color01.jpg~box color05.jpg를 참조하세요.

● 컬러링 1단계

01 스캔한 이미지를 불러오면 잡티와 지저분한 연필 선들 때문에 이미지가 깨끗
하지 않을 것입니다. [Levels] 대화상자를 열어 깨끗한 이미지로 보정해보겠
습니다. 경로는 [Image→Adjustments→Levels]이고, 단축키는 `Ctrl`+`L` 입
니다.

밝고 어두운 영역을 조절하여 알맞은 이미지로 보정하면 됩니다.

> **TIP /** 종이의 잡티가 없어지고 연필 선이 아래 그림처럼 선명해질 정도로 보
> 정합니다.

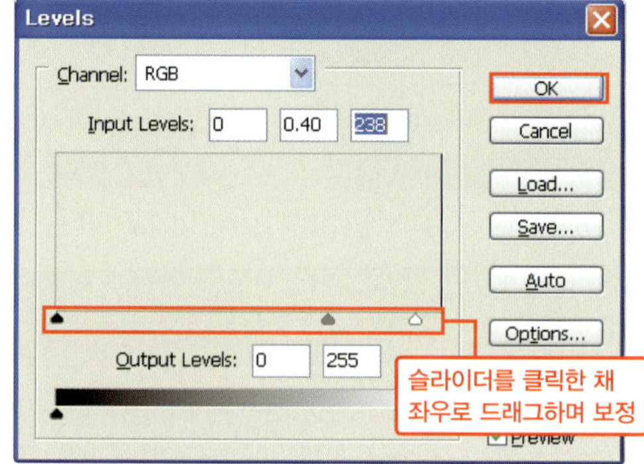

02 보정 전과 후의 이미지 비교입니다. 훨씬 선명하고 보기 좋게 보정되었습니다.

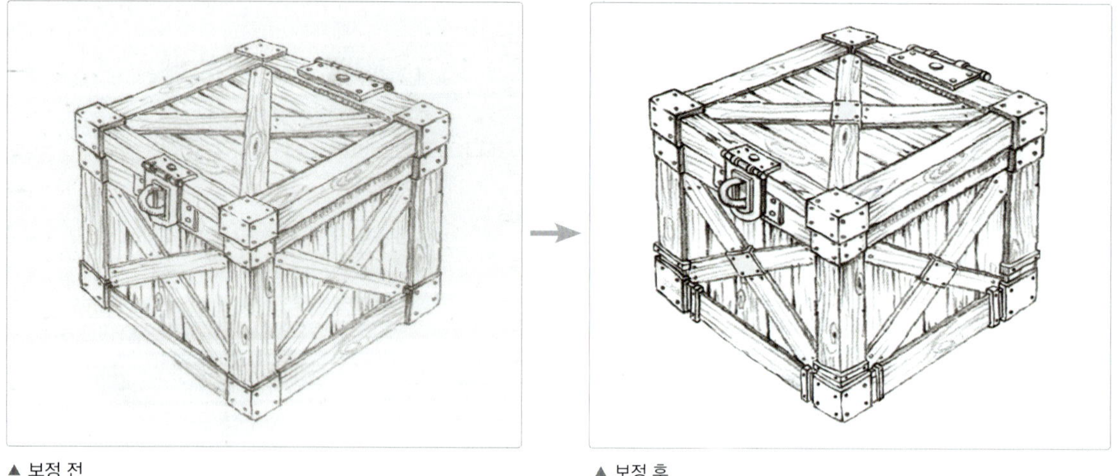

▲ 보정 전　　　　　　　　　　　　　　　　▲ 보정 후

● 컬러링 2단계

01 보정된 이미지에 본격적으로 컬러링을 하는 단계입니다. 여기에서 다룰 방법은 일단 모노톤(Monotone)으로 입히는 것입니다. 이 방법은 명암을 넣어 주고 그림자 표현까지 해주어 전체적으로 입체감을 빠르게 표현해낼 수 있기 때문에 컬러링 작업을 할 때 많이 사용합니다. 우선 새 레이어를 하나 생성하여 레이어의 속성을 Multiply로 만듭니다.

> **TIP /** Multiply의 속성을 사용하면 새로 만든 레이어가 투명해져서 밑에 연필 선이 보이기 때문에 채색하기가 수월합니다.

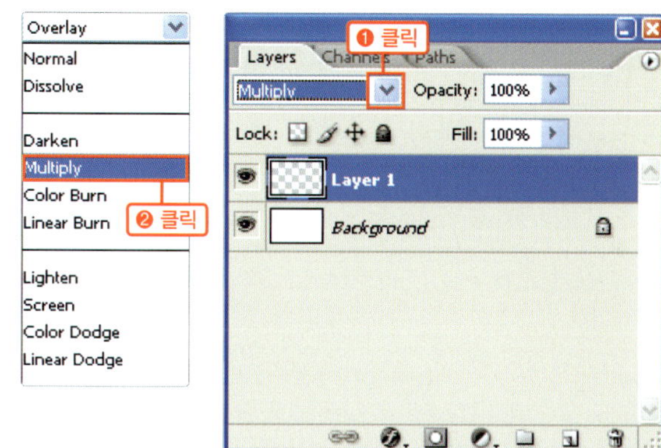

02 툴박스에서 브러시 툴을 선택한 후 [Color Picker] 대화상자에서 적당한 회색 톤을 선택하고 [OK] 버튼을 클릭합니다.

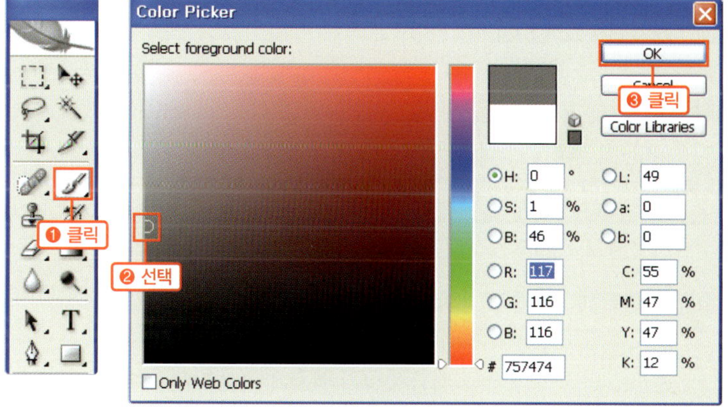

03 스캔하여 보정한 이미지에서 선택한 브러시로 채색합니다. 간단한 채색 작업이기 때문에 기본적인 브러시를 선택하여 채색합니다.

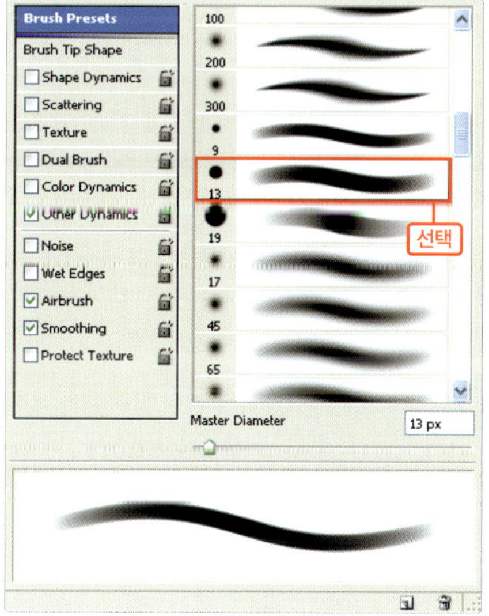

04 컬러링된 이미지입니다. 빛의 방향을 정한 후에 Multiply 속성을 이용한 컬러링 방법으로 명암과 그림자를 손쉽게 표현했습니다.

> **TIP /** Multiply 속성상 연필 선이 보이기 때문에 컬러링 하기가 쉬우며, 박스 바깥으로 나간 부분도 지우개 툴 을 이용하여 쉽게 지울 수 있습니다.

● 컬러링 3단계

01 이번에는 모노톤으로 채색된 이미지에 컬러를 입혀보는 단계입니다.

먼저 레이어 창에서 새 레이어를 생성하고 속성을 Color로 만듭니다. Color 속성은 그 이미지의 명도는 그대로 살아 있고, 채색한 컬러 색을 마음대로 채색하거나 바꿀 수 있다는 장점이 있습니다. 이미지의 명도 때문에 본래의 컬러를 표현할 수 없다는 단점이 있기는 하지만 박스 컬러의 채도가 낮기 때문에 이 방법으로 채색하려고 합니다.

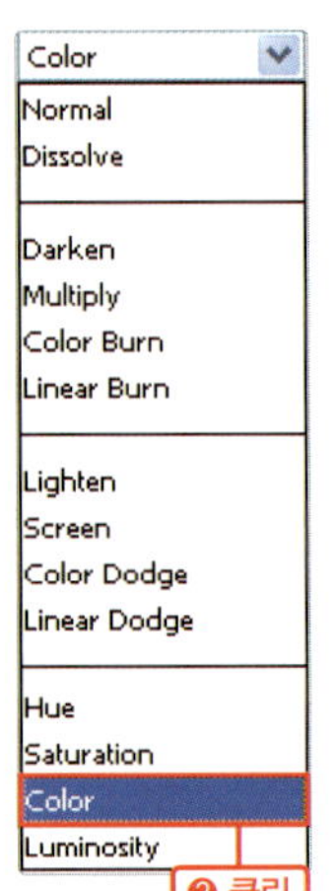
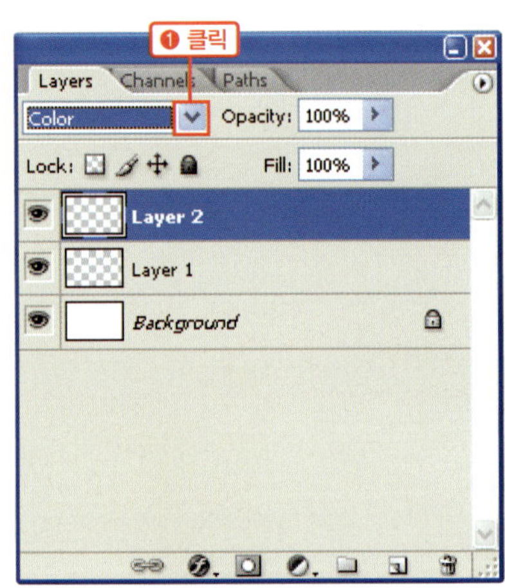

02 컬러 2단계와 마찬가지로 툴박스에서 브러시를 선택한 후에 금속과 나무 색을 선택하여 채색하였습니다. Color 속성을 이용하여 박스 컬러를 손쉽게 채색한 이미지가 나타납니다.

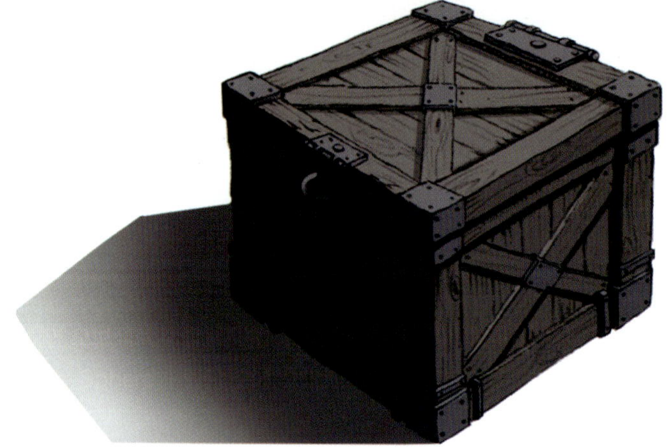

▶ 컬러링 4단계

01 이번 단계에서는 좀 더 리얼한 3D 제작에 도움을 줄 수 있는 원화에서 텍스처 느낌을 살릴 수 있는 방법을 배워보겠습니다. 먼저 상자의 금속 부분에 대한 텍스처 이미지를 하나 불러옵니다.

먼저 [Hue/Saturation] 대화상자를 불러온 후 오른쪽 그림대로 숫자를 넣고, [OK] 버튼을 클릭합니다. 여기서 색을 회색으로 바꾸는 것이 중요한데, 그 이유는 지금 필요한 것은 텍스처의 질감이지 색감이 아니기 때문입니다. 경로는 [Image→Adjustments→Hue/Saturation]이고, 단축키는 Ctrl + U 입니다.

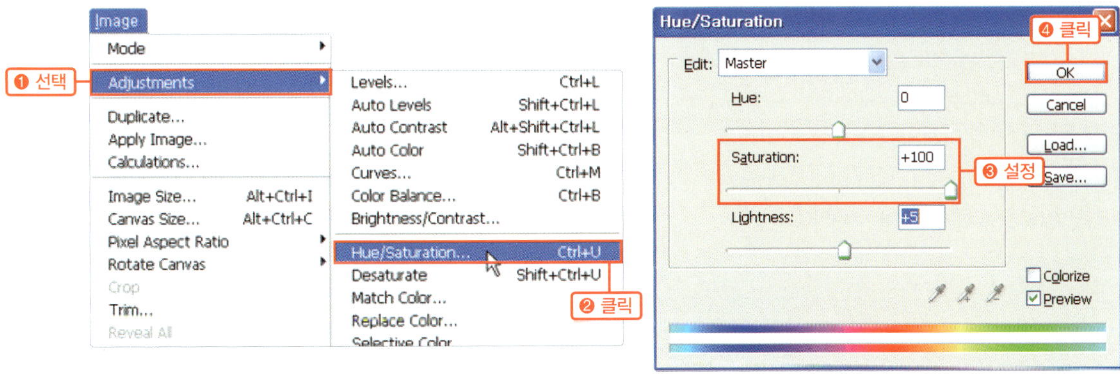

02 불러온 텍스처입니다. 박스의 금속 부분에 적용해보겠습니다.

▲ 보정 전   ▲ 보정 후

TIP/　금속의 색감을 어둡게 표현하기 위해 텍스처의 명도를 어둡게 하였습니다.

03 텍스처 보정 작업이 끝나면 보정된 텍스처를 상자 이미지 맨 위로
가져온 후, 텍스처 레이어의 속성을 Overlay로 바꿉니다.

> **TIP /** 텍스처에 따라 보정하는 정도가 다르며, 보정 정도에 따라
> 느낌이 달라질 수 있습니다.

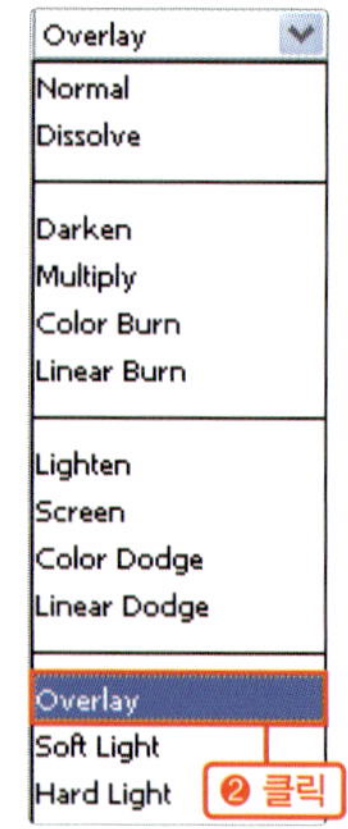
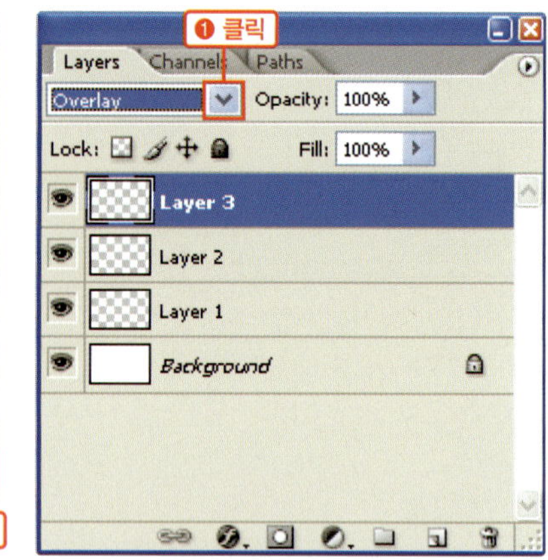

04 Overlay 속성으로 바뀌면 상자 이미지의 금속 부분에 텍스처
가 입혀져서 오른쪽 그림과 같이 금속 느낌이 이미지에 겹쳐
집니다. Overlay 속성의 특성상 바탕의 흰 부분에서는 텍스
처 이미지가 보이지 않습니다.

▲ 상자 전체에 금속 텍스처가 입혀진 모습

05 위의 그림을 보면 금속 외의 부분까지 텍스처가 입혀져 있는데, 금속 외 부분은 필요없으므로 지우
개 툴 로 지웁니다. 지우개는 양쪽 끝이 깔끔하게 지워지는 속성을 가진 브러시 툴을 선택하는 것
이 좋습니다. 먼저 툴박스에서 지우개 툴 을 선택한 후에 브러시 모양을 선택하겠습니다.

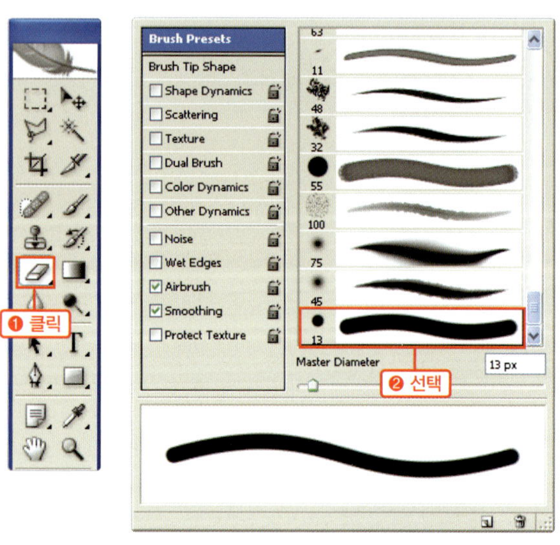

▲ 브러시 툴을 이용하여 금속 부분만 남겨두고 텍스처를 지운 모습

06 같은 방법으로 나무 부분에도 텍스처를 입혀보겠습니다. 먼저 나무 텍스처를 하나 불러온 후에 보정 작업을 합니다. 금속과 마찬가지로 리얼한 재질 느낌을 약하게 하고, 회색 톤으로 바꾸는 과정을 거칩니다.

경로는 [Image→Adjustments→Hue/Saturation]이고, 단축키는 Ctrl + U 입니다.

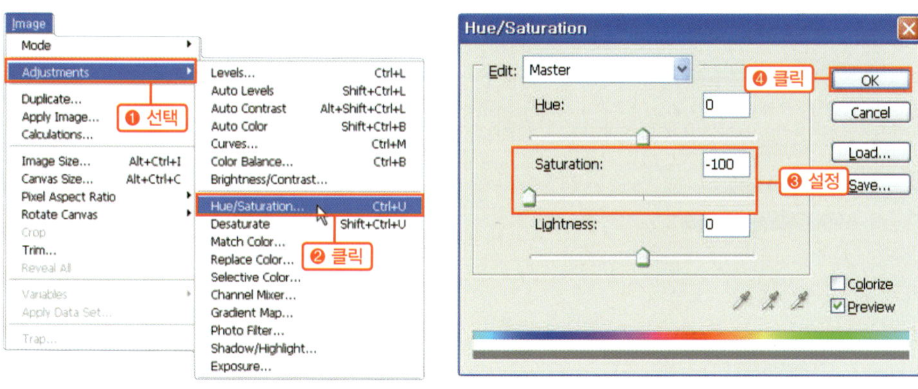

07 불러온 텍스처입니다. 나무 부분에 적용할 텍스처입니다.

▲ 보정 전   ▲ 보정 후

08 텍스처 보정 작업이 끝나면 보정된 텍스처를 상자 이미지 맨 위로 가져온 후, 텍스처 레이어의 속성을 Overlay로 바꿉니다.

금속과는 달리 나무 부분은 나뭇결이 살아 있도록 표현해야 하기 때문에 텍스처 무늬가 많이 살아 있으면 나중에 브러시로 무늬를 그릴 때 이미지가 부자연스러울 수 있습니다. 따라서 텍스처의 투명도를 70% 정도로 낮추어서 적당히 나무의 느낌만 날 수 있도록 조절합니다.

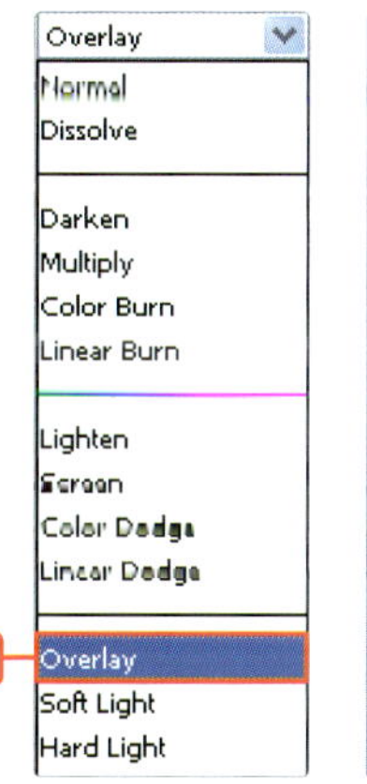

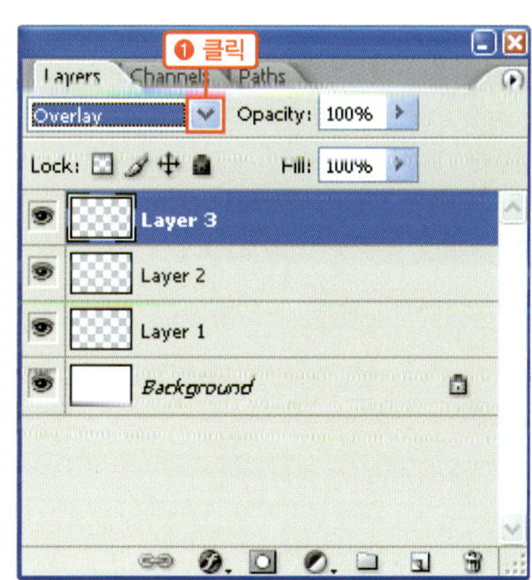

09 금속과 마찬가지로 나무 부분이 아닌 곳은 지우개 툴 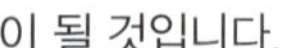로 깨끗하게 지웁니다. 양쪽 끝이 깔끔하게 지워지는 속성을 가진 브러시를 선택하여 지웁니다.

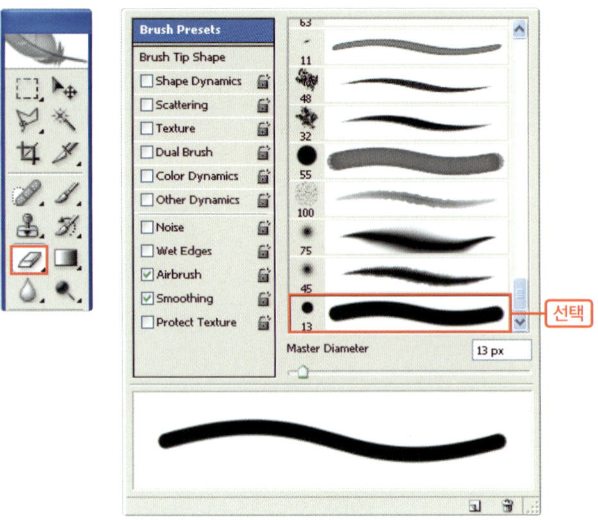

이제 금속과 나무 텍스처가 입혀진 이미지가 완성되었습니다. 어떻게 보면 이번까지의 작업은 원화로 리얼한 상자를 표현하기 위한 기본 채색을 한 것이라고 보면 될 것입니다. 지금까지 학습한 '텍스처를 이미지 위에 덮은 방법'은 어떻게 보면 진부하다는 생각이 들 수도 있습니다. 하지만 처음 접하시는 분들은 유용한 방법일 것입니다. 이러한 방법이 숙달되면 그 후에는 텍스처에 적절한 필터 효과를 주어 만든 텍스처들이 본인만의 작업 리소스가 되며, 이것이 바탕이 되어 향후 작업에 큰 도움이 될 것입니다.

▶ 컬러링 5단계(완성)

01 이번 단계는 마무리 단계로, 묘사를 해보겠습니다.

먼저, 텍스처를 입혀서 어두워진 이미지를 밝게 하기 위해 닷지 툴 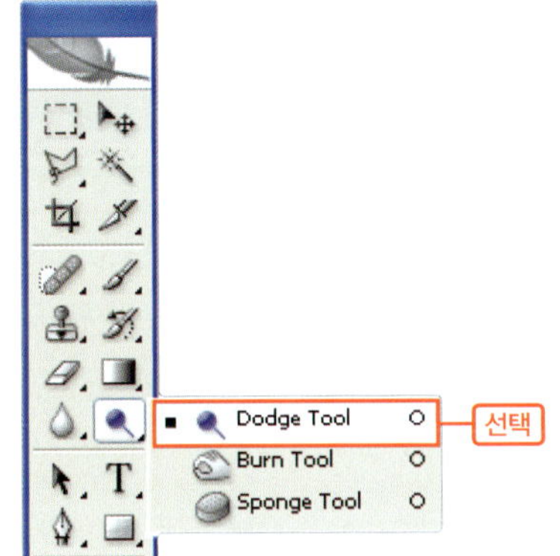을 이용하여 밝은 면을 잡아주어야 합니다. 아마도 그냥 작업을 하면 생각처럼 쉽지 않을 것입니다. 그 이유는 지금까지 만든 4개의 레이어를 합치지 않았기 때문입니다. 레이어를 합쳐야만 하나의 같은 속성 이미지가 됩니다.

레이어를 합치는 방법은 여러 가지가 있지만, 필자는 지금까지 만든 레이어를 온전히 놓아둔 채로 하나로 합쳐진 레이어를 만드는 단축키를 알려줄 것입니다. 그것은 바로 (Ctrl + A)+(Shift + Ctrl + C)+(Ctrl + V)입니다.

02 페인팅했던 기본 브러시를 선택합니다.

> **TIP／** 이 브러시 말고 다른 브러시로 채색해도 무방합니다. 다만 옵션 바에 있는 Opacity(불투명도) 값을 많이 준 브러시나 그러한 느낌으로 나오는 브러시는 가급적이면 사용을 자제힐 깃을 권해드립니다. 겹쳐지는 브러시 느낌 때문에 채색이 지저분해진 상태에서 텍스처까지 입혀지면 컬러링 작업이 힘들어집니다. 그림을 많이 그려보신 분들은 정리가 되어 상관없겠지만, 처음 작업을 하는 분들은 컬러링이 아직 서툴기 때문에 가급적이면 깨끗하게 채색되는 브러시를 선택하는 것이 좋습니다.

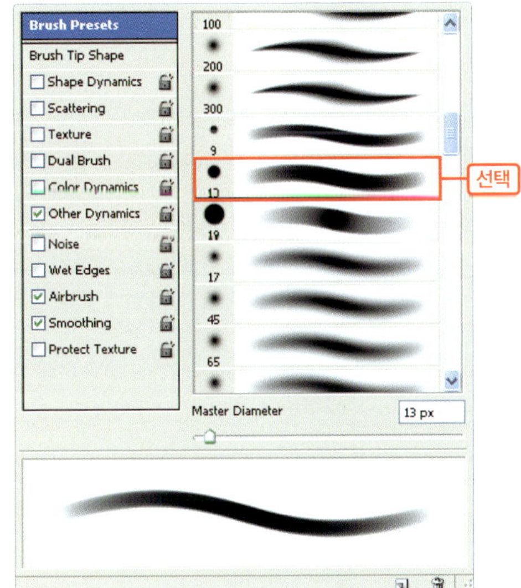

03 밝은 면, 중간 면, 어두운 면, 하이라이트가 되는 면을 닷지 툴 도 잡아준 모습의 이미지입니다.

> **TIP／** 닷지 툴 은 효과가 빠르게 나타나지만, 너무 과하면 좋지 않으므로 적절하게 사용하기 바랍니다.

04 오른쪽 그림에 나타난 브러시를 가장 많이 사용하였습니다. 텍스처가 입혀진 이미지에 둔탁한 브러시로 묘사를 하면 자칫 텍스처들이 뭉개져서 지금까지 고생한 보람이 없게 될 수 있습니다. 날카롭고 작은 묘사까지도 표현할 수 있는 브러시를 선택한 후, 텍스처를 최대한 살려서, 설명해주어야 할 부분에 대한 묘사를 적절히 해주고, 리얼한 느낌의 이미지를 표현하기 위해 노력합니다. 이 밖에 몇 가지 브러시들을 같이 사용하게 됩니다. 나뭇결이나 금속에 박혀 있는 못이나 나무를 잠글 수 있는 자물쇠가 들어가는 부분 등을 세심하게 묘사합니다.

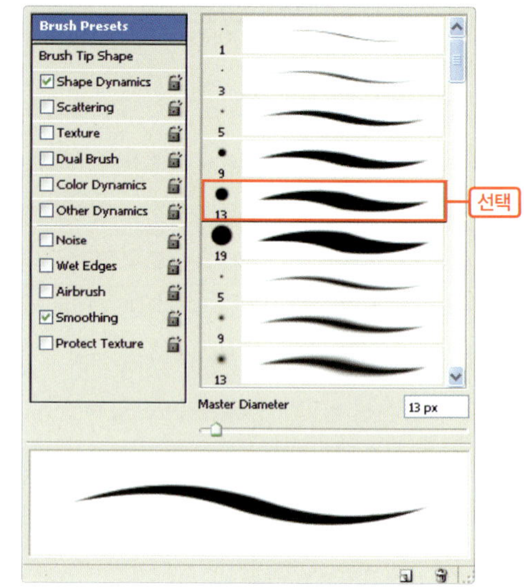

05 묘사를 할 때 가장 먼저 생각하고 그려야 할 것은 밝게 해줄 부분과 어둡게 해줄 부분을 나누는 것입니다. 밝은 부분에서는 가장 밝은 부분을 찾고, 어두운 부분에서는 가장 어두운 부분을 찾아 들어가면 자연스럽게 중간톤이 많아지면서 색감이 풍부해집니다. 특히 어두운 부분에서 반사광까지 찾아주면 입체감이 더욱 살아납니다. 그림자 부분에서도 가장 어두운 부분에서 밝은 부분까지 표현해주면 훨씬 입체감이 살면서 이미지가 사실감 있게 느껴집니다.

박스 이미지가 완성되었습니다. 텍스처를 이용하여 작업을 하면, 게임에서 보는 3D의 느낌을 낼 수 있습니다. 앞으로 작업할 오브젝트들도 이와 같은 방법으로 배울 것입니다.

바닥 또한 이와 마찬가지로 텍스처를 사용하여 표현해보았습니다. 앞으로 같은 바닥이 계속 나오기 때문에 8개의 오브젝트 중에서 중간에 해당하는 의자 부분에서 자세하게 설명하겠습니다.

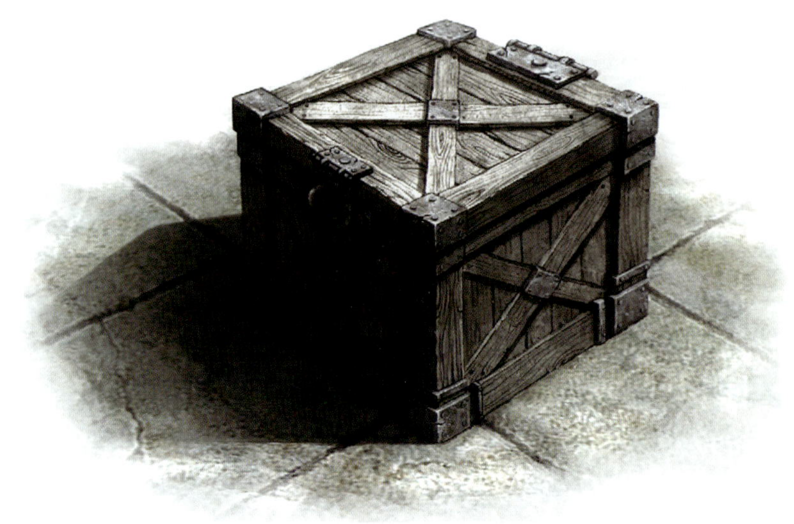

#1 밝게 잡아주어야 할 부분(❶)과 풀어주어야 할 부분(❷), 조금 더 풀어주어야 할 부분(❸)을 표시한 것입니다. 박스같이 작은 오브젝트에서는 육안으로는 크게 보이지 않는 표현일수 있지 만, 모든 오브젝트들에 적용되는 작업이니만큼 항상 염두에 두 고 작업하는 것이 좋습니다.

> **TIP /** 박스처럼 작은 오브젝트에서 ❶, ❷, ❸으로 나누어 보 여드리는 이유는 작은 오브젝트라도 잡아주고 풀어주어야 하는 부분이 있으며, 이러한 생각으로 작업을 하면 좀 더 입체적이고 감각적인 이미지를 그릴 수 있습니다. 하지만 크기에 따라 풀어주 어야 할 것에 대한 조절을 잘 하는 것이 중요합니다.

#2 가장 밝은 부분 중에서도 하이라이트 부분이면서 묘사가 가장 많이 들어간 부분입니다.

> **TIP /** 이미지를 확대하여 면과 면의 정리를 확실하게 해주 고 금속 느낌과 나무 느낌을 살리기 위하여 세세한 표현까지 그 려주면서 하이라이트를 찾아주어야 이미지가 더욱 강조가 되고 전체적으로 입체감 있고 사실감 있는 박스 원화를 완성할 수 있 습니다.

#3 그림자 부분입니다. 가장 어두운 부분에서 밝게 풀어지는 부분 까지 표현해줍니다.

> **TIP /** 박스에서 어두운 부분과 지면으로 쉽게 넘어가 보이실 수 있게 하는 것이 그림자 표현에서 중요합니다. 너무 어둡게 하거나 밝게 하면 박스와 떨어져 보여 부자연스럽게 보일 수 있으므로 명 도를 잘 맞추어 채색하시기 바랍니다.

#4 마지막으로 레이어를 정리해보았습니다. 레이어를 잘 정리해두면 레이어만 봐도 어떤 툴을 사용하여 그림을 그렸는지 한눈에 알 수 있습니다.

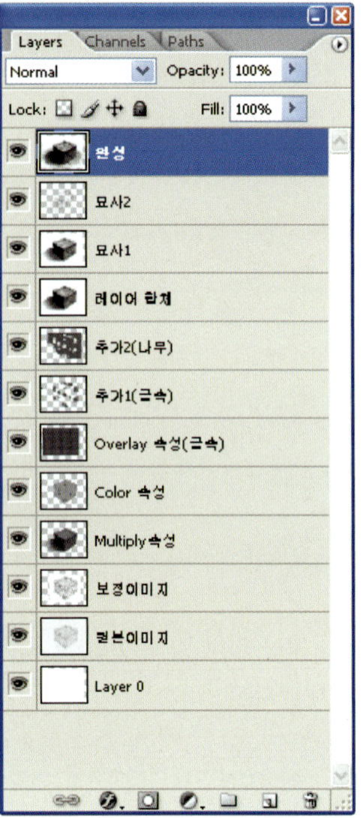

> **TIP /** 레이어의 정리를 꼭 이렇게 해야 하는 것은 아닙니다. 저자는 알아보기 쉽게 하기 위하여 이처럼 정리를 한 것입니다. 각자의 작업 스타일에 따라서 레이어 정리도 다를 것이므로 작업에 도움을 줄 수 있는 레이어 정리를 하시기 바랍니다. 다만, 레이어 가 많아지면 이미지의 용량도 커지게 되므로 컴퓨터 사양이 좋지 않다면 많은 레이어 사 용은 자제하시는 것이 좋을 것입니다.

예제 소스에 있는 psd 파일을 참고하시면 작업 과정을 한눈에 확인할 수 있습니다.
- 예제 소스\Concept\Object\box\psd\box.psd를 참조하세요.

박스(Box) 3ds max 모델링 제작

게임 3D 제작에서 가장 기초가 되는 것 중의 하나가 박스라고 할 수 있습니다. 박스는 실무에서 모델링과 텍스처를 통해 간단히 작 업하지만, 필자는 너무 간단하지 않은 박스를 제작해보겠습니다. 앞에서 그린 원화를 바탕으로 3D를 제작해보겠습니다.

예제 소스에 있는 모델링을 같이 보면서 학습하시기 바랍니다.
- 예제 소스\tutorial\box\max map\box.max를 참조하세요.

▶ 3ds max 모델링 작업

01 그림과 같이 박스를 클릭하여 정사각형 형태의 오브젝트를 만듭니다. 정사각형으로 박스의 기본 형태를 잡습니다.

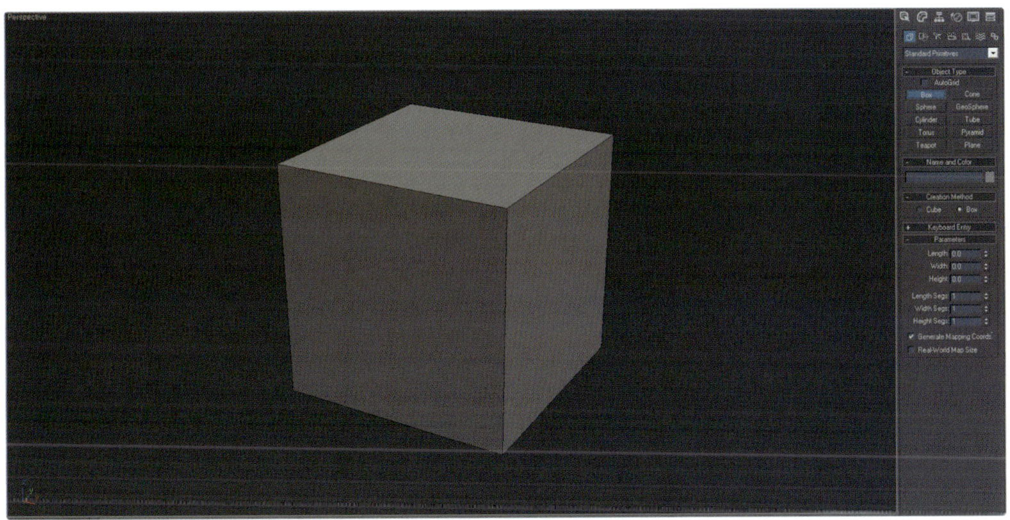

02 그림과 같이 오브젝트를 클릭한 상태에서 마우스 오른쪽 버튼을 클릭하여 Mesh로 변환합니다.

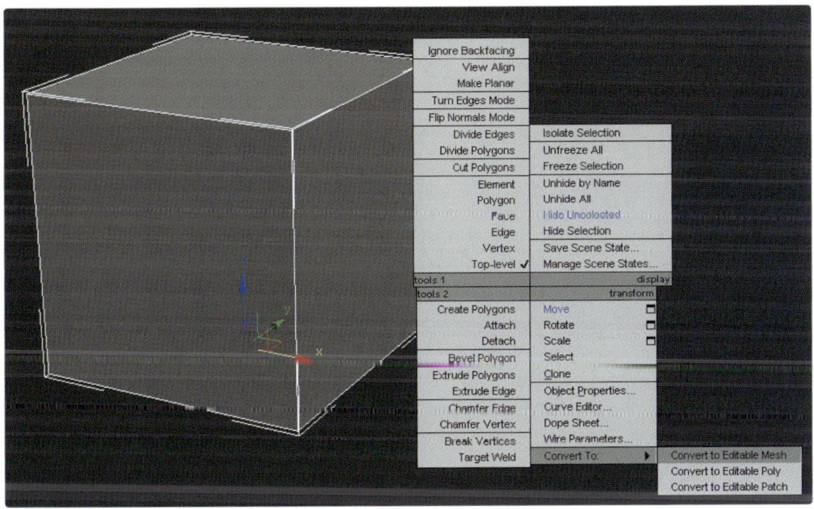

Poly로 변환해도 제작 과정만 다를 뿐 결과물은 같습니다. 이번에는 **Mesh**로 세작해보겠습니다.

03 만들어 놓은 박스에 기둥과 같은 모양의 Mesh를 추가하여 제작합니다. 반투명 박스는 실제 사용할 Mesh가 아니라 형태를 잡는 데에도 도움을 주는 박스입니다.

04 또 다른 Mesh들을 제작하여 박스의 옆면의 형태를 제작하겠습니다. 일반적인 박스는 전체적인 모양이 정사각형인 것을 참고하면서 제작합니다. 그렇게 되면 그림과 같이 투명 Mesh보다 높이가 조금 줄어드는 형태가 될 것입니다.

05 그림과 같이 잡혀 있었던 틀에 맞추어 모델링합니다. 기둥이 되는 Mesh의 두께와 박스의 옆면이 되는 Mesh의 크기를 잘 조절하여 제작합니다.

06 한쪽 면의 모델링이 완료되면 완료된 모델링을 다른 쪽에 복사합니다. 복사할 때는 Top 뷰에서 투명 박스와 Pivot 값을 같게 하고 Rotate하면 좀 더 정확하게 복사될 것입니다.

07 만일 투명 박스의 Pivot이 가운데가 아니면 오른쪽 그림과 같이 Affect Pivot Only를 클릭한 후 Center to Object를 눌러 Pivot의 위치를 가운데로 하고, 모델링된 오브젝트를 클릭합니다. 그런 다음, Affect Pivot Only를 클릭하고, 3ds max 화면의 아래쪽에 있는 X, Y, Z 값을 투명 박스와 같도록 한 후에 Rotate해주면 됩니다.

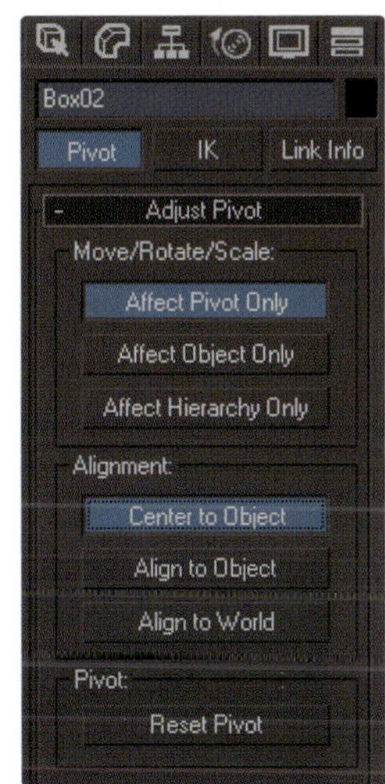

08 그림과 같이 빨간색으로 표시된 부분(뚜껑이 될 부분)도 같은 방법으로 모델링합니다. 여기까지 모델링하였으면 투명 박스와 비슷하게 정사각형에 가까운 형태가 나올 것입니다.

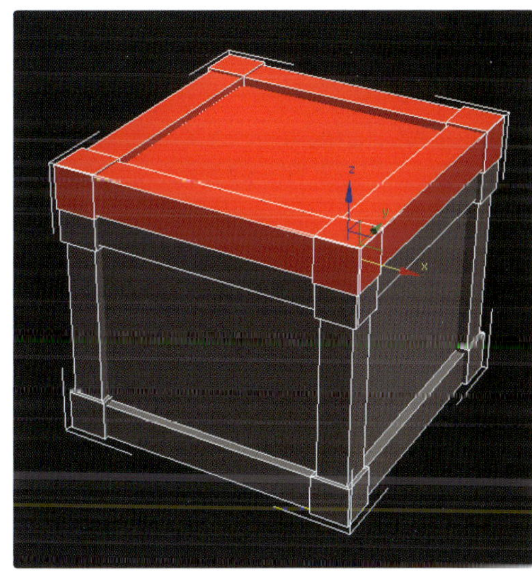

09 박스의 대략적인 형태가 나왔으면 그림과 같이 자물쇠가 될 만한 위치에 모델링합니다. 자물쇠가 너무 크면 좀 우스꽝스러울 수 있으므로 박스의 크기에 잘 맞추어 모델링하는 것이 좋습니다.

10 자물쇠 쪽의 모델링을 밑에서 본 모양입니다. **Edge**로 세 곳을 나눈 후 살짝 둥근 형태로 모델링합니다. 이때 꼭 **Edge**를 세 곳으로 나누어주지 않아도 됩니다. 전체적인 모델링의 형태를 보며 나누기 바랍니다.

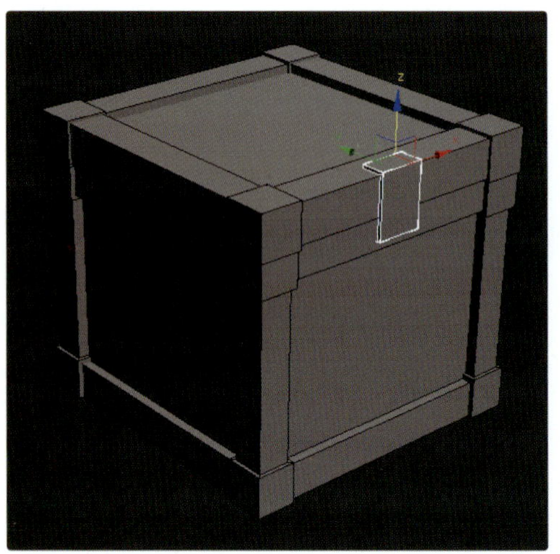

11 박스를 이용하여 자물쇠 안쪽에 있는 받침 같은 오브젝트를 제작합니다. Geometry 안의 Torus를 사용하여 자물쇠 고리같이 생긴 오브젝트를 제작합니다.

> **TIP /** 필자는 개인적으로 Torus를 사용할 때 10~12각을 많이 사용합니다. Torus를 사용할 때는 짝수를 쓰는 것이 여러모로 좋습니다.

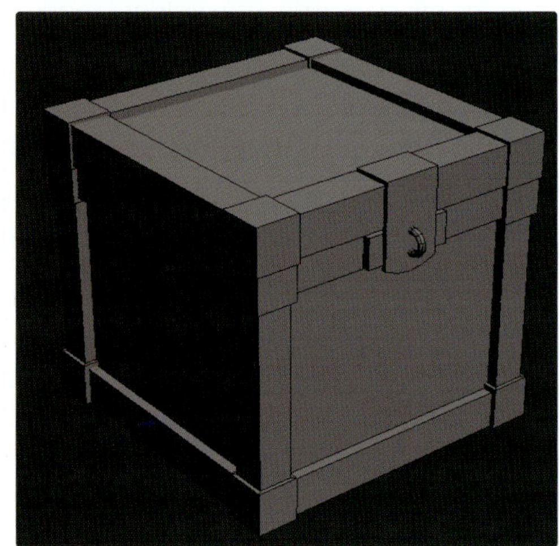

12 그림의 빨간색으로 된 부분처럼 Chamfer를 사용하여 각진 형태를 조금 부드럽게 수정합니다. Chamfer는 Edge 안에 있는 목록 중의 하나입니다.

> **TIP/** 필자는 부서진 부분이나 각진 곳을 부드럽게 할 때 Chamfer를 많이 사용합니다.

13 박스의 뒷면도 앞면에 자물쇠 쪽의 모델링과 같이 잘 어울리게 모델링합니다. 필자가 원화가에게 자물쇠 쪽과 뒷부분(그림에서 빨간색 부분)을 조금 줄이는 것이 어떠냐고 물었는데, "묵직한 느낌을 주기 위해 그런 것입니다."라는 답을 듣고, 이런 느낌을 바탕으로 우선 모델링하였습니다.

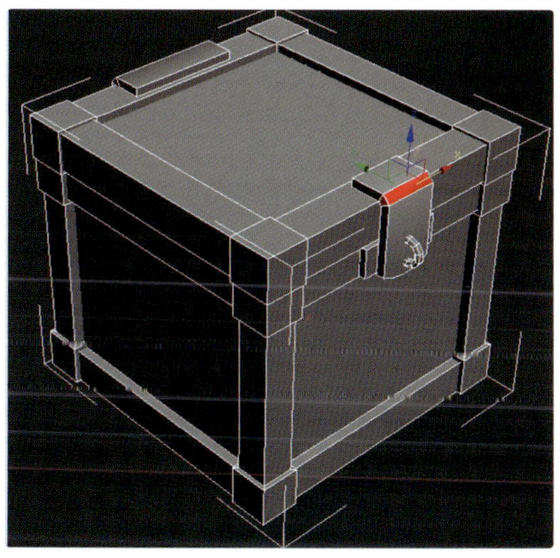
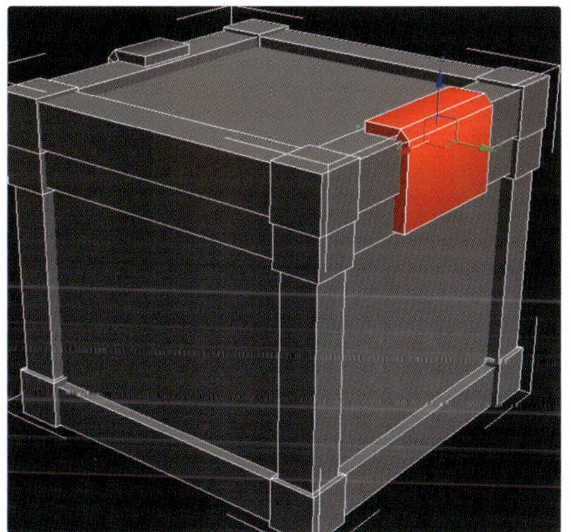

오른쪽 그림과 같이 모델링이 일차적으로 마무리되었습니다. 대략적으로 라이트가 구조적으로 잘 받는지 렌더링을 걸어보았습니다. 원화에서 보다시피 박스의 옆면에 엑스자 형태로 받침대 같은 구조물이 박혀 있는데, 이것은 텍스처 제작을 하여 모델링에 텍스처를 입혀본 후 오브젝트의 형태를 보고 결정할 예정입니다.

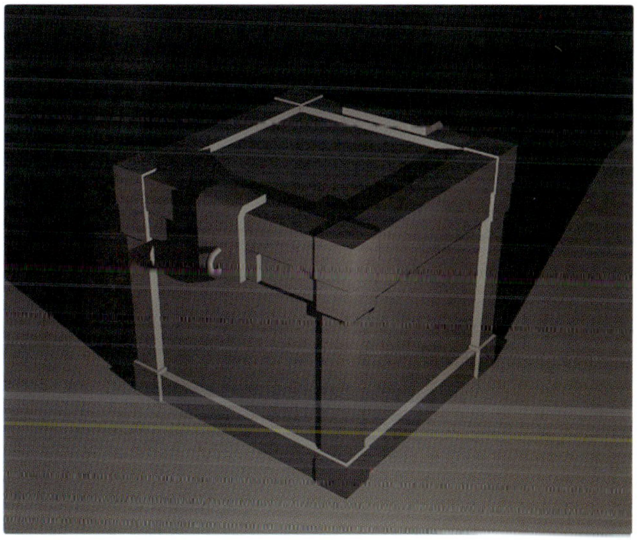

▶ Unwrap UVW 작업

01 그림과 같이 모델링된 박스를 클릭한 후 오른쪽 상단에 위치한
Modifier List를 클릭하고 Unwrap UVW를 클릭합니다.

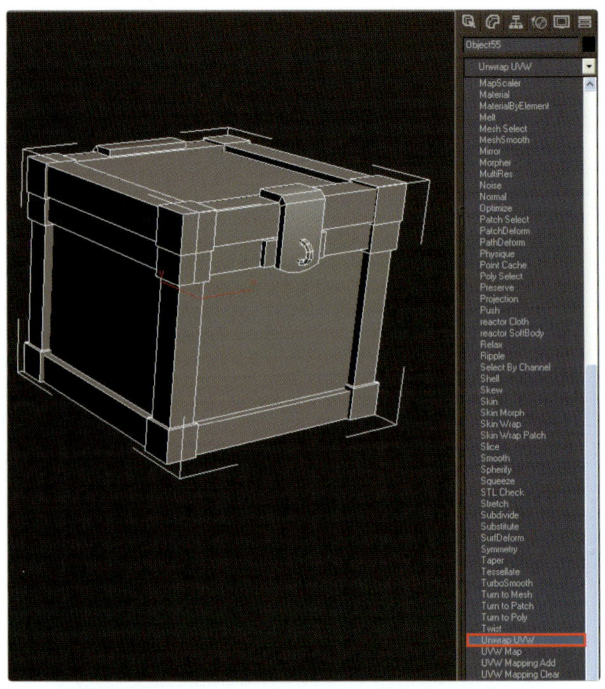

02 Unwrap UVW를 클릭하여 활성화한 후 Display의 Show Pelt
Seam, Show Map Seam을 해제하면 박스를 둘러싸고 있는
녹색 선들이 보이지 않아서 작업이 수월해질 것입니다.

Edit를 클릭하여 UVW 창을 활성화하면 다음 그림과 같이 Edit
UVWs 창이 나타납니다.

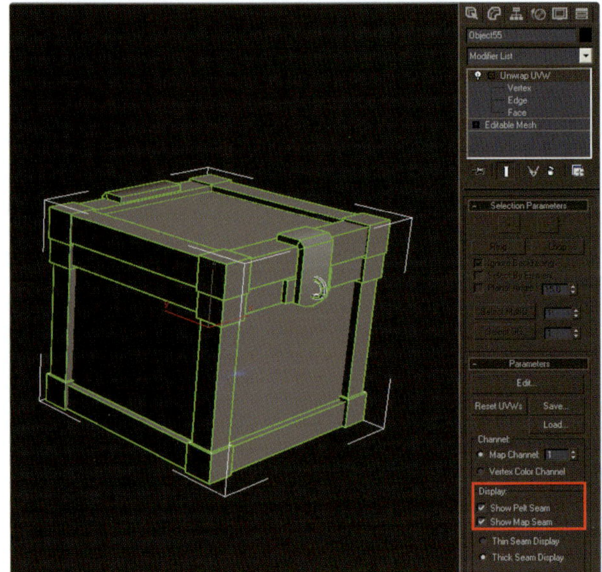

03 다음 그림과 같이 Edit UVWs 창이 생긴 것을 볼 수 있습니다. 간략히 Edit UVWs 사용법을 나열 해보면 ❶ Face를 클릭하여 면을 클릭할 수 있도록 한 후 Parameters 안에 있는 ❷ Edit를 클릭하 여 Edit UVWs 창이 나타나게 합니다. 그런 다음, 박스 오브젝트의 원하는 면을 클릭하고 ❸ Quick Planar Map을 클릭하면 자동적으로 해당 면이 펴지는 것을 볼 수 있습니다.

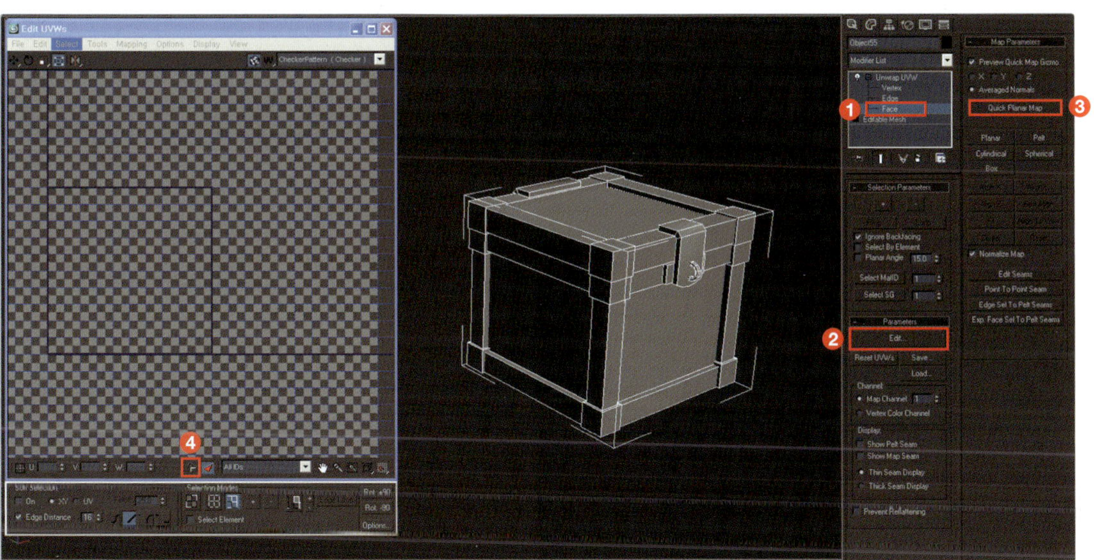

Edit UVWs 창을 열면 모든 면이 보이는데, 이때는 Edit UVWs 창 내에 있는 ❹ Filter Selected Faces를 클릭하여 원하는 면만 Edit UVWs 창에 나타날 수 있게 할 수 있습니다.

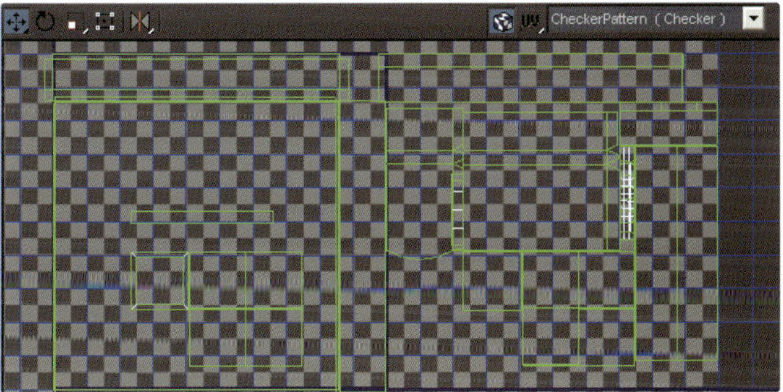

04 그림과 같이 박스에 대한 UVW를 펼쳐 보았습니다. Edit UVWs를 펼쳐 놓은 이미지와 모델링이 완료된 박스의 면을 하나하나 클릭해 가면서 비교해 보면 면을 어떻게 펼쳤는지 알 수 있습니다. 맵 소스를 최대한 잘 활용하려면 Unwrap UVW를 잘 펴주는 것이 좋습니다.

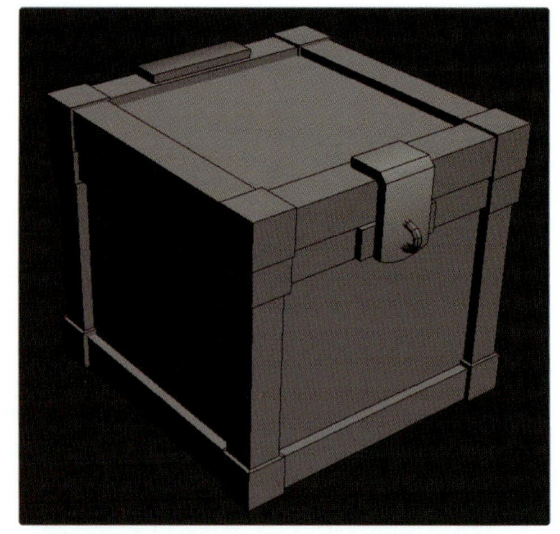

지금까지 3ds max에서 약간의 난이도가 있는 박스를 모델링부터 UVW맵까지 제작해보았습니다. 필자는 UVW맵을 펼 때 오브젝트 안에서 중요도가 떨어지는 부분은 최대한 맵 소스 내에서 공유할 수 있도록 제작합니다.

오른쪽 그림에 빨갛게 표시된 부분에 엑스자 형태로 받침처럼 되어 있는 오브젝트는 나중에 필요할 경우 텍스처를 공유해도 될 것 같아 UVW맵을 펴주지 않았습니다. 이 부분은 맵핑을 한 후에 다시 설명하겠습니다.

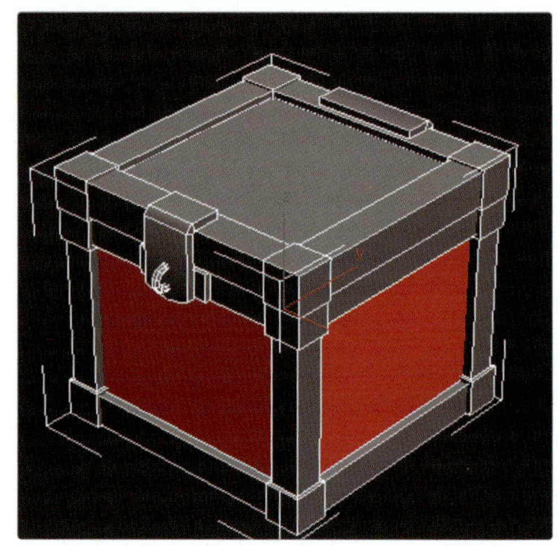

 # 박스(Box) 텍스처 제작

이제부터 앞에서 작업한 UVW맵 작업을 바탕으로 포토샵에서 텍스처 작업을 해보겠습니다. 3ds max 화면에서 펼쳐져 있는 UVW맵을 스크린샷으로 저장하여 가져와도 되고, 다른 방법으로 가져와도 됩니다. 또한 간단한 오브젝트일수록 모델링의 페이스가 적으므로 텍스처에서의 중요도는 더욱 높아집니다. 이제부터 앞에서 모델링한 오브젝트의 텍스처를 제작해보겠습니다.

> 예제 소스에 있는 텍스처를 같이 보면서 학습하시기 바랍니다.
> ■ 예제 소스\tutorial\box\max map\box_01.psd~box_02.psd를 참조하세요.

▶ Photoshop 텍스처 작업

우선 UVW맵을 포토샵으로 가져오면 아래와 같이 2장의 맵에 각각 넣을 수 있습니다. 필자는 실무
에서 쓰는 일반적인 텍스처 크기보다 크게 작업하겠습니다. 그래서 512맵 두 장에 나누어 작업할
예정입니다. 아래 그림을 바탕으로 텍스처 작업에 들어가겠습니다.

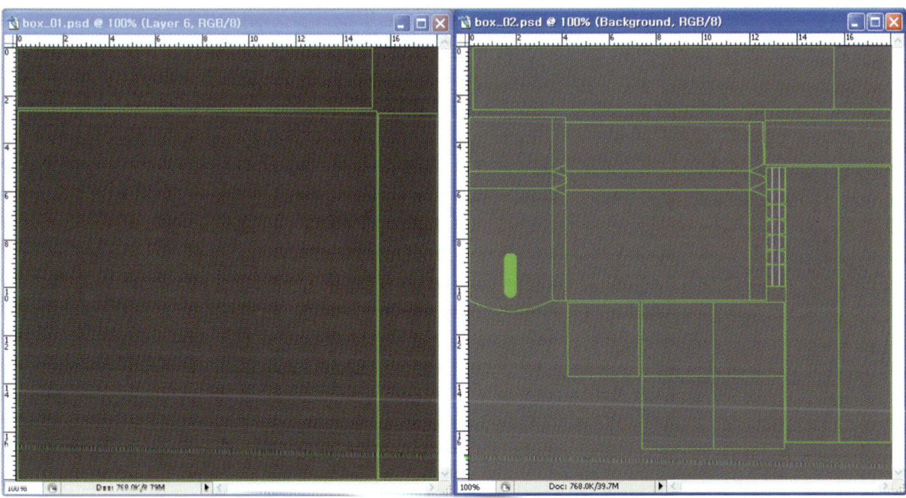

우선 2개의 텍스처 중에서 첫 번째 box_01이라는 텍스처를 제작해보겠습니다. 다른 텍스처부터
작업해도 크게 문제는 없지만 box_01이 박스에서 많은 부분을 차지하고 있는 기본 텍스처라고 생
각하기 때문에 먼저 작업해보겠습니다.

01 오른쪽 그림과 같이 원화에서 제시한 이미지와 비슷한 나무 재질을 골라보았
습니다. 그냥 나무 재질을 가져다 쓰는 것보다는 두 가지 이상을 합성하여 쓰
는 것이 좋습니다. 원화에서 제시한 것처럼 채도를 조금 낮추었습니다. 필자는
이 정도 재질의 나무가 잘 어울린다고 생각합니다. 텍스처를 제작하면서 다
른 나무의 재질들도 많이 합성해보시기 바랍니다. 여러 종류의 소스들을 합성
하며 제작하다 보면 좀 더 풍부한 텍스처 결과물을 뽑아낼 수 있을 것입니다.

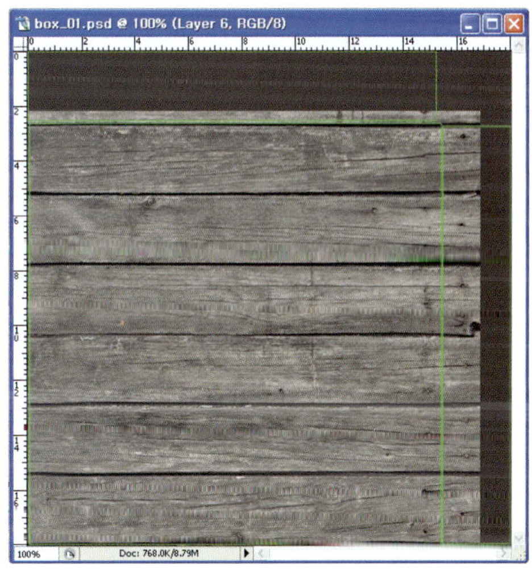

02 나무 이미지가 좀 밝은 듯하여 조금 어둡게 바꿔보았습니다.

> **TIP** /　자주 쓰는 툴
> Curves(단축키 : Ctrl + M)
> Hue/Saturation(단축키 : Ctrl + U)
> Levels(단축키 : Ctrl + L)
> Brightness/Contrast(경로 : [Image–Adjustments])

03 실사 나무 이미지를 불러와서 작업하다 보면 눈에 거슬리는 부분들이 간혹 있습니다. 오른쪽 텍스처를 자세히 살펴보면 그런 부분들을 없애주고 자연스럽게 정리한 것을 쉽게 알 수 있습니다. 그렇다고 너무 많이 수정하면 잘못할 경우 원래 생각했던 이미지와 달라질 수 있으므로 적당히 수정하는 것이 좋습니다.

04 나머지 부분들도 비슷하거나 같은 나무의 느낌으로 텍스처를 넣어줍니다.

> **TIP** /　실무에서의 작업은 스케줄도 생각하면서 작업에 들어가야 하므로 해상도와 기획적 의도면에서 크게 차이가 나지 않는다면 먼저 작업한 텍스처를 수정하여 사용해도 크게 문제가 되지 않습니다.

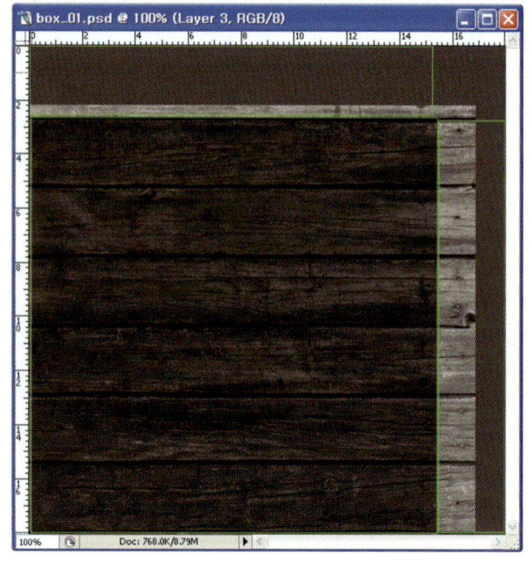

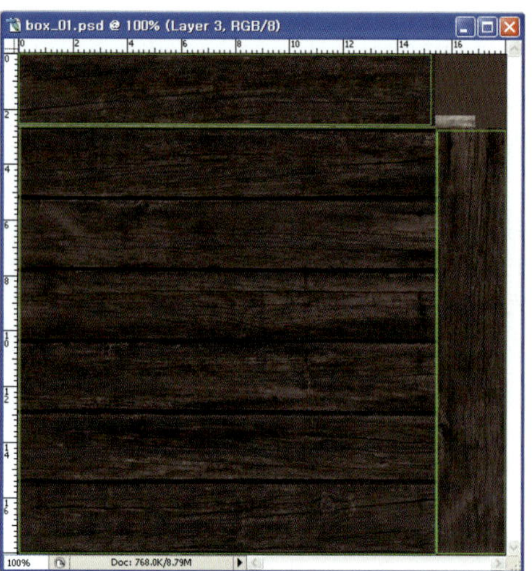

05 브러시 툴을 이용하여 어두운 면, 즉 다른 나무 밑으로 파고들어간 부분을 대략적으로 표현했습니다.

> **TIP /** 필자는 어두운 부분을 표현할 때 Multiply를 사용합니다. 그 이유는 Multiply가 바탕에 깔려 있는
> 텍스처의 질감을 살리면서 어둡게 표현하는 데 적합하다고 생각하기 때문입니다.

06 브러시 툴을 이용하여 좀 더 디테일하게 어두운 곳을 표현했습니다. 마찬가지로 Multiply를 사용하
여 작업했습니다.

> **TIP /** 어두운 부분이라고 하여 간혹 작업자들이 검은색을 과도하게 사용하는 경우가 있는데, 그렇게 되
> 면 오브젝트가 타거나 그을린 것 같은 느낌이 들 수 있으므로 주의해야 합니다.

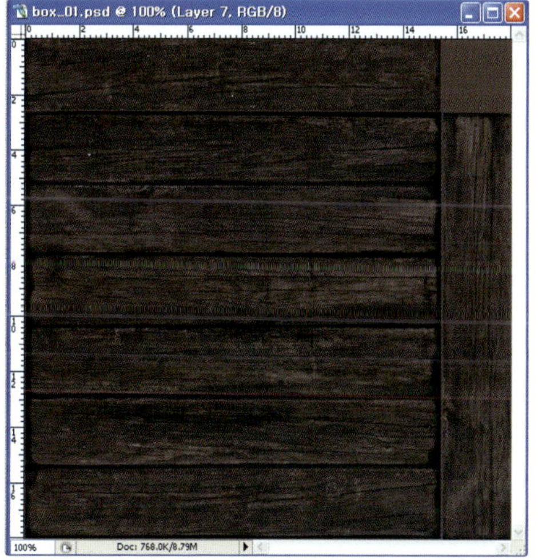

07 브러시 툴을 이용하여 밝은 부분을 표현합니다.

> **TIP /** 필자는 밝은 부분을 표현할 때 Color Dodge를 사용합니다. 그 이유는
> Color Dodge가 바탕에 깔려 있는 텍스처의 질감을 살리면서 밝게 표현하는 데
> 적합하다고 생각하기 때문입니다.

08 재질적인 면을 대략적으로 모두 표현했습니다. 나무의 끝부분에는 쇠 질감이 들어가는 재질로 살짝 웨더링을 주었습니다. 이는 쇠와 연결되는 부분을 좀 더 자연스럽게 해주기 위한 것인데, 나중에 결과물을 본 후 느낌이 좋지 않으면 뺄 수도 있습니다.

여기까지 우선적으로 텍스처 한 장이 마무리되었습니다. 텍스처가 제대로 입혀졌는지 모델링에 적용해보겠습니다.

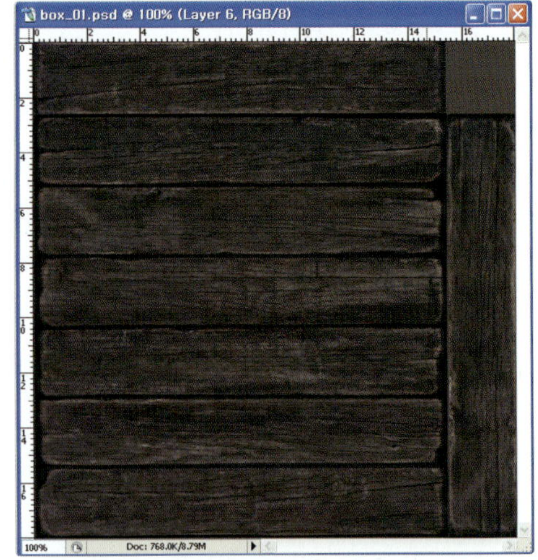

09 그림과 같이 적용된 것을 확인할 수 있습니다. 약간 밋밋한 느낌이 남아 있는 이유는 텍스처가 모두 입혀지지 않아서 그럴 수도 있고, 어두운 부분을 확실히 넣어주지 않아서 그럴 수도 있습니다.

> **TIP /** 모델링과 텍스처를 제작할 때 자신이 만든 오브젝트가 엔진에서 어떻게 보여지는지를 생각하면서 작업해야 합니다.

여기까지 작업이 대략 끝났으면 다음 텍스처를 제작하겠습니다.

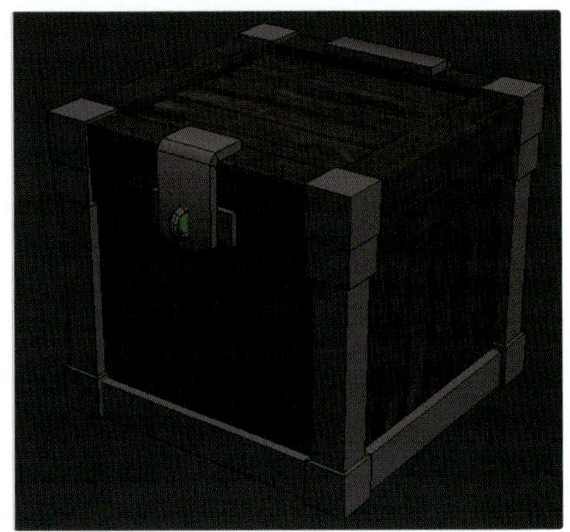

10 box_02에 들어갈 쇠 관련 이미지를 골라 적용한 그림입니다.

> **TIP /** 쇠 재질을 지나치게 적용하면 너무 지저분해지고, 웨더링을 약하게 주면 너무 깨끗해져서 다른 텍스처와 어울리지 않을 수도 있습니다.
> 재질을 적용할 때 가장 중요한 것은 텍스처에 쓰일 이미지를 잘 판단하여 정하는 것이고, 다음으로 중요한 것은 적절한 웨더링을 주는 것입니다.

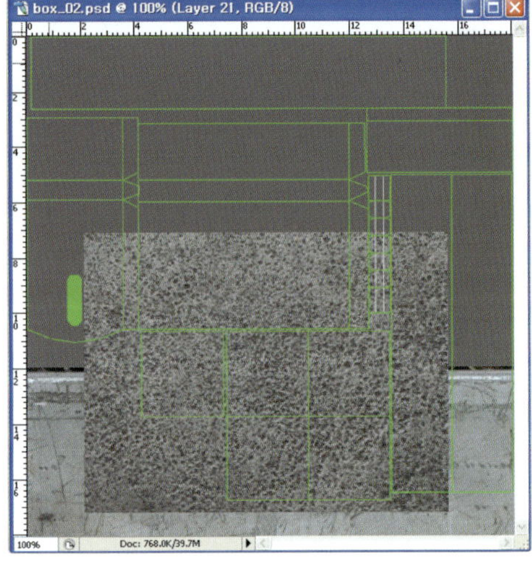

11 쇠가 될 이미지를 선정한 후 나무 재질과 어울릴 수 있도록 조금 어둡게 제작합니다. 기본으로 깔릴 쇠 재질의 텍스처는 약간 밋밋해도 괜찮습니다. 오히려 거친 쇠 재질일수록 웨더링과 하이라이트 부분을 표현하기가 애매하므로 참고하기 바랍니다.

12 쇠가 될 텍스처에 긁힌 듯한 웨더링을 표현했습니다. 아직까지는 거친 웨더링을 자제하고 있습니다. 거친 웨더링은 추후에 다른 부분의 텍스처를 제작하면서 분위기에 맞게 적용하는 것이 좋습니다.

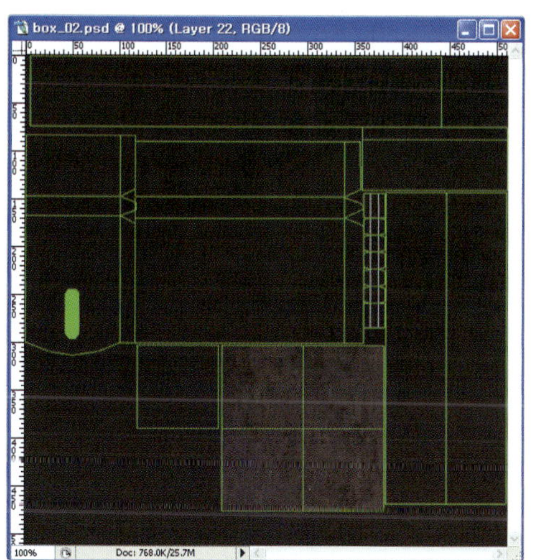 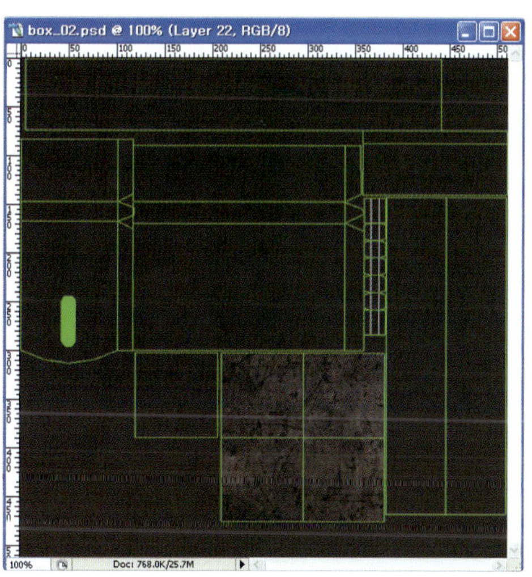

13 그림과 같이 나무 텍스처를 불러와서 넣어보았습니다. 쇠 재질과 나무 재질의 어우러짐도 고려하면서 제작해야 합니다. 예를 들어, 나무는 깔끔한 분위기인데 쇠 재질이 거칠다면 둘 사이에 이질감이 생길 수도 있고, 나무와 쇠 재질 둘다 너무 깔끔하면 박스의 전체적인 느낌이 콘셉트와 맞지 않을 수도 있기 때문에 잘 조율해 기면서 제작하는 것이 좋습니다.

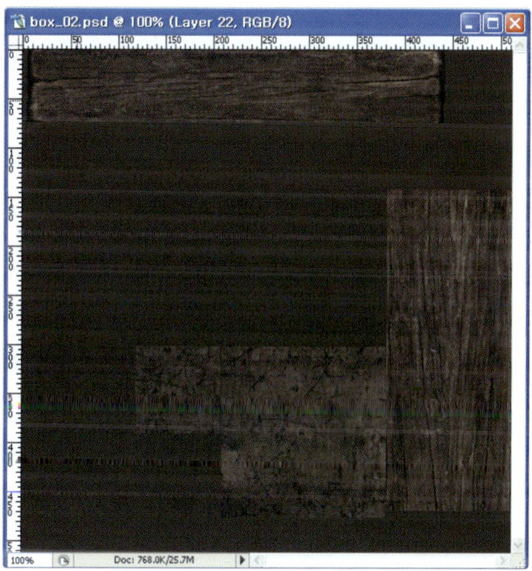

14 나무 재질 중간에 쇠 텍스처를 넣어 보았습니다. 쇠의 하이라이트를 나름대로 절제하면서 쇠가 오래되어 나무에 살짝 묻힌 듯한 느낌을 주고자 하였습니다. 하이라이트에 다른 색을 주어 좀 더 풍부한 색감을 내려고 했지만 실무에서의 박스는 필드에 많이 뿌려지는 오브젝트이기 때문에 풍부함을 살짝 빼기로 했습니다.

15 자물쇠 부분도 쇠 재질의 바탕을 깔아주고, 자물쇠 안에는 Clipping Mask와 Layer Style로 표현합니다. 웨더링 부분은 이어서 작업할 예정입니다.

> **TIP /** Clipping Mask를 잘 활용하면 많은 도움이 될 것입니다(단축키 : Ctrl + Alt + G)

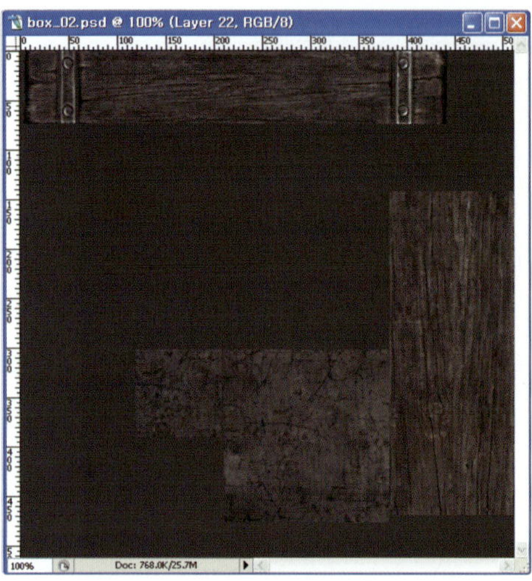

16 자물쇠의 윗부분에 경첩 같은 텍스처를 적용해보았습니다. 경첩 같은 경우에는 대부분의 이미지가 작기 때문에 다소 까다로울 수도 있습니다. 경첩 옆 부분의 텍스처는 자물쇠 부분의 옆면을 표현해주기 위해 일반 쇠보다 약간 어둡게 표현했습니다.

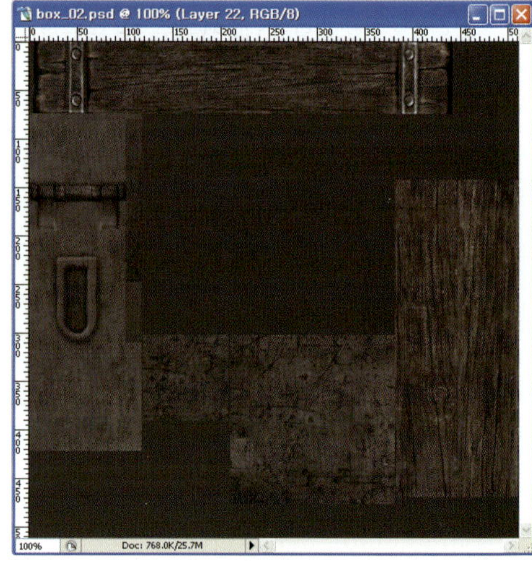

17 경첩 부분 밑에 연결된 듯한 느낌을 텍스처로 표현했습니다. 경첩 옆 부분도 텍스처로 표현했습니다. 여기서 제작된 경첩과 다른 모양을 가진 경첩을 개인적으로 제작해서 적용해보는 것도 좋을 것 같습니다.

18 경첩 윗부분에 다른 쇠 재질과 같이 웨더링을 주어 자연스럽게 표현했습니다. 동시에 경첩 아래 연결 부위를 자연스럽게 표현했습니다.

 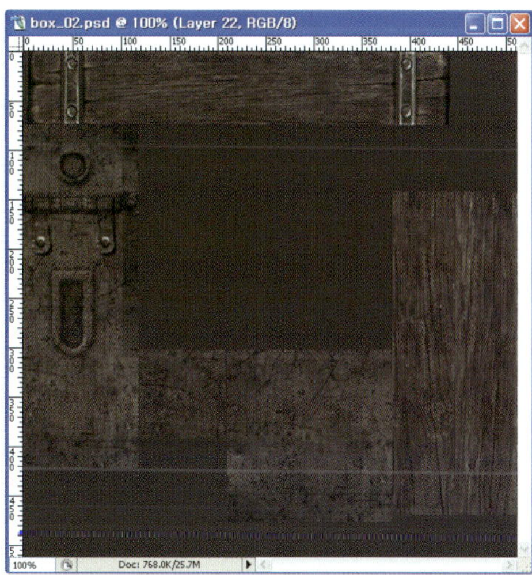

19 그림과 같이 박스 뒷부분을 전과 같이 표현했습니다. 마찬가지로 웨더링도 추가했습니다. 웨더링이 지나치면 생각보다 지저분해질수도 있으므로 제작 시에 주의해야 합니다.

20 경첩 뒷부분 위에 볼트로 박은 듯한 느낌을 주기 위해 그림과 같이 표현했습니다.

> **TIP** / 볼트 같은 텍스처를 추가할 경우 크게 들어가면 현실성이 떨어질 수 있고, 작게 들어가면 잘 보이지 않아 넣으나마나일 수도 있습니다. 모델링에 적당히 적용해 가면서 넣어주는 것이 좋습니다.

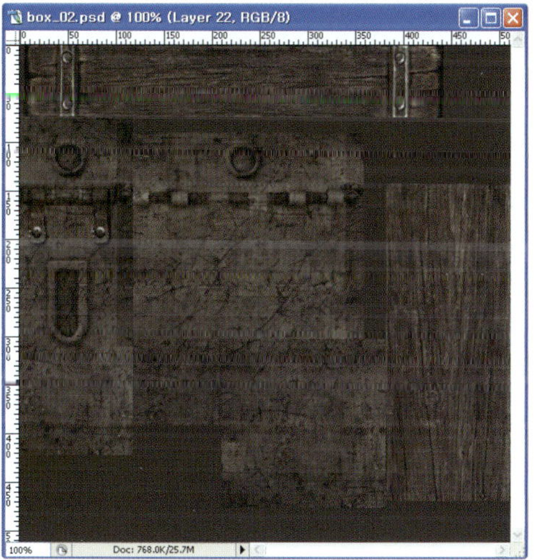 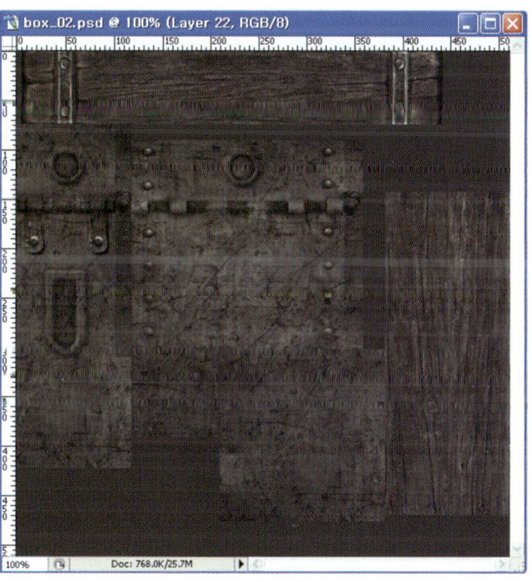

21 이번에는 박스 옆면에 들어가는, 기둥과 비슷한 부분을 제작해보겠습니다. 그림과 같이 쇠 텍스처를 추가하여 넣습니다. 생각보다 작은 오브젝트에 여러 종류의 쇠 텍스처를 추가하면 통일성이 떨어질 수 있으므로 먼저 제작된 쇠 텍스처와 비슷한 느낌으로 제작하였습니다.

22 옆면에 들어가는 기둥 부분의 끝 쪽이 다른 모델링과 겹쳐지는 가장 안쪽 부분이기 때문에 좀 더 어둡게 표현합니다. 크게 눈에 띄지 않는 부분이기 때문에 생각보다 어둡게 표현해도 괜찮을 것입니다.

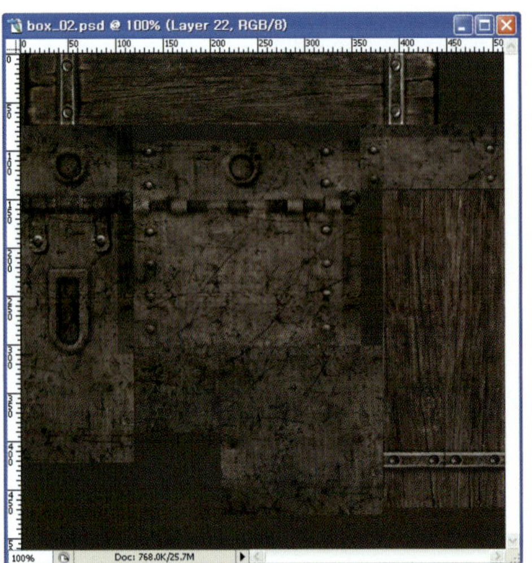
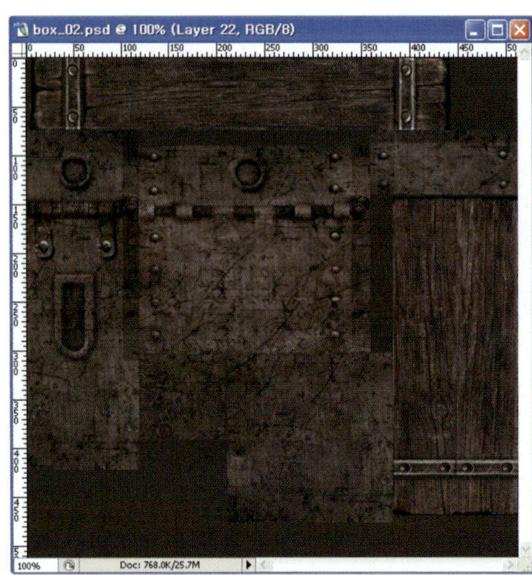

23 다른 오브젝트와 만나는 지점을 어둡게 했다면, 좀 더 디테일하게 나무 텍스처와 어둡게 칠해준 부분의 중간 정도 톤으로 표현합니다. 하이라이트를 줄 부분도 생각하면서 작업하는 것이 좋습니다.

24 어두운 부분을 표현했다면, 이번 그림과 같이 밝은 부분을 표현할 차례입니다. 나무의 어두운 부분을 표현할 때는 크게 문제가 되지 않지만, 밝은 부분을 표현할 때는 적당한 선에서 표현해주는 것이 좋습니다.

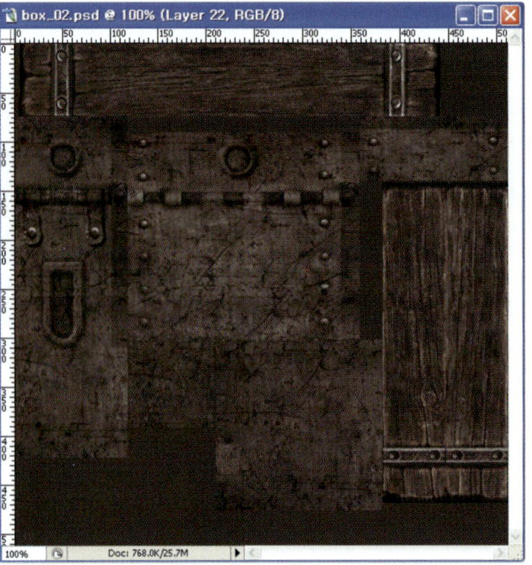

25 그림과 같이 쇠로 된 부분에 볼트 같은 텍스처를 추가하였습니다. 박스 나무 기둥의 위, 아래 모서리 부분에 있는 쇠 재질의 경우, 같은 부위에 사용할 것이지만 텍스처의 빈 공간을 활용하여 네 종류로 제작하여 단조로움을 피하고자 했습니다. 볼트가 없는 쇠 재질 부분은 다른 오브젝트와 겹쳐지는 면을 표현하기 위해 볼트 없이 가볍게 표현했습니다.

26 오브젝트에서 큰 비중을 차지하지 않는 부분은 디테일하게 표현하지 않고, 기본적으로 밝고 어두운 느낌만 표현해주었습니다. 텍스처 제작을 학습할 때는 큰 비중을 차지하지 않는 부분이라도 디테일하게 표현해 보시기 바랍니다.

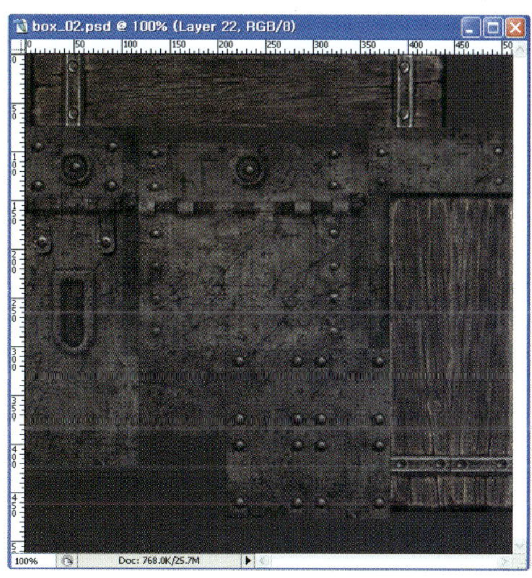

27 쇠 질감 부분에 어두운 부분을 전체적으로 표현해줍니다. 박스 같이 작은 오브젝트에는 너무 디테일한 표현을 하지 않는 것이 좋을 때도 있습니다.

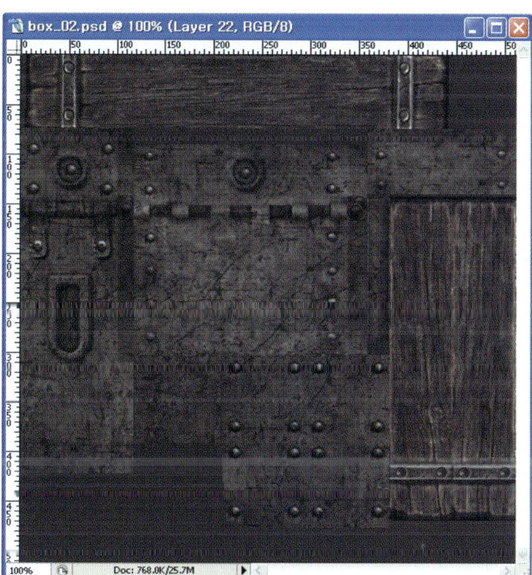

28 이제 쇠 질감 부분에 하이라이트를 추가할 차례입니다. 필자는 오른쪽 그림처럼 쇠가 헐어서 벗겨진 듯한 느낌을 주되, 우선은 강한 하이라이트 표현은 배제하고 작업했습니다.

29 그림에서 보는 바와 같이 하이라이트를 한 단계 더 적용시켜 좀 더 질감적으로 표현했습니다. 이번에 적용한 하이라이트는 좀 더 밝고 강하기 때문에 전체적으로 조금씩만 표현했습니다.

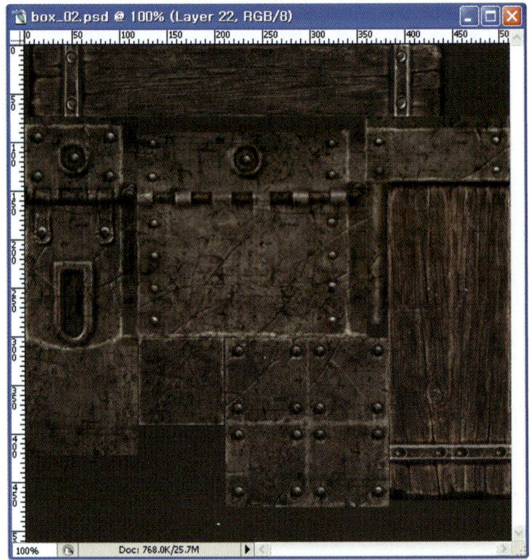 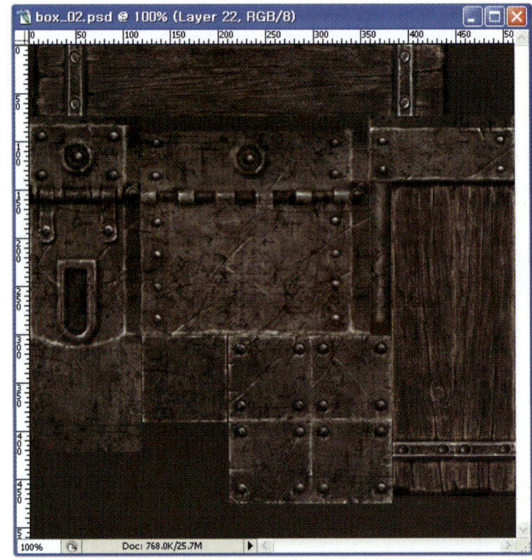

▶ 3ds max에 적용하기

01 그림과 같이 제작한 텍스처 2장을 박스 모델링에 적용했습니다. 모델링한 오브젝트가 라이트는 제대로 받는지, 색감은 잘 어울리는지 렌더링을 걸어보았습니다.

▲ 기본적인 박스 모델링

02 오른쪽 그림은 앞에서 말한 원화에서 표현한 엑스자 받침을 상단에만 추가한 것입니다. 좀 더 디테일해진 것을 알 수 있습니다.

▲ 상단 부분에 엑스자 받침을 추가한 모습

03 원화에서 그대로 표현하였습니다. 디테일과 느낌은 좋지만, 실무에서는 특징 오브젝트를 제외하고 박스 형태는 이렇게까지 세밀하게 작업하는 경우는 드물다고 할 수 있습니다. 필자의 의도는 작업 과정을 담기 위한 것이므로 특정 박스라고 생각하고 제작한 것입니다.

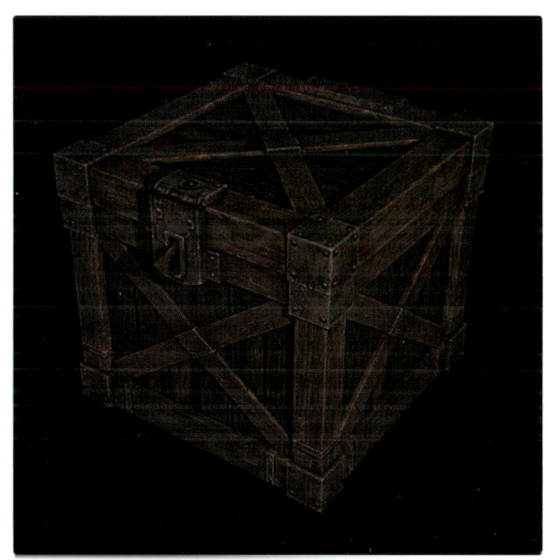

▲ 모든 부분에 엑스자 받침을 추가한 모습

>> 박스 작업에 대한 콘셉트와 3D 결과물의 조율

지금까지 박스(Box) 원화를 스케치하여 컬러링을 거치는 일련의 작업 과정과 모델링, 텍스처 제작의 작업 과정에 대해 알아보았습니다.

일반적으로 실무에서 사용하는 박스들은 정말 간단한 원화와 모델링으로 제작되지만, 우리는 이 문제부터 서로의 의견을 조율하며 시작하였습니다. '박스를 간단히 몇 가지를 보여줄 것인가', '한 가지로 디테일하게 보여줄 것인가'라는 문제로 많은 이야기를 주고받았고, 그 결과 하나의 박스를 처음부터 디테일하게 보여주는 것이 좋겠다는 결론을 내리고 작업을 진행했습니다.

원화는 앞에서 설명했듯이 광산촌의 콘셉트에 맞는 박스 디자인을 생각하게 되었는데, 전형적인 나무로 구성하여 무겁지 않게 하고, 박스의 모서리가 금속으로 마감되어 있기 때문에 돌과 광석 등에 강하게 만들어야 되겠다고 생각하고 디자인을 하였습니다. 완성한 이미지를 3D 제작을 위해 넘긴 후, 간단하게 원화에 대해 설명하고, 다음 작업을 진행하였습니다.

원화를 처음 받고 제작에 들어가면서 몇 가지 문제점이 발생하였습니다. 그 중에서 크게 두 가지 예를 들면, 첫째 원화에서 보여준 그대로 모델링을 하게 되면 3D상에서는 안 맞는 경우가 발생하는데, 박스의 경우 원화는 위에서 누른 듯 정사각형 모양에서 약간 벗어난 느낌이었습니다. 즉, 모델링 작업 시 형태적인 부분에서 문제가 발생한 것입니다.

원화의 입장에서는 형태가 중요합니다. 간단한 박스 작업이었기 때문에 형태 스케치에 많은 공을 들이지 않은 점이 문제였다고 생각합니다. 또한 전체적으로 부자연스럽거나 튀지 않는 디자인이었기 때문에 눈에 많이 띄지 않는 한도 내에서 형태 미스가 났다고 생각합니다. 형태까지 완벽하면 정말 흠잡을 데가 없는 원화이지만, 알고도 틀리는 것은 좋지 않은 것이므로 저자도 다시 한 번 작업에 대한 마음가짐을 새롭게 하게 되는 계기가 되었습니다. 이 책을 읽는 독자들도 이 점을 꼭 기억해두기 바랍니다.

간단한 박스 원화이므로 형태가 크게 문제시되는 것은 아니었기 때문에 3D에서는 원화의 전체적인 분위기와 느낌을 전달받아 3D상에서 잘 표현해주어 안정적인 3D 결과물이 나오게 되었습니다.

둘째, 원화에서 보여준 색감대로 제작하면 3D상에서의 텍스처가 너무 밝아 묵직함이 떨어질 수 있고, 게임 엔진마다 다르기는 하지만 대부분 밝아서 텍스처가 눈이 부신 듯한 느낌이 들 수도 있었습니다. 그래서 텍스처를 원화보다 어둡게 표현해주었고, 무게감 있는 결과물을 얻을 수 있었습니다.

지금까지는 원화가와 3D 작업자 간에 조율한 내용들이었습니다. 이처럼 간단한 오브젝트 작업이라도 원화가와 3D 제작자 간에 대화를 많이 하고 서로에 대한 이해도를 높이면 좀 더 나은 결과물을 얻을 수 있을 것입니다.

앞으로도 더 어렵고 디테일한 오브젝트들을 디자인하고 제작할 것입니다. 원화만 잘하거나 3D 제작만 잘한다고 해서 좋은 게임 개발자가 되는 것은 아닙니다. 원화는 3D를 알아야 하고, 3D 제작자는 원화를 알아야 합니다. 이를 위해서는 개인적인 노력도 필요하지만, 상호 커뮤니케이션이 잘 되어야만 이해하고 조율하는 과정을 거치면서 서로에 대해 많은 것을 알게 될 것입니다. 그리고 이러한 과정은 무엇보다 필요합니다.

원화의 스케치 방법과 노하우, 3D 제작에서의 텍스처 제작 방법, 모델링 제작 방법 등 3D에 대한 접근 경로는 다양합니다. 많은 노하우들을 앞으로도 계속 추가할 예정이므로 잘 참고하시기 바랍니다.

앞으로 필자는 이러한 모습들을 책에 담을 것입니다. 전문적인 지식을 글로 설명하는 것이기 때문에 문장이 다소 매끄럽지 못하더라도 이해하고 읽어주기 바랍니다.

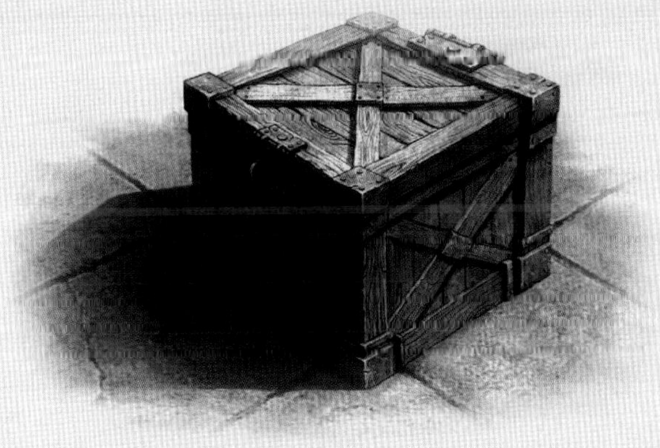

완성된 박스(Box)

디자인 부분에서는 원화와 똑같이 3D로 제작되었지만 전체적으로 밝고 가벼운 원화의 느낌에서 어두운 색감의 묵직한 3D 박스로 결과물이 완성되었습니다.

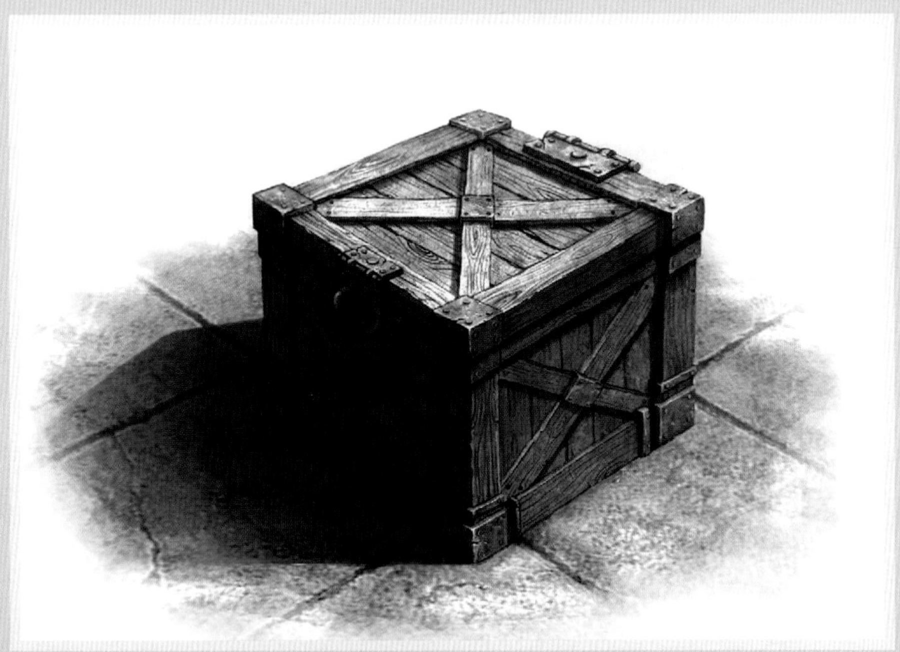

◀ 원화 완성

◀ 3D 완성

UDK 엔진에 적용시켜본 박스(Box)

오브젝트 사이에 배치한 박스의 모습과 가로등 불빛을 받고 있는 박스의 모습입니다. 3D 배경을 엔진에 배치하는 것도 중요하다고 생각합니다.

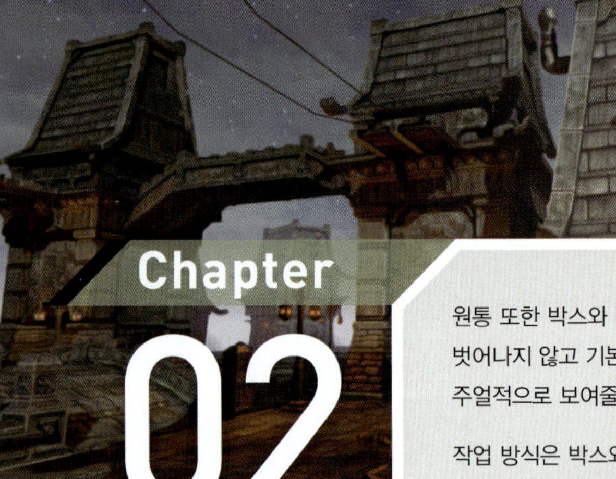

Chapter 02

콘셉트와 3D를 이용한 원통 제작하기

원통 또한 박스와 더불어 게임에서 많이 사용하는 오브젝트입니다. Level-1에서 일반적인 박스의 이미지에서 벗어나지 않고 기본에 충실하였다면, Level-2에서는 일반적인 원통 형태에 부분적으로 문양을 넣어서 좀 더 비주얼적으로 보여줄 수 있는 원통 디자인 작업을 할 것입니다.

작업 방식은 박스와 크게 다르지 않지만, 좀 더 손이 가고, 생각을 해야 하는 작업이 될 것입니다. 그럼 지금부터 원통 디자인과 3D 제작에 대한 학습을 시작하겠습니다.

Step 1 원통 스케치 학습하기

원통 또한 박스와 마찬가지로 가장 기본적인 형태이며, 반드시 학습하고 넘어가야 할 오브젝트입니다.

지금부터 그리게 될 그림은 기본 도형인 원통 디자인에서 변형된, 게임에서 사용하는 술통 형태의 통입니다. 스케치의 뷰는 앞에서 학습한 박스와 같게 잡아보겠습니다.

> 예제 소스에 있는 스케치 파일을 같이 보면서 학습하시기 바랍니다.
> - 예제 소스\Concept\Object\barrel\jpg\barrel sketch01.jpg~barrel sketch04.jpg를 참조하세요.

▶ 스케치 1단계

8각으로 이루어진 원통으로 정한 다음, 항아리 같은 외형으로 전체적인 실루엣을 잡고 투시를 적용하면서 잡아 나갑니다. 뚜껑과 몸통, 바닥으로 나누어 안정적이면서 적당한 비율로 외형을 잡아 나갑니다.

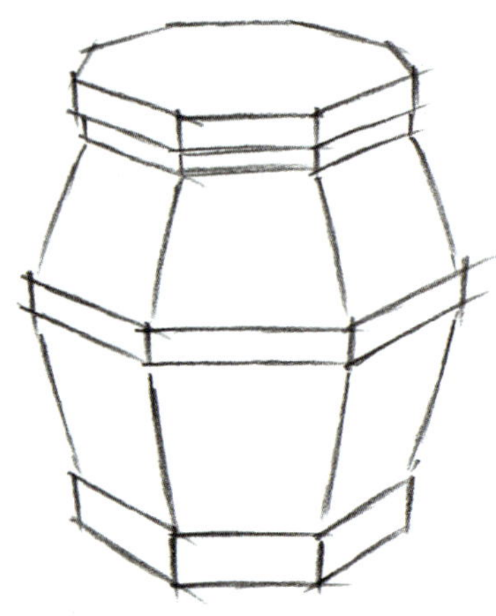

TIP / 제작 시 6각이나 5각으로 고쳐서 폴리곤 수를 줄이는 경우도 있을 것입니다. 원통처럼 원에 가까운 오브젝트 작업 시 용량을 고려하여 작업을 하는 것은 자연스러운 것이므로, 결과물이 달라도 원화가는 이해를 해야 하는 부분입니다. 책에서는 실작업이 아니기 때문에 8각 그대로 제작을 하기로 3D 제작자와 의견을 나누고 작업을 하였습니다.

● 스케치 2단계

외형 실루엣이 나왔으면 세부적인 스케치 작업을 합니다. 각진 부분의 마감을 생각하고 뚜껑에 손잡이를 달았으며, 바닥의 안정적으로 보일 수 있도록 받침 마감을 해줍니다. 외형을 전체적으로 파악하고 투시나 형태를 체크해 나가면서 형태를 잡습니다.

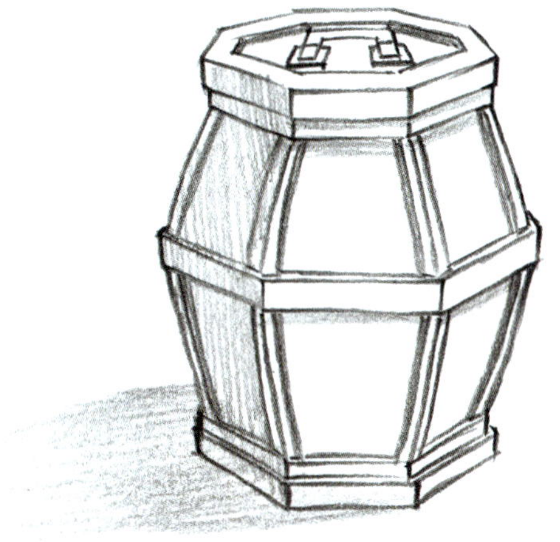

● 스케치 3단계

스케치의 마무리 단계입니다. 원통도 박스와 마찬가지로 기능적인 면에서 보면 물이나 술 같은 액체를 담는 오브젝트이므로, 물이나 술이 새지 않을 것 같은 느낌으로 작업해주는 것이 중요합니다. 또한 원통의 외부 길이를 너무 길거나 너무 짧지 않은 안정감 있는 적당한 길이로 잡는 것도 중요할 것입니다.

이 부분에서 원통에 대한 기본적인 지식을 자료에서 찾아 스케치해주면 한결 수월하게 원통 디자인을 완성할 수 있을 것입니다.

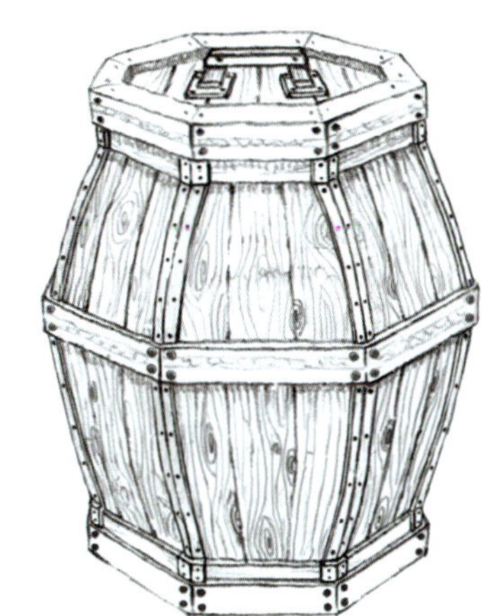

> **TIP /** 제작 원화에 많은 시간과 노력이 들여 완성하면 컬러링도 편하게 작업할 수 있습니다.

● 스케치 4단계

스케치 완성 단계에서는 밋밋한 원통 면에 꾸밈 요소나 문양 모양으로 자연스럽게 설명을 추가하여 재미를 주었습니다.

앞에서도 설명한 바와 같이 게임 배경에서 원화가들은 오브젝트 하나에도 콘셉트를 부여하고 볼거리를 주어야 합니다. 필드나 던전에 뿌려지는 오브젝트는 게임을 하면서 직접 가까이에서 보게 되므로, 원화가들은 하나하나에 재미와 흥미 유소를 제공해주어야 합니다.

하지만 꾸밈 요소들이 너무 괴기게 들이기서 복잡해 보이기니 답답해 보이면 좋지 않기 때문에 저당한 어백과 적당한 꾸밈으로 안성될 수 있도록 항상 이 부분을 염두에 두고 스케치를 하시기 바랍니다.

> **TIP /** 원통의 쓰임새와 활용도에 따라 꾸밈 요소들을 적절히 넣어주는 것이 포인트입니다.

원통 컬러링 작업 학습하기

스케치가 마무리된 작업물을 스캔하여 저장하고 포토샵 프로그램을 실행한 후 저장한 원통 작업물을 불러옵니다. 작업 과정은 박스와 같습니다.

> 예제 소스에 있는 컬러링 파일을 같이 보면서 학습하시기 바랍니다.
> ■ 예제 소스\Concept\Object\barrel\jpg\barrel color01.jpg~barrel color03.jpg를 참조하세요.

▶ 컬러링 1단계

01 스캔한 이미지를 불러오면 박스와 마찬가지로 잡티와 지저분한 연필 선들 때문에 이미지가 깨끗하지 않을 것입니다. 이것을 [Levels] 대화상자를 열어 깨끗한 이미지로 보정하겠습니다. 경로는 [Image→Adjustments→Levels]이고, 단축키는 Ctrl + L 입니다.

보정하는 방법은 박스와 동일하고, 종이색은 하얗게 하며, 연필 선은 선명하고 진하게 보정합니다.

02 보정 전보다 훨씬 선명하게 이미지가 보정되었습니다.

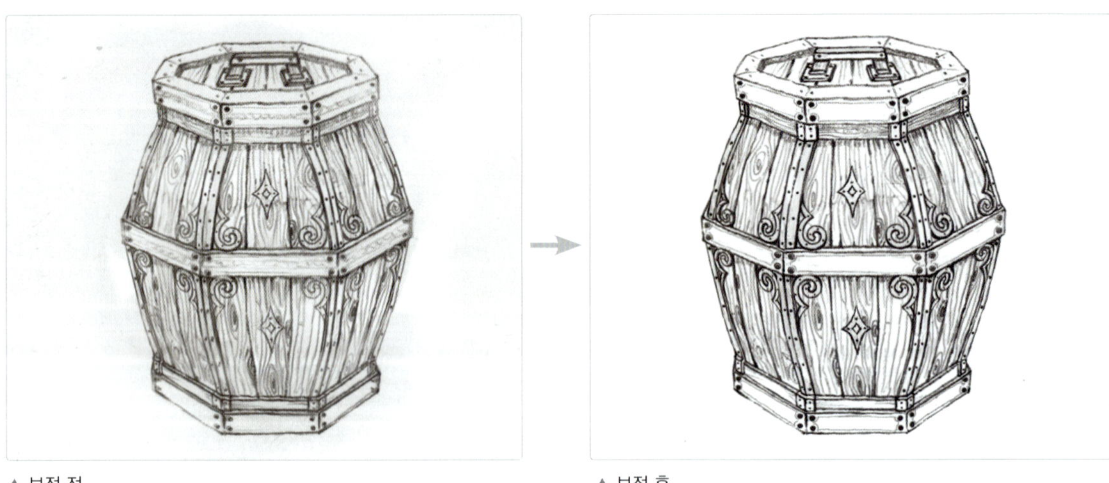

▲ 보정 전　　　　　▲ 보정 후

▶ 컬러링 2단계

01 보정된 이미지에 본격적으로 컬러링을 하겠습니다. 컬러링하는 데에
는 여러 가지 방법이 있는데, 여기에서도 박스와 마찬가지로 모노톤
(Monotone)으로 입히는 방법으로 설명하겠습니다.

먼저 레이어의 속성을 Multiply로 만듭니다.

> **TIP /** Multiply 속성은 새로 만든 레이어가 투명해져서 밑에 연필
> 선이 보이기 때문에 많이 사용하는 방법입니다.

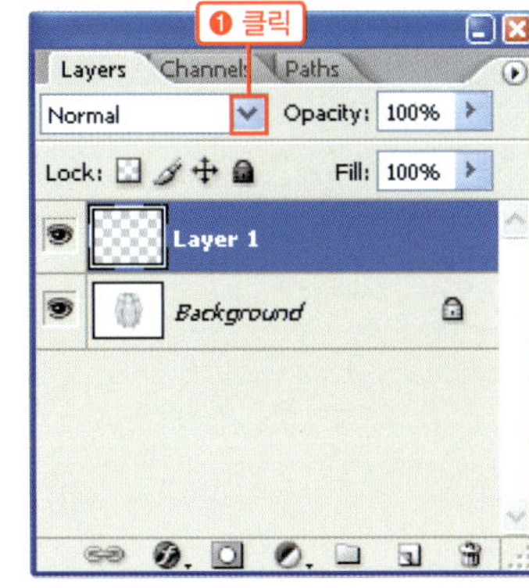

02 툴박스에서 브러시 툴을 선택한 후, 적당한 회
색 톤을 [Color Picker] 대화상자에서 선택하고
[OK] 버튼을 클릭합니다.

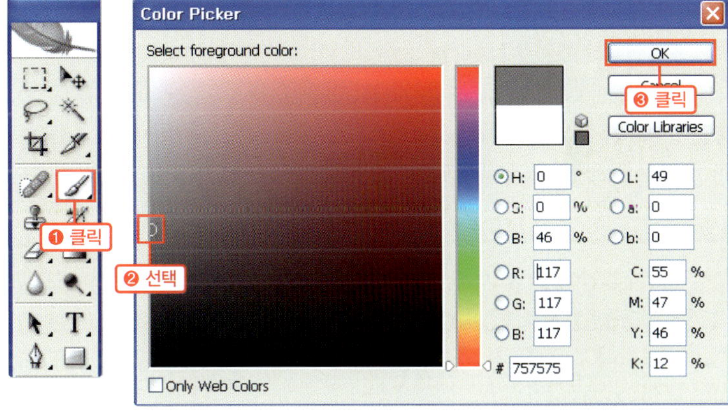

03 이제 이미지에 선택한 브러시로 채색하면 되는데, 박스와 마찬가지로 간단한 채색
작업이기 때문에 기본 브러시를 선택하여 채색합니다.

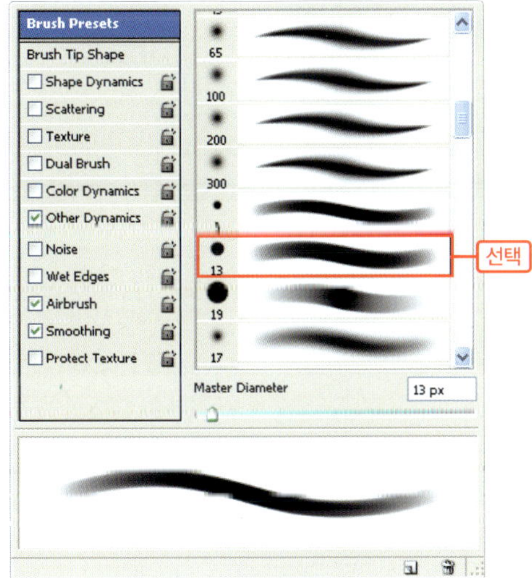

04 빛의 방향을 정한 후에 채색한 모노톤 컬러링 이미지입니다. Multiply 속성을 이용하면 손쉽게 명암과 그림자 표현할 수 있습니다.

▶ 컬러링 3단계

01 이번에는 박스와 마찬가지로 모노톤으로 채색된 원통 이미지에 컬러를 입혀보겠습니다. 이전에 배운 박스와 지금 배우는 원통은 어떻게 보면 같은 이미지입니다. 과정 설명도 같으므로 이미지만 바뀌었을 뿐, 박스 작업의 반복이라고 생각하면 좋을 것입니다.

먼저 레이어 창에서 새 레이어를 생성하고 속성을 Color로 만듭니다. Color 속성은 그 이미지의 명도는 그대로 살아 있고, 지정하여 채색한 컬러 색이 입혀집니다. 모노톤 이미지의 명도 때문에 본래의 컬러를 낼 수 없다는 것이 단점이지만 채도가 낮은 원통 컬러이기 때문에 박스와 마찬가지로 이 방법으로 채색하려고 합니다.

02 오른쪽 이미지에서 새 레이어를 생성하고 Color 속성으로 만든 레이어 창을 볼 수 있을 것입니다. 박스와 반복되는 작업 진행 과정이므로 복습한다고 생각하고 읽어주시기 바랍니다.

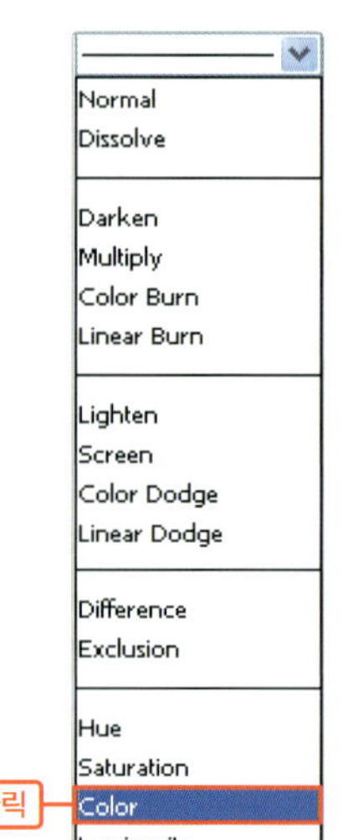

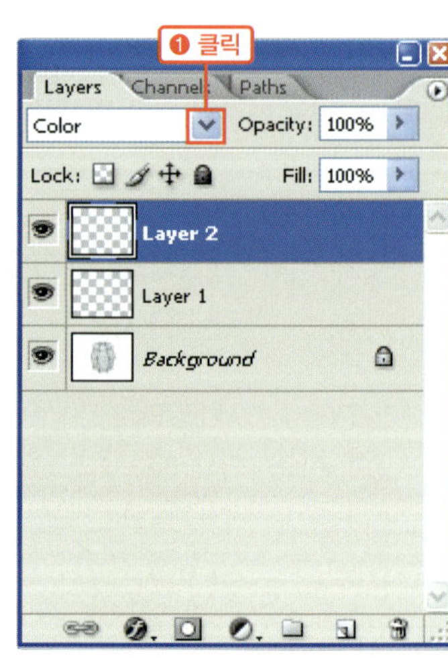

03 툴박스에서 브러시 툴 ✎을 선택한 후, 원통에서 금속과 나무 색 부분을
구분하여 채색하였습니다. Color 속성을 이용하여 손쉽게 원통의 컬러를
채색한 이미지가 나왔습니다.

● 컬러링 4단계

01 이번에는 박스와 마찬가지로 원화에 텍스처 느낌을 넣어주는 단계입니다. 이번 단계도 박스에서
의 설명과 같기 때문에 금속과 나무 텍스처 보정 과정 설명을 한 번에 설명하겠습니다. 경로는
[Image→Adjustmentst→Hue/Saturation]이고, 단축키는 Ctrl + U 입니다.

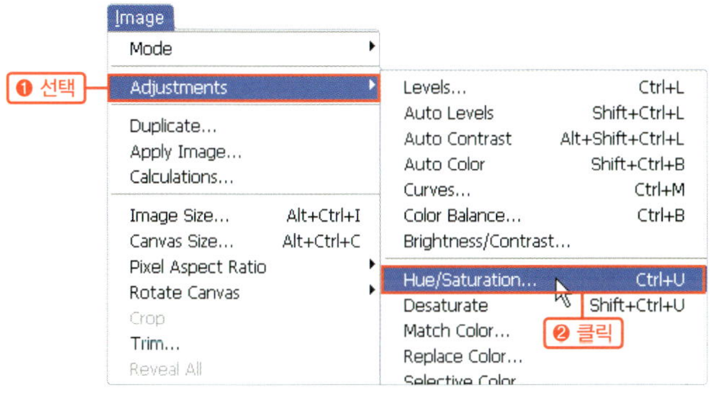
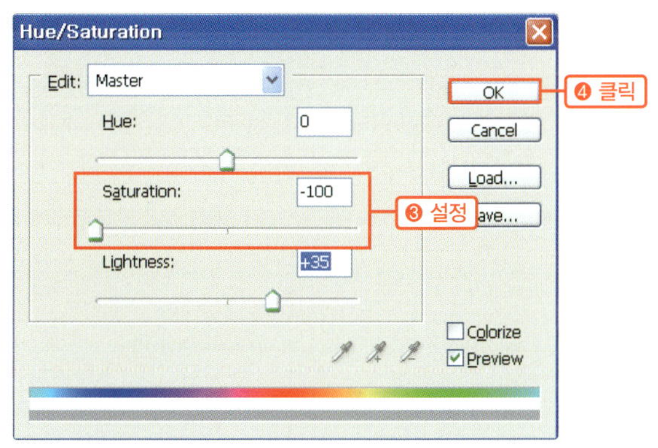

02 불러온 금속 텍스처입니다 박스에서 사용했던 텍스처를 원통에도 사용할 것입니다. 완성 이미지가 같은 분위기여
야 하므로 같은 텍스처를 사용한 것입니다.

▲ 보정 전　　　　　　　　　　　　　　　　　　　▲ 보정 후

불러온 나무 텍스처입니다.

▲ 보정 전   ▲ 보정 후

03 보정된 텍스처를 레이어에서 맨 위로 가져온 후, 텍스처 레이어의 속
성을 Overlay로 바꿉니다.

> **TIP** / 원통의 경우에도 회색 톤으로 바꾸는 작업만 하였지만, 텍스처
> 의 보정 정도에 따라 느낌이 달라질 수 있습니다.

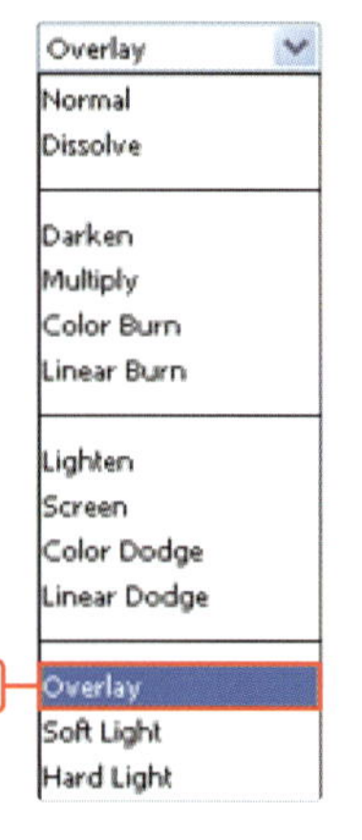
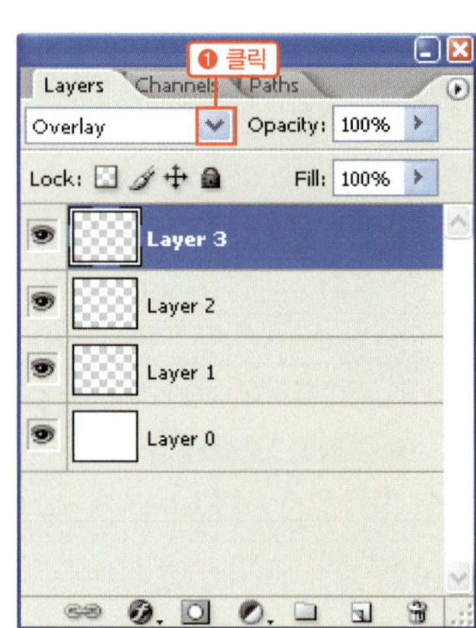

04 금속과 나무 외 부분은 텍스처가 필요없으므로 지우개 툴 로 지우
면 되는데, 박스에서와 같이 양끝이 깔끔하게 지워지는 브러시를 선
택합니다.

먼저 툴박스에서 지우개 툴 을 선택한 후에 브러시 모양을 선택하
겠습니다.

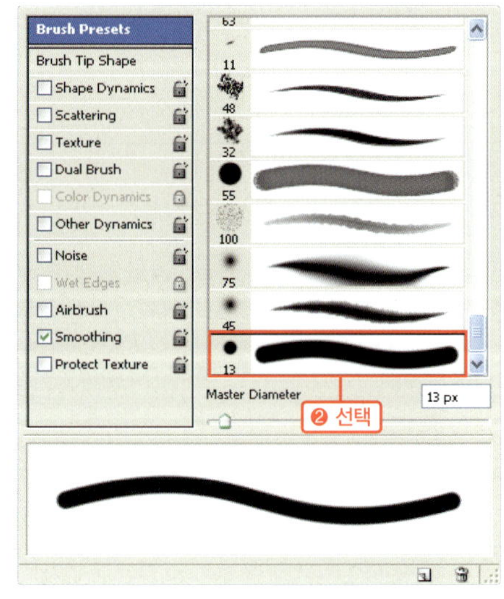

05 이제 금속과 나무 텍스처가 입혀진 이미지가 완성되었습니다. 이번까지의 작업
은 텍스처를 이용하여 원화에서 리얼한 원통 표현을 하기 위해 기본 채색을 한
것이라고 보면 될 것입니다.

> **TIP /** 금속과 나무를 같이 설명하면서 생략된 부분은 앞에서 배운 박스와 작업
> 방법이 같기 때문에 박스를 참고하시기 바랍니다.

▶ 컬러링 5단계(완성)

01 이번은 마무리 단계로서 지금까지 텍스처를 입힌 원통에 묘사할 것입니다.

먼저, 텍스처를 입혀 어두워져 있는 원통 이미지를 밝게 하기 위해 닷지 툴 🔍 을 이용하여 밝
은 면을 찾아주는 작업을 하게 되는데, 이때도 박스와 마찬가지로 레이어를 합져서 세부 묘사
에 들어갑니다. 레이어를 합치는 데에는 여러 가지 방법이 있지만, 필자는 박스와 마찬가지로 지
금까지 만든 레이어를 온전히 놓아둔 채로 하나로 합쳐진 레이어를 만들겠습니다. 단축키는
(Ctrl + A)+(Shift + Ctrl + C)+(Ctrl + V)입니다.

02 합쳐진 레이어를 확인하고 텍스처를 입혀서 밝
고 중간, 어두운 면을 닷지 툴 🔍 을 이용하여
구분합니다. 닷지 툴 🔍 의 브러시도 기본 브러
시를 선택하여 작업합니다.

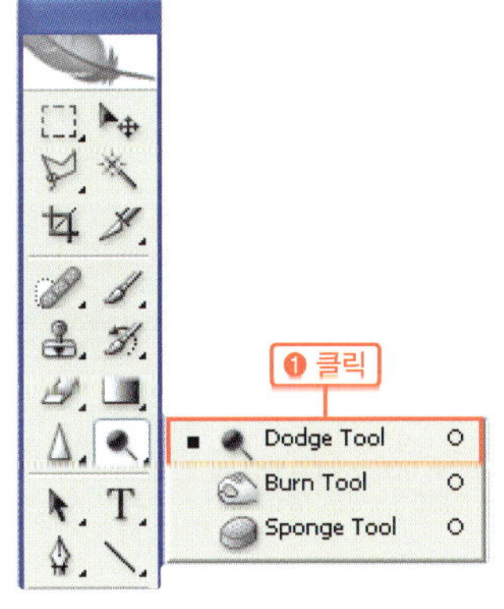

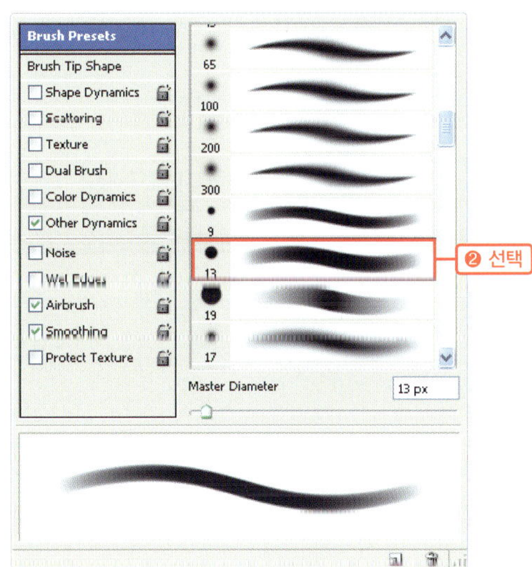

03 밝고 중간, 어두운 면과 하이라이트가 되는 부분을 닷지 툴 로 잡아준 모습의 이미지입니다.

> **TIP /** 닷지 툴 은 효과가 빠르지만, 너무 지나치면 좋지 않으므로 적절하게 사용하시기 바랍니다.

04 박스와 마찬가지로 오른쪽 이미지 브러시를 가장 많이 사용하였습니다. 텍스처를 적절하게 살리면서 날카롭고 작은 묘사까지도 표현할 수 있는 브러시라고 판단하여 사용한 것이며, 비슷한 브러시들도 많으므로 다양하게 사용해보시기 바랍니다. 설명해주어야 할 부분에 대한 묘사를 적절히 해주고, 리얼한 느낌의 이미지를 표현하기 위해 노력합니다.

원통 중간에 금속으로 된 문양의 디테일이나 나뭇결 등을 세심하게 묘사하여 작업을 마무리합니다.

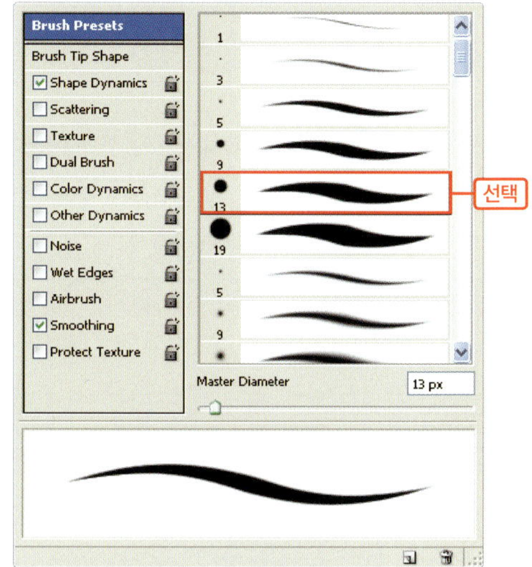

05 완성된 이미지입니다. 박스와 마찬가지로 같은 텍스처를 사용하여 결과물을 같은 느낌으로 완성하였습니다.

바닥 표현도 텍스처를 적절하게 사용하여 표현하였습니다. 앞에서 설명한 바와 같이 바닥 표현은 의자에서 자세히 배우겠습니다.

#1 밝게 잡아주어야 할 부분(❶)과 풀어주어야 할 부분(❷)을 표시한 것입니다.

원통도 박스처럼 작은 오브젝트이므로 색감을 흐리게 하여 뒤로 앞과의 거리감을 나타내는 표현이 육안으로는 크게 보이지 않습니다. 앞에서도 설명한 바와 같이 그림을 그리는 센스라고 할 수 있는 이 표현을 항상 염두에 두고 작업하다 보면 다른 큰 오브젝트도 자연스럽게 표현할 수 있을 것입니다.

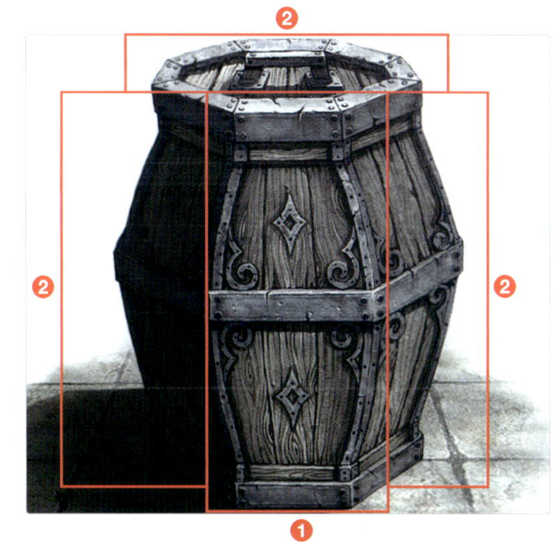

#2 가장 밝은 부분 중에서도 하이라이트 부분이면서 묘사가 가장 많이 들어간 부분입니다.

TIP/ 이미지를 확대해보면 금속이나 나무에서 디테일하게 그려주어야 할 부분들이 보일 것입니다. 이 부분들에서 중간 단계의 톤을 다양하게 찾아주고 하이라이트로 마무리하면 이미지가 더욱 강조되며, 입체감과 사실적인 원통의 이미지가 완성되는 것입니다.

#3 그림자 부분입니다. 가장 어두운 부분에서 밝게 풀어지는 부분까지 표현합니다.

TIP/ 그림자의 명도를 너무 어둡게 하거나 너무 밝게 하면 자연스러운 느낌이 덜할 수 있습니다. 적절한 명도를 찾아 원통과 바닥이 자연스럽게 연결될 수 있도록 표현해주는 것이 중요합니다.

#4 레이어 속성이 한눈에 보이도록 정리해보았습니다. 레이어를 잘 정리해두면 레이어만 보아도 어떤 툴을 사용하여 그림을 그렸는지 한눈에 알 수 있습니다.

예제 소스에 있는 psd 파일을 참고하시면 작업 과정을 한눈에 확인할 수 있습니다.
- 예제 소스\Concept\Object\barrel\psd\barrel.psd를 참조하세요.

Step 3

원통(Barrel) 3ds max 모델링 제작

원통은 게임상에서 박스와 함께 많이 사용하는 오브젝트 중의 하나라고 해도 과언이 아닙니다. 원통도 박스와 마찬가지로 일반적인 원통보다는 약간 폴리곤 수를 올려 작업할 것입니다. 이번에는 앞에서 그린 원화를 바탕으로 3D를 제작해보겠습니다.

예제 소스에 있는 모델링을 같이 보면서 학습하시기 바랍니다.
- 예제 소스\tutorial\barrel\max map\barrel.max를 참조하세요.

▶ 3ds max 모델링 작업

01 그림과 같이 실린더를 클릭하여 기초 형태를 만들어줍니다.

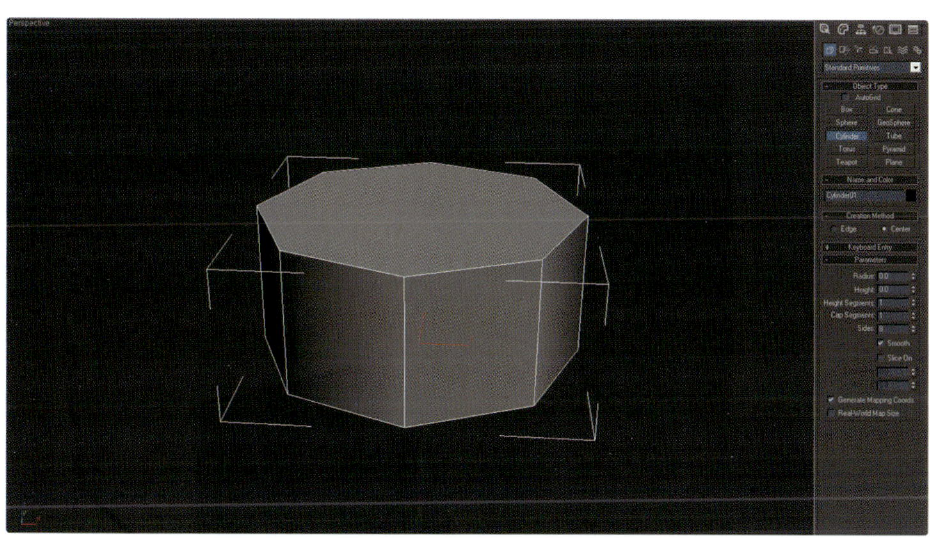

02 실린더로 형태를 만들어준 후, Top 뷰에서 찍은 그림입니다.

이대로 원통 오브젝트를 제작하기에는 작업이 원활하지 못할 것입니다. 원화에서 본 원통의 각도와
도 다소 차이가 있다는 것을 느낄 수 있습니다. 그래서 조금만 Rotate한 후 제작에 들어가는 것이
좋을 것 같습니다.

03 그림과 같이 오브젝트 자체를 잡고 Rotate합니다. Snap을 클릭 해제한 상태에서 정확히 맞춥니다.
필자는 이렇게 하는 것이 습관이 된 것 뿐이므로 반드시 이 방식이 아니더라도 개인적인 취향에 맞
게 제작하시기 바랍니다.

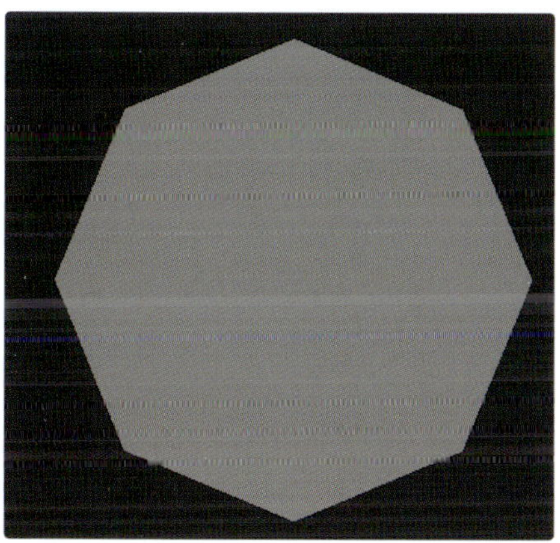
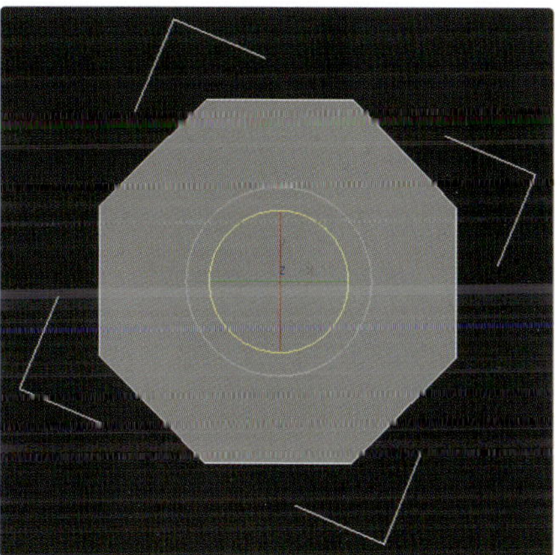

04 그림과 같이 Reset XForm을 클릭한 후, Reset Selected를 클릭하여 Editable Poly로 변환합니다. 이번에는 메시가 아니라 폴리로 제작할 것입니다.

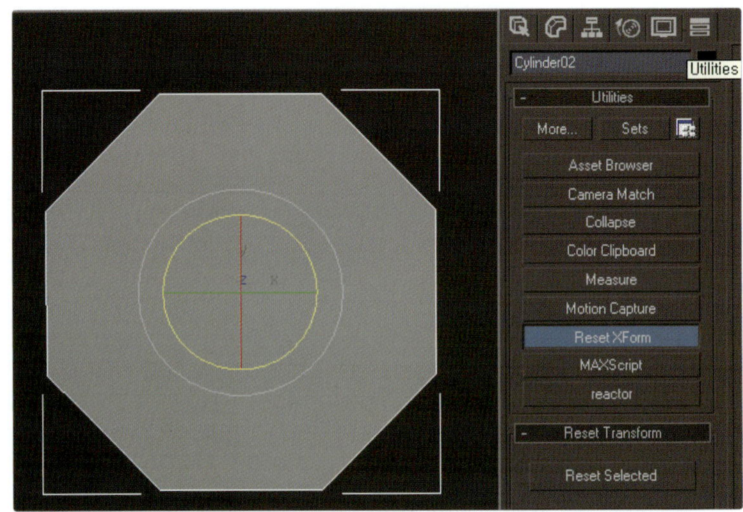

05 Editable Poly로 변환한 후 윗면과 아랫면을 지웁니다. 지우는 이유는 위아래의 Edge를 잡고 형태를 만들어야 하기 때문입니다.

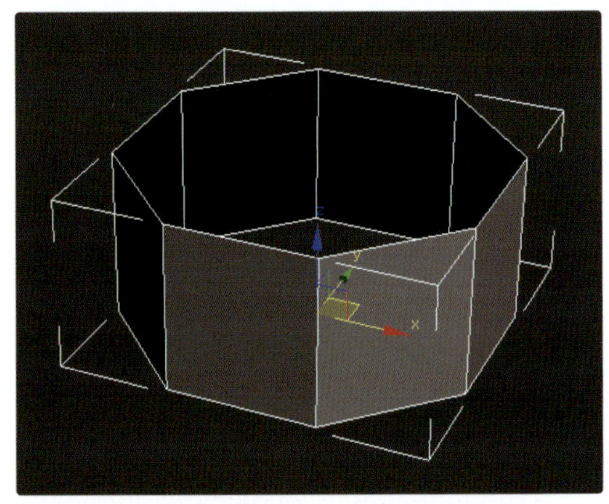

06 그림과 같이 위쪽 Edge를 잡고 Shift 를 누른 상태에서 면을 추가합니다. 지금 추가하는 면은 원통의 상단 부분이 될 것입니다.

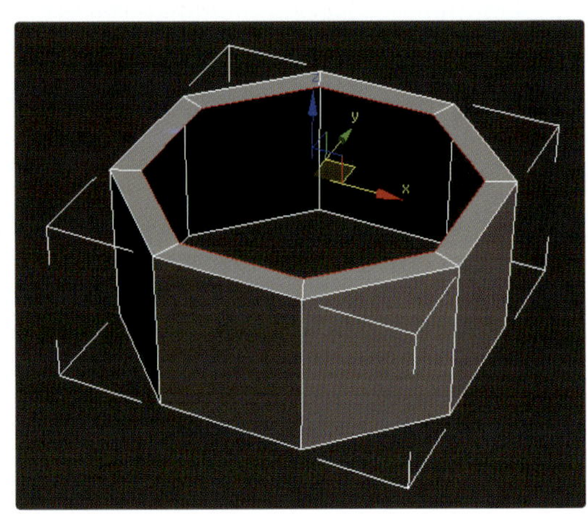

07 그림과 같이 Edge를 잡고 있는 상태에서 Scale과 Move를 사용하여 원통의 윗면이 될 부분을 모델링합니다.

> **TIP／** 개인적으로 모델링할 때에는 Smoothing Groups을 모두 정한 후에 모델링해야 합니다. 그래야만 자신이 어떤 방식으로 모델링을 하고 있고, 어떤 형태로 결과물이 나올 것인지 좀 더 잘 알 수 있기 때문입니다.

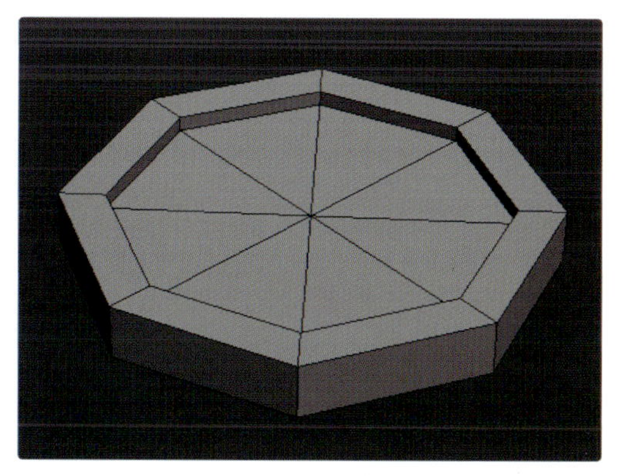

08 그림과 같이 Edge를 잡고 있는 상태에서 Scale과 Move를 사용하여 원통의 아랫면이 될 부분을 모델링합니다. 현재까지는 매우 정확하게 모델링을 한다기보다는 어느 정도 느낌으로 모델링하는 것이 좋습니다.

09 마찬가지로 원통의 중간인 쇠 부분까지 Edge를 이용하여 모델링합니다. 세밀하게 모델링하는 것보다는 대략적으로 모델링하는 것이 좋습니다.

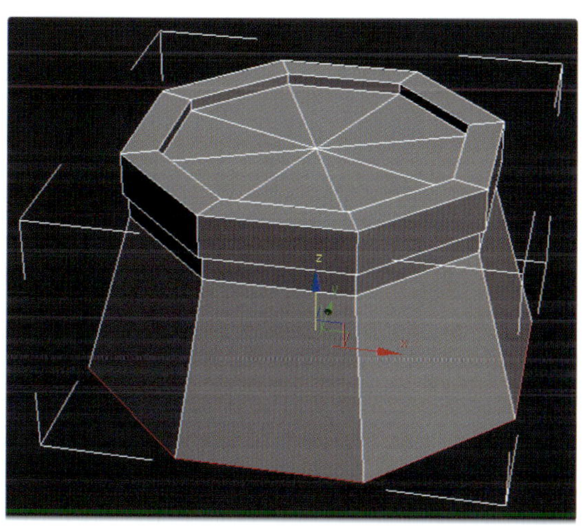
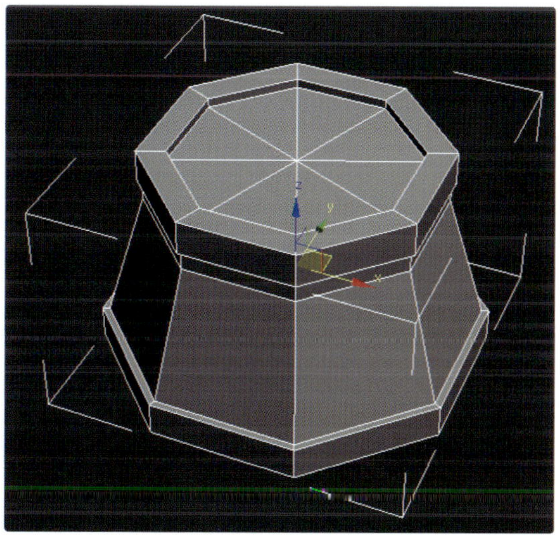

10 원통 아래쪽도 위쪽과 마찬가지로 Edge를 잡은 상태에서 그대로 Scale과 Move를 사용하여 모델 링합니다.

11 그림과 같이 원통의 위쪽과 비슷한 모양으로 아래쪽도 모델링합니다. 지금까지 기본적인 모델링의 형태를 제작하였습니다. 참고로 실제 게임에 들어가는 원통은 지금까지 제작된 원통 모양보다 더 단 순한 경우가 많습니다.

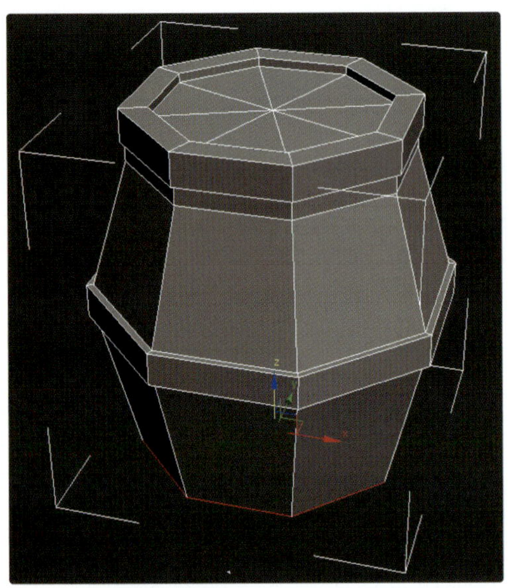
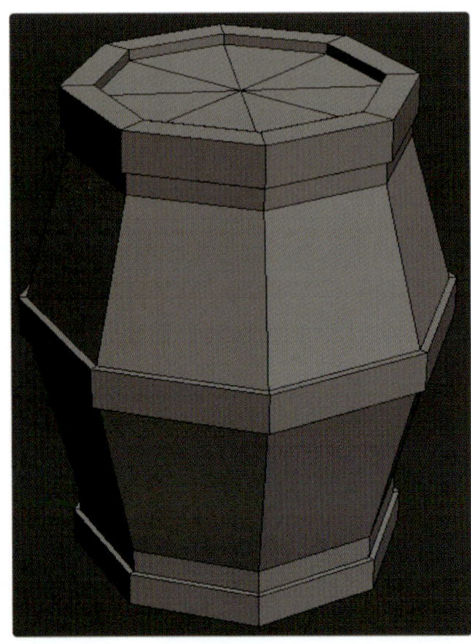

12 기초적인 형태를 잡은 후 원통의 전체적인 형태가 조금 단순해보 이므로 오른쪽 그림과 같이 빨간 Edge 부분을 돌아가며 클릭한 상태에서 Connect를 클릭합니다.

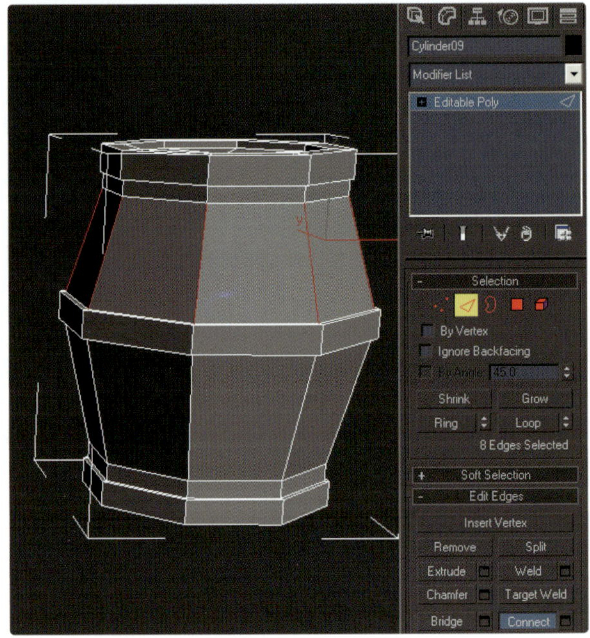

13 원통의 윗부분이 그림과 같이 새로 추가된 것을 확인할 수 있습니다. 볼륨감 있게 약간 Scale로 수정합니다.

> **TIP/** 개인적으로 단순한 원통보다는 이렇게 표현해주는 것이 개인적인 모델링 역량을 올릴 수 있다고 생각합니다. 다른 어떤 모델링을 할 때에도 여러 가지 방법으로 표현해보기를 권장합니다.

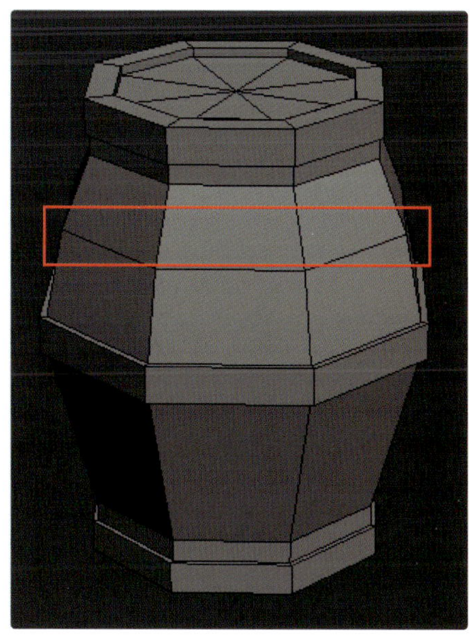

14 그림가 같이 원통의 아랫부분도 윗부분과 같은 방법으로 제작해 니갑니다. 웬만하면 윗부분의 크기와 아랫부분의 크기를 같게 히기니 비슷하게 하는 것이 좋습니다.

15 원통의 윗부분에 위치해 있는 손잡이 부분을 모델링하겠습니다. Box를 불러온 후 Editable Poly로 변환하고 원통의 윗부분에 크기와 위치를 대략적으로 조절하여 가져옵니다.

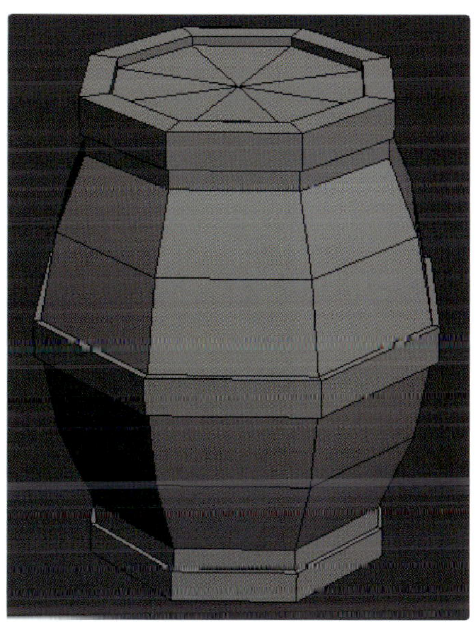
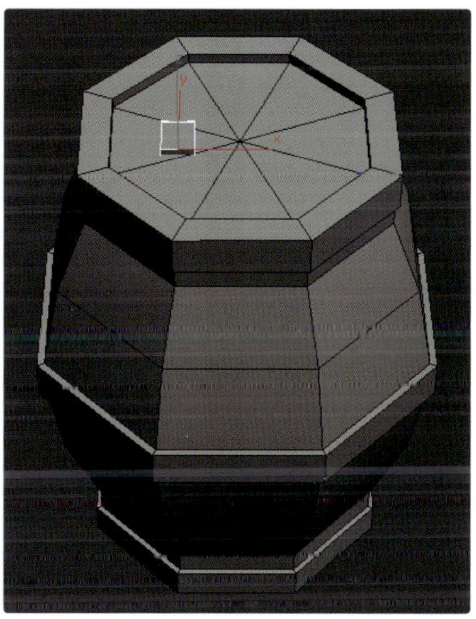

16 그림과 같이 원통의 반대쪽 손잡이 아랫부분도 같은 위치에 복사합니다.

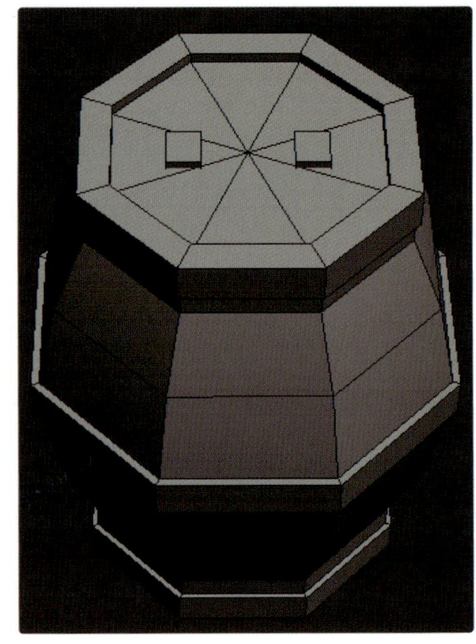

> **TIP /** 일반적으로 모델링을 할 때 위치와 크기 등을 세밀하게 조정하려는 경향이
> 있는데, 제작 중에는 딱히 그렇게 할 필요는 없다고 생각합니다. 모델링이 마무리된 후
> 에 전체적인 느낌을 보면서 수정하는 것이 좋습니다. 텍스처를 제작하면서 모델링을
> 수정할 때도 간혹 있습니다.

17 원통의 손잡이 중간 부분을 그림과 같이 박스 형태로 제작하여 위치에 맞게 조절합니다.

18 반대쪽 부분도 그림과 같이 제작합니다.

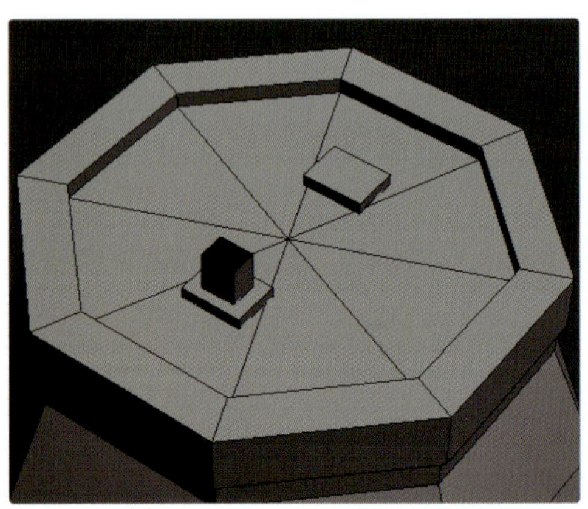

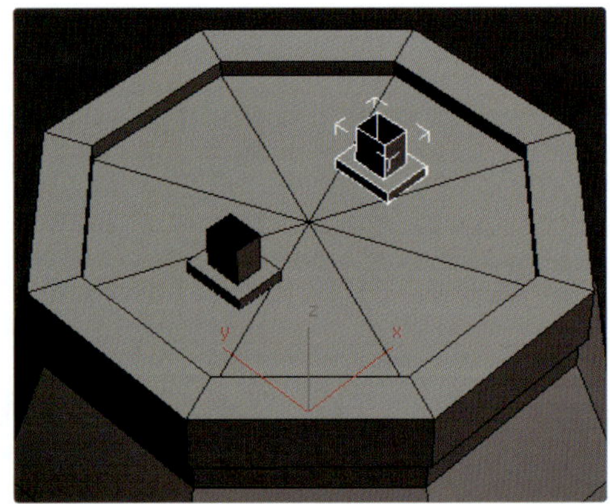

19 원통의 손잡이 중간 부분이 모델링되었으면 원화에서 표현한 것처럼 그림과 같이 약간 손잡이 아랫
부분을 안쪽으로 기울여줍니다.

20 원통의 손잡이 부분을 제작하여 추가한 그림입니다. 간단히 박스만으로 표현하면 될 것입니다.

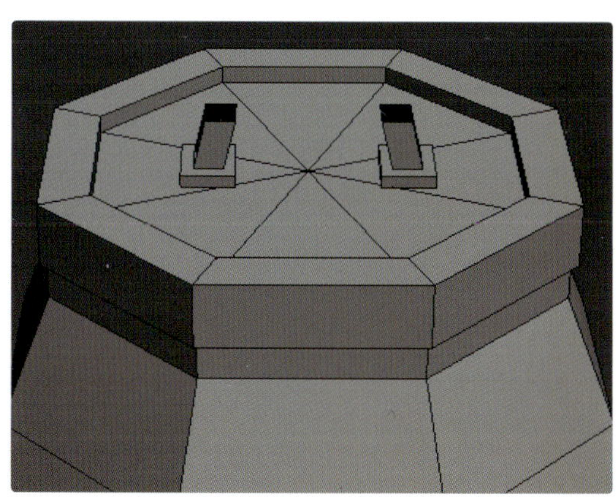
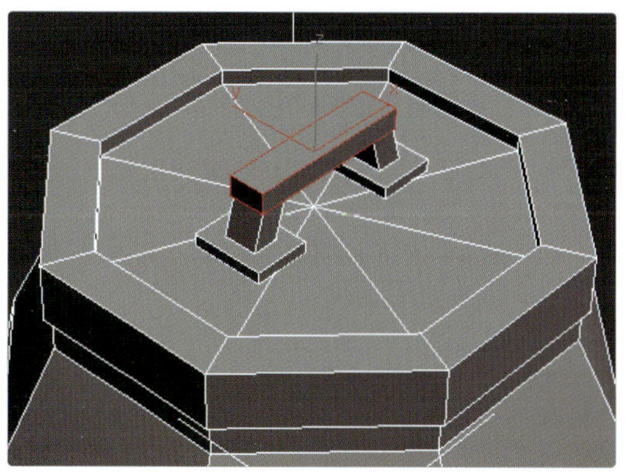

21 그림과 같이 손잡이까지 완료하였습니다. 맵을 펴기 전에 전체적으로 원통의 둥
근 느낌을 잘 살렸는지, 손잡이 부분의 그기의 폭은 적당한지 등을 살펴보고, 수
정할 부분이 있으면 수정하는 것이 좋습니다.

수정하지 않은 상태에서 맵을 편 후 수정하면 맵이 늘어질 수 있으므로 유념하
시기 바랍니다.

오른쪽 그림과 같이 모델링이 일차적으로 마무리되었습
니다. 라이트가 구조적으로 잘 받는지 렌더링을 걸어보
았습니다. 원화에서 표현한 대로 모델링이 괜찮게 나온
것 같다고 판단됩니다.

● Unwrap UVW 작업

다음 그림과 같이 Unwrap UVW를 사용하여 맵을 펴보았습니다. 우선 Edit UVWs를 보면, 512 두 장이 아닌
512×1024를 사용하기로 했습니다. 이유는 512×512 두 장을 사용하게 되면 공간적으로 모자라서 맵 소스를 한
장 더 사용해야 하기 때문에 512×1024를 사용하기로 했습니다.

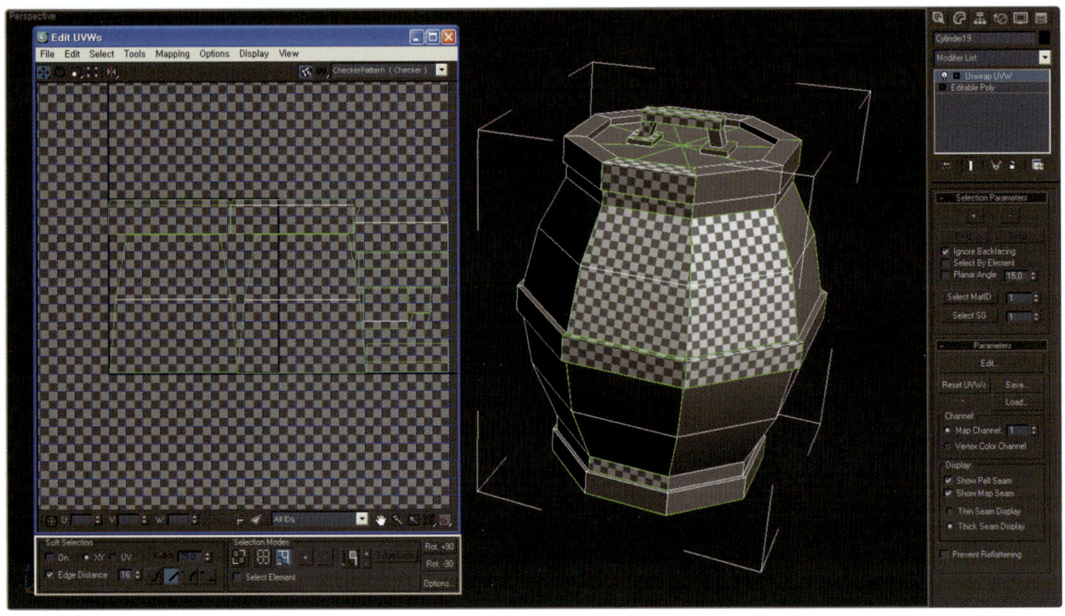

Edit UVWs에 펼쳐진 것들을 간략히 설명하겠습니다. 또한 앞의 박스에서 Unwrap 펴는 방법과 같이 진행하면 될
것입니다. 잘 눈에 띄지 않는 곳이나 중요도가 낮은 곳은 다른 부분과 공유하여 사용해도 될 것입니다.

Step 4 원통(Barrel) 텍스처 제작

이제부터 앞에서 작업한 UVW맵 작업을 바탕으로 포토샵에서 텍스처 작업을 해보겠습니다. 앞에서 말했듯이 3ds max 화면에 펼쳐져 있는 UVW맵을 스크린 샷으로 저장하여 가져와도 되고, 다른 방법으로 가져와도 됩니다. 이번에는 앞에서 모델링한 오브젝트의 텍스처를 제작해보겠습니다.

> 예제 소스에 있는 텍스처를 같이 보면서 학습하시기 바랍니다.
> ■ 예제 소스\tutorial\barrel\max map\barrel_01.psd~barrel_02.psd를 참조하세요.

▶ Photoshop 텍스처 작업

01 다음 그림과 같이 3ds max에서 UVW맵을 편 후, 포토샵으로 가져옵니다. 여기까지의 과정은 앞에서 작업한 Box와 동일합니다.

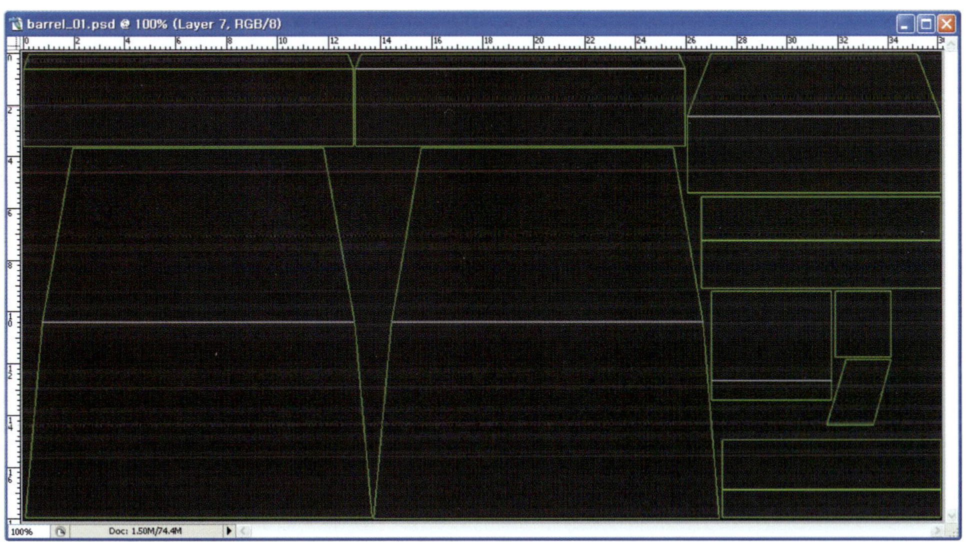

TIP / 필자는 개인적으로 맵 소스를 어떻게 활용할 것인지를 중요시하는 과정 중의 하나라고 생각합니다. 모델링의 전체적인 면을 크게 보았을 때에 어떤 부분이 눈에 잘 띄고, 어떤 면을 디테일하게 표현할 것인지, 어떤 면이 불필요하여 텍스처를 공유해도 되는지를 잘 구분하여 맵 소스의 활용도를 높이는 것도 중요하다고 생각합니다. 맵 소스를 잘 활용하면 만족스러운 결과물을 얻게 될 것입니다.

 기본 나무 재질이 될 나무 소스를 바닥에 배치합니다.

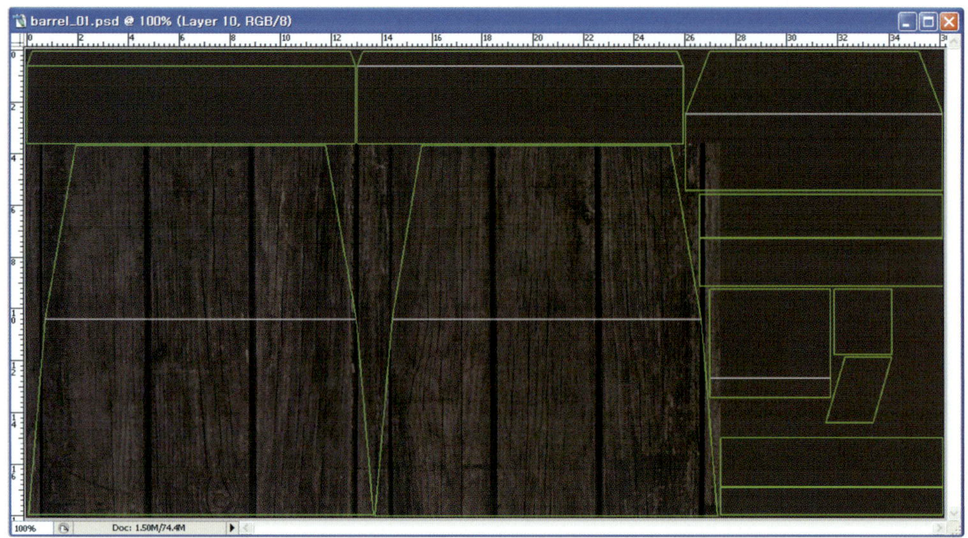

03 원화의 원통 옆면을 가져와서 전체적인 위치를 체크해보면 대략적으로 어떻게 제작해야 할 것인지 알 수 있을 것입니다.

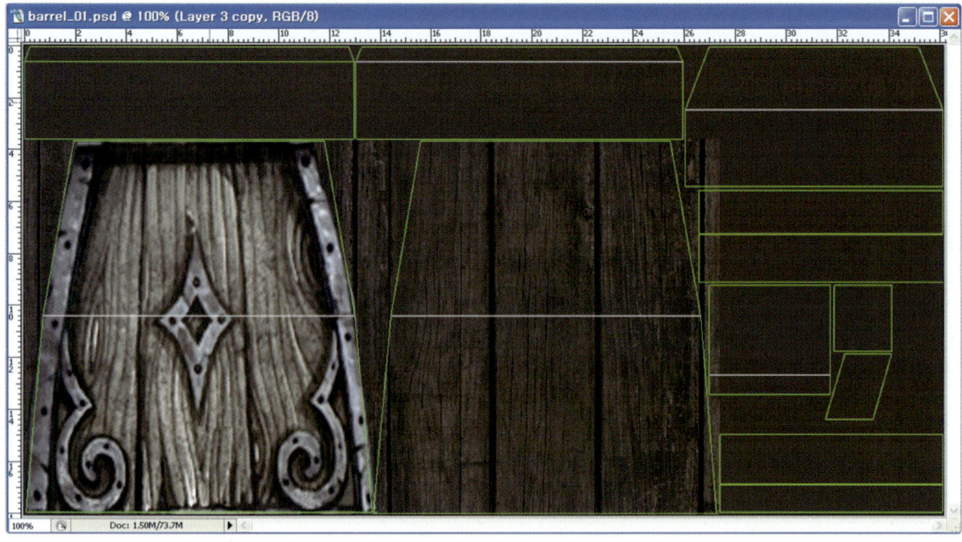

04 원화에서의 위치와 비슷한 곳에 쇠 부분을 제작합니다. 쇠 텍스처도 나무 재질과 어울리는 것으로 추가
합니다. 우선 약간 검푸른색이 들어간 쇠로 제작하겠습니다.

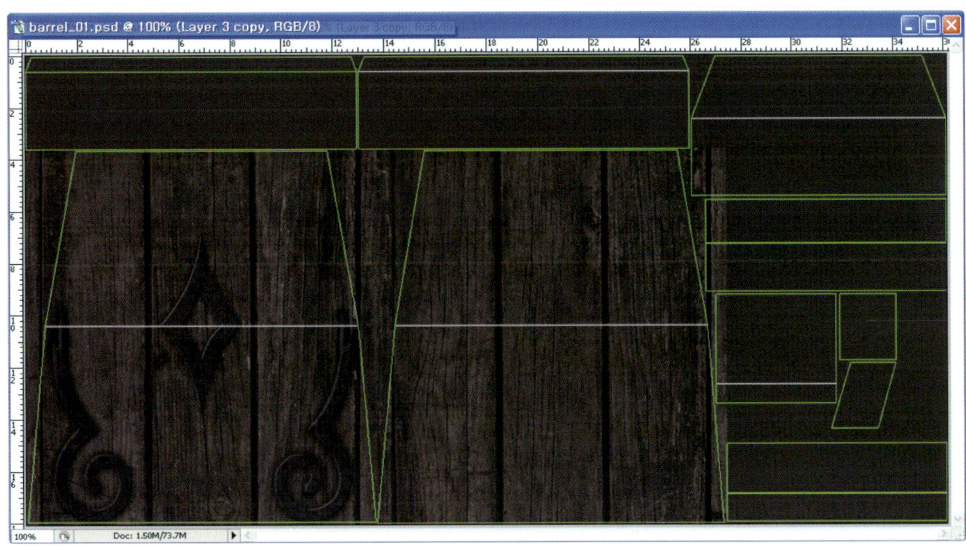

05 옆 쪽의 쇠 부분노 같은 방식으로 세삭합니나. 선제석인 윤곽과 문위기를 삽는 단계이므로 디테일은 크
게 신경 쓰지 않아도 됩니다.

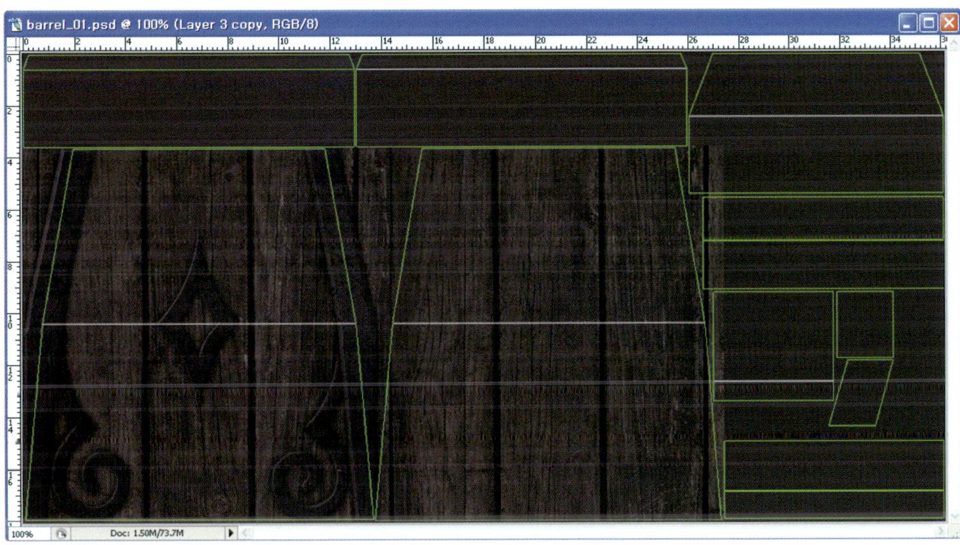

 옆에 있는 원통 면도 같은 방식으로 해주거나 쇠 부분만 복사해도 크게 문제는 없습니다. 그림에서 보는 바와 같이 텍스처 오른쪽에 제작한 원통 윗면과 원통 중간을 연결하는 부분도 함께 제작합니다. 물론 방식은 같습니다.

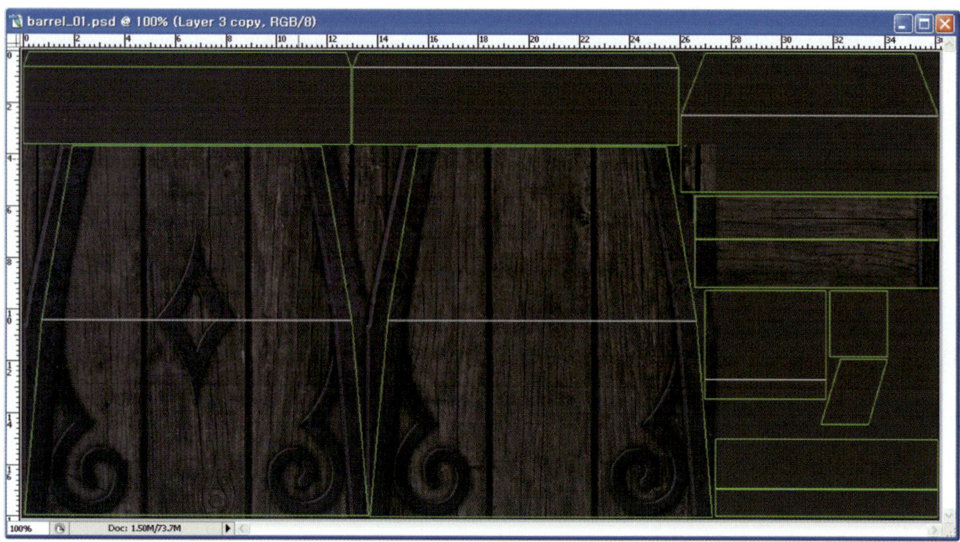

07 원통의 손잡이 부분을 전과 동일하게 제작합니다. 동시에 쇠 질감 부분에서 튀는 곳 등은 그림과 같이 수정합니다.

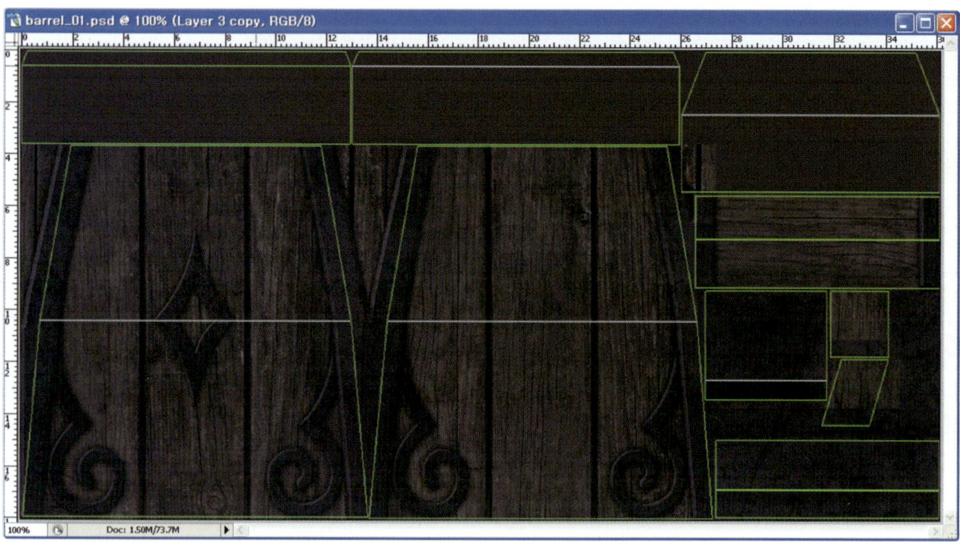

08 원통에 들어가는 쇠 부분들의 기본 텍스처를 넣어줍니다.

09 그림과 같이 기본적인 텍스처가 완성되었습니다. 기본으로 깔려 있는 텍스처를 기반으로 제작해 나가면
될 것입니다.

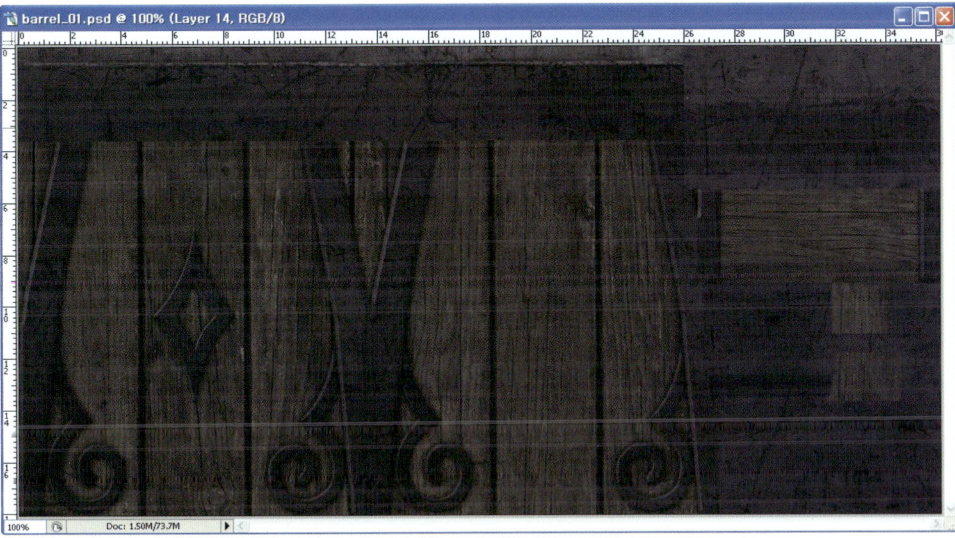

10 브러시를 이용하여 튀는 부분들은 수정하고, 반듯해 보이는 나뭇결은 약간 다른 느낌을 줍니다.

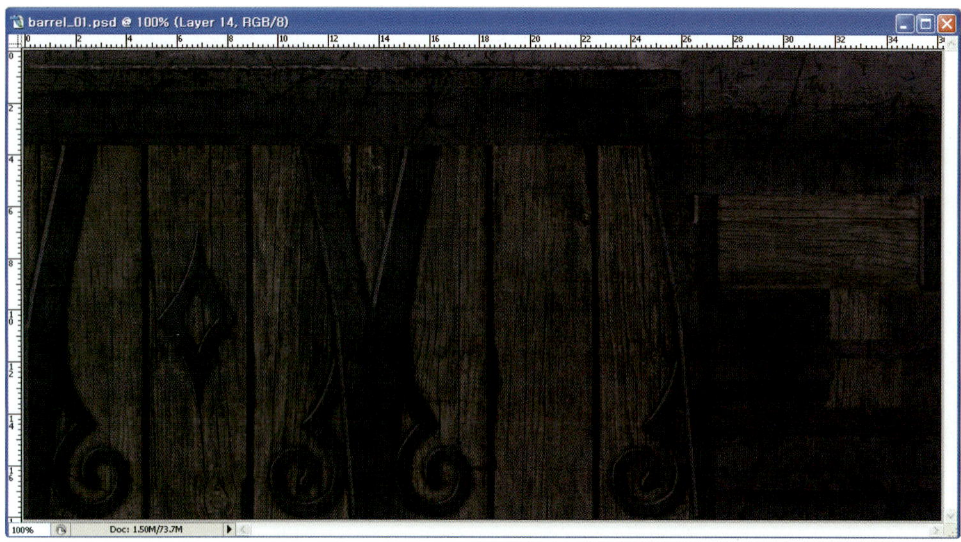

11 Multiply 효과를 사용하여 전체적으로 어두운 면 또는 들어간 부분들을 표현합니다.

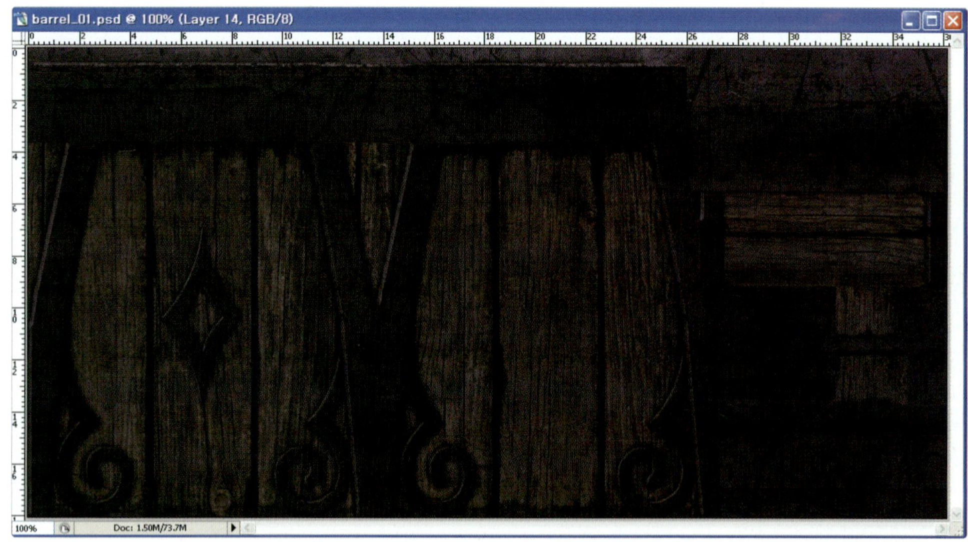

12 나무 재질의 밝은 부분을 표현합니다. 나무이기 때문에 하이라이트를 표현한다고 해도, 쇠와 같이 밝게 표현하는 것은 좋지 않습니다.

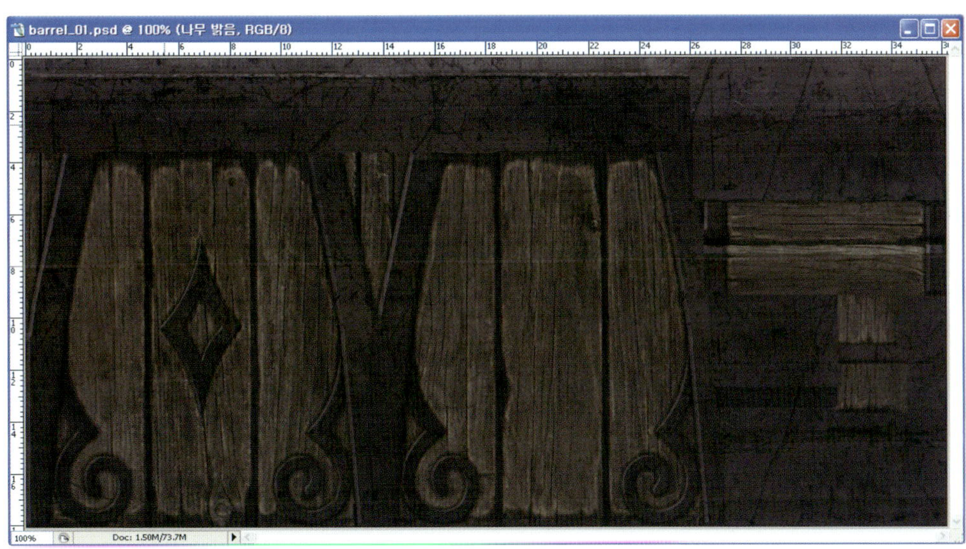

13 쇠 재질에 까진 듯한 느낌과 하이라이트 느낌을 Color Dodge를 이용하여 브러시로 표현합니다. 과도하게 사용하면 먼지가 묻은 듯한 느낌과 뿌연 느낌이 들 수도 있기 때문에 조심하시기 바랍니다.

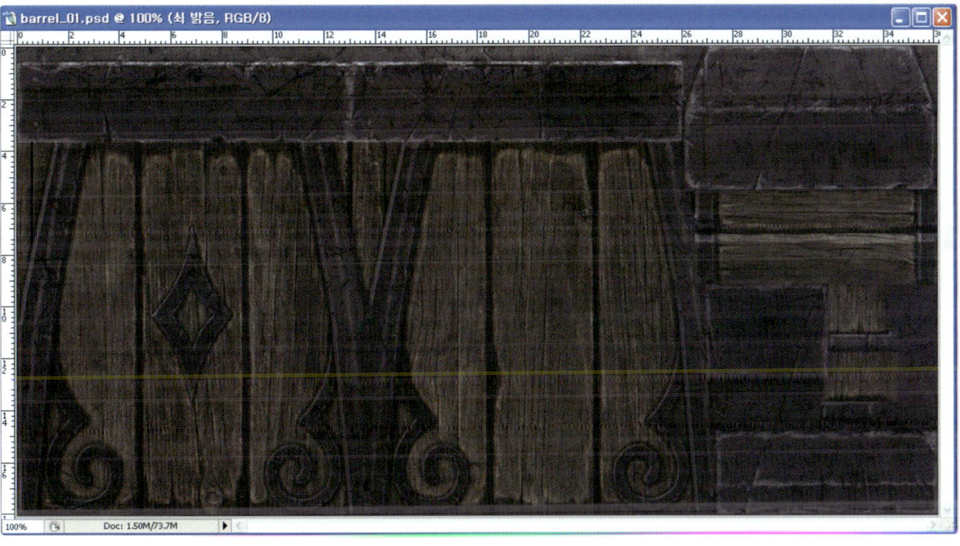

14 쇠 재질의 밝은 부분 중에서도 더욱 밝은 부분을 표현합니다. 이때 너무 지나치게 표현하면 오히려 가벼운 느낌이 들 수도 있으므로 유의하시기 바랍니다.

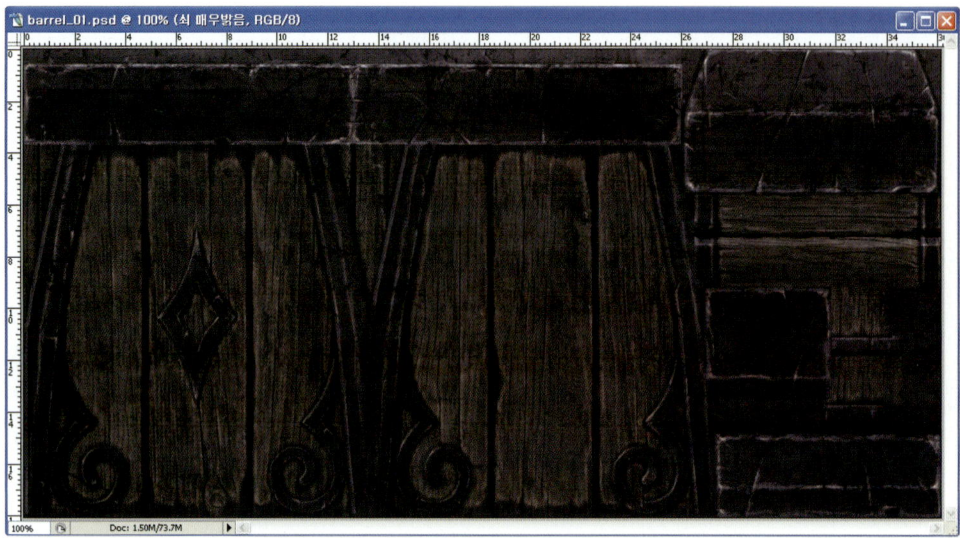

15 쇠 재질에 볼트와 같은 텍스처를 제작하여 부분마다 추가합니다. 이것 역시 2~3개 정도를 제작하여 복사해도 크게 문제되지 않습니다.

16 전체적으로 부분 웨더링을 추가합니다. 나중에 전체적인 웨더링을 추가할 예정이므로 부분적으로 심심
하지 않게 넣어봅니다.

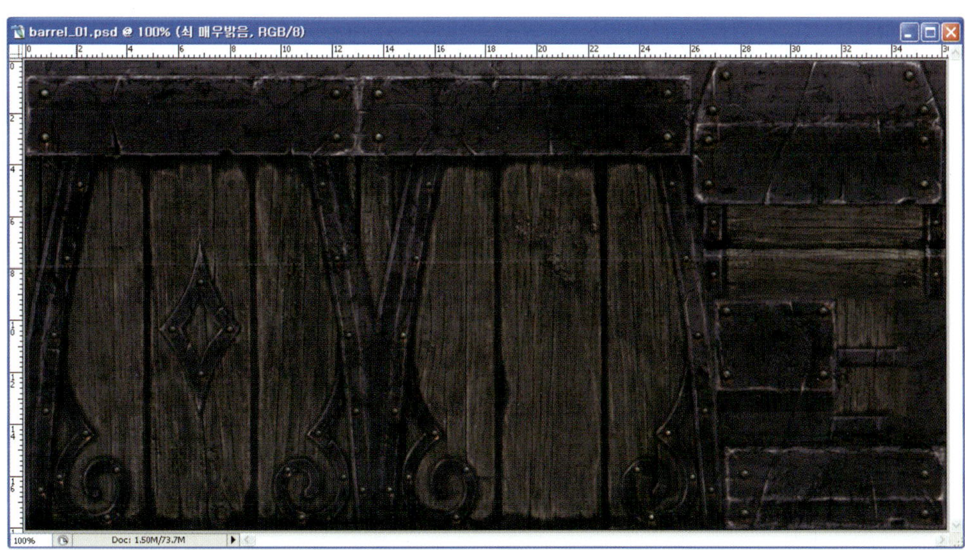

17 선제석으로 쇠 재질에 어울릴 만한 웨더링을 추가합니다. 이때는 나무와 쇠에 같은 웨더링을 사용하지
않는 것이 좋습니다. 그래야만 두 재질의 느낌이 달라지기 때문입니다.

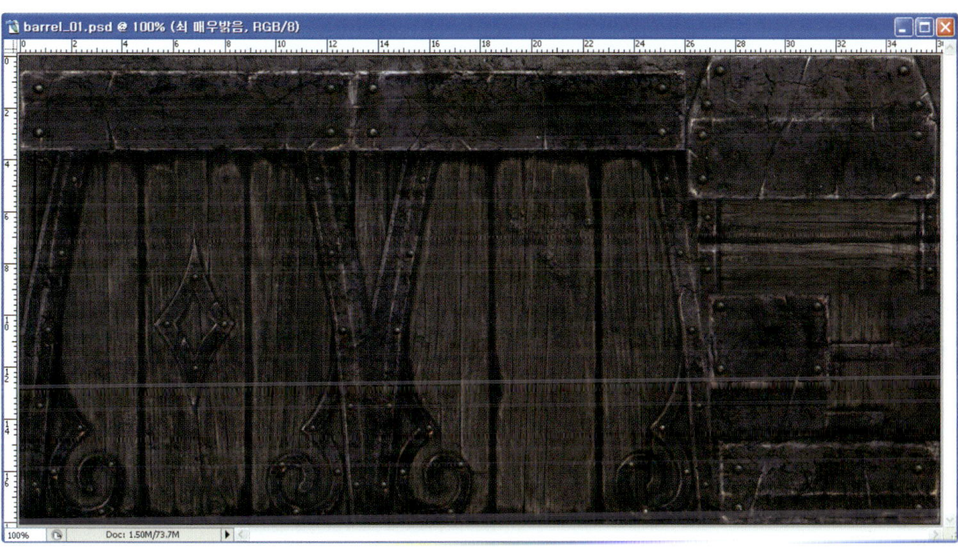

이제 원통의 맨 윗부분인 뚜껑 쪽의 테스쳐를 제작하겠습니다. 전에 작업한 텍스쳐를 공유하여 사용하려
고 했지만 적당하지 않아서 간단하게 제작하겠습니다.

18 그림과 같이 원통에 쓰였던 텍스처를 256×256 사이즈에 맞추어 불러옵니다.

19 원통의 몸통에 사용했던 웨더링 중에 부분적으로 사용했던 웨더링을 적용한 후, 분위기에 맞춥니다.

 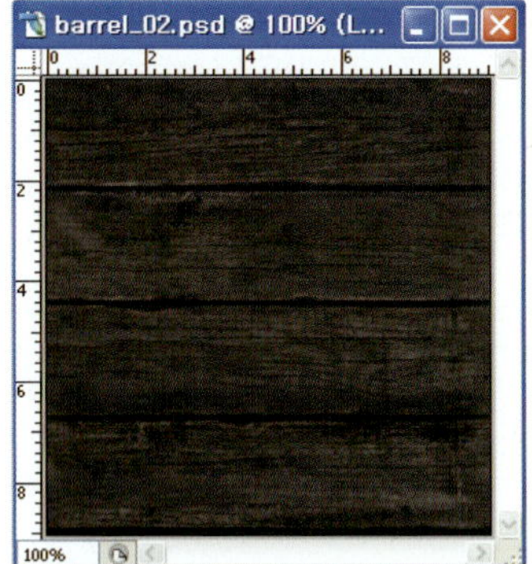

20 그림과 같이 원통의 전체적인 분위기를 다시 한 번 잡아줍니다. 앞의 박스와 어느 정도 분위기가 맞아야
하기 때문에 수정 보완 작업을 해야 합니다.

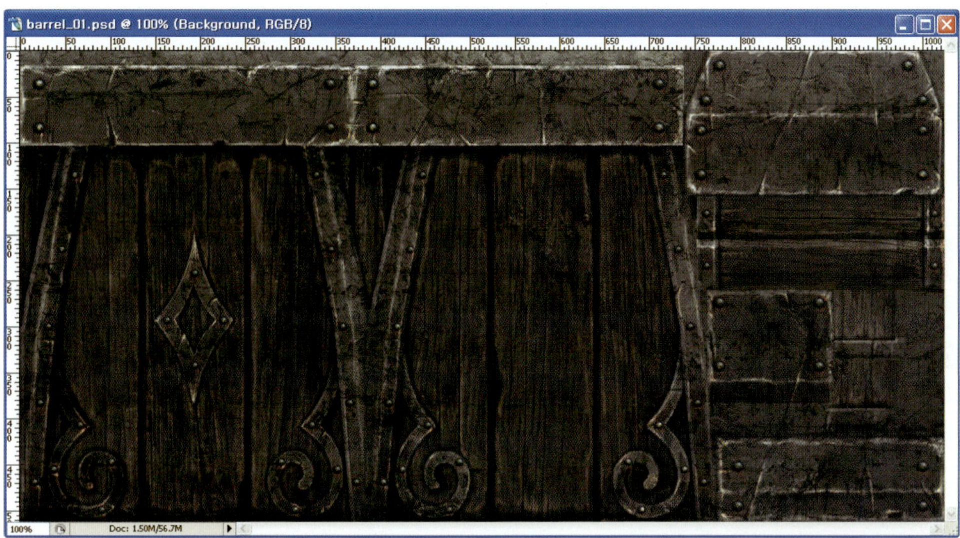

21 원통의 윗부분에 들어갈 텍스처도 함께 수정합니다.

▶ 3ds max에 적용하기

그림과 같이 제작된 텍스처를 모델링에 적용한 후 나머지 면들도 모두 UVW맵에 맞춰보았습니다. 결과적으로 맵이 늘어난 것도 없고, 적용도 잘된 듯합니다.

원통도 실제 실무에서는 특정 원통을 제외하고는 이렇게 세밀하게 모델링과 텍스처 작업을 하지 않는다고 해도 과언이 아닙니다. 작업 과정을 잘 참고하고 학습했다면 구조적으로 더 단순한 다른 원통도 손쉽게 모델링할 수 있을 것입니다.

>> 원통 작업에 대한 콘셉트와 3D 결과물의 조율

지금까지 원통 원화를 스케치하여 컬러링을 거치는 작업 과정에서부터 모델링, 텍스처를 제작하여 완성하기까지 일련의 작업 과정을 알아보았습니다.

원통 또한 실무에서 사용하는 간단한 오브젝트이지만 원화와 3D 제작에 들어가기 전에 의견 조율을 하게 되었습니다. 박스 정도의 디테일을 표현해야 할 것이고, 이곳에 간단한 문양도 포함시키자는 의견에 따라 작업을 진행하게 되었습니다.

원화는 앞에서 설명했듯이 광산촌의 콘셉트에 맞는 원통 디자인으로 이루어져 있고, 모서리를 금속으로 마감한 후 간단한 문양을 넣어 단순함과 심심함을 줄이자는 생각을 하면서 디자인하였습니다. 완성한 이미지를 3D 제작을 위해 넘기고 간단하게 원화에 대해 설명한 후, 다음 작업을 진행하였습니다.

이번 원통 원화에서는 박스에서의 문제점을 어느 정도 해소하고자 노력했고, 3D 작업 과정에서도 별 무리 없이 진행되었으며, 그 결과 안정적인 3D 결과물을 얻을 수 있었습니다. 다만, 3D에서 보이는 정확한 형태로 인하여 원화와 약간 달라 보였지만, 이것은 크게 문제될 일은 아니라고 판단하였습니다. 원화는 약간은 과장되게 그리는 것이 가능하고 이또한 원화의 특성이라고 생각합니다. 형태가 살짝 다르고 색감 부분도 전체적으로 밝고, 하이라이트 부분도 약간은 밝게 과장시키는 것들이 없이 너무 3D처럼 나와 버리면 그림의 맛이 없어져서 별 매력을 못 느낄 것이기 때문입니다. 다만, 약간의 오버는 가능해도 너무 다르면 문제가 생기므로 이점을 염두에 두면 좋겠습니다.

박스에서도 말했듯이 원화만 잘하거나 3D 제작만 잘한다고 해서 좋은 게임 개발자라고 할 수 없습니다. 원화가는 3D를 알아야 하고, 3D 제작자는 원화를 알아야 합니다. 원화의 오버도 정확한 형태를 알아야 자연스러운 그림이 나올 수 있는 것입니다. 이를 위해서는 개인적인 노력도 필요하지만, 상호 커뮤니케이션이 잘 되어야만 이해하고 조율하는 과정을 거치면서 서로에 대해 많은 것을 알게 될 것입니다. 그리고 이러한 과정은 무엇보다 필요합니다.

완성된 원통(Barrel)

원화에서 일반적인 형태의 원통에 금속 문양으로 변화를 주어 완성한 것이 특징이며, 3D에서도 원화와 똑같이 제작하면서 분위기에 맞게 박스와 마찬가지로 묵직한 느낌의 원통으로 완성하였습니다.

◀ 원화 완성

◀ 3D 완성

13 원통의 윗부분이 그림과 같이 새로 추가된 것을 확인할 수 있습니다. 볼륨감 있게 약간 Scale로 수정합니다.

> **TIP /** 개인적으로 단순한 원통보다는 이렇게 표현해주는 것이 개인적인 모델링 역량을 올릴 수 있다고 생각합니다. 다른 어떤 모델링을 할 때에도 여러 가지 방법으로 표현해보기를 권장합니다.

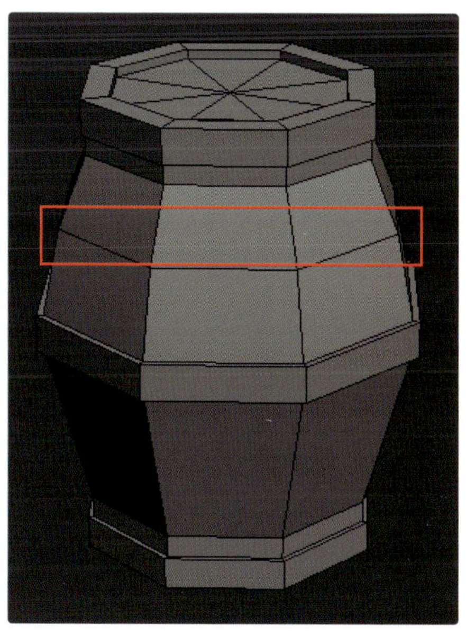

14 그림과 같이 원통의 아랫부분도 윗부분과 같은 방법으로 제작해 나갑니다. 웬만하면 윗부분의 크기와 아랫부분의 크기를 같게 하거ㅏ 비슷하게 하는 것이 좋습니다.

15 원통의 윗부분에 위치해 있는 손잡이 부분을 모델링하겠습니다. Box를 불러온 후 Editable Poly로 변환하고 원통의 윗부분에 크기와 위치를 대략적으로 조절하여 가져옵니다.

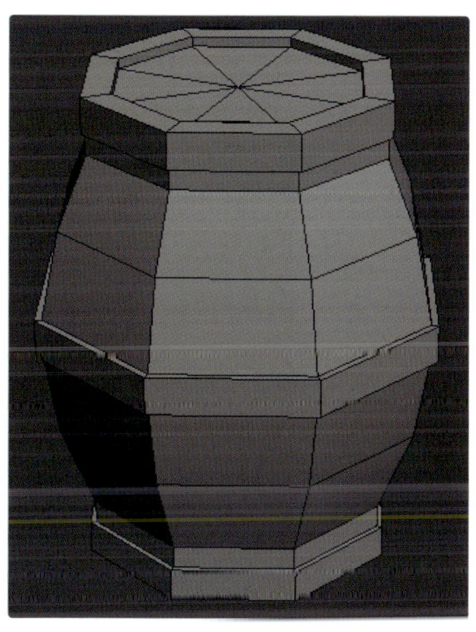
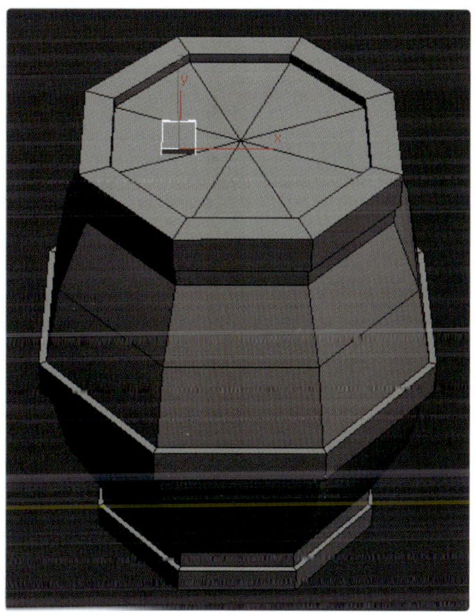

16 그림과 같이 원통의 반대쪽 손잡이 아랫부분도 같은 위치에 복사합니다.

> **TIP /** 일반적으로 모델링을 할 때 위치와 크기 등을 세밀하게 조정하려는 경향이 있는데, 제작 중에는 딱히 그렇게 할 필요는 없다고 생각합니다. 모델링이 마무리된 후에 전체적인 느낌을 보면서 수정하는 것이 좋습니다. 텍스처를 제작하면서 모델링을 수정할 때도 간혹 있습니다.

17 원통의 손잡이 중간 부분을 그림과 같이 박스 형태로 제작하여 위치에 맞게 조절합니다.

18 반대쪽 부분도 그림과 같이 제작합니다.

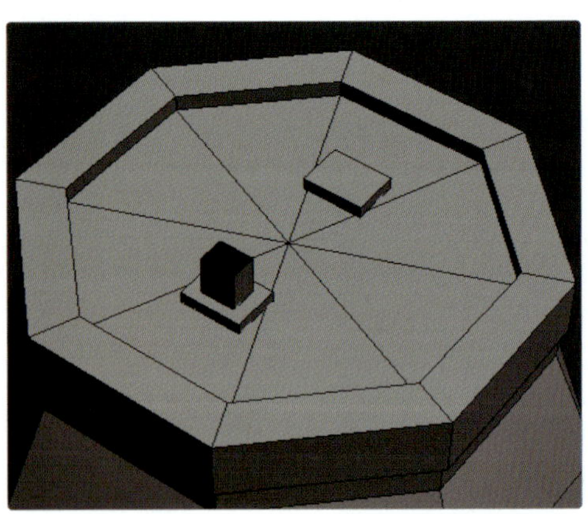
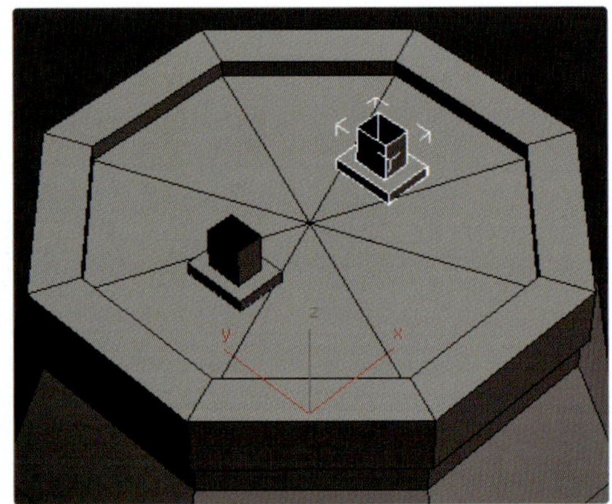

UDK 엔진에 적용시켜본 원통(Barrel)

기본 라이트만 받은 상태의 원통의 배치 모습과 가로등 불빛을 받고 있는 원통의 모습입니다. 하나의 원통을 거리를 두어 배치하였습니다.

Chapter 03

콘셉트와 3D를 이용한 가로등 제작하기

박스와 원통에 이어 이번에는 가로등을 디자인하고 제작할 것입니다. 가로등은 게임월드의 마을을 구성하는 요소 중에서 비주얼적인 면에서도 중요하지만, 조명의 역할을 하기 때문에 없어서는 안 되는 중요한 오브젝트입니다. 이전까지는 외형적인 디자인에 대한 고민이 비교적 적었지만, 가로등은 여러 가지 다양한 형태로 나올 수 있기 때문에 많은 고민을 해야 할 것입니다. 그럼 지금부터 가로등 디자인과 3D 제작 학습을 시작하겠습니다.

Step 1 가로등(Lamp) 스케치 학습하기

게임월드의 마을 구성에 기본적인 오브젝트인 가로등을 디자인해보겠습니다. 우선 마을의 콘셉트를 알아야 하고, 집이나 다른 오브젝트들과 같은 재질로 가로등 콘셉트를 잡아야 합니다. 앞에서 설명했듯이 콘셉트는 광산촌 마을이고, 돌과 나무와 금속으로 이루어진 집들과 오브젝트들로 이루어진 마을 형태입니다. 따라서 가로등도 나무와 금속을 이용하여 잡아보겠습니다.

예제 소스에 있는 스케치 파일을 같이 보면서 학습하시기 바랍니다.
- 예제 소스\Concept\Object\box\jpg\lamp sketch01.jpg~\lamp sketch04.jpg를 참조하세요.

▶ 스케치 1단계

단순하면서도 안정적인 형태인 십자 형태의 가로등을 구상해보았습니다. 전체적인 느낌에 투시를 적용하면서 안정적인 비율로 면을 나누어 스케치합니다. 등이 걸려 내려온 것을 고려하여 가로등 높이를 정하고 수직, 수평의 직선으로 이루어진 다소 딱딱하고 단순한 디자인을 보완하기 위하여 위의 중앙 부분에 곡선으로 이루어진 문양을 넣었습니다. 스케치는 부분에 집착하지 말고 전체적인 형태를 생각하면서 외형을 크게 잡아 나갑니다.

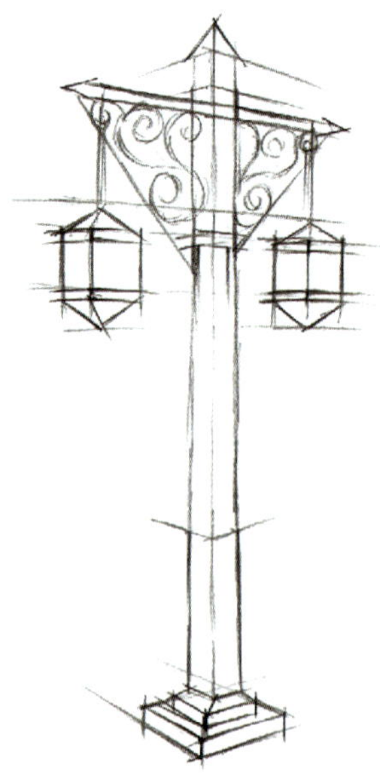

▶ 스케치 2단계

러프하게 나온 가로등 형태에 세부적인 묘사들을 더하여 형태를 정리합니다. 이
단계에서 구상하고 스케치한 정면도(❶)와 측면도(❷)는 원화가 완성되어 3D 제작
으로 넘어갈 때 참고 이미지로 넣어주면 제작하는 데 도움이 될 것입니다.

❶ 정면도   ❷ 측면도

▶ 스케치 3단계

스케치의 마무리 단계입니다. 머릿속으로만 생각했던 가로등을 연필로 비교
적 자세하게 그리는 단계라고 할 수 있습니다. 스케치 완성 단계이므로 이 이
미지만으로도 가로등의 형태나 부분적인 느낌을 표현할 수 있도록 막히는 부
분들은 자료를 참고하면서 비교적 자세하게 그립니다.

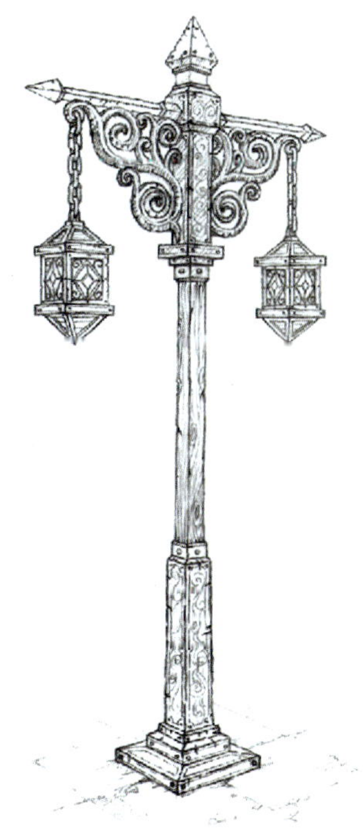

TIP / 가로등의 원화가 완성되었습니다. 원화가 세밀하면 컬러링 작업이 수
월합니다. 앞으로의 작업에서도 스케치 원화의 완성노를 높여 직입힐 깃입니다.

가로등 컬러링 작업 학습하기

스케치가 마무리된 작업물을 스캔하여 저장하고 포토샵 프로그램을 실행한 후에 저장한 가로등 작업물을 불러옵니다. 지금부터 가로등 컬러링 과정에 대하여 알아보겠습니다.

예제 소스에 있는 컬러링 파일을 같이 보면서 학습하시기 바랍니다.
- 예제 소스\Concept\Object\lamp\jpg\lamp color01.jpg~lamp color07.jpg를 참조하세요.

▶ 컬러링 1단계

01 스캔하여 저장한 가로등의 이미지를 불러온 후, 박스 및 원통과 마찬가지로 잡티와 러프하게 그려진 부분적인 형태들을 연필 선 툴로 보정해주는 과정을 거칩니다. 박스, 원통 작업 진행과 마찬가지로 [Levels] 대화상자를 통하여 보정 작업을 합니다. 겹치는 작업 과정에 대해서는 간략하게 설명만 할 것이기 때문에 앞에서 확실하게 숙지하기 바랍니다.

경로는 [Image→Adjustments→Levels]이고, 단축키는 Ctrl + L 이며, 브러시 툴 ✎로 더 보정하여 그리면서 좀 더 정리된 깔끔한 이미지를 만들기 바랍니다.

TIP / 종이의 잡티가 제거되고 연필 선이 아래 그림처럼 선명해질 정도로 보정합니다.

02 보정 전후의 가로등 스케치 이미지입니다. 훨씬 선명하고 정리된 이미지로 바뀐 것을 알 수 있습니다.

▲ 보정 전　　　　　　　　　▲ 보정 후

▶ 컬러링 2단계

01 이번에도 박스, 원통과 마찬가지로 모노톤으로 먼저 명암과 그림자를 표현하겠습니다. 여기서 'Multiply의 속성을 이용한 작업 방법 외에 본 래의 오브젝트 컬러를 지정해주면서 바로 컬러링을 하는 방법도 있는 데, 왜 하필 이 방법으로 컬러링 작업을 하는 것일까?'라고 생각하시는 분들이 많을 것입니다.

앞에서 알아본 박스나 원통 그리고 가로등 같은 오브젝트들은 나무와 금속 재질을 가지고 있고, 그러한 재질들의 색감을 내는데, 지금과 같 은 방법으로 컬러링이 들어가도 원화 표현에는 문제가 없다는 생각에 서 이런 방법을 소개하고 진행하려 합니다.

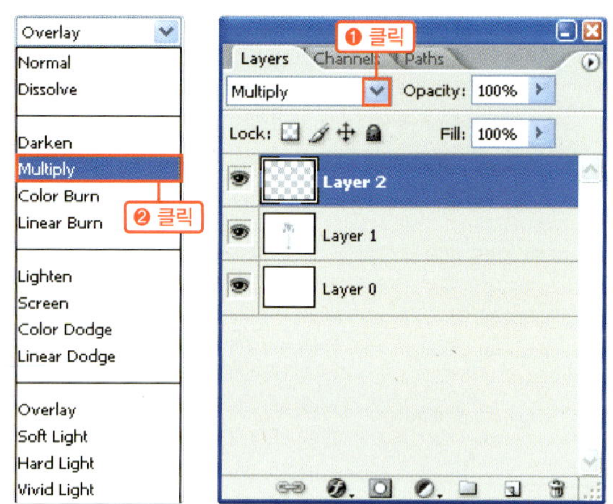

02 새 레이어를 하나 생성한 후, 이 레이어의 속성을 Multiply로 만들고 툴박스에서 브러시 툴 ✎ 로 적 당한 회색 톤을 [Color Picker] 대화상자에서 선택하여 [OK] 버튼을 클릭합니다. 나머지는 앞에서 알아본 작업과 같은 방식이기 때문에 이미지 첨부는 생략하겠습니다.

03 이번에도 오른쪽의 브러시를 선택한 후에 채색하면 됩니다. 박스나 원통보다 형태 가 복잡해보이기 때문에 꼼꼼하게 채색하는 것이 좋습니다.

> **TIP /**   브러시의 모양이나 태블릿의 필압에 따라 채색되는 느낌이 다릅니다. 가로등 을 채색할 때는 박스나 원통보다 구석구석 꼼꼼하게 채색해야 하기 때문에 오른쪽과 같 은 브러시나 깔끔하게 끝맺음이 되는 브러시를 이용하여 채색하는 것이 좋을 것 같습 니다.

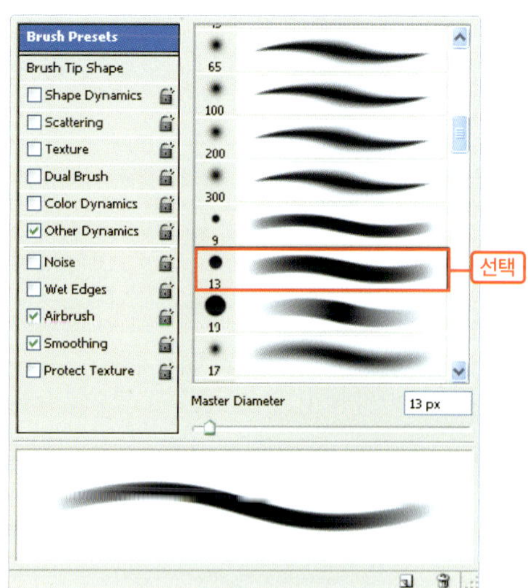

04 컬러링된 가로등 이미지입니다. Multiply 속성을 이용하여 모노톤으로 비교적 손쉽게 명함과 그림자를 표현하였습니다.

> **TIP╱** 가로등의 형태 구조상 작은 면들로 되어 있기 때문에 빛의 방향을 잡고, 크게 밝고 어두움의 구분을 줄 때 명암의 대비를 좀 더 크게 주면 좋을 것 같습니다.

▶ 컬러링 3단계

01 모노톤으로 채색된 이미지에 컬러를 입혀보는 단계입니다. 이번에도 Color 속성을 이용하여 컬러링할 것입니다. 오른쪽 이미지에 새 레이어를 만든 것이 보일 것입니다.

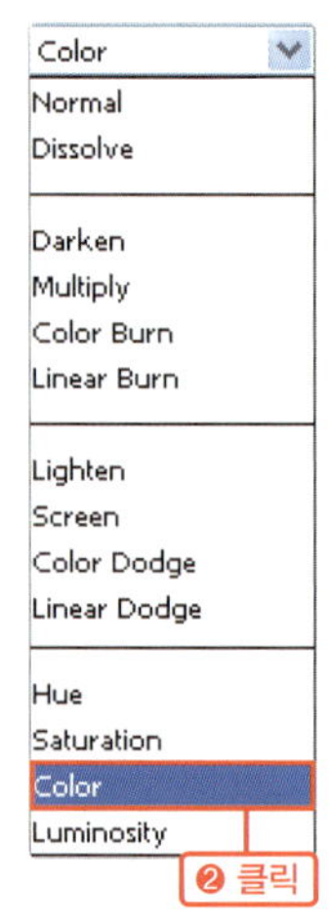

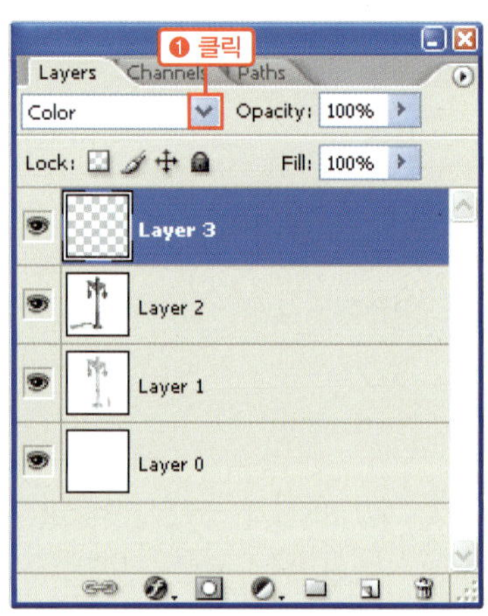

02 브러시 툴 ✎을 선택한 후, 금속과 나무 색을 선택하여 채색하였습니다. Color 속성을 이용하여 손쉽게 가로등의 컬러를 채색한 이미지가 나왔습니다.

> **TIP╱** 문양 모양의 금속과 나무에 연결되어 있거나 등에 사용한 금속은 다른 종류의 금속이므로 색감의 차이를 주는 것이 이번 채색의 포인트입니다.

▶ 컬러링 4단계

01 박스, 원통과 마찬가지로 원화에 텍스처 느낌을 넣어줄 것입니다. 직접 브러시로 표현해도 무방하지만 질감 표현을 좀 더 리얼하게 하기 위하여 박스나 원통에서 사용한 것처럼 텍스처를 활용해보겠습니다. 사용한 텍스처는 오른쪽과 같습니다.

02 금속과 나무 텍스처를 이미지 위에 가져오면, 옆에 보이는 레이어가 생성될 것입니다. 그 레이어를 Overlay 속성으로 바꿔줍니다.

앞에서 설명한 것과 같은 방식이지만 옆에 레이어가 생성된 것을 확인하면서 작업하면 좀 더 이해가 빠를 것이라고 판단하여 레이어 이미지를 첨가하고, 반복하여 설명하는 것입니다.

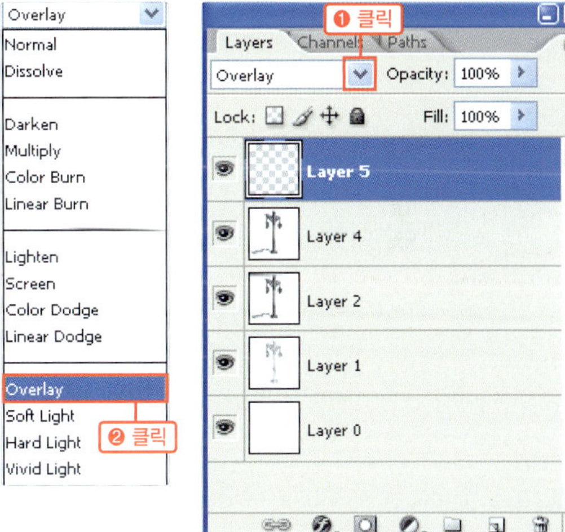

03 마찬가지로 나무 텍스처를 Overlay 속성으로 바꿔줍니다.

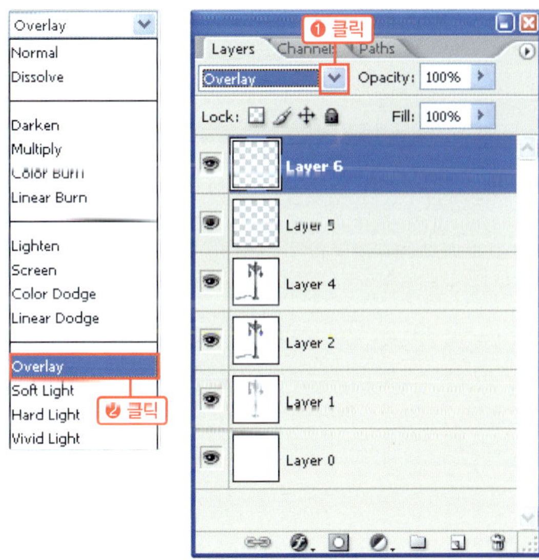

04 텍스처를 입히고 나면 금속과 나무 외 부분에 입혀진 텍스처가 있을 것입니다. 이 부분은 필요없으므로 지우개 툴 로 지웁니다. 지울 때에는 양쪽 끝이 깔끔하게 지워지는 브러시를 선택하는 것이 좋습니다.

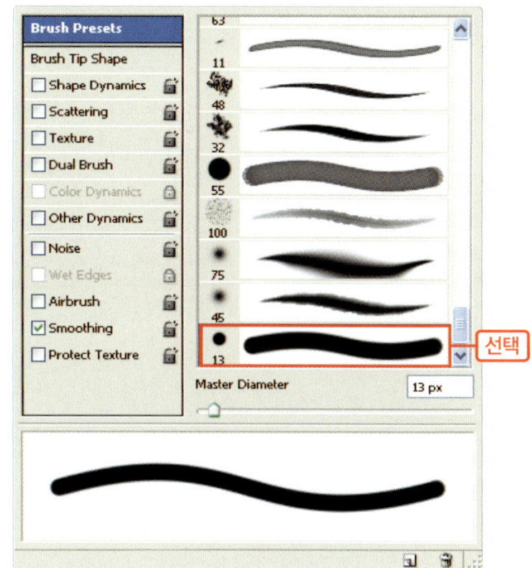

05 이제 금속과 나무 텍스처가 입혀진 가로등 이미지가 완성되었습니다. 이번 까지의 작업은 원화에서 리얼한 가로등 표현을 하기 위한 기본 컬러링을 한 것이라고 생각하면 됩니다.

> **TIP /** 텍스처를 사용할 경우 원화의 스케일에 맞게 텍스처의 입자들을 잘 관찰하여 텍스처 이미지의 크기를 늘리거나 줄여서 맞추어야 합니다. 위와 같은 경우 크게 어렵지 않지만, 무늬들이 들어간 텍스처를 사용할 경우에 크기가 맞지 않게 들어가면 결과물이 어색할 수 있습니다.

▶ 컬러링 5단계(완성)

01 순서상으로는 마무리 단계지만 묘사가 들어가는 시작 단계라 할 수 있습니다. 다행히도 텍스처를 입혀 놓았기 때문에 금속이나 나무의 재질 묘사가 수월할 것입니다.

먼저, 텍스처를 입혀 어두워진 이미지를 밝게 하기 위하여 닷지 툴 🔍 을 이용하여 밝고 중간 어두운 면을 잡아주게 되는데, 이번에도 박스, 원통에서와 마찬가지로 레이어를 합쳐서 세부 묘사에 들어갑니다.

레이어를 합치는 방법은 여러 가지가 있지만, 필자는 박스와 마찬가지로 지금까지 만든 레이어를 온전히 놓아둔 채 하나로 합쳐진 레이어를 만들어 보겠습니다. 단축키는 (Ctrl + A)+(Shift + Ctrl + C)+(Ctrl + V)입니다.

02 합쳐진 레이어를 확인한 후 텍스처를 입혀서 밝은 면, 중간 면, 어두운 면을 닷지 툴 🔍 을 이용하여 구분합니다. 밑에 첨부한 기본 브러시를 선택하여 작업합니다.

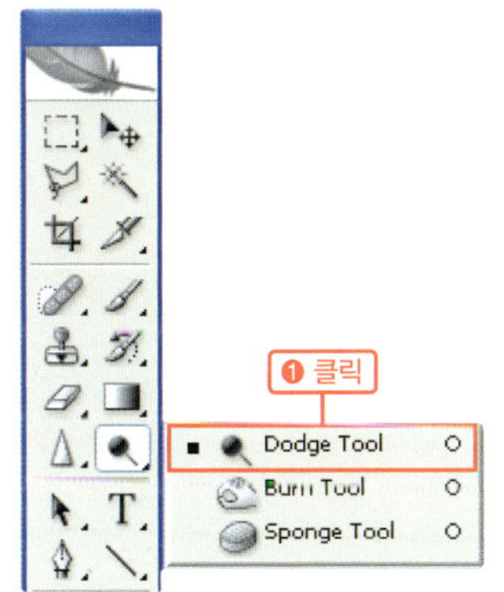

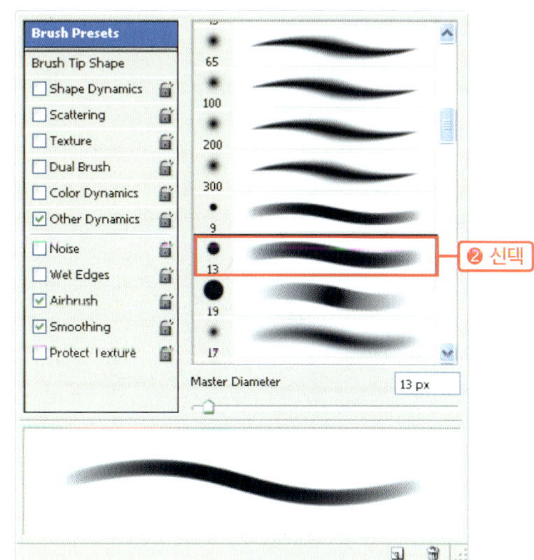

03 닷지 툴 🔍 은 전체적으로 밝은 면과 중간 면에서 하이라이트가 되는 부분을 좀 더 밝고 명확하게 하고, 멀리 있는 부분은 약하게 풀어주는 데도 활용할 수 있는 툴입니다. 오른쪽은 이렇게 잡아준 가로등의 이미지입니다.

밑에 소개한 브러시들을 주로 사용하였는데, 텍스처가 입혀진 이미지에 둔탁한 브러시로 묘사하다 보면 자칫 텍스처들이 뭉개질 수 있으므로 밑에 첨부한 붉은색 네모칸을 친 브러시로 날카롭고 디테일한 작은 묘사까지 표현하였고, 그 밖의 브러시들을 이용하여 표면이나 거친 부분이나 녹이 있는 표현을 해주었습니다. 지금부터 좀 더 자세하게 설명하겠습니다.

04 먼저 가로등의 윗부분인 머리 부분의 묘사에 대하여 알아보겠습니다. 오른쪽 이미지는 텍스처를 입힌 묘사 전 단계의 이미지입니다. 연필 선들도 살아있고, 입체감도 전혀 없으며, 단지 질감과 색감만 맞추어놓은 상태입니다.

05 옆의 이미지는 묘사 후의 이미지입니다. 위에서 소개한 세 가지의 브러시들을 적절히 활용하여 묘사하였습니다. 부분적으로 자세하게 비교해보겠습니다.

> **TIP／** 텍스처를 입혀 가로등 표면에 생긴 입자들을 잘 활용하여 묘사해주는 것이 중요합니다.

06 가로등 이미지를 보았을 때 가장 앞에 있는 부분이자, 가장 강조해주어야 할 부분입니다.

이미지를 비교해보면 알겠지만, 세세한 표현까지 다 해주었는데 가로등의 작은 한 부분이라고 해서 표현해주지 않으면 3D로 만들 때 단순하게 나올 수 있다는 점을 꼭 명심하시기 바랍니다.

> **TIP／** 텍스처 입자들을 잘 활용하여 비교적 쉽게 묘사하였습니다.

07 등의 이미지 중에서도 오른쪽의 첨부 이미지 부분을 더욱 강조하였는데, 이 부분은 밝은 곳과 어두운 곳의 경계이기도 하지만, 이곳을 가장 강조해야 입체감이 살아날 수 있습니다. 중세 시대의 낡고 오래된 느낌을 내기 위하여 찢기고 고르지 못한 표면 등을 표현해주었습니다.

위에서 설명한 것과 마찬가지로 날카로운 부분에 쓰이는 브러시와 부드럽게 표면 표현이 되는 브러시 등을 적절하게 사용하면서 묘사합니다.

08 가로등 윗부분의 이미지입니다. 얇고 곡선으로 이루어진 금속과 나무 부분에 연결되어 있는 금속 두 가지로 나누어 표현해보았습니다. 나무에 연결되어 있는 금속은 가로등의 주축이 되는 금속이지만 문양으로 이루어진 금속은 등을 연결하는 강한 철 재질로 이루어진 꾸미기 용도로서의 금속입니다. 두께와 색감에서 차이가 있지만 느껴지는 무게감에서도 얇은 금속이 더 나가게, 좀 더 거칠게 해주어 같은 금속이라도 느낌이 다르도록 표현하였습니다. 묘사 부분에서도 경계 부분을 깔끔하게 정리해주고 얼룩 부분에서 갑자기 어둡게 해주면 밝은 면이 지저분해지기 때문에 명도의 차이를 적절하게 표현하였습니다.

09 곡선 금속 부분 이미지입니다. 탄성이 강한 금속이라는 느낌을 표현하기 위해 거친 입자로 표현하였고, 특히 문양에서 곡선에서의 자연스러운 두께감 표현과 단면이 마름모로 된 금속이라는 느낌이 잘 전달되도록 꺾이는 부분, 밝은 면, 어두운 면에 대하여 어색함 없이 표현하는 것이 중요할 것입니다.

쇠사슬 표현에서도 금속은 밝은 부분과 어두운 부분에서의 차이가 많이 나게 해야 빛을 받은 느낌이 자연스럽게 표현됩니다.

10 가로등이 주축인 금속 부분도 밝고 어두운 경계 부분을 강조하여 입체감을 살렸고, 거친 녹 때문에 군데군데 붉어진 표면을 표현해주었는데, 이 경우 반투명하게 채색되는 브러시를 사용하여 먼저 찾아준 표면이 뭉개지지 않은 상태로 붉게 채색되도록 해야만 자연스럽게 표현됩니다.

11 다음은 가로등 나무 부분과 받침 부분에 대한 묘사에 대하여 알아보겠습니다.

비교한 이미지를 보면 가로등 머리 부분이나 쇠사슬로 매달린 등에서와 마찬가지로 밝고 어두운 부분의 경계 부분에서 강조해주고, 고르지 않고 모서리가 찍힌 금속 표면 표현과 나뭇결 표현 등을 디테일하게 표현해주었는데, 이 부분에서 지나친 표현을 하면 어두워지기 쉽습니다. 따라서 명도 조절을 잘하여 표현하는 것이 좋습니다. 바닥도 표현되어 있는 것을 볼 수 있는데, 이 부분은 작업 마지막에 넣은 것입니다. 이 표현은 다음 레벨에서 자세히 설명하겠습니다.

12 완성된 이미지입니다. 바닥도 텍스처를 적절하게 사용하여 표현하였습니다.

#1 잡아주어야 할 부분(❶)과 풀어주어야 할 부분(❷)에 대하여 다시 한 번 정리해보았습니다. 작은 오브젝트이지만 좀 더 강조해주거나 조금 풀어주어 작업해도 되는 부분을 표시한 것입니다.

#2 가로등 이미지에서 숭요하게 묘사해주어야 힐 윗부분의 경우, 왼쪽에서 오른쪽으로 색감을 약하게 풀어주면서 묘사하면 거리감, 입체감, 공간감을 더욱 극대화할 수 있습니다.

#3 그림자 표현입니다. 그림자가 가장 어두운 부분에서부터 서서히 밝게 풀어지는 부분까지 표현해줍니다.

#4 가로등의 용도는 어두운 공간을 밝혀주는 것이므로, 어두울 때의 가로등을 표현해주어야 합니다.

방법은 간단합니다. 우선 완성된 이미지에서 필요한 부분을 선택하고 복사하여 옆의 빈 부분으로 가져간 후에 새 레이어 하나를 만들고, 그 레이어 속성을 Multiply로 바꾸어 어둡게 채색합니다. 그런 다음, 불빛을 표현하기 위하여 다시 하나의 새 레이어를 만들고, 속성을 Color Dodge로 바꾼 후 퍼지는 브러시를 이용하여 불빛 색감을 채색하면 아래와 같이 빛이 나는 불빛의 등불을 표현할 수 있습니다.

▲ 등에 불이 밝혀진 모습

#5 지금까지의 가로등 컬러링 작업을 한눈에 볼 수 있게 레이어를 정리한 것입니다.

예제 소스에 있는 psd 파일을 참고하시면 작업 과정을 한눈에 확인할 수 있습니다.
■ 예제 소스\Concept\Object\lamp\psd\lamp.psd를 참조하세요.

Step 3 가로등(Lamp) 3ds max 모델링 제작

가로등 역시 게임상에서 자주 쓰이는 오브젝트 중의 하나라고 할 수 있습니다. 이번 가로등 제작은 모델링과 텍스처 전에 제작한 오브젝트보다 간단하고 빠르게 제작해보겠습니다. 텍스처의 경우 512×512 한 장으로 제작해보겠습니다.

예제 소스에 있는 모델링을 같이 보면서 학습하시기 바랍니다.
- 예제 소스\tutorial\lamp\max map\lamp.max를 참조하세요.

● 3ds max 모델링 작업

01 그림과 같이 Length와 Weight의 넓이가 같은 박스를 만듭니다. Height의 넓이는 대략 정합니다. 가로등의 아래 받침대 부분으로, 위로 모델링해 나갈 예정입니다.

박스의 대략적인 모양이 갖춰졌으며 Editable Mesh로 변환해보겠습니다.

02 박스를 클릭한 상태에서 마우스 오른쪽 버튼을 클릭하여 그림과 같이 Convert To 안의 Convert to Editable Mesh를 클릭하여 변환합니다.

03 Polygon을 선택하고 박스의 윗면과 아랫면을 지워줍니다. 윗면을 지워주는 이유는 Edge를 선택하여 가로등의 윗부분으로 모델링해 나갈 예정이기 때문입니다. 아랫면은 보이지 않는 불필요한 면이기 때문에 지웁니다.

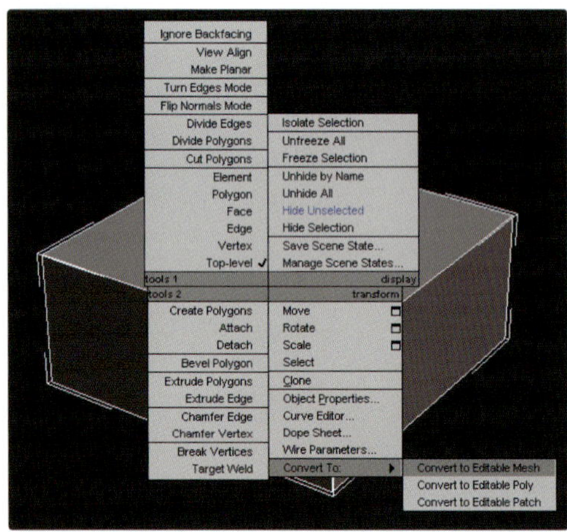

04 박스 윗부분의 Edge를 모두 클릭한 후, 그림과 같이 가로등의 받침대 부분을 Move와 Scale을 이용하여 모델링합니다.

모델링 초반이기 때문에 너무 정확하게 표현하는 것보다는 대략적인 형태를 갖춰 나가면서 가볍게 모델링해주는 것이 좋습니다.

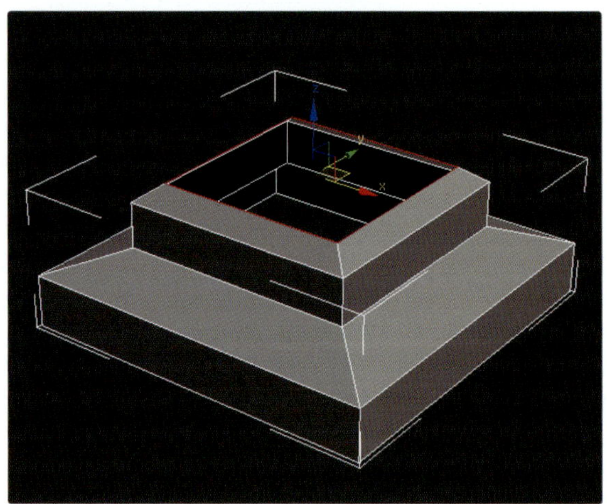

05 그림과 같이 받침대 부분을 마무리합니다. 바로 윗부분은 또 다른 박스를 생성하여 모델링합니다. 그림에서 보면 윗부분이 하나로 합쳐져서 뾰족한 형태를 띠고 있습니다. 바로 윗부분에 들어올 기둥 부분(가로등에서 허리 부분)에 가려져서 안 보일 부분이기 때문에 하나로 합쳐준 다음 모델링을 비스듬히 마무리하였습니다.

06 아랫부분에 모델링한 것처럼 가로등의 중간 기둥 부분을 박스로 모델링합니다. 박스의 두께는 아랫부분의 모델링 두께보다 조금 얇게 해주시기 바랍니다. 너무 얇으면 가로등의 비율이 맞지 않을 수 있으므로 주의해서 모델링하기 바랍니다. 박스의 상하 길이는 원화를 보고 적당히 모델링하고, 가로등 모델링이 대략 완료되면 전체적인 느낌에 따라 상하 길이를 조절하면 될 것입니다.

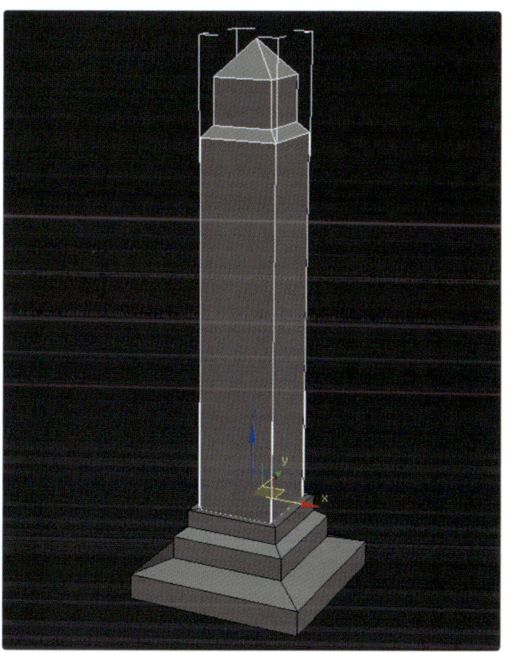
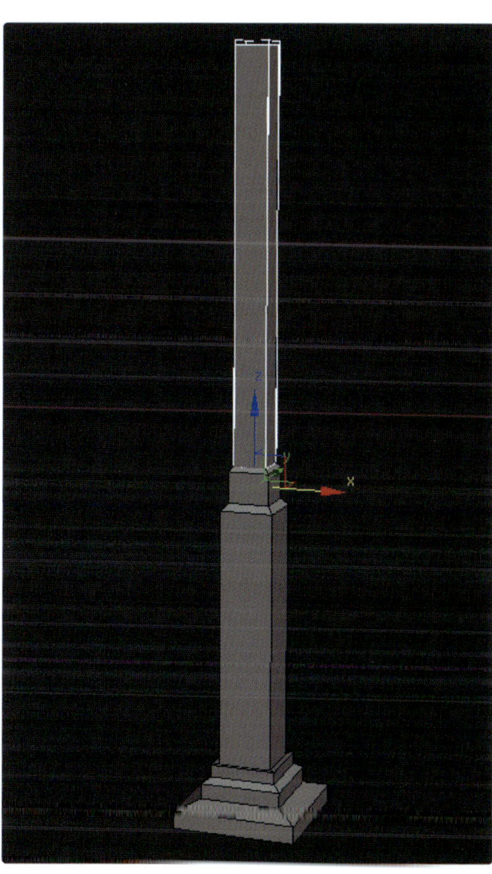

07 중간 기둥과 윗부분을 연결해주는 부분을 모델링합니다. 참고로 크기는 대략
적으로 아랫부분과 비교해가면서 비슷한 크기로 모델링해주는 것이 좋습니다.

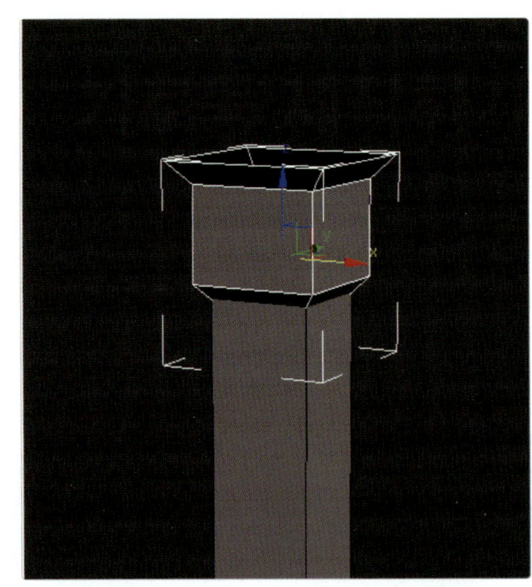

08 가로등의 윗부분으로 Edge를 잡고, 이어서 모델링합니다. 아직까지는 전체적
인 가로등의 느낌을 대략적으로 보아 가면서 모델링합니다.

> **TIP /** 모델링을 시작할 때는 전체적인 분위기를 보면서 빠르게 해주는 것이 좋
> 습니다. 처음부터 자세히 하려다가 전체적인 모델링의 느낌을 잊어버릴 수도 있
> 기 때문입니다.

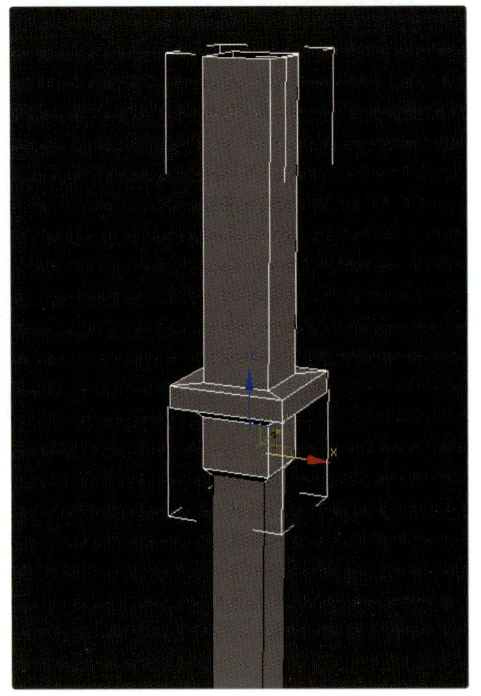

09 그림과 같이 Move와 Scale을 이용하여 가로등의 맨 윗부분까지 모델링합니다. 가로등의 기둥이 될 부분의 모델링이 완료되었습니다. 기둥의 전체적인 모델링을 원화와 비교해 가면서 부위별로 길이와 폭이 안정적으로 모델링되었는지 살펴보면서 수정합니다.

10 이번에 모델링한 부분은 가로등의 양쪽 팔과 같은 역할을 합니다. 따라서 마름모 모양으로 모델링하였습니다.

원화에서 보여준 것과 같이 모델링해도 되지만, 기본적으로 모델링의 단순함을 없애기 위해서는 그림과 같이 모델링하는 것이 좋습니다.

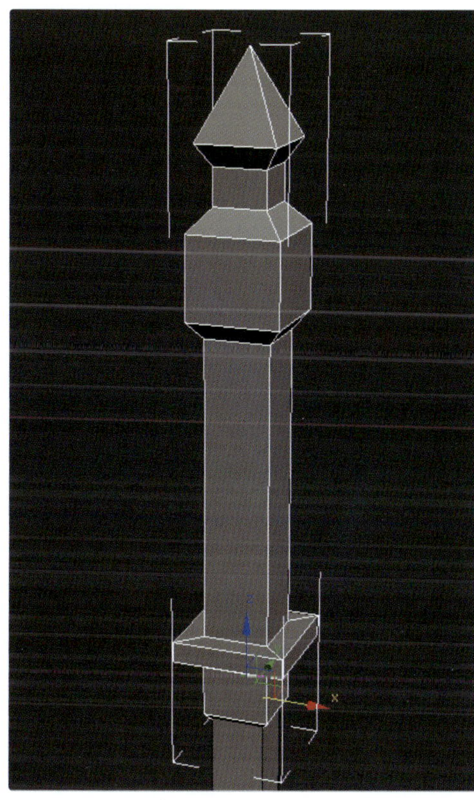
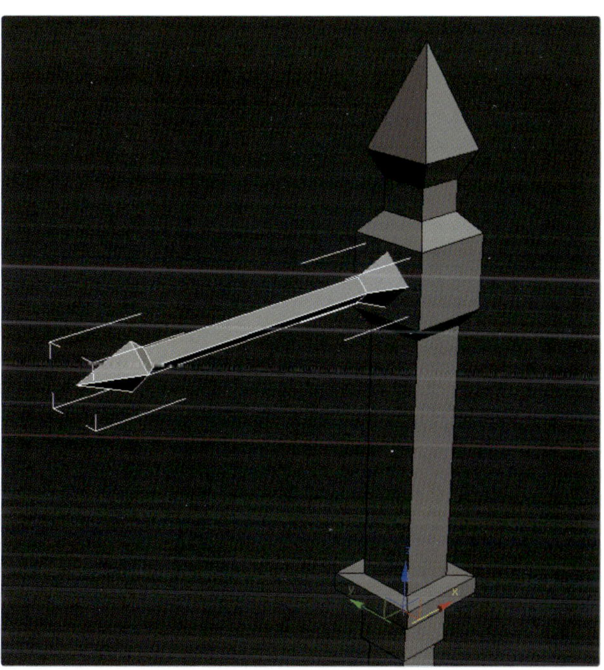

11 반대쪽 부분도 Mirror로 복사합니다. 복사한 후 먼저 모델링했던 기둥과 잘 어울리는지, 크기는 맞는지 잘 비교해보시고 수정할 부분이 있다면 수정합니다.

12 가로등의 몸체와 전등이 달릴 부분의 중간 부분을 모델링하였습니다. 가로등의 전체적인 넓이를 잘 생각하시고 Plane으로 모델링합니다. Plane으로 해주는 이유는 여기에 들어갈 부분이 문양처럼 복잡한 부분이라 모델링으로 하기에는 무리이기 때문입니다. 그래서 알파맵을 사용할 것입니다.

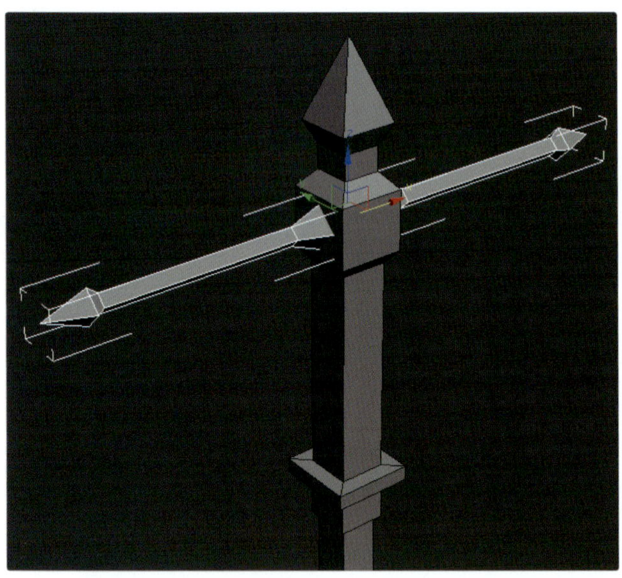

13 그림과 같이 전등 부분을 모델링합니다.

모델링된 전등은 아직 알파맵되지 않은 상태이므로 적당한 곳에 위치시킵니다. 제작하지 않았으므로 대략적인 곳에 위치하도록 해보겠습니다.

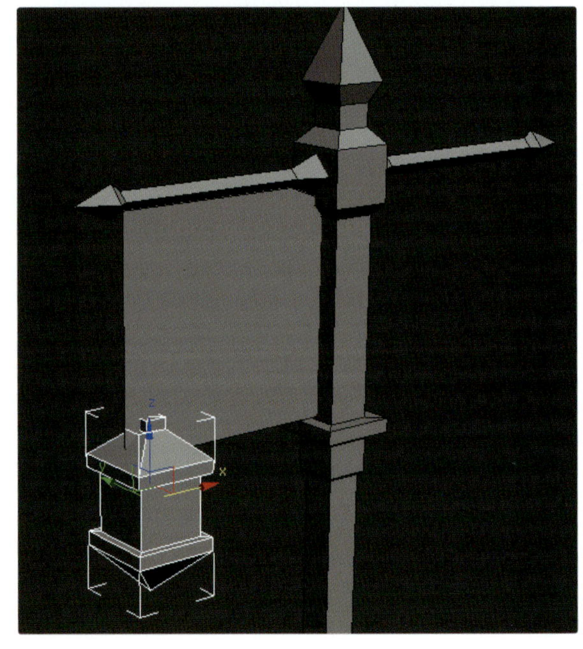

14 그림과 같이 가로등의 반대쪽에도 전등 부분을 Mirror로 복사합니다. 이제 전체적인 가로등 모델링이 완성되었습니다. 모델링해 온 부분들이 전체적으로 비율이 맞는지 다시 한 번 체크합니다.

> **TIP** / 모델링이 끝나고 텍스처 제작에 들어가면 모델링을 수정하기가 쉽지 않습니다. 이미 모델링에 맞게 맵을 펴서 모델링을 그냥 수정하면 맵이 늘어날 수도 있기 때문입니다. 특히 알파맵이 적용될 경우 Unwrap을 펴기 전에 모델링을 잘 체크하시기 바랍니다.

오른쪽과 같이 모델링이 일차적으로 마무리되었습니다. 대략적으로 라이트가 구조적으로 잘 받는지 렌더링을 걸어보았습니다. 원화에서 표현한 대로 모델링이 괜찮게 나왔다고 생각합니다.

◉ Unwrap UVW 작업

이번 작업은 앞에서 설명한 원통에서 Unwrap를 펴는 방법과 같이 진행하면 될 것입니다. 이번에도 역시 잘 눈에 띄지 않는 곳이나 중요도가 낮은 곳은 다른 부분과 공유하여 써도 됩니다.

Edit UVWs를 보면 512×512 한 장으로 가로등 텍스처를 만들려고 합니다. 정사각형 형태의 알파 텍스처가 쓰일 경우에는 따로 알파 텍스처만 256×256 사이즈로 만들기도 합니다. 하지만 이번에는 512×512 한 장만을 이용하여 제작하겠습니다.

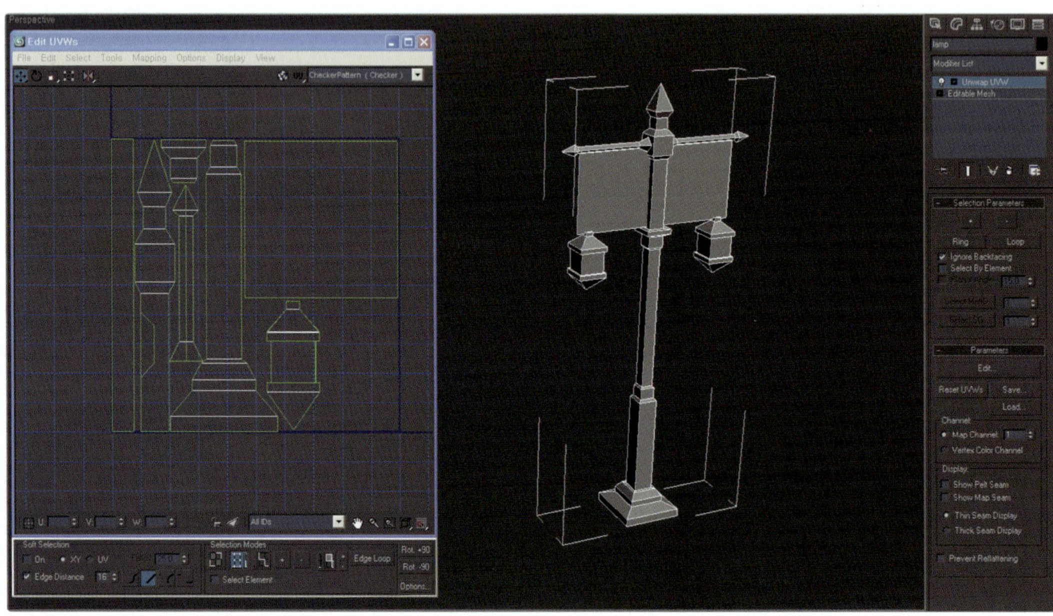

▲ Unwrap UVW를 사용하여 맵을 편 모습

Step **4** 가로등(Lamp) 텍스처 제작

이제부터 앞에서 작업한 UVW맵 작업을 바탕으로 포토샵에서 텍스처 작업을 해보겠습니다. 이번 가로등 텍스처 제작은 512×512 한 장을 사용하면서 텍스처를 빠르게 제작하겠습니다.

> 예제 소스에 있는 모델링을 같이 보면서 학습하시기 바랍니다.
> ■ 예제 소스\tutorial\lamp\max map\lamp_01.psd를 참조하세요.

▶ Photoshop 텍스처 작업

01 그림과 같이 3ds max에서 UVW맵을 펴서 포토샵으로 가져옵니다. 포토샵으로 불러온 이후의 과정은
앞과 동일합니다. 펼쳐진 맵을 보면 작은 부분이나 잘 안 보이는 부분까지 모두 펴지는 않았습니다. 이
런 부분들은 텍스처가 만들어진 후에 공유하여 사용하겠습니다.

02 그림과 같이 기본으로 바탕에 깔릴 쇠 재질을 넣어줍니다.

> **TIP /** 기본으로 깔릴 쇠 재질은 너무 거칠지도 않고, 너무 깨끗하지도 않은 살짝 거친 듯한 이미지가 좋을 것
> 입니다. 나중에 웨더링이 들어갈 것이므로 처음부터 거친 쇠 재질을 넣을 필요는 없습니다.

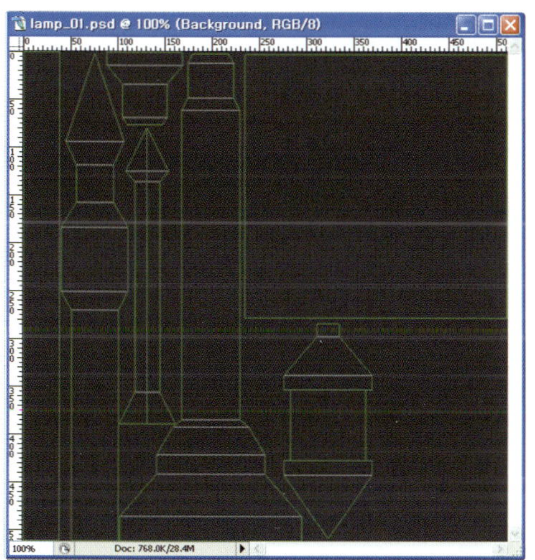
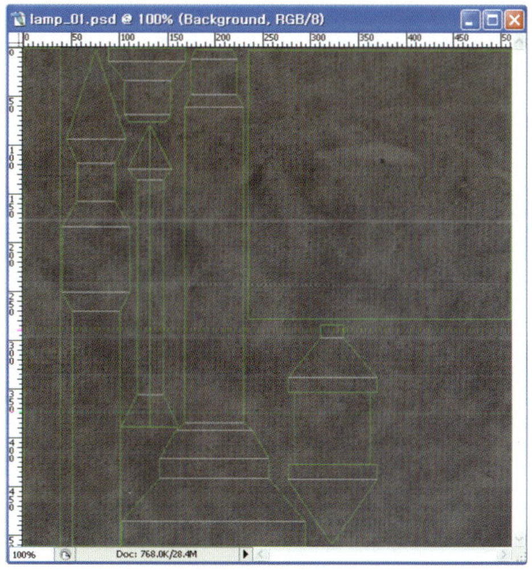

03 가로등의 기둥 부분에 간단한 모양을 넣어주었습니다. 우선 파인 듯한 부분을
레이어에 추가한 후 브러시로 그려주고 Layer Style을 적용합니다. 그 위에
기본으로 쓰인 쇠 재질 레이어를 추가한 후 Release Clipping Mask를 적용
합니다. 단축키는 Alt + Ctrl + G 입니다.

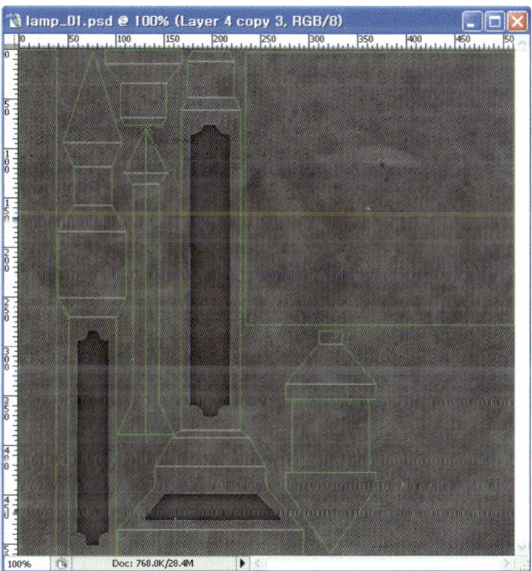

04 가로등의 윗부분에 문양이 들어간 곳을 그려보았습니다. 마찬가지로 레이어를 추가한 후 브러시로 그려주고 Layer Style을 적용합니다. 그 위에 기본으로 쓰인 쇠 재질 레이어를 추가하고 Release Clipping Mask를 적용합니다.

05 가로등과 전등 사이를 연결해주는 쇠사슬 부분을 제작합니다. 쇠사슬은 너무 얇지도 굵지도 않은 것으로 제작합니다. 쇠사슬 부분만 따로 Plane 두 장을 서로 십자 모양으로 겹쳐 제작하는 방식도 있지만, 이번에는 Plane 한 장에 넣어 제작하겠습니다.

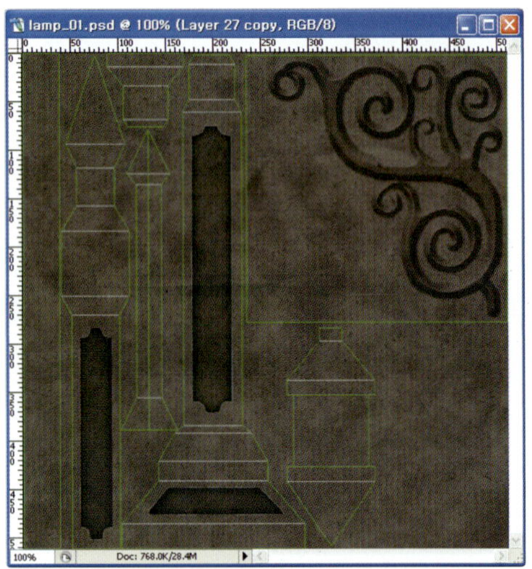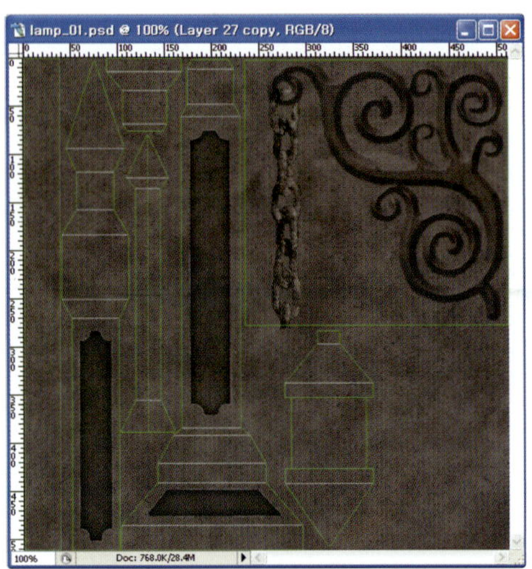

06 가로등에 박혀 있는 볼트 같은 부분들을 모두 추가합니다. 크기만 다를 뿐 같은 모양의 볼트를 사용해도 크게 상관이 없습니다. 나중에 웨더링이 들어가면 큰 문제가 안 될 것입니다.

07 가로등에 달려 있는 전등 부분을 대략적으로 제작합니다. 가장 먼저 문양이 어떻게 들어갈 것인지를 생각하면서 제작해야 합니다. 색감은 나중에 수정해도 좋을 듯합니다.

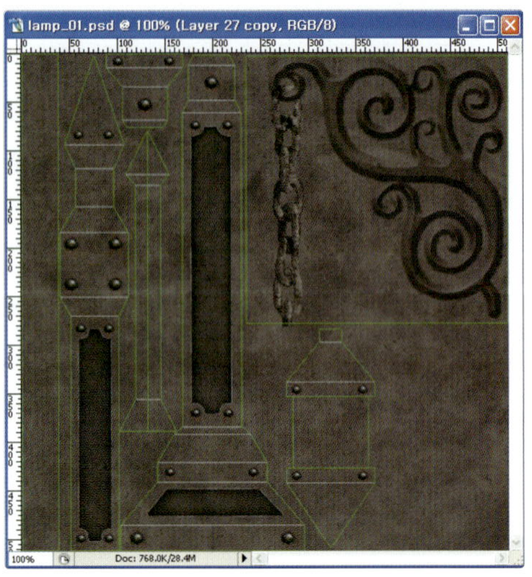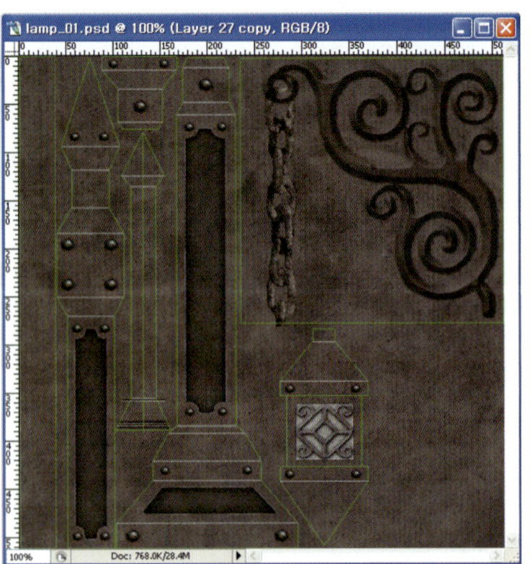

08 그림과 같이 전체적으로 쇠 재질의 웨더링을 넣어줍니다.

> **TIP /** 웨더링을 넣어줄 때 오브젝트가 작거나 얇으면 거친 웨더링을 사용하지 않는 것이 좋습니다. 오브젝트
> 의 면적은 적은데 웨더링이 거칠면 오브젝트의 모양이나 텍스처의 느낌이 잘 표현되지 않을 수 있기 때문입니다.

09 쇠 재질의 부분들 중에서 아래쪽 부분들을 기본 쇠 재질보다 어둡게 표현합니다.

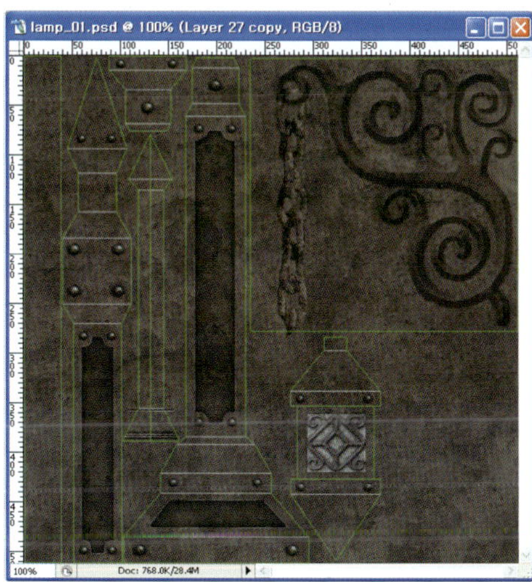 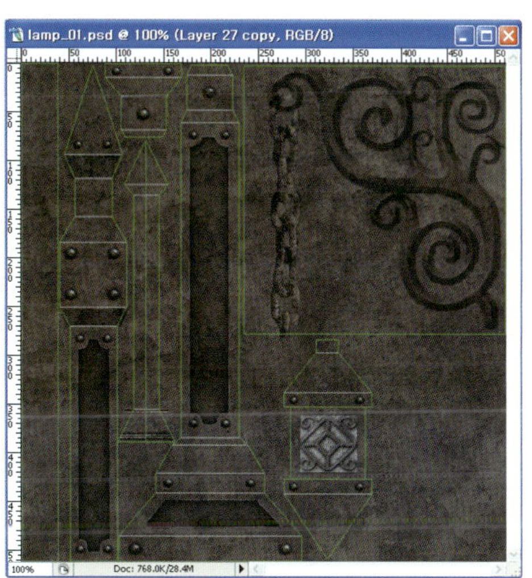

10 그림과 같이 나무 재질의 텍스처를 제작합니다. 나무도 마찬가지로 적용된 부위가 크지 않습니다. 그러
므로 거친 듯한 느낌의 텍스처는 피하는 것이 좋습니다.

11 전체적으로 어두운 부분들을 Multiply를 이용하여 제작합니다. 그림에서 알파가 빠지는 곳은 부분적으
로 어둡게 표현해주었는데, 이는 알파가 빠질 것을 고려하여 작업한 것입니다.

 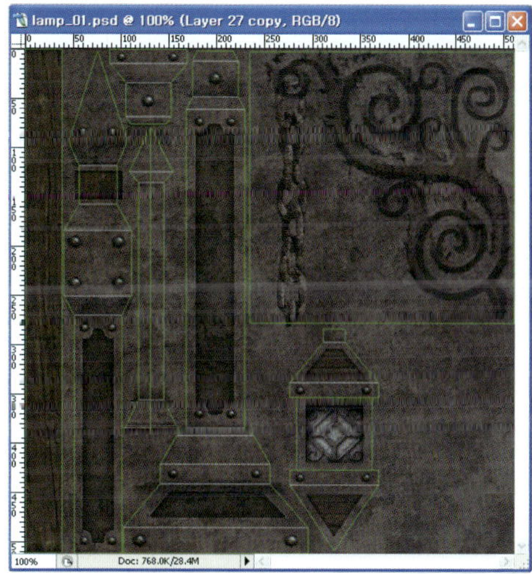

12 전체적으로 밝은 하이라이트 부분들을 Color Dodge를 이용하여 제작합니다.

> **TIP／** 하이라이트는 선을 얇게 하여 깔끔하게 해주는 방법도 있지만, 이번 제작 과정에서는 다른 방식으로 하이라이트를 표현해보겠습니다.

13 그림과 같이 레이어를 하나 더 추가하여 하이라이트를 한 단계 더 주었습니다.

> **TIP／** 그림에서 하이라이트를 두 단계로 나누어 제작하였는데, 밝게 표현한 하이라이트는 배경 분위기에 따라 다른 색감으로 가면 좀 더 좋은 느낌의 텍스처를 만들어 낼 수 있습니다.

14 가로등 아랫부분의 기둥받침 쪽이 조금 심심한 느낌이 들어 Overlay로 웨더링 효과를 주었습니다.

 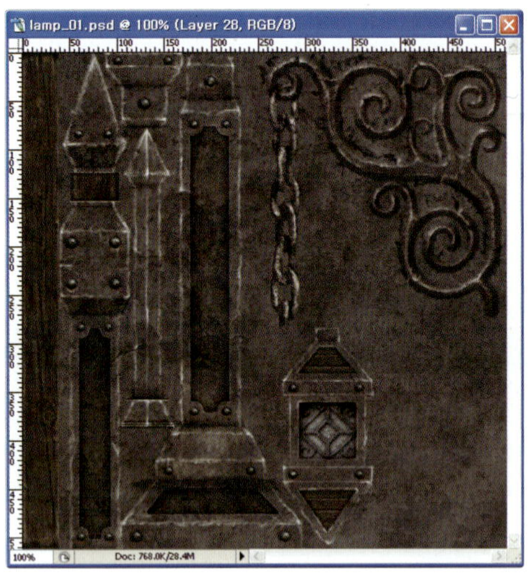

15 그림에서 빨간색으로 그려준 부분이 알파가 적용될 부분입니다. 쇠가 부식되
거나 오래되어서 갈라진 듯한 부분도 추가로 디테일하게 표현할 수 있습니다.
전에 모델링된 전등의 위치는 텍스처를 모델링에 적용한 후에 맞추면 됩니다.

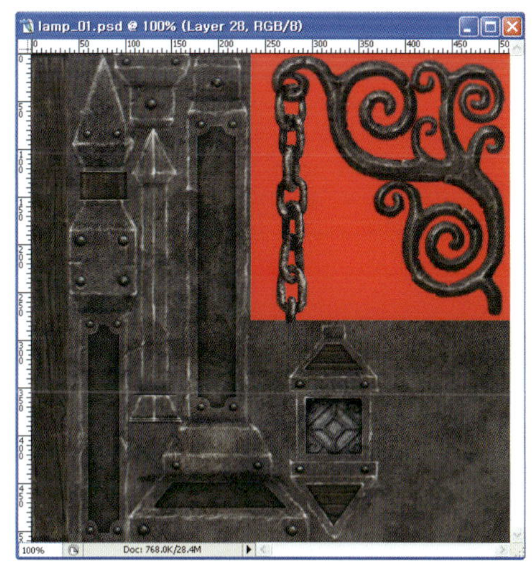

◉ 3ds max에 적용하기

그림과 같이 제작된 텍스처를 모델링에 적용한 후
나머지 면들도 모두 UVW맵에 맞춥니다. 전체적으
로 텍스처가 모델링에 잘 적용된 것 같습니다.

가로등 같은 경우에는 실무에서 대략적으로 이 정도
의 모델링과 텍스처를 사용한다고 보면 됩니다. 작
업 과정을 잘 참고하고 학습했다면 다른 비슷한 모
델링도 좀 더 쉽게 할 수 있을 것입니다.

>> 가로등 작업에 대한 콘셉트와 3D 결과물의 조율

지금까지 가로등에 대한 디자인을 생각하고, 원화를 스케치하고, 컬러링을 거치는 작업 과정과 원화를 바탕으로 3D 모델링과 텍스처를 제작하여 완성하기까지 일련의 작업 과정을 알아보았습니다. 가로등 또한 게임에서 흔히 나오는 간단한 오브젝트이기 때문에 원화와 3D 제작에 들어가기 전에 의견 조율을 하게 되었습니다. 가로등은 마을의 구성 요소 중에서 빠질 수 없는 요소입니다. 조명의 역할이 가장 크며, 특히 마을 콘셉트에서 보면 마을에 물이 흐르고 다리가 있기 때문에 안정적인 측면을 고려했을 때 조명의 역할이 가장 중요하다고 할 것입니다.

비주얼의 역할 또한 무시하지 못하는 것이 가로등입니다. 길의 동선을 이해하는 데 중요한 역할을 하기도 하며, 크기도 적당하여 큰 규모의 오브젝트들이나 작은 규모의 오브젝트들 사이에서도 잘 어울립니다. 또한 실루엣에서도 다양한 디자인이 가능하며 어떠한 요소들을 덧붙여 활용해도 비주얼 역할을 톡톡히 해내는 오브젝트이기도 합니다. 이렇게 다양하게 활용되는 가로등 디자인을 생각하면서 고민을 많이 하였는데, 마을의 콘셉트에 너무 벗어난 화려한 디자인이 아닌 적당히 화려하고, 단순하며, 안정적인 형태를 생각하게 되었습니다. 또한 주변 오브젝트인 박스와 원통에 쓰였던 재질을 사용하여 주변과 잘 어울릴 수 있도록 작업하였습니다.

십자 형태의 안정적인 형태를 생각하고 디자인하였으며, 문양도 그리 복잡하지 않은 형태로 디자인하여 작업을 진행하였습니다. 여기서 중요하게 짚고 넘어가야 할 부분은 문양으로 어떠한 부분을 디자인을 할 때에는 3D 제작자와 어떻게 만들지에 대하여 이야기를 하는 것이 좋다는 것입니다. 특히 곡선적인 문양들은 모델링을 할 것인지, 텍스처로 만들 것인지에 대하여 고민을 하게 됩니다. 그 이유는 작업 방법에 따라 효율성과 데이터의 용량이 엄청나게 달라지기 때문입니다. 그렇기 때문에 원화에서는 효율적인 작업을 할 수 있도록 원화를 그려주어야 하며, 그에 따른 설명도 해주는 것이 필요합니다.

이처럼 가로등은 박스, 원통과 달리 디자인 측면에서도 좀 더 신경을 써야 하는 원화이기 때문에 3D로 제작되면 문제가 없는지에 대하여 조율할 필요가 있었으며, 원활한 의견 교환 후에 작업 진행을 하였습니다. 그 결과 안정적인 3D 결과물을 얻을 수 있었습니다.

앞에서 말했듯이 원화만 잘하거나 3D 제작만 잘한다고 해서 좋은 게임 개발자라고 할 수 없습니다. 원화가는 3D를 알아야 하고, 3D 제작자는 원화를 알아야 합니다. 원화도 정확한 형태를 알아야 자연스럽게 오버된 그림이 나올 수 있으며, 3D 또한 오버된 원화를 보고 형태에 대한 이해도가 빨라야 제대로 된 3D 작업물을 완성해낼 수 있는 것입니다. 그러기 위해서는 개인적인 노력도 필요하지만, 상호 커뮤니케이션이 잘 되어야만 이해하고 조율하는 과정을 거치면서 서로에 대해 많은 것을 알게 될 것입니다.

완성된 가로등(Lamp)

원화에서는 화려한 문양으로 디자인된 가로등에 빛을 강하게 받은 느낌을 준 것이 특징이며, 3D에서는 원화의 느낌을 잘 잡아주었고 빛을 받아 다소 밝아진 가로등을 본래의 색감으로 어둡고 묵직하게 완성하였습니다.

◀ 원화 완성

◀ 3D 완성

UDK 엔진에 적용시켜본 가로등(Lamp)

밤하늘을 배경으로 가로등의 불빛을 간단하게 표현해보았습니다. 기본 라이트를 받은 상태의 가로등입니다.

Chapter 04

콘셉트와 3D를 이용한 의자 제작하기

박스, 원통, 가로등에 이어 이번에는 의자를 디자인하고 제작할 것입니다. 의자는 게임월드의 마을을 구성하는 요소 중에서 가장 기본이 되는 중요한 오브젝트입니다. 디자인은 여러 가지 형태로 나올 수 있지만, 마을 콘셉트와 중요도를 생각하여 적당한 퀄리티로 제작해야 합니다. 그럼 지금부터 의자 디자인과 3D 제작 학습을 시작하겠습니다.

Step 1 의자(Chair) 스케치 학습하기

게임월드의 마을을 구성하는 데 있어 기본적인 오브젝트 중 하나인 의자를 디자인해보겠습니다. 의자는 지금까지 제작한 박스, 원통, 가로등과 같은 재질로 제작해야만 이질감 없이 자연스럽게 어울릴 수 있습니다. 의자는 형태가 많이 바뀌지 않아도 되는 오브젝트이므로 직선적인 의자 형태와 문양의 곡선적인 실루엣을 살려 디자인을 해보려고 합니다.

> 예제 소스에 있는 스케치 파일을 같이 보면서 학습하시기 바랍니다.
> ■ 예제 소스\Concept\Object\chair\jpg\chair sketch01.jpg~chair sketch05.jpg를 참조하세요.

▶ 스케치 1단계

직선과 곡선을 이용하여 일반적인 벤치 의자 형태로 디자인해보았습니다. 투시를 염두에 두고 커다란 형태를 잡으면서 조금씩 설명하겠습니다.

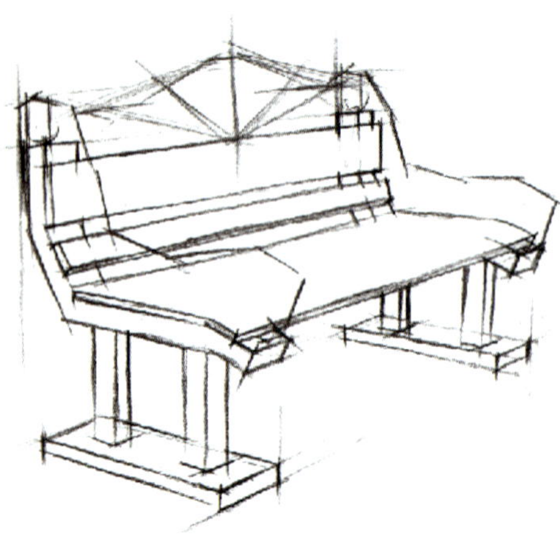

▶ 스케치 2단계

러프하게 잡은 의자의 형태에 좀 더 세부적인 묘사를 더하여 형태를 정리합니다. 나무에 금속으로 마감되는 형태들과 투박한 의자 다리 받침 등과 같이 부분적인 재질과 형태들로 중세의 투박하면서도 낡은 의자 이미지를 스케치합니다. 이 단계에서 구상하고 스케치한 측면도(❶)와 정면도(❷)는 원화가 완성되어 3D 제작으로 넘어갈 때 참고 이미지로 넣어주면 제작에 도움이 될 것입니다.

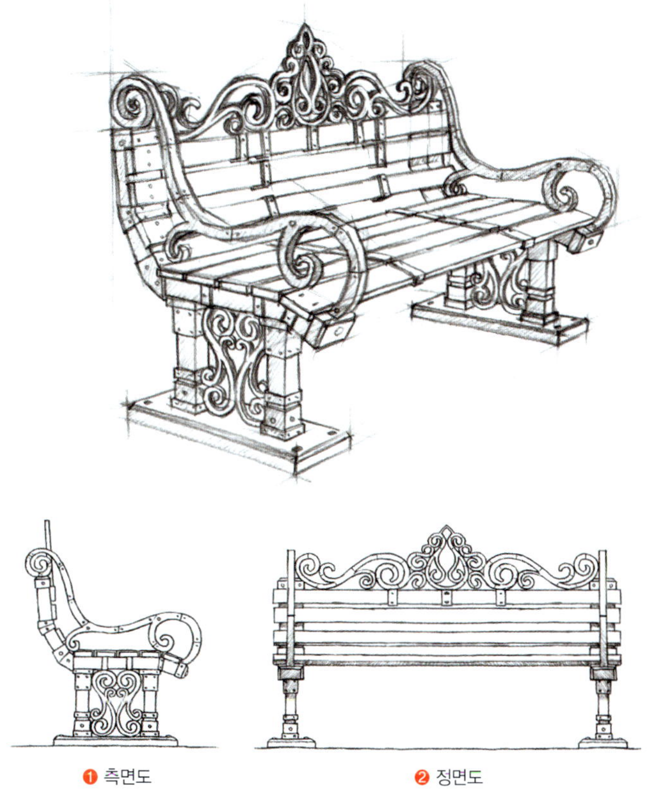

❶ 측면도   ❷ 정면도

▶ 스케치 3단계

스케치의 완성 단계입니다. 금속의 찢긴 표현들이나 나뭇결의 표현 등이 반영된 스케치가 완성되었습니다. 실무에서 '제작 원화'라고도 하는 이 단계에서는 컬러링 작업이 들어가 있지 않더라도 될 수 있으면 묘사와 질감 그리고 대략적인 문양 표현까지 보여주는 것이 좋습니다. 실무에서는 스케줄상 컬러링 이전에 이 작업물을 보고 3D 제작에 들어가야 하는 상황이 생길 수도 있기 때문입니다.

> **TIP/** 제작 원화에서 자세한 원화가 완성되면 컬러링 작업에서 색 지정만으로도 컬러링 완성을 하시 않을 수 있을 정노로 삭넙을 쉽게 알 수 있습니다.

지금까지의 오브젝트들에 비하면 의자 디자인이 약간 복잡해보일 것입니다. 이러한 원화들은 스케치 과정에서 형태들의 정리가 잘 안 되어 있을 수 있습니다. 컬러링 작업에 앞서 스캔된 이미지를 좀 더 깔끔하게 보정할 필요가 있을 것입니다.

예제 소스에 있는 컬러링 파일을 같이 보면서 학습하시기 바랍니다.
- 예제 소스\Concept\Object\chair\jpg\chair color01.jpg~chair color06.jpg를 참조하세요.

● 컬러링 1단계

01 불러온 이미지의 잡티를 제거하고 좀 더 선명하고 깔끔하게 연필 선들을 보정합니다. 많은 사람들이 간단한 스케치 위에 컬러 작업을 바로 하는 방법을 사용하지만, 이 책에서 다루는 방식은 스케치가 깔끔하게 나와야 컬러링하기가 수월하기 때문에 이 단계를 거치는 것입니다.

경로는 [Image→Adjustments→Levels]이고, 단축키는 Ctrl + L 입니다. [Levels] 대화상자를 불러온 후, 이미지 전체를 선명하게 보정하고 브러시 툴 로 불분명하게 그려진 부분들을 수정합니다. 이 부분은 앞에서 배운 내용이기 때문에 이미지는 생략하겠습니다.

02 의자의 보정 전과 후의 이미지입니다. 형태가 복잡해보이기 때문에 보정 작업이 필요합니다. 여기서는 연필로 비교적 꼼꼼하게 그렸기 때문에 많은 보정을 하지 않았지만 처음 스케치를 하는 분들은 스케치를 하기가 쉽지 않기 때문에 포토샵에서 보정 작업을 거치면서 깔끔한 이미지를 만들어 보시기 바랍니다.

▲ 보정 전　　　　　　　　▲ 보정 후

▶ 컬러링 2단계

01 복잡한 형태의 컬러 작업에서는 모노톤을 이용한 방식으로 작업하는 것이 좀 더 편리할 것입니다. 모노톤으로 명암과 그림자를 표현해보겠습니다. 새 레이어를 하나 생성하여 이 레이어의 속성을 Multiply로 만듭니다.

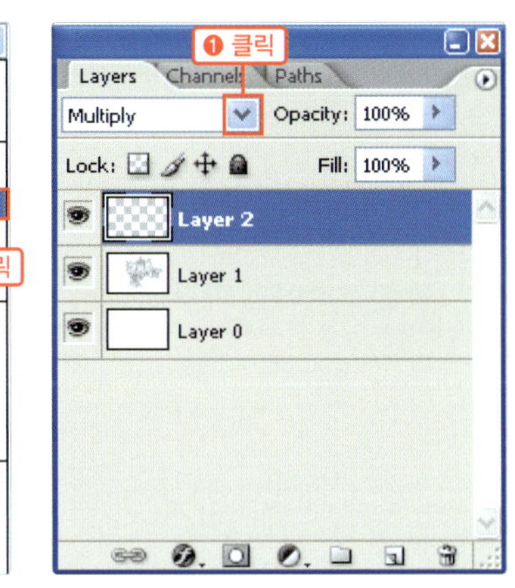

02 툴박스에서 브러시 툴 ✐을 선택한 후 적당한 회색 톤을 [Color Picker] 대화상자에서 선택하고 모노톤 컬러링을 의자 이미지에 채색합니다. 이 정도의 오브젝트를 작업할 때쯤이면 어느 브러시를 사용해야 하는지 알 수 있을 것입니다. 각자에 맞는 브러시로 채색하시기 바랍니다.

03 컬러링한 이미지입니다. Multiply 속성을 이용하여 빛의 방향을 정하고, 밝고 어두운 부분을 표현하였습니다. 그림자 또한 어두운 부분과 연결하여 한 번에 찾아주었습니다.

> **TIP/** 그림자를 표현할 때는 빛이 새어나오는 방향을 잘 생각하면서 자연스러운 그림자 모양이 되도록 합니다.

◉ 컬러링 2단계

01 모노톤으로 채색된 이미지에 의자의 본래의 컬러를 입혀보는 단계입니다.

먼저 레이어 창에서 새 레이어를 생성하고, 속성을 Color로 만듭니다. Color 속성에는 그 이미지의 명도는 그대로 살아 있고, 지정하여 채색한 컬러 색이 입혀집니다.

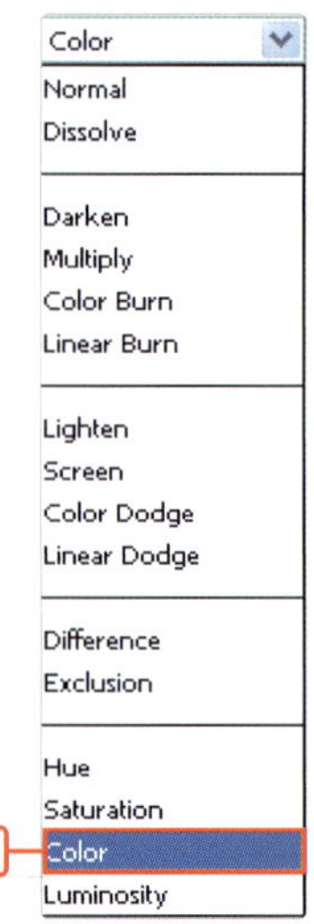
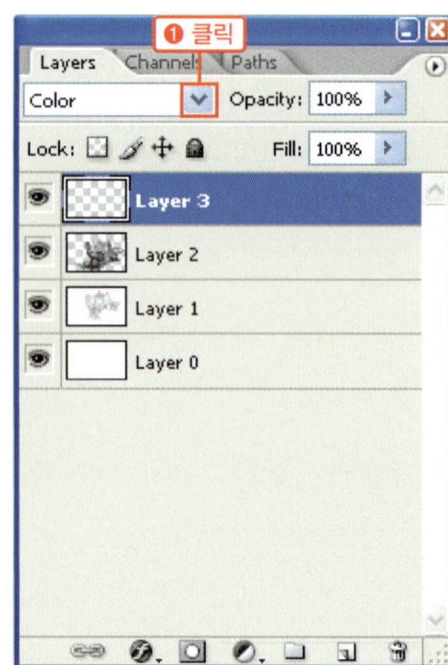

02 기본 브러시로 Color 속성을 이용하여 채색한 결과물입니다. 저채도의 차분한 색감으로 의자와 잘 어울리게 컬러링되었습니다.

◉ 컬러링 4단계

01 이번에는 앞의 작업 과정과 마찬가지로 원화에 텍스처 느낌을 넣어줄 것입니다. 의자 또한 나무와 금속으로 이루어져 있으므로 비슷한 텍스처를 이용하여 느낌을 표현할 것입니다. 반복되는 작업 과정이지만 오브젝트 하나하나가 완성되어 하나의 마을을 이룰 것이므로 오브젝트에서 반복되는 재질의 오브젝트들이 나오는 것은 당연하다고 생각합니다.

02 불러온 텍스처의 색감을 회
색 톤으로 바꿔줍니다.

03 이제 금속과 나무 재질순으로 텍스처를 이미지 위에 가져옵니다. 밑의 이미지처럼 레이어의 속성을
Overlay로 바꾸면, 이미지에 텍스처가 입혀집니다. 그 전에 이번에 사용할 텍스처의 느낌이 너무
리얼하여 약간 보정할 것입니다.

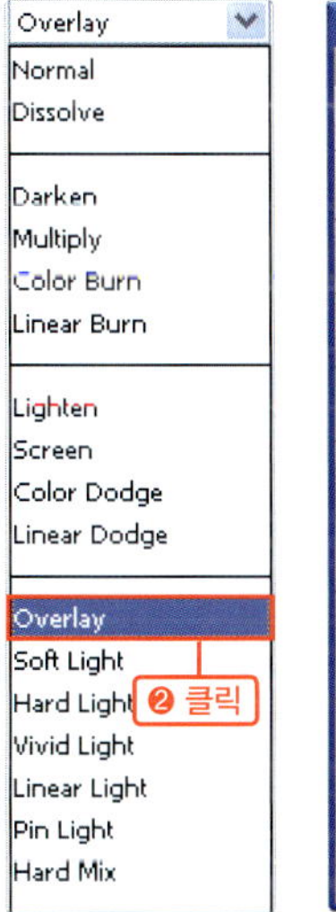
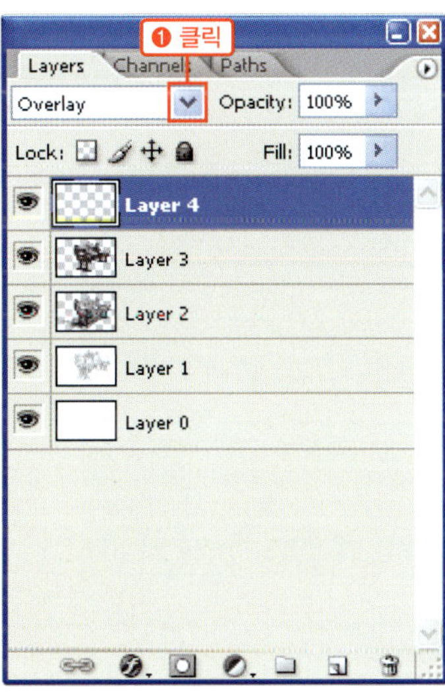
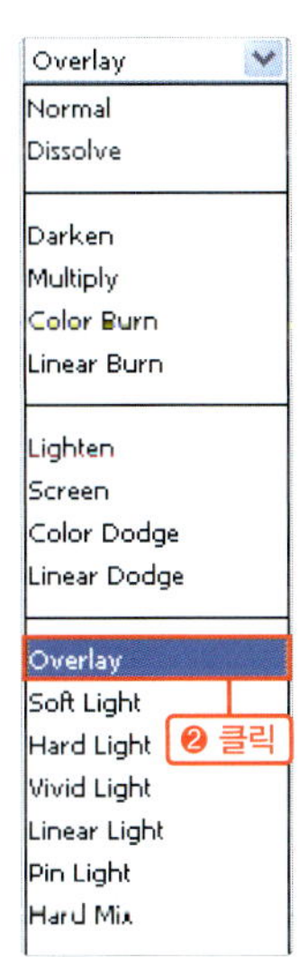
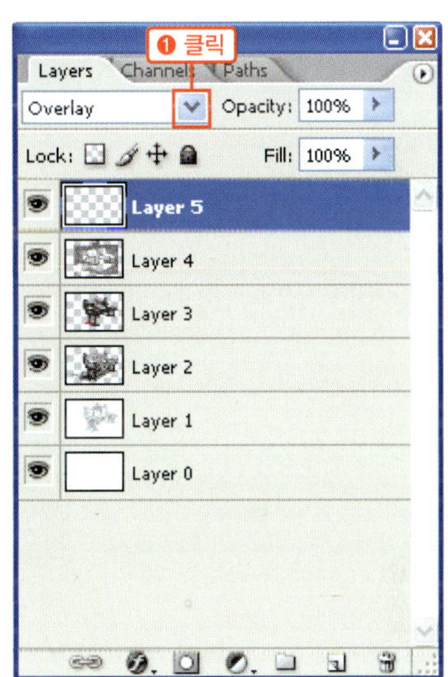

04 텍스처에 따라 보정을 하는 정도가 다릅니다. 의자의 경우에도 회색 톤으로 바
꾸는 작업만 하였지만, 좀 더 리얼한 텍스처의 경우에는 아티스틱(Artistic) 필
터를 주어 그린 듯한 텍스처로 바꾸어 작업을 하는 편입니다. 경로는 [Filter→
Artistic→Paint Daubs]입니다.

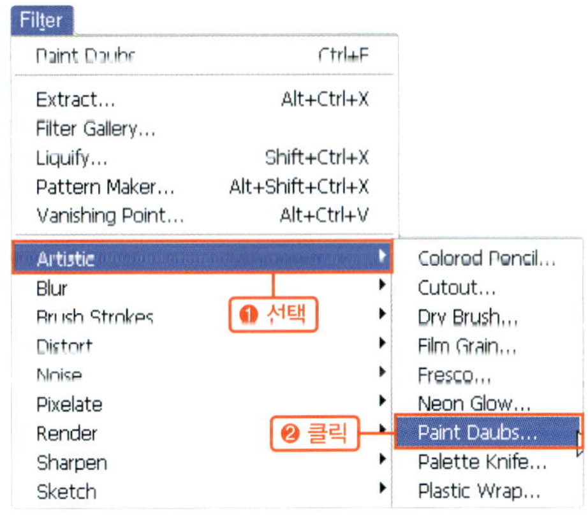

 위의 경로에서 paint Dauds를 클릭하면 아래와 같은 대화상자가 나타납니다. 여기에서 오른쪽의
숫자를 조절하여 텍스처 입자를 변화시킴으로써 사실적인 텍스처의 느낌를 없앱니다. 밑에 보정한
것은 금속 텍스처입니다.

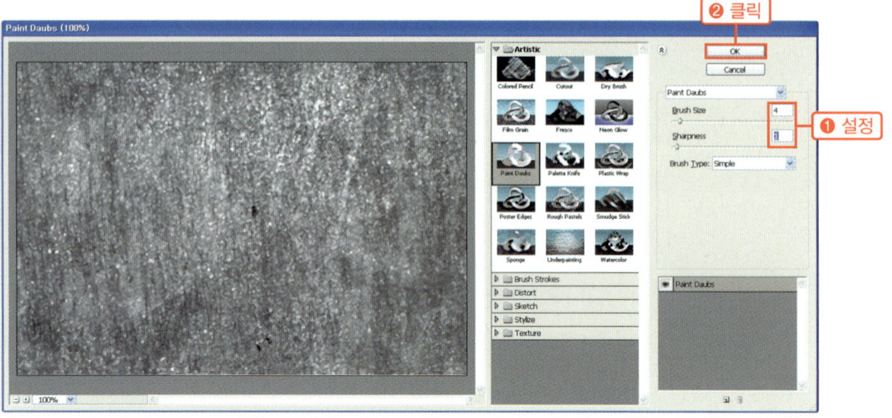

기존 텍스처와 비교해보겠습니다.

▲ 처음 텍스처

▲ 보정한 텍스처(전체적으로 조금 밝아지고, 입자가 약간
　커지면서 부드러워진 모습)

나무 텍스처도 같은 방법으로 보정해보겠습니다.

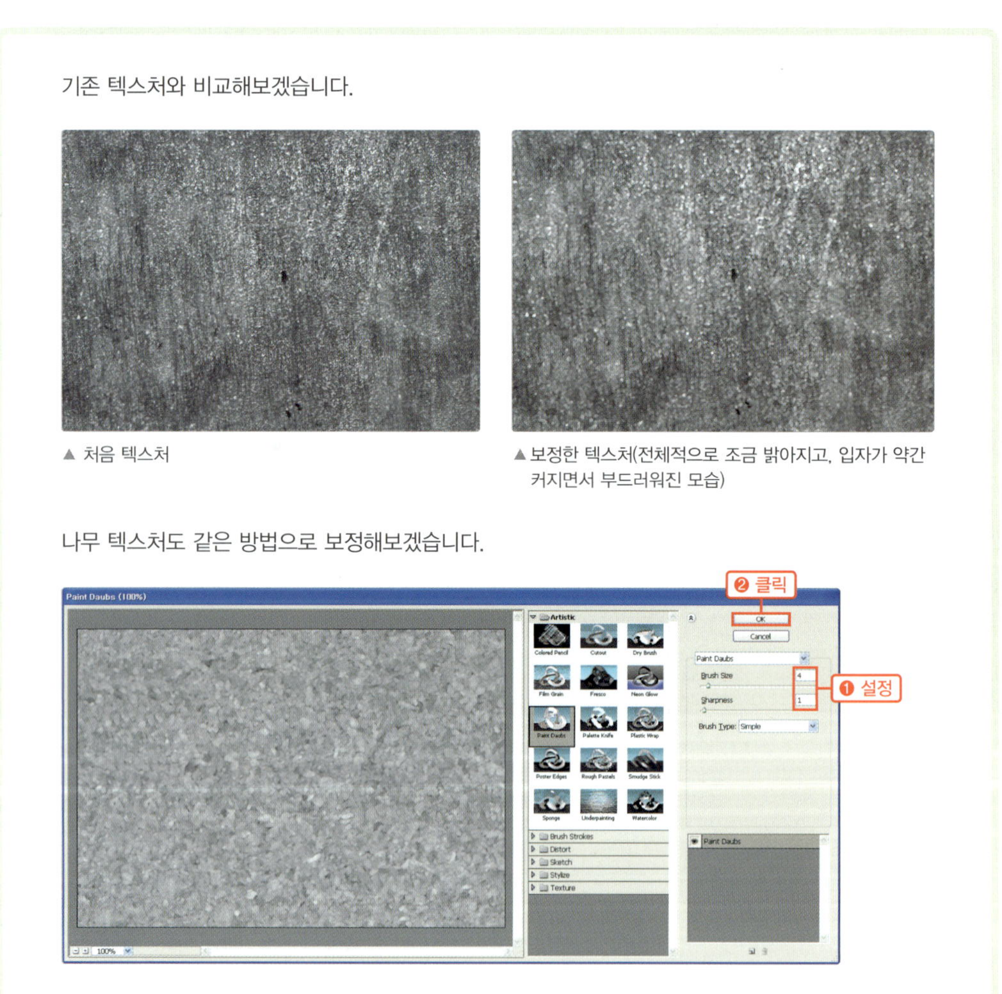

마찬가지로 비교해보면 입자의 차이가 있는 것을 알 수 있습니다. 이처럼 보정을 통해 텍스처를 효과적으로 사용해보시기 바랍니다.

▲ 처음 텍스처

▲ 보정한 텍스처(전체적으로 조금 밝아지고, 입자가 약간 커지면서 부드러워진 모습)

06 이제 보정을 거친 금속과 나무 텍스처를 입힌 후 레이어 속성을 Overlay로 바꾸면 의자 이미지가 완성됩니다.

07 이번에는 컬러링 5단계로 들어가기 전에 텍스처를 이용하여 바닥을 표현하는 방법을 알아보겠습니다. 먼저 바닥 텍스처로 쓰일 텍스처 파일을 불러옵니다. 이 이미지는 3D 제작에 바로 사용해도 되는 퀄리티의 이미지입니다. 앞에서 배운 텍스처 보정을 통해 그린 듯한 이미지로 보정하겠습니다.

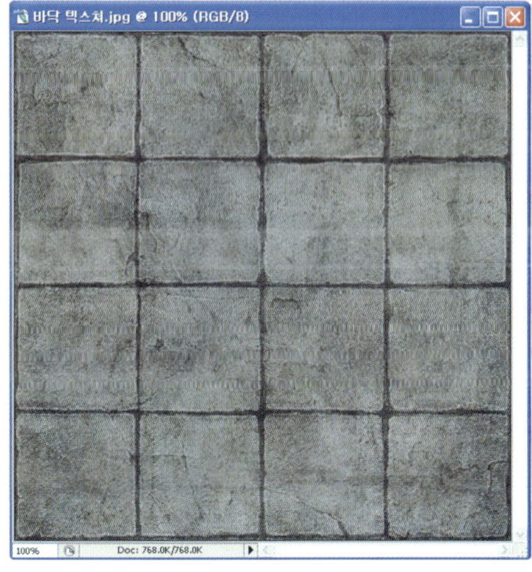

08 포토샵 상단에 있는 메뉴 바에서 Filter를 클릭한 후 하위 메뉴들 중에서
Artistic 메뉴를 선택하고 Paint Daubs 메뉴를 선택합니다.

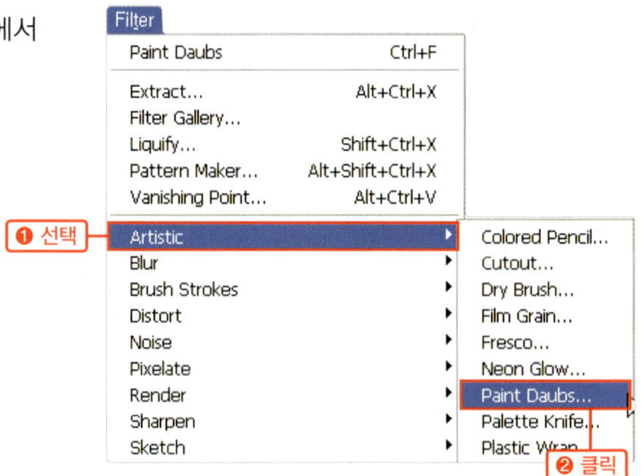

09 Paint Daubs 메뉴는 텍스처의 입자를 브러시로 그린 듯한 이미지로 바꿔줍니다.
숫자를 입력하여 적당한 이미지를 만든 후에 [OK] 버튼을 클릭합니다.

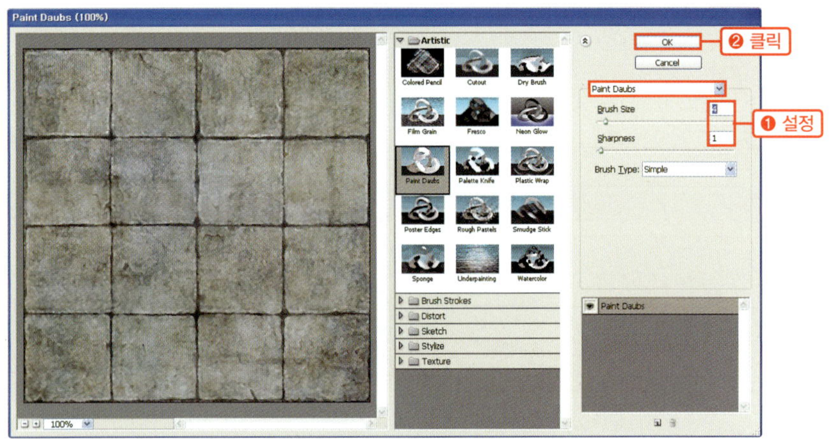

10 이제 Filter 보정을 마친 이미지를 바닥으로 사용하게 되는데, 바닥을 보는 시점과 이미지
의 그리드가 맞아야 바닥을 자연스럽게 표현할 수 있기 때문에 보정을 해야 합니다. Edit
메뉴의 Free Transform을 선택합니다.

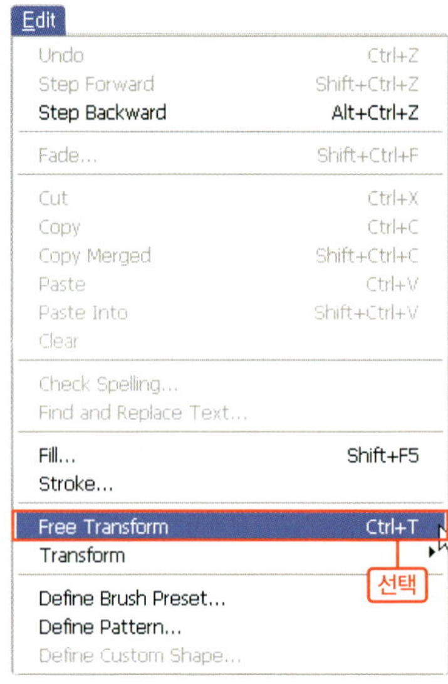

11 의자 이미지의 바닥 텍스처를 Multiply 속성으로 바꾼 후 Free Transform을 선택하면 다음과 같은 모양이 텍스처에 나타납니다. 지금의 크기대로 바닥에 들어가면 스케일이 맞지 않습니다. 그러므로 바닥 텍스처를 키워 스케일을 맞춰보겠습니다. 이때 Shift +마우스 왼쪽 버튼을 클릭한 상태로 마우스 커서를 사각의 꼭지점에 가져가면 대각선 화살표가 나타나는데, 이때 대각선으로 늘리면 가로와 세로의 비율이 일정하게 커집니다. 이점을 숙지하기 바랍니다.

12 Free Transform의 특성상 각 꼭지점을 선택하여 원하는 모양으로 아래 이미지처럼 변화시킬 수 있습니다.

> **TIP／** 여기에서는 의자와 투시 방향이 일치하도록 맞추는 것이 중요합니다. 단축키 Ctrl 을 누른 상태에서 각 꼭지점에 마우스 커서를 가져 가면 커서 모양이 본래의 검은 세모 모양에서 반투명한 세모 모양으로 변할 것입니다. 이때 꼭지점을 원하는 방향으로 이동하여 투시 방향대로 바닥의 모양을 변형시킴으로써 자연스러운 바닥의 모양을 만들 수 있습니다.

13 어두운 바닥 텍스처 이미지를 밝게 해주고 가장자리들을 지우개 툴을 이용하여 지우면서 자연스럽게 바닥 이미지를 완성시킵니다.

> **TIP／** 의자의 경우, 가로등, 금속, 나무에 쓰인 텍스처의 입자가 비슷하여 크게 문제는 없지만 바닥 부분에서는 원화의 스케일에 맞게 텍스처의 이미지의 크기를 늘려서 맞추는 데 어려움이 있을 것입니다. 이 부분을 잘 보시면서 활용하시기 바랍니다.

▶ 의자 밑에 바닥이 자연스럽게 입혀진 모습

01 먼저, 텍스처를 입혀 전체적으로 어두워진 이미지를 밝게 하기 위하여 닷지 툴 🔍로 밝은 면과 중간 면 그리고 어두운 면을 잡아주는 과정을 거쳐야 합니다. 이때 레이어를 합쳐야 닷지 툴 🔍을 사용하는 데 문제가 없습니다. 이 부분은 앞에서도 계속 이야기한 부분입니다. 레이어를 합치는 단축키는 (Ctrl + A)+(Shift + Ctrl + C)+(Ctrl + V)입니다.

02 닷지 툴 🔍과 번 툴 🖐을 기본 브러시를 이용하여 작업합니다.

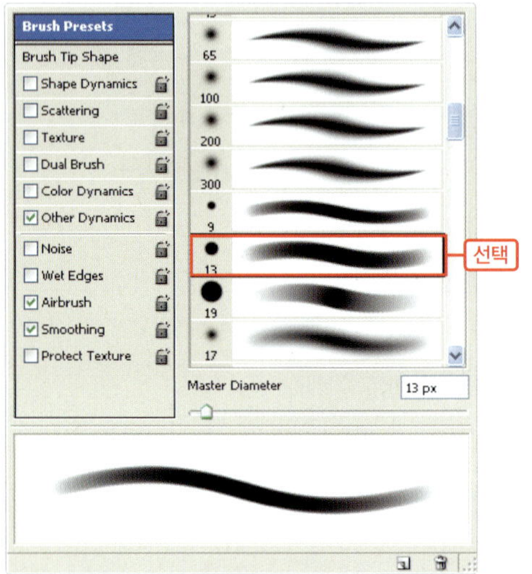

밝은 면, 중간 면, 어두운 면과 하이라이트가 되는 부분을 좀 더 밝고 명확하게 하고, 멀리 있는 부분은 약하게 풀어주어 밋밋한 분위기의 이미지로 만들었습니다. 이렇게 잡아준 후에 묘사가 들어가면 한결 수월하게 작업할 수 있습니다.

> **TIP/** 닷지 툴을 너무 많이 사용하여 의자의 밝은 부분이 탄 것 같은 느낌이 들지 않도록 유의하시기 바랍니다.

03 오른쪽의 브러시를 주로 많이 사용하였는데, 이 브러시는 입혀진 텍스처를 살리면서 날카롭고 작은 묘사를 하는 데 좋습니다.

의자의 금속 부분 문양의 디테일이나 나뭇결 등을 세심하게 묘사합니다.

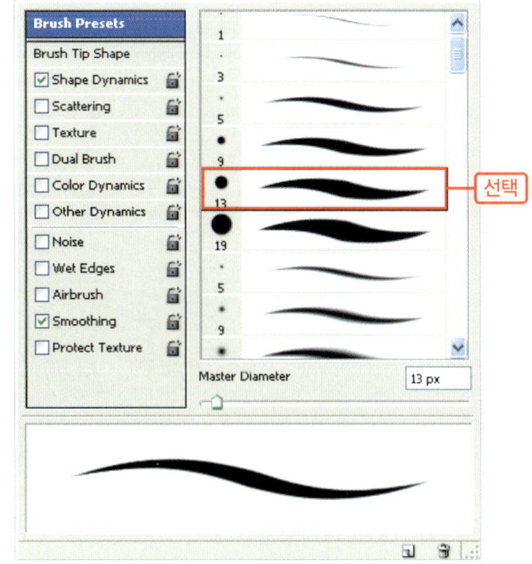

04 가장 먼저 묘사가 들어가야 할 부분입니다. 가장 앞으로 나온 부분이기 때문에 가까운 부분부터 묘사합니다. 나뭇결이나 금속의 거친 표현들을 꼼꼼하게 설명해주고, 밝은 면과 어두운 면, 그리고 반사광을 정확하게 표현해주어야만 형태를 명확하게 표현할 수 있습니다.

05 나무의 결과 금속의 밝고 어두운 면에 확실한 색감 차이를 주어 금속의 빛나는 특성을 잘 표현해주고, 밝고 어두운 부분의 경계를 명확하게 하여 깔끔하게 정리하면서 묘사해주었습니다.

06 가장 먼저 묘사가 들어가야 할 부분입니다. 가장 가까운 부분부터 묘사합니다. 나뭇결이나 금속의 거친 부분들을 꼼꼼하게 표현해주고, 밝은 면과 어두운 면, 그리고 반사광을 정확하게 표현해줍니다.

07 완성된 이미지입니다.

08 이미지가 완성되었지만 게임 원화는 3D 제작자와 의견을 많이 나누어야 합니다. 의견을 나누는 과정 속에서 좀 더 효과적인 원화로 바뀌는 경우도 많이 있습니다. 의자의 경우에도 의견을 나누던 중에 좀 더 효과적인 작업을 할 수 있는 방법을 제시하게 되었고, 결국 의자 등받이 머리 쪽 문양 부분을 약간 추가하기로 하였습니다.

이렇게 수정한 이유는 3D에서 등받이 머리 쪽 문양을 모델링으로 제작할 경우 데이터를 많이 사용해야 하므로 오브젝트가 무거워질 수 있기 때문입니다. 그러므로 수정 후 이미지처럼 위로 마감을 해주면 모델링이 아닌 텍스처로 작업할 수 있게 되어 더욱 효율적인 작업이 될 것입니다.

09 이미지가 최종 완성되었습니다. 이러한 수정 부분
은 원화 쪽에서 3D 제작을 이해하고 있어야 가능
하기 때문에 3D 제작자와 많은 대화를 나누어서
이해하고 습득하시기 바랍니다.

#1 다시 한 번 전체적인 이미지를 보고 강조해주어야 할 부분(❶)과
풀어주어야 할 부분(❷)에 대하여 표시해보았습니다.

#2 그림자 표현입니다. 그림자가 시작되는 부분은 가장 어두우면서
서서히 밝게 풀어지는 부분을 표현해줍니다.

> **TIP /** 텍스처를 살리면서 묘사가 이루어져야 오른쪽과 같은 느
> 낌이 나올 것입니다. 그러기 위해서는 절대로 입힌 텍스처가 뭉개
> 지는 브러시로 작업하지 마시기 바랍니다. 위에서 설명한 날카로
> 운 브러시로 적절하게 묘사를 해주거나 반투명하게 채색되는 브
> 러시들을 활용하시기 바랍니다. 즉, 텍스처를 없애면서 작업을 하
> 면 안 됩니다.

#3 마지막으로 레이어의 속성을 한눈에 볼 수 있도록 정리해보았습니다. 레이어를 잘 정리
해두면 레이어만 보아도 어떤 툴을 사용하여 그림을 그렸는지 한눈에 알 수 있습니다.

예제 소스에 있는 psd 파일을 참고하시면 작업 과정을 한눈에 확인할 수 있습니다.
■ 예제 소스\Concept\Object\chair\psd\chair.psd를 참조하세요.

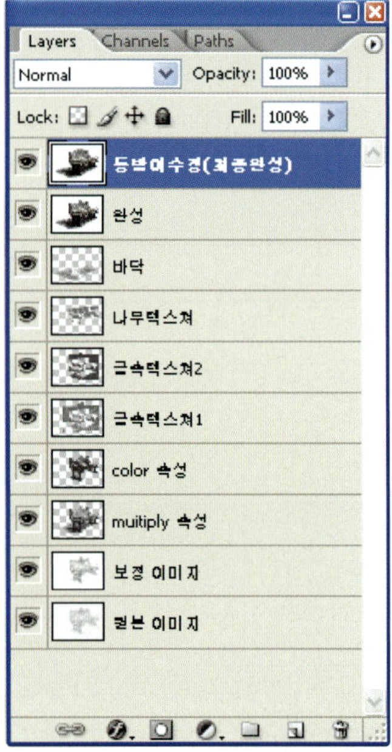

Step **3 의자(Chair) 3ds max 모델링 제작**

이번에는 게임상에서 마을의 길거리에 있을 것 같은 의자를 제작하겠습니다. 중요도가 높은 특이한 의자가 아닌 일반적인 의자를
제작해보려고 합니다. 의자의 전체적인 느낌을 중요시하여 제작해보겠습니다.

예제 소스에 있는 모델링을 같이 보면서 학습하시기 바랍니다.
■ 예제 소스\tutorial\chair\max map\chair.max를 참조하세요.

▶ 3ds max 모델링 작업

01 그림과 같이 Length와 Weight의 넓이가 같은 박스를 만듭니다. 의자의 다리 부분부터 모델링할 예정이므로 Height의 높이는 원화를 보고 대략 정합니다. 다리, 몸통, 등받이 순서로 모델링할 예정입니다.

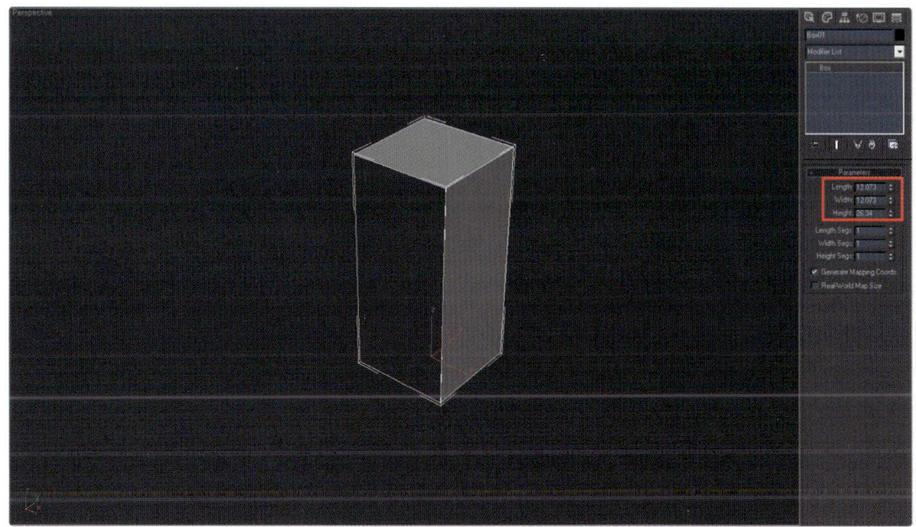

02 박스를 클릭한 상태에서 마우스 오른쪽 버튼을 클릭하여 그림과 같이 Convert To 안에 있는 Convert to Editable Mesh를 클릭하여 변환합니다.

Editable Mesh 안에 있는 Polygon을 선택한 후에 박스의 윗부분과 아랫부분을 지웁니다.

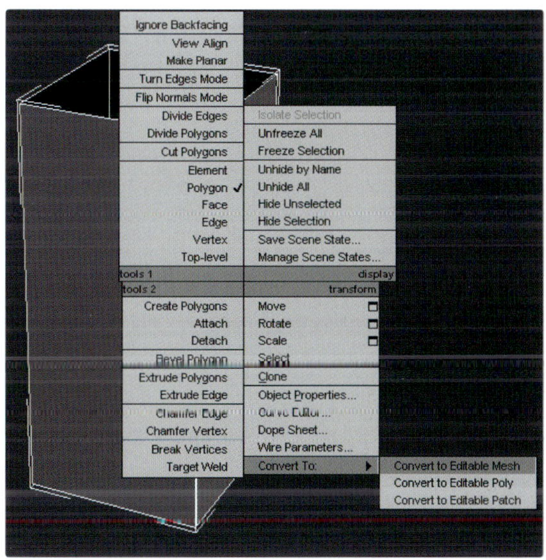

03 Editable Mesh 안에 있는 **Edge**를 선택한 후에 의자의 다리 부분 중 위와 아래
를 모델링합니다. 이런 경우 모델링을 해줄 때에 아래에서 위로 해주어도 상관없
습니다.

> **TIP** / 모델링 초반에는 항상 전체적인 느낌을 보면서 모델링하는 것이 중요합니다.

04 다리 기둥 하나가 완료되었으면 복사합니다. 그런 다음 Shift 를 누른 상태에서 Move로 이동하면
[Clone Options] 창이 나타납니다. 이제 [OK] 버튼을 클릭하여 복사합니다.

05 그림과 같이 의자의 다리 밑받침 부분을 모델링합니다. 단순히 박스로 형태를 잡아주면 됩니다. 밑
받침의 아랫면은 보이지 않는 부분이므로 지웁니다.

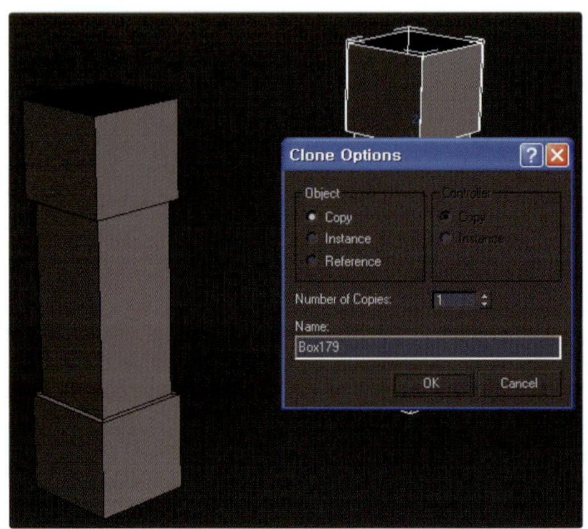

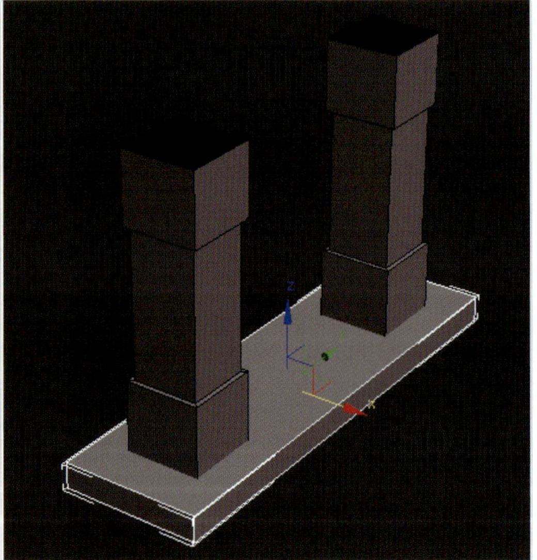

06 그림과 같이 양쪽 의자 빋침 긑은 긋을 모델링할 긋입니다. 이때에는 Left View에시 모델링하는 긋이 편리할 긋입니다. 정사각형의 박스를 생성하여 앞뒤 면을 지워준 후, 그림과 같이 모델링합니다. 원화를 잘 참고하면서 모델링합니다.

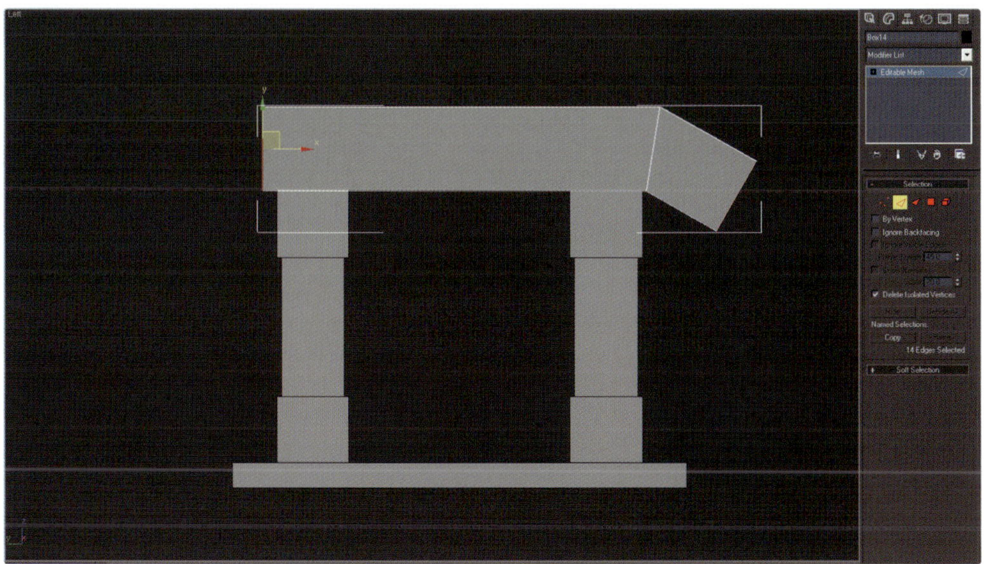

07 그림과 같이 Edge로 Move와 Scale을 번갈아 가며 모델링합니다. 원화와 모델링을 번갈아 가며 최대한 신중히 모델링합니다.

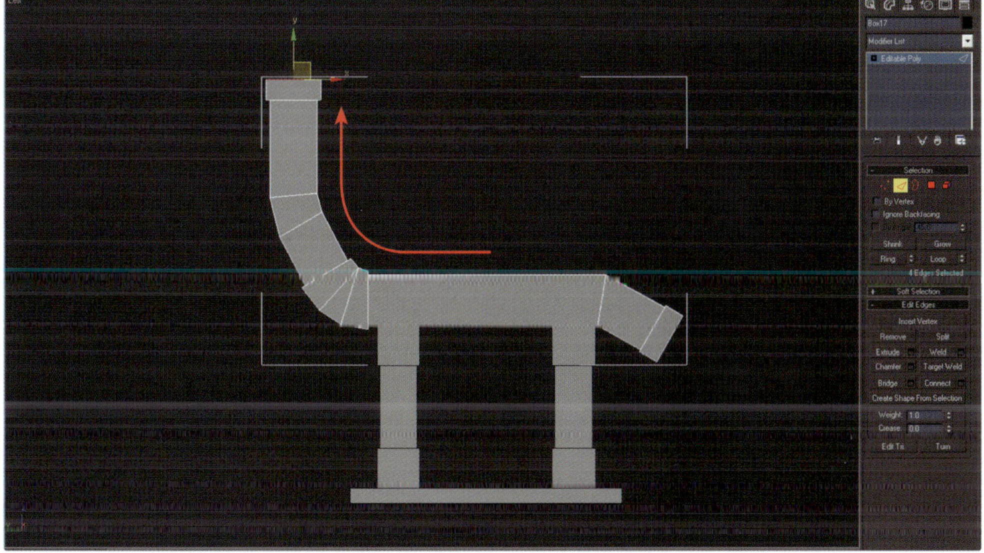

08 모델링한 부분 중 중간에 꺾이는 부분입니다. 바깥쪽은 그대로 이어서 모델링한 반면, 안쪽은 Edge들을 하나로 합쳤습니다. 의자에 가려 잘 보이지 않고 모델링의 데이터양도 줄이기 위해 합쳐준 것입니다.

> **TIP /**　로우 폴리곤 모델링이라고 하여 무조건 면을 줄인다기보다는 불필요한 곳은 과감히 줄이는 것이 필요하고, 눈에 잘 띄는 부분은 면을 추가해주는 것이 필요합니다.

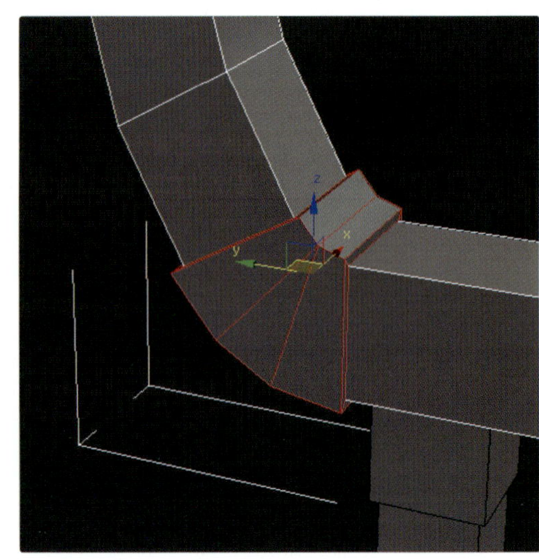

09 이제 한쪽 다리 부분 모델링이 완성되었습니다. Perspective View에서 원화와 비교해 가면서 수정할 곳들은 수정하시기 바랍니다.

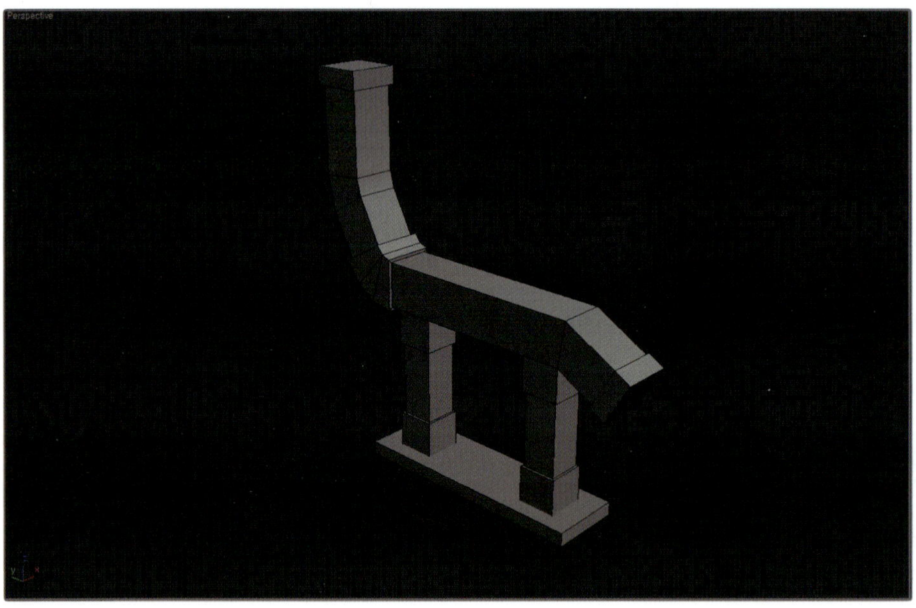

10 그림과 같이 의자의 다리 부분을 모두 클릭하어 반대쪽 다리에 복사합니다. 우선은 대략적인 위치에 복사합니다.

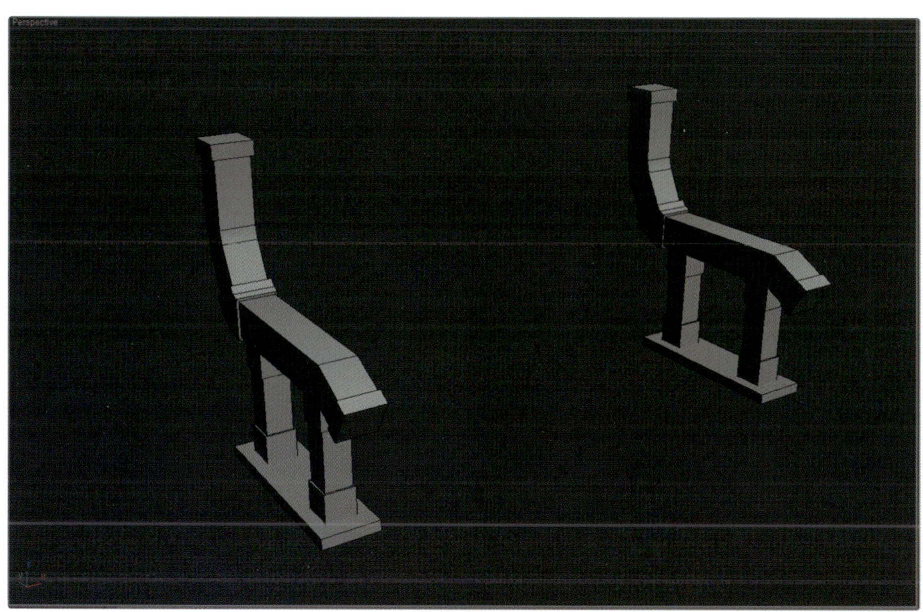

11 그림과 같이 박스를 생성한 후에 의자의 대략적인 길이에 맞게 배치합니다.

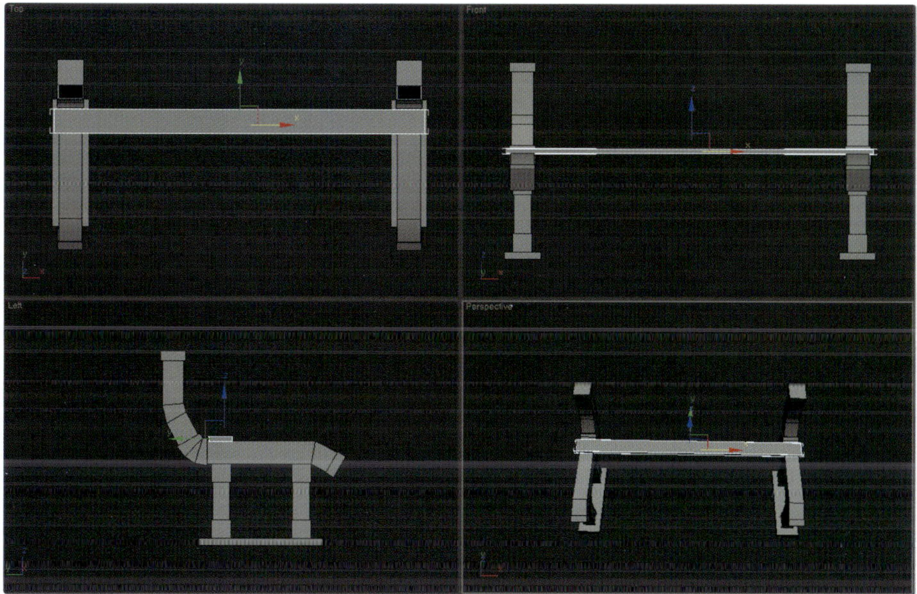

12 그림과 같이 의자 다리에 맞추어 복사합니다.

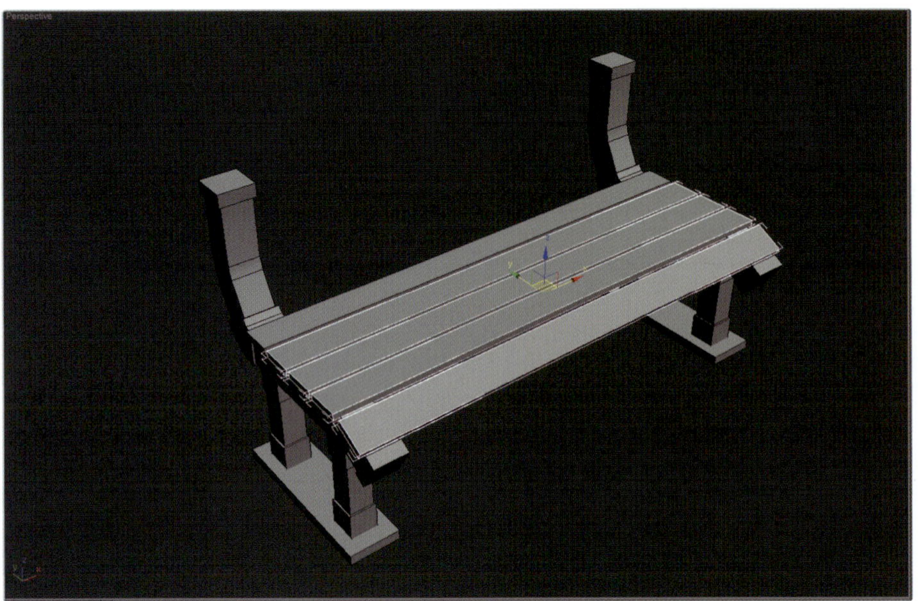

13 그림과 같이 Left View에서 의자 받침에 맞추어 복사합니다.

TIP／ 모델링을 해주면서 중간중간 전체적인 구도나 모델링이 안
정적으로 잘 되어 가고 있는지 체크해 가면서 모델링을 이어가는 것
이 좋습니다. 모델링이 모두 완료된 후 수정하려면 생각보다 시간이
오래 걸릴 수도 있기 때문입니다.

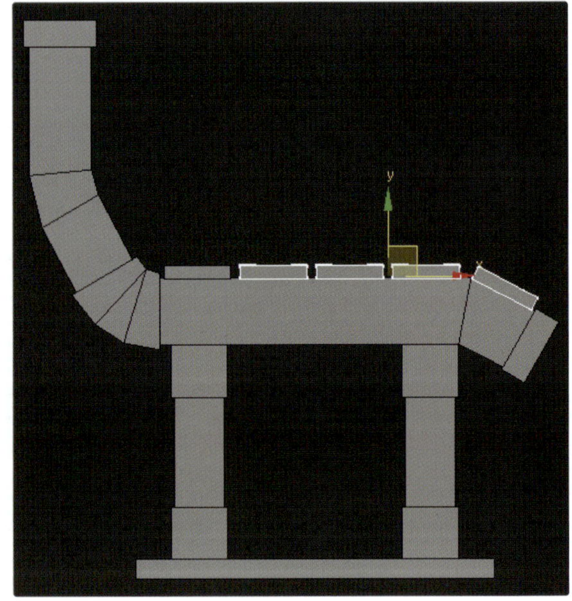

14 그림과 같이 의자 중간 부분에 Edge를 하나씩 더 추가합니다.

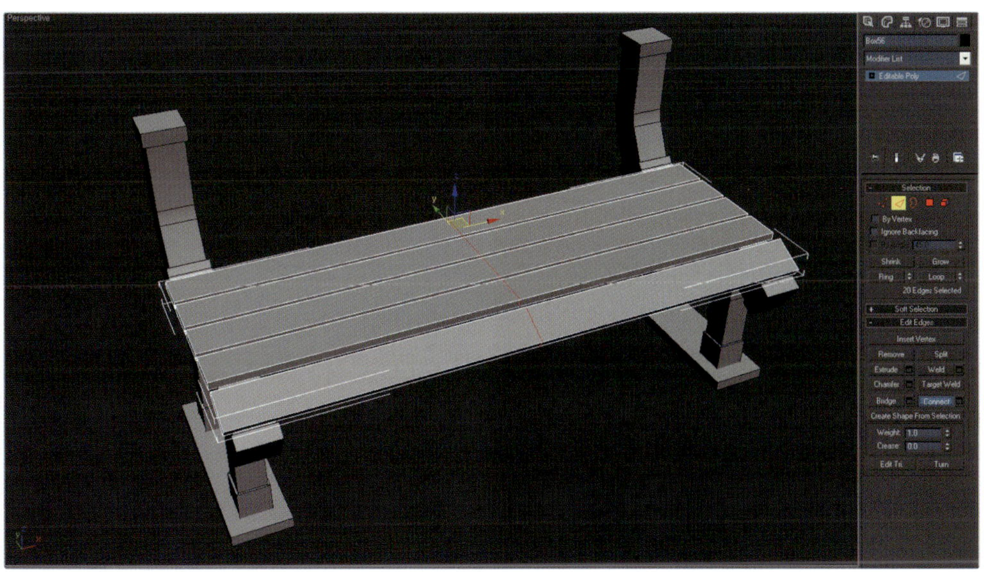

텍스처를 제작할 때 512×512로 제작할 것이기 때문에 반으로 나눈 것입니다. 이는 텍스처의 단순함을 피하기 위한 목적도 있습니다. 필자의 경우 Editable Mesh를 주로 쓰기 때문에 모델링을 하다가 필요할 때에만 Editable Poly로 변환하여 Connect로 Edge를 추가한 후 다시 Mesh로 변환합니다. 처음부터 Editable Poly로 제작하는 경우도 있습니다. Mesh와 Poly 둘 중 자신에게 맞는 툴을 써도 되고 번갈아 사용해도 상관없습니다.

필자가 하고 싶은 이야기는 많은 툴을 안다고 해서 모델링과 텍스처를 잘 한다고 할 수 없다는 것입니다. 모델링의 전체적인 분위기와 형태를 잘 파악하는 것이 중요합니다. 그러기 위해서는 원화에 대한 이해도를 높이는 것이 중요하다고 할 수 있습니다. 오른쪽 그림과 같이 양쪽의 Edge를 잡은 상태에서 Connect를 클릭하면 그 사이에 Edge가 하나 생깁니다.

15 이전과 같은 방법으로 그림과 같이 의자의 등받이 쪽으로 복사합니다. 뒷부분과의 각도를 잘 보아가면서 복사한 후 Rotate를 이용하여 맞춥니다.

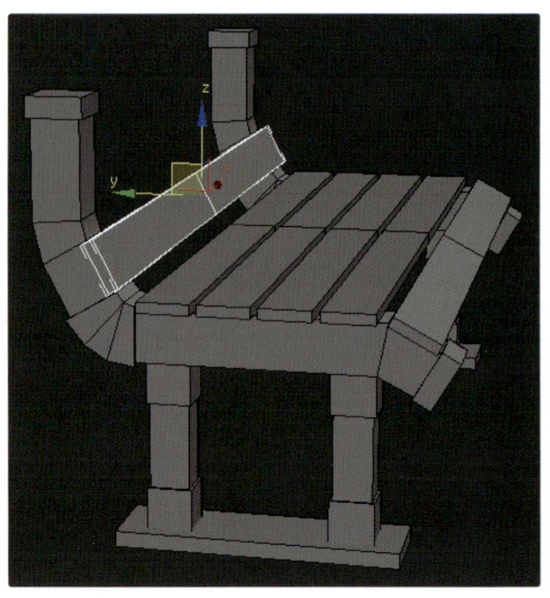

16 의자의 등받이 부분 끝까지 복사합니다. 원화를 잘 참고해 가면서 다시 한 번 전체적인 모델링 구조를 확인해봅니다.

17 이제 의자의 양쪽 끝에 있는 손잡이 부분을 작업할 차례입니다. 역시 Left View에서 작업하는 것이 편할 것입니다. Plane을 사용하여 그림과 같이 만들어줄 계획입니다. 우선 Plane으로 형태를 잡은 후에 박스 형태로 입체감을 줄 생각입니다.

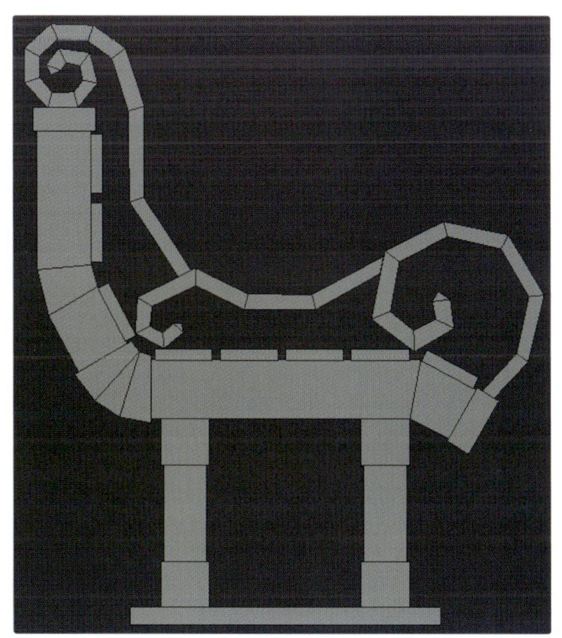

Perspective에서 보면 그림과 같은 모양이 나타납니다.

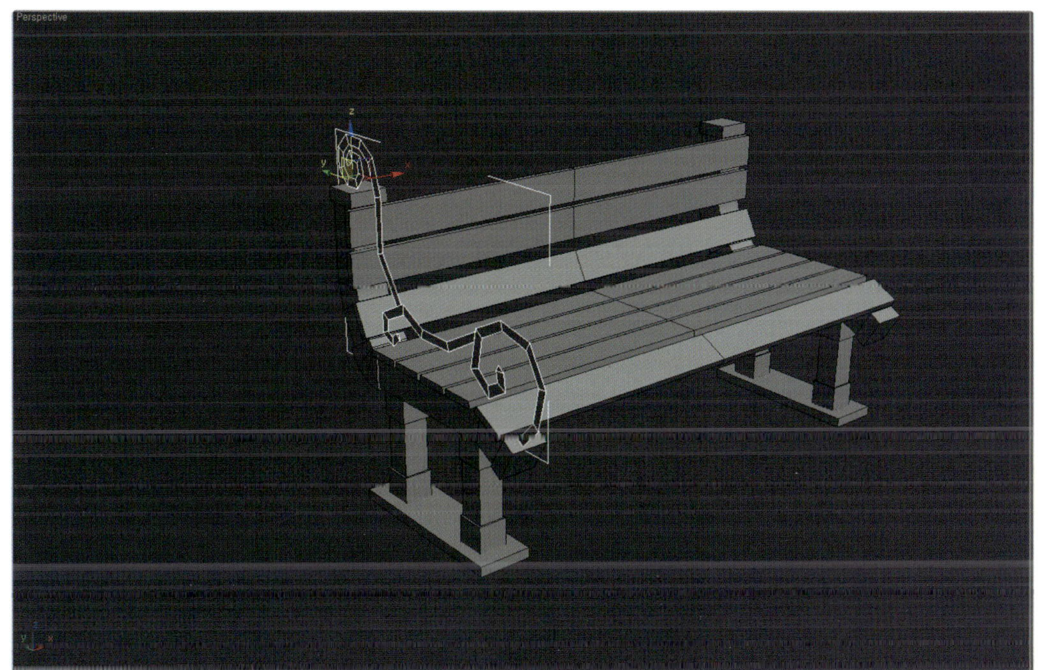

18 형태가 갖추어졌으면 그림처럼 Edge를 잡고 `Shift`를 누른 상태에서 옆으로 두께를 만들어줍니다. 두께는 적당하게 조절합니다. 두께가 너무 얇으면 조금 가벼워 보일 수도 있기 때문입니다.

> **TIP /** 현재 필요하지 않은 부분들은 Hide시킨 후에 작업하는 것이 편리합니다.

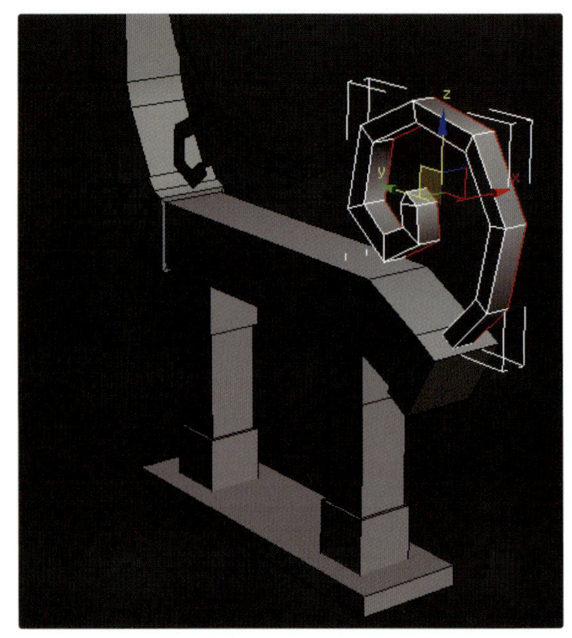

19 두께를 주었으면 그림과 같이 반대쪽 부분을 막아줍니다. Edge를 잡고 연장시켜서 막아주어도 되고, Editable Poly에서 Border로 Edge들을 모두 선택하게 한 후에 Cap을 이용하여 막아주어도 됩니다. Cap으로 막아줄 경우에는 Edge들이 모두 보이지 않으므로 텍스처를 제작할 때 필요한 Edge들은 보이도록 해야 할 것입니다.

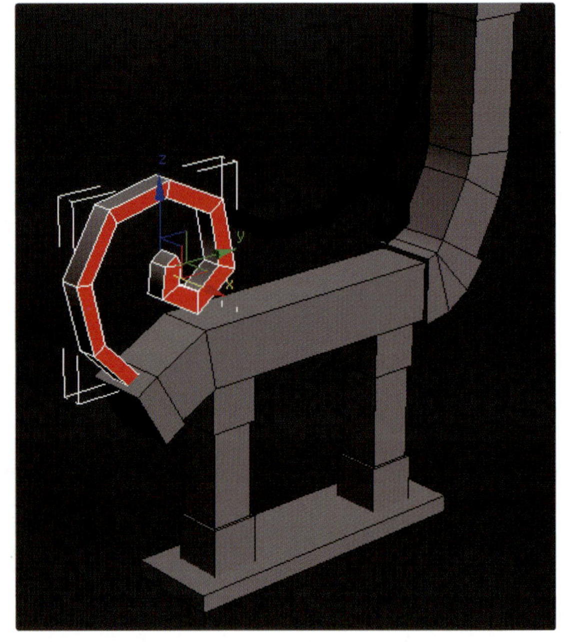

20 그림과 같이 윗부분두 같은 방식으로 모델링합니다. 초보자들은 이러한 방식으로 모델링하는 것이 쉽지 않을 것입니다.

TIP／ 모델링하며 Alpha를 사용하여 제작할 것인지, 모델링을 해줄 것 인지 오브젝트마다 잘 판단하여 제작해야 합니다.

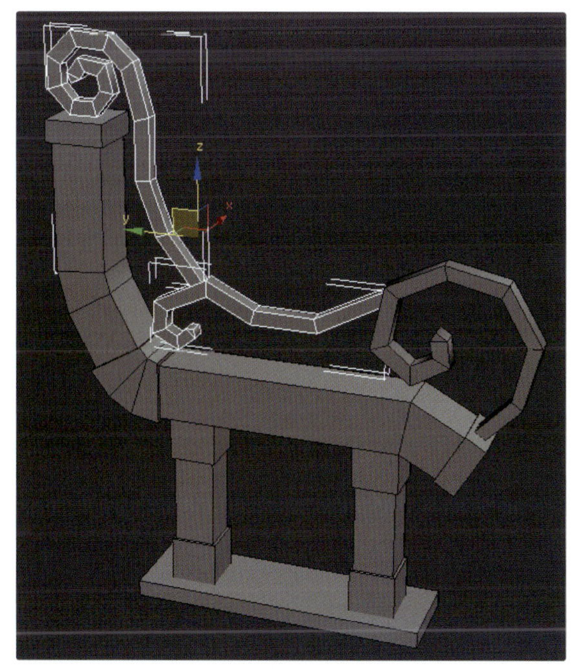

그림과 같이 반대쪽도 복사합니다.

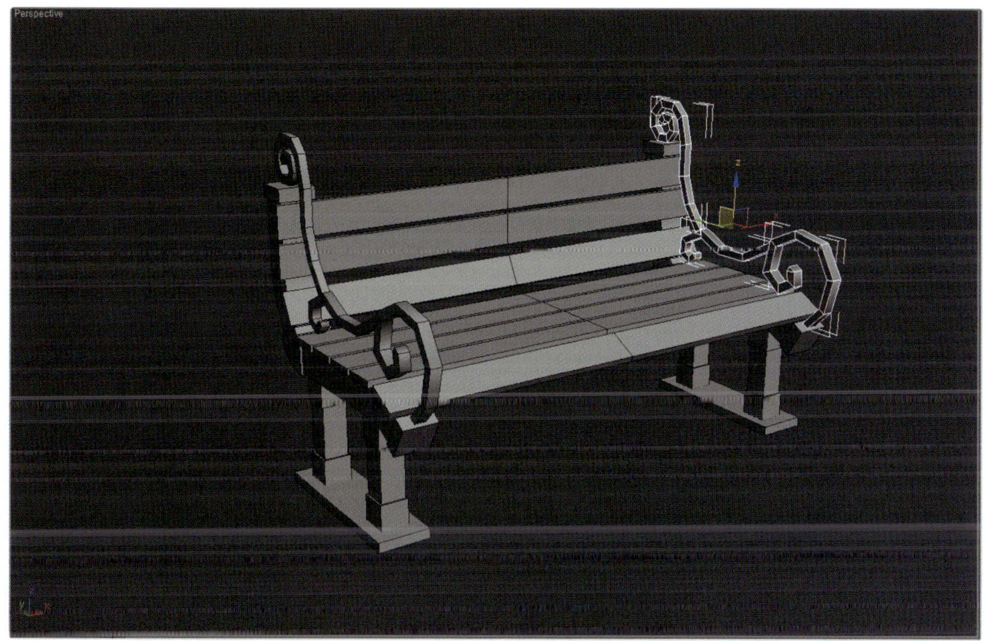

21 그림과 같이 등받이 윗부분을 모델링합니다. 모델링은 바로 전에 모델링했던 손잡이 부분처럼 해도 되고,
박스를 사용하여 Edge를 이어가면서 모델링해도 됩니다.

22 손잡이 부분과 등받이 부분의 만나는 곳입니다. 모델링을 할 때 옆의 이
미지 부분이 조금 까다로울 것입니다. 주의하면서 모델링하시기 바랍
니다.

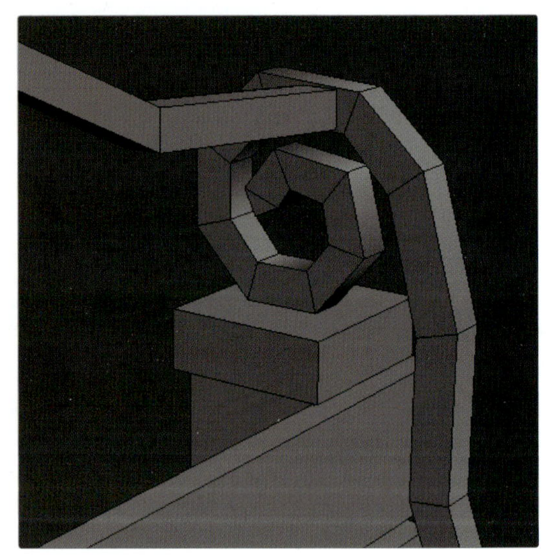

23 의자의 Alpha가 적용될 부분들을 Plane을 사용하여 모델링합니다. 그림에서와 같이 클릭된 Polygon 들이 Alpha가 적용될 부분들입니다.

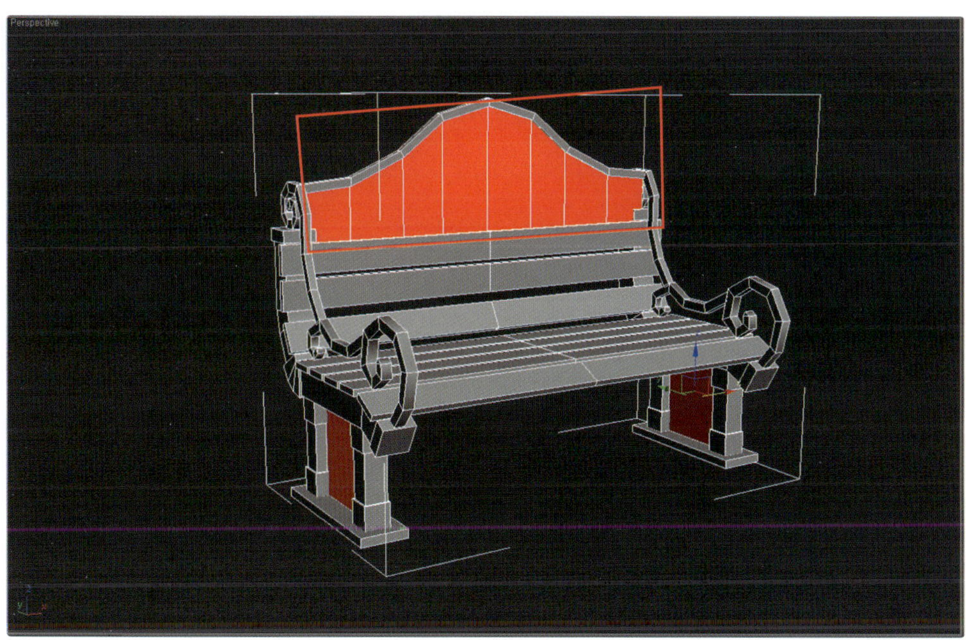

모델링이 완성되었으면 전체적으로 수정할 부분은 없는지 검토합니다.

오른쪽과 같이 모델링이 일차적으로 마무리되었습니다. 대략적으로 라이트가 구조적으로 잘 받는지 렌더링을 걸어보았습니다. 전체적으로 라이트도 잘 받고 모델링이 안정적으로 완성된 것 같습니다. 만약 문제가 있을 때에는 Unwrap을 펴기 전에 수정합니다.

● Unwrap UVW 작업

01 그림과 같이 Unwrap UVW를 사용하여 맵을 펴보았습니다. 앞에서 했던 작업물과 동일하게 Unwrap를 펴면 될 것입니다. 이번에도 역시 잘 눈에 띄지 않는 곳이나 중요도가 낮은 곳은 다른 부분과 공유하여 사용해도 됩니다.

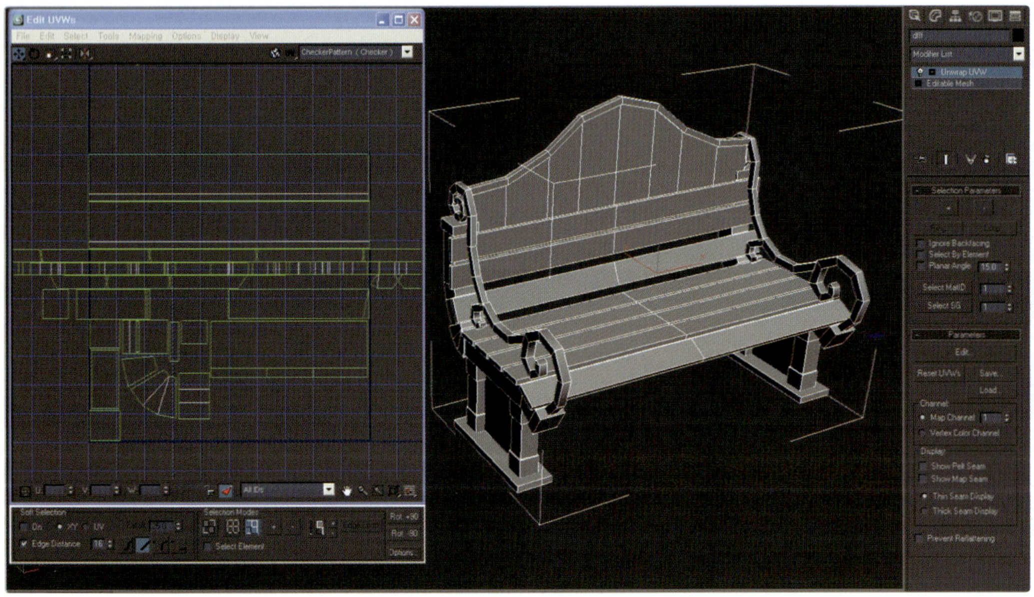

의자의 경우 Unwrap을 512×512 두 장을 사용한다는 가정하에 진행하겠습니다. 앞에 제작했던 원통처럼 512×1024 사이즈로 맵 소스를 제작해도 상관 없지만, 알파 값이 들어가는 맵 소스는 따로 제작하겠습니다.

알파 텍스처를 따로 만드는 것을 추천하는 회사도 있고 512×1024 사이즈로 제작하는 회사도 있기 때문입니다. 뒤에 Unwrap을 펴고 텍스처를 보면 빈 공간이 많이 남습니다. 이것은 회사마다 다르겠지만 실무에서는 남는 텍스처 공간을 다른 모델링과 합쳐서 사용하기도 합니다.

02 아래 그림에서 모델링에 클릭된 부분과 Edit UVWs를 잘 비교하면 모델링 할 때에 왜 의자의 앉는 부분을 반으로 나누었는지 이해할 수 있을 것입니다. 한쪽만 텍스처로 제작하고 반대쪽에도 같이 사용해도 되지만 두 가지 문제 때문에 아래와 같이 해보았습니다.

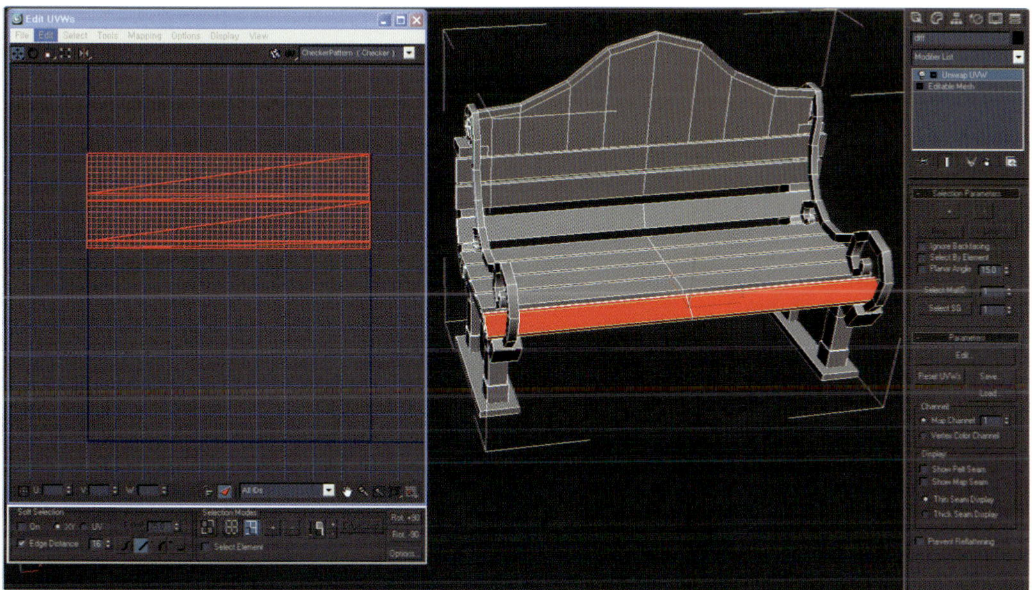

03 오른쪽 그림처럼 반쪽만 텍스처를 제작하여 다 돌려줄 경우에는 너무 타일링 느낌을 줄 수 있습니다. 나무 중간 부분에는 쇠 재질이 들어갑니다. 이렇게 하는 이유는 쇠 재질의 라이트와 그림자의 방향을 맞춰 더욱 자연스럽게 표현해야 하기 때문입니다.

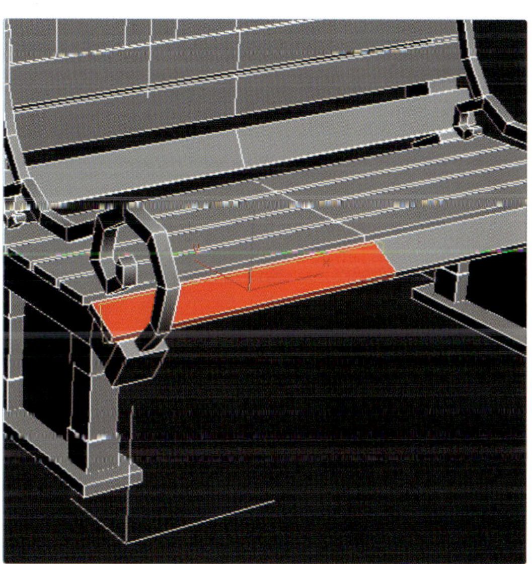

의자(Chair) 텍스처 제작

이제부터 앞에서 작업한 UVW맵 작업을 바탕으로 포토샵에서 텍스처 작업을 해보겠습니다. 이번 의자 텍스처 제작에는 512×512 두 장을 사용하겠습니다.

예제 소스에 있는 텍스처를 같이 보면서 학습하시기 바랍니다.
- 예제 소스\tutorial\chair\max map\chair_01.psd~chair_02.psd를 참조하세요.

▶ Photoshop 텍스처 작업

01 그림과 같이 3ds max에서 UVW맵을 펴서 포토샵으로 불러옵니다. 여기까지의 과정은 앞의 다른 오브젝트와 동일합니다. 512×512 두 장을 이용하여 일반 텍스처와 알파 텍스처를 각 한 장씩 만듭니다.

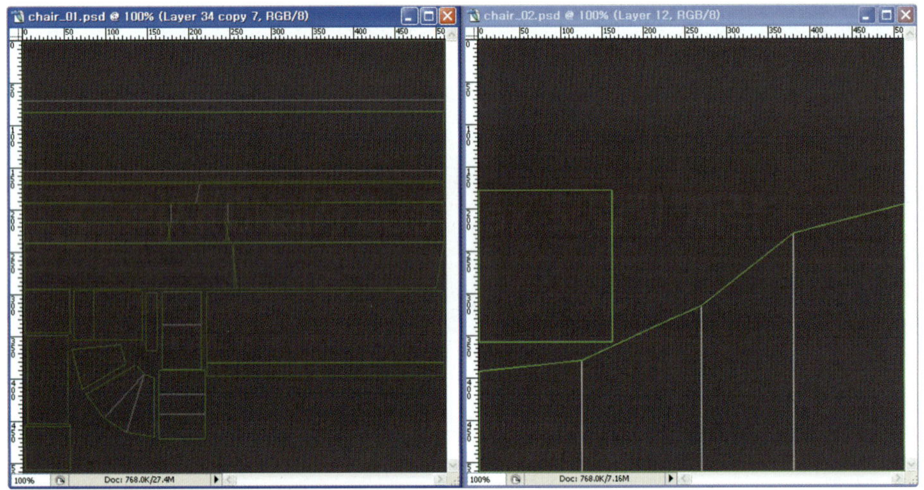

02 첫 번째 텍스처를 제작하겠습니다. 그림과 같이 기본 나무 재질을 넣어줍니다. 너무 험하지 않은 적당한 재질의 나무 소스를 넣어줍니다.

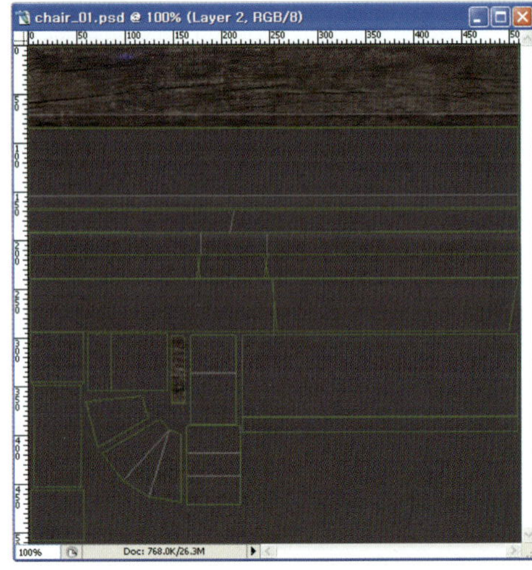

03 나무 위에 쇠 재질을 표현합니다. 박스와 비슷한 부분이기 때문에 제작하기기 수월할 것입니다. 쇠가 나무에 박혀서 조금 낡은 듯한 느낌을 잘 표현하면 좋을 것입니다.

04 다른 쪽도 같은 방법으로 제작합니다.

> **TIP／**　필자는 다른 곳에서 하나로 제작한 후 반으로 잘라서 배치해 놓는 방법을 사용했습니다. 그래야만 자연스럽게 텍스처가 이어질 수 있기 때문입니다. 다른 방법이 있다면 그 방법을 사용해도 됩니다.

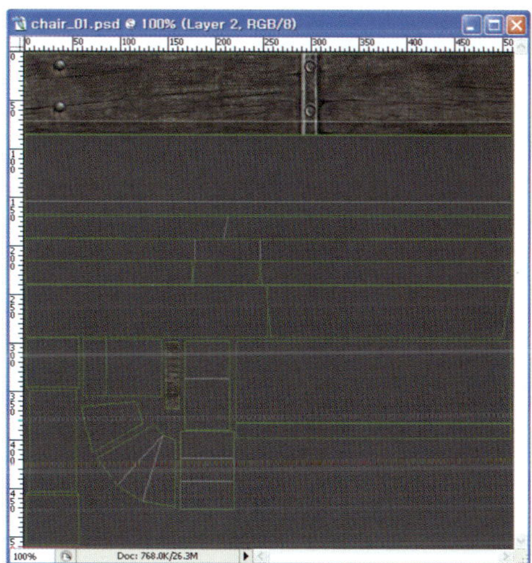
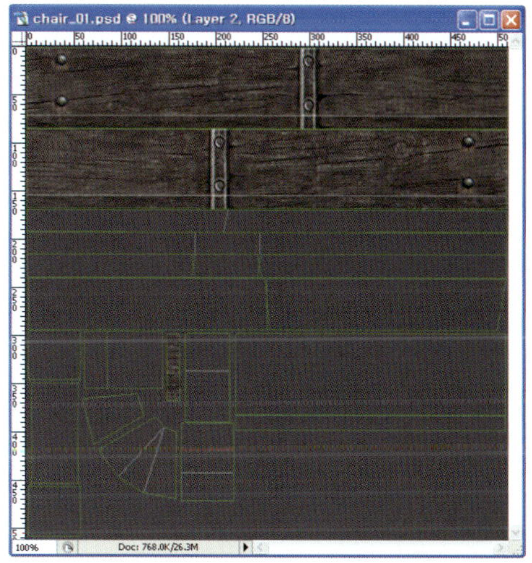

05 하이라이트 부분을 표현한 것입니다.

> **TIP／**　Ctrl + N 을 클릭한 후 사이즈는 대략 1024×1024로 넉넉히 생성하고 작업해줍니다. 작업이 끝나면 반으로 나누어 하나씩 가져와 배치하면 됩니다.

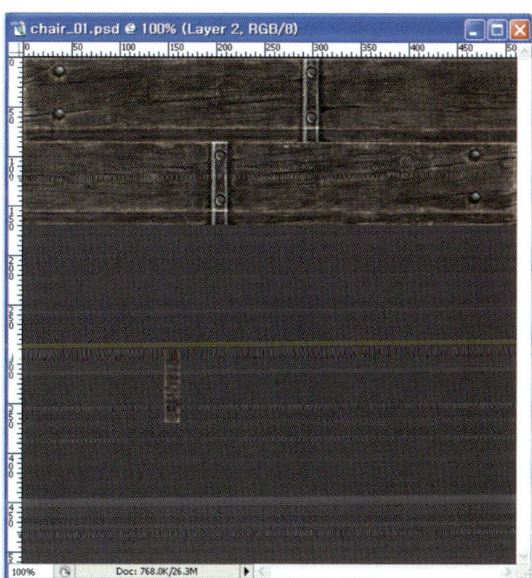

06 의자에서 손잡이 끝부분의 쇠 재질을 제작하였습니다. 전에 사용했던 쇠 재질을 이용하여 같은 방식으로 제작해도 크게 문제되지 않습니다.

07 이번에는 의자의 앉는 부분을 받치고 있는 부분을 제작해주었습니다. 3ds max에서 Edit UVWs 창을 보면 돌려 쓴 것을 볼 수 있을 것입니다. 모델링과 Edit UVWs 창을 번갈아 클릭해 가면서 잘 살려보시기 바랍니다.

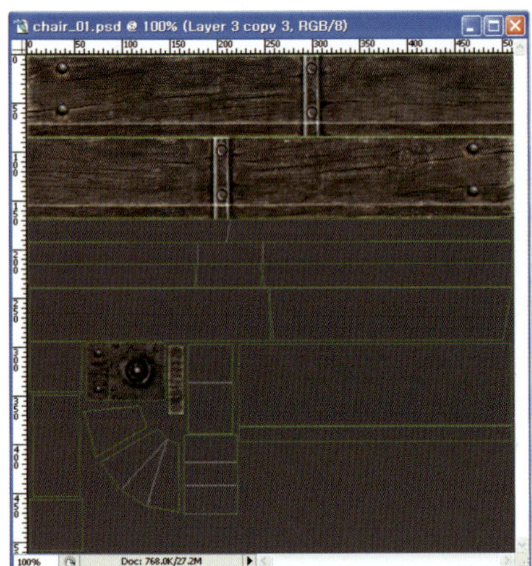
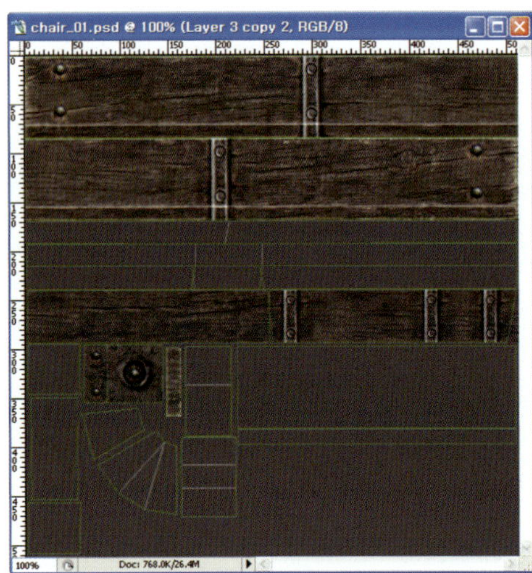

08 의자의 다리 부분 중에 중간 나무로 된 부분을 제작하였습니다. 전과 마찬가지로 나무 재질과 쇠 재질을 제작합니다.

09 다리 부분 중에서 위아래 쇠 재질로 된 부분을 제작합니다. 의자에서 큰 비중을 차지하는 부분이 아니므로, 우선 다른 부분의 텍스처와 잘 어울릴 수 있도록 제작해주는 것이 좋습니다.

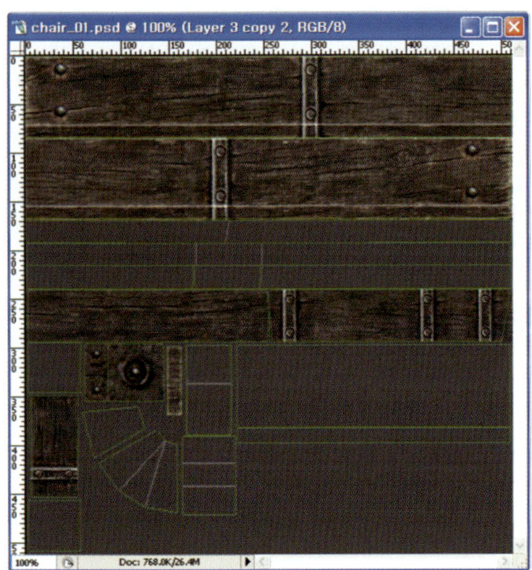
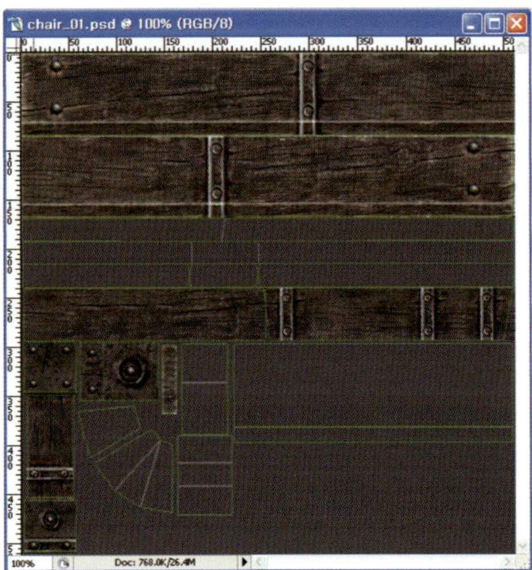

10 그림과 같이 의자 받침 부분의 쇠 재질을 전과 같은 방법으로 제작합니다. 하이라이트의 경우 마지막에 한꺼번에 적용할 것입니다. 모델링과 텍스처를 번갈아 가며 제작합니다.

11 의자의 다리 밑받침을 제작합니다. 밑받침과 같은 경우에는 중요도가 낮고, 텍스처가 통째로 들어가기 때문에 텍스처의 크기가 다른 것들보다 조금 작게 들어가도 큰 문제가 되지 않을 것입니다.

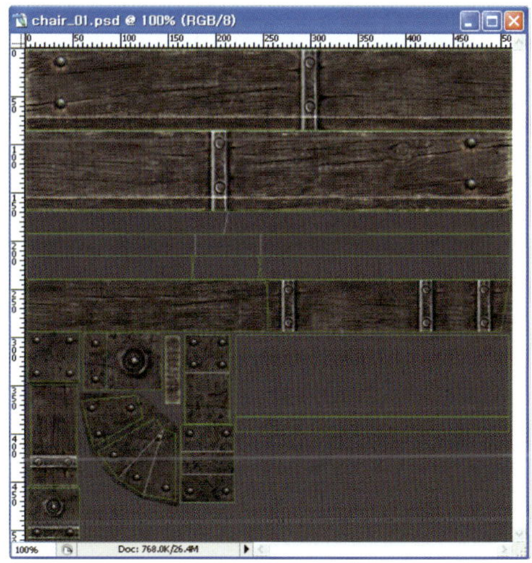
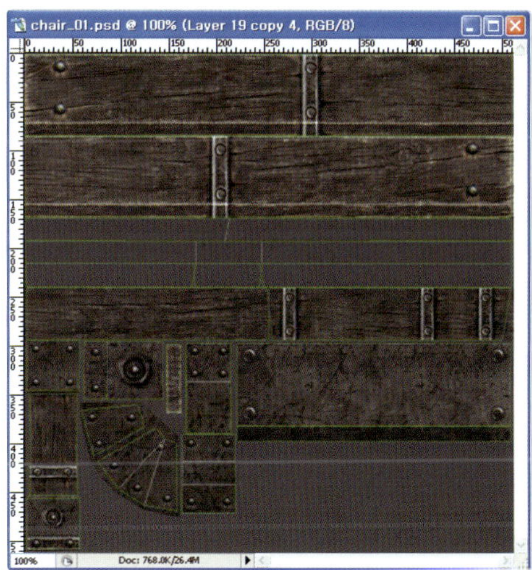

12 의자의 양쪽 끝부분에 있는 쇠 재질로 된 손잡이 부분과 등받이 쪽에 있는 쇠 재질로 된 부분을 제작해줍니다. 이 부분의 경우에는 텍스처의 세로는 작지만 가로로 길게 쓰여질 것이므로 패턴이 크게 거슬리지 않을 정도로 웨더링을 주면서 제작해주는 것이 좋을 것입니다.

13 등받이 쇠 재질 부분은 좀 다르게 제작해주었습니다. 지나치지 않도록 적당히 다르게 제작합니다. 모델링과 Edit UVWs 창을 번갈아 클릭해 가면서 잘 살려보시기 바랍니다.

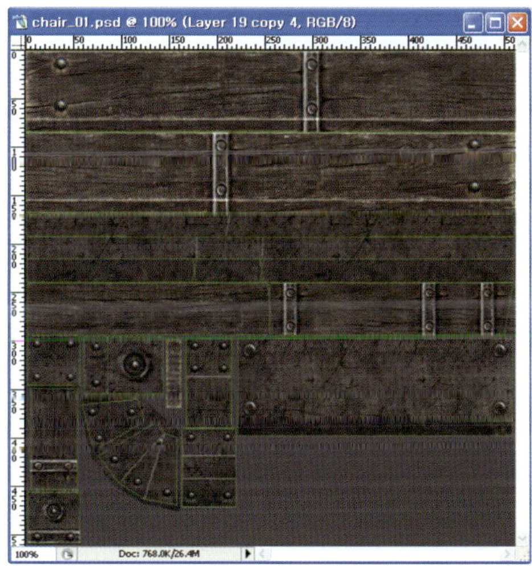
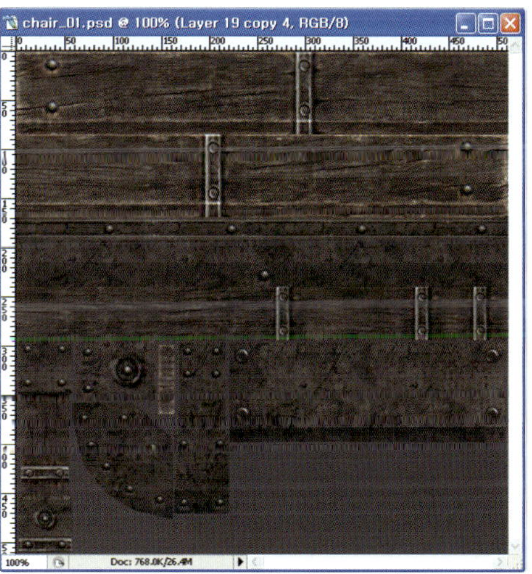

14 그림과 같이 맵 소스의 전체적인 하이라이트를 적용합니다.

> **TIP /** 　쇠 재질이라고 하여 무조건 밝게만 작업하는 것보다는 분위기에 맞게
> 조금 긁히고 헐은 듯한 느낌을 주면서 살짝 묵직한 느낌이 들어간다면 좋을 것
> 입니다.

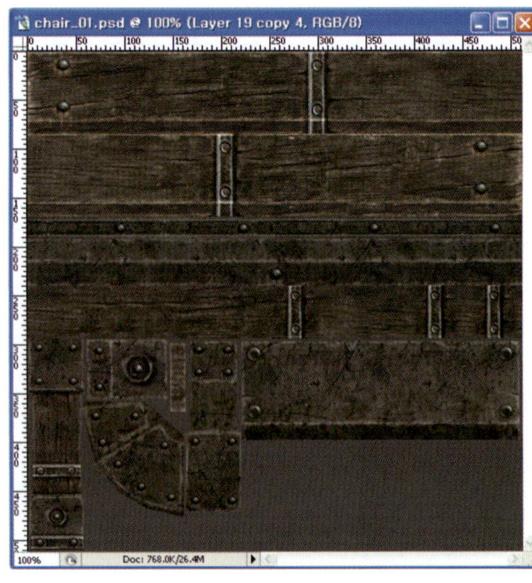

15 이번에는 알파가 적용될 부분의 텍스처를 제작해보겠습니다. 의자에 들어가는 알파가 적용될 텍스처
는 모두 쇠 재질이므로 기본이 될 쇠 재질을 적용합니다. 역시 거친 쇠 재질은 피하는 것이 좋습니다.

16 원화를 잘 파악한 후에 원화와 같은 문양으로 Layer Style을 사용하여 제작합니다. Layer Style에서
Bevel and Emboss를 잘 조절하여 제작합니다.

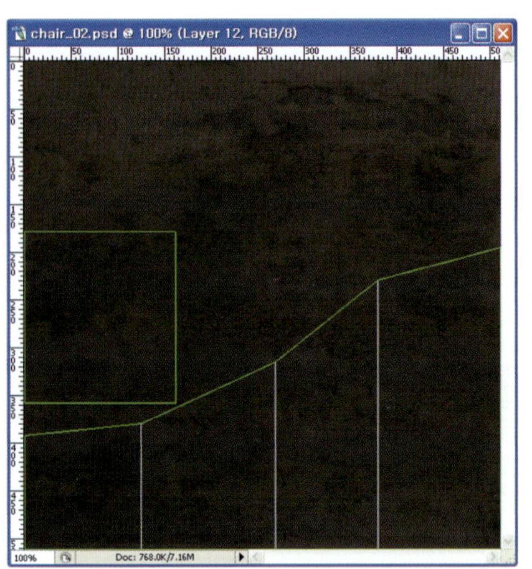

17 그림과 같이 무늬들을 감싸고 있는 아랫부분을 제작합니다. Layer Style을 사용하여 제작합니다. Layer Style에서 Bevel and Emboss와 Drop Shadow를 잘 조절하여 제작합니다.

18 그림과 같이 쇠 재질에 어울릴 만한 웨더링을 적용합니다. 전에 만든 텍스처와 어울릴 수 있도록 의자의 전체적인 쇠 재질과 비교해 가면서 제작하시기 바랍니다.

19 웨더링이 조금 약한 것 같아서 다른 소스를 하나 더 적용하였습니다. Opacity 값을 잘 조절해 가면서 웨더링을 적용합니다.

20 그림과 같이 하이라이트 부분을 중심으로 제작해주었습니다. 의자의 다른 쇠 재질과 같이 지나치지 않게 하이라이트를 처리합니다.

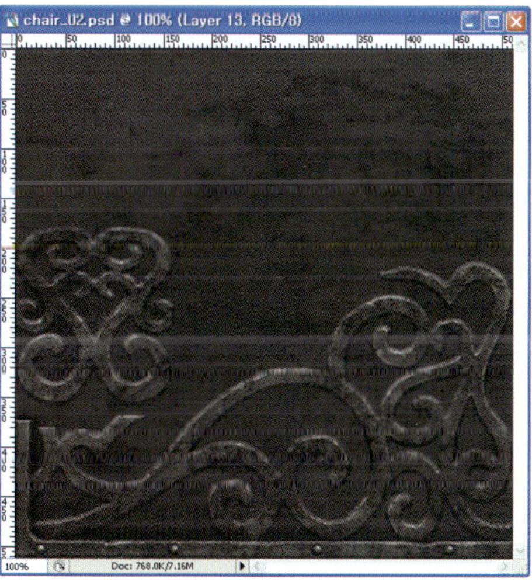

그림과 같이 제작된 텍스처를 모델링에 적용한 후 나머지 면들도 모두 UVW맵을 맞추었습니다. 전체적으로 텍스처가 모델링에 잘 적용된 것 같습니다.

일반적으로 실무에서의 의자 모델링은 위 작업물보다 간단한 경우가 많습니다. 작업 과정을 잘 참고하고 학습했다면, 다른 비슷한 모델링도 좀 더 쉽게 할 수 있을 것입니다.

폭포가 있고 새가 날아다니며 지형들이 떠 있는 전형적인 판타지 지형의 일러스트를 그려보았습니다. 여기에다 오른쪽에 횃불을 넣어서 "어두운 동굴에서 나와 보니 펼쳐져 있는 지형"이라는 연출을 하여 시선에 따른 동선을 유도하여 그린 일러스트입니다.

>> 의자 작업에 대한 콘셉트
3D 결과물의 조율

지금까지 의자 원화를 스케치하고 컬러링을 거치는 작업 과정과 원화를 바탕으로 3D 모델링과 텍스처를 제작하여 완성하기까지의 작업 과정에 대해 알아보았습니다. 의자 또한 게임에서 흔히 나오는 간단한 오브젝트이며, 마을 콘셉트에 무리 없이 들어갈 수 있고, 어느 마을에나 어울릴 수 있는 기본적인 오브젝트입니다. 여기서는 마을의 분위기나 재질의 통일성을 고려하여 박스와 원통에 쓰였던 재질과 같은 것으로 설정하고 작업을 진행하였습니다.

간단한 의자의 형태를 생각하였지만, 기본 의자의 실루엣은 그대로 가져가기로 했습니다. 마을을 구성하는 간단한 오브젝트지만, 많은 오브젝트들 없이 몇 가지만으로 마을을 구성할 것이므로 의자 하나만으로도 배경이 될 수 있도록 어느 정도 화려한 문양이나 직선과 곡선적인 형태를 적절히 섞어서 너무 단순해 보이지 않도록 했습니다. 또한 가로등보다 난이도 있게 표현해야 하기 때문에 가로등의 문양보다도 좀 더 복잡하게 디자인을 하여 차별화하려고 했습니다. 그러던 중에 너무 의욕적으로 디자인을 하다 보니 제작 파트와 조율할 부분이 생기게 되었는데, 이 부분은 처음부터 다시 원화에서 수정을 하지 않고 원화 작업 마지막에 첨가하는 형식으로 수정하였습니다. 그리하여 작업 시간 단축과 이러한 조율을 통한 수정을 거쳐 결과물에서도 효율적인 제작이 될 수 있었습니다.

이처럼 원화는 완성하여 3D로 넘어갔다고 해서 끝난 것이 아니라, 경우에 따라서는 부분적으로 수정을 하거나 새로운 디자인을 첨가하여 그려야 하는 경우가 언제든지 생기게 됩니다. 원화 결과물이 마음에 들어서 고치고 싶지 않다는 생각이 많이 들 수도 있겠지만, 감성보다는 이성적으로 판단하여 어떠한 선택이 옳은 것인지 잘 고려해야 할 것입니다.

앞에서 계속 말했듯이 원화는 3D를 이해하고 있어야 하고, 3D 제작자 또한 원화를 볼 줄 알아야 합니다. 그래야만 의자와 같은 상황에서처럼 좀 더 효율적인 결과물을 만들어 낼 수 있는 것입니다. 그렇게 되려면 개인적인 노력이 필요하지만, 상호 커뮤니케이션과 작업 시 적절한 조율을 통하여 이해하는 과정을 거치는 것이 무엇보다 중요합니다.

앞으로 더 어렵고 더 복잡하고 더 힘든 작업들을 하게 될 것입니다. 어느 작업이든 혼자만의 힘으로 이루어지지는 않습니다. 아무리 어렵고, 복잡하고, 힘든 작업이라 하더라도 여러 사람의 생각과 의견 공유를 통하여 작업이 이루어진다면 원화 결과물도 좋아질 것이고, 3D 결과물도 의도대로 멋지게 나올 것이라 확신합니다.

완성된 의자(Chair)

원화에서는 단순해 보이는 의자에서 직선과 곡선의 화려한 문양을 이용하여 적절하게 표현해주었고, 3D에서는 문양의 표현을 똑같이 제작하기 위해서 텍스처로 제작하는 등 원화에 충실하였으며, 3D 결과물은 어둡고 무게감 있는 의자로 완성되었습니다.

◀ 원화 완성

◀ 3D 완성

UDK 엔진에 적용시켜본 의자(Chair)

2개의 의자를 나란히 배치해본 모습과 1개의 의자를 배치하여 이동 공간을 넓혀준 의자와 주변 공간의 모습입니다.

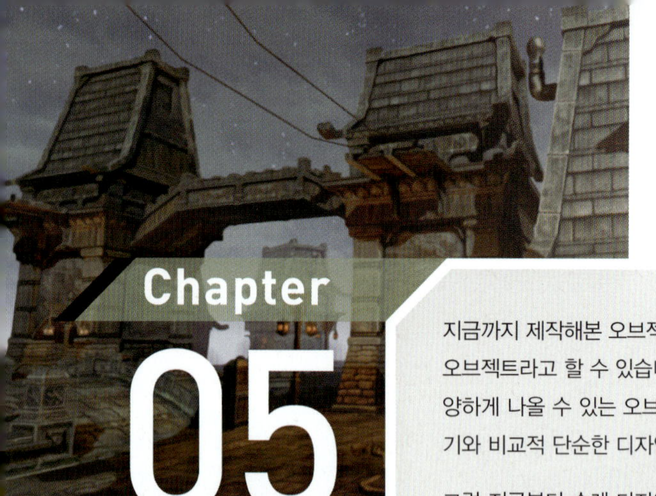

콘셉트와 3D를 이용한 수레 제작하기

지금까지 제작해본 오브젝트들이 기본적인 것들이었다면 이번에 제작할 수레는 기본적이면서도 게임성이 강한 오브젝트라고 할 수 있습니다. 수레는 게임월드의 마을을 구성하는 요소 중에서도 많이 나오며, 디자인 또한 다양하게 나올 수 있는 오브젝트입니다. 크기나 형태가 다양하게 나올 수 있는 오브젝트이지만 필자는 적당한 크기와 비교적 단순한 디자인으로 원화를 진행할 생각입니다.

그럼 지금부터 수레 디자인과 3D 제작 학습을 시작하겠습니다.

Step 1 수레 스케치 학습하기

게임월드의 마을을 구성하는 요소 중에서도 많이 나오며, 기본적인 구성 요소인 수레를 디자인하겠습니다. 수레하면 기본적으로 나무와 금속 재질이 어울리기 때문에 이번 작업에도 나무와 금속으로 이루어진 수레를 디자인할 것이며, 수레 손잡이 정도만 가죽 끈으로 묶어 변화를 주도록 하겠습니다. 기본적으로 수레라고 하면 짐을 싣고 다니는 공간이 있고, 바퀴 2개가 달린 손잡이가 긴 형태가 떠오르는데, 이를 바탕으로 스케치하겠습니다.

> 예제 소스에 있는 스케치 파일을 같이 보면서 학습하시기 바랍니다.
> ■ 예제 소스\Concept\Object\cart\jpg\cart sketch01.jpg~cart sketch07.jpg를 참조하세요.

▶ 스케치 1단계

위에서 설명한 기본적인 형태를 바탕으로 박스와 원을 이용하여 스케치하겠습니다. 처음에는 부분적인 형태보다는 전체적인 실루엣과 투시를 생각하면서 가능하면 단순한 기본 도형 형태로 스케치합니다. 그런 다음, 조금씩 면을 나누면서 형태를 잡아갑니다.

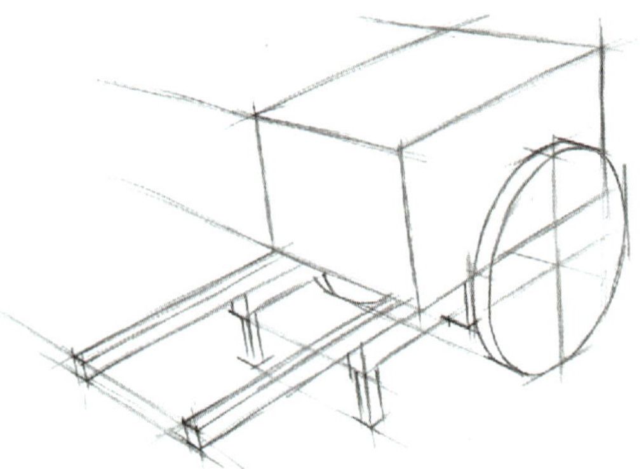
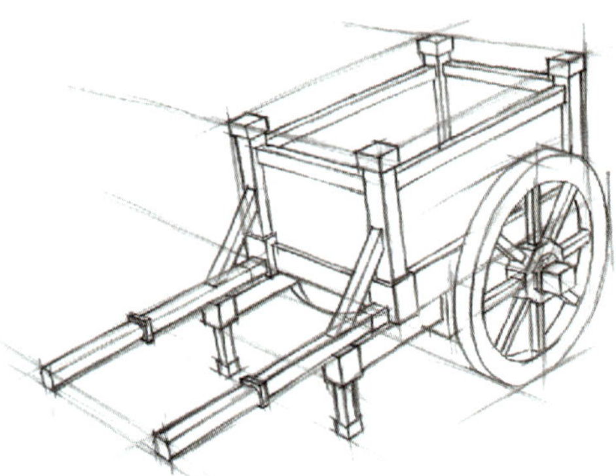

▶ 스케치 2단계

러프하게 잡은 수레의 형태를 좀 더 세부적으로 묘사하고 형태를 정리합니다. 나무와 금속으로 이루어진 수레의 모습을 상상하면서 금속과 나무를 적절히 섞어 안정감 있는 형태를 잡아갑니다. 이 단계에서 구상하고 스케치한 측면도(❶)와 정면도(❷)를 정리하면 3D 제작에 많은 도움이 됩니다.

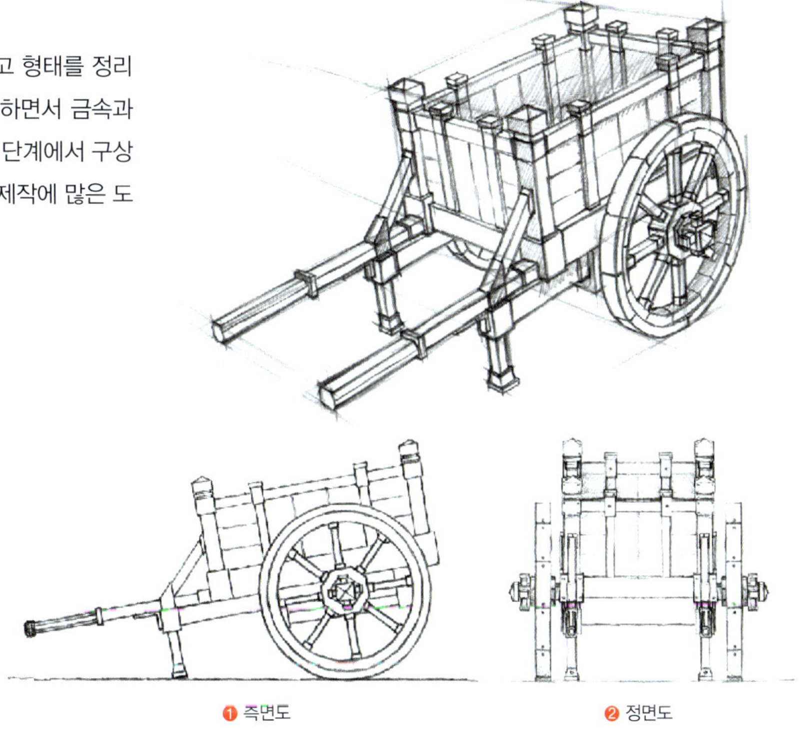

❶ 측면도   ❷ 정면도

▶ 스케치 3단계

수레의 원화를 완성하면서 뒷모습도 스케치하고 완성하였습니다. 이처럼 원화에서는 형태나 구조적인 부분에 있어서 제작 시 의문이 들지 않도록 이미지로 제시해야 합니다. 이제 제작 원화가 완성되었습니다. 지금까지의 원화도 그러했지만 수레에서도 원화의 완성도가 높은 편입니다. 이저럼 컬러링 작업이 들어가지 않아도 연필로 묘사와 질감을 자세히 표현해주면 컬러링 단계에서는 색 지정 정도만으로도 3D를 제작하는 데 무리가 없습니다.

> **TIP /** 깔끔하게 스케치를 하는 데에는 여러 가지 방법이 있지만, 필자는 러프한 이미지를 그린 후에 라이트 박스에 대고 그리는 방법을 사용합니다. 이는 애니메이션 작업에서 많이 사용하는 방법이기도 합니다.

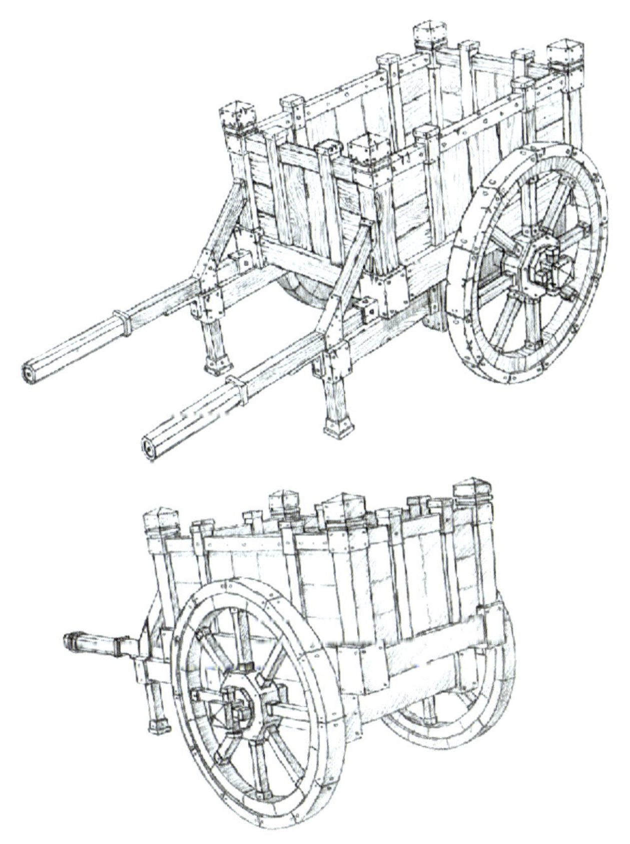

수레 컬러링 작업 학습하기

완성된 수레의 스케치를 스캔하여 저장하고, 포토샵 프로그램을 실행한 후 수레 작업물을 불러옵니다. 이번에는 수레의 앞부분 스케치에 대한 컬러링 작업을 진행하겠습니다.

예제 소스에 있는 컬러링 파일을 같이 보면서 학습하시기 바랍니다.
- 예제 소스\Concept\Object\cart\jpg\cart color01.jpg ~ cart color08.jpg를 참조하세요.

● 컬러링 1단계

01 어느 이미지나 마찬가지로 스캔한 이미지의 보정이 제일 먼저 이루어집니다. 필자가 소개하는 원화의 스케치와 컬러링 과정에서는 깔끔하게 잘 그려진 원화를 바탕으로 작업하는 것이기 때문에 스케치의 보정 과정은 필수라고 해도 과언이 아닙니다. 앞으로 새로운 작업을 할 때에도 이 과정은 계속 설명할 것입니다. 이제는 다들 아시겠지만 [Levels] 대화상자를 열어 깨끗한 이미지로 보정을 합니다. 경로는 [Image→Adjustments→Levels]이고, 단축키는 Ctrl + L 입니다.

02 지금까지의 원화들 중에서 가장 복잡한 형태이기 때문에 스케치도 깔끔하지 않을 것입니다. [Levels] 대화상자에서 전체적으로 깨끗하게 보정하고, 지저분한 부분들을 찾아 브러시로 정리하여 깔끔한 이미지를 만듭니다.

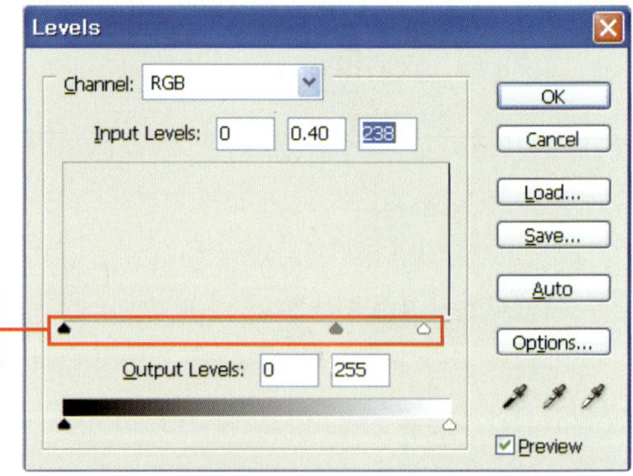

03 단축키 Ctrl + M 을 눌러 [Curves] 대화상자를 불러온 후 이미지를 보정할 수도 있습니다. 대각선 중 아무 부분이나 선택하여 움직이면 어떻게 조절해야 하는지 쉽게 알 수 있을 것입니다.

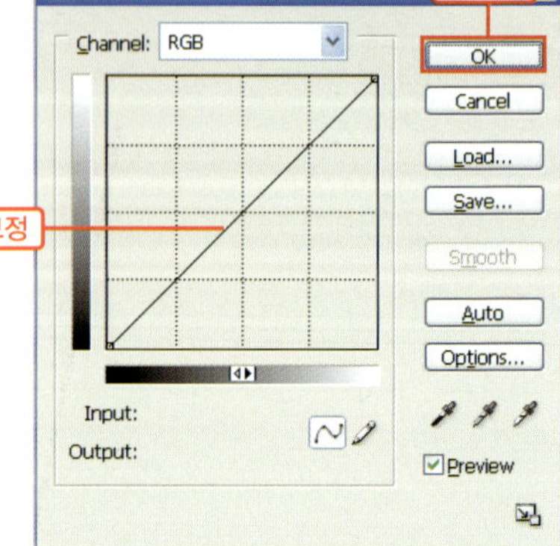

04 보정 전과 후의 이미지 비교입니다. 훨씬 선명하고 깔끔하게 보정하였습니다.

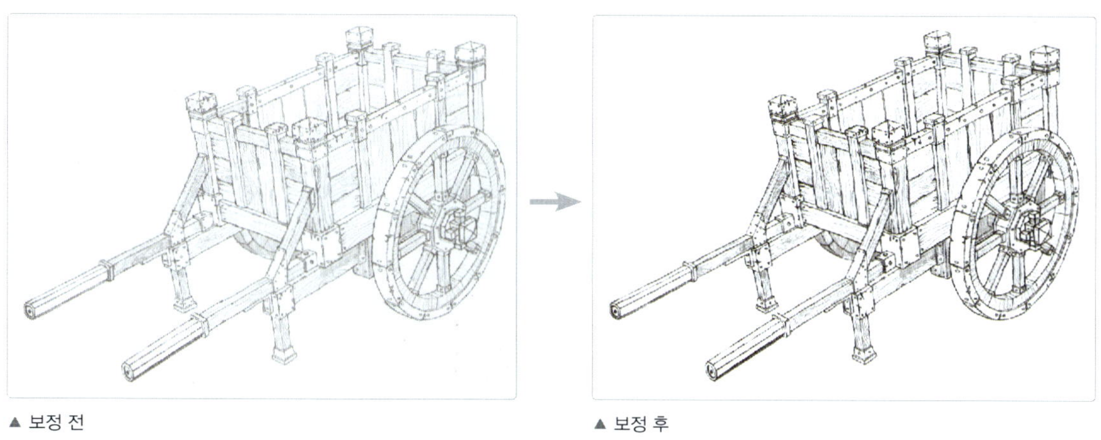

▲ 보정 전   ▲ 보정 후

⊙ 컬러링 2단계

01 이번에는 모노톤(Monotone)으로 명암과 그림자를 표현할 것입니다. 빛의 방향을 정한 후, 밝고 어두운 부분을 명확하게 하여 자연스러운 명암을 표현합니다. 앞에서 배운 과정이기 때문에 간단하게 설명하겠습니다. 레이어의 속성을 Multiply로 만든 후에 모노톤으로 채색해주는데, 이때에는 그림자와 같은 어두운 부분까지 함께 묶어 채색하는 것이 좋습니다. 그래야만 의자와 그림자를 자연스럽게 표현할 수 있습니다.

02 툴박스에서 브러시 툴 을 선택한 후, 적절한 회색 톤을 [Color Picker] 대화상자에서 선택하여 채색합니다.

채색할 때는 오른쪽 이미지 브러시 같은 기본 브러시가 좋을 것입니다. 다들 아시다시피 Multiply 속성으로 채색이 이루어지기 때문에 적당히 깔끔하게 채색되는 브러시라면 크게 문제가 되지 않을 것입니다.

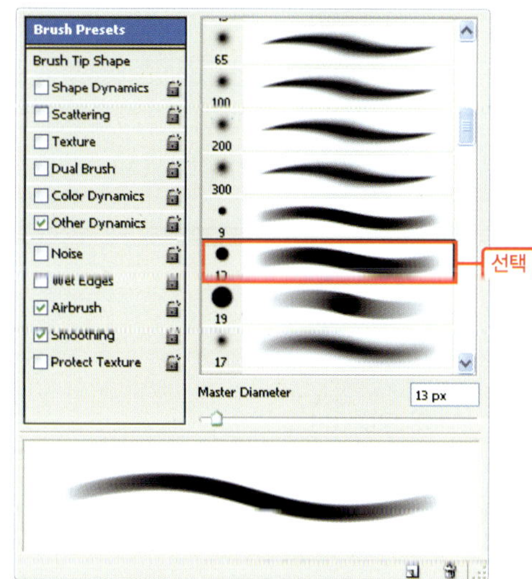

03 모노톤으로 컬러링된 이미지입니다. 빛의 방향을 오른쪽으로 정하고 그림자까지 자연스럽게 표현 하였습니다. 빛은 위에서 내려오기 때문에 윗부분이 가장 밝을 수밖에 없습니다. 가장 밝은 면에서 부터 어두운 면까지 명암의 단계를 4단계 정도로 나누어 표현하였습니다.

▶ 컬러링 1단계

01 이번 단계는 수레의 실제 컬러를 채색해야 완성되기 때문에 Color 속성을 이용해서 컬러링을 더 진 행하겠습니다.

수레의 주요 재질은 나무와 금속입니다. 손잡이 부분은 가죽 재질이지만 비중이 작기 때문에 어찌 보면 이전까지 작업한 오브젝트들과 비슷하게 나올 것입니다. 앞에서도 이야기했지만 이 책의 목적 은 다양한 원화 작업 과정을 보여주는 것이 아니라 원화와 3D의 작업 과정을 보여주고 오브젝트들 이 모여서 하나의 마을이 완성되는 것을 보여주는 것에 있습니다. 다소 반복되는 부분이 있어도 이 해해 주시기 바랍니다.

02 먼저 레이어 창에서 새 레이어를 생성하고 속성을 Color로 만드는 것은 이제는 잘 알 것이라 생각합니다. 금속이나 나무, 그리고 손잡이 부분에 들 어갈 가죽 재질의 컬러 색을 지정합니다. 오른쪽은 새로운 레이어가 생성 된 이미지입니다.

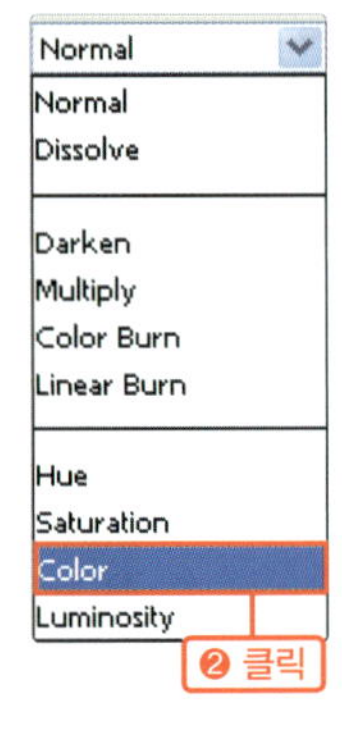

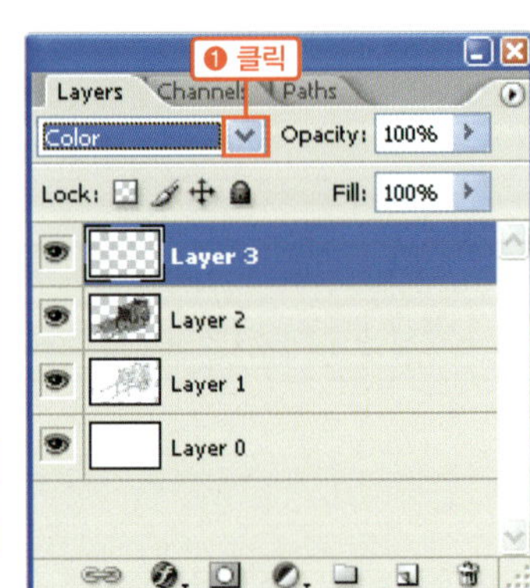

03 수레의 컬러색 지정을 보면 아시겠지만, 나무의 색을 두 가지 종류로 잡았고, 금속색 또한 수레 본체와 바퀴를 다르게 잡았습니다. 지금까지 재질이 나무와 금속으로 반복된 오브젝트가 나오고 있으므로 그 안에서 색감의 변화를 주려고 하였습니다. 하지만 전체적인 느낌은 차분한 저채도에서 벗어나지 않고 지금까지의 오브젝트들과 어울리게 색감을 넣었습니다. 각각의 색들도 컬러 2단계와 마찬가지로 툴박스에서 브러시 툴 ✐을 선택한 후에 채색합니다.

◉ 컬러링 4단계

01 이번 단계에서는 텍스처를 이용하여 좀 더 사실적인 표현을 하기 위한 준비 작업을 해보겠습니다. 금속과 나무 그리고 가죽 질감 텍스처를 찾아 이미지에 입힐 것입니다.

금속과 나무 텍스처는 의자에서 사용한 것과 같기 때문에 참고하기 바라며, 새롭게 추가된 가죽 텍스처 이미지만 첨부하였습니다.

02 이미지 위에 텍스처들을 가져와서 레이어의 속성을 Overlay로 바꾸고, 필요없는 부분은 지우는 작업을 금속, 나무, 가죽순으로 합니다. 밑의 이미지를 보면 각각의 속성이 다른 레이어들이 생성된 것을 확인할 수 있을 것입니다.

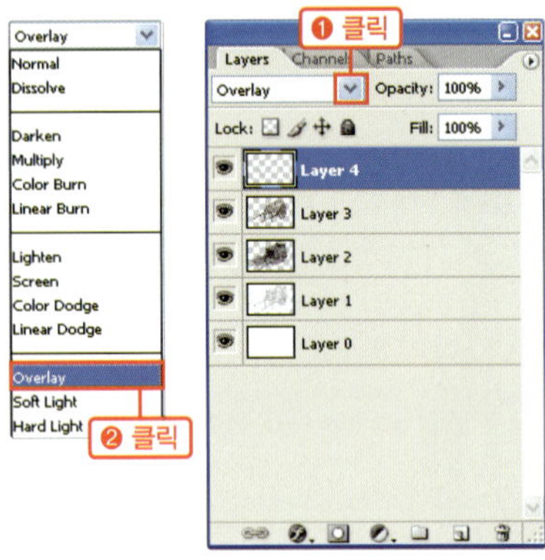 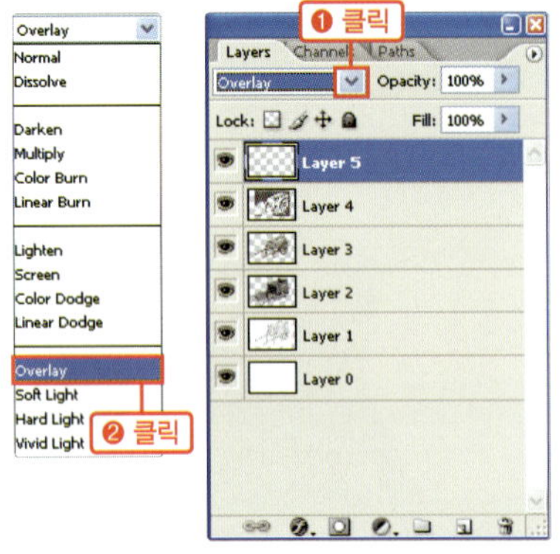 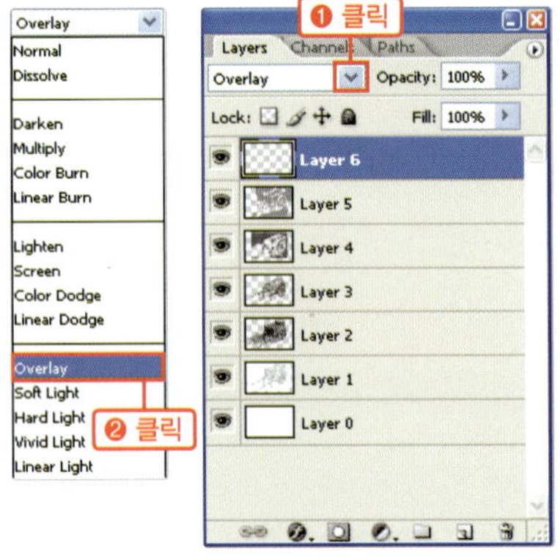

03 불필요한 부분에 입혀진 텍스처를 지우개 툴 로 지우면 오른쪽 그림과 같은 텍스처가 입혀진 수레 이미지가 완성됩니다. 이번까지의 작업은 원화에서 리얼한 수레의 표현을 하기 위한 기본 컬러링이라고 생각하면 됩니다.

04 컬러링 5단계로 들어가기 전에 이번 의자에서와 마찬가지로 텍스처를 이용하여 수레가 놓여 있는 바닥을 표현하겠습니다. 앞에서 알아보았던 박스, 원통, 가로등, 의자와 같이 한 공간에 놓이게 될 오브젝트이기 때문에 바닥 또한 같은 이미지로 작업해야 합니다. 바닥 텍스처를 이미지에 입히는 작업 과정은 의자에서 배웠기 때문에 생략하겠습니다.

> **TIP／** 수레와 바닥 면과의 크기를 비교하면서 텍스처를 입히는 것이 가장 중요하며, 새로운 질감인 가죽 질감도 손잡이의 크기와 가죽 입자의 크기를 잘 고려해야만 텍스처가 자연스럽게 입혀집니다.

▲ 수레 밑에 바닥이 자연스럽게 입혀진 모습

▶ 컬러링 5단계(완성)

01 이번 단계에서는 마지막으로 수레의 묘사 작업을 하게 되는데, 그 전에 지금까지의 레이어를 합칩니다. 그런 후에 텍스처로 어두워진 이미지에 닷지 툴 🔍 을 사용하여 밝게 하고, 번 툴 🖐 로 어두운 부분에서 좀 더 어두운 부분을 표현합니다.

> **TIP /** 밝은 부분에 닷지 툴 🔍 를 너무 많이 사용하면 색이 탄 것처럼 보일 수 있으므로 조심하시기 바랍니다.

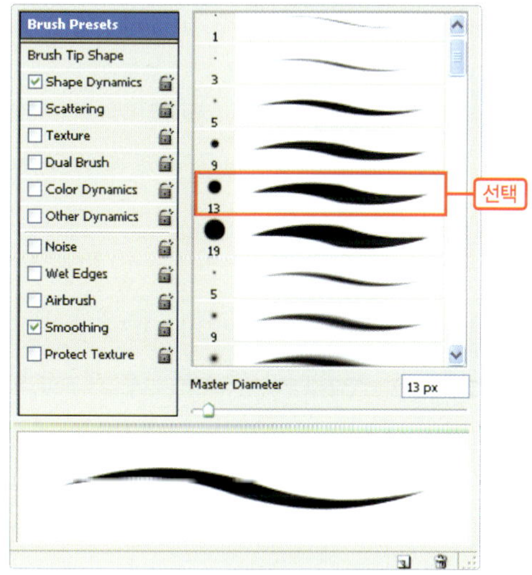

02 이제부터는 묘사를 할 것입니다. 수레에서도 옆에 소개한 브러시를 주로 많이 사용하였는데, 입혀진 텍스처를 살리면서 날카롭고 작은 묘사까지도 표현하는 것이 좋습니다. 이 밖에 몇 가지 기본 브러시들도 함께 사용합니다.

지금부터 브러시의 종류에 따른 묘사 전후의 이미지의 변화를 비교해 보면서 설명하겠습니다.

03 먼저 손잡이 부분 묘사 비교입니다. 가죽 재질로 이루어져 있는 손잡이에는 텍스처 재질을 최대한
살리면서 앞부분에 끈으로 마감되어 있는 이미지를 추가하였습니다. 광산촌에서 사용하는 수레이
므로 거친 작업이 느껴질 정도로 오래되고 지저분하면서 뜯어진 가죽을 표현하려고 하였습니다.

04 오른쪽의 브러시를 이용하여 묘사를 해주었습니다. 재질이 입혀져 있는 상황에서
많은 브러시를 사용하거나 재질 위에 새로 그려주면 텍스처의 느낌이 나지 않을 수
있습니다. 최대한 입혀진 재질 느낌을 살리면서 거칠거나 뜯어진 느낌들과 하이라
이트 표현 등에 용이한, 날카롭게 그려지는 브러시가 부분적으로 묘사하거나 정리
하는 데 잘 어울리는 것 같습니다.

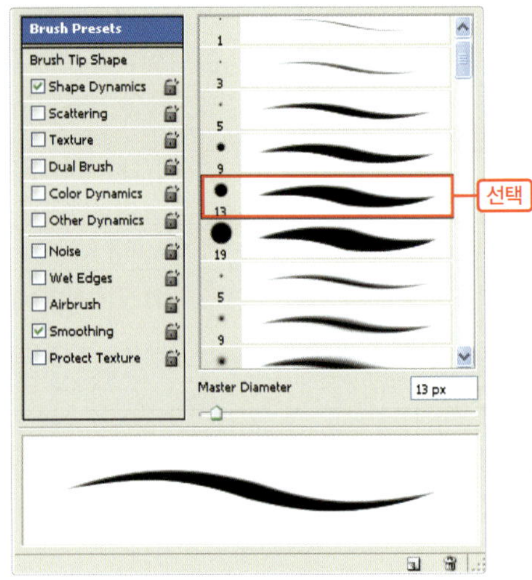

05 이번에는 수레 다리 받침과 나무와 금속들의 부분 묘사를 비교해보겠습니다. 묘사를 진행하면서도
모자란 색감이 있으면 채워주고, 채도가 너무 떨어져 있으면 단축키 Ctrl + U 를 이용하여 [Hue/
Saturation] 대화상자를 연 후 채도를 높이기도 하면서 이미지를 완성해 나갑니다. 묘사란 단순히
자세하게 설명하는 것뿐만 아니라 너무 밝
거나 어두우면 적당하게 색감을 수정하고,
채도가 높으면 안정감 있게 낮추고, 채도가
낮으면 높이는 등과 같은 여러 방법을 사용
하면서 이미지 완성도를 높이는 것도 포함
합니다.

06 툴박스에서 번 툴 █을 이용하여 밝은 부분을 어둡게 해줄 수 있습니다. 위의 이미지는 닷지 툴 █을 지나치게 사용하여 나무의 표면이 재질이 없어질 정도로 밝아졌기 때문에 번 툴 █을 이용하여 어둡게 수정하였습니다. 브러시 또한 날카로운 브러시를 주로 사용하여 나무의 결이나 금속의 찢긴 표현과 못이 박힌 표현 등을 해주었습니다.

이번에는 수레의 몸통을 비교해보겠습니다. 몸통도 마찬가지로 번 툴 █을 이용하여 닷지 툴 █의 지나친 사용으로 인해 밝아진 부분을 어둡게 해주고 날카로운 브러시를 이용하여 나뭇결과 금속의 밝은 부분에서의 빛나는 표현, 그 밖의 자연스러운 표현들을 묘사해주었습니다.

07 이번에는 부분적인 묘사의 마지막으로, 수레의 바퀴에 대해 알아보겠습니다. 밑의 이미지를 보면 나무 바퀴에 금속이 입혀져 있는데, 여기서도 마찬가지로 닷지 툴 █로 인해 밝게 된 부분을 번 툴 █을 이용하여 어둡게 해주고 나무와 금속에서의 자세한 부분들을 표현해주었습니다. 재질의 변화는 없지만 전체적인 완성도 부분에서는 확연한 차이가 있다는 것을 알 수 있을 것입니다. 이처럼 텍스처를 이용해서 날카로운 브러시를 적절하게 활용하면 큰 효과를 볼 수 있을 것입니다.

08 수레의 완성된 이미지입니다. 나무와 금속, 손잡이의 가죽
느낌까지 디테일한 수레의 이미지가 완성되었습니다.

09 다시 한 번 전체적으로 강조해야 할 부분(❶)과 풀어주어
야 할 부분(❷)을 표시하였습니다. 크지 않은 오브젝트지
만 앞부분과 멀리 있는 부분까지의 공간의 거리가 분명
이 있기 때문에 강약을 조절해주면 입체감이 강조되어 보
일 것입니다.

10 가장 앞부분의 이미지입니다. 다른 곳보다 좀 더 완성도 있게 정리해주고, 밝고 어
두운 부분을 좀 더 강조하였습니다.

11 그림자 부분입니다. 수레에서 시작되는 그림자 부분은 가장 어두우며, 점점 멀어질수록 풀어주어 그림자에도 변화를 주었고, 그러한 요소들로 인해 수레의 입체감과 공간감이 잘 표현되었다는 생각이 듭니다.

> **TIP／** 금속 부분이나 나무에서, 찢기고 얼룩진 표현과 오래된 표현을 약간 과하게 주어서 재미를 주려고 하였고, 같은 금속과 나무에서도 색감의 변화를 주어 단순하게 보이지 않도록 하였습니다. 원화는 자유롭게 표현할 수 있기 때문에 그림이 재미없고 단순하더라도 재미를 찾고 즐겁게 작업해보시기 바랍니다.

12 레이어의 속성을 정리해보았습니다. 레이어를 잘 정리해두면 레이어만 보고도 어떤 툴을 사용하여 그림을 그렸는지 한눈에 알 수 있습니다.

> 예제 소스에 있는 psd 파일을 참고하시면 작업 과정을 한눈에 확인할 수 있습니다.
> - 예제 소스\Concept\Object\cart\psd\cart.psd를 참조하세요.

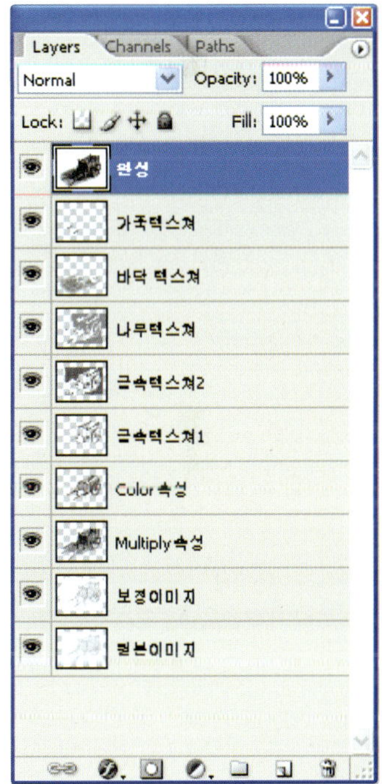

이번에는 게임상에서 마을의 길거리나 필드에 있을 것 같은 수레를 제작하겠습니다. 수레의 안정적인 모델링과 텍스처의 효율적인 사용을 중시하면서 제작하겠습니다.

> 예제 소스에 있는 모델링을 같이 보면서 학습하시기 바랍니다.
> - 예제 소스\tutorial\cart\max map\cart.max를 참조하세요.

● 3ds max 모델링 작업

01 그림과 같이 Length와 Weight의 넓이가 같은 박스를 만듭니다. 수레의 몸통부터 모델링을 해 나갈 예정이므로 Height의 높이는 아직 중요하지 않습니다. 따라서 원화를 보고 대략 정합니다.

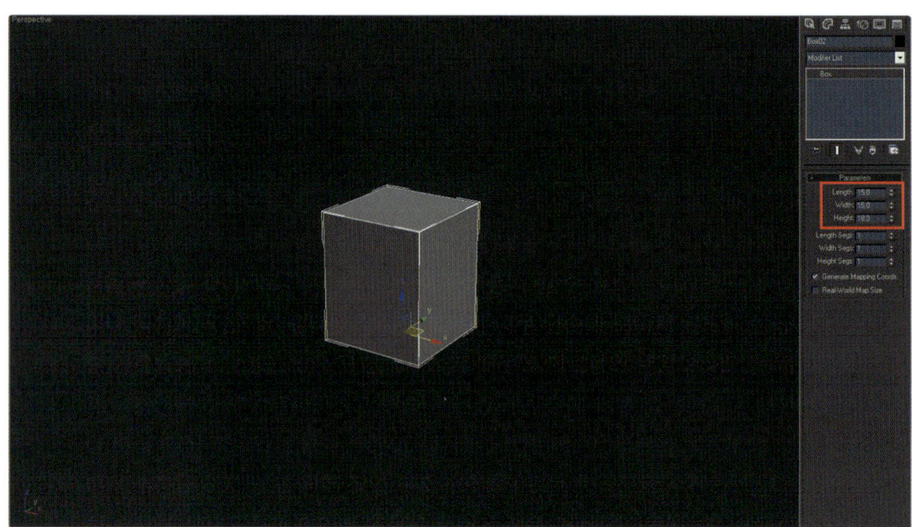

02 박스를 클릭한 상태에서 마우스 오른쪽 버튼을 클릭하여 그림과 같이 Convert To 안의 Convert to Editable Mesh 또는 Poly를 클릭하여 변환합니다. Editable Mesh 안에 있는 Polygon을 선택한 후에 박스의 윗부분과 아랫부분을 지웁니다.

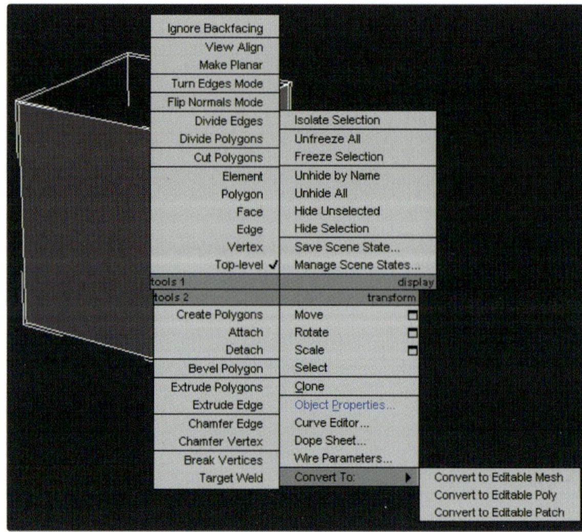

03 수레에서 모서리 부분을 모델링할 것입니다. Editable Mesh 안
에 있는 Edge를 선택한 후에 위쪽으로 모델링합니다. 모델링의
다른 부분들도 염두에 두면서 모델링하시기 바랍니다.

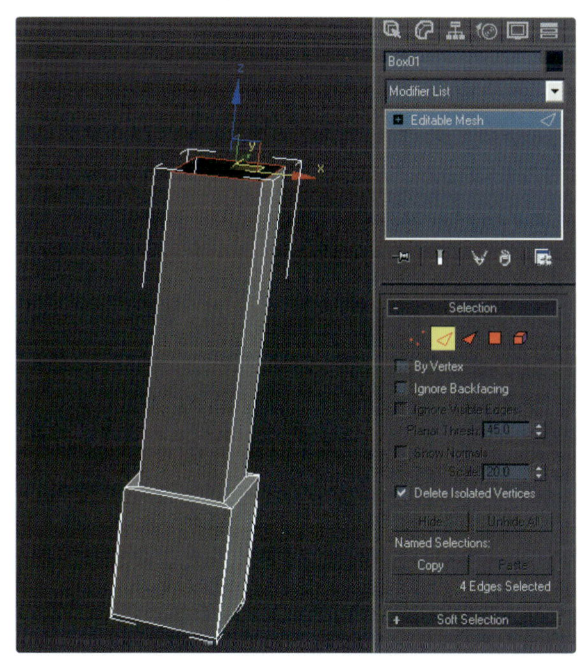

04 원화를 참고하면서 모델링합니다.

> **TIP／** 옆의 이미지를 보면 Edge가 선택되어 있는 것을 알 수
> 있습니다. 우선 Unwrap을 편 후, 텍스처가 완료될 때까지만 사용
> 하고, 완성되면 지울 것입니다. 그래야만 텍스처를 제대로 된 위치
> 에 표현할 수 있습니다.

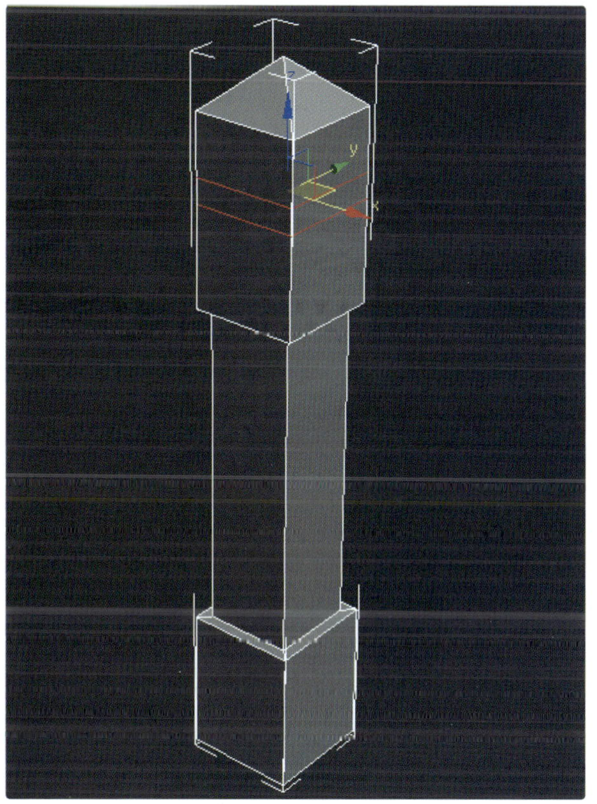

05 그림과 같이 Box를 하나 생성한 후에 Convert To 안의 Convert to Editable Mesh 또는 Poly로 변환하고 모델링합니다.

06 그림과 같이 수레 옆면의 테두리 같은 부분들을 모델링하여 대략적인 위치에 배치합니다. 다른 부분들을 모델링하면서 크기와 위치를 조금씩 변경할 것입니다.

> **TIP** / 모델링의 초반에는 대략 전체 분위기를 보면서 모델링한 후에 자세히 들어가는 것이 좋습니다.

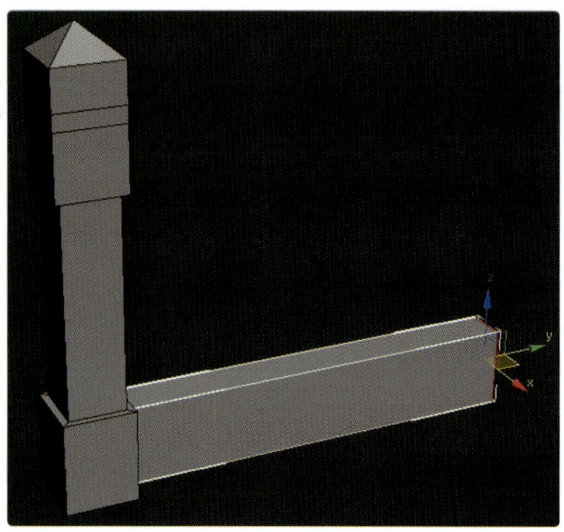
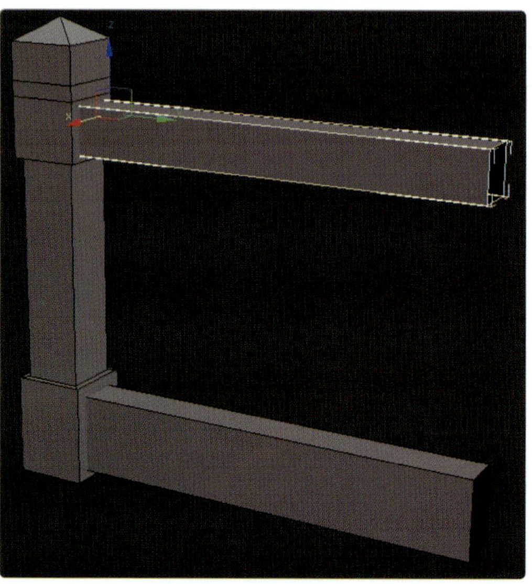

07 Box를 생성한 후, Convert To 안의 Convert to Editable Mesh 또는 Poly로 변환하고 Edge를 클릭한 후, Move와 Scale를 사용하여 그림과 같이 모델링합니다. 원화를 잘 파악하여 크기와 위치를 잘 맞춰주시기 바랍니다.

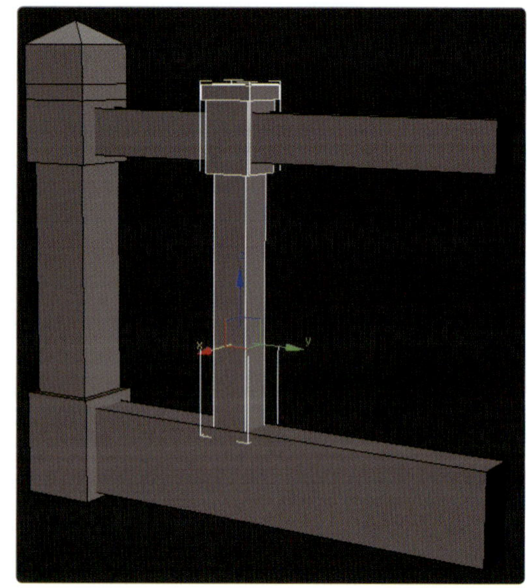

08 앞에서 제작했던 모델링을 복사합니다. 복사한 후에 적절한 위치를 잡아줍니다. 이쯤에서 대략적인
수레의 옆면의 크기를 잡아주는 것이 좋습니다.

09 수레의 앞면도 옆면과 같은 방식으로 모델링합니다. 크기는 옆면의 크기를 참고하면 됩니다.

10 그림과 같이 수레의 옆면을 반대쪽에도 복사합니다. 모든 View에서 전체적인 수레의 크기를 조절합니다.

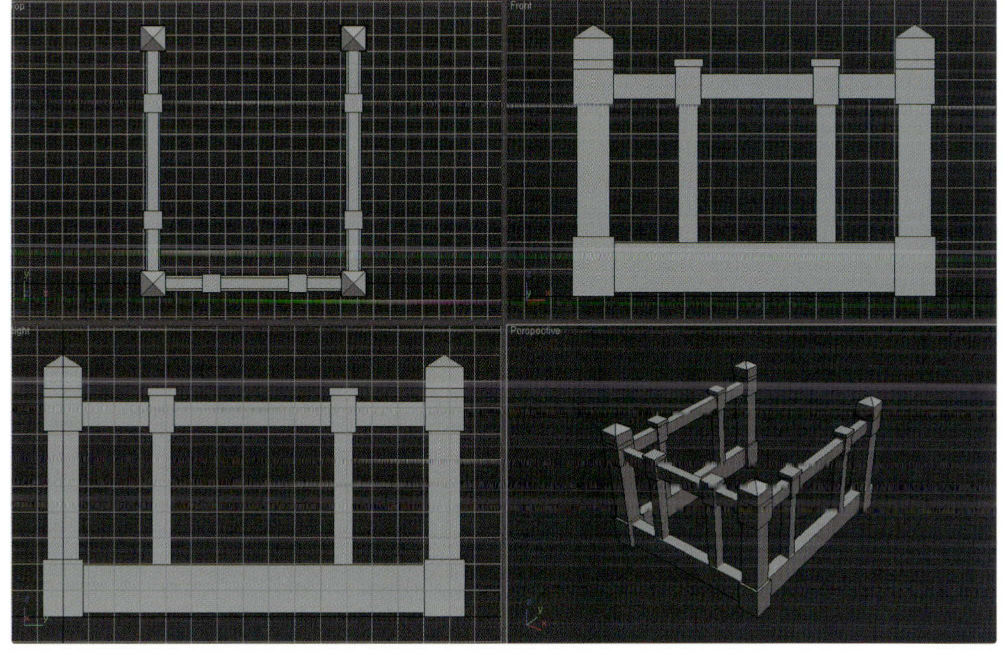

11 Box를 생성한 후 수레의 가운뎃부분에 위치시킵니다. 수레 바깥쪽의 나무로 된 벽 같은 부분이 될 것입니다. 역시 Convert To 안에 Convert to Editable Mesh로 변환합니다.

12 그림과 같이 Box의 윗부분만 제거하면 바깥쪽의 옆면과 아랫면만 남게 됩니다. 이 부분이 수레 옆면이 될 부분입니다.

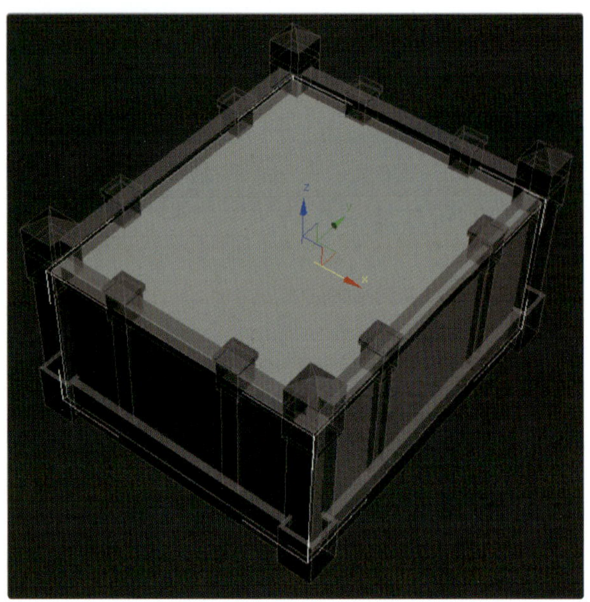

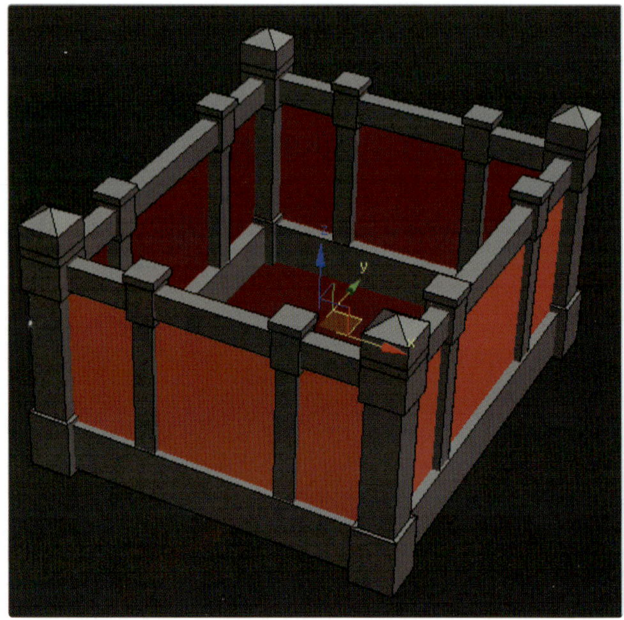

13 수레의 바깥 면과 같이 안쪽 부분도 모델링합니다. 이 부분이 수레의 안쪽 벽면이 될 부분입니다.

> **TIP /** 만일 안쪽에 모델링하였는데, 면이 보이지 않거나 검게 보일 때에는 뒷면이 보이는 것이기 때문에 뒷면들을 클릭한 후, 오른쪽 메뉴에서 Surface Properties 안의 Flip을 클릭하면 면이 다시 거꾸로 됩니다.

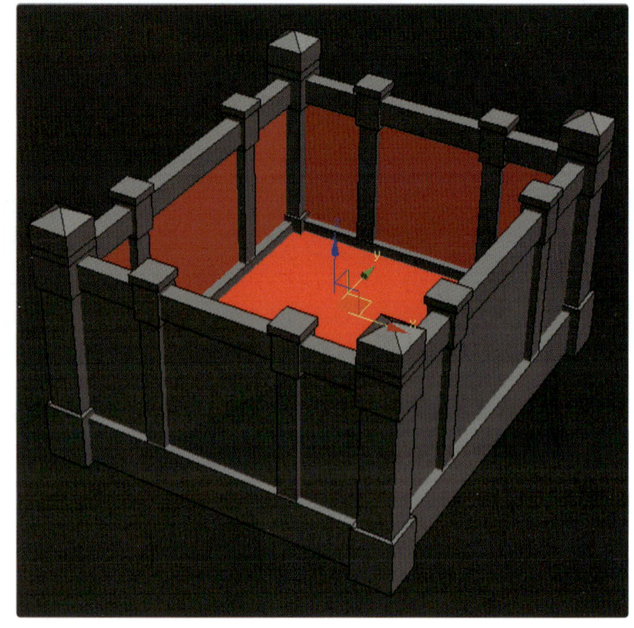

14 그림과 같이 수레의 몸통과 손잡이 부분을 연결시켜주는 곳을 모델링합니다. 우선 길이와 크기는 대략적으로 맞추고 나중에 수정할 것입니다.

15 그림과 같이 모델링합니다. 이와 같은 경우에는 상단에 Angle Snap Toggle을 활성화한 후에 제작하는 것이 좋습니다. 그래야만 정확한 Rotate 값을 알 수 있고, 나중에 수정을 하게 되더라도 편리하기 때문입니다.

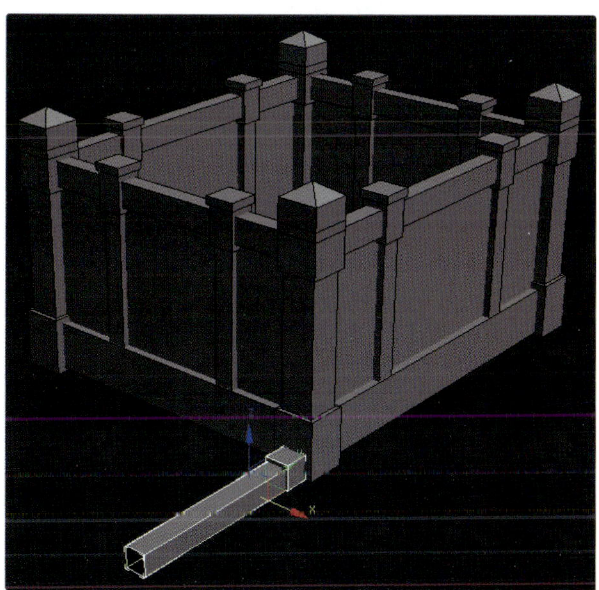
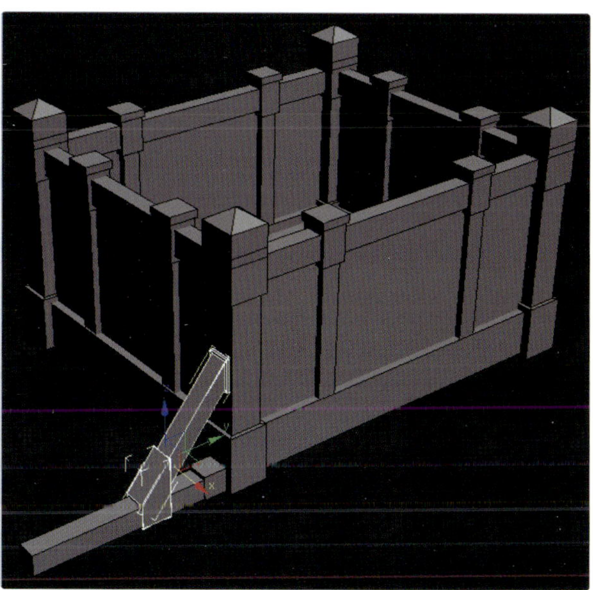

16 수레의 손잡이 부분을 모델링합니다. 그림과 같이 Cylinder로 모델링합니다. Height Segments와 Cap Segments는 1로 설정하고 Sides 값만 8로 설정합니다. 그러면 그림처럼 팔각형 손잡이를 모델링할 수 있습니다.

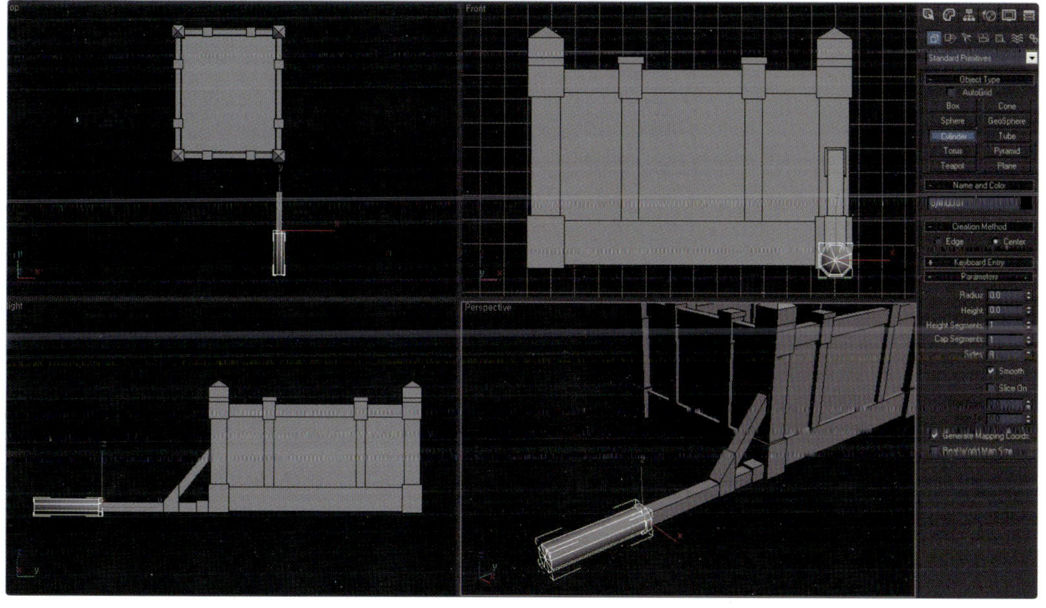

17 이번에는 수레의 아래 받침 부분을 모델링할 것입니다. Box를 하나 생성하여 그림과 같은 위치에
배치합니다. 역시 메시로 변환합니다.

18 Box를 다시 하나 생성한 후에 수레의 밑받침 부분을 이어서 모델링합니다. 대략적인 위치에 배치합
니다. 정확한 위치는 수레바퀴 쪽을 모델링하면서 수정하겠습니다.

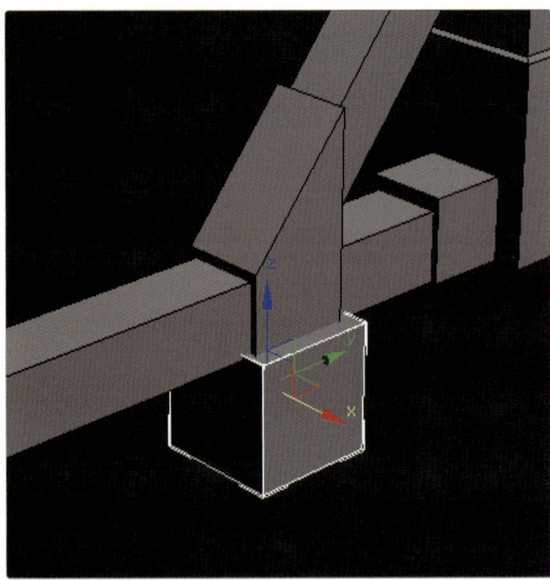
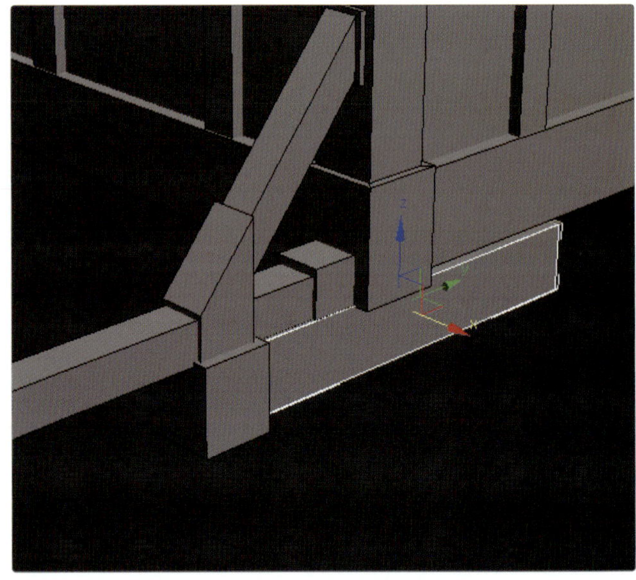

19 Tube를 사용하여 수레바퀴를 모델링하였습니다. 전체적인 View들을 보아 가면서 위치와 크기를 조절합니다. 필
자는 수레바퀴의 경우 Side가 12각이 적당하다고 판단되어 그림과 같이 모델링해주었습니다.

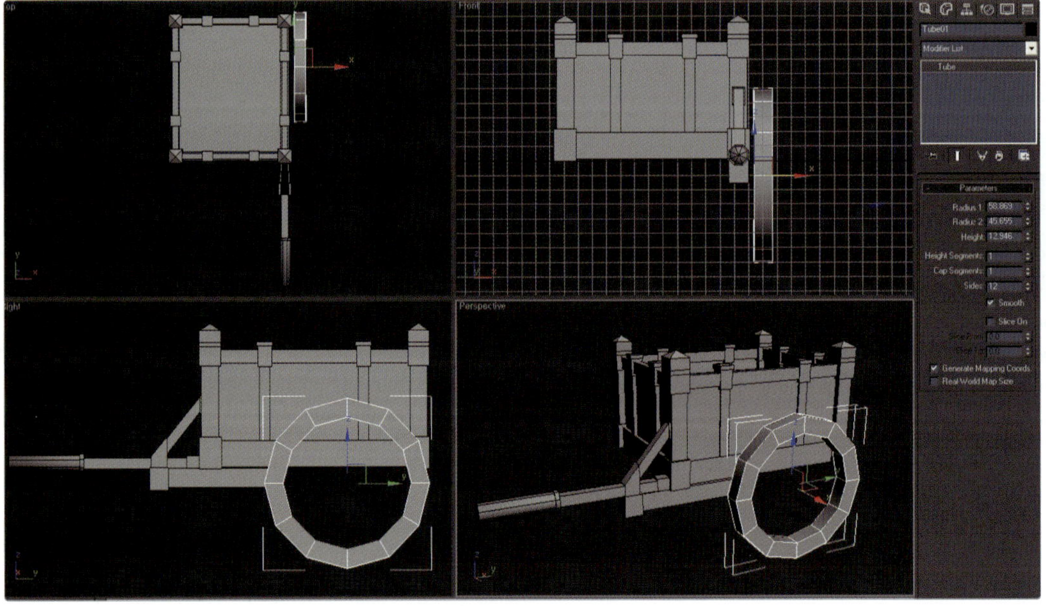

20 수레바퀴의 가운뎃부분을 모델링합니다. 그림과 같이 Cylinder
를 생성합니다. Height Segments와 Cap Segments는 1로
설정하고, Sides 값만 8로 설정한 후에 Move와 Scale을 이용
하여 모델링합니다.

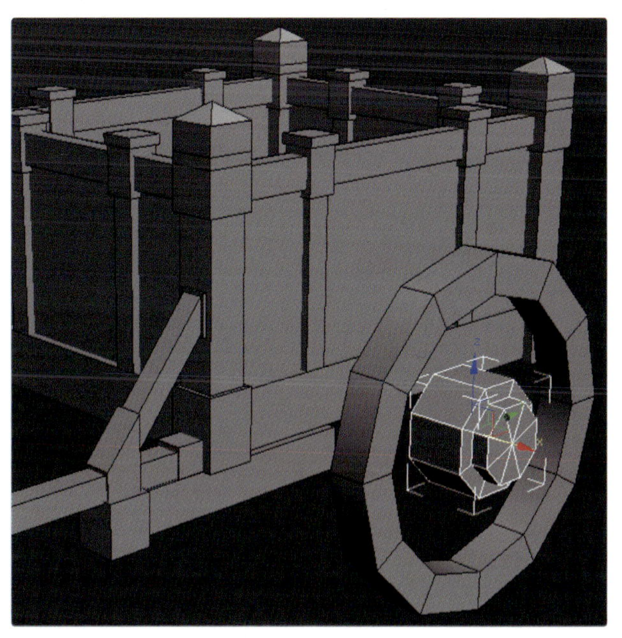

21 양쪽 수레바퀴를 연결하는 부분을 모델링합니다. 수레에 가려서 잘 보이지 않는 부분이므로 Box를
생성하여 사각형으로 모델링합니다. 굳이 잘 보이지 않는 곳은 모델링을 줄여주는 것이 좋습니다.

22 그림과 같은 부분에 Box를 이용하여 모델링합니다. 작은 부분이기 때문에 모델링은 단순하게 하고,
텍스처로 표현하겠습니다.

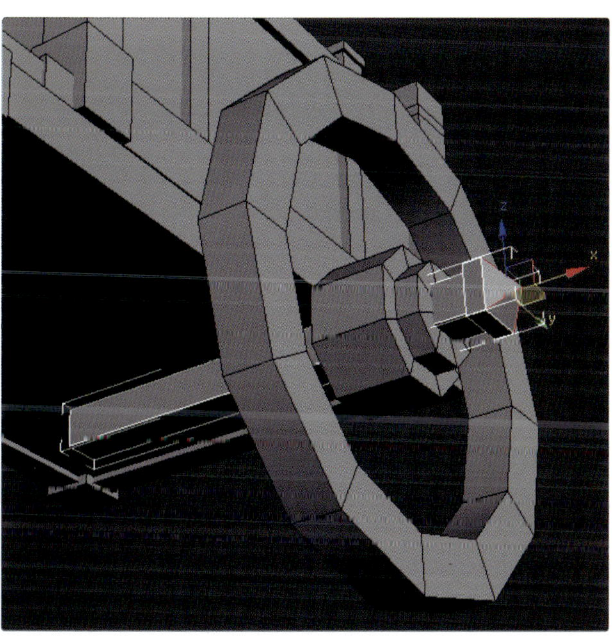

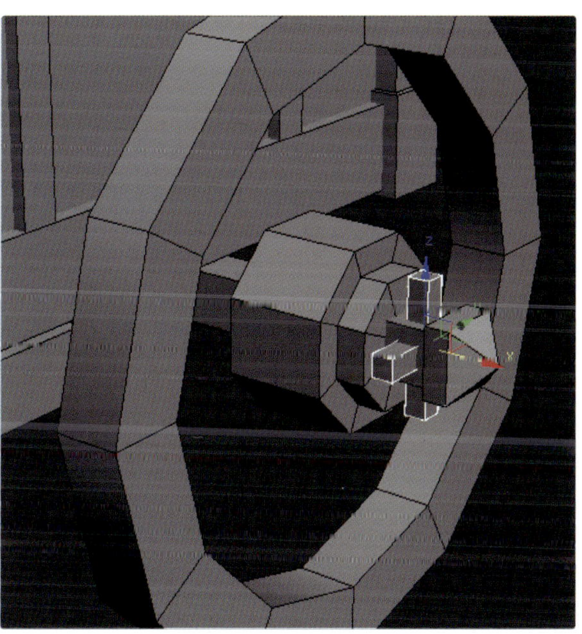

23 수레의 아래쪽에서 본 이미지입니다. 수레의 밑받침 부분을 모델링하였습니다. 역시 중요도가 낮은
부분이므로 간단하게 박스로 모델링하겠습니다.

24 그림과 같이 수레바퀴 축을 둘러싼 부분들을 모델링합니다. 너무 두껍지도, 얇지도 않게 적당한 크
기로 제작합니다.

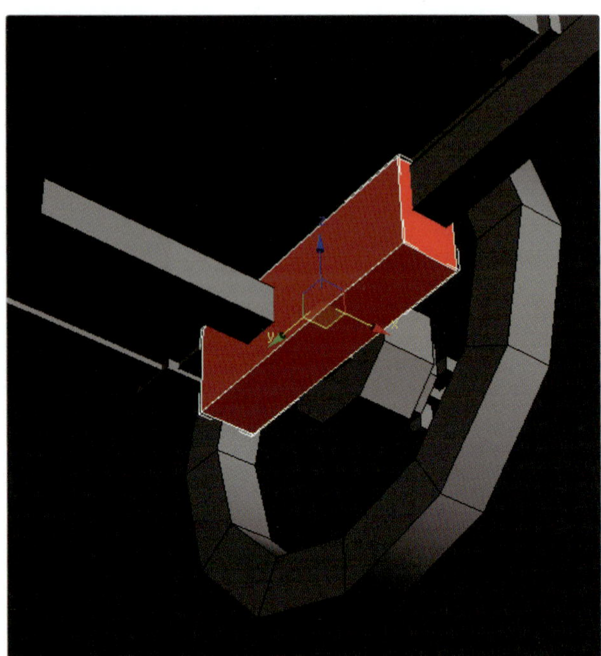

25 수레를 지탱하는 다리를 Box를 이용해서 모델링합니다. 수
레 다리 모델링의 크기를 맞추기가 쉽지 않을 것입니다. 중
요도는 낮지만 크기를 잘 조절하면 수레의 균형이 잘 잡힐
것입니다.

26 그림과 같이 수레의 한쪽 손잡이 부분과 바퀴 부분이 완료되었으면 반대쪽에 복사합니다.

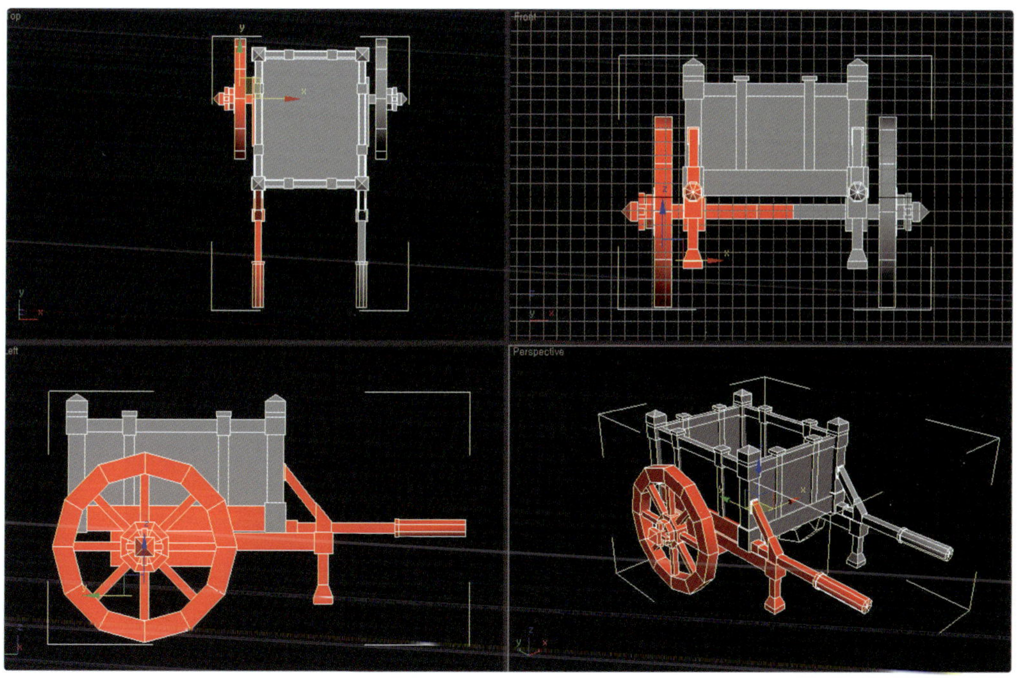

모델링이 일차적으로 마무리되었습니다. 대략적으로 라이트가 구조적으로 잘 받는지 렌더링을 걸어보았습니다. 수레를 원화처럼 기울인 상태에서 확인한 후에 괜찮다는 생각이 들면 원래대로 돌린 후에 Unwrap UVW 와 맵 소스 제작에 들어가겠습니다. 전체적으로 라이트도 잘 받고, 모델링도 안정적으로 완성된 것 같습니다. 만일 문제가 있을 때에는 Unwrap을 펴기 전에 수정해야 합니다.

● Unwrap UVW 작업

01 그림과 같이 Unwrap UVW를 사용하여 맵을 펴보았습니다. 수레에서 중요도가 높은 부분을 위주로 Unwrap을 펴주었습니다. Edit UVWs 창을 보면 Unwrap을 펴준 부분들이 정렬되지 않고, 크게 펴주기만 했습니다. 이유는 서로의 해상도를 먼저 맞춰야 하기 때문입니다.

Edit UVWs 창의 상단에 있는 CheckerPattern(Checker)을 클릭하면 오브젝트에 체크 박스 형태의 텍스처가 입혀질 것입니다. 체크의 크기를 서로 맞춘 후에 Unwrap UVW를 정렬하겠습니다.

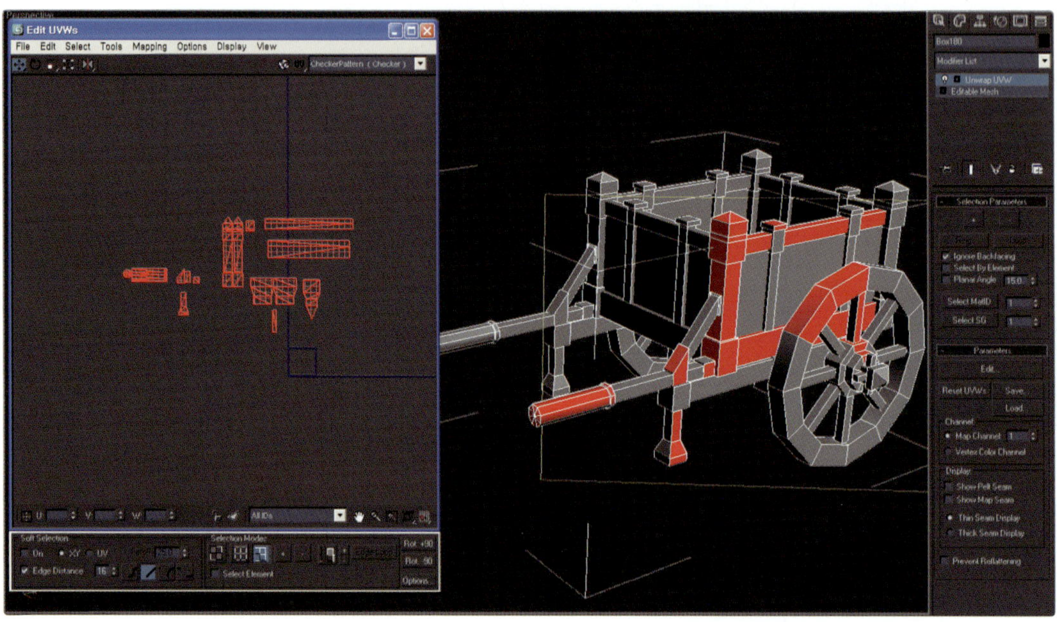

02 그림과 같이 빨간색으로 클릭된 부분들은 256×256 맵들을 써서 처리해줄 것이므로 Unwrap을 지금 펴줄 필요는 없다고 생각합니다.

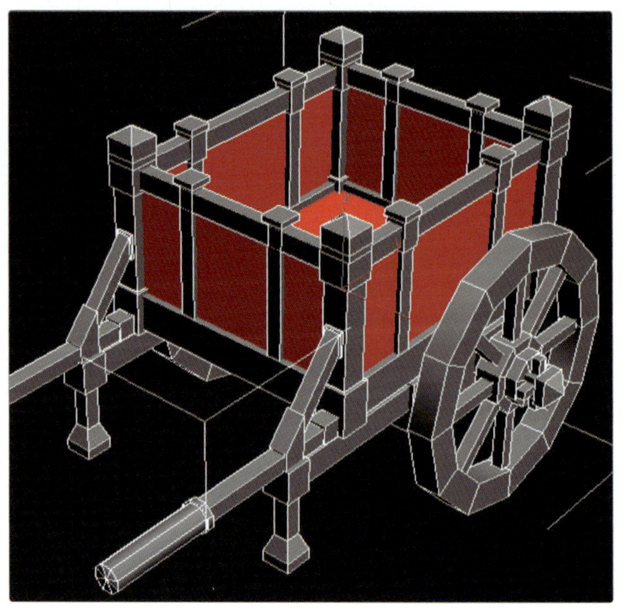

03 그림과 같이 맵 소스를 모두 펴줍니다. Edit UVWs 창에서 아래쪽의 Filter Selected Faces를 클릭하면 모델링에서 클릭된 것만 Edit UVWs 창에 나타납니다. Unwrap UVW를 어떻게 폈는지 하나씩 클릭해 가면서 확인하는 동시에 포토샵에 있는 맵 소스도 참고해 가면서 진행하기 바랍니다.

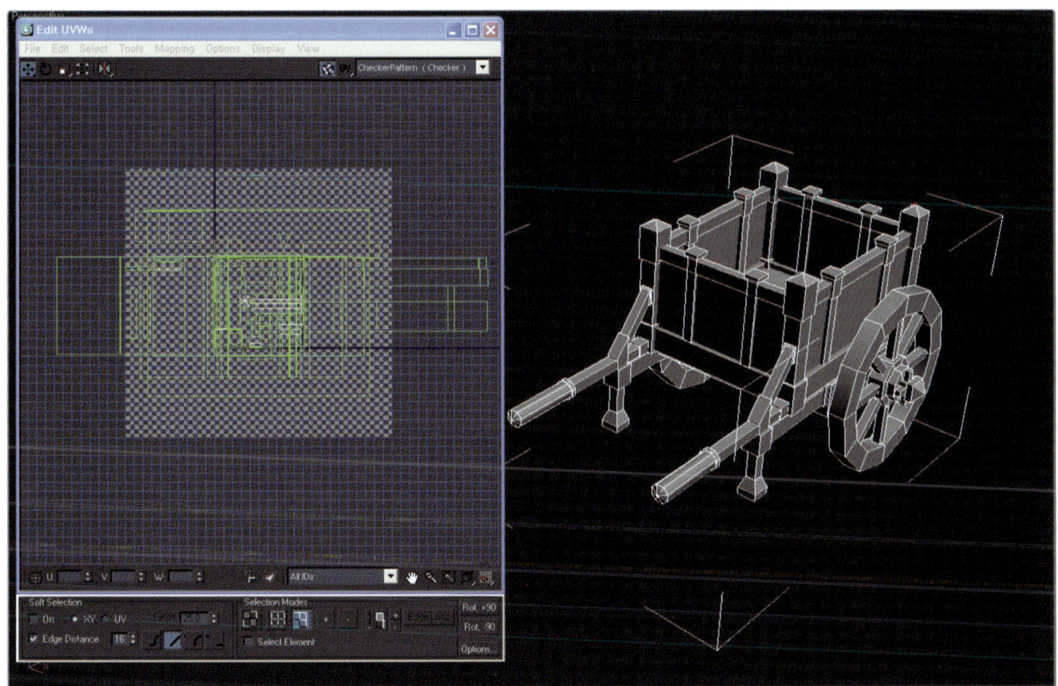

Step

4 수레(Cart) 텍스처 제작

이제부터 앞에서 작업한 UVW맵 작업을 바탕으로 포토샵에서 텍스처 작업을 하겠습니다. 이번 수레 텍스처 제작은 총 다섯 장 분량입니다. 512×512 한 장, 512×256 한 장, 256×256 세 장을 사용하겠습니다.

예제 소스에 있는 텍스처를 같이 보면서 학습하시기 바랍니다.
- 예제 소스\tutorial\cart\max map\cart_01.psd~cart_05.psd를 참조하세요.

01 그림과 같이 Max에서 UVW맵을 펴서 포토샵으로 가져옵니다. 여기까지의 과정은 앞의 다른 오브
젝트와 동일합니다. 그림과 같이 먼저 수레의 나무 벽면 같은 부분을 제외한 Unwrap 이미지를 제
작합니다.

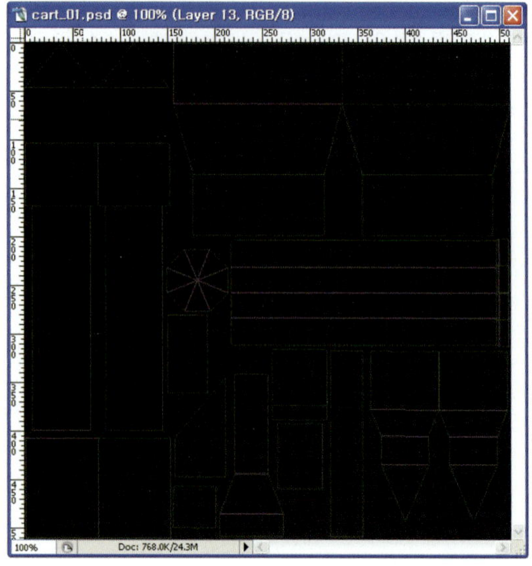
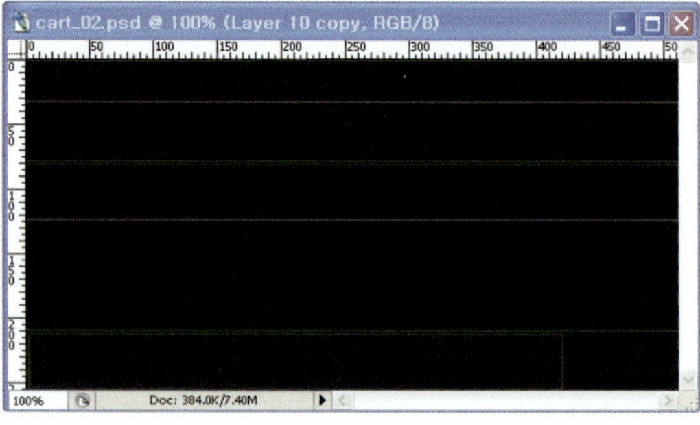

02 수레의 나무 벽면 같은 부분에 사용될 256×256 사이즈 세 장을 만듭니다. 아직 Unwrap을 펴주지
않았기 때문에 텍스처에는 아무것도 없습니다. 다른 부분에 적용될 텍스처의 대략적인 크기를 확인
한 후에 사이즈는 256×256 세 장 정도면 좋겠다는 생각이 들었습니다.

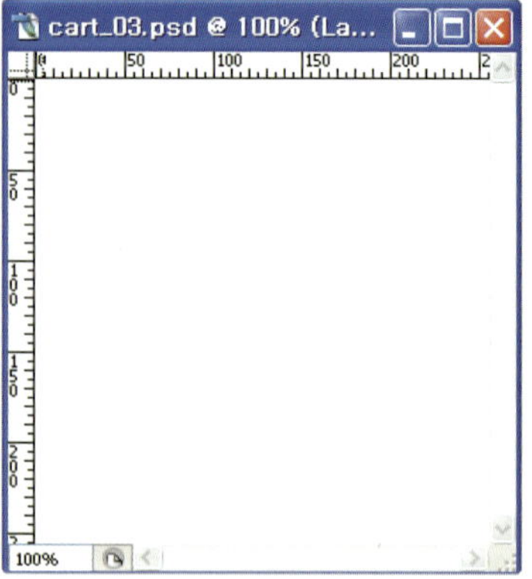
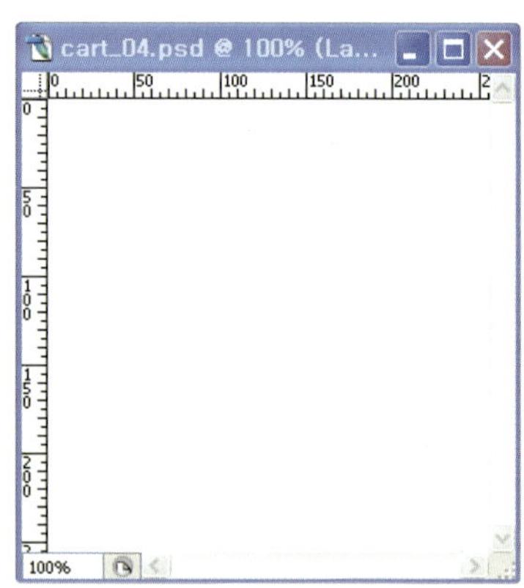
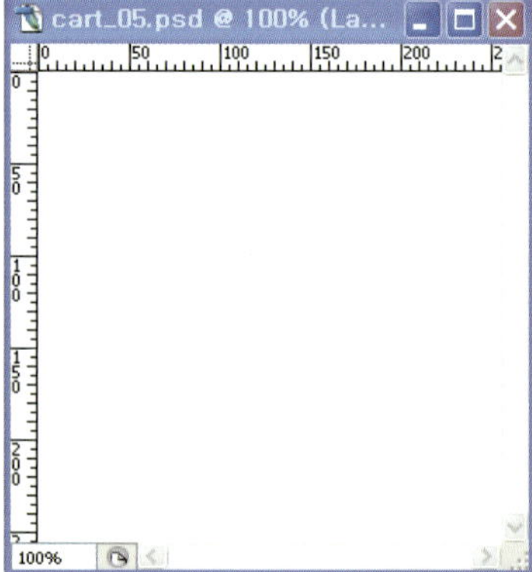

03 첫 번째 텍스처를 제작하겠습니다. 그림과 같이 기본 쇠 재질을 넣어줍니다. 이번 수레에서는 처음에 약간 밋밋하면서도 적당한 재질의 쇠 소스를 넣어 주겠습니다.

04 그림과 같이 볼트 같은 부분들을 먼저 제작하겠습니다. 볼트와 같은 종류는 전에 제작했던 소스를 같이 사용해도 괜찮을 것입니다. 여기까지 제작한 다음에 모델링에 적용합니다. 볼트의 크기는 적당한지 등과 같은 느낌을 보기 위한 과정이라고 생각하면 됩니다.

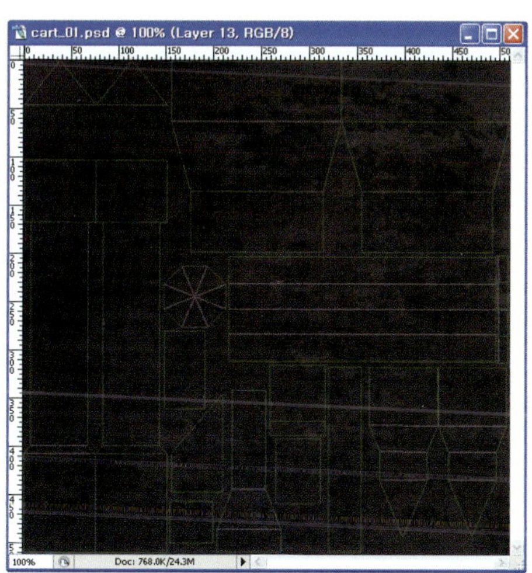
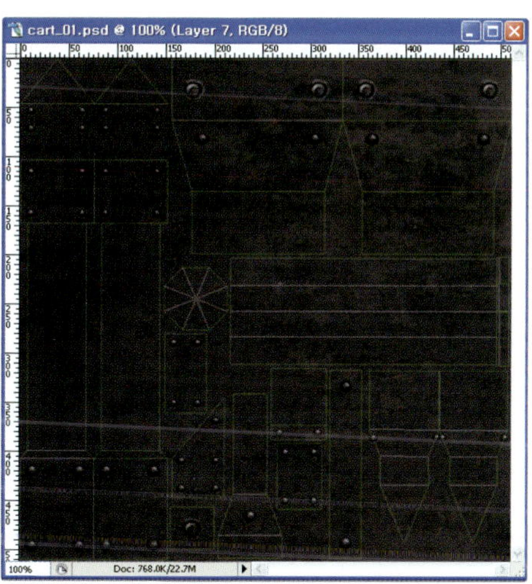

05 수레의 바퀴 부분에 대한 부분적인 맵 소스와 수레 모서리 쪽 텍스처를 제작하였습니다.

> **TIP** / 맵 소스를 제작할 때 모델링된 오브젝트에 적용해보면서 잘 어울리는지, 맞게 잘 들어가 있는지 확인해보는 것이 좋습니다.

06 다른 부분들을 제작하면서 웨더링을 일차적으로 적용해보았습니다. 필자의 생각보다 웨더링이 약한 것 같은 느낌이 듭니다. 추후에 웨더링을 추가해야 할 것 같습니다.

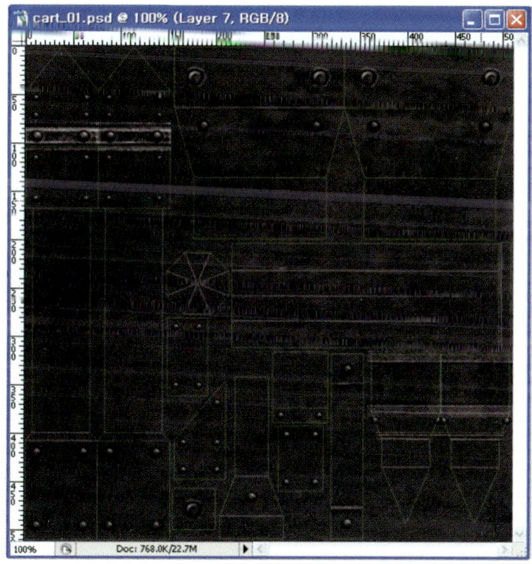
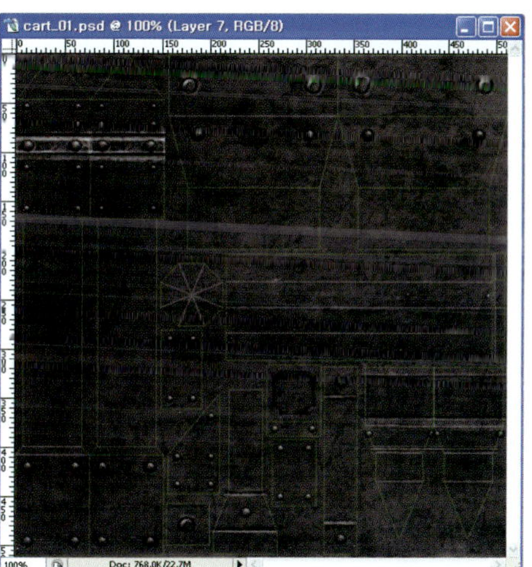

07 손잡이 부분을 제작하였습니다. 손잡이 부분은 가죽과 같은 재질입니다. 쇠 같
은 손잡이에 가죽이 입혀져 있는 느낌을 주면 될 것입니다.

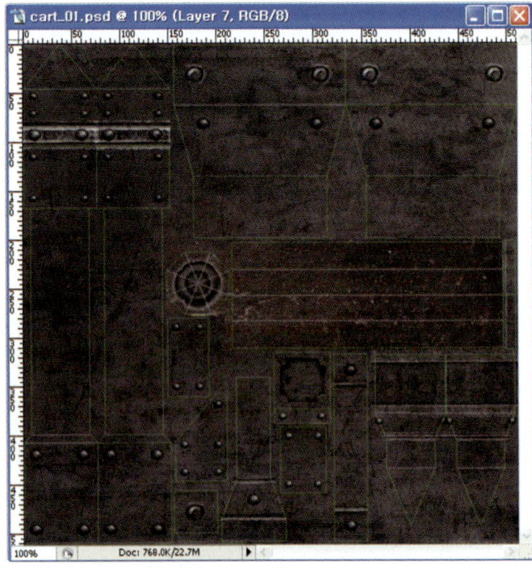

08 손잡이 가죽 위에 가죽을 고정시켜 주고 있는 노끈 같은 것을 제작하였습니다. 노끈 같은 경우에는 너무
원색 느낌이 나지 않도록 하고, 수레에 잘 어울릴 정도로만 제작합니다. 그렇다고 Saturation 값을 너무
낮추면 가죽과 구분이 안 갈 수도 있기 때문에 적절히 제작합니다.

09 그림과 같이 2차적으로 웨더링을 적용하였습니다. Opacity 값을 잘 조절하여 웨더링을 적절히 적용합
니다.

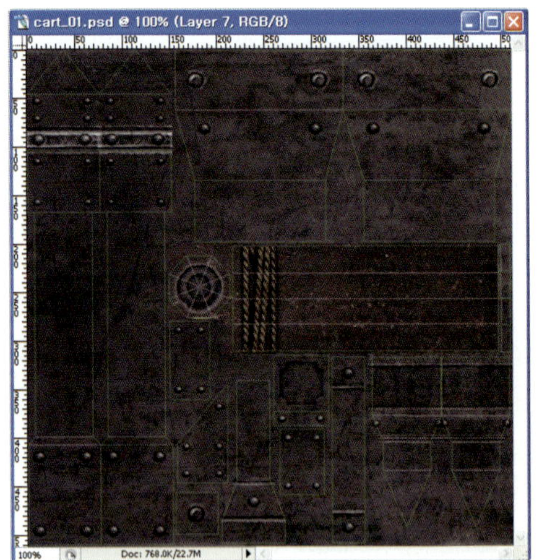

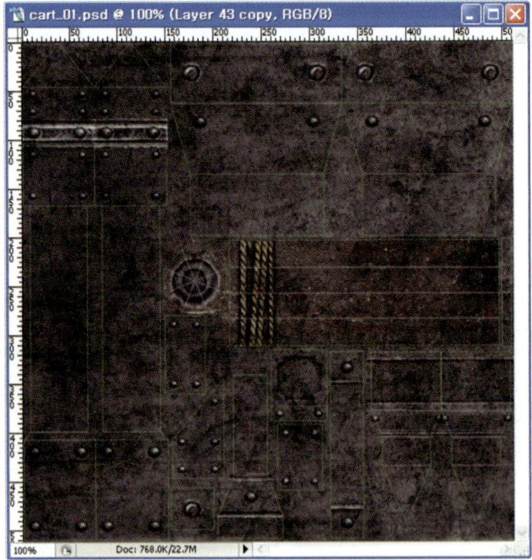

10 그림과 같이 나무 재질을 모두 적용합니다. 나무 재질에는 쇠 재질에 쓰였던 웨더링을 중복해서 쓰지 않도록 해야 합니다. 나무와 쇠에 모두 같은 웨더링을 주면 나무와 쇠 재질이 구분되지 않을 수 있기 때문입니다.

11 텍스처의 전반적인 어두운 부분을 제작합니다. 너무 어둡지 않도록 주의해야 합니다.

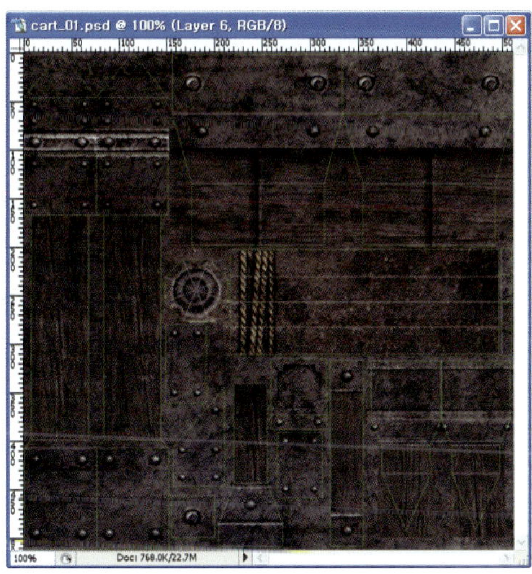
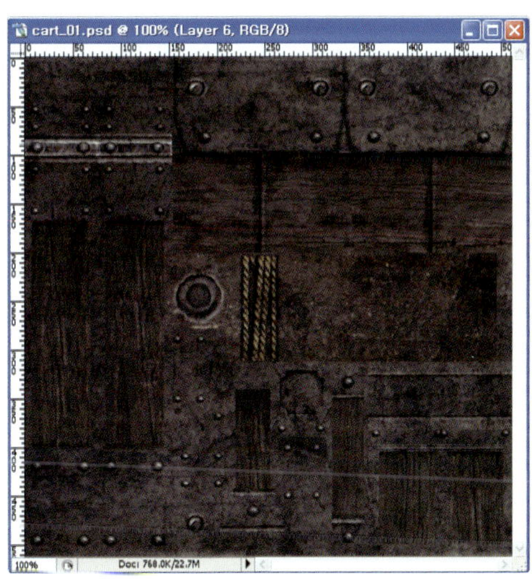

12 그림과 같이 텍스처의 하이라이트 부분을 적용하였습니다. 나무보다는 쇠 쪽에 좀 더 하이라이트를 표현하였습니다.

13 쇠 재질 부분의 하이라이트가 조금 약한 것 같아서 Layer를 하나 추가한 후에 하이라이트를 그려주었습니다.

> **TIP /** 실무에서는 하이라이트를 게임 엔진에 따라 어느 정도까지 그려 주는지 각각 다른 경우가 있습니다.

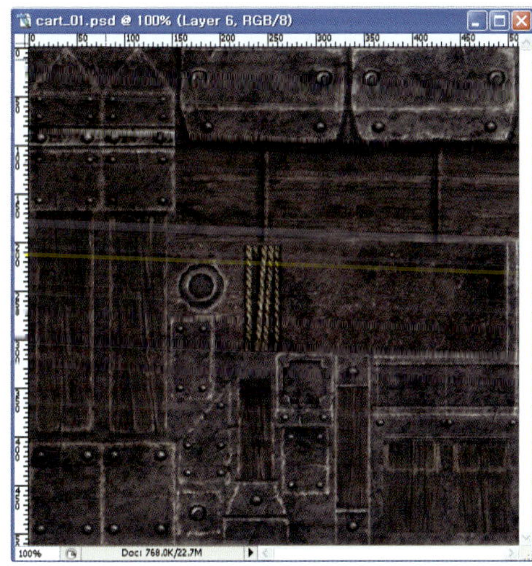
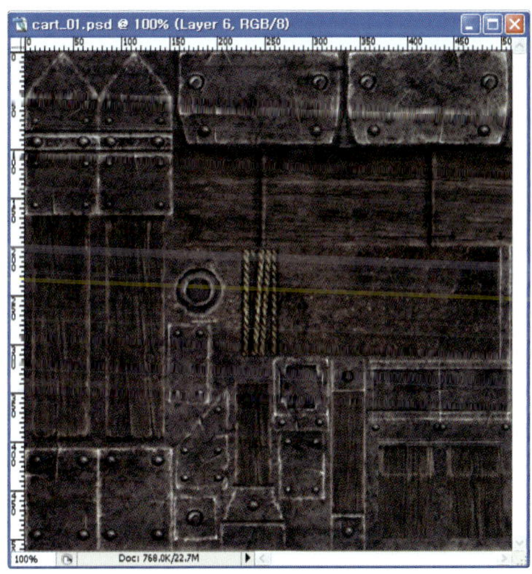

14 이제 두 번째 텍스처를 제작하겠습니다. 우선 전체적으로 나무가 적용될 부분을 제외하고 적당히 쇠
재질을 적용합니다.

15 이전과 동일한 방법으로 볼트 같은 부분을 제작합니다. 단순함을 피하기 위해 같은 모양은 피하는
것이 좋습니다.

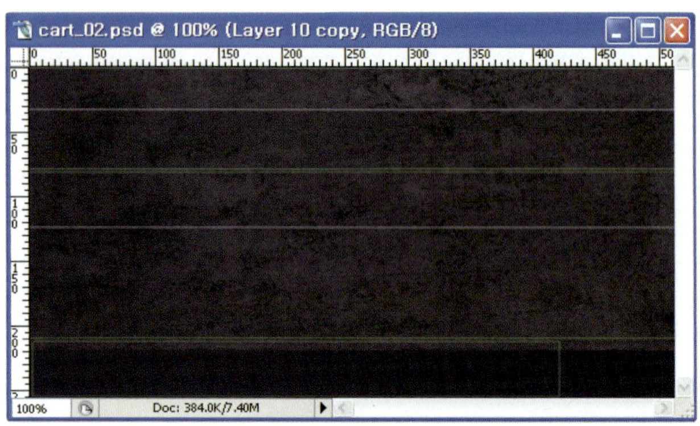
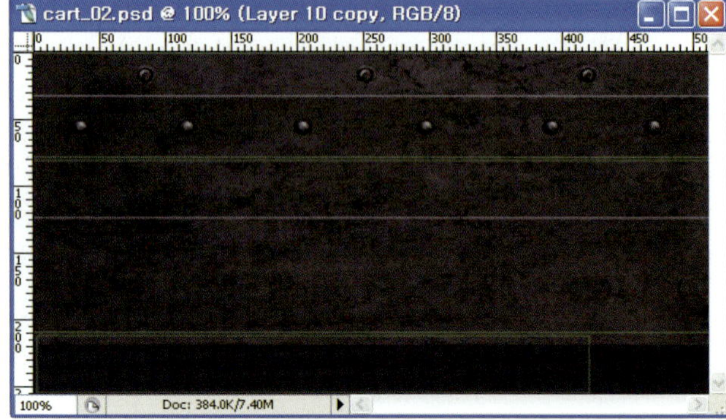

16 웨더링을 두 단계로 적용하였습니다. 이전에 적용하였던 웨더링과 동일하게 제작합니다.

17 나무 재질을 제작합니다. 이전에 사용한 재질을 이용해도 큰 문제는 없다고 생각되어 같은 것으로
제작하였습니다.

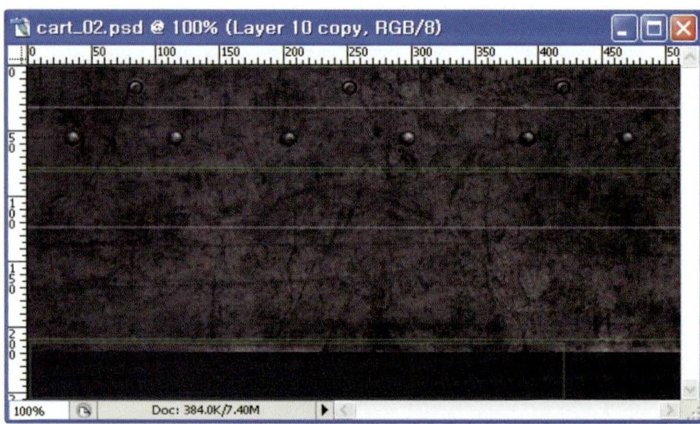
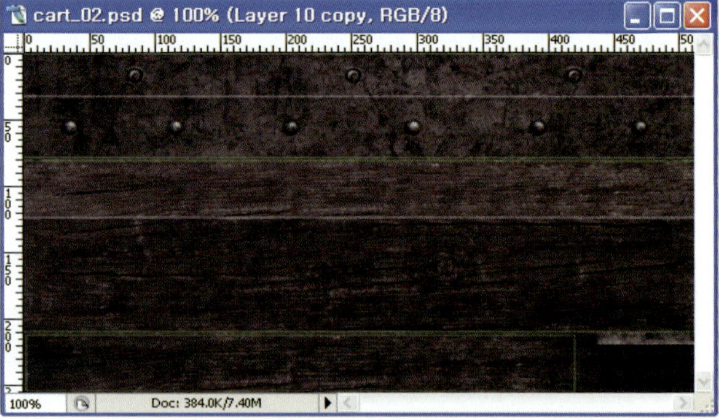

18 전체적으로 하이라이트를 적용합니다.

19 수레에서 첫 번째로 제작하였던 하이라이트와 같이 한 번 더 하이라이트를 적용하겠습니다.

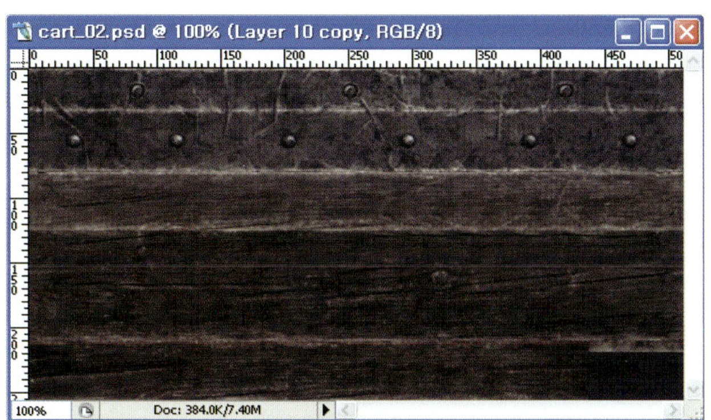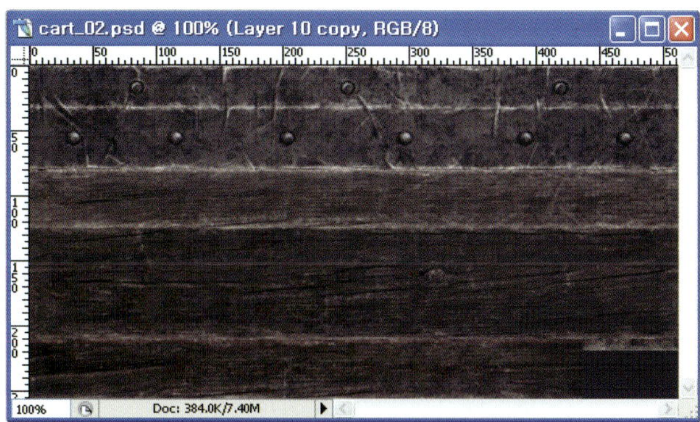

이제 수레에서 Unwrap을 펴주지 않았던 부분들을 제작하겠습니다.

20 그림과 같이 기본으로 쓰일 원화와 비슷한 느낌의 나무 텍스처를 제작합니다. 전체적인 느낌은 전에 제작했던 나무 재질과 다르게 제작합니다. 수레에 나무 재질이 많이 쓰이므로 색감과 질감으로 다양성을 주겠습니다.

21 기본으로 제작하였던 맵 소스 위에 쇠 모양의 텍스처를 적용합니다.

22 이번에도 기본으로 제작하였던 맵 소스 위에 쇠 모양의 텍스처를 적용합니다. 쇠 모양의 텍스처는 앞에서 제작하였던 원통과 비슷한 소스입니다. 같은 장소에 배치되는 것이라면 같은 소스를 공유해도 큰 문제가 없습니다.

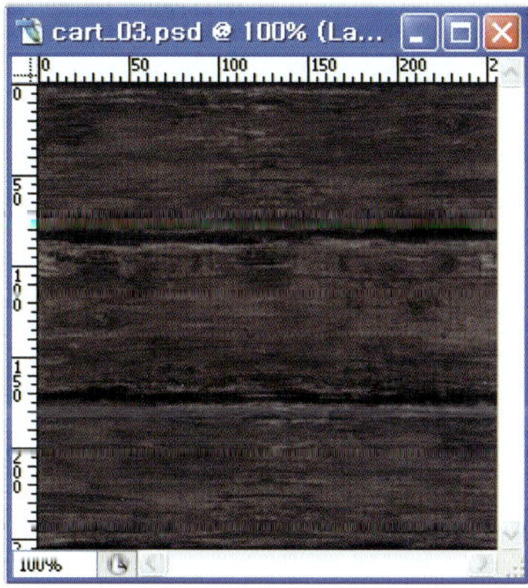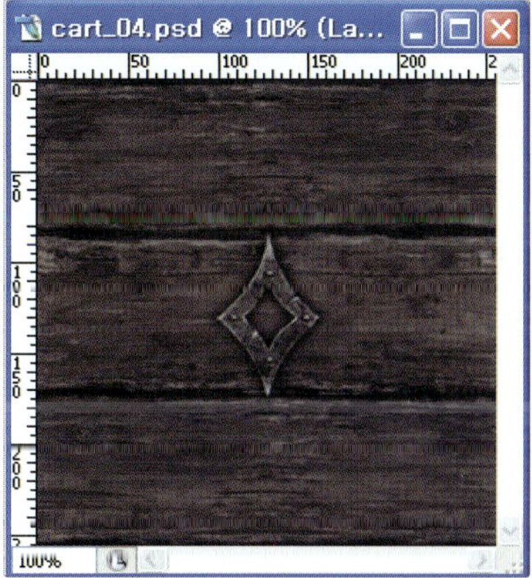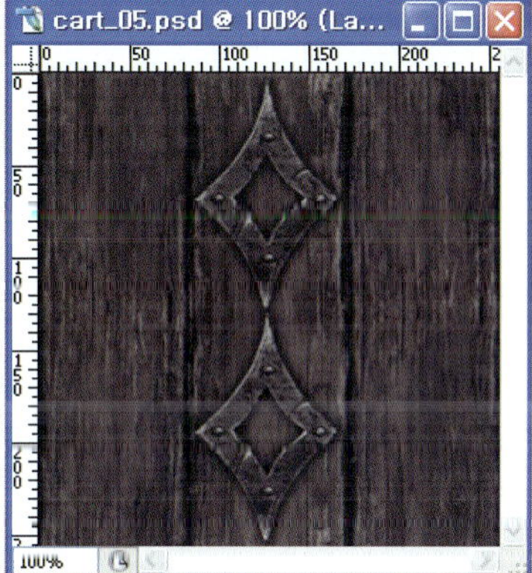

그림과 같이 제작된 텍스처를 모델링에 적용한 후 나머지 면들도 모두 UVW맵을 맞추었습니다. 전체적으로 텍스처가 모델링에 잘 적용된 것 같습니다. 일반적으로 실무에서의 제작한 수레와 같은 경우에는 아래 작업물보다 모델링이 더 간단한 경우가 많습니다. 작업 과정을 잘 참고하여 학습했다면 다른 비슷한 모델링도 좀 더 쉽게 할 수 있을 것입니다.

용암 지형 콘셉트 배경 일러스트

오랜 시간 동안 황폐한 상태로 서 있는 기괴한 지형들로 이루어진 용암지대에 어느 날 갑자기 용암
이 터져서 메말라 생긴 구멍들과 지형에 생긴 골로 용암들이 흐르고 있는 상황의 일러스트입니다.

>> 수레 작업에 대한 콘셉트와 3D 결과물의 조율

지금까지 수레를 디자인하고 스케치하여 컬러링을 거치는 작업 과정과 원화를 바탕으로 3D 모델링과 텍스처를 제작하여 완성하기까지의 작업 과정에 대해 알아보았습니다. 수레 또한 게임에서 흔히 볼 수 있는 오브젝트이고, 마을 구성에 필요한 요소입니다. 크기와 디자인이 다양하게 나올 수 있는 수레이지만 마을 콘셉트에 맞게 소박하고 기능에 충실한 디자인이라 생각하였습니다. 재질 또한 이전 오브젝트들과 같고 수레만이 가지고 있는 재질까지 생각하면서 디자인하였고, 마을 규모에 맞게 적당한 크기로 수레에 대한 콘셉트 작업을 진행하였습니다.

적당한 크기에 기본적인 형태를 생각하며 스케치를 하였지만, 너무 단순해 보이지 않게 면을 다양하게 나누어주었으며, 마감과 견고함까지 생각하면서 작고 튼튼한 이미지의 수레를 표현하려고 하였습니다.

3D 제작 시 수레의 손잡이를 원화와 같이 둥글게 표현하는데, 3D에서는 그 부분만 따로 제작해야 하기 때문에 효율적인 3D 작업 측면에서는 그리 좋지 않은 디자인이라 할 수 있습니다. 이 부분 같은 경우는 효율적인 3D 제작을 위하여 일반적으로 다르게 제작해야 하지만, 이 책에서는 원화의 느낌을 최대한 살려서 안정적인 모델링 제작을 하는 것이 중요하다고 판단하였고, 원화 그대로 제작하였습니다.

실무에서는 효율적인 측면을 고려하여 제작하기 때문에 원화에서의 비주얼이 아무리 잘 어울리고 예쁘게 그려졌다고 하더라도 때로는 어쩔 수 없이 예쁘지 않게 나오는 경우가 종종 있습니다. 이 경우에는 3D 제작 시 원화를 보고 그대로 만들 것인지, 조금 수정을 할 것인지, 아예 다르게 만들 것인지를 잘 판단해야 하기 때문에 3D 제작 쪽에도 쉽지 않은 결정을 내려야 하는 상황일 것입니다. 그래도 게임이 컴퓨터에서 잘 돌아가야 하는 것이 우선순위이기 때문에 서로 고충은 있지만 그래도 마지막 결과물이 나오는 3D 제작에서의 선택이 중요하다고 할 수 있습니다.

이처럼 원화가와 3D 제작자는 많은 의견을 나누어 가장 효율적인 결과를 내는 것이 중요하며, 이러한 결과물들이 게임에 도움이 될 수 있도록 해야 할 것입니다.

완성된 수레(Cart)

지금까지의 원화 중에서 디자인적으로 다소 복잡해 보이지만 적절한 디자인과 표현으로 원화를 완성하였으며, 3D에서도 원화에 충실하면서도 묵직한 수레를 완성하였습니다.

◀ 원화 완성

◀ 3D 완성

UDK 엔진에 적용시켜본 수레(Cart)

수레의 주변에 박스와 원통이 자연스럽게 어울릴 수 있도록 배치하였고, 가로등 불빛이 수레에 비치도록 했습니다.

콘셉트와 3D를 이용한 다리 제작하기

이번에는 마을 중간을 가로질러 냇물이 흐르고 있는 부분에 놓이게 될 다리를 제작하겠습니다.

지금까지의 작업은 오브젝트 하나만을 완성하는 것이었지만, 이번에 들어갈 다리는 연결되는 부분이나 주변의 간단한 오브젝트들까지 생각하며 들어가야 할 작업이기 때문에 지금까지 제작한 오브젝트들보다는 양이 조금 많을 것 같습니다. 그리고 배경의 주변에는 파이프가 들어갈 예정인데, 그 이유는 이 오브젝트의 콘셉트가 광산촌이고, 지하에서 나오는 가스나 열을 연료나 동력원으로 활용하는 마을이라는 설정을 해야 하기 때문입니다.

그럼 지금부터 다리 디자인과 3D 제작 학습을 시작하겠습니다.

Step 1 ## 다리(Bridge) 스케치 학습하기

마을의 중앙에 냇물이 흐르고 있고, 양쪽 바닥을 자연스럽게 이어줄 것이기 때문에 다리는 눈에 쉽게 들어오는 구조물일 것입니다. 중요한 구조물이기는 하지만 다리에 콘셉트를 부여하여 화려하게 디자인하면 오히려 마을과 어울리지 않을 수 있습니다. 따라서 바닥면과 자연스럽게 이어지면서 약간의 곡선을 이용하여 정적인 마을 분위기에 어울리는 디자인을 해보겠습니다.

> 예제 소스에 있는 스케치 파일을 같이 보면서 학습하시기 바랍니다.
> ■ 예제 소스\Concept\Object\bridge\jpg\bridge sketch01.jpg~bridge sketch04.jpg를 참조하세요.

◉ 스케치 1단계

위에서 설명한 것들을 바탕으로 스케치하겠습니다. 오브젝트들과는 달리 바닥과 다리와 연결되는
구조물들까지 생각하며 투시를 잡아야 하기 때문에 스케일을 크게 생각하며 들어갑니다. 처음에는
부분적인 것들을 생각하지 말고 커다란 덩어리만 생각하면서 스케치를 해야 합니다. 그런 다음, 조
금씩 면을 나누면서 형태를 잡아 나갑니다.

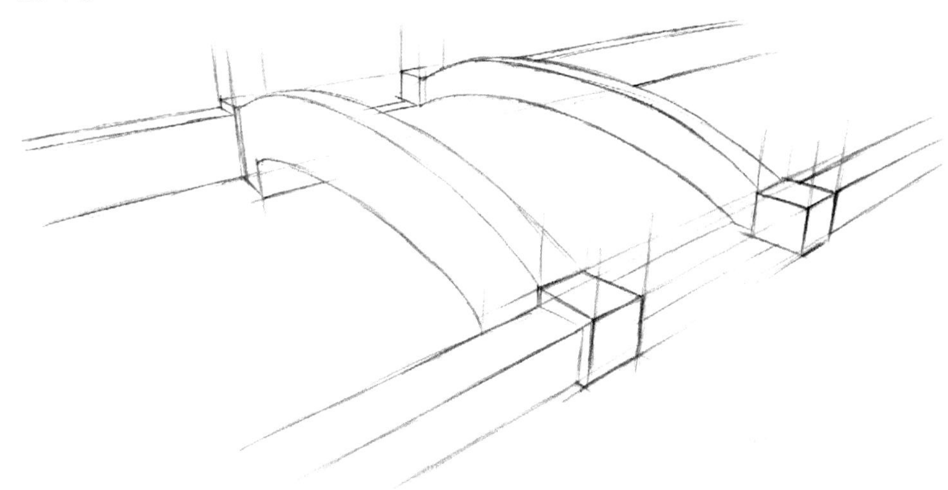

◉ 스케치 2단계

크게 들어간 1단계에서 이젠 제법 다리 분위기가 나게 면을 나누어줍니다. 이때에는 주변의 오브젝
트들도 생각하면서 들어가야 합니다. 2단계에서 스케치가 마음에 들게 나오면 3단계부터가 재미있
어집니다. 세부적인 디자인이 들어가기 전 단계이니만큼 전체적인 형태에 대해서 다시 한 번 확인하
며 신중하게 잡습니다.

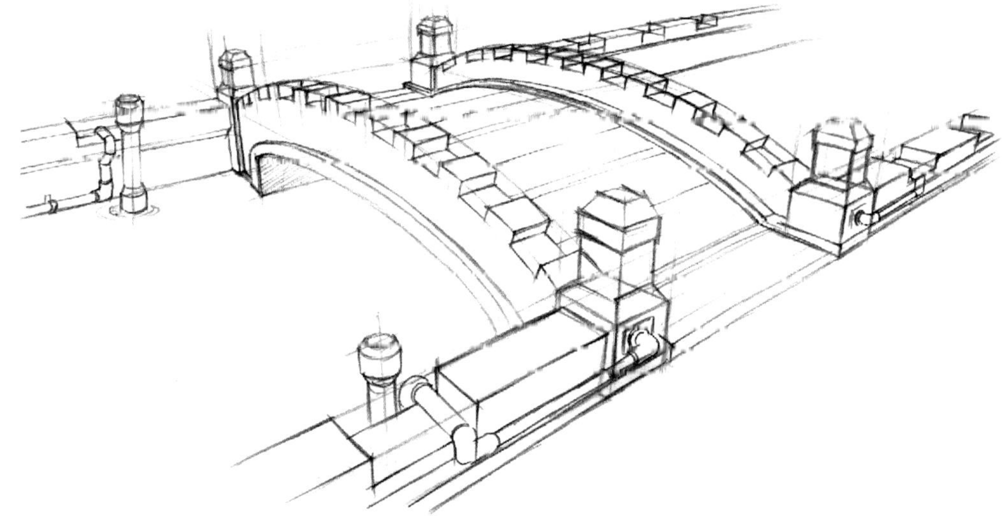

◉ 스케치 3단계

러프하게 잡은 다리의 형태를 좀 더 나누면서 형태를 정리합니다. 또한 부분적인 형태들의
구조들이 3D 제작이 가능한 구조인지를 생각하면서 다리 형태를 정리합니다.

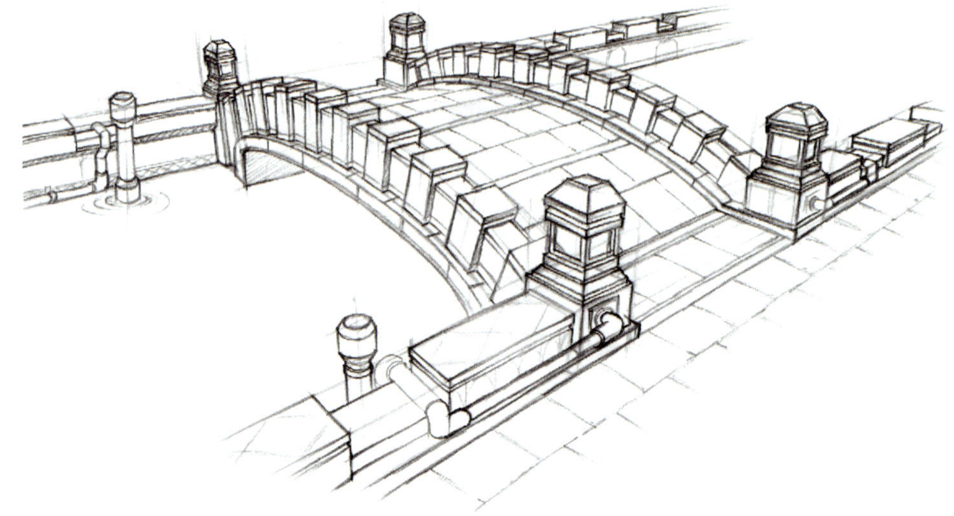

◉ 스케치 4단계

다리의 제작 원화가 완성되었습니다. 다리 외에도 연결되어 있는 난간과 물 속으로 연결된 파
이프의 디자인까지 고려하여 완성하였습니다. 하나의 정리된 오브젝트들은 그것들만 완성시
키면 되지만, 다리의 경우에는 주변과 연결된 구조이기 때문에 주변을 고려하여 같이 디자인
하게 됩니다. 이번 작업에서는 돌 재질이 새롭게 나왔으며, 금속 재질에서도 문양들이 들어간
다양한 금속 재질이 디자인되었습니다. 금속에 그려진 문양들은 기본 도형으로 이루어져 있
으며, 화려하지도 않고, 단순하지도 않은 문양을 넣어 보았습니다.

TIP / 수레와 마찬가지로 러프한 이미지를 그린 후에 라이트 박스를 이용하여 완성하였습니다. 그렇기 때문에 다리의 문양까지 자세하게 표현할 수 있었습니다.

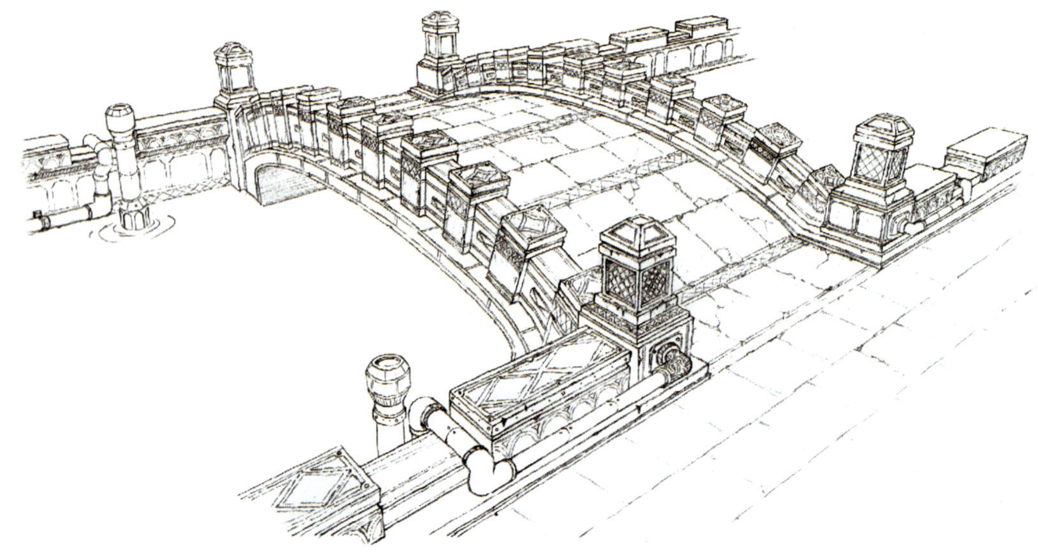

2 다리(Bridge) 컬러링 작업 학습하기

규모가 조금 커졌다고 해서 컬러링 과정이 달라지지는 않습니다. 마찬가지로 스캔을 받고 이미지 보정을 거친 후에 지금까지 했던 순서에 따라 채색하면 됩니다. 다소 복잡한 형태이기 때문에 보정 과정에서 시간이 걸릴 수도 있습니다. 스케치에서 지저분하게 그려졌다면 포토샵에서 좀 더 깔끔하게 보정하여 컬러링 작업이 수월하도록 준비해보시기 바랍니다. 작업 과정은 다음과 같습니다.

> 예제 소스에 있는 컬러링 파일을 같이 보면서 학습하시기 바랍니다.
> - 예제 소스\Concept\Object\bridge\jpg\bridge color01.jpg ~ bridge color08.jpg를 참조하세요.

▶ 컬러링 1단계

01 지금까지 스캔한 이미지는 [Levels] 대화상자를 열어 보정하였습니다. 하지만 수레에서도 잠깐 설명하였듯이 [Curves] 대화상자를 이용하여 보정 작업을 하는 분들도 많이 있습니다. 직접 해보면 사용 요령은 금방 알 수 있을 것입니다. [Levels] 대화상자의 경로는 [Image→Adjustments→Levels]이고, 단축키는 Ctrl l L 이며, [Curves] 대화상자의 경로는 [Image→Adjustments→Curves]이고, 단축키는 Ctrl + M 입니다. 잎으로 빠른 작업을 원하는 분들은 단축키를 외워 사용하는 것이 좋습니다.

02 보정 전과 후의 이미지입니다. 이미지 크기가 작아서 세부적인 부분까지는 안 보이지만, 문양이나 디테일한 형태들을 정리해주었습니다.

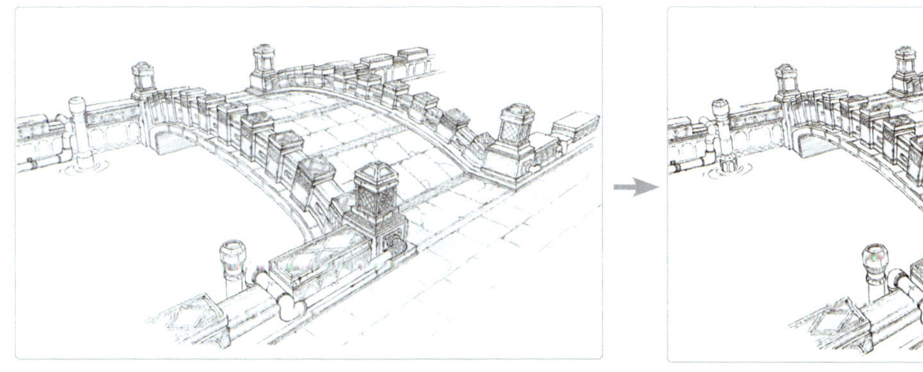

▲ 보정 전　　　　　　　　　　　　　　　　　　　▲ 보정 후

▶ 컬러링 2단계

01 이번 단계에서도 지금까지의 오브젝트 작업과 마찬가지로 모노톤으로 채색합니다. 앞에서도 잠깐 언급한 바와 같이 다리 또한 하나의 오브젝트라고 생각하고 앞에서 작업한 것처럼 컬러링해주면 됩니다. 다만 차이가 있다면, 컬러링을 해주어야 할 이미지가 커졌고, 좀 더 복잡해졌으며, 작업 시간이 조금 더 걸린다는 것입니다. 하지만 하나의 커다란 오브젝트로 보고 전체적으로 보면서 가까운 부분과 멀리 있는 부분에 따라 채색의 강약을 조절하여 채색하면 복잡해 보이던 다리가 단순하게 보일 것입니다. 일단 모노톤으로 채색할 새 레이어를 만듭니다.

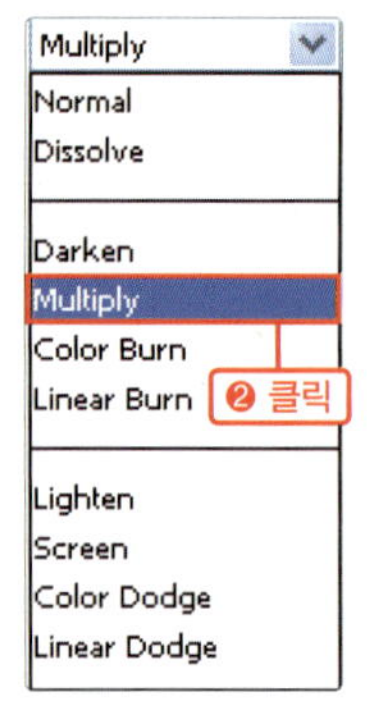
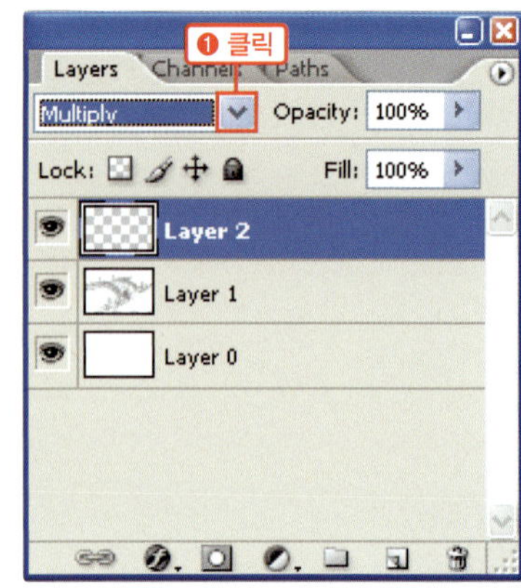

02 기본적인 브러시를 이용하여 모노톤으로 다리를 채색하였습니다. Multiply 속성을 이용한 컬러링 방법으로 손쉽게 명암과 그림자를 표현하였습니다. 복잡해 보이지만 밝은 부분과 어두운 부분, 그리고 그림자 부분 이렇게 세 가지로 나누어 채색을 하였더니 모노톤 채색만으로도 형태가 단순해졌습니다. 컬러링 작업이 진행되고 완성되어도 최소한 지금 보이는 이미지의 분위기를 기준으로 완성되어야 하며, 여기서 좀 더 강조해주어야 할 부분과 풀어주어야 할 부분들을 표현하면서 훨씬 입체적이며, 공간감이 극대화된 다리의 이미지가 완성되어야 할 것입니다. 앞으로는 이러한 부분들에 대해 알아보겠습니다.

● 컬러링 3단계

01 이번에는 모노톤 이미지에 컬러를 입힐 것입니다. 먼저 오른쪽 그림처럼
새 레이어를 하나 만들어야 합니다. 그리고 만든 레이어 속성을 Color 속
성으로 만든 다음, 기본 브러시를 사용하여 돌과 금속 재질의 색을 정하
여 채색합니다.

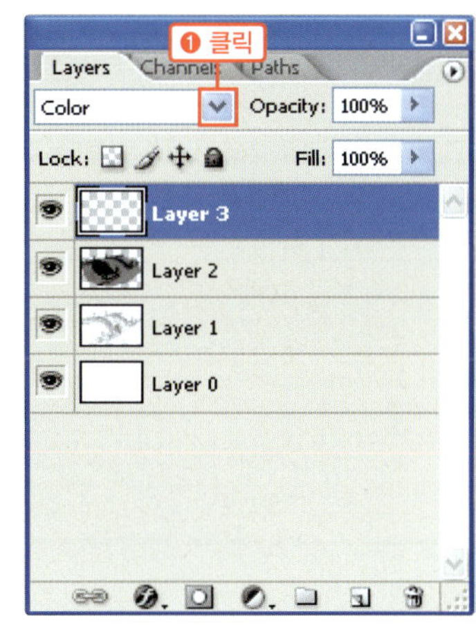

02 기본 브러시를 선택한 후에 금속과 돌의 색을 지정하여 채색하였습니다. Color 속성상 저채도의 색
으로 채색되었지만, 색의 차이는 크지 않을 것입니다. 그 이유는 Color 속성은 밑에 채색된 색의 명
임에 따라 색이 칠해지므로 커다란 면직이 깊은 명암으로 채색된 다리의 경우는 그 안에서 색감의
차이를 내기가 쉽지 않을 것이기 때문입니다. 이러한 경우에는 다른 속성들을 선택하여 채색해보거
나 레이어 속성을 이용하는 방법이 아닌, Normal 속성으로 채색할 수도 있습니다. 필자는 다른 방
법을 소개하기보다는 전체적인 작업 결과물이 일관성을 갖도록 Color 속성으로 소개할 것입니다.

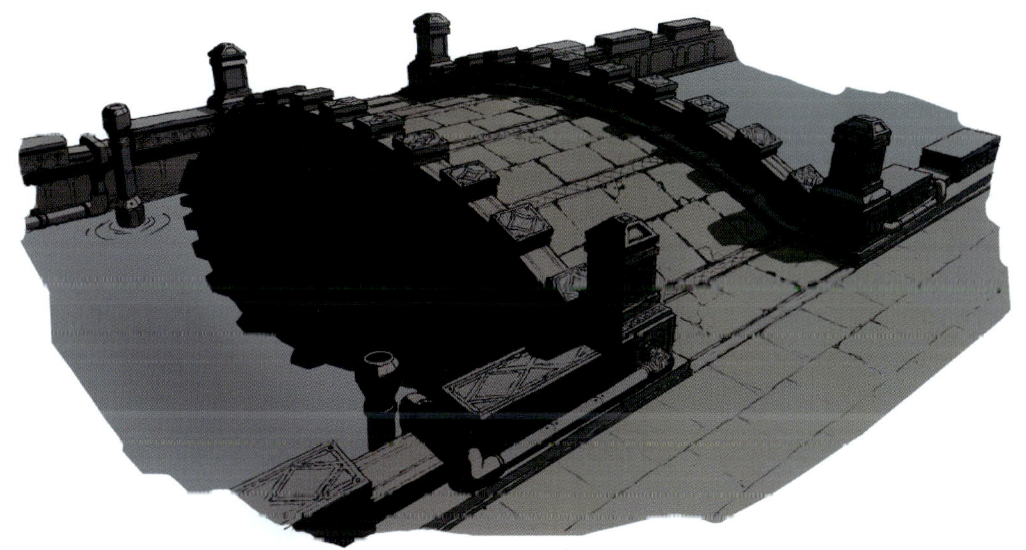

◉ 컬러링 4단계

01 이번 단계에서는 앞에서의 바닥 재질에 텍스처 느낌을 넣어보겠습니다. 다음은 약간의 보정을 한 돌과 금속 재질 텍스처입니다. 금속 텍스처는 앞에서 쓰인 텍스처와 같은 것입니다. 전체적인 오브젝트들이 일관성이 있는 재질로 이루어지도록 하기 위해서 같은 것을 사용했으며, 앞으로도 그렇게 할 것입니다.

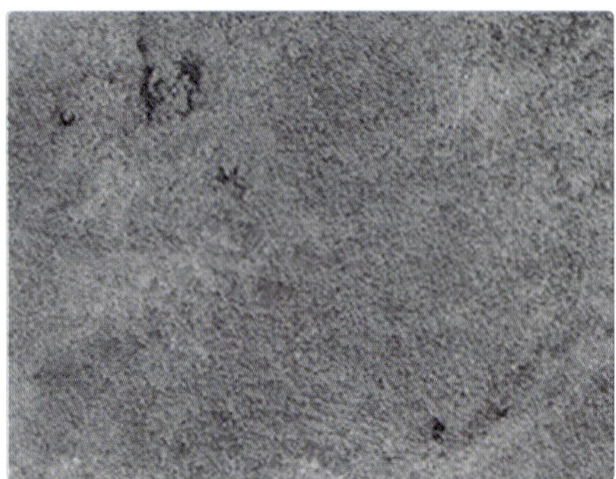 

02 돌과 금속 재질 텍스처의 레이어를 Overlay 속성으로 바꾼 이미지를 확인할 수 있을 것입니다. 레이어를 하나하나 새로 정리하면서 작업을 하면 쉽게 수정할 수 있습니다. 하지만 남기지 않아도 될 레이어들은 합쳐서 정리해야 파일 용량이 커지지 않습니다. 레이어의 개수와 파일의 용량은 비례하기 때문입니다.

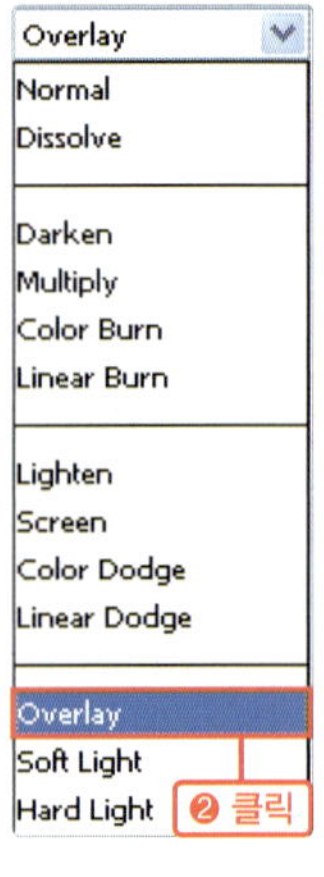 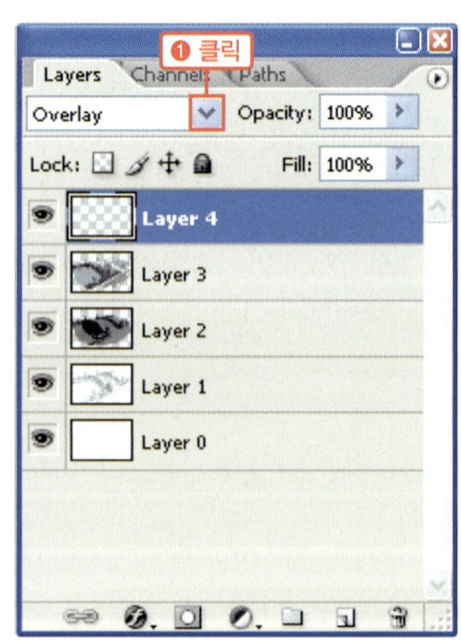 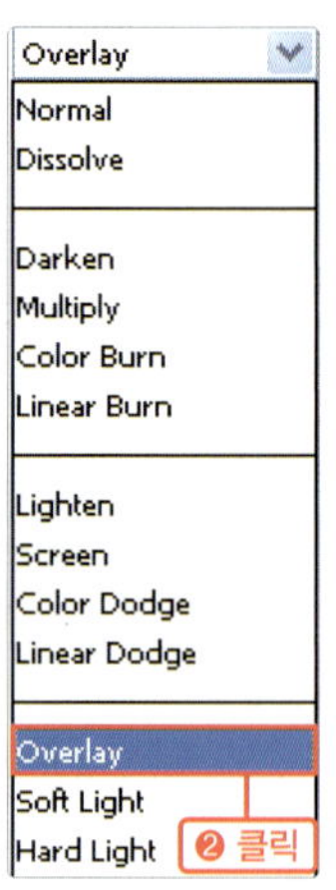 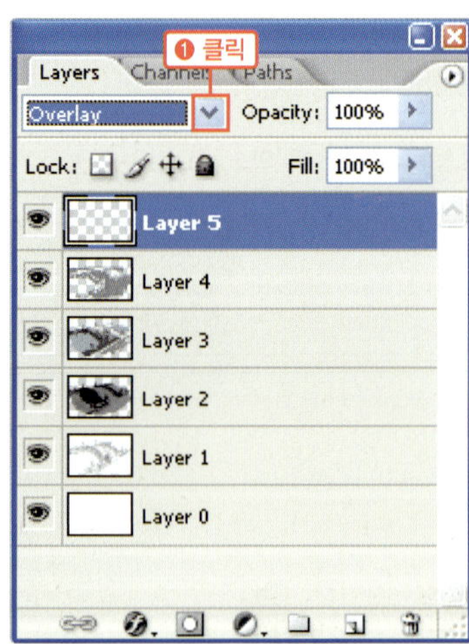

03 이제 텍스처가 입혀진 다리의 이미지가 완성되었습니다. 이번까지의 작업은 원화에서 리얼한 다리 원화를 그리기 위한 기본 컬러링이라고 생각하면 될 것입니다.

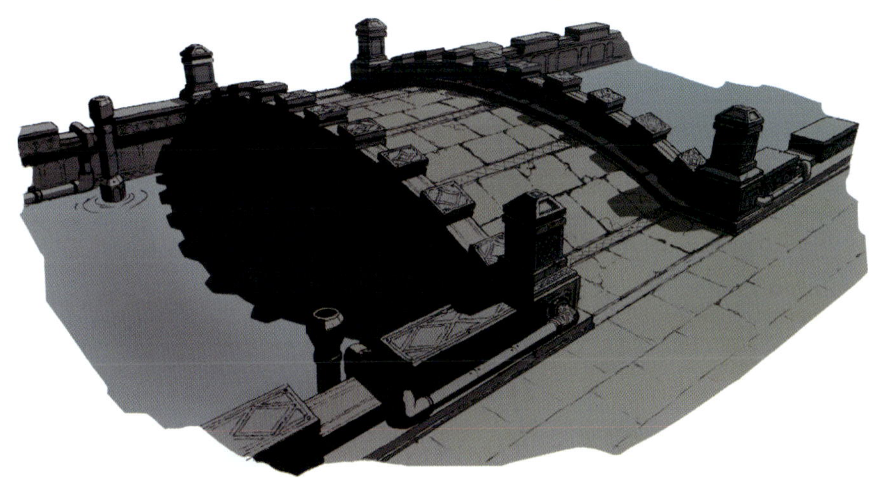

● 컬러링 5단계(완성)

01 이번 단계는 마무리 단계로서 다리에 묘사가 들어갑니다. 앞부분에 있고 강조와 묘사를 많이 해주어야 할 부분을 먼저 묘사하면서 뒤쪽으로 풀어주어야 할 부분을 고려하여 전체적으로 묘사해줍니다.

02 먼저 가장 앞 부분에 있는 난간을 묘사하겠습니다. 옆의 브러시들을 가지고 묘사해주었으며, 금속과 돌 재질을 잘 살리면서 문양까지 묘사해주었습니다. 자세히 비교해보면 없던 쇠사슬 두 줄이 추가되어 있다는 것을 알 수 있을 것입니다. 두 줄을 추가한 이유는 묘사를 하다 보니 허전하기도 하고, 비주얼적인 재미와 구조적인 안정감이 필요했기 때문입니다. 특히, 넓은 면에서의 금속 표현은 추가한 ①, ②번 브러시들을 사용하여 넓고 완만한 금속 표면 표현, 불투명하게 지저분한 얼룩이나 녹 표현에 유용하게 사용하였습니다.

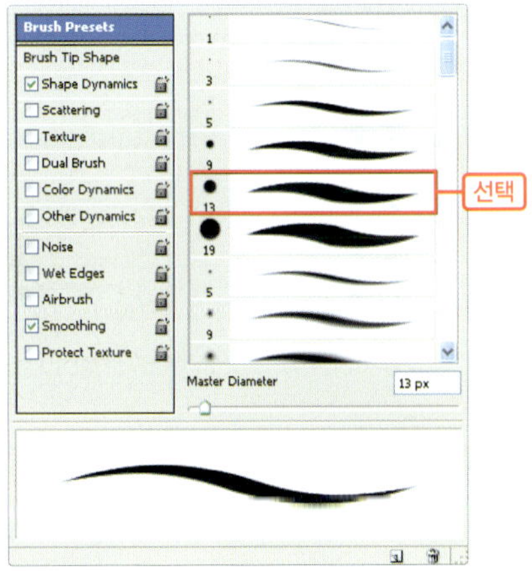

◀ 다리 난간 사이에 쇠사슬이 추가된 모습

03 오른쪽 그림을 보면 난간 부분이나 파이프에서의 녹이 있는 붉은 느낌들이 보일 것입니다. 이 경우에는 반투명하게 나오는 브러시가 적합한데, 바로 앞에서 설명했던 브러시 중 ②번을 사용하여 표현하였습니다. 또한 옆의 이미지처럼 문양들과 금속의 거친 재질 표현들을 자세하게 묘사해주어야 원화에서 의도한 문양이나 재질 표현들이 3D를 제작했을 때 최대한 비슷하게 나올 수 있습니다.

04 이번에는 가장 앞에 있지는 않지만 다리가 주 오브젝트이기 때문에 밑의 이미지처럼 다리에 붙어 있는 구조물과 다리 난간, 바닥 부분을 강조해보겠습니다. 원화는 비주얼적으로 멋있고 예쁘게 표현하는 것도 중요하지만, 얼마나 원화의 느낌을 잘 전달해주느냐가 더 중요합니다. 그러기 위해서는 원화를 이해하기 쉽게 충분히 설명해야 하는데, 앞에서 이야기한 문양들이나 재질 표현, 구조적인 정확한 설명이나 형태면에서 이해가 되도록 그려주는 것이 중요합니다.

 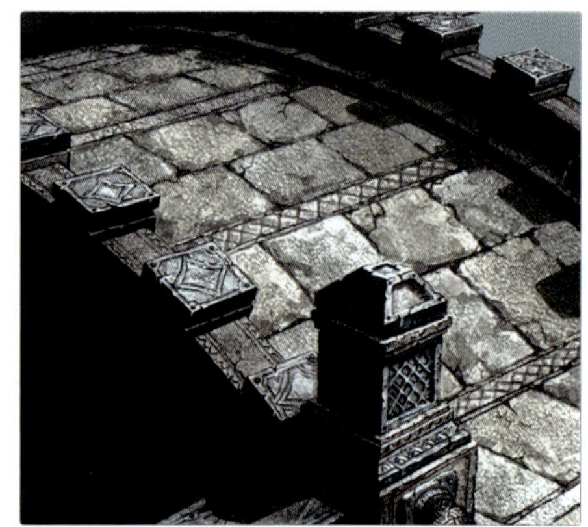

05 이 부분은 특히 같은 모양으로 다리의 처음과 끝나는 부분의 양쪽 네 군데에 붙어 있는 구조물인데, 이것 하나만 자세히 설명하고 나머지 3개는 색감이나 실루엣만으로 처리해도 됩니다. 그러므로 하나를 정확하게 표현해주어야 할 것입니다.

06 이 부분은 묘사의 정도가 심하지는 않지만 어느 정도는 설명해야 합니다. 바닥은 다음 레벨에서 설명할 것이기 때문에 많은 묘사는 하지 않았습니다.

07 이 부분은 물 건너편 난간 부분입니다. 이 부분 정도부터는 거리상으로 떨어져 있으므로 색감을 적당히 맞춰주면 됩니다. 또한 스케치 원화에서 자세하게 형태가 나왔기 때문에 이러한 상황에서는 크게 채색 과정에서 손을 볼 필요가 없습니다. 자세히 비교해보아도 묘사 전이나 후의 변화된 부분이 거의 눈에 띄지 않습니다.

 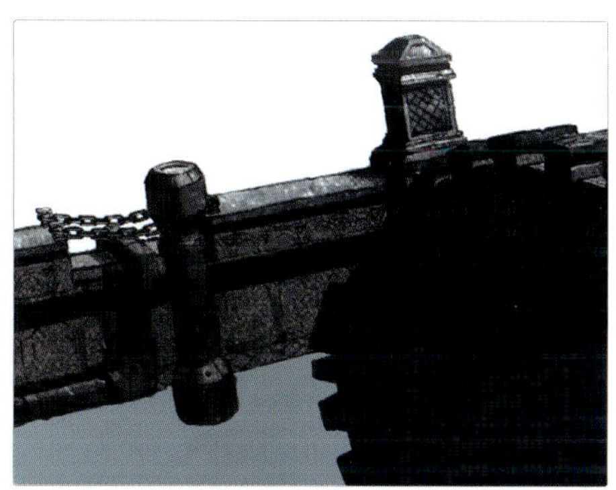

08 이 부분은 다리 이미지에서 가장 멀리 있는 부분으로, 다리 부분은 어느 정도 그려주어야 하지만 멀리 있는 난간은 희미하게 풀어주어야 그림에서 거리감과 공간감이 더욱 돋보이게 됩니다. 밑의 이미지를 보면 아시겠지만 추가로 묘사한 부분은 없고, 오히려 명암 부분에서 밝고 희미하게 풀어주었습니다. 다리의 전체 이미지에서 더 잡아주어야 할 부분과 풀어주어야 할 부분을 정한 후에 작업하면 좀 더 효율적으로 작업할 수 있습니다.

09 완성된 다리의 이미지입니다. 완성이 되었지만 물이 표현되어 있지 않습니다. 원화의 완성도를 위해
다음에는 물의 효과를 표현하겠습니다.

10 물 텍스처를 이용하여 좀 더 효과적으로 작업하고, 좋은 결과물을 얻을 수
있는 방법을 설명하고자 합니다. 먼저 준비한 물 텍스처를 불러오겠습니다.
앞에서 여러 번 설명한 것처럼 이미지를 회색 톤으로 바꿉니다.

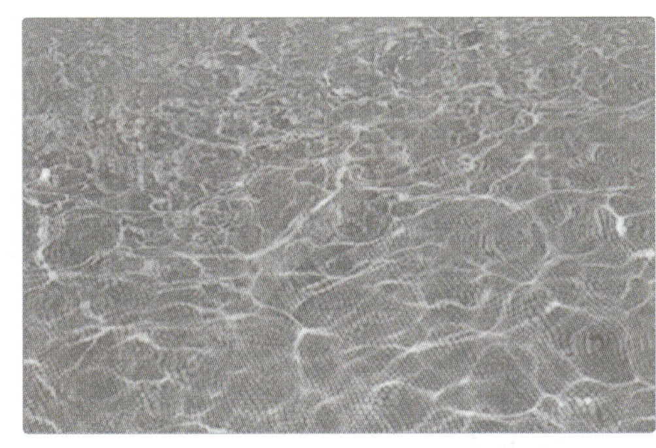

> **TIP /** 이러한 텍스처는 잘 활용하면 간단한 방법으로 최대의 결과물을 만
> 들 수 있지만, 스케일과 물결의 방향 등을 제대로 맞추지 않고 사용하면 어색
> 해집니다.

11 텍스처 이미지를 조금 부드럽게 바꿔보겠습니다. 이 부분은 앞에서 여러 번 설
명한 내용이지만 다시 한 번 설명하겠습니다. 포토샵 상단에 있는 메뉴 바에
Filter를 클릭한 후 하위 메뉴들 중에 Artistic 메뉴를 선택하고 마지막으로 Paint
Daubs 메뉴를 선택합니다.

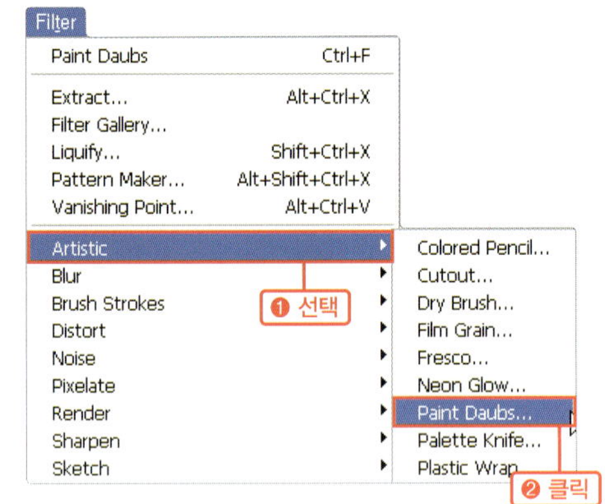

12 Paint Daubs 메뉴는 텍스처의 입자를 브러시로 그린 듯한 이미지로 바꿔줍니다. 숫자를 기입하여
적당한 이미지를 만들어준 후에 [OK] 버튼을 클릭합니다.

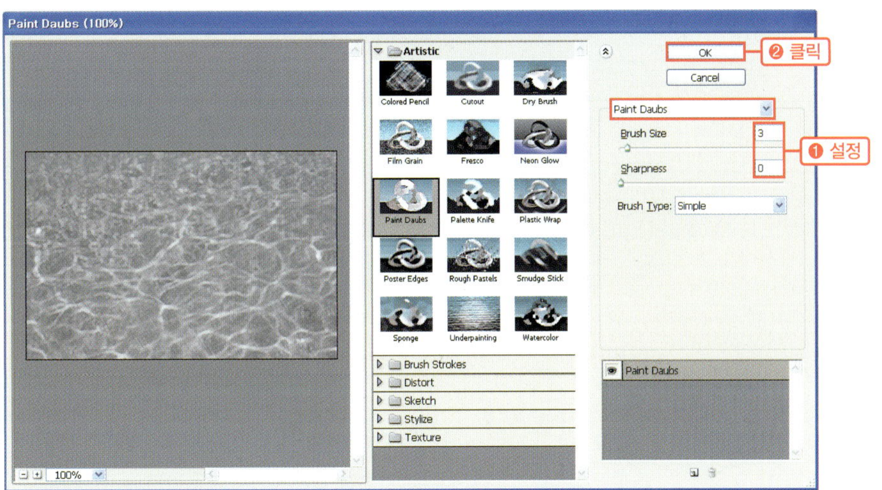

TIP／ 다시 한 번 강조하지만 물 텍스처를 이미지 위에 가지고 왔을 때 가장 중요하고 어려
운 부분은 물결의 방향과 이미지가 잘 어울리게 텍스처 모양을 변형해야 한다는 점입니다. 지금
까시는 삭은 입사들로 이루어신 텍스처들이었기 때문에 입사의 스케일 정도만 크거나 작게 해
서 사용하였지만 물 텍스처 같은 경우에는 물결 모양이 그대로 드러나기 때문에 자연스럽게 변
형하는 것이 중요합니다. Free Transform을 선택한 후 물 텍스처를 잘 변형시켜 자연스러운
물 표현을 해주시기 바랍니다.

13 보정을 자연스럽게 변형한 후에 물 텍스처 이미지를 Overlay 속성으로
바꿔줍니다.

TIP／ Free Transform을 선택하여 보정할 때 의문이 생기면 앞에서 배
운 의자 바닥의 작업 과정을 다시 한번 보시면서 작업을 하시기 바랍니다.

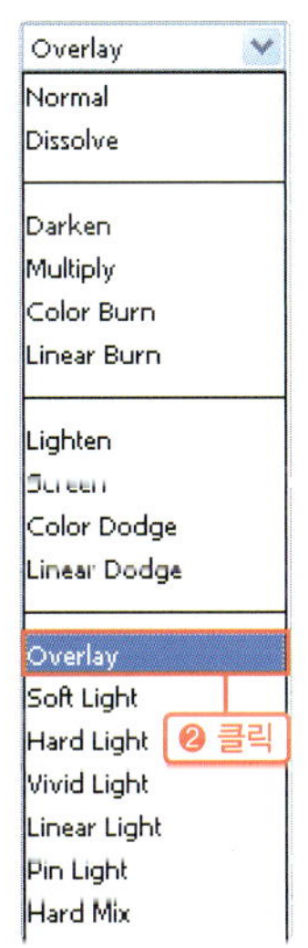
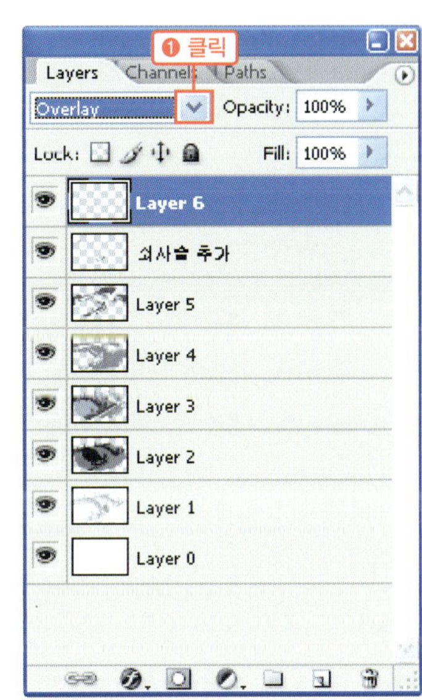

14 최종 완성된 다리 이미지입니다. 물 텍
스처가 들어가 더욱 비주얼적인 이미지
가 완성되었습니다.

15 지금까지 완성된 이미지는 낮에 자연광을 받은 상태의 이미지입니다. 밤이
되면 조명이 켜질 것이므로 다리의 네 부분에 있는 구조물에 조명이 켜져 있
는 이미지를 표현하겠습니다. 먼저 오른쪽 그림과 같이 새 레이어를 만든 후
에 속성을 Multiply로 바꿔줍니다.

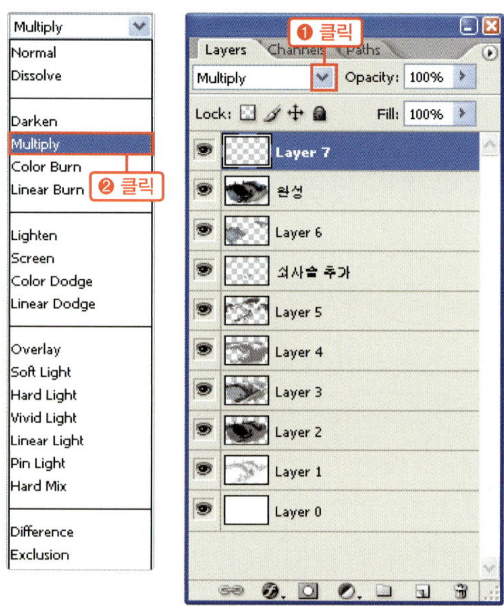

16 이미지 전체에 어둠이 드리워진 것
처럼 새 레이어에 색을 입힙니다.
Multiply 속성으로 인해 이미지가
보이면서 어두운 저녁 분위기가 되
었습니다.

17 그런 다음, 어두운 이미지 위에 조명 효과를 표현하겠습니다. 우선 새로운 레이어를 만들고 속성을 Color Dodge로 바꿔줍니다.

> **TIP/** Color Dodge 속성 이외에도 다른 속성들을 하나하나 사용해보면 좀 더 다양한 조명 느낌을 표현할 수 있을 것입니다.

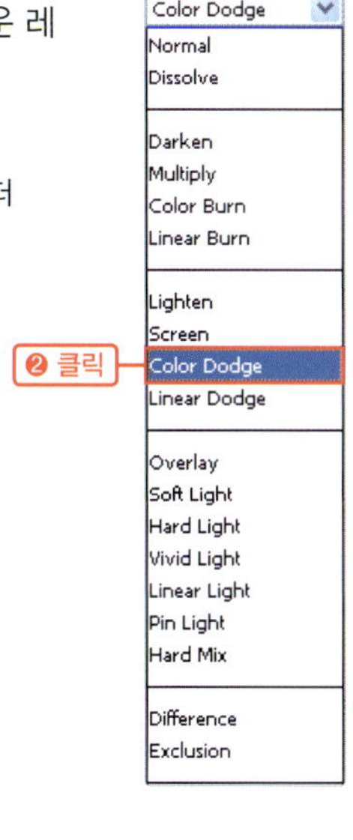
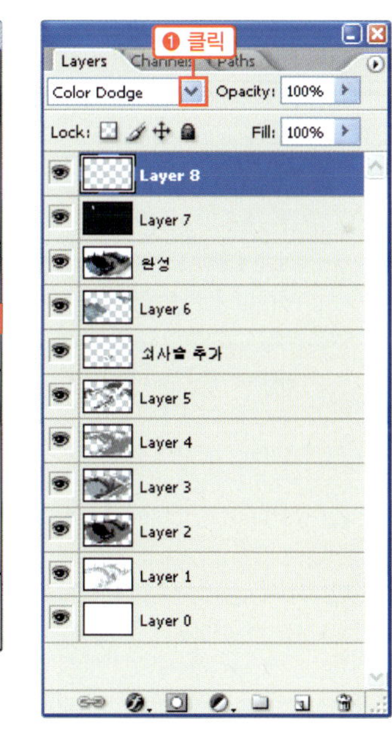

18 브러시를 선택한 후 툴박스의 색상 모드를 선택하여 조명색으로 표현할 컬러를 정합니다.

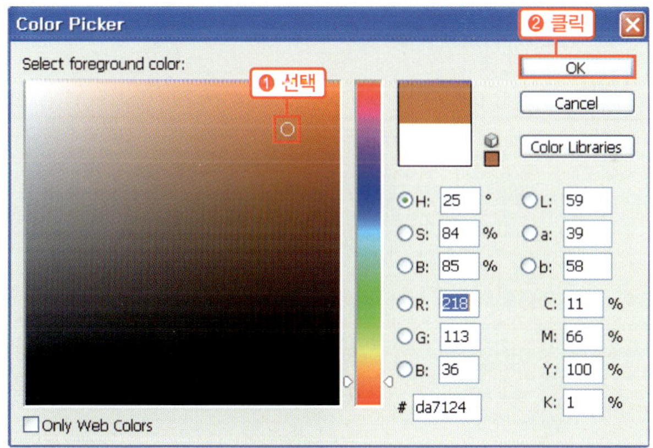

19 브러시는 퍼지는 속성을 가진 것으로 선택합니다. 조명 빛이 자연스럽게 퍼지도록 표현해야 하기 때문입니다. 선택한 브러시를 이용하여 등 부분의 구조물에 조명 효과를 표현합니다. 등의 조명으로 주변에 비쳐지는 사물에도 이와 같은 표현을 하여 자연스러운 느낌이 나도록 합니다.

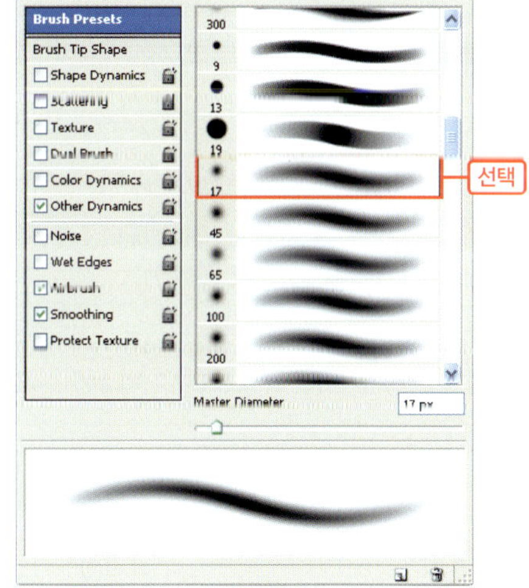

20 이제 조명이 들어간 다리의 모습이
완성되었습니다.

> **TIP /** 굳이 그리지 않고 브러시
> 로 간단하게 채색하기만 해도 이렇
> 게 손쉽게 표현할 수 있는 것들이
> 있습니다. 특히 조명 효과나 빛에 관
> 련된 효과들의 표현은 레이어 창의
> 블렌드 모드 속성을 이용하는 것이
> 좋습니다.

21 마지막으로 레이어의 속성을 한눈에 보이도록 정리하였습니다. 레이어를 잘 정리해두면 레이어
만 보아도 어떤 툴을 써서 그림을 그렸는지 한눈에 알 수 있습니다.

> 예제 소스에 있는 psd 파일을 참고하시면 작업 과정을 한눈에 확인할 수 있습니다.
> - 예제 소스\Concept\Object\bridge\psd\bridge.psd를 참조하세요.

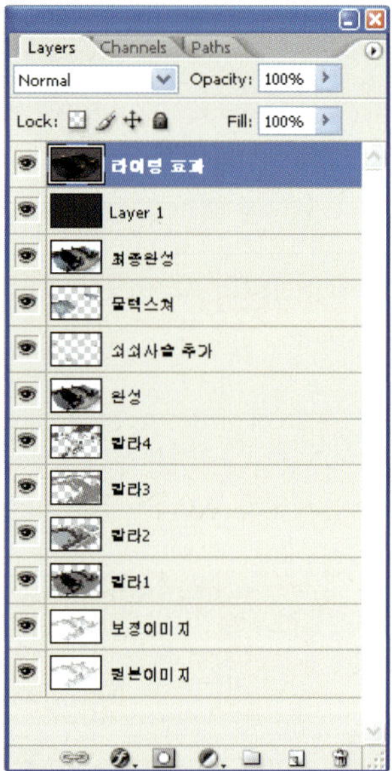

 # 다리(Bridge) 3ds max 모델링 제작

이번에는 게임상에서 마을 또는 마을 주변 필드에 있을 것 같은 다리를 제작하겠습니다. 다리와 다리 양쪽 끝 바닥을 같이 이어서
표현해주었기때문에 다리와 바닥을 어느 정도 같은 느낌으로 모델링한다고 생각하면서 제작하겠습니다.

> 예제 소스에 있는 모델링을 같이 보면서 학습하시기 바랍니다.
> - 예제 소스\tutorial\bridge\max map\bridge.max를 참조하세요.

● 3ds max 모델링 작업

01 그림과 같이 Length와 Weight의 넓이가 같은 박스를 만듭니다. 다리의 양쪽 끝에 세워져 있는 전등 같은 부분을 먼저 모델링하겠습니다. 앞에서와 같이 Height의 높이는 아직 중요하지 않으므로, 원화를 보고 대략 만듭니다.

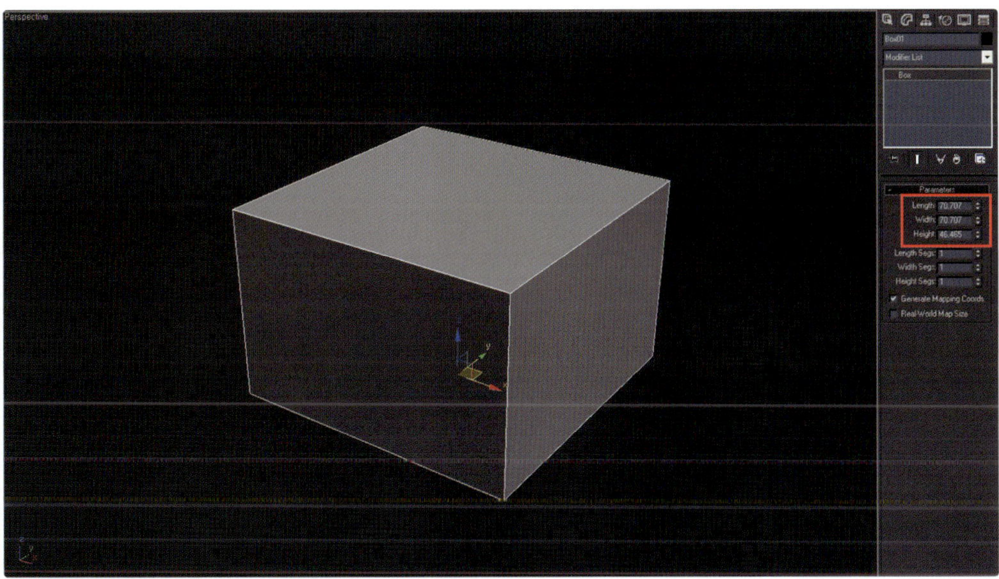

02 생성한 Box를 Mesh 또는 Poly로 변환합니다. 변환한 후에 아래쪽 면을 지워주고, Edge를 선택하여 그림처럼 모델링합니다.

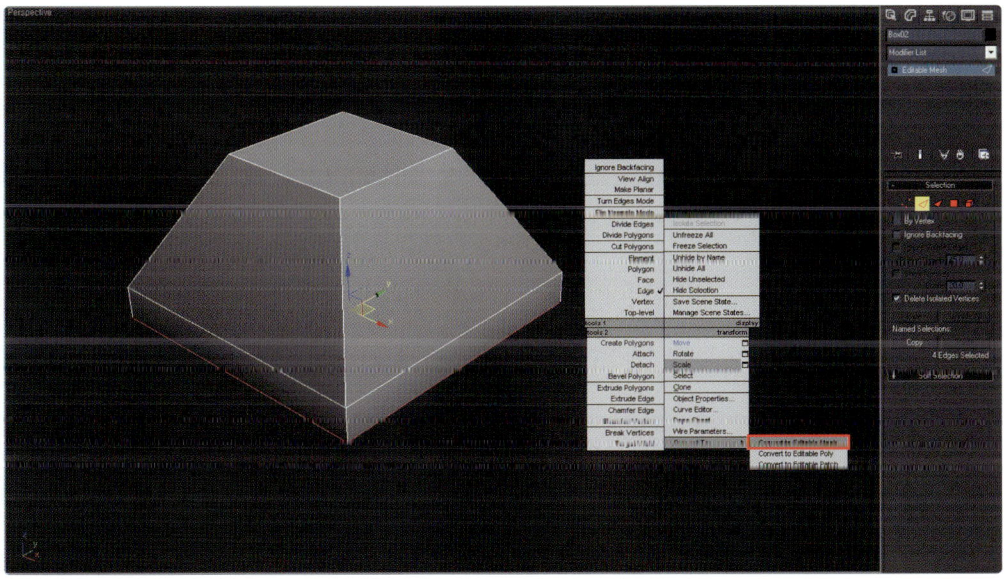

03 그림과 같이 모델링한 전등 부분의 Edge를 잡고, 면을 추가하면서 모델링하겠습니다.

> **TIP /** 필자가 이러한 종류의 모델링을 할 때는 Edge를 잡고 그림과 같은 방식을 사용하는 편입니다. Unwrap을 펴기도 좋고, 텍스처를 제작해서 적용하기에도 좋다고 생각하기 때문입니다.

04 전등 윗부분은 모델링을 마무리해주고, 아랫부분은 박스를 새로 하나 생성한 후에 Mesh 또는 Poly로 변환합니다. 전등의 윗부분과 잘 어울릴 수 있도록 크기와 위치를 맞춥니다.

05 역시 마찬가지로 Edge를 잡고 아래쪽에 면을 새로 생성합니다. 새로 생성한 면은 다리 부분의 아래쪽 깊이가 어느 정도인지 아직 모르기 때문에 대략적으로 연장합니다.

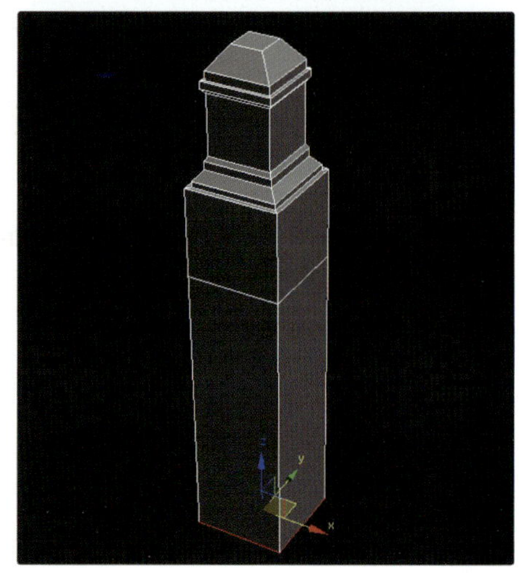

06 그림과 같이 모델링된 전등 부분을 옆에 복사합니다. 그런 다음, 그 사이에 Plane으로 다리가 될 부분을 모델링합니다. 원화를 잘 파악하여 다리의 대략적인 폭과 길이를 정해주는 것이 좋습니다. 그러기 위해서는 원화에 대한 이해도가 높아야 합니다.

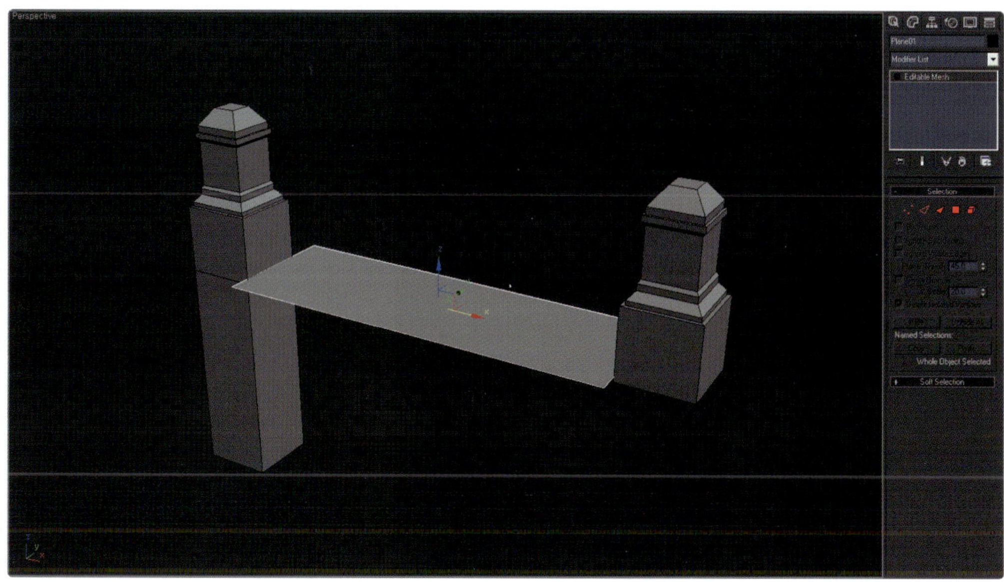

07 다리 부분을 대략적으로 모델링합니다. 나중에 다리의 전체적인 느낌을 보면서 수정할 것이므로 처음부터 디테일하게 들어갈 필요는 없습니다.

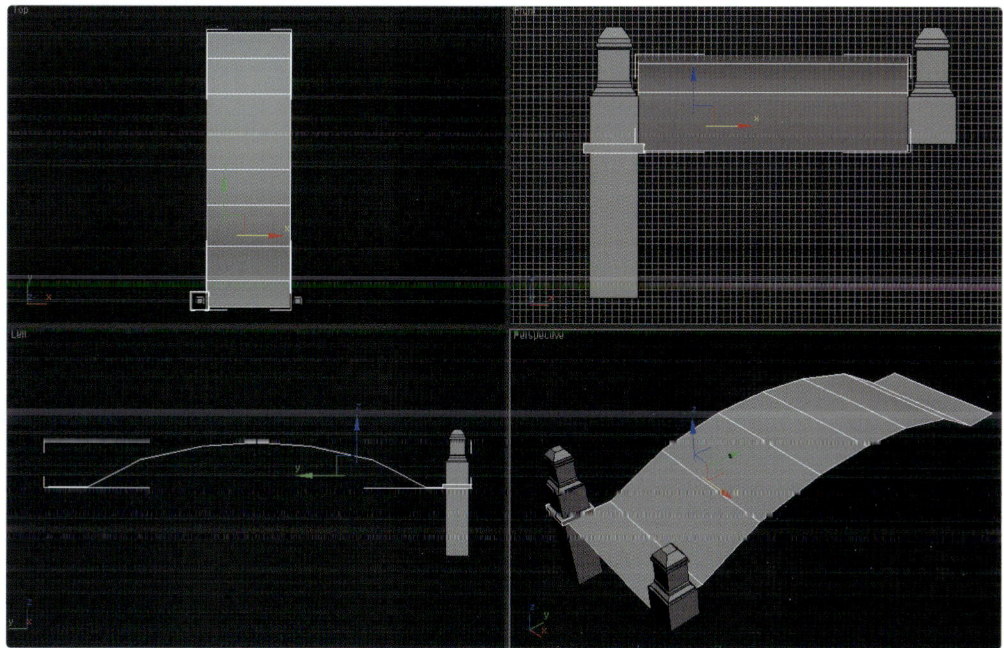

08 그림과 같이 전에 Box로 제작했던 모델링을 수정해서 받침 같은 형태로 변형합니다. 원화를 참고한 후 크기를 잘 맞추어 모델링합니다.

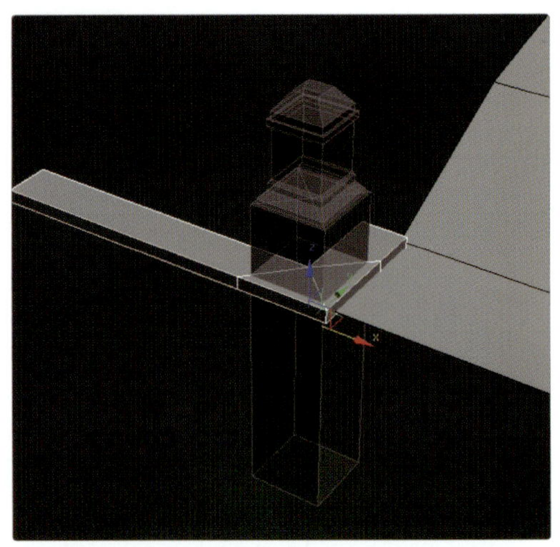

09 이제 다리 부분은 대략적인 모델링만 해 놓은 상태에서 바닥과 이어지는 부분에서 다리 옆쪽으로 모델링하겠습니다.

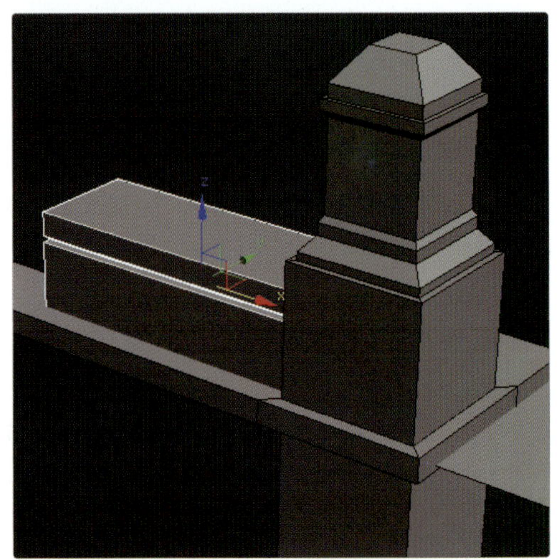

10 Front View에서 본 모델링입니다. 클릭된 부분에 Polygon을 추가해준 후에 안쪽으로 파고든 것 같이 모델링을 해주었습니다. 텍스처로 해주어도 되지만 Polygon이 많이 들어가는 부분도 아니기 때문에 모델링을 해주는 것이 더 효율적이라는 생각이 들었습니다.

Edge를 잡고 Chamfer를 적용시켜주는 방식으로 모델링하였습니다.

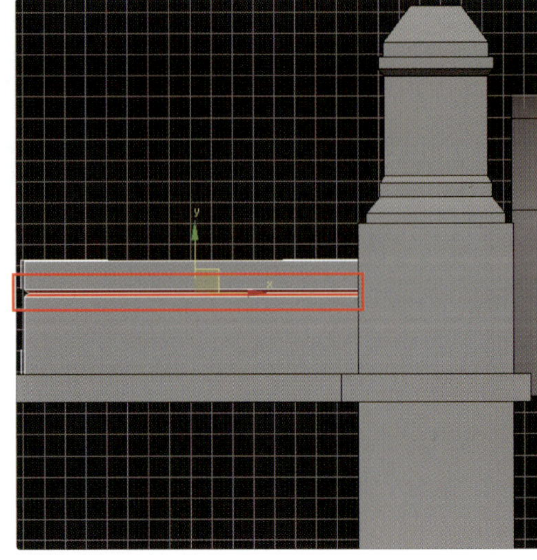

11 옆에 있는 부분들도 원화에서 그려준 것처럼 모델링합니다. 원화를 참고하여 적당히 간격을 주면서 모델링해 나가도록 하겠습니다.

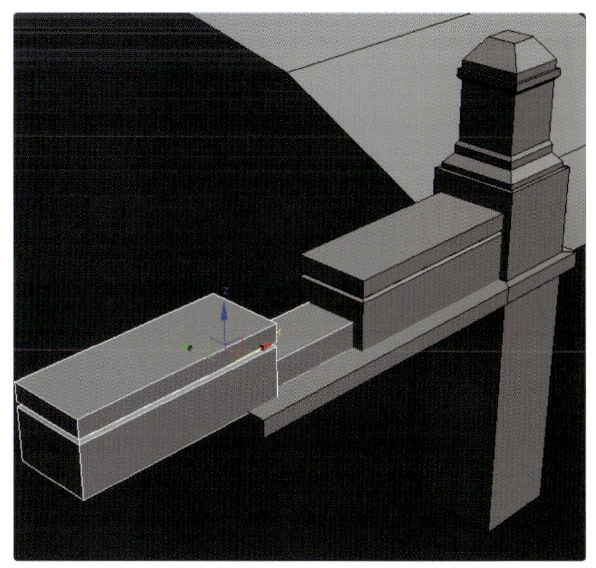

12 다리 밑에 파이프가 붙어 있는 벽을 모델링합니다.

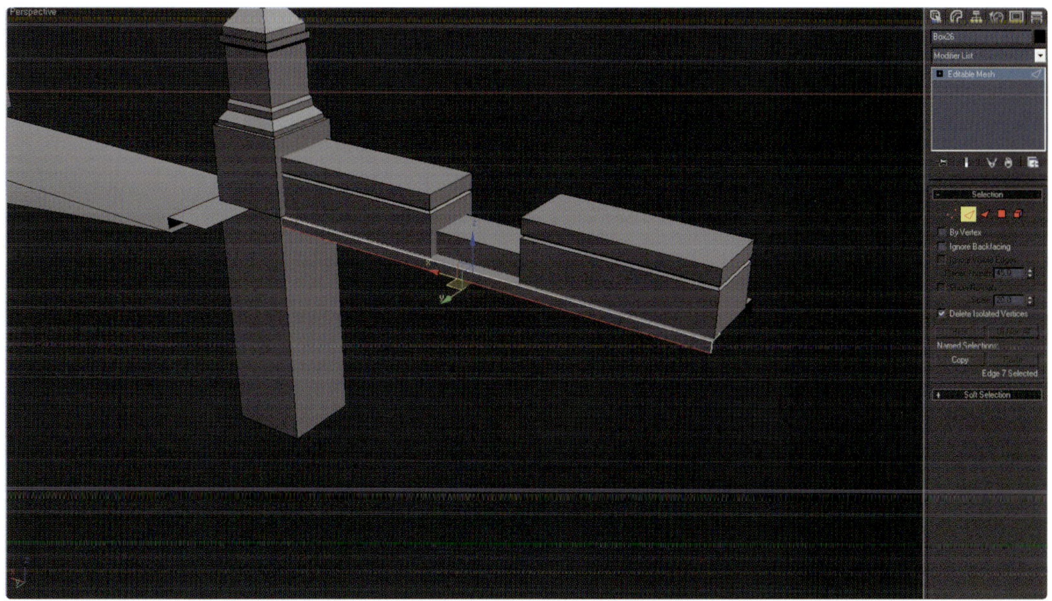

13 물가 쪽에 있는 벽을 Edge를 사용해서 아래까지 모델링합니다. 물의 깊이를 정확히 정하지 않았으므로 대략 적으로 내려줍니다.

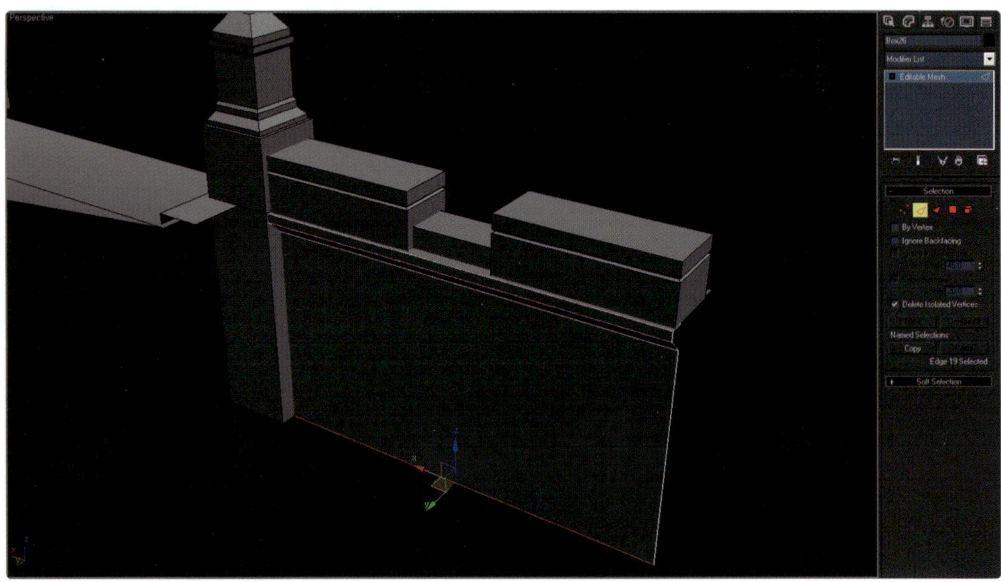

14 전에 대략적으로 제작해두었던 다리가 있습니다. 그리고 모델링되고 있는 다리 난간도 있습니다. 다리의 적당 한 길이를 모델링하기 위한 과정이므로 다리를 다리 난간의 길이에 맞출 생각입니다.

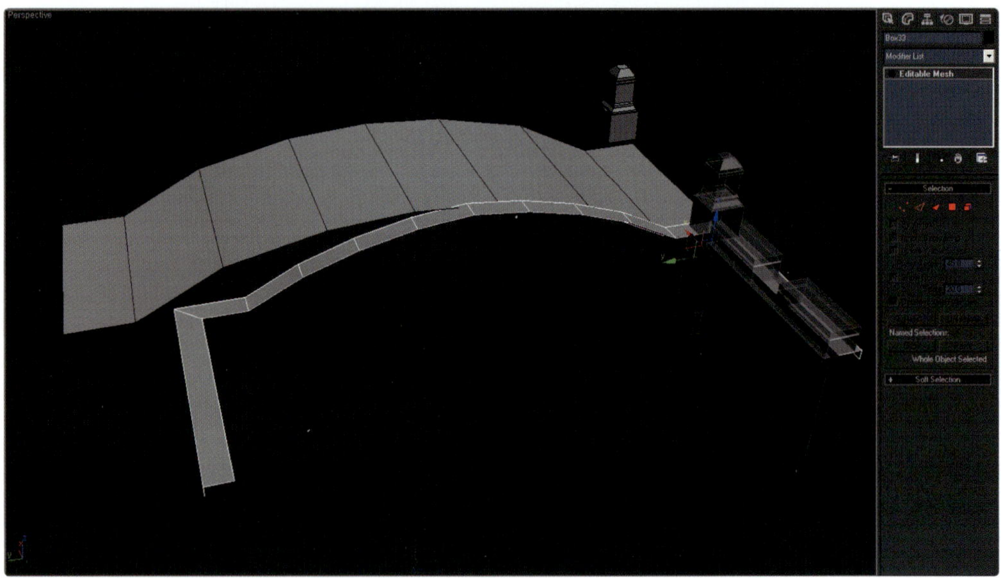

15 Box를 하나 생성합니다. Mesh 또는 Poly로 변환한 후에 그림과 같이 난간 부분을 모델링합니다. 우선 모델링을 한 후에 다리의 길이가 맞춰지면 다리의 모양을 변경할 것입니다.

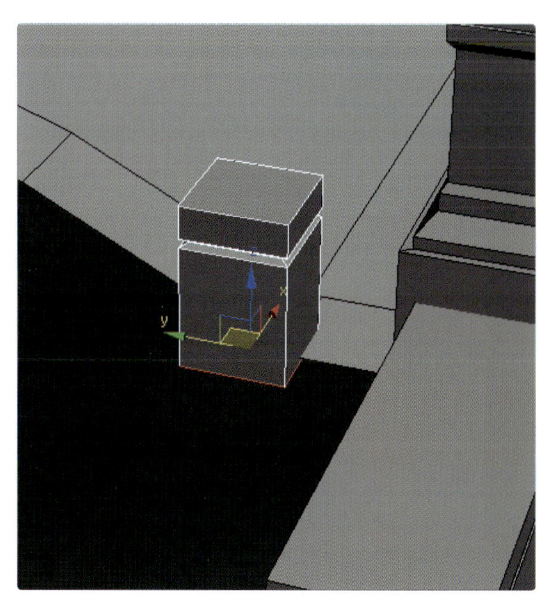

16 그림과 같이 다리의 길이를 맞추었습니다. 원화를 잘 이해하여 다리의 길이를 정해주는 것도 중요합니다. 너무 길거나 짧지 않도록 주의하시기 바랍니다.

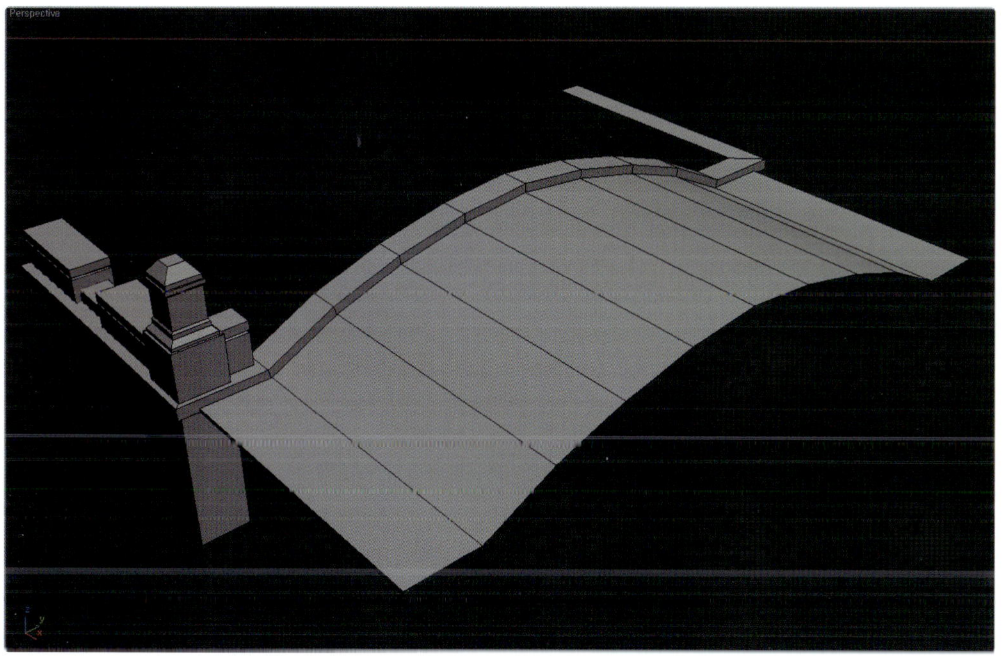

17 그림과 같이 제작해두었던 난간 부분의 모델링을 배치합니다. **Left view**에서 보았을 때 좌우가 대칭될 수 있도록 제작하시는 것이 좋습니다.

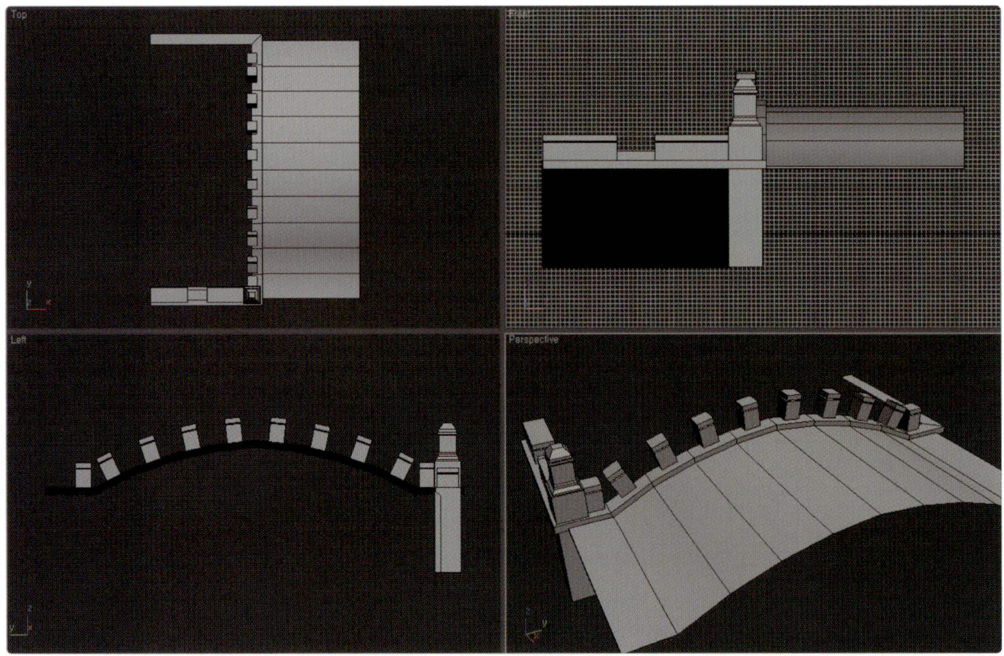

18 배치한 난간 사이에 오브젝트를 제작합니다. 박스로 간단하게 모델링하겠습니다. 이와 같은 경우에는 하나씩 따로 모델링을 해주거나 하나로 만들어주어도 크게 문제가 되지 않습니다.

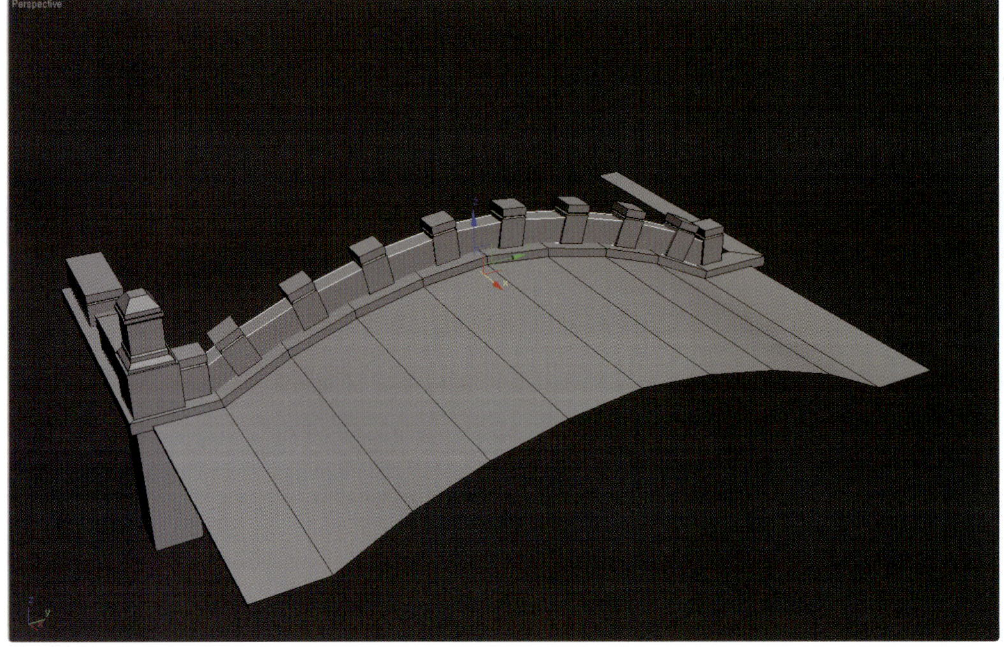

19 이전에 제작해두었던 전등 부분과 그 옆의 모델링들을 반대편에 복사합니다.

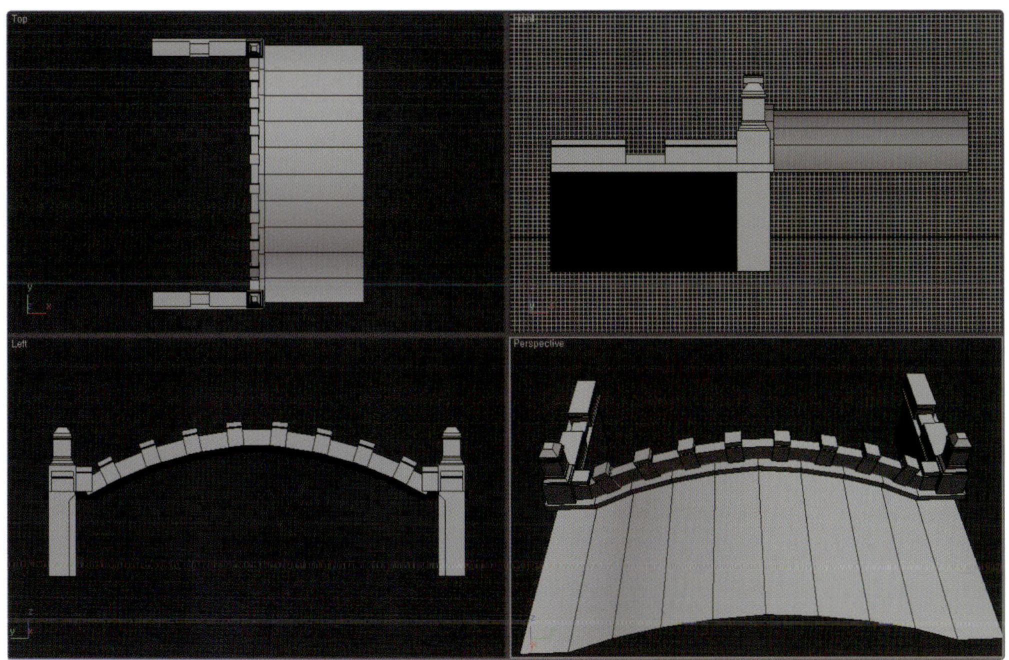

20 다리의 아랫부분을 모델링하였습니다. 다리 아랫부분은 효율성이 떨어지므로 다른 부분보다 간단하게 제작하겠습니다.

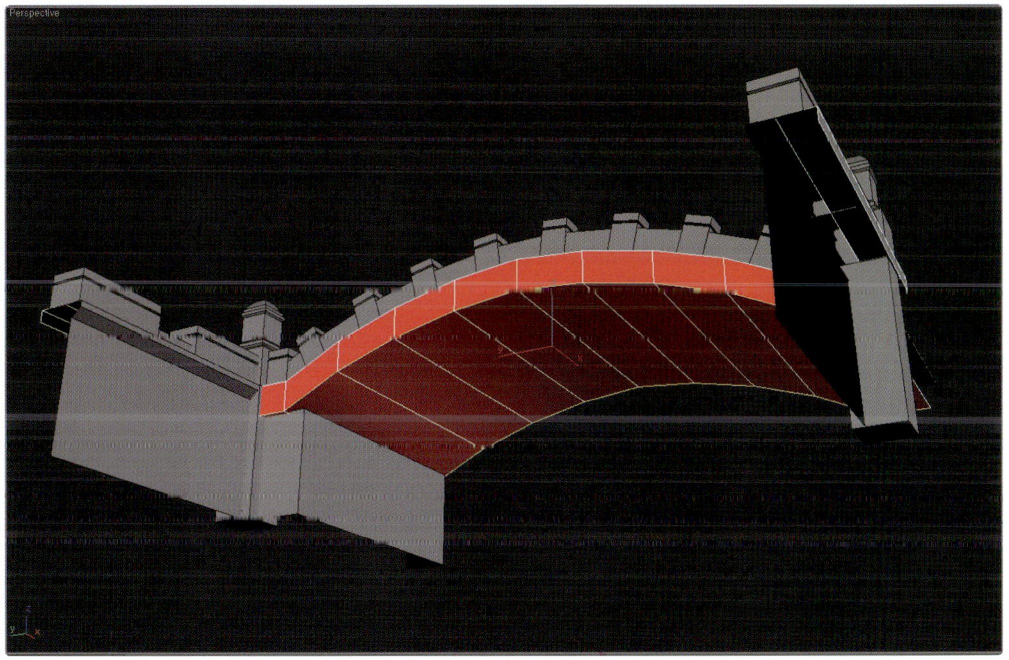

21 다리 아래쪽 모델링을 제외하고 **Hide**시킨 상태입니다. 그림과 같이 **Edge**들이 정리되어 있는 형태 일수록 좋다고 생각합니다.

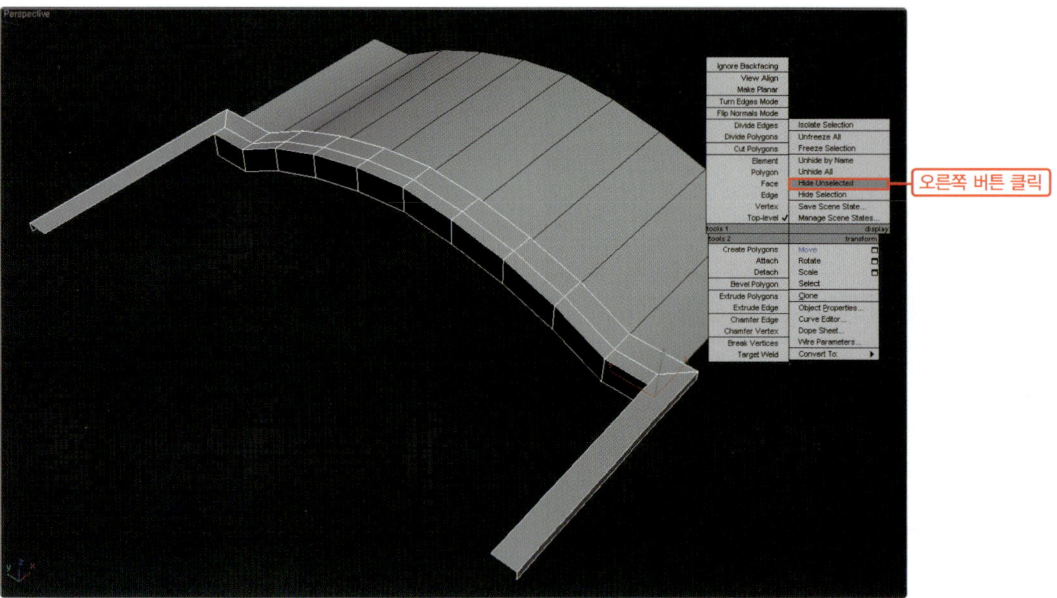

22 그림과 같이 다리의 아랫부분에서 받침 역할을 하는 것을 모델링합니다. 이러한 부분은 크게 중요하 지 않기 때문에 제작하는 사람에 따라 변형해도 원화의 의도에는 크게 문제가 없을 것입니다. 이 정 도에서 Left View와 Perspective View에서 모델링된 부분들을 전체적으로 검토해보는 것이 좋습 니다. 다리의 길이는 맞는지, 높이는 적당한지, 전체적인 느낌은 어떤지 대략적으로 살펴보고 수정 할 부분이 있으면 수정합니다.

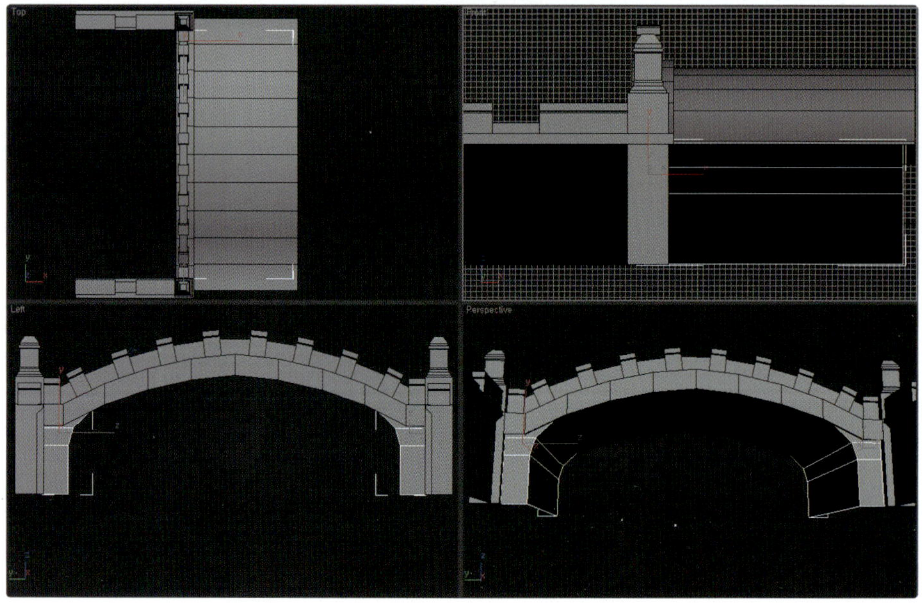

23 그림과 같이 난간 부분을 반대편에 복사합니다. 대략적인 위치에 난간을 복사한 후, 다리의 폭을 조절해 주어야 합니다.

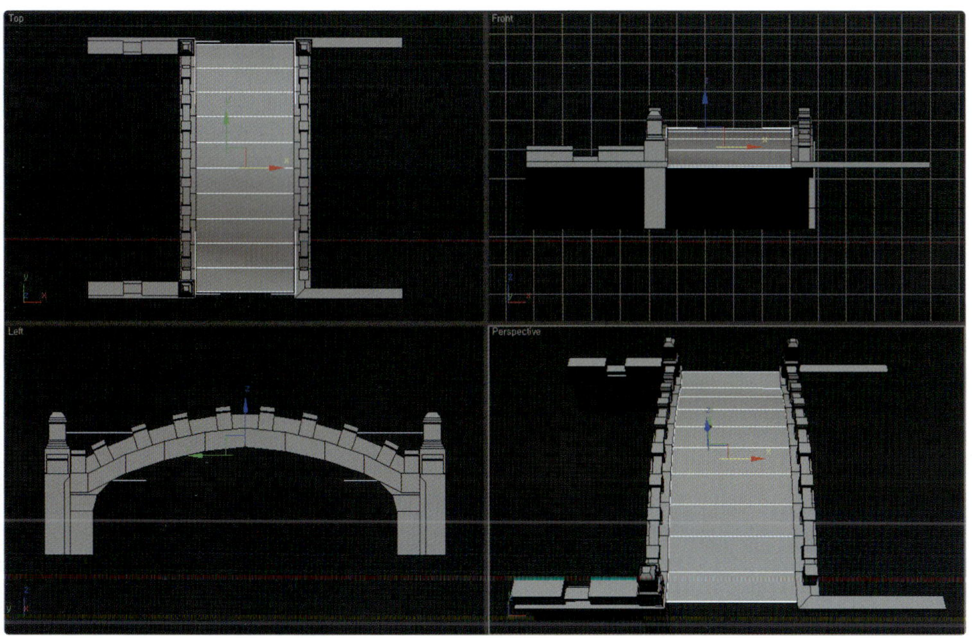

TIP / 다리 또는 그와 비슷한 게임상에서 어떤 물체가 지나다닐 수 있는 오브젝트의 경우에는 실무 제작팀마다 다르겠지만 그 게임의 기본 캐릭터를 위치시켜 놓고 배경 오브젝트의 크기 또는 폭을 정하는 것도 좋다고 생각합니다.

24 그림과 같이 다리 끝부분을 밑으로 모델링한 이유는 아래쪽으로 모델링해준 부분의 면과 바닥 오브젝트의 바닥 부분의 면이 서로 맞닿아 있기 때문입니다. 예제 소스에서 다리와 바닥 부분의 모델링 데이터를 참고하시면 이해하기 쉬울 것입니다.

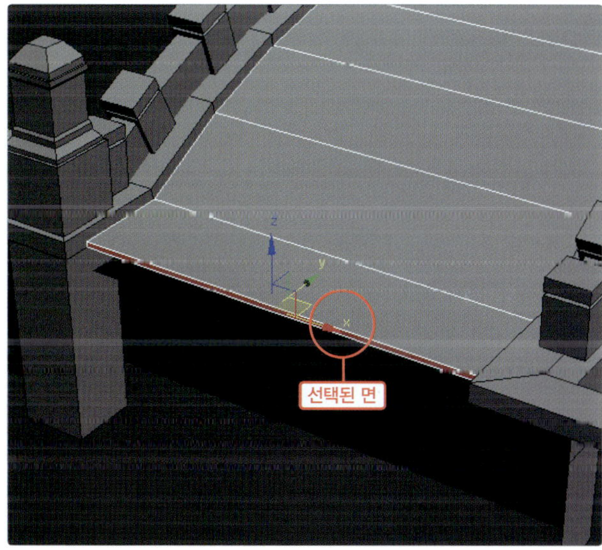

 그림과 같이 반대쪽도 복사합니다. 필자는 다리의 물가 쪽에 있는 벽 부분의 길이와 높이를 추가하였습니다.

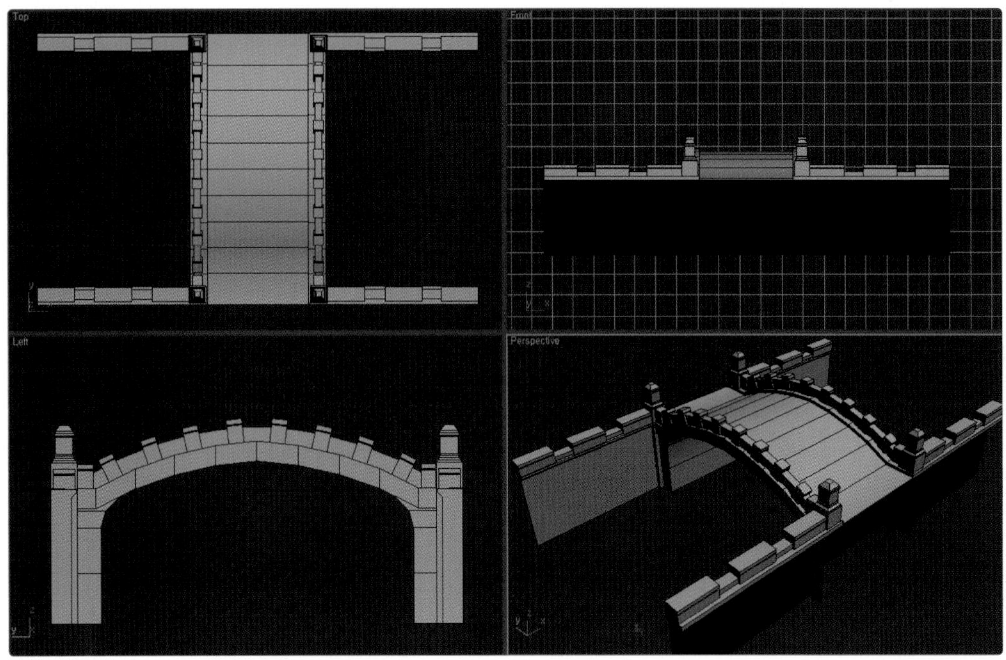

다리 모델링은 거의 마무리된 것 같습니다. 전체적으로 수정할 부분은 없는지 검토합니다.

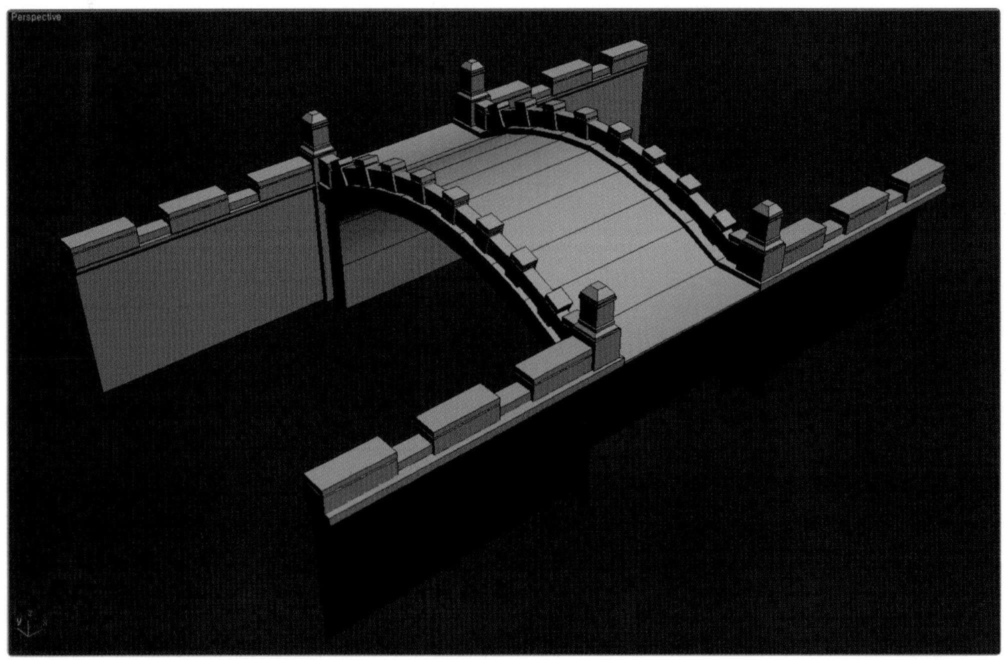

모델링이 일차적으로 마무리되었습니다. 라이트가 구조적으로 잘 받는지 렌더링을 걸어보았습니다. 참고로 다리에 있는 파이프와 관련된 다른 부분들은 바닥을 제작할 때 같이 하도록 하겠습니다.

▶ Unwrap UVW 작업

01 첫 번째 Unwrap으로, 다리 부분과 다리 밑바닥 부분에 해당하는 Unwrap입니다. 그림을 보면 Unwrap UVW가 사이즈에 맞지 않게 펼쳐져 있는 것을 볼 수 있습니다. 바닥 같은 경우에는 보통 타일 방식이 들어가기 때문에 Unwrap을 먼저 펴줄 필요가 없습니다. 텍스처에서 바닥 타일을 제작하면서 모델링에 적용하고 타일링은 잘 되고 있는지, 다른 오브젝트와의 해상도 차이는 괜찮은지 등을 체크해 가면서 텍스처 작업에 임하는 것이 좋다고 생각합니다. 그림을 보면 다리 아래쪽에도 다리 위쪽 텍스처와 같은 텍스처로 공유해줄 생각입니다. 이유는 다리 아래쪽은 모델링의 전체적인 중요도에서 떨어지기 때문입니다.

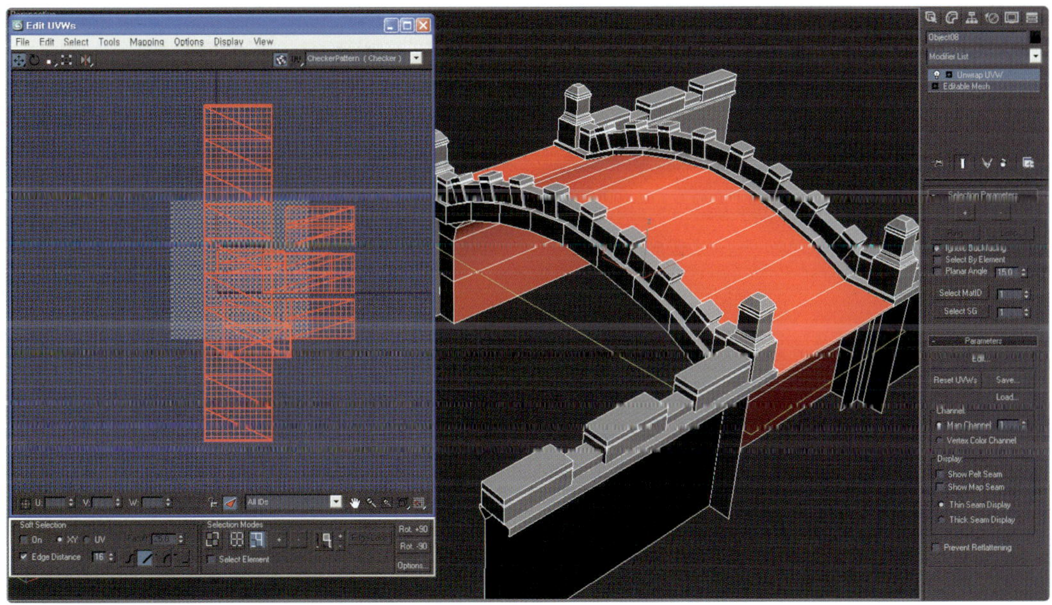

02 두 번째 Unwrap입니다. 이번에는 가로로 타일링이 가능한 것들을 모아서 맵 소스 한 장에 제작할 것입니다. 가로나 세로로 타일링이 가능한 것들은 텍스처를 제작할 때 모아서 맵 소스 한 장에 제작하는 것이 좋습니다. 그림에서 Edit UVWs 창을 보면 가로로 길게 이어져 있는 것을 볼 수 있습니다. 그래야만 텍스처의 낭비를 줄일 수 있습니다. 그리고 Unwrap을 펼 때에는 Edit UVWs 창에서 보듯이 이어서 해주는 것이 좋습니다.

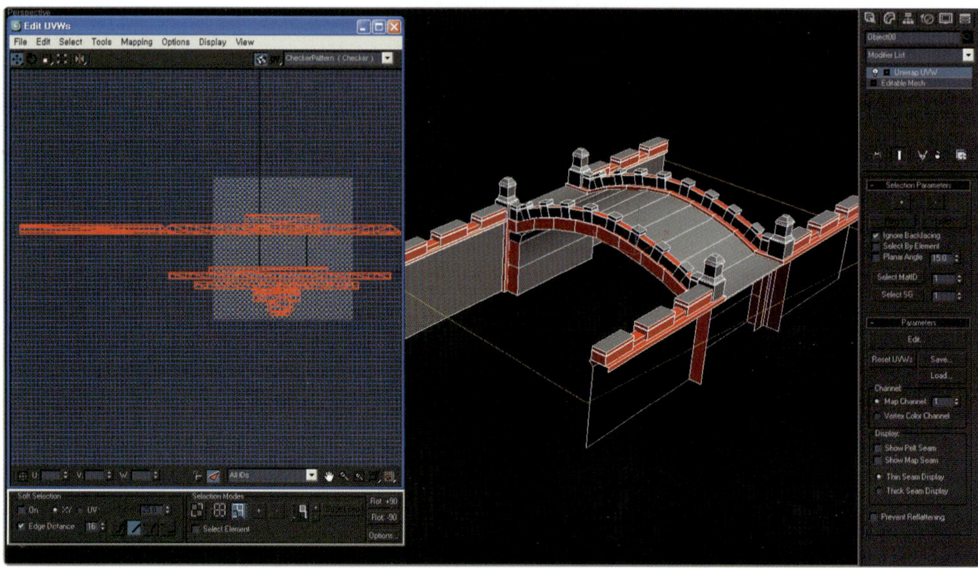

03 세 번째 Unwrap입니다. 이번에는 다리 모델링 중에서 타일링되지 않는 부분들을 모아서 Unwrap을 펴주었습니다.

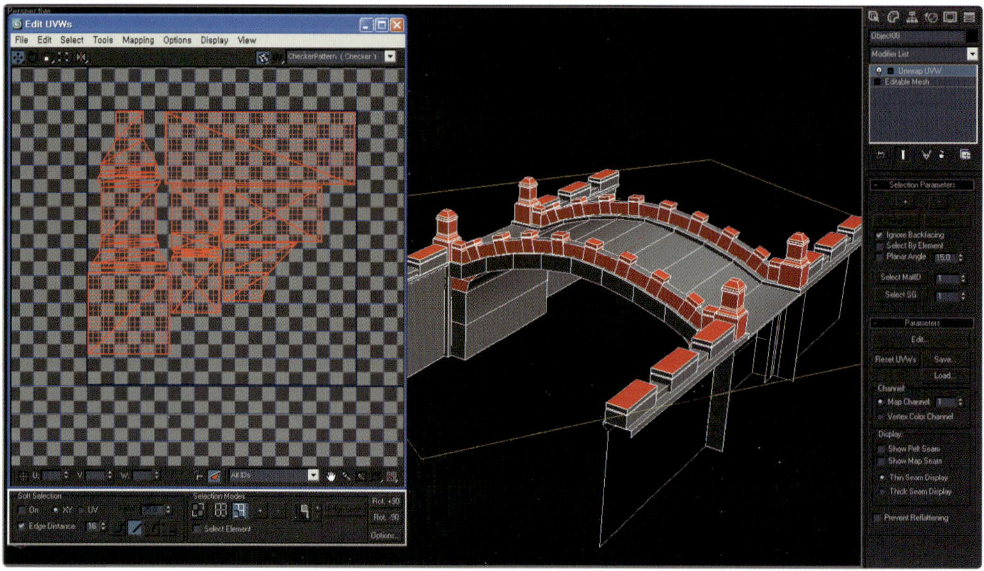

04 네 번째 Unwrap입니다. 이번에는 다리 아래의 물가 쪽 벽 부분의 Unwrap을 펴주었습니다.

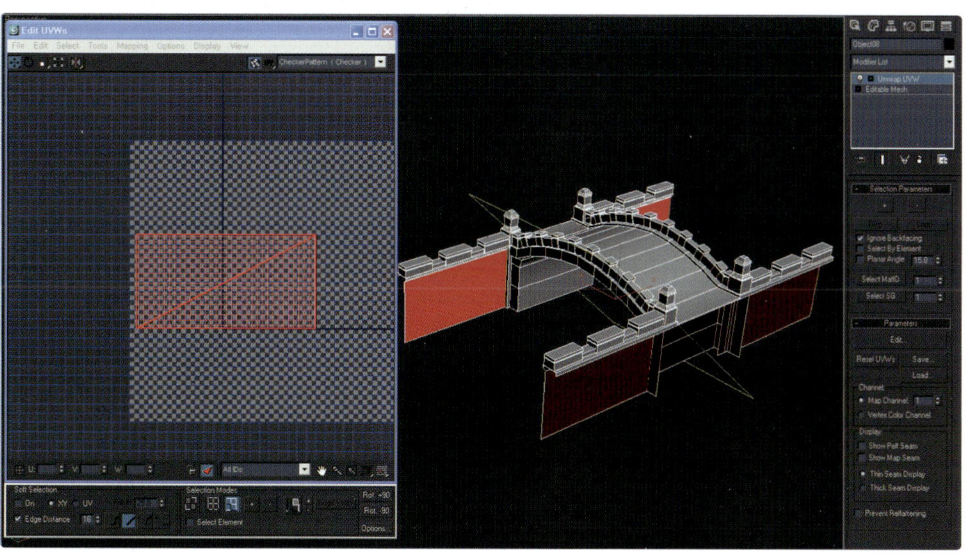

 4 # 다리(Bridge) 텍스처 제작

이제부터 앞에서 작업한 UVW맵 작업을 바탕으로 포토샵에서 텍스처를 작업하겠습니다. 우선 다리만 제작되는 텍스처는 512× 512 세 장과 256×512 한 장을 사용하여 제작하겠습니다. 참고로 다리는 바닥과 이어서 같이 제작하는 편이 좋습니다. 우선 다리 부분을 먼저 학습한 후에 바닥 부분을 학습하겠습니다.

> 예제 소스에 있는 텍스처를 같이 보면서 학습하시기 바랍니다.
> ■ 예제 소스\tutorial\bridge\max map\bridge_01.psd~bridge_07.psd를 참조하세요.

▶ Photoshop 텍스저 작업

01 그림과 같이 포토샵에서 256×512 맵을 하나 생성합니다. 타일링 해줄 텍스처이므로 Unwrap을 펴주지 않은 상태입니다. 여기에서 는 512×512를 사용하지 않고 256×512를 사용하였습니다.

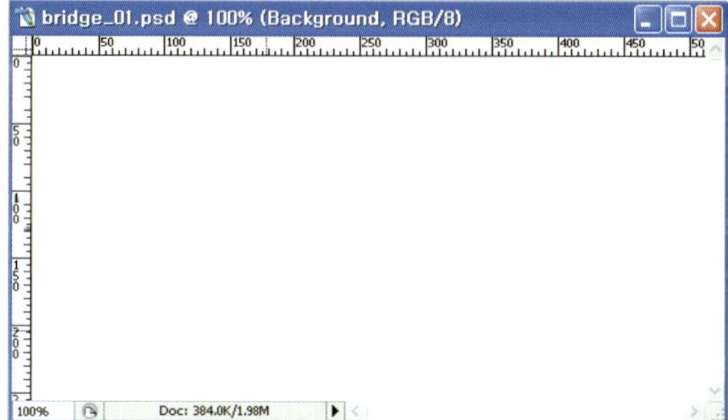

02 그림과 같이 바닥에 쓰일 텍스처를 추가합니다. 제작하는 사람에 따라 이러한 모양의 돌바닥이 아닌 다른 모양의 돌바닥으로 제작해도 상관없습니다.

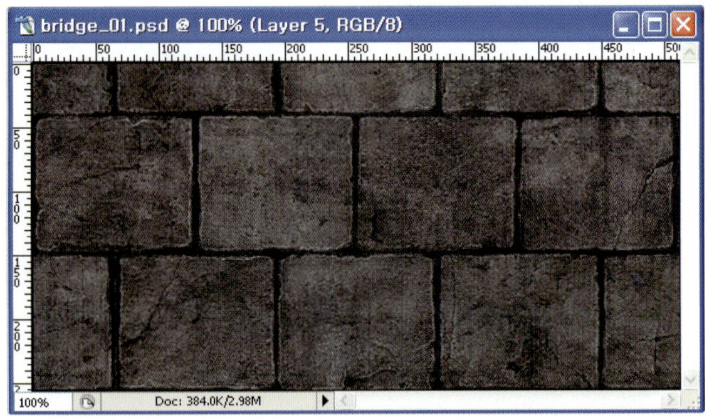

03 바닥 돌의 색을 조절합니다. 그리고 원화의 바닥을 보면 중간에 문양 같은 것들이 들어가 있는 것을 알 수 있습니다. 텍스처의 윗부분에 그 공간을 비웁니다.

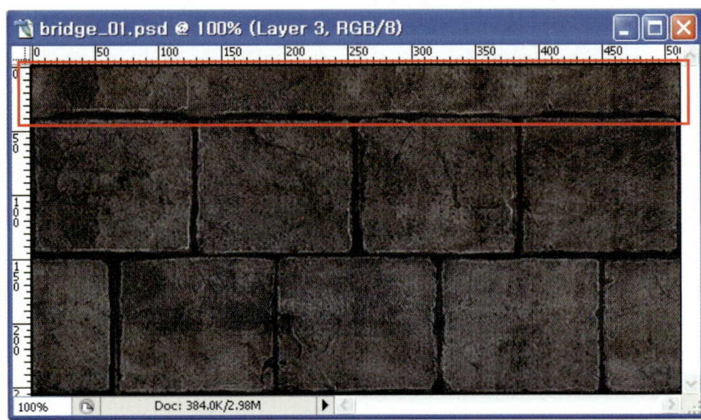

04 윗부분에 문양 같은 부분을 제작합니다. 필자의 경우에는 소스를 가져온 후 Soft Light를 사용하여 아래 돌의 느낌을 같이 살려주면서 동시에 문양의 느낌을 내주었습니다.

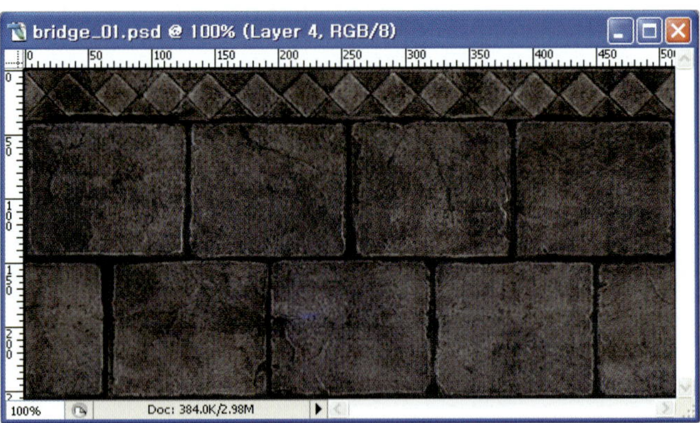

05 그림처럼 우선 제작된 바닥 텍스처를 다리 부분에 적용하였습니다. Unwrap을 펴주면서 다리의 크기에 맞도록 조절합니다. 조절을 하다 보니 원화보다는 촘촘해진 것을 볼 수 있습니다.

06 두 번째 텍스처의 Unwrap을 펴서 포토샵으로 가져왔습니다. 이번 텍스처는 패턴 방식으로 제작할 것입니다.

07 그림과 같이 바닥으로 썼던 텍스처를 우선 넣어줍니다. 텍스처를 넣은 이유는 바닥과 지금 제작하는 부분이 연결되는 부분이기 때문입니다.

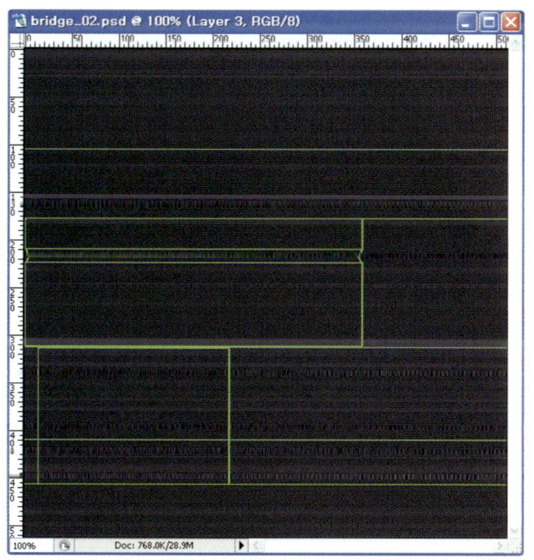
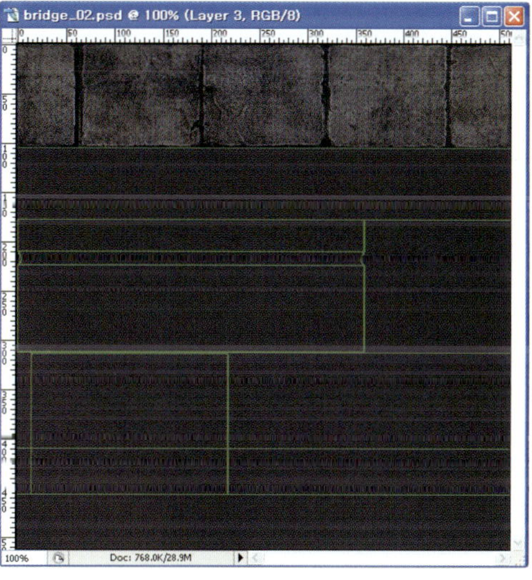

08 그림과 같이 위쪽에 돌 텍스처를 추가합니다. 밝은 부분은 윗부분이고, 조금 어두운 부분은 옆 부분입니다. Luminosity를 적용하면 아래에 있는 텍스처의 색처럼 바뀌는 것을 알 수 있습니다.

09 돌 텍스처의 중간에 틈이 있는 듯한 느낌으로 제작합니다. 이 부분은 가로로 타일링할 수 있도록 제작하는 것이므로 틈과 틈 사이의 거리를 잘 맞춰주어야 합니다.

> **TIP** ╱ 타일링이 되는 텍스처의 경우에는 항상 모델링에 적용시켜보면서 제작을 해야 합니다. 그래야만 결과물의 느낌을 대략적으로 파악해 가면서 제작할 수 있기 때문입니다.

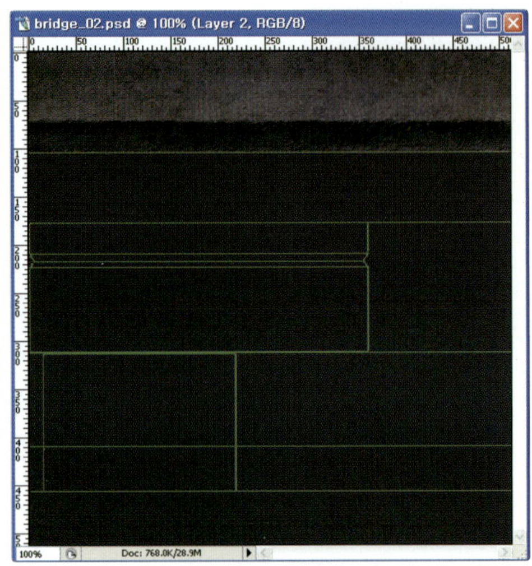 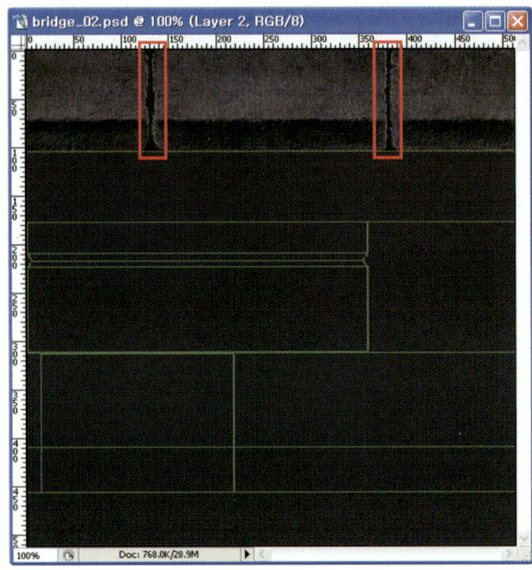

10 밑부분을 다음과 같은 느낌으로 마무리해주었습니다.

> **TIP** ╱ 일반적으로 텍스처를 제작할 때에 벽의 밑부분, 기둥의 밑부분 등과 같은 부분들은 마무리를 해주어 텍스처가 안정적으로 보이도록 하는 것이 좋습니다.

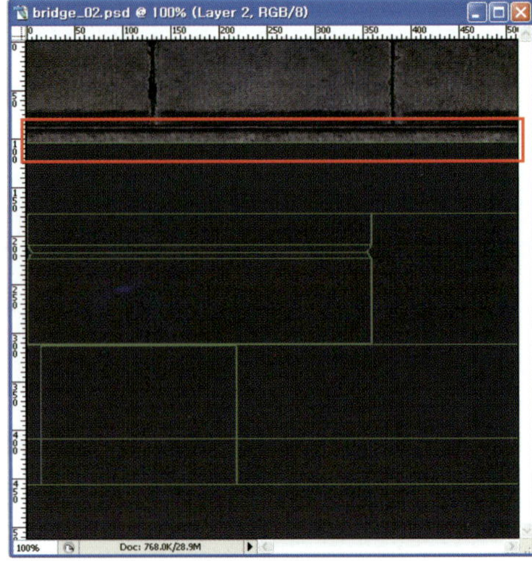

11 그림과 같이 웨더링을 적용합니다. Overlay를 사용합니다. 개인적으로 이러한 부분은 오래되어 부서진 듯한 느낌보다는 약간 헐은 듯한 느낌이 더 맞다고 생각합니다.

12 다리의 옆 부분을 제작합니다. 3ds max에서 Edit UVWs 창을 보면 어느 부분인지 쉽게 알 수 있을 것입니다. 우선 전에 쓰였던 돌 텍스처를 추가합니다.

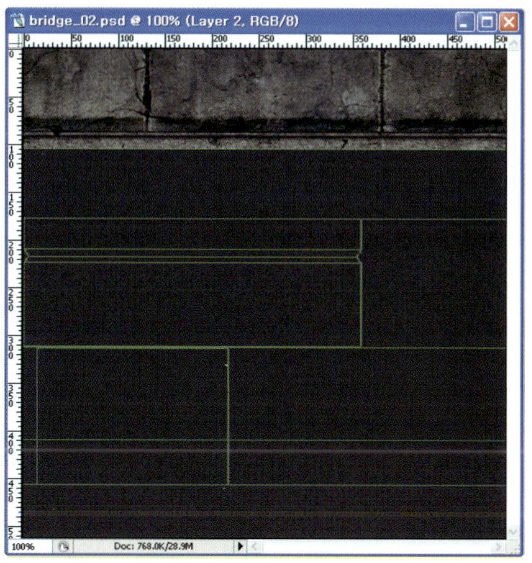
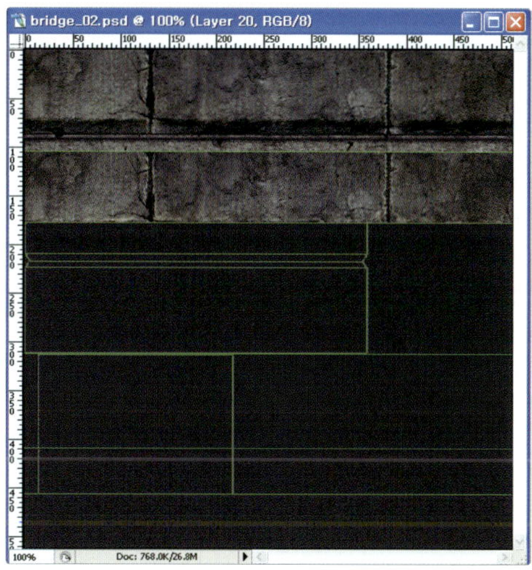

13 쇠 재질을 추가합니다. 원화에는 표현되지 않았지만, 전에 제작했던 오브젝트들과 약간의 통일성을 주기 위해 볼트 같은 느낌을 추가하였습니다.

14 그림을 살펴보면 돌 같은 느낌의 재질이 텍스처 전반에 깔려 있는 것을 알 수 있습니다. 남은 부분들을 모두 이 느낌으로 간다는 것이 아니라 기본적으로 적용시켜 놓은 상태에서 다른 느낌으로 제작하는 곳도 있을 것입니다. 방식은 여러 가지가 있지만, 필자의 개인적인 방식일 뿐입니다.

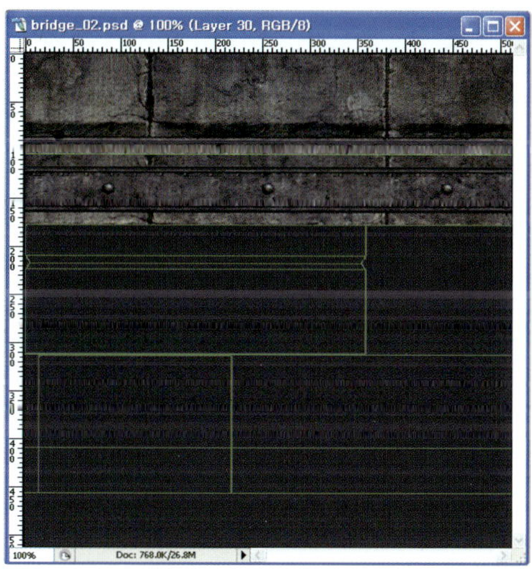
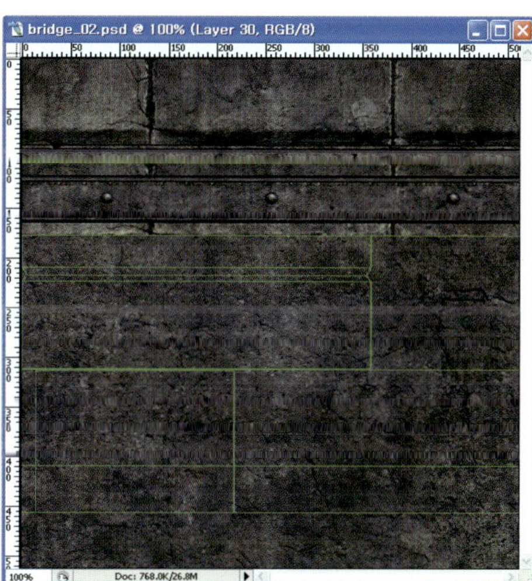

15 이번에 제작하는 부분은 다리 옆의 필드 바닥과 물가의 중간에 위치해 있는 난간 같은 부분입니다. 문양 부분은 원화와 다르게 제작하였습니다. 원화와 같이 제작해보기도 하고, 다르게 제작해보기도 했지만 3D상에서는 개인적으로 그림과 같이 제작하는 것이 괜찮다는 생각이 들었습니다. 예를 들어 어느 지역에 들어가는 특정한 문양을 제외하고 일반적인 것들은 변경되어도 크게 문제가 안 됩니다.

16 그림과 같이 제작된 부분의 위, 아래로 마무리합니다. 단순하면서 얇은 느낌으로 제작합니다.

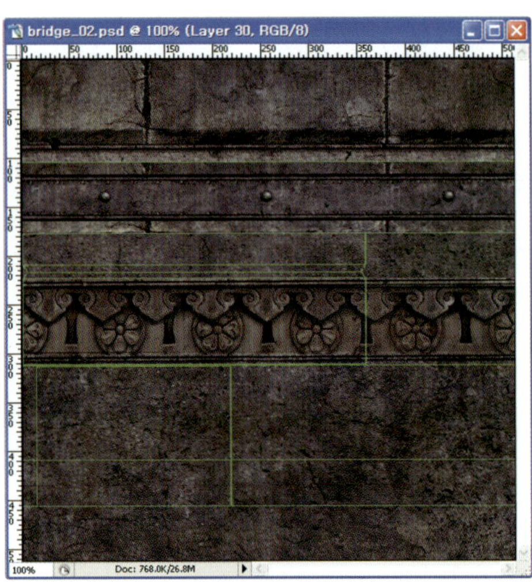

17 앞에 제작된 부분의 윗부분을 제작하였습니다. 파인 듯하게 모델링되어 있는 것을 알 수 있습니다. 이곳은 나중에 Multiply를 이용해서 처리하겠습니다.

18 필드 바닥과 물가의 중간에 들어가는 난간 부분 중에 작은 난간 윗부분을 제작하겠습니다. 느낌은 원화와 비슷하지만 재질은 좀 다르게 제작하였습니다.

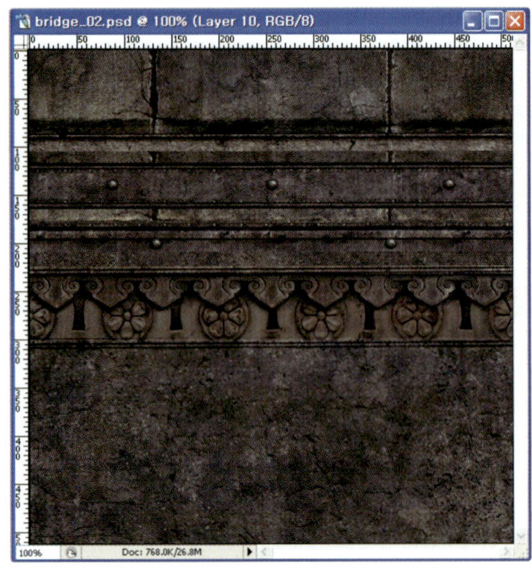
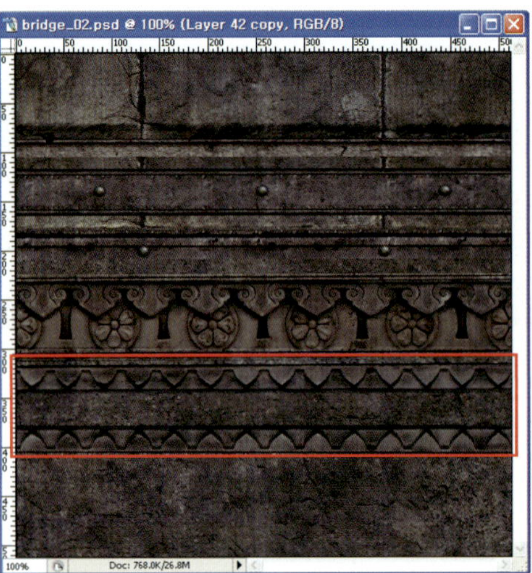

19 옆면을 간략히 제작하겠습니다. 다른 부분에 문양이 들어가고, 약간 화려하게 들어갔으므로 이러한 부분은 단순하게 들어가는 것이 좋습니다.

20 그림과 같이 Color Dodge를 사용해서 하이라이트를 제작하였고, Multiply를 사용해서 어두운 부분을 표현하였습니다. 모델링에 적용해본 결과, 문제가 있을 경우 수정하겠습니다.

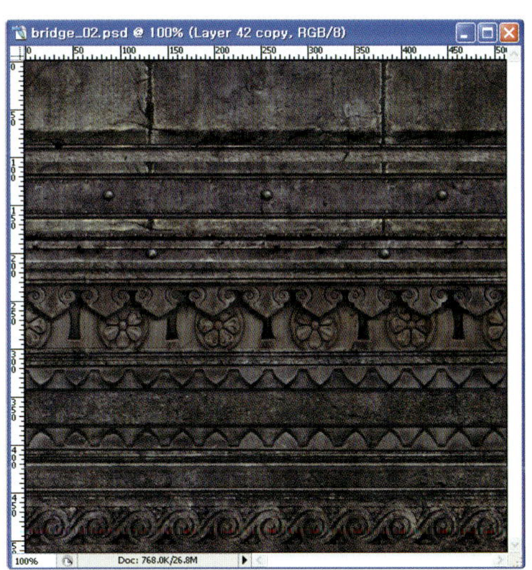

21 그림과 같이 세 번째 텍스처의 Unwrap을 펴서 포토샵으로 가져왔습니다. 패턴 방식으로 쓸 수 없는 부분들을 모아서 제작할 것입니다.

22 이번에도 바탕에 기본으로 쓰일 텍스처를 추가하겠습니다.

> **TIP／** 필자는 개인적으로 이렇게 텍스처를 한 장 넣은 상태에서 모델링에 적용해본 후에 전체적으로 어떻게 텍스처를 제작할 것인지에 대한 방향성을 잡을 때도 있습니다. 꼭 이렇게 해야 한다는 것은 아니라는 것을 거듭 강조합니다.

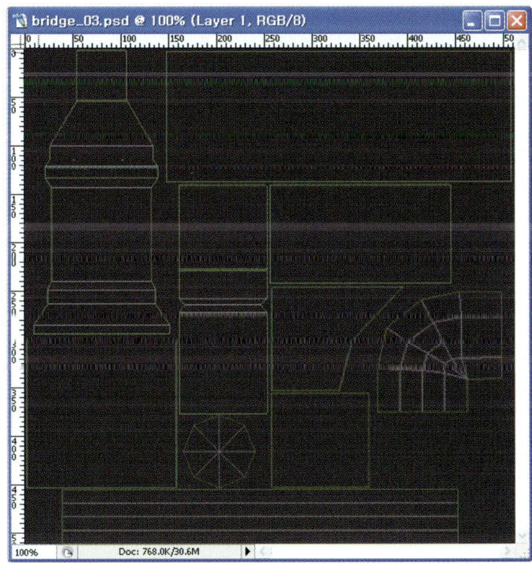
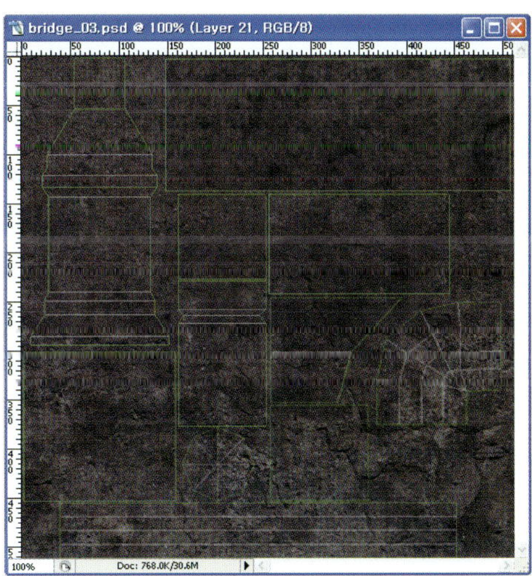

23 이전에 제작했던 필드 바닥과 물가 중간의 난간 윗부분을 제작하겠습니다. 그림과 같이 분위기에 맞을 것 같은 소스를 추가하겠습니다.

24 원화와 비슷한 느낌의 소스를 추가하겠습니다. 꼭 원화와 똑같이 할 필요는 없다고 생각되어 원화가와 상의한 후에 제작하였습니다.

> **TIP /** 좋은 소스가 있는 경우, 원화와 같지 않더라도 그대로 진행해도 크게 문제가 되지 않습니다.

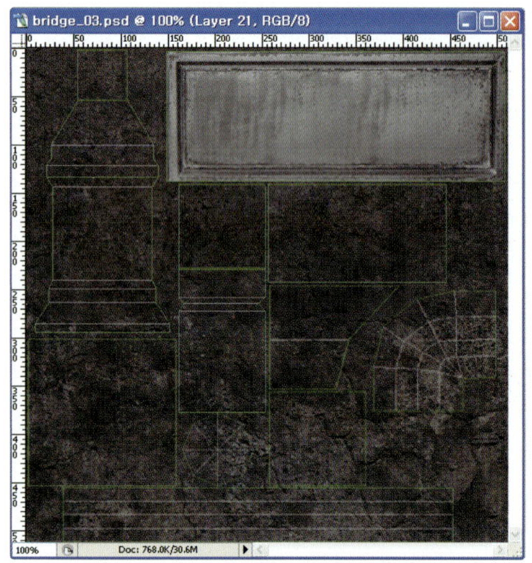 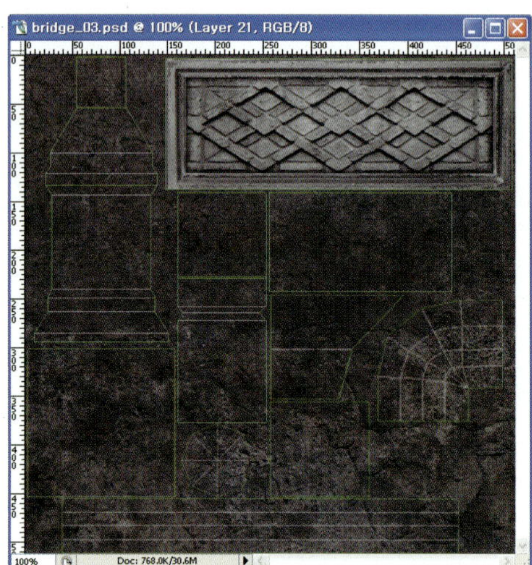

25 Multiply를 사용해서 텍스처에 무게감을 주고 동시에 조금 어둡게 처리하였습니다. 그리고 양쪽에 볼트와 같은 부분을 제작하였습니다.

26 이번에는 전등 부분을 제작하겠습니다. 우선 그림과 같은 전등 위치에 텍스처를 제작하겠습니다.

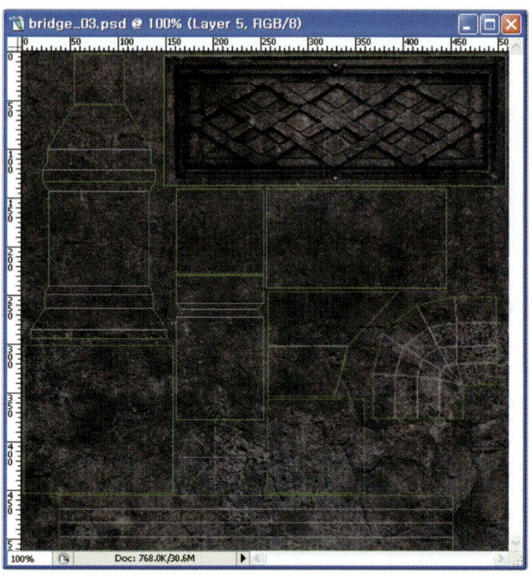 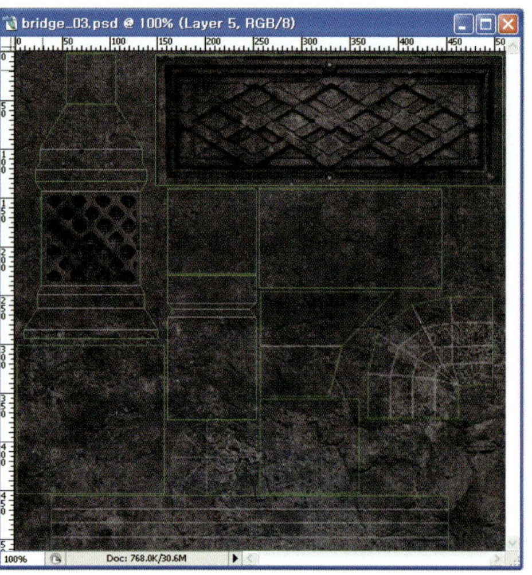

27 그림과 같이 Layer Style을 사용해서 전등의 기본적인 부분을 표현했습니다. 이렇게 전등의 전체적인 부분을 표현해준 후에 본격적인 제작에 들어가겠습니다.

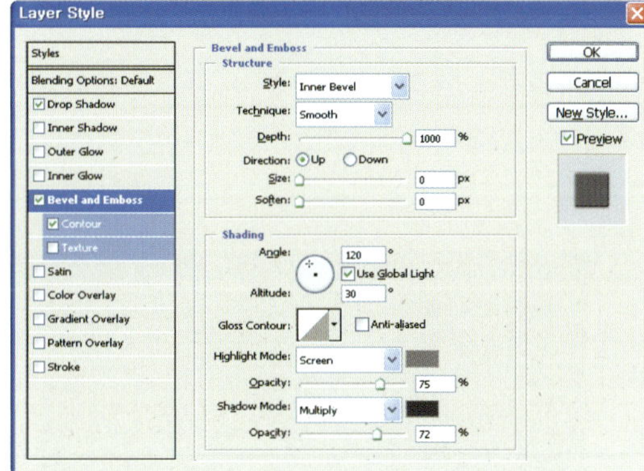 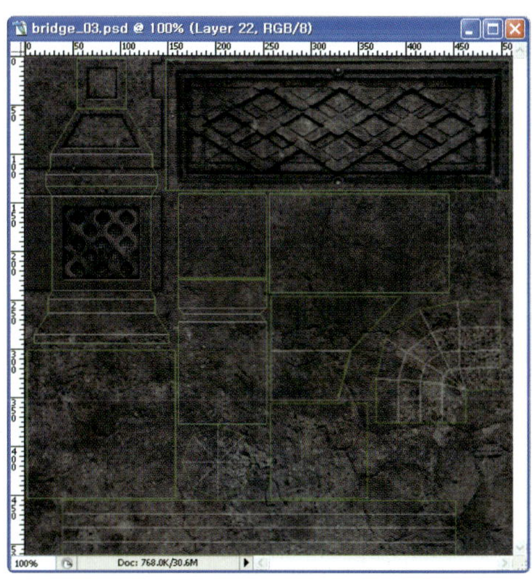

28 계속해서 전등 부분의 텍스처를 제작하겠습니다.

> **TIP /** 텍스처를 제작할 때에는 여러 재질 소스들을 사용하게 됩니다. 예를 들어 제작하는 텍스처가 돌 재질의 텍스처라고 해서 맵 소스들을 돌 재질만 사용할 필요는 없습니다. 나무나 쇠라고 해도 필요하다면 가져와서 돌 느낌으로 바꿔 사용해도 됩니다.

29 전등 부분에 웨더링을 적용한 후에 하이라이트를 제작하였습니다. 하이라이트가 조금 강해 보이지만, 모델링에 적용했을 때 크게 문제가 되지 않는 것 같아서 이 정도로 하이라이트를 적용하였습니다.

 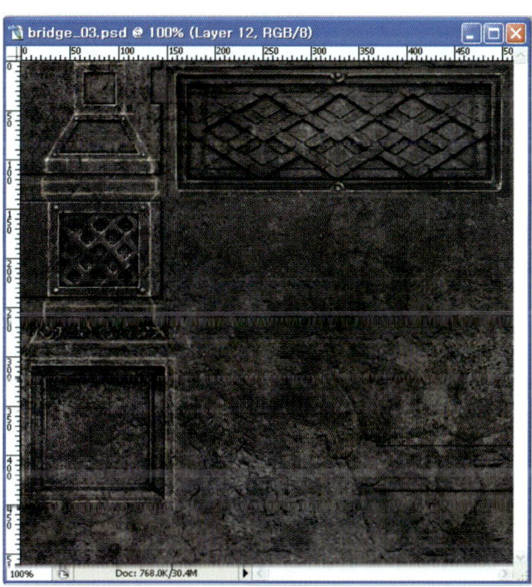

30 그림과 같이 다리 난간의 작은 부분을 제작하였습니다. 위 아래로 데코와 같이 표현해주어 단순함을 없애주려고 하였습니다. 또한 중간에 전에 사용했던 마름모꼴 문양을 적용하여 다른 오브젝트와의 연결 고리를 만들었습니다.

31 난간 부분을 제작하였습니다. 밑부분은 작은 난간 부분과 같은 느낌으로 제작하였습니다. 윗부분의 경우 기본적인 형태를 제외하고 원화와 다르다는 것을 알 수 있습니다. 제작하는 사람에 따라 특징적인 요소를 제외하고는 조금씩 바뀔 수 있습니다.

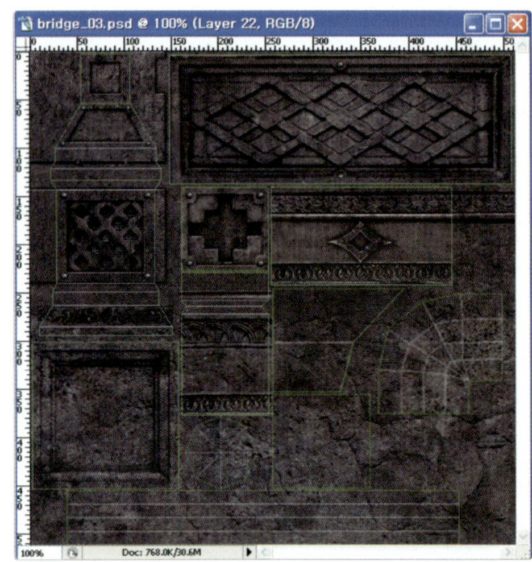

32 하이라이트를 적용했습니다. 기본적으로 들어가는 하이라이트만 처리해주었습니다.

> **TIP /** 난간과 같은 경우에는 하나만 배치되는 것이 아니기 때문에 생각보다 하이라이트를 낮춰주는 것이 좋습니다.

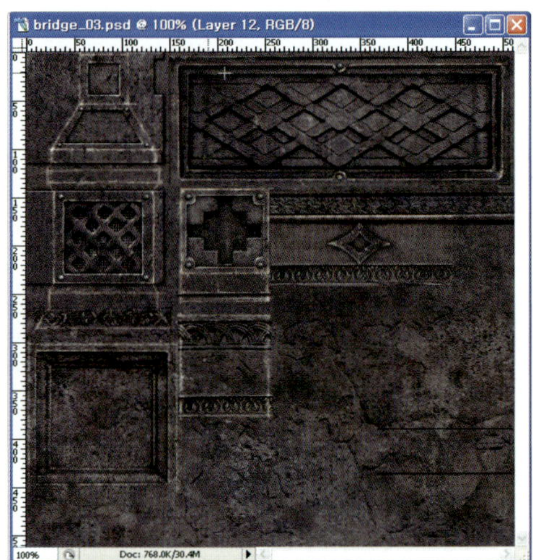

33 이번에는 점선으로 표시된 부분에 기본적인 쇠 재질을 적용하겠습니다. 이 부분은 파이프와 관련된 부분이므로 바닥을 작업할 때 이어서 작업하겠습니다. 이유는 파이프 부분이 다리와 바닥 둘 다 포함이 되기도 하지만 이 부분이 바닥 쪽과 관련된 부분으로 분류했으므로 바닥 제작할 때 들어갈 것이기 때문입니다.

34 네 번째 텍스처를 제작하겠습니다. 이번에는 다리 밑 물가에 위치해 있는 벽 텍스처를 제작하겠습니다. 벽을 따라 가로로 타일링할 것입니다. 그림과 같이 전에 쓰였던 텍스처를 기본으로 깔아주었습니다.

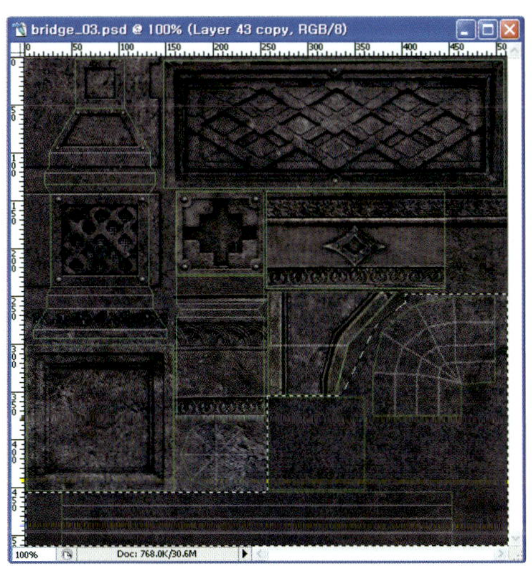
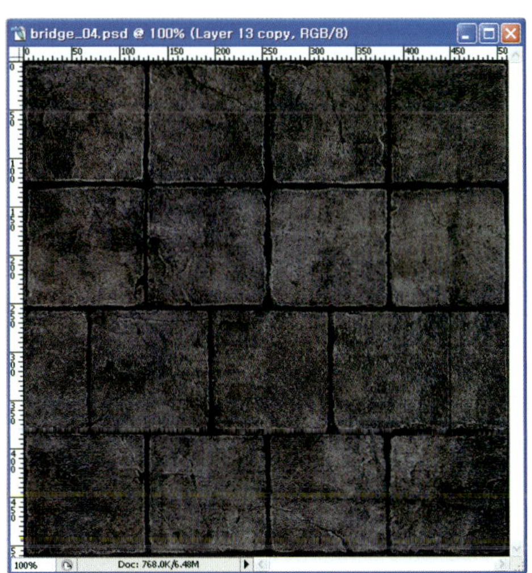

35 이번에는 기본으로 깔린 벽 텍스처 위에 아치와 같은 형태의 맵 소스를 추가하겠습니다. 뒤에 깔린 벽 같은 경우에는 다른 종류의 맵 소스를 적용해도 크게 문제가 되지 않습니다. 다만 오브젝트의 다른 부분들과 어느 정도 일관성을 유지하기 위해 사용한 이유도 있습니다.

36 텍스처의 양쪽 끝을 보면, 기둥 부분을 그림과 같이 바꿔준 것을 알 수 있습니다. 변경 전의 기둥이 벽이라는 느낌에 맞지 않는 것 같아서 기둥 부분을 다른 맵 소스로 적용하였습니다.

37 웨더링을 적용하였습니다. 이러한 경우에는 거칠고 재질감이 있는 맵 소스보다 뒤에 있는 벽과 잘 어울릴 수 있는 웨더링 소스를 적용시켜주는 것이 좋습니다.

38 하이라이트를 적용하였습니다. 이번 텍스처는 실제 게임에 적용할 때 가까이에서 보여지는 부분이 아니므로, 하이라이트 적용 시에 전체적으로 적용하는 것보다는 그림과 같이 부분적으로 적용하는 것이 좋습니다.

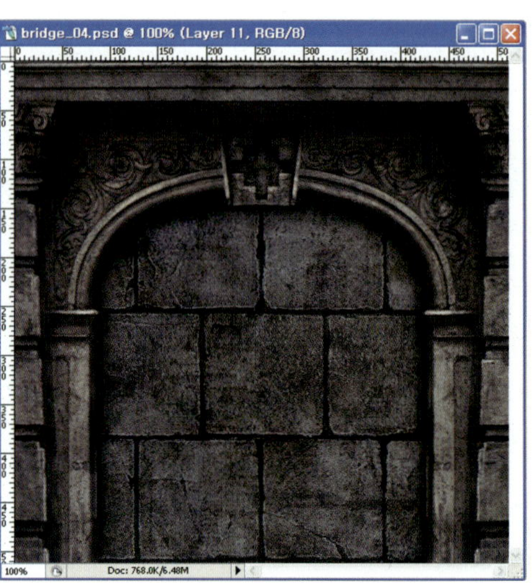

● 3ds max에 적용하기

그림과 같이 제작된 텍스처를 모델링에 적용한 후 나머지 면들도 모두 UVW맵을 맞춰주었습니다. 전체적으로 텍스처가 모델링에 잘 적용된 것 같습니다. 지금까지 제작한 것과 연결시켜 바닥도 제작할 것입니다. 작업 과정을 잘 참고하고 학습했다면 다른 비슷한 모델링도 좀 더 쉽게 할 수 있을 것입니다.

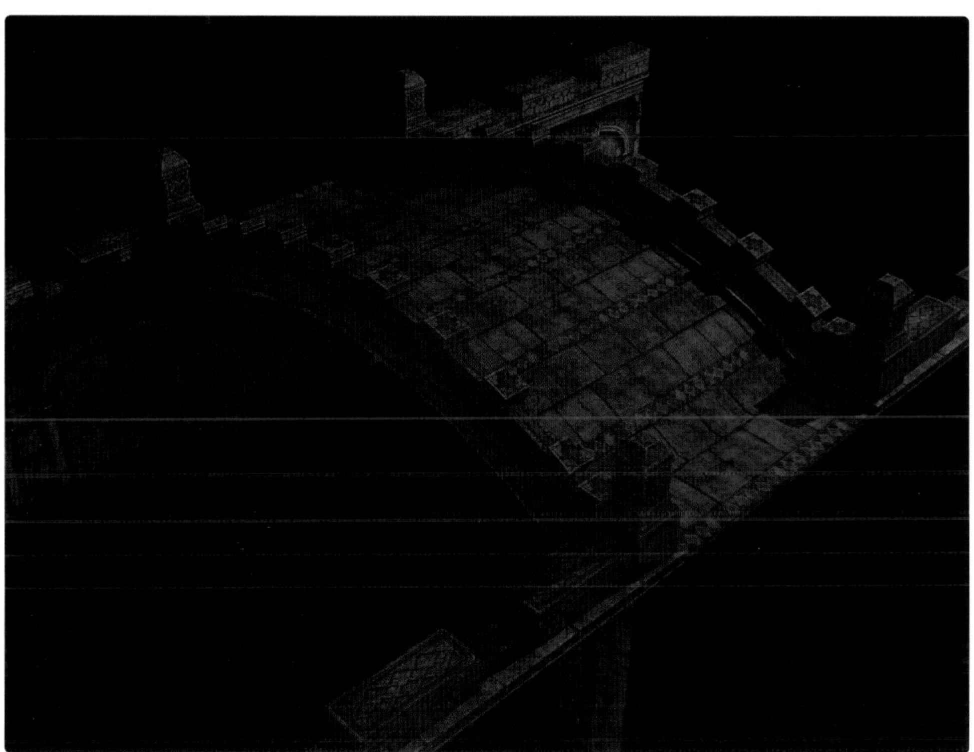

>> 다리 작업에 대한 콘셉트와 3D 결과물의 조율

지금까지 다리를 디자인하고 스케치하여 컬러링까지 완성하는 원화의 작업 과정과 원화를 바탕으로 3D 모델링과 텍스처를 제작하여 완성하기까지의 작업 과정에 대해 알아보았습니다. 스케치 작업에 앞서, 지금까지 앞에서 작업한 작업들은 오브젝트 하나만을 완성하는 작업이었습니다.

하지만 이번에 들어간 다리 작업은 다리와 그 주변의 작은 오브젝트들까지 완성하는 작업이었기 때문에 지금까지의 오브젝트들보다는 양이 좀 많았습니다. 이러한 양에 대한 의견을 3D 제작자와 같이 이야기하며 정하고 들어가야 했습니다.

다리 작업에서 원화가와 제작자가 많은 이야기를 나눈 내용은 '다리와 다음에서 다루게 될 바닥과의 경계를 어떻게 나눌 것인가?'였습니다. 실무에서 다리의 원화 작업을 할 경우에는 주변의 바닥까지 같이 잡아주어 굳이 바닥 작업을 따로 하지 않지만, 이번 작업은 책에 작업 과정을 소개하는 것이기 때문에 일부러 나누어 작업 과정을 보여주기로 했던 것입니다.

그래서 원화에서 다리와 바닥을 같이 디자인했지만 다리 원화에서 보여주지 못하는 바닥 패턴 부분은 바닥 레벨에서 좀 더 확실하게 보여주자고 하여 작업을 하게 되었습니다. 만드는 과정 하나하나를 다 설명해야 하는 3D 제작에서는 원화보다 좀 더 복잡해지는 부분이 있습니다.

다리와 바닥을 함께 설명하면 설명과 내용이 한 레벨에 너무 길어지게 되므로, 보는 사람이 지루해하거나 이해력과 집중력이 떨어지는 결과가 나타나지 않을까라는 부분에서 좋지 않을 것 같다는 결론을 내렸습니다. 하지만 실무 제작에서는 모델링과 텍스처를 비슷한 분위기로 같이 제작하는 편입니다.

다리의 원화 작업에서 바닥도 어느 정도 느낌을 살려 작업을 하였는데, 바닥에서는 다리와 겹치는 부분이 많아서 같은 느낌을 많이 받으셨을 수도 있을 것입니다. 이 책의 목적은 마을의 구성 오브젝트들을 하나하나 작업하여 나중에 하나의 마을을 만드는 것이기 때문에 원화에서 비슷한 과정으로 작업해야 비슷한 작업 결과물을 얻을 수 있을 것입니다.

하지만 다양한 작업 과정을 기대한 분들이라면 실망을 하셨을 수도 있습니다. 이 부분은 처음 책을 쓰고자 했던 목적과는 다르기 때문에 이해해주시고 읽어주시면 고맙겠습니다.

다리에서도 마찬가지로 작업의 양에 관해 원화가와 3D 제작자가 많은 의견을 나눕니다. 원화 디자인과 3D 제작은 하나의 일련 과정이기 때문에 한 명이 작업한 것처럼 자연스러운 결과물이 나오게 하려면 서로에 대한 생각들을 많이 공유하고 이야기를 많이 나눌 수밖에 없는 것입니다.

지금까지의 원화들과 마찬가지로 다리에서도 금속과 돌의 색감을 푸른색과 갈색으로 구분하고, 많이 화려하지 않은 문양들로 완성하였고, 3D에서는 푸른색의 금속 색감으로는 무게감이 조금 떨어지므로 붉은 금속으로 제작하였으며, 문양도 좀 더 화려하게 완성하였습니다.

◀ 원화 완성

◀ 3D 완성

UDK 엔진에 적용시켜본 다리(Bridge)

다리를 옆에서 바라본 모습과 대각선으로 바라본 모습이며, 다리가 바닥과 잘 어울리는 것이 중요하다고 생각합니다.

Chapter 07

콘셉트와 3D를 이용한 바닥 제작하기

이번에 들어갈 작업은 마을 바닥 제작입니다. 바닥을 원화 이미지로 작업하기는 애매하다고 할 수 있는데, 바닥의 돌에 패턴 디자인이나 문양이 들어갈 경우에는 문양 디자인 등을 원화에서 제시해야 합니다. 3D 제작에서는 바닥이 중요한 요소이고, 원화를 바탕으로 제작되는 과정을 보여주는 것이 이 책의 목적이기 때문에 원화 작업을 하겠습니다. 그럼 지금부터 바닥 디자인과 3D 제작 학습을 시작하겠습니다.

Step 1 바닥 스케치 학습하기

마을에 들어갈 바닥은 돌 재질로 되어 있고, 패턴화된 모양으로 디자인을 하려고 합니다. Chapter 06장에서 다리에 들어갔던 다리 바닥 패턴과 연결되는 부분이기 때문에 다리 작업했던 것을 생각하며 자연스럽게 이어지도록 디자인하겠습니다.

> 예제 소스에 있는 스케치 파일을 같이 보면서 학습하시기 바랍니다.
> - 예제 소스\Concept\Object\floor\jpg\floor sketch01.jpg~floor sketch03.jpg을 참조하세요.

▶ 스케치 1단계

위에서 설명한 것들을 바탕으로 스케치해보겠습니다. 바닥이 다리와 연결되기 때문에 다리를 포함한 난간과 바닥, 그리고 주변의 간단한 오브젝트들도 같이 들어가보겠습니다. 앞에서 스케치했던 대로 바닥도 투시를 생각하고 크게 선을 그어 가면서 스케치합니다. 바닥면을 나누어 줄 때는 주변 구조물을 상상하면서 스케일에 맞게 잡아줍니다.

● 스케치 2단계

러프하고 크게 나누어준 형태를 좀 더 자세하게 나누어주면서 형태를 잡아갑니다. 주변에 들어갈 오브젝트들도 다리, 바닥과 어울리게 재미있는 요소들을 생각하여 꾸며주면서 전체적으로 정리된 모습이 나올수 있도록 잡아갑니다.

● 스케치 3단계

바닥의 원화가 완성되었습니다. 다리에서 이미 나온 파이프들이 바닥에 자연스럽게 연결되도록 그려주었고, 바닥의 패턴이 너무 단순하지 않게 군데군데 마름모의 패턴으로 넣어주었는데, 복잡하면 3D 작업 시 뺄 수도 있습니다. 원화는 전체적인 콘셉트를 잡아주지만, 3D에서 하나하나 똑같이 만들어줄 필요는 없습니다. 최종 결과물은 3D이기 때문에 3D 제작자의 역량과 원화가와의 조율을 통해 원화와 다르게 나올수도 있습니다.

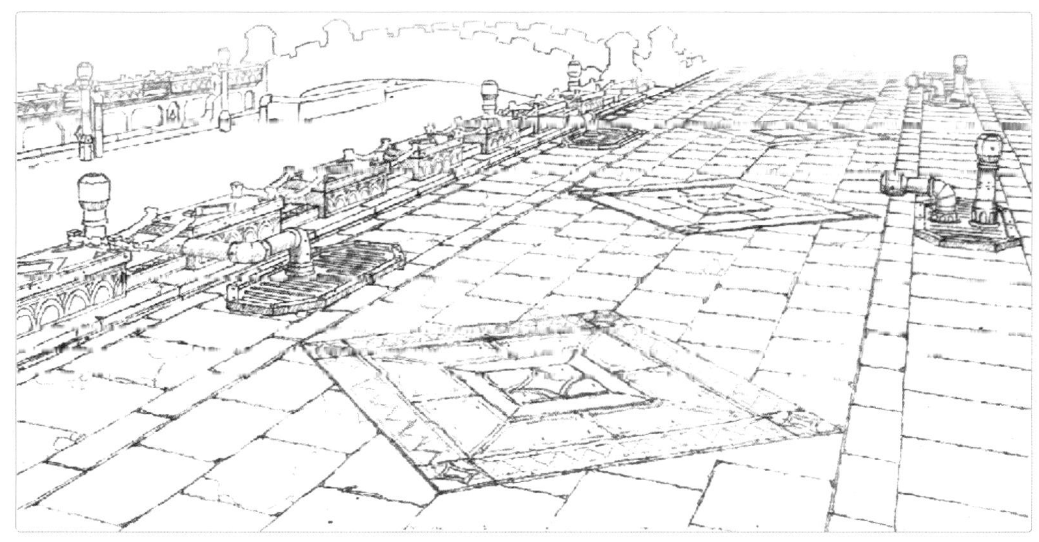

바닥 컬러링 작업 학습하기

바닥 스케치 원화를 스캔하여 이미지를 보정하고 컬러링 준비 과정을 거치게 됩니다. 앞에서부터 반복적으로 나오는 과정이지만 깔끔한 스케치에 컬러링 작업을 해야 하기 때문에 반드시 필요한 과정입니다. 이제부터 바닥 컬러링 작업을 하겠습니다.

예제 소스에 있는 컬러링 파일을 같이 보면서 학습하시기 바랍니다.
- 예제 소스\Concept\Object\floor\jpg\floor color01.jpg∼floor color06.jpg를 참조하세요.

● 컬러링 1단계

01 지금까지의 원화들과는 달리 이미지가 잡티와 지저분한 연필 선들 때문에 이미지가 좀 더 지저분할 것입니다. [Levels] 대화상자를 열어 깨끗한 이미지로 보정합니다. 경로는 [Image→Adjustments→Levels]이고, 단축키는 Ctrl + L 입니다. 단축키 Ctrl + M 인 [Curves] 대화상자를 열어 보정해도 상관 없습니다. 덜 그려진 부분들도 브러시를 이용하여 스케치를 깔끔하게 정리합니다.

02 보정 전과 후의 이미지 비교입니다. 훨씬 선명하고 보기 좋게 보정되었습니다.

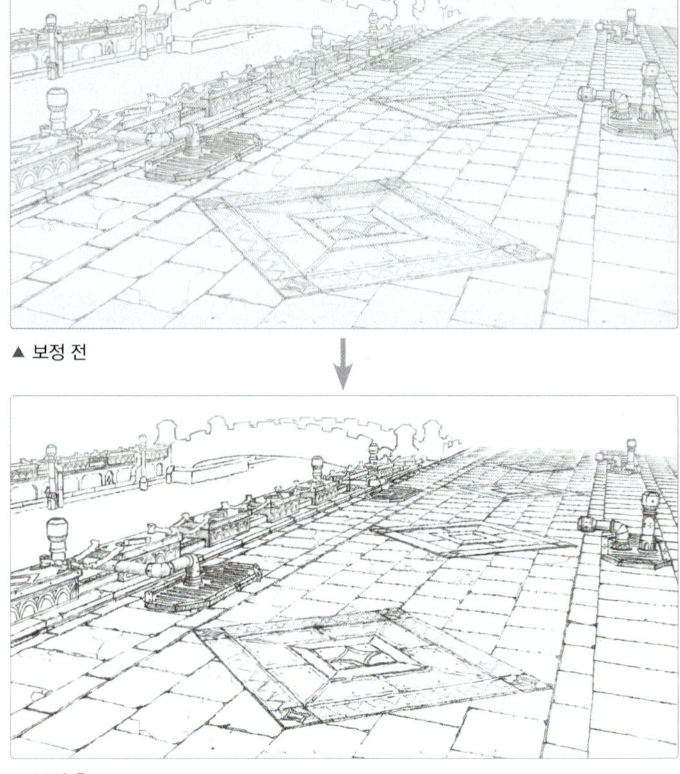

▲ 보정 전

▲ 보정 후

▶ 컬러링 2단계

01 보정된 바닥의 스케치에 컬러링 작업을 할 것인데, 다리 부분에서 바닥의 이미지가 나왔기 때문에 연결하여 작업해야 합니다. 다리의 바닥 부분 이미지와 색감을 맞추어 작업할 것입니다. 이번에도 이전에 했던 작업들과 마찬가지로 전반적으로 모노톤으로 먼저 명암과 그림자를 표현하겠습니다. 새 레이어를 하나 생성하여 이 레이어의 속성을 Multiply로 만들고, 전체적으로 모노톤 채색을 합니다.

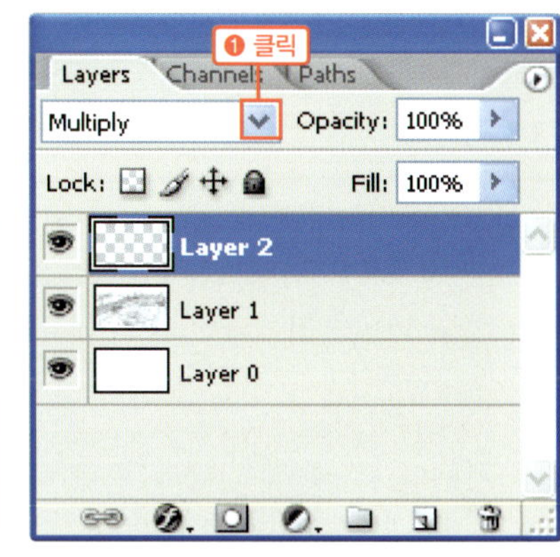

02 Multiply 속성을 이용한 채색 방법으로 손쉽게 명암과 그림자 표현을 하였습니다. 전체적으로 복잡해 보이고 채색할 부분이 많아 보이지만, 바닥과 파이프 오브젝트들만 채색할 것입니다. 나머지는 이미지가 자연스럽게 보이기 위해 연결하여 그려준 것입니다.

▶ 컬러링 3단계

01 다리에서의 바닥 색감과 같은 색감으로 컬러링 작업을 할 것입니다. 새 레이어를 생성하고 속성을 Color로 만든 후에 채색해줍니다. 기본 브러시로 바닥의 돌 부분이나 부분적으로 쓰인 금속 부분에 채색합니다. 이 단계에서 바닥의 컬러를 지정하는 것입니다. Color 속성을 이용하여 손쉽게 바닥의 컬러를 지정하겠습니다. 옆의 이미지처럼 새 레이어를 만들어주었는지 확인하고 작업하시기 바랍니다.

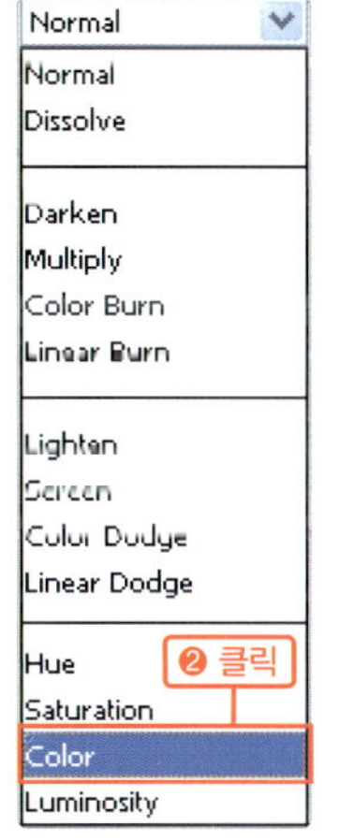
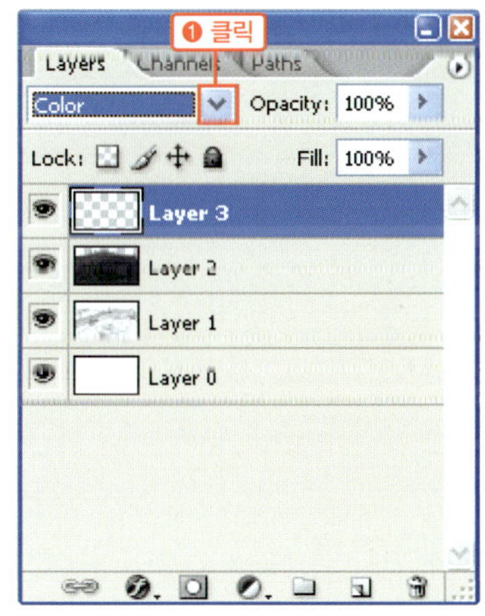

02 컬러 2단계와 마찬가지로, 브러시로 금속과 나무 색을 선택하여 채색하였습니다. Color 속성을 이용하여 손쉽게 바닥의 컬러나 주변 오브젝트와 물 색을 지정한 이미지가 나왔습니다. 바닥 돌의 색을 조금씩 다르게 주어 넓은 부분에 단순하게 바닥 색이 입혀지지 않도록 변화를 주었습니다.

▶ 컬러링 4단계

01 이번 단계에서는 바닥 재질에 텍스처 느낌을 넣어 보겠습니다.

옆의 텍스처를 활용하여 바닥의 느낌을 잡겠습니다. 바닥은 전체적으로 녹색 느낌이 많이 나도록 잡을 예정이었는데, 예전에 돌 텍스처에 녹색과 푸른색과 붉은 색을 넣어서 만들어 놓았던 옆의 텍스처 이미지가 있어서 이번에는 그대로 활용할 것입니다. 이미지가 사실적인 입자의 느낌이기 때문에 부드럽게 보정하겠습니다.

02 포토샵 상단에 있는 메뉴 바에 Filter를 클릭한 후 하위 메뉴들 중에 Artistic 메뉴를 선택하고 마지막으로 Paint Daubs 메뉴를 선택합니다.

03 Paint Daubs 메뉴는 텍스처의 입자를 브러시로 그린 듯한 이미지로 바꿔줍니다. 숫자를 기입하여 적절한 이미지를 만든 후에 [OK] 버튼을 클릭합니다.

04 Filter를 주어 보정을 마친 텍스처 이미지의 레이어 속성을 옆의 이미지처럼 Overlay 속성으로 바꿔줍니다.

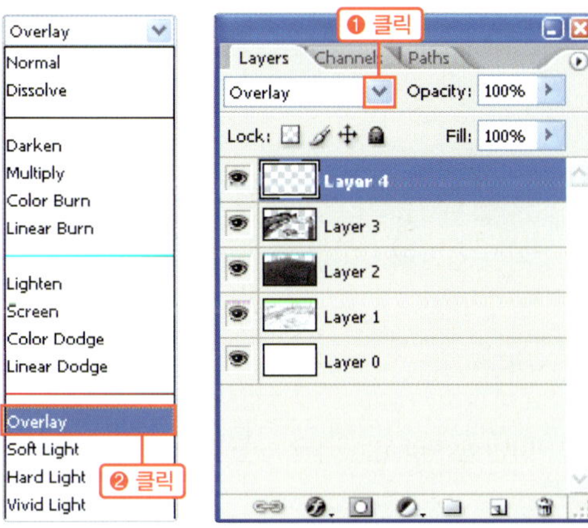

> **TIP** 위에 소개한 텍스처의 크기가 바닥 전체에 입혀질 텍스처라고 생각하기에는 크기가 너무 작다는 생각이 들 것입니다. 이러한 경우에는 텍스처를 여러 개로 복사하여 붙여서 스케일에 맞게 큰 텍스처 이미지로 만든 다음, 텍스처 입자가 바닥에 입혀져도 지연스럽게 보일 정도로 좀 더 세심하게 크기를 조절하여 사용해야 할 것입니다.

05 텍스처에 색감이 들어가 있어서 다양한 바닥 색감이 표현되었습니다. 이처럼 때로는 적절하게 텍스처의 도움을 빌려서 좀 더 완성된 결과물을 빠른 시간에 제시할 수도 있습니다. 필자는 개인적으로 완성된 원화 이미지가 3D 제작에 도움이 된다면 적당한 텍스처를 활용하는 것이 좋다고 생각합니다. 너무 지나치면 안 되겠지만, 적절히 활용하여 좀 너 완성도 있는 이미지를 그려보시기 바랍니다.

> **TIP** 텍스처를 활용하여 효과를 보려면 그만큼의 노력이 필요합니다. 텍스처를 사용하지 않은 것처럼 보정을 잘하여 사용하면 되는 것입니다.

▲ 바닥에 텍스처가 입혀진 이미지

01 이제는 다리에 묘사하는 단계입니다. 먼저, 텍스처를 입혀서 전반적으로 어두워진 바닥을 닷지 툴 🔍 을 이용하여 조금 밝게 잡아준 후, 레이어를 합쳐서 세부 묘사에 들어가겠습니다. 레이어를 합치는 단축키는 (Ctrl + A)+(Shift + Ctrl + C)+(Ctrl + V)입니다. 각기 다른 속성의 레이어를 하나로 합쳤기 때문에 한 장의 이미지가 되었습니다. 멀리 있는 느낌을 내주고 같은 바닥에서도 명암으로 변화를 주기 위해 밝은 돌과 어두운 돌로 구분하여 전체적인 바닥의 느낌을 내주었습니다.

02 좀 더 선명하게 바닥 색감이 수정되었습니다. 바닥은 크게 작업 시간을 들여서 할 필요는 없고, 패턴 디자인과 색 정도만 지정하면 3D에서 알아서 만들 수 있는 작업물입니다. 하지만 좀 더 의도된 바닥 디자인을 원한다면 원화에서 그려주어야 할 것입니다. 특징이 많지 않고 단순한 바닥의 작업 과정이더라도 원화에서 의도하는 부분이 하나라도 있다면 반드시 원화로서 설명해야 합니다. 중복되는 것도 있고 비슷한 기능과 과정을 다르게 풀어 설명한 것들도 있지만, 결국은 하나의 결과물을 만들기 위함이기 때문에 어느 것 하나 대충 작업해서는 안 될 것입니다.

03 이제 바닥 이미지가 마무리되었습니다. 좀 더 밝은 면을 찾아주었더니 전체적으로 색감과 명도가 다양해져서 같은 패턴이라 하더라도 하나하나의 돌들이 다양하게 표현되었습니다.

04 바닥 앞부분의 강조와 묘사를 시작으로 점점 풀어주면서 거리감을 표현하였습니다.

05 가장 앞부분에 있는 바닥 묘사를 많이 하였습니다. 아래의 그림에서 보듯이 마름모 모양의 바닥 문양을 잡아주었는데, 이것 하나만 자세히 설명해주고 나머지는 묘사해주지 않았습니다. 앞에서도 언급하였듯이 이 문양은 바닥 제작을 해보고 바닥이 단순해 보이느냐, 아니냐에 따라서 넣을 것인지, 넣지 않을 것인지를 결정하기로 3D 제작자와 의견을 나누었습니다. 3D 결과물에는 없을지도 모르겠습니다.

06 오른쪽 그림을 비교해보면 많이 밝아진 것
도 있지만 불투명하게 붉은 얼룩 같은 느
낌이나 스케치에서도 표현된 금이 간 느낌
을 정리해준 것을 볼 수 있을 것입니다. 불
투명한 느낌의 표현은 아래의 브러시 ❶,
❷번으로 불투명하게 표현하면 될 것이고,
금이 간 표현은 날카롭고 깔끔하게 그려지
는 ❸번 브러시로 표현하면 될 것입니다.

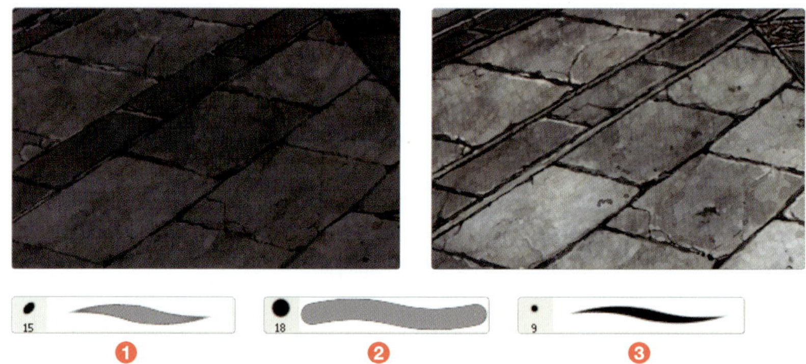

07 바닥과 연결된 오브젝트를 간단하게 묘사한 것입니
다. 파이프 부분은 다리에서 충분히 재질과 문양의
묘사까지 하였기 때문에 바닥에 붙어 있는 하수구 뚜
껑 구조만 묘사하였습니다.

08 디테일하게 묘사해주지는 않았지만, 빛을 받는 느낌과 그림자 표현을 해주었고, 가장 밝은 부분에서
가장 어두운 부분, 그리고 반사광까지 표현되어 있는 것을 볼 수 있습니다. 이처럼 생략을 하더라도
기본적으로 표현해줄 것은 해 주어야 기본적인 입체감이 나올 수 있는 것입니다.

09 이 부분도 위의 부분적인 구조와 비슷하기 때문에 많은 설명과 묘사가 이루어지지 않은 상태로 마무리하였습니다. 하지만 이 구조물에는 둥근 파이프 볼륨감이나 그림자도 기본적으로 표현되어 있습니다.

10 마지막으로 레이어의 속성을 한눈에 보이도록 정리하였습니다. 바닥의 원화 작업은 작업 시간이 그리 오래 걸리지 않습니다. 하지만 콘셉트적으로 문양이 들어가거나 다양한 패턴으로 이루어진 돌바닥이라면 정확한 표현을 해주어야 할 것입니다. 그럼 이것으로 바닥 원화 작업을 마치겠습니다.

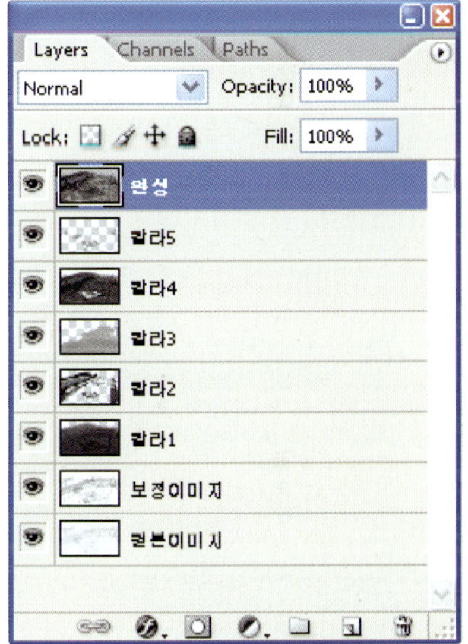

예제 소스에 있는 psd 파일을 참고하시면 작업 과정을 한눈에 확인할 수 있습니다.
- 예제 소스\Concept\Object\floor\psd\floor.psd를 참조하세요.

3 바닥(Floor) 3ds max 모델링 제작

이번 과정에서는 앞에서 제작한 다리와 연결되는 바닥 부분을 제작하겠습니다. 모델링과 텍스처를 다리와 공통으로 제작하였으므로 다리 모델링에 이어서 제작하겠습니다.

예제 소스에 있는 모델링을 같이 보면서 학습하시기 바랍니다.
- 예제 소스\tutorial\floor\max map\floor.max를 참조하세요.

▶ 3ds max 모델링 작업

01 아래 그림과 같이 제작된 다리 오브젝트에 Plane을 생성합니다. 생성한 Plane을 다리와 바닥이 이어질 위치에 배치합니다. 일반적으로 실무에서 바닥 같은 경우에는 Terrain을 사용해서 제작합니다. 하지만 3ds max로 제작하는 경우도 있습니다. 학습 과정이므로 3ds max로 제작해주는 경우라고 생각하고 바닥을 제작하겠습니다.

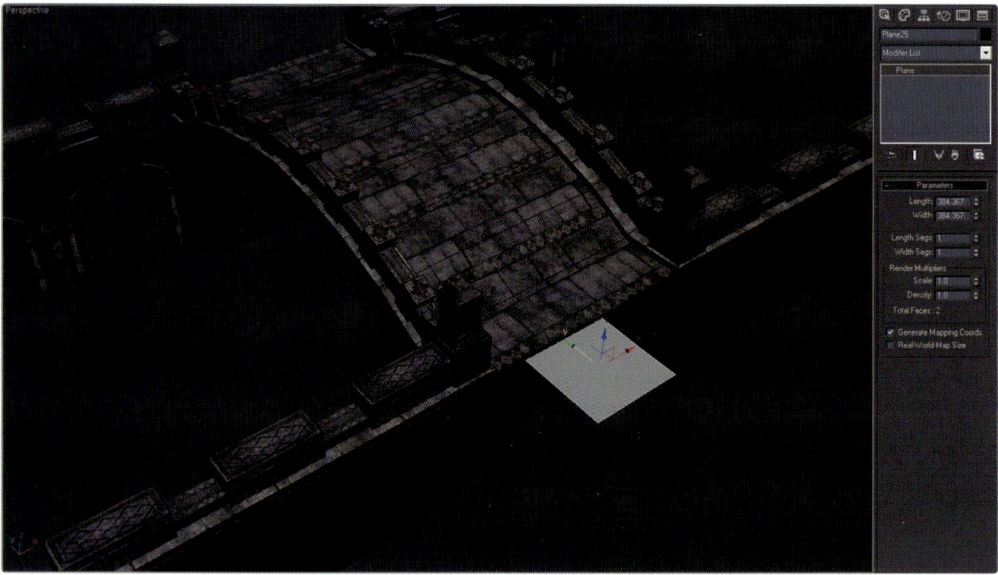

02 생성한 Plane을 Mesh 또는 Poly로 변환합니다. 변환한 후에 Edge를 선택하여 그림처럼 모델링합니다. 면
을 나누어준 이유는 다른 텍스처를 사용할 것이기 때문입니다.

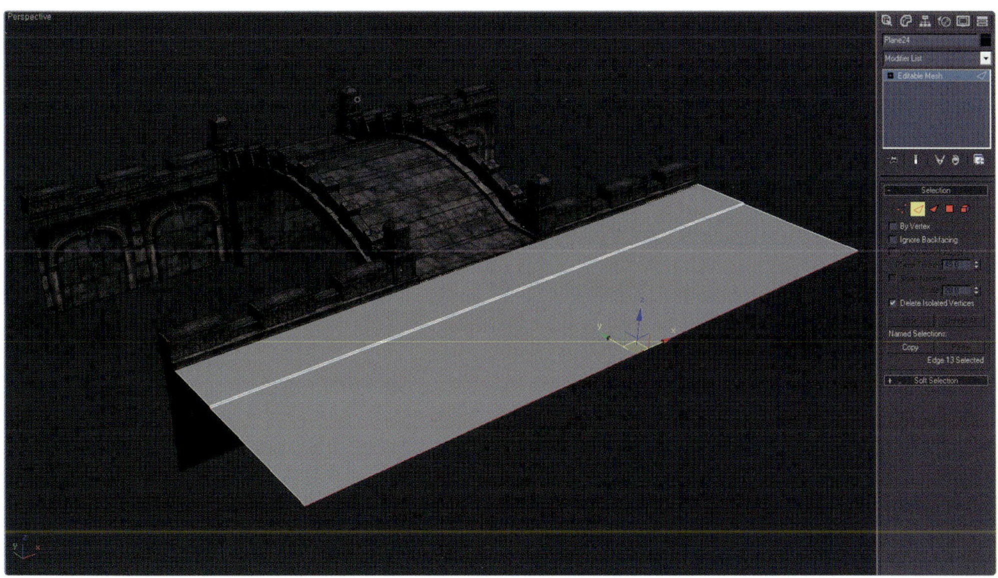

03 원화에서 바닥에 배수구 같이 생긴 모델링을 할 것입니다. 대략적인 위치에 Box를 생성하고 생성한 Box를
Mesh 또는 Poly로 변환합니다. 크기 및 위치는 변경할 수 있습니다.

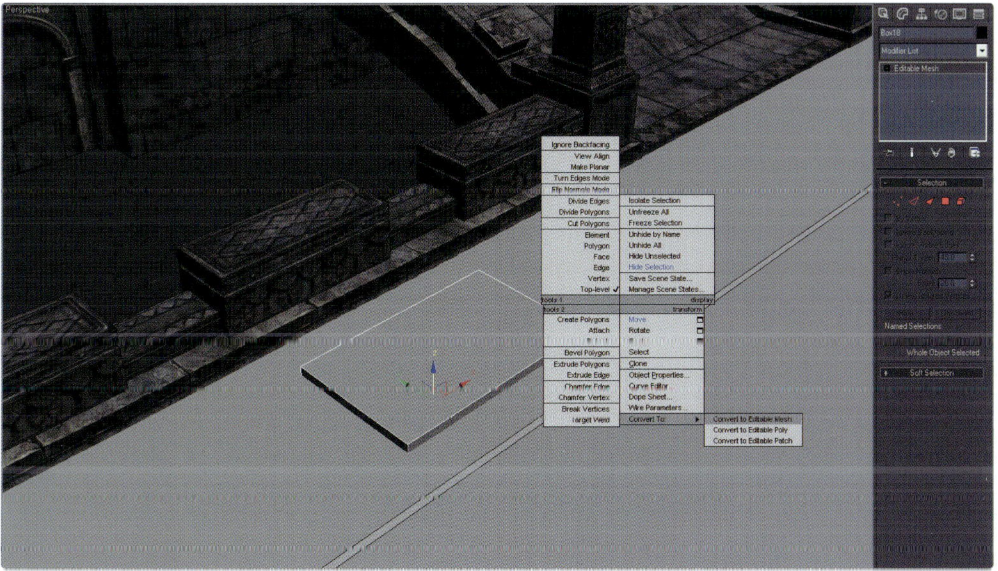

04 그림과 같이 박스의 각 모서리에 있는 **Edge**를 선택합니다.

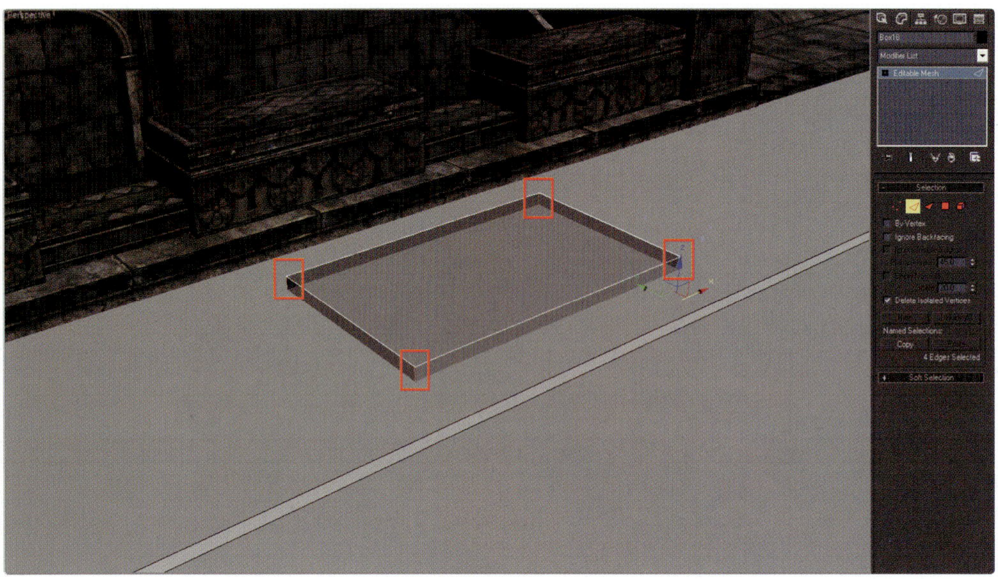

05 선택한 **Edge**에 **Chamfer**를 적용하면 그림과 같은 모양이 됩니다. 원화와 비교하면서 모델링하겠습니다. 윗면은 텍스처로 제작할 것이므로 모델링은 옆면만 하겠습니다.

06 파이프 관련 오브젝들을 제작하겠습니다. 원화에서 보는 것과 같이 전등 부분 쪽에 있는 파이프 연결 부분을 제작합니다. 간단하게 Box로만 제작하겠습니다.

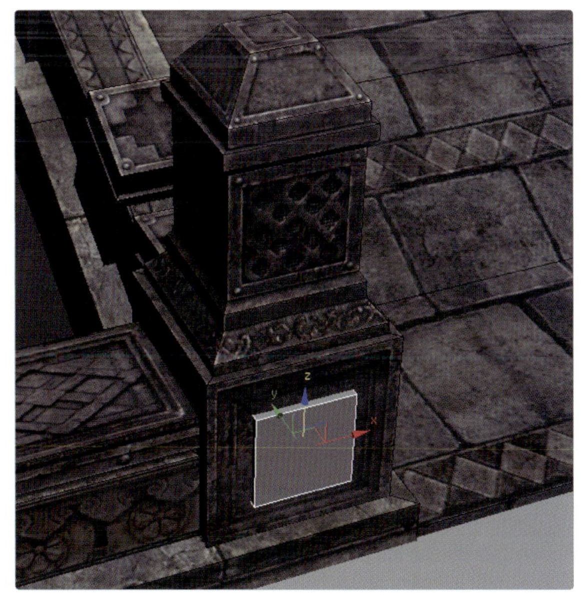

07 Cylinder를 사용해서 파이프 연결 부분에 오브젝드를 추가합니다. Cylinder에서 Sides 값은 8로 주었습니다. 참고로 필자는 직은 오브젝트의 경우 팔각형 이상은 잘 사용하지 않습니다.

08 파이프를 제작하겠습니다. 우선 그림과 같이 Cylinder를 생성합니다. 생성된 Cylinder를 파이프가 배치될
대략적인 위치로 이동합니다.

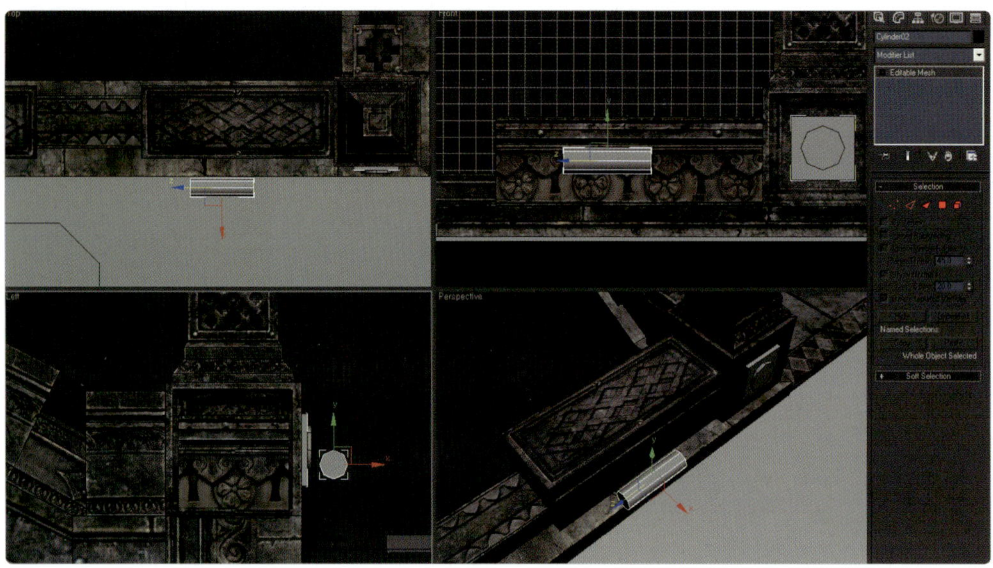

09 그림과 같이 Cylinder를 사용해서 파이프를 제작합니다. 파이프는 제작된 모델링을 다른 곳에도 공통으로
사용할 수 있도록 제작하는 것이 좋습니다.

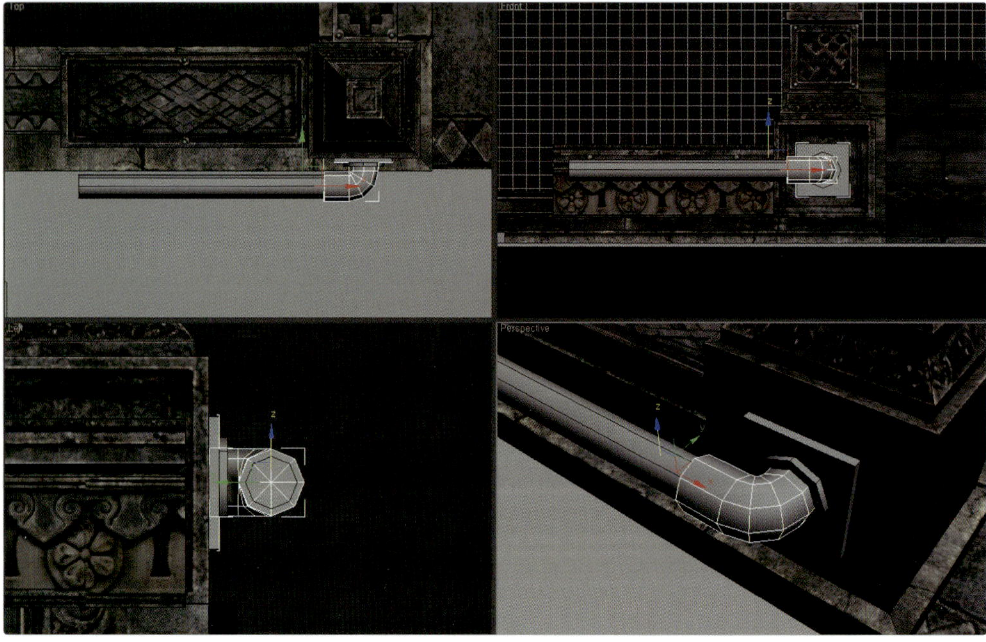

10 그림과 같이 파이프를 제작합니다. 원화에서 파이프를 연결시켜주는 파이프 연결관을 살펴보면 모델링과는 다르다는 것을 알 수 있습니다. 원화와 같이 하다 보면 모델링과 텍스처의 수가 많아지기 때문에 여러 부분에 사용하는 이러한 오브젝트 같은 경우에는 한두 가지 종류로 제작한 후에 돌려 사용하는 것이 좋습니다.

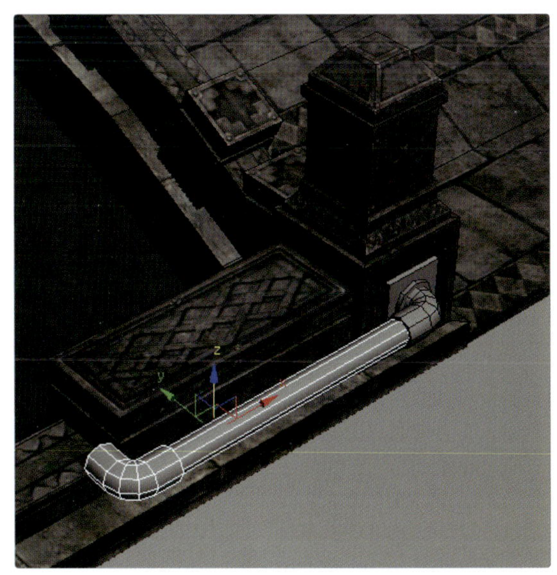

11 파이프 관련 모델링을 물가 쪽으로 이어서 제작하겠습니다. 같은 방식으로 Edge를 잡고 면을 이어나가는 방식으로 모델링하면 될 것입니다.

12 이번에는 다른 종류의 파이프를 제작하겠습니다. 마찬가지로 Cylinder를 기본으로 생성한 후에 Mesh 또는 Poly로 변환합니다. 모델링할 부분의 Polygon을 제거한 후에 Edge를 잡고 그림처럼 Move와 Rotate를 사용해서 모델링하겠습니다.

13 같은 방법으로 다른 부분의 파이프들도 제작하겠습니다. 그림을 보면 클릭되어 있는 오브젝트들처럼 하나를 제작한 후에 방향만 바꿔주면서 제작해도 크게 문제가 되지 않을 것입니다.

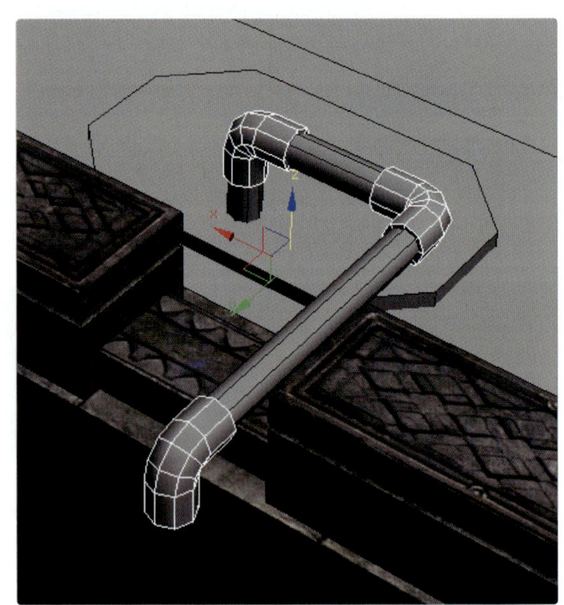

14 한 부분의 파이프 들을 제작해서 배치하였습니다. 이러한 방식으로 파이프들이 전체적으로 배치될 예정입니다.

15 원화와 같이 다른 쪽에도 배수구와 파이프 모델링을 하겠습니다. 제작한 파이프 모델링을 수정해서 배치해도 상관없습니다.

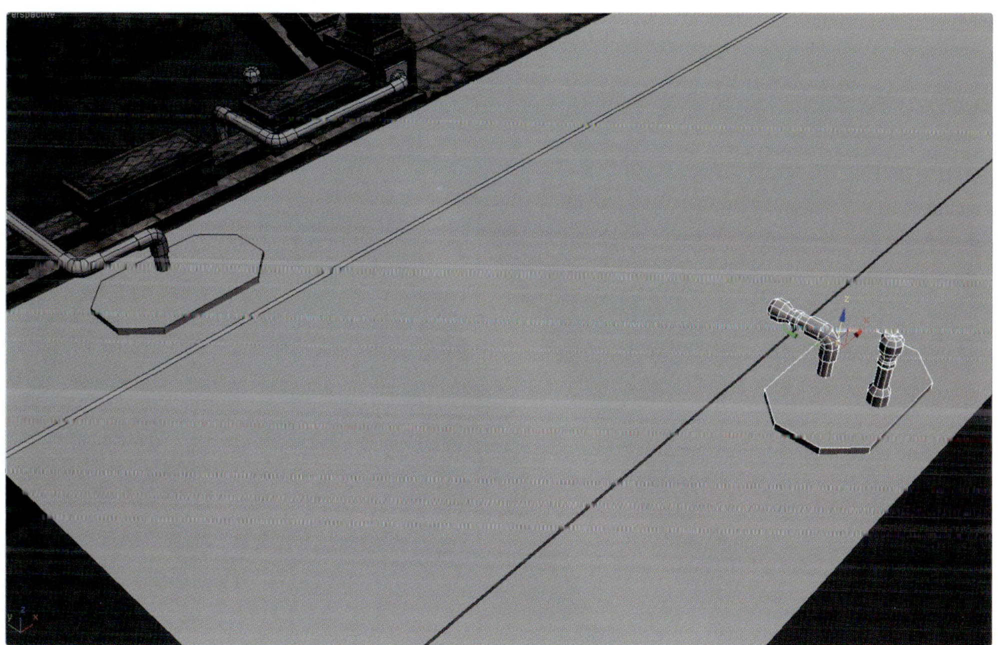

16 그림과 같이 체인 같은 것을 고정시켜주는 것을 모델링하겠습니다. 중요한 부분이 아니므로 간단하게 모델링합니다.

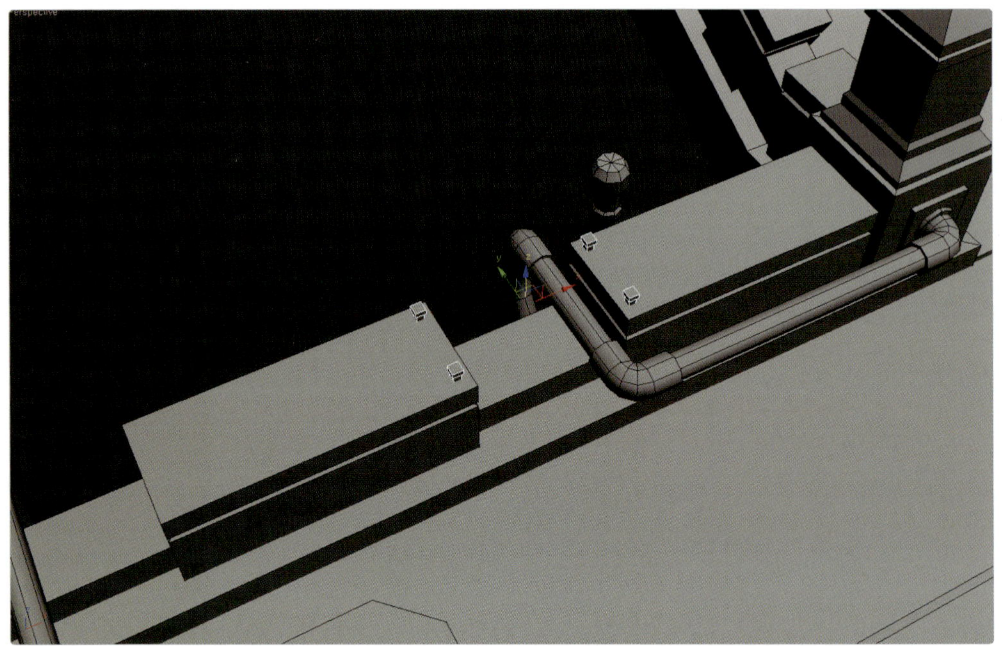

17 난간에 체인과 같은 부분을 모델링합니다. Plane을 엑스자 형태로 겹칩니다. 모델링하기 힘든 경우에는 대부분 이러한 방식을 사용합니다. 알파맵을 사용해서 체인 느낌을 주겠습니다.

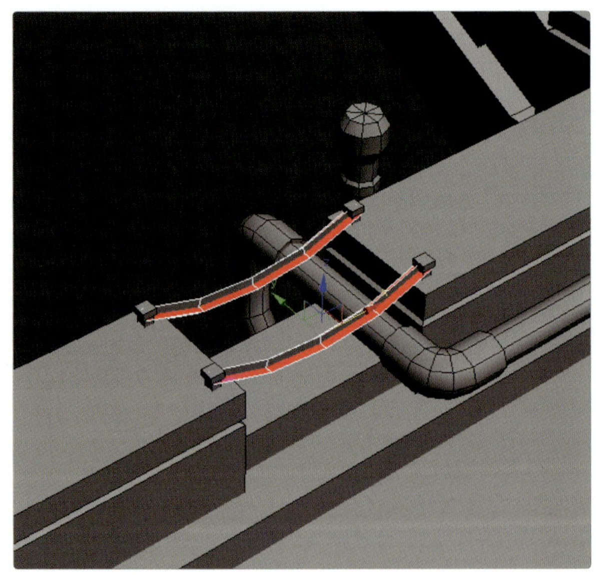

● Unwrap UVW 작업

01 다리에서 이야기했던 파이프 부분 Unwrap입니다. 중요성이 떨어지는 부분들은 다른 부분에서 공유하여 사용했습니다. Edit UVWs 창을 보면 여기 저기 Unwrap이 펴져 있는데, 다른 이유는 없고 Unwrap이 어떻게 펴졌는지 잘 볼 수 있도록 거리를 둔 것입니다. 다리에서 제작하던 세 번째 텍스처에 이어서 제작하겠습니다.

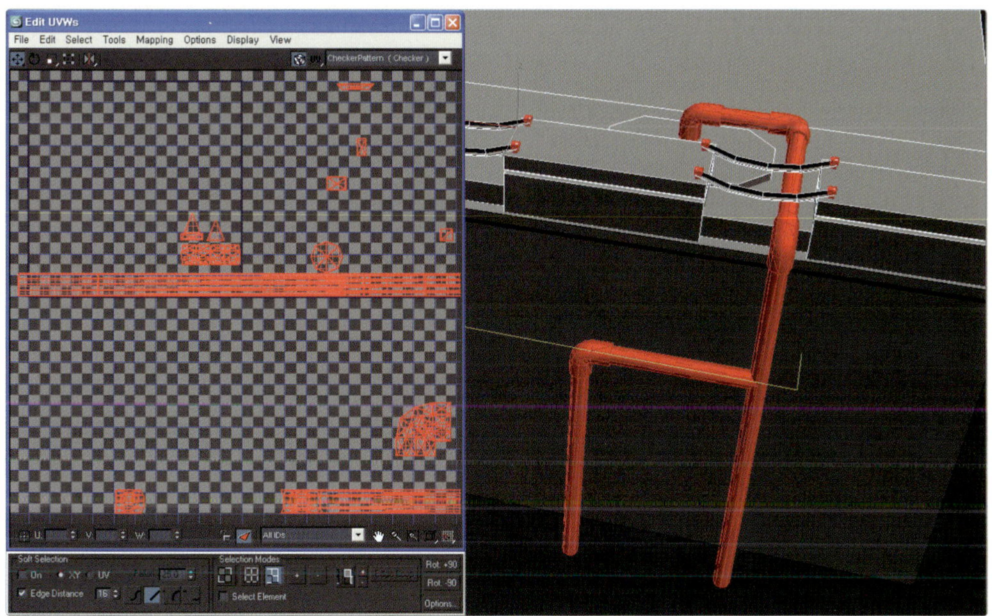

02 바닥의 양쪽 옆 부분과 배수구에 관련해서 Unwrap을 펴주었습니다. 바닥의 양 옆쪽 텍스처는 가로로 타일링할 수 있도록 제작할 생각입니다.

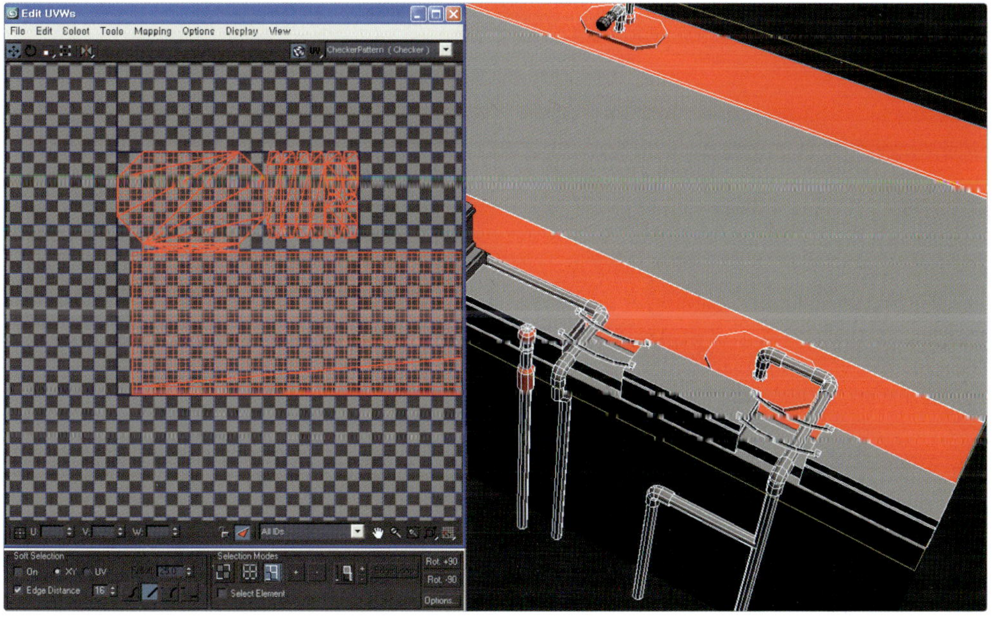

03 체인 부분의 Unwrap입니다. 여기서는 256×64 사이즈로 체인 부분만 제작할 것입니다.

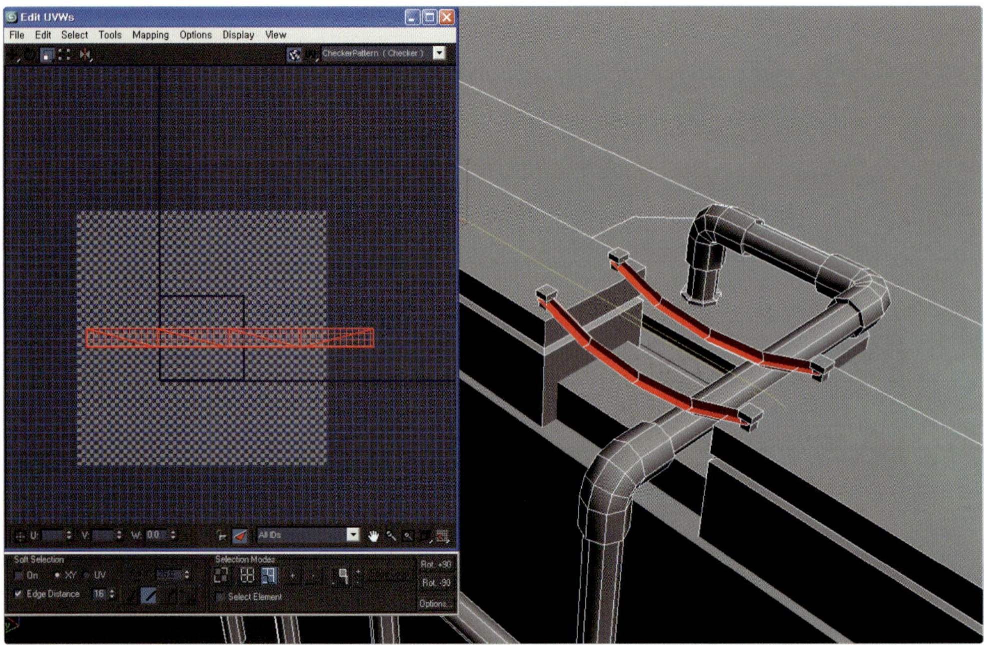

04 바닥 중간에 들어가는 텍스처는 타일링이 가능하도록 제작할 것입니다. 일반적으로 바닥을 제작할 때 기본이 되는 텍스처가 있는데, 이는 전체적으로 많이 들어가는 텍스처라고 할 수 있습니다. 지금 이 부분에 들어갈 텍스처가 기본이 되는 텍스처가 될 것입니다.

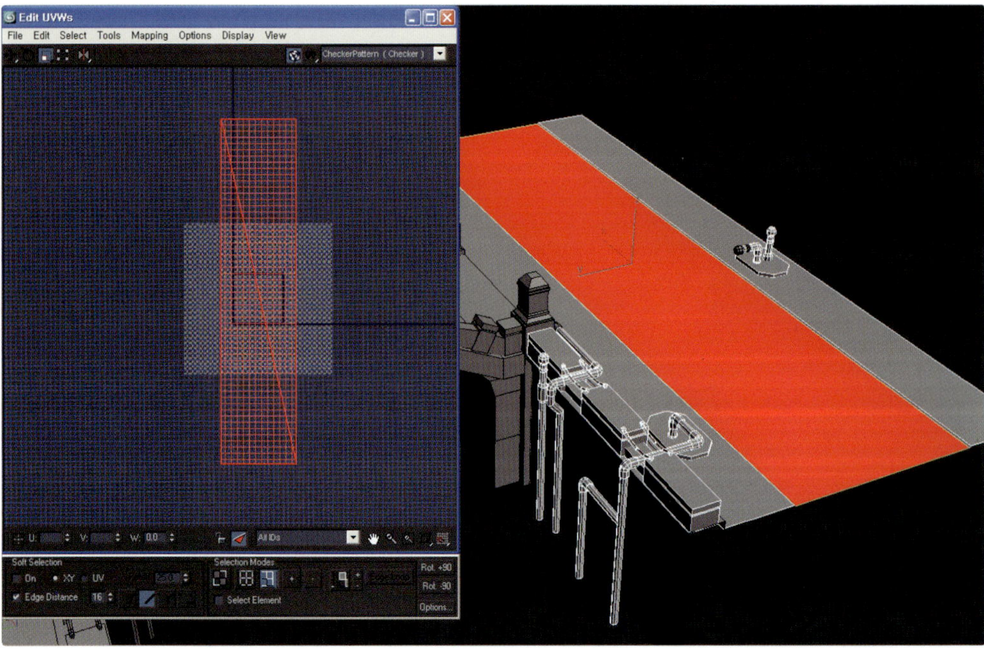

바닥(Floor) 텍스처 제작

이제부터 앞에서 작업한 UVW맵 작업을 바탕으로 포토샵에서 텍스처 작업을 하겠습니다. 이번 바닥 같은 경우에는 다리에서 제작
하던 텍스처 부분까지 합쳐서 512×512 세 장과 256×64 한 장을 사용해서 제작하겠습니다.

> 예제 소스에 있는 텍스처를 같이 보면서 학습하시기 바랍니다.
> ■ 예제 소스\tutorial\bridge\max map\bridge_01.psd~bridge_07.psd를 참조하세요.

▶ Photoshop 텍스처 작업

01 다리에서 제작했던 텍스처에 이어서 파이프 부분을 제작하겠습니다. 그림과 같은 효과를 주어 파이
프 연결관의 무늬 부분을 제작하겠습니다.

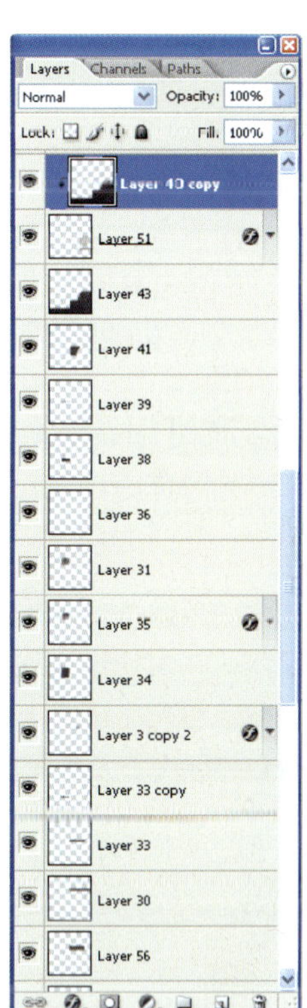

02 파이프 연결관 부분에서 그림과 같이 끝부분에 마무리를 하겠습니다.

03 파이프 연결관의 둥근 부분에 Overlay를 주어 밝고 어두운 부분을 조금 나누어주었습니다. 그리고 볼트 같은 것을 추가하였습니다. 볼트는 이전 것을 사용해도 상관 없습니다.

04 텍스처의 아랫부분에는 일반적으로 긴 파이프를 제작하였습니다. 이러한 파이프에는 하이라이트를 너무 강하게 주지 않도록 주의해야 합니다. 그리고 웨더링할 때에도 너무 거친 맵 소스는 피하는 것이 좋습니다.

05 파이프와 전등을 연결하는 부분을 제작하였습니다. 원화를 살펴보면 텍스처와 조금 다르다는 것을 알 수 있습니다. 원화처럼 제작하여 모델링에 적용시켜보았더니 조금 심심한 듯하여 그림과 같이 표현하였습니다.

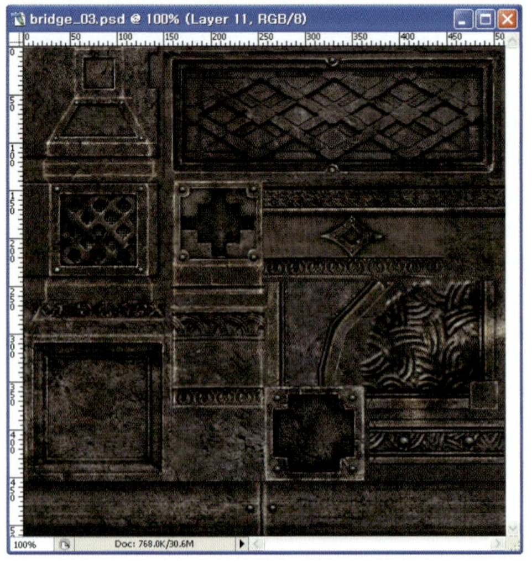

06 이번에는 환기구 부분을 제작하겠습니다. 환기구 끝부분만 여기에 넣은 이유는 텍스처를 아껴 써야 하기 때문입니다. 그러므로 환기구 부분을 제작할 때는 이 부분과 다른 텍스처에 있는 환기구 부분을 비교하면서 함께 제작하는 것이 좋습니다.

07 이번에는 파이프의 환기구 부분과 배수구 부분을 제작하겠습니다. 또한 그림의 아랫부분이 비어 있는데, 이 부분은 바닥 부분에서 양쪽 끝에 들어갈 것입니다. 가로로 타일링되도록 제작하겠습니다.

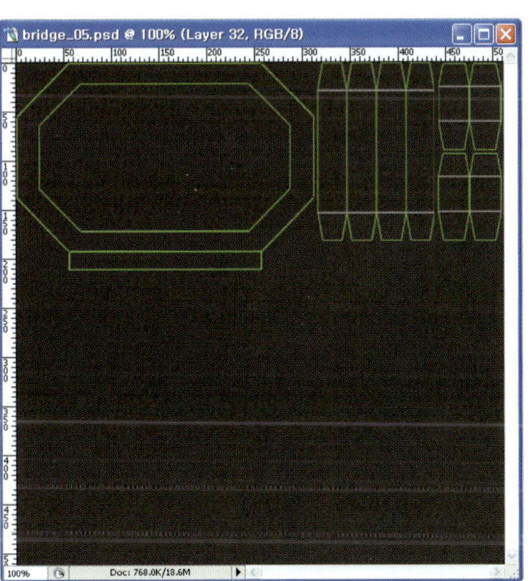

08 우선 배수구 부분을 제작하겠습니다. 바탕에 기본으로 사용할 쇠 재질을 넣어 보겠습니다. 여기에서 사용하는 쇠 재질 역시 거친 것보다는 일반적인 것을 사용하는 것이 좋습니다.

09 그림과 같이 배수구 부분의 안쪽을 제작하겠습니다. 조금 어둡게 제작하겠습니다.

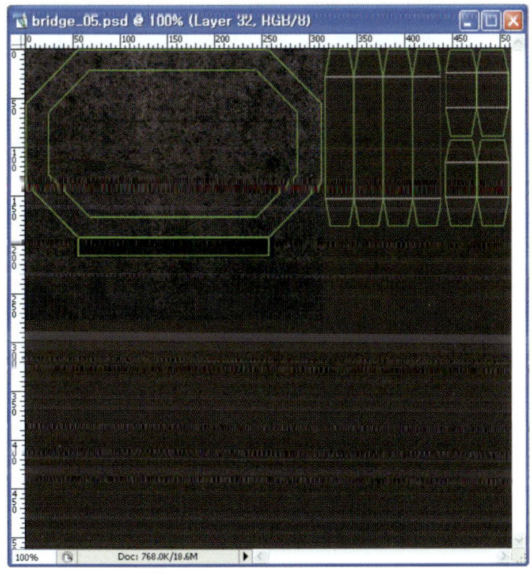
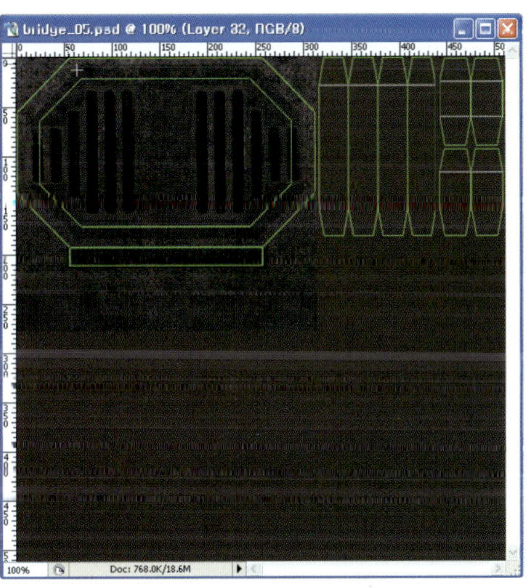

10 배수구의 바깥 부분을 Layer Style을 사용해서 표현하겠습니다. 이제 전체적인 배수구의 분위기가 잡혔습니다. 이를 바탕으로 텍스처를 제작하겠습니다.

11 원화에서 표현한 것처럼 배수구의 형태를 표현하고 볼트 같은 부분을 추가하겠습니다.

> **TIP**／ 하이라이트를 표현할 때는 웨더링을 적용한 후에 웨더링이 들어간 부분들도 같이 표현하는 것이 좋지만, 웨더링이 들어가기 전에 어느 정도 형태를 잡아주는 역할도 합니다.

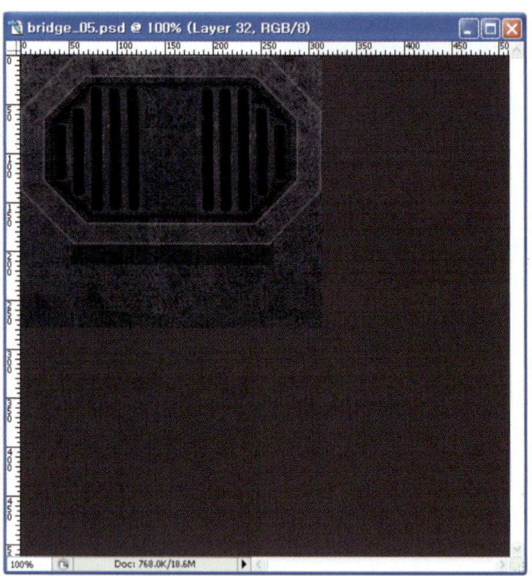
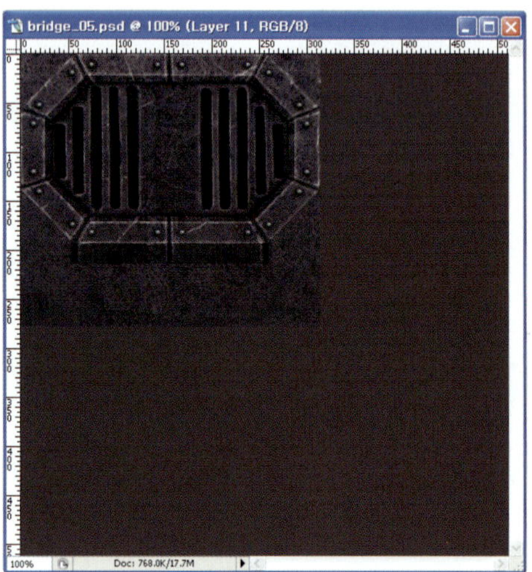

12 웨더링을 적용했습니다. 두 번의 웨더링을 적용하였는데, 첫 번째는 기본적인 쇠 질감을 적용하였고, 두 번째는 약간 갈라진 듯한 느낌의 웨더링을 적용하였습니다. 제작하면서 웨더링이 조금 지나치다 싶으면 적절히 조절하면서 제작하시기 바랍니다.

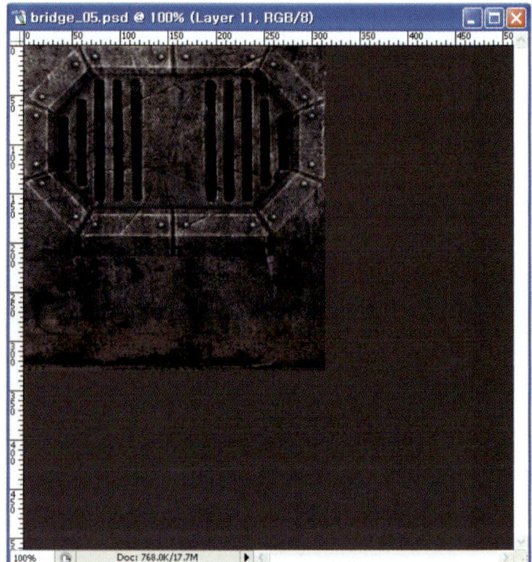

13 이제 파이프에 환기구 부분을 이어서 제작하겠습니다. 우선 기본 쇠 재질을 추가하겠습니다. 이 부분의 쇠 재질은 전에 제작하였던 환기구 윗부분과 같은 것을 사용하는 것이 좋습니다.

14 환기구 부분에 텍스처를 추가 제작하겠습니다. Unwrap에 잘 맞추어 제작합니다. 제작 중에는 모델링에 적용해보면서 맞게 제작되고 있는지 체크하는 것이 좋습니다.

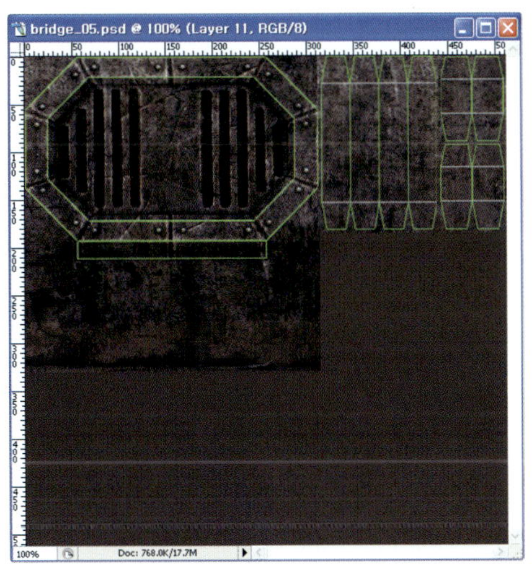 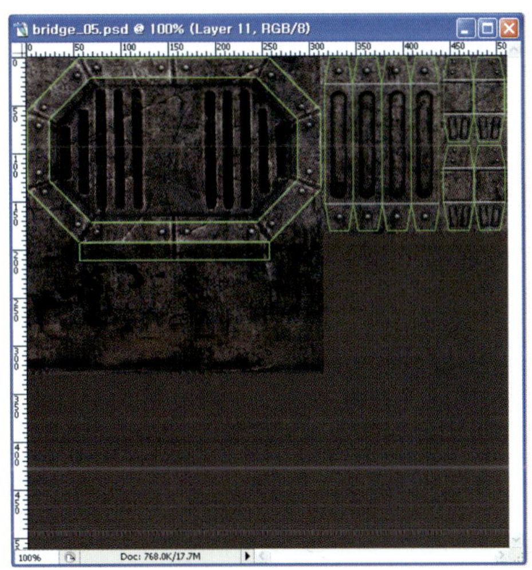

15 하이라이트 부분을 제작하였습니다.

> **TIP**／ 파이프의 모델링은 작지는 않지만, 각각의 면들은 작으므로 하이라이트를 모두 강하게 주면 너무 틸 수 있습니다. 이러한 경우에는 하이라이트를 적당히 적용해야 합니다.

16 바닥 부분을 제작하겠습니다. 우선 기본 바닥에 깔릴 맵 소스를 추가하겠습니다.

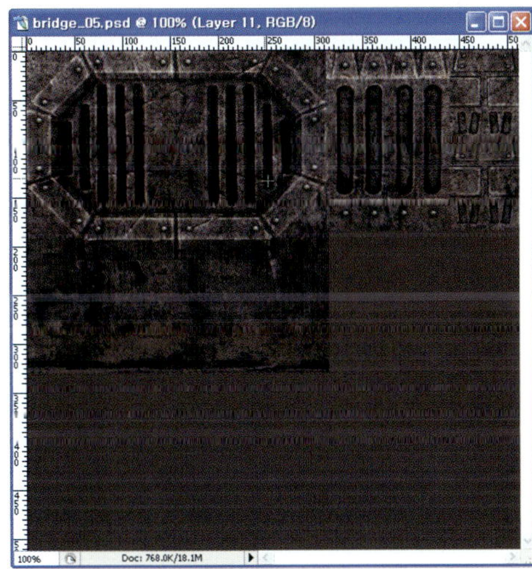 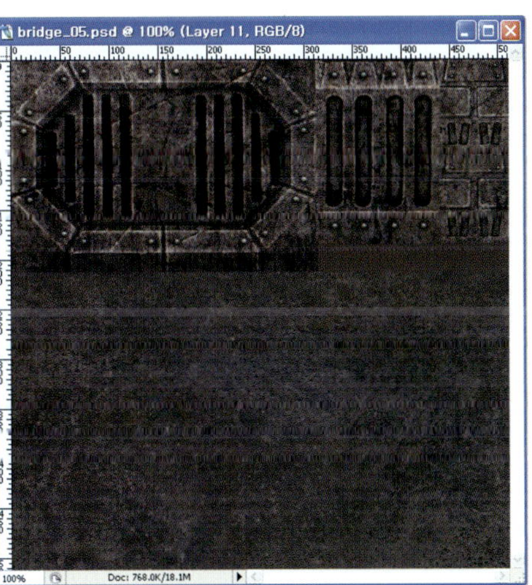

17 기본 소스 위에 원화에서 표현해준 느낌의 돌 소스를 추가하겠습니다. 가로로 패턴이 될 수 있도록 제작할 것입니다.

> **TIP/** 포토샵 상단에 Filter 안에 Other에서 Offset을 클릭하면 해당 메뉴가 나타나는데, 이 메뉴를 사용하면 상하좌우로 패턴이 될 수 있도록 제작할 수 있습니다.

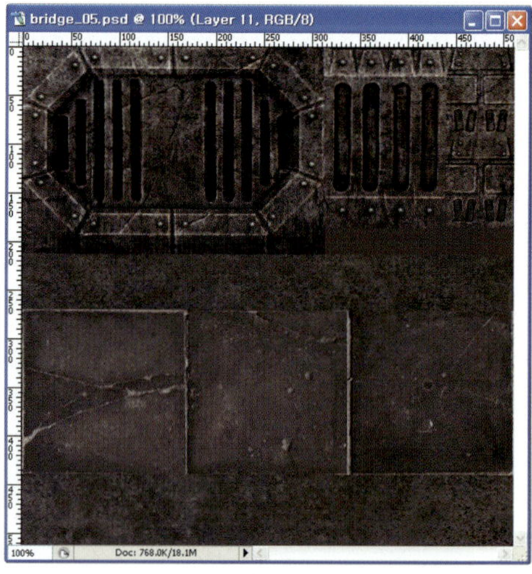

18 원화와 같은 느낌의 돌 소스를 위 아래로 제작하겠습니다. 동시에 현재 제작하고 있는 바닥의 옆면을 제작하겠습니다. 옆면 같은 경우에는 그다지 비중이 크지 않으므로 다른 소스를 넣어도 상관없습니다.

19 웨더링을 적용한 후에 하이라이트를 제작하였습니다. 바닥이 돌이므로 하이라이트를 쇠보다는 적게 주었습니다.

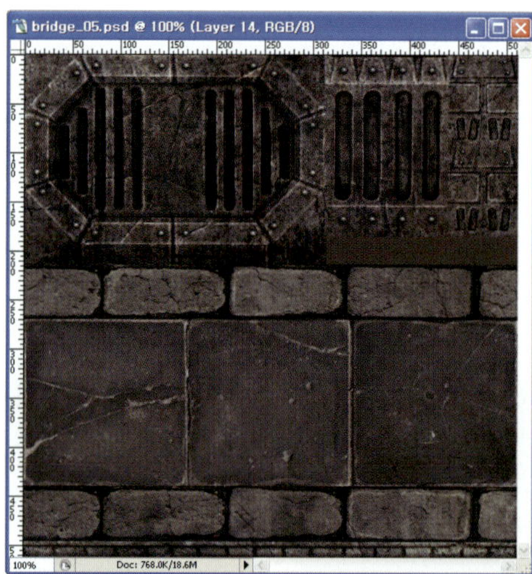

20 중간에 위치해 있는 체인 부분을 제작하겠습니다. 그림과 같이 256×64 사이즈를 새로 만듭니다.

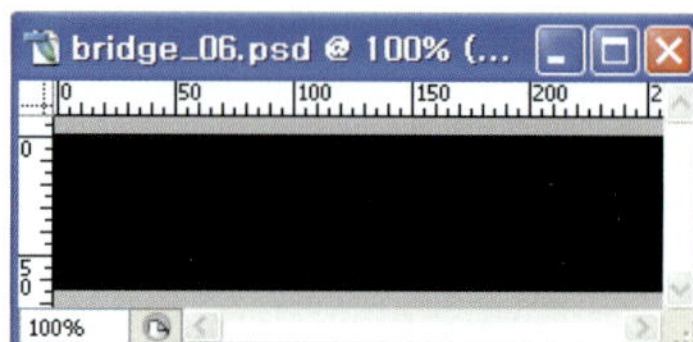

21 체인 소스를 가져옵니다. 체인을 제외한 부분을 제거하겠습니다.

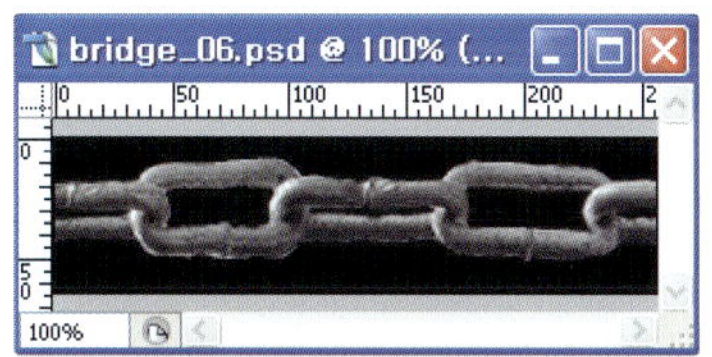

22 체인 부분에 Overlay를 사용해서 웨더링을 주겠습니다. 전보다 쇠 느낌이
나는 것을 볼 수 있습니다.

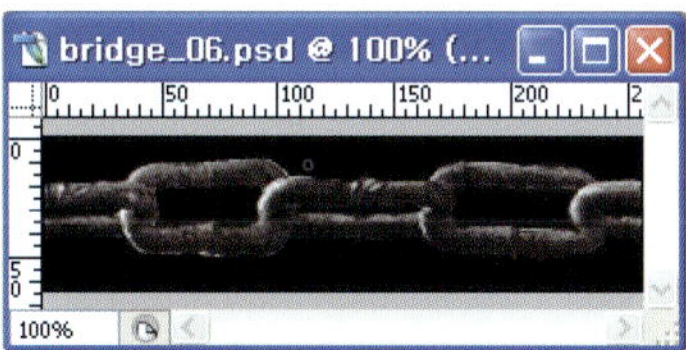

23 Multiply를 사용해서 쇠 소스의 밝은 부분들을 제거하겠습니다.

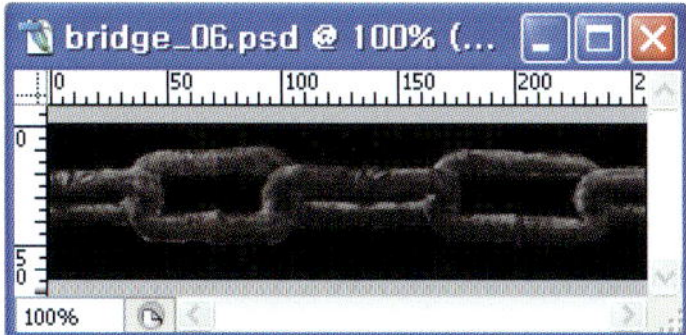

24 Color Dodge를 사용해서 하이라이트 부분을 새로 표현하겠습니다.

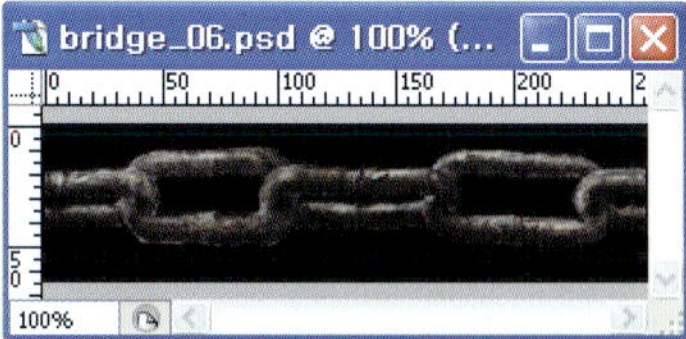

25 그림과 같이 맨 밑에 쇠 텍스처와 비슷한 소스를 추가한 이유는 알파가 빠지
는 경우 끝부분이 하얗게 되는 경우가 가끔 있기 때문입니다. 이러한 부분들
을 안 보이게 해주기 위해서 맨 밑에 추가합니다.

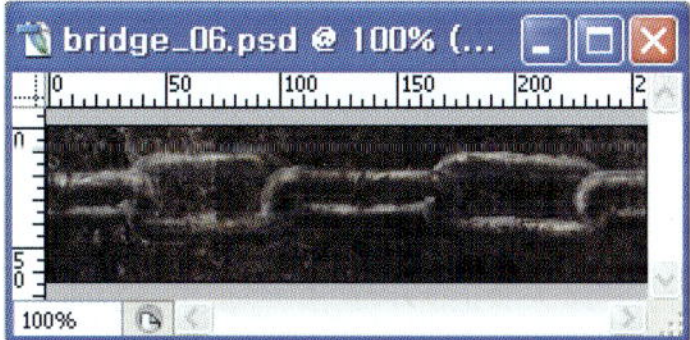

26 체인 부분외 알파를 제작하겠습니다. 모델링에 적용하면서 제작하는 것이
좋습니다.

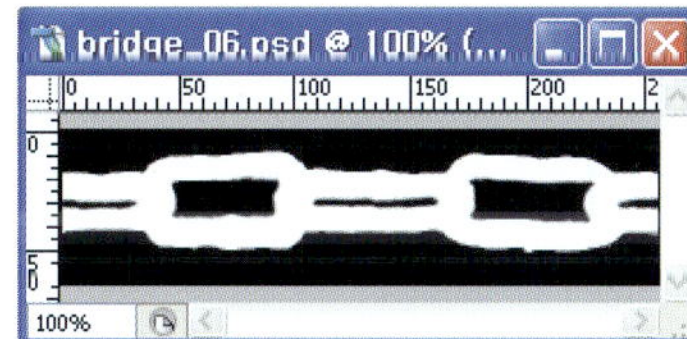

27 그림과 같이 바닥 부분에 기본으로 쓰일 텍스처를 제작하겠습니다. 바닥 같은 경우에는 다리와 다른 오브젝트들과 이질감이 생기지 않도록 주의해서 텍스처를 제작하겠습니다.

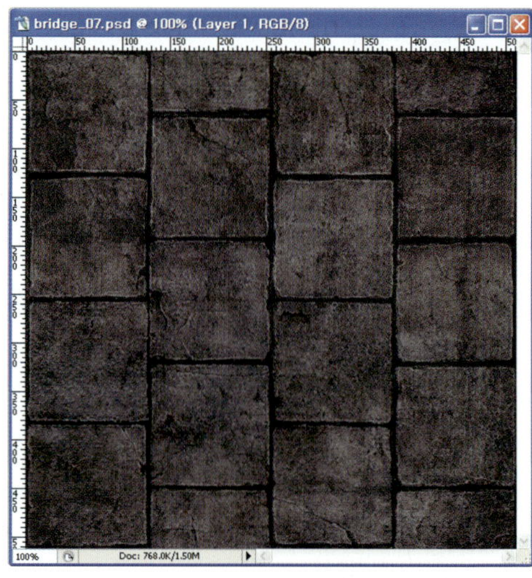

▶ 3ds max에 적용하기

01 그림과 같이 제작된 텍스처를 모델링에 적용한 후 나머지 면들도 모두 UVW맵을 맞추겠습니다. 바닥이 완료된 후에 다리와 같이 맞춰보았습니다. 대략적으로 다리와 바닥이 잘 맞는 것 같습니다.

02 다른 각도에서 바라본 바닥 모델링입니다. 완료가 된 후에도 수정할 부분이 없는지 꼼꼼히 체크하는 것이 좋습니다. 작업 과정을 잘 참고하여 학습했다면 다른 비슷한 모델링도 좀 더 쉽게 할 수 있을 것입니다.

>> 바닥 작업에 대한 콘셉트와 3D 결과물의 조율

지금까지 바닥 원화를 스케치하고 컬러링을 거치는 작업 과정과 원화를 바탕으로 한 3D 모델링과 텍스처 제작에서 완성까지의 작업 과정에 대해 알아보았습니다. 바닥 제작은 어떻게 보면 간단한 작업일 수 있습니다.

실무에서 보면 원화에서도 꼭 들어가야 할 문양이 있는 바닥이나 특별한 패턴으로 이루어진 바닥인 경우들은 원화 작업을 하지만, 일반적으로는 간단한 스케치를 하거나 생략하는 경우가 많이 있습니다.

이번 바닥 작업은 비교적 단순한 벽돌 패턴으로 디자인하였기 때문에 작업하는 데 있어서 크게 어렵지는 않을 것입니다. 그래서 원화에서 바닥 중간 중간에 마름모 모양으로 커다란 문양 패턴을 넣었습니다. 하지만 3D로 제작된 바닥을 실펴보면 빠져 있는 것을 알 수 있습니다. 원화는 단순한 바닥 패턴에 마름모 문양 패턴을 중간중간에 넣어서 단순해 보일 수 있는 바닥에 포인트를 주려는 의도로 디자인하였습니다. 제작으로 넘어간 후, 3D 제작자와 작업 시간, 효율적인 작업에 대한 이야기를 하게 되었고, 이 과정에서 문제 요소가 될 것이라 판단하여 마지막에 빠지게 된 것입니다. 바닥 제작을 한 결과물을 보니 가운데 마름모 문양 패턴이 없어도 단순해 보이지 않았고, 만약 들어가면 복잡하고 조잡해 보일 수 있다는 결론을 내리게 되었습니다.

바닥에서 이러한 상황이 생겼지만 어떠한 작업이든 충분히 생길 수 있는 일입니다. 지금까지의 오브젝트들은 기본적이고 단순한 형태들이었으므로 이러한 문제들이 생기지는 않았습니다. 하지만 오브젝트의 규모가 커지고 디자인이 복잡해지거나 다양해지면 모델링을 하는 과정에서도 단순하거나 효율적인 작업 시간과 작업 용량을 고려하여 수정하는 경우가 많이 있을 것입니다.

이 책에서 소개하는 작업물들은 평범하고 쉬운 것들입니다. 처음 게임 배경을 준비하시는 분들을 고려하여 복잡하지 않으면서도 많이 쓰이는 오브젝트들을 선정하려 하다 보니 많은 문제가 생기지 않은 것 같습니다. 많은 에피소드들이 없는 것이 아쉽지만 문제를 일부러 만들 수는 없기 때문에 이 책에서는 작업을 하면서 기본적으로 생각해야 하고 조율해야 하는 부분들에 대해 이야기를 하고 넘어가려고 합니다.

이처럼 3D 제작자는 원화를 보고 여러 가지를 고려해서, 불필요하다고 생각되는 부분은 생략하면서 효과적인 작업을 해야 할 필요가 있습니다. 결과물이 단순히 원화와 같이 완성되어야만 하는 것은 아닙니다. 작업한 데이터의 용량이나 비효율적인 작업 시간 등을 충분히 고려하여 작업해야만 결과에도 문제가 없기 때문입니다. 원화가와 충분한 의견을 나누면서 작업의 의도를 이해하고 작업을 하다 보면 이러한 문제들도 쉽게 수정할 수 있을 것이고, 작업도 원활하게 이루어질 것입니다.

완성된 바닥(Floor)

단순하고 깔끔하게 바닥 패턴을 디자인하고 중간중간에 마름모 문양을 넣어 바닥 원화를 완성하였고, 3D에서는 바닥에 마름모 문양이 들어가면 다소 복잡해 보일 것 같다고 판단하여 마름모 문양을 빼고 3D 제작을 완성하였습니다.

◀ 원화 완성

◀ 3D 완성

UDK 엔진에 적용시켜본 바닥(Floor)

바닥과 바닥에서 나온 파이프가 자연스럽게 배치된 모습이며, 물과 연결되는 바닥 벽면의 모습입니다.

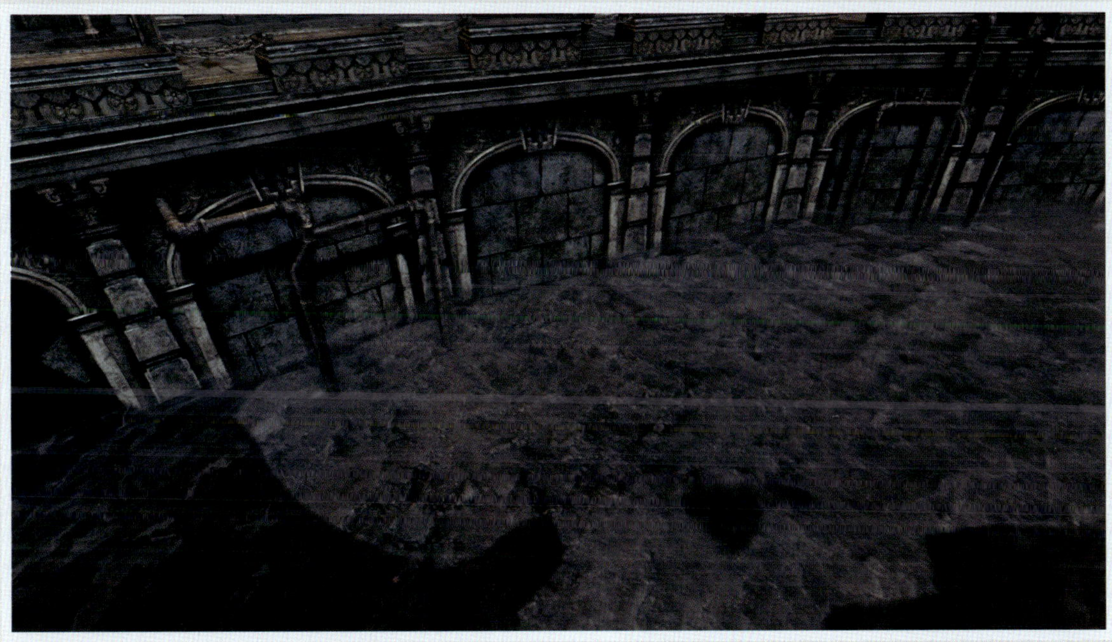

콘셉트와 3D를 이용한 집 제작하기

이번에는 마을을 구성하는 오브젝트 중에서 가장 중요한 집을 제작할 것입니다. 집의 형태는 다양하고 규모도 천차만별이지만, 이 책을 학습하시는 분들을 위해서 기본적인 형태를 설명하고자 합니다. 게임 원화 작업 시 어떻게 디자인할 것인지에 대한 정답은 없지만, 기본적으로 갖추어야 할 요소들은 있습니다. 지금까지 소개하거나 설명한 작업물들 또한 기본에 충실한 작업물이었고, 이를 바탕으로 각자의 역량을 살려서 멋진 작업물을 만들어보시기 바랍니다.

 ## 1 집 스케치 학습하기

마을에 들어갈 집에 대한 디자인은 가장 기본적인 집의 형태에서 출발하려고 합니다. 즉, 지붕에 처마가 있고, 창문과 창문 사이에 문이 달린 기본적인 형태의 집을 말하는 것인데, 다만 조금 달라지는 것은 여기에, 즉 지금까지 작업한 오브젝트들 중에 다리나 바닥에서 파이프가 나왔던 것을 연장하여 집에도 파이프를 넣어 주변과 어울리는 형태로 꾸며주려고 합니다. 앞에서도 설명하였듯이 이 오브젝트의 콘셉트는 광산촌이고, 지하에서 나오는 가스나 열을 연료나 동력원으로 활용하기 때문에 파이프가 동력원을 이동하는 역할을 합니다. 시각적으로도 재미 요소로서 충분한 역할을 할 것이라 생각합니다.

예제 소스에 있는 스케치 파일을 같이 보면서 학습하시기 바랍니다.
■ 예제 소스\Concept\Object\house\jpg\floor sketch01.jpg~floor sketch04.jpg을 참조하세요.

▶ 스케치 1단계

위에서 설명한 내용을 바탕으로 스케치하겠습니다. 우선 기본적인 도형의 형태를 생각하면서 큰 외형을 잡습니다. 그런 후에 조금씩 면을 나누면서 형태를 잡아갑니다.

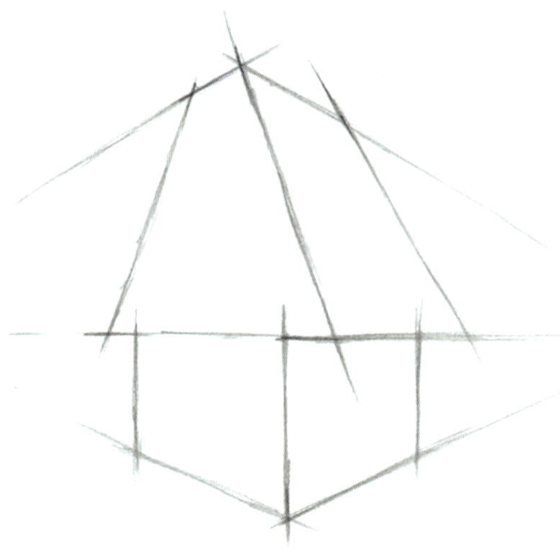

◉ 스케치 2단계

지붕, 기둥, 문 같은 기본적인 형태를 잡으면서 집에 대한 세부적인 설명
에 들어갑니다. 이때 지붕의 길이나 기둥의 두께, 문의 크기 등은 신중하
게 생각하면서 정해야 합니다. 이번 단계에서 잘 잡아야 다음 단계에서 고
칠 일이 없게 됩니다. 벽면에서도 창문의 위치나 크기 등을 잘 고려하여
잡아야 나중에 어색하지 않은 형태가 됩니다.

◉ 스케치 3단계

이제는 형태를 더 세부적으로 나누고, 구조적으로 이해가 가는 형태가 될
수 있도록 정리하며, 면 분할 하나하나에 신경을 쓰면서 디자인을 해야 합
니다. 또한 앞에서는 크게 언급하지 않았던 스케일에 대해서도 생각해야
합니다. 기장 기준이 되는 문의 크기를 기준으로 하여 창문의 높이나 이
층 창문의 위치 등을 그리게 됩니다. 옆의 이미지에는 스케일 표시가 없는
데, 문의 3분의 1 정도를 휴먼 스케일로 정하여 스케치를 진행하였습니다.

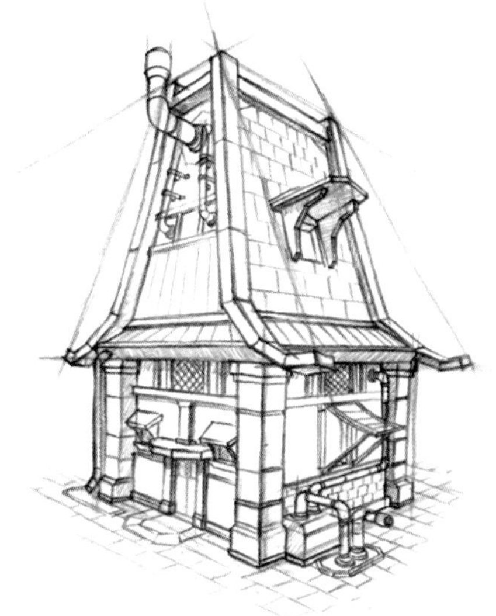

집의 좀 더 정확한 이미지와 제작의 완성도
를 위하여 필자는 스케치 3단계까지 나온
이미지를 가지고 긴단한 3D 모델링을 만들
이 보았습니다. 집의 경우 전면, 뒷면 그리고
측면이 다르기 때문에 다 그려주어야 하는
데, 이번 집 원화에서는 모델링을 이용하여
제작에 도움을 주려고 합니다. 이처럼 원화
에서도 간단한 모델링을 할 수 있으면 유용
할 것입니다. 모델링을 이용하어 좀 디 완성
도 있는 원화를 완성해보겠습니다.

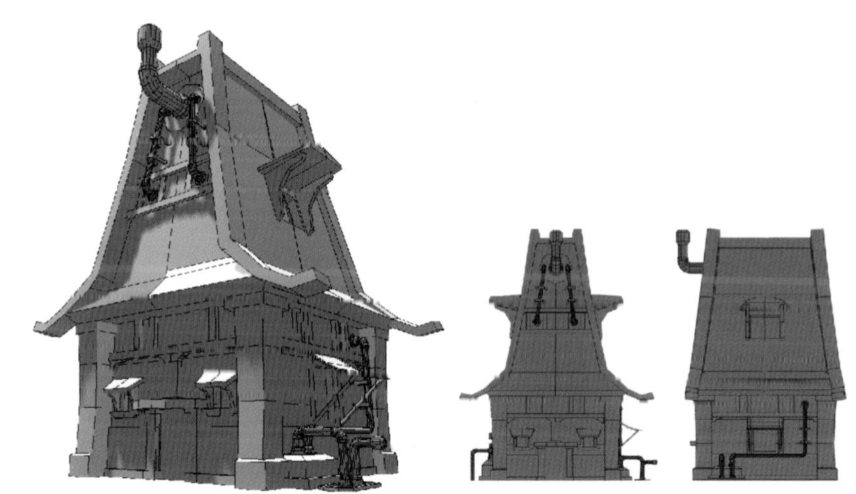

집 원화가 완성되었습니다. 집의 경우 앞면, 뒷면, 옆면이 다르기 때문에 여기서는 집 뒷면에 대한 설명도
추가하였습니다. 또한 앞에서 3D로 모델링된 스샷 이미지를 보여주었던 정면과 측면 스샷 이미지를 3D
제작 쪽에 참고로 제시하면 제작하는 데 많은 도움이 될 것입니다. 밑의 원화 완성 이미지를 살펴보면 지
붕의 기와 모양이나 벽돌 모양, 그리고 기둥이나 처마 부분의 문양 표현까지 디테일하게 표현된 것을 알
수 있습니다. 이러한 스케치의 경우 컬러링 단계에서 색 지정 정도만으로도 3D 제작에 문제가 없을 듯 하
지만 좀 더 정확한 결과물을 만들어 내기 위해서 컬러링도 디테일하게 진행하겠습니다. 컬러링 작업은 앞
부분 원화만 진행하겠습니다.

TIP /　집 원화는 앞에서 설명한 것처럼 3D 모델링을 간단하게 작업한 것을 출력한 후 라이트박스를 사용하여
그 위에 스케치를 추가하고 원화 작업을 완성하였습니다. 이러한 방법은 3D를 활용하기 때문에 3D 결과물과 거
의 똑같이 나올 것입니다. 이러한 작업 방법도 있다는 것을 알려드리며, 이 방법을 잘 활용하기 위해서는 3D 프로
그램을 능숙하게 다뤄야만 작업 시간을 절약할 수 있습니다.

스케치한 원화를 스캔하고 이미지를 보정하여 포토샵에서 컬러링 작업을 하기 위한 준비 과정을 먼저 하는 것으로 컬러링 과정을
시작합니다. 이 과정이 다소 지루하겠지만 컬러링 전의 준비 과정이며, 멋진 작업물을 만들겠다는 마음가짐으로 작업에 임하시면
이 과정이 그리 지루하지는 않을 것입니다. 작업 과정은 다음과 같습니다.

> 예제 소스에 있는 컬러링 파일을 같이 보면서 학습하시기 바랍니다.
> ■ 예제 소스\Concept\Object\house\jpg\house color01.jpg～house color08.jpg를 참조하세요.

● 컬러링 1단계

집의 스캔된 이미지를 깨끗하게 보정합니다. 앞에서 계속 나왔던 작업 과정이므로 설명은 생략하고 보정
된 이미지만 첨부하겠습니다.

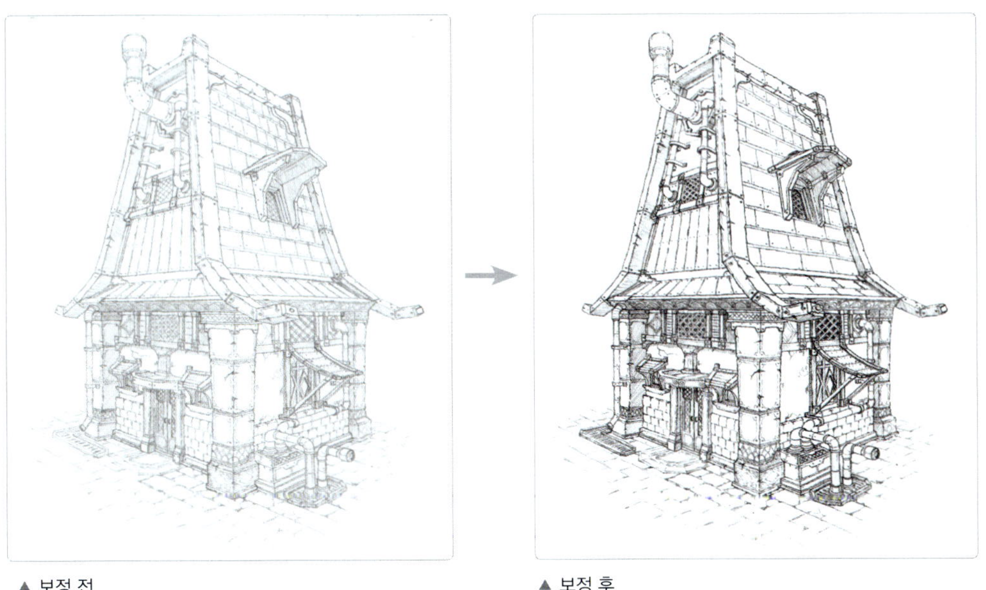

▲ 보정 전　　　　　　　　　　　　　　　▲ 보정 후

● 컬러링 2단계

집의 이미지도 커다란 오브젝트로 보면 됩니다. 이번에
도 이전에 했던 작업들과 마찬가지로 새 레이어의 속성
을 Multiply로 만든 후에 모노톤(Monotone)으로 명암
과 그림자를 채색하였습니다. Multiply 속성을 이용하
여 손쉽게 명암과 그림자를 표현하였습니다.

TIP／　　Multiply 속성을 이용하면 밝은 면과 어두운 면
을 쉽게 표현할 수 있습니다. 이번 단계에서 밝은 면과 어
두운 면을 명확하게 구분짓고 작업을 진행하면 작업하기
가 한결 수월해집니다.

● 컬러링 3단계

이번 단계에서는 Hard Light 속성을 사용하였습니다. 집의 색을 지정하는 부분에서 Hard Light 속성이 적합하다고 판단하였습니다. 모노톤으로 작업하고 레이어 속성을 이용하여 컬러링 작업을 하는 방법을 사용할 경우 여러 가지 속성들 중에 적합한 색상이라고 판단되면 그 속성으로 작업하면 되는 것입니다. 중세 분위기의 오브젝트들을 작업하면서 선택한 이 방법으로 완성되는 원화들의 결과물들이 잘 나오고 있기 때문에 필자는 이 방법으로 작업하기로 결정한 것입니다. 결과물이 좋지 않는 데도 이 방법을 설명하지는 않았을 것입니다. 많은 배경 작업을 하는 데 있어서 이 방법이 모두 적용되는 것은 아니며, 각각의 결과에 따른 과정 또한 다양하다는 것을 말씀드립니다.

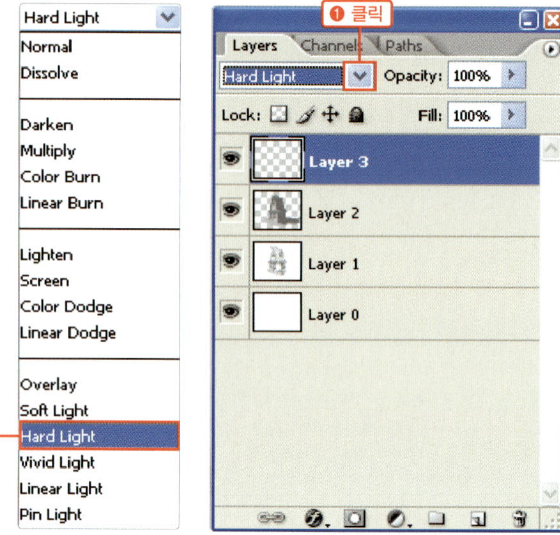

아래와 같이 Hard Light 속성을 이용하여 손쉽게 집 컬러를 지정한 이미지가 나왔습니다.

TIP／ 저채도의 집 컬러링 작업을 하기 위해서 Hard Light 속성을 이용하였습니다.

▶ 컬러링 4단계

01 이번 단계에서는 집과 바닥에 텍스처를 넣어보겠습니다. 지금까지의 오브젝트들보다는 규모가 크기 때문에 텍스처 또한 많이 들어갑니다. 먼저 바닥부터 시작하여 벽면의 돌 재질과 지붕과 기둥의 금속 재질, 그 밖의 요소들에 텍스처를 입혀보겠습니다. 바닥에 텍스처는 이전 레벨의 바닥과 같으므로 같은 텍스처를 사용하였습니다. 옆의 이미지를 보면 아시겠지만 맨 위에 있는 레이어가 바닥 텍스처 이미지이며, Overlay 속성으로 바꾸어줍니다.

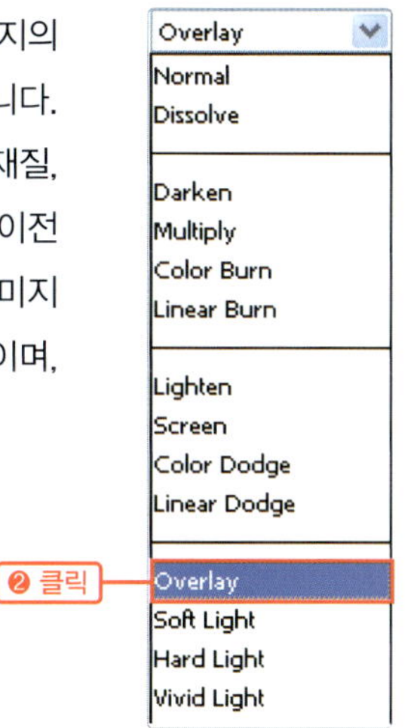
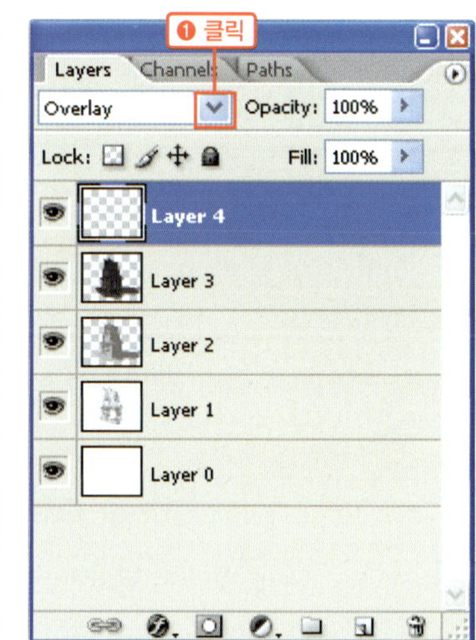

바닥에 텍스처가 입혀졌습니다.

TIP / 앞에서 사용한 바닥 텍스처를 이용하여 쉽게 바닥에 텍스처를 입혔습니다.

02 이번에는 벽면에 돌 텍스처를 입히
겠습니다. 집 벽면 원화를 보면 두
부분으로 다르게 그렸는데, 그 이유
는 같은 돌 벽이지만 다른 느낌으로
디자인함으로써 넓은 면적에서 오는
단순하고 지루함을 해소하고자 한 것
이며, 특히 밑부분에 벽돌 느낌의 벽
을 넣은 것은 스케일을 가늠할 수 있
는 벽면으로 잡기 위한 필자의 의도
입니다.

TIP/ 이렇게 직접적으로 모양이 그려진 텍스
처를 사용하는 경우에도 집과 벽돌의 크기에 대
한 스케일을 이해하고 잘 활용해야 합니다.

03 위에서 알아본 텍스처 보정에 관한 설명인데 혹시라도 잊은 분들을 위해 다시
한 번 설명하겠습니다. 포토샵의 [Filter] 메뉴에서 [Artistic-Paint Daubs]
메뉴를 선택합니다. 벽 텍스처의 느낌을 부드럽게 바꾸기 위해 Paint Daubs
메뉴를 사용합니다.

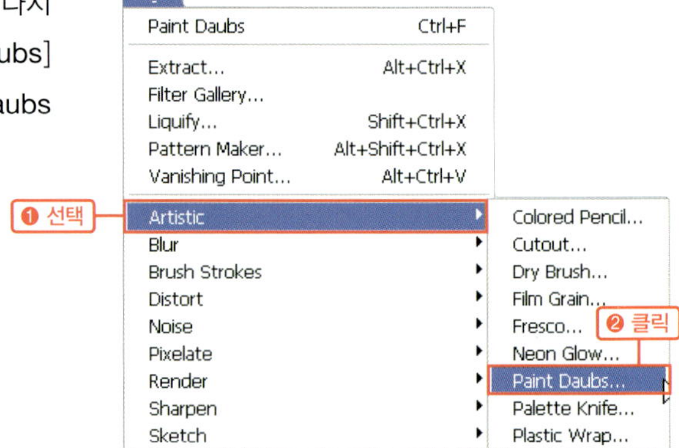

04 숫자를 기입하여 적당한 이미지를 만들어준 후에 [OK] 버튼을 클릭합니다. 다른 벽면 텍스처 또한 반복
적인 과정을 거치게 되므로 과정 이미지는 첨부하지 않겠습니다.

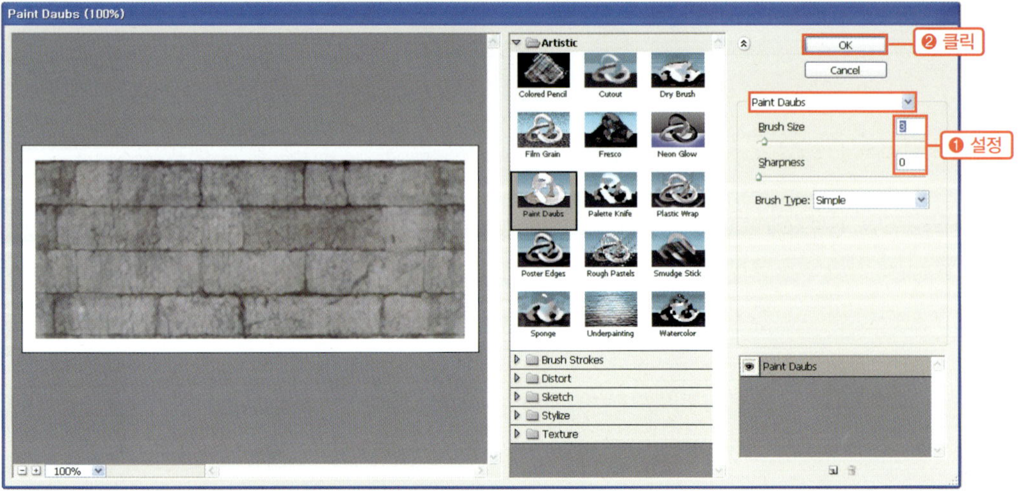

05 보정을 마친 벽면 텍스처 이미지를 바닥과 마찬가지로 Overlay 속성으로 바꿉니다.

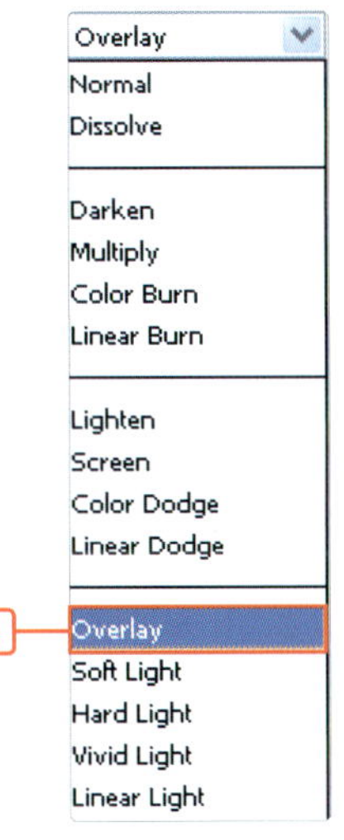

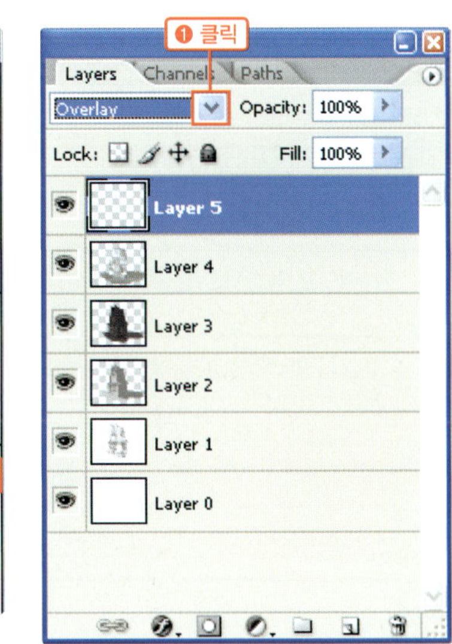

06 벽면 텍스처가 입혀진 집의 이미지입니다.

> **TIP** 집은 큰 규모의 오브젝트입니다. 그렇기 때문에 벽면외 디테일이 살아야 3D 제작이 수월합니다. 그런 의미에서 벽면 텍스처를 활용하였으며, 디테일한 묘사를 하기 위한 준비를 한 것입니다.

07 금속 텍스처 또한 위와 같은 방법으로 지붕과 기둥 부분에 입힙니다. 금속 텍스처는 지붕에 쓰일 금속과 기둥에 쓰일 금속으로 사용하였습니다.

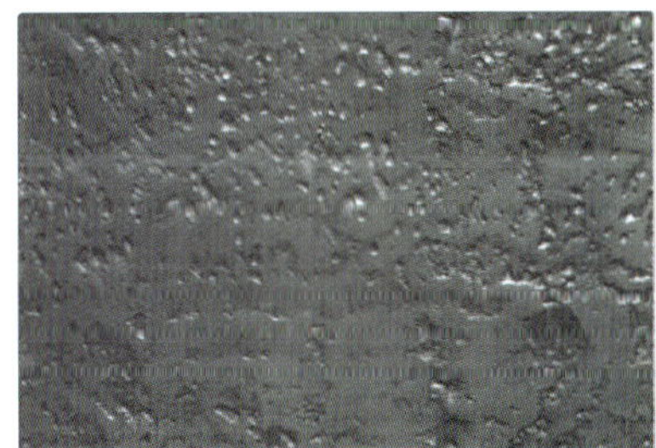

08 위와 같이 Paint Daubs 메뉴를 사용하여 보정 과정을 거쳐 집에 입혀진 이미지입니다. 지붕, 기둥, 그 밖의 금속 부분에 텍스처가 입혀졌습니다.

> **TIP /** 지붕과 기둥도 적당히 묘사해서는 안 되는 중요한 부분 이므로 텍스처를 입히는 과정이 필요합니다.

09 이제 마지막으로 돌과 나무 부분에 텍스처를 입히 겠습니다. 돌과 나무 부분은 집에서 많은 부분을 차지하지 않으므로 함께 설명하겠습니다. 텍스처 를 불러옵니다.

> **TIP /** 나무 텍스처의 경우, 나무의 크기를 잘 맞추어 활용하시기 바랍니다.

10 같은 방법으로 돌과 나무 부분에 텍스처를 입혀봅니다. 이제 지금까지 성실하게 텍스처를 입힌 결과, 집 전체에 텍스처 가 입혀져서 마치 3D 작업물 같은 느낌으로 이미지가 완성되었습니다. 필자는 번거롭고 손이 많이 가더라도 이렇게 하 나하나 텍스처를 사용할 수도 있다는 것을 보여주기 위해서 하나하 나 텍스처를 입히면서 정리하였습니다. 이와 같은 방법말고도 브러 시를 아예 텍스처 느낌이 나오도록 만들어 사용하는 분들도 많이 있습니다. 필자는 두 경우가 다르지 않다고 생각합니다. 비록 지금 소개하는 방법이 텍스처에 너무 의존을 하는 것처럼 보일지 모르지 만 이러한 방법으로 작업을 하면서 손에 익다 보면 나중에는 텍스 처를 적절히 사용하는 방법도 알게 될 것이고, 또한 브러시로 만들 어 손쉽게 사용하고자 하는 부분에 사용할 수도 있게 될 것입니다.

책에 소개하는 입장이다 보니 딱딱해 보일 수 있다는 것에 공감하 며, 이러한 부분은 이해해주시기 바랍니다. 옆의 이미지를 보면 완 성되어 보일 수도 있는데, 그 이유는 스케치가 디테일하기 때문입니 다. 스케치에 공을 들이면 컬러링 작업이 편하다는 것은 이러한 이 유 때문입니다.

▶ 컬러링 5단계(완성)

01 컬러링 과정의 마무리 단계지만 집의 묘사가 본격적으로 들어가는 단계입니다. 먼저, 지금까지 텍스처를 입힌 레이어나 그 밖의 레이어들을 하나로 합칩니다. 그런 다음, 텍스처를 입히고, 어두워진 이미지를 밝게 하기 위해 닷지 툴과 번 툴을 이용하여 입체감과 풍부한 명암의 단계를 잡아줌으로써 묘사를 하는 데 도움을 줍니다. 그 이후에 묘사 작업에 들어갑니다.

먼저 집을 전체적으로 보면 복잡해 보이고, 어디서부터 묘사를 해야 할지 모를 것입니다. 일단 크게 두 부분으로 나누어 컬러링 작업 계획을 세워보겠습니다. 먼저 빛의 방향을 보면 집의 앞부분에 빛을 받게 되고, 어두운 부분은 측면이 될 것이므로 자연스럽게 밝고 어두운 두 부분으로 나누어지게 됩니다. 이미지를 보면 이해가 빠를 것입니다.

02 먼저 집을 크게 두 부분으로 나누었을 때 밝은 부분의 이미지입니다. 어두운 부분에 비하여 2배 이상 묘사해야 할 것입니다. 전반적으로 밝게 보이고 자세하게 보이는 부분이기 때문에 묘사를 많이 해야 합니다.

03 집을 크게 두 부분으로 나누었을 때 어두운 부분의 이미지입니다. 밝은 부분에 비해 많은 묘사를 하지 않아도 됩니다. 스케치 과정에서 자세히 그렸기 때문에 색감과 명암 구분, 그리고 형태의 정리 정도만으로도 마무리가 될 것입니다. 앞에서 많은 공을 들여서 텍스처를 입혔기 때문에 묘사 단계가 쉬워졌다고 할 수 있습니다.

04 지금부터 부분적으로 나누어 묘사하면서 설명하겠습니다. 먼저 밝은 부분 중에서도 입구 문과 양쪽으로 창문이 있는 1층 부분 묘사에 대해 설명하겠습니다. 이 부분이 집에서 가장 묘사를 많이 해야 하고, 강조해야 하는 부분입니다. 특히 이미지에서 가장 앞 부분으로 많이 나와 있는 기둥, 지붕, 밝고 어두운 부분의 경계가 되며, 이 부분에서 묘사가 많이 이루어져야 할 것입니다. 전반적인 브러시는 부드럽게 풀어줄 수 있고, 면들을 찾아줄 수 있는 기본 브러시인 ①번 브러시와 텍스처를 살리면서 하이라이트 부분을 찾아주고 날카롭게 묘사하여 깔끔하게 정리할 수 있는 ②번 브러시, 그리고 금속의 녹 때문에 붉게 변한 녹 얼룩들의 표현에 적합한 ③, ④번 브러시를 적절하게 사용하여 묘사합니다. 입체감은 기본적으로 표현되어야 할 요소들이 나와야 생깁니다. 즉, 밝은 면, 중간 면, 어두운 면과 어둠 속의 반사광, 그림자가 그 요소들입니다. 강조할 때는 부분에서 더욱 밝은 부분을 찾아주는 방법을 사용합니다.

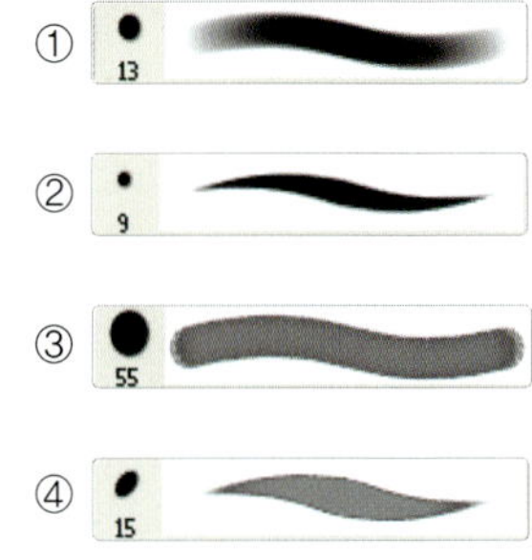

05 전체적으로 밝아진 것을 알 수 있습니다. 먼저 닷지 툴 🔍을 사용하여 밝은 부분을 좀 더 밝게 해주고 묘사를 진행하였습니다.

06 위에서 설명을 하였듯이 집 원화 중에서 가장 강조한 부분입니다. 닷지 툴 🔍을 이용하여 기둥의 밝은 부분을 더 찾은 후 묘사하였으며 하이라이트 부분에서도 닷지 툴 🔍을 사용하여 강조하였습니다.

07 이제 집의 밝은 면인 지붕 앞면을 제작할 차례입니다. 금속과 나무 재질 표현은 앞에서도 많이 다루어본 것이기 때문에 어렵지 않게 묘사하였습니다. 앞에서 설명한 것처럼 닷지 툴 🔍을 이용하여 전체적으로 밝게한 후에 묘사를 하였습니다.

08 앞으로 나와 있는 지붕 부분으로 묘사하고 강조하였습니다. 공간감을 표현하기 위해 뒤의 지붕 면들과 명암의 차이를 확실하게 주면서 묘사를 마무리하였습니다.

09 집의 밝은 부분 중에서 가장 멀리 있는 부분이기 때문에 자세하게 묘사하지는 않았습니다. 닷지 툴 🔍로 밝은 면을 확실하게 잡아 밝고 어두운 면이 구분될 수 있도록 표현하며, 큰 파이프나 작은 파이프에서도 밝은 면과 반사광을 닷지 툴 🔍로 쉽게 찾습니다. 그런 후에 금속의 녹 느낌을 표현하고, 파이프의 못이나 이음새 같은 부분에서 빛을 받는 느낌들을 찾으면서 묘사를 마무리합니다.

10 이번에는 어두운 부분을 묘사해보겠습니다. 어두운 부분은 앞에서 잠깐 설명하였는데, 많이 묘사할 필요는 없습니다. 어둠 속 명도의 차이는 서로 많이 나게 할 필요가 없습니다. 어두움에 묻혀 있는 느낌이 들어야 하기 때문입니다. 또한 밝고 어두움의 경계가 되는 부분이 제일 어두운 곳이므로, 강하고 어둡게 잡으면서 멀어질수록 어두움을 풀어야 거리감과 입체감 효과를 낼 수 있습니다. 어두운 면에서 전체적으로 어둡게 눌러야 할 경우 번 툴 을 이용하면 손쉽게 표현할 수 있으며, 튀는 부분 없이, 명도 차이를 크지 않게 하면서 묘사를 마무리합니다.

11 마지막으로 집의 어두운 지붕을 묘사하겠습니다. 표현되지 않은 어둠 속 명암들을 찾아주고, 번 툴 을 이용하여 밝고 어두움의 경계부터 어둡게 눌러주었으며, 멀어질수록 닷지 툴 을 이용하여 좀 밝게 해줌으로써 거리감을 표현해주었습니다. 창문 안쪽도 어두운 느낌이 들도록 번 툴 을 이용하여 어둡게 해줍니다. 기와 느낌의 네모 모양들을 하나하나 묘사하면서 전체적인 지붕의 완성도를 높이고 묘사를 마무리합니다.

12 이제 집이 완성되었습니다.

13 전체적으로 묘사할 때 더 해주어야 할 부분과 좀 덜 해주어도 될 부분을 옆의 이미지 위에 ❶ 단계에서 ❸ 단계로 표시해보았습니다.

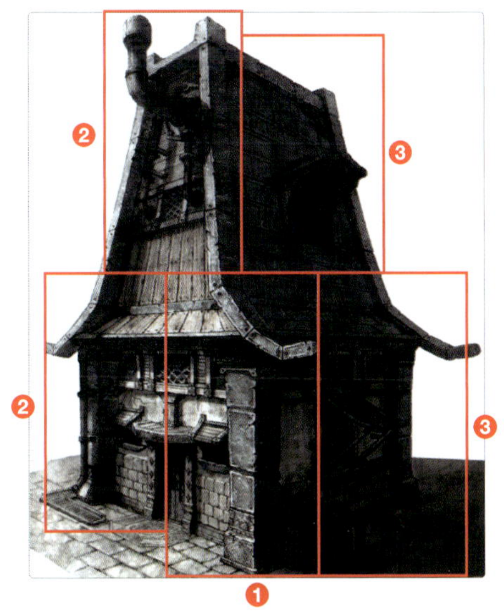

14 집의 그림자 부분입니다. 이 부분에서도 어둡게 잡아야 할 부분과 풀어야 할 부분이 표현되면 이미지의 입체감이 더욱 살아날 것입니다. 닷지 툴과 번 툴을 사용하여 좀 더 어둡게 해주어야 할 부분과 밝게 풀어주어야 할 부분을 찾아 그림자에서도 강약 조절을 표현하였습니다.

마지막으로 레이어를 정리하였습니다.

예제 소스에 있는 psd 파일을 참고하시면 작업 과정을 한눈에 확인할 수 있습니다.
■ 예제 소스\Concept\Object\house\psd\house.psd를 임포하세요.

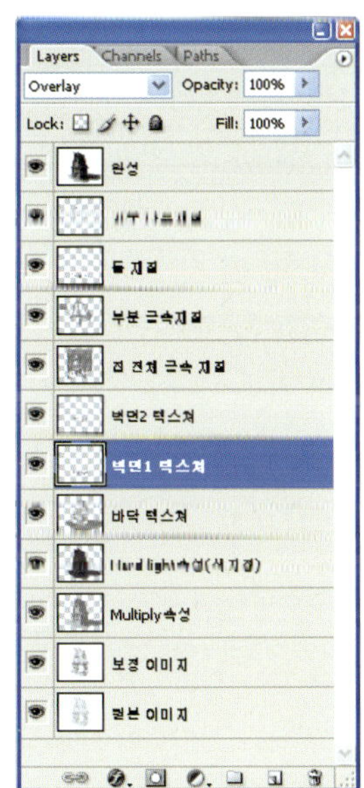

집(House) 3ds max 모델링 제작하기

이번 과정에서는 집을 제작하겠습니다. 전에 작업했던 모델링보다는 좀 더 복잡하고 어려워 보입니다. 하지만 그동안 오브젝트들을 꾸준히 제작해 왔다면 크게 어렵지는 않을 것입니다. 그럼 앞에서 그린 원화를 바탕으로 3D를 제작해보겠습니다.

예제 소스에 있는 모델링을 같이 보면서 학습하시기 바랍니다.
■ 예제 소스\tutorial\house\max map\house.max를 참조하세요.

● 3ds max 모델링 작업

01 그림과 같이 Length와 Weight의 넓이가 같은 박스를 만듭니다. 다리에서 다리 양쪽 끝에 세워져 있는 전등 같은 부분을 먼저 모델링하겠습니다. 앞에서와 같이 Height의 높이는 아직 중요하지 않으므로 원화를 보고 대략 만듭니다.

02 Box를 생성한 후에 그림과 같이 Mesh 또는 Poly로 변환합니다. 변환한 Mesh의 윗면과 아랫면을 제거한 후에 Edge를 사용해서 위쪽으로 모델링할 예정입니다.

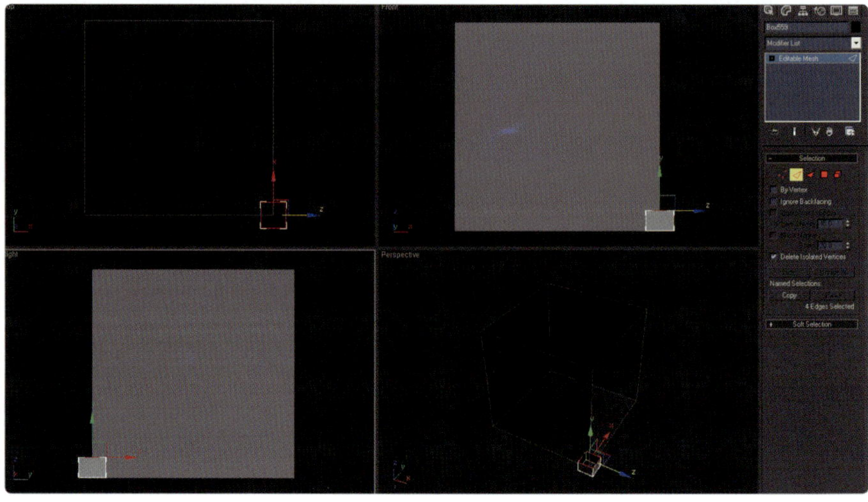

03 그림과 같이 Edge를 잡고 Shift 를 누른 채 위쪽으로 모델링하겠습니다. 역시 초반이기 때문에 디테일한 모델링보다는 대략적인 큰 덩어리를 잡는다는 생각으로 모델링하겠습니다.

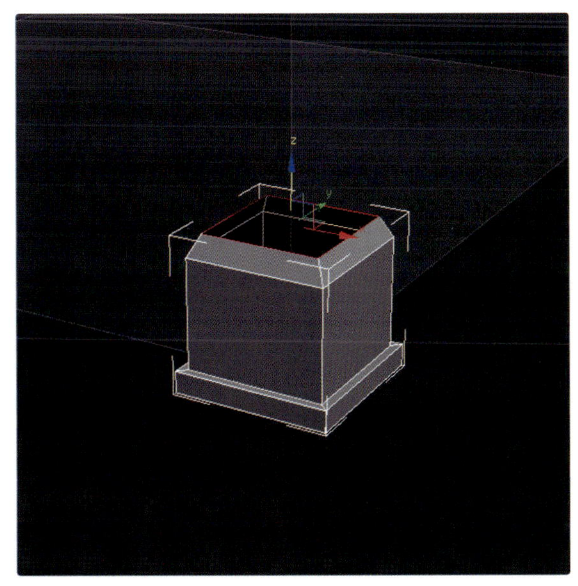

04 Edge를 사용해서 그림과 같이 모델링하겠습니다. 다른 View에서도 확인면서 모델링하시기 바랍니다. 그래야만 어떤 두께와 높이로 모델링이 되어 가고 있는지를 쉽게 알 수 있습니다. 그리고 그림을 보면 중간에 Edge를 나누어주었는데, 그 이유는 대략적인 모델링의 높이와 텍스처를 적용했을 때를 파악해야 하기 때문입니다.

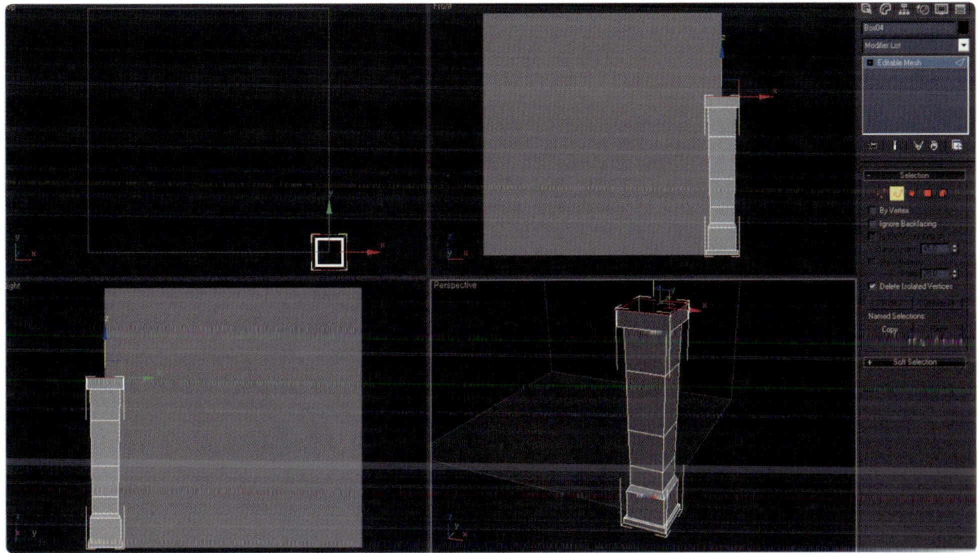

05 우선 집의 기둥 쪽 모델링을 완료한 후에 벽 부분을 기둥에 맞추어 모델링하겠습니다. 벽 역시 디테일보다는 전체적인 구성을 생각하면서 간단히 모델링하겠습니다.

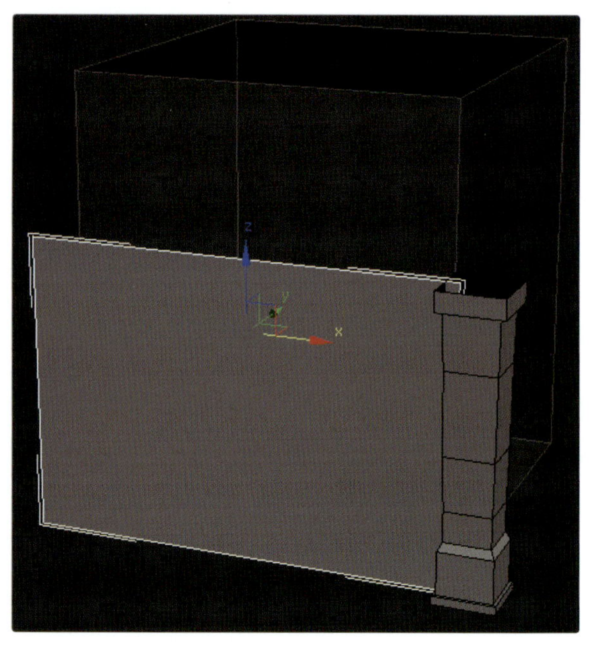

06 벽 부분을 좀 더 디테일하게 모델링하겠습니다. 모델링을 할 때는 항상 모델링으로 표현할 것인지, 텍스처로 표현할 것인지 등을 생각하면서 진행하는 것이 좋습니다.

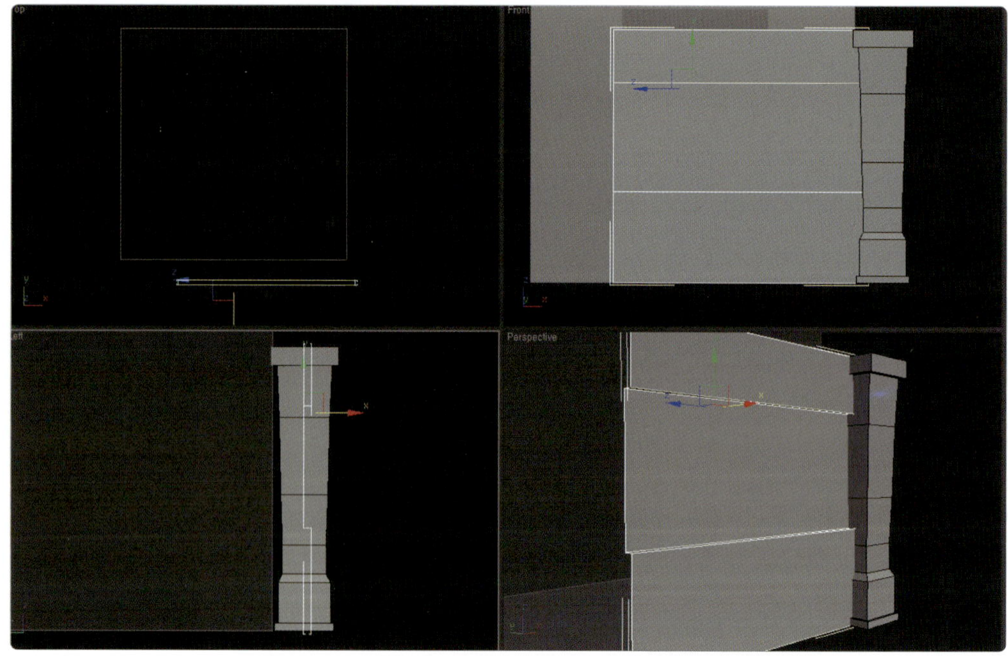

07 벽을 좀 더 다듬어 보겠습니다. 벽의 길이는 아직은 크게 신경 쓰
지 않겠습니다. 그리고 기둥을 복사하여 대략적인 집의 옆면을
일차적으로 완료하겠습니다.

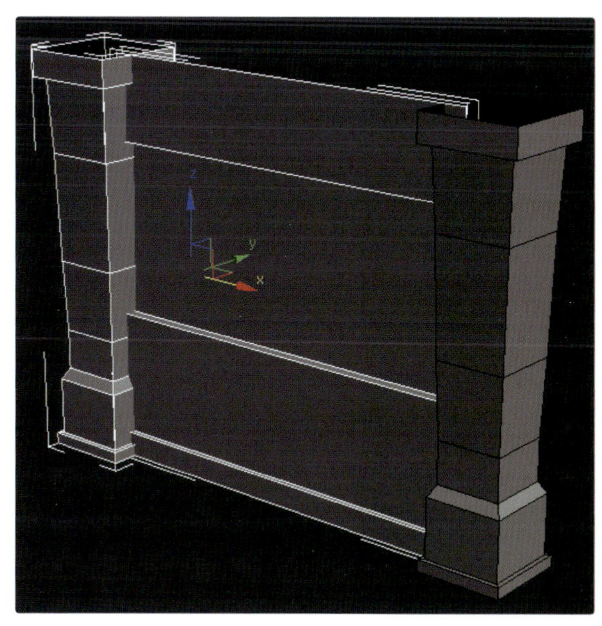

08 그림과 같이 창문의 밑받침 부분을 모델링하겠습니다. Plane을 사용해서 모델링해도 되고, Box를 사용해
서 모델링해도 됩니다. 그리고 원화를 바탕으로 대략적인 위치에 모델링하겠습니다.

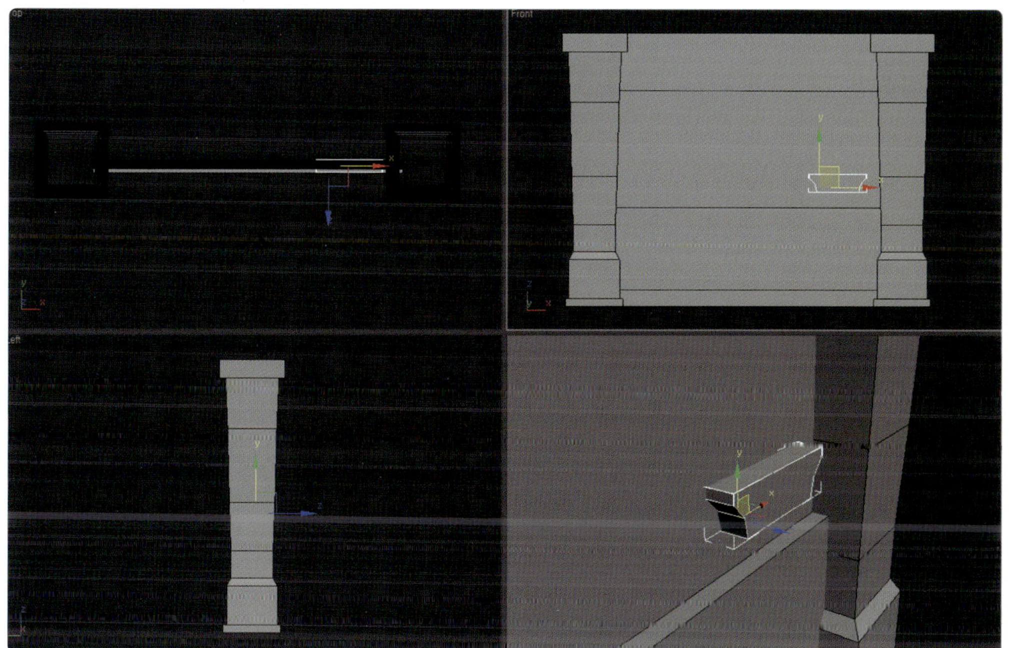

09 창문의 옆 받침 부분을 모델링하겠습니다. Box의 윗면을 제거한 후에 Edge를 사용해서 그림과 같이 위로 모
델링하겠습니다.

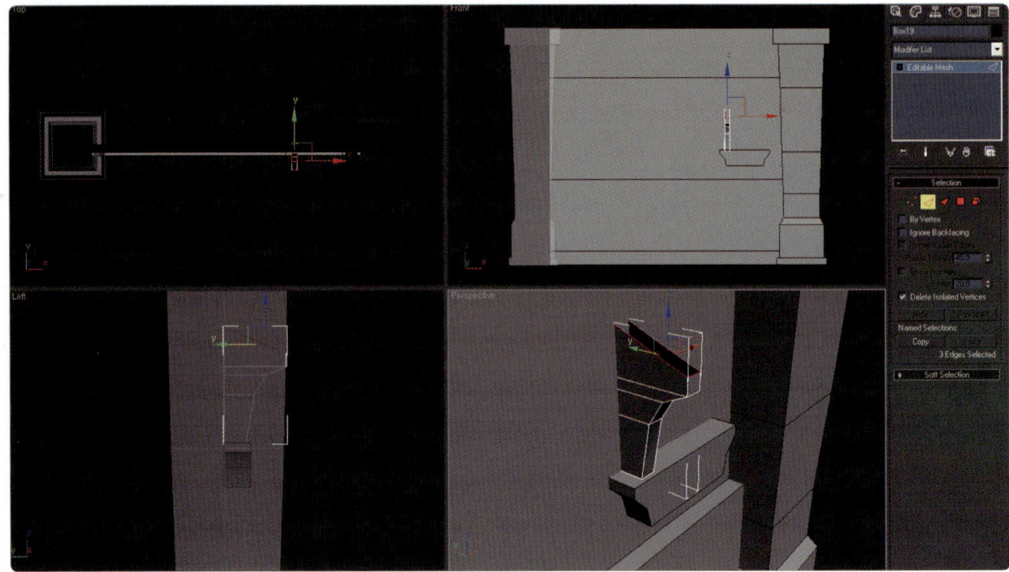

10 화면 오른쪽을 보면 Weld 안에 Target이 있습니다. Target을 활성화
한 후에 불필요한 Vertex들을 모두 클릭하고 합쳐줄 Vertex로 옮기면
자동으로 Vertex들이 합쳐집니다.

    TIP／   마우스 오른쪽 버튼을 클릭하면 Target이 비활성화됩니다.

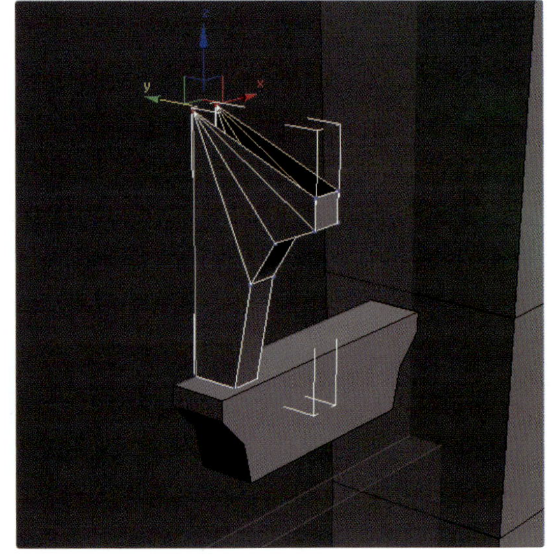

11 모델링이 어느 정도 완성되었으면 창문 반대쪽에 복사하겠습니다. 창문도 역시 전체적인 모델링의 느낌만을 보면서 대략적으로 모델링하겠습니다.

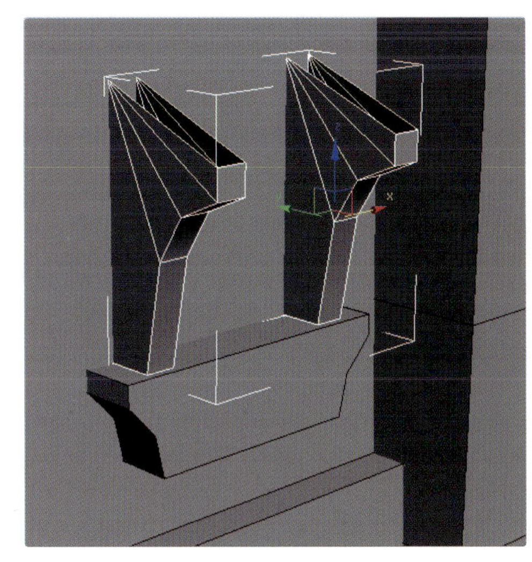

12 Box를 사용해서 그림과 같이 창문 위쪽을 모델링하겠습니다. 창문에 관련된 오브젝트들은 최대한 간략하게 표현하려고 했습니다. 그 이유는 집에서 큰 비중을 차지하지 않기 때문입니다. 모델링을 해 나가면서 필요할 때마다 면을 더 추가해도 충분합니다.

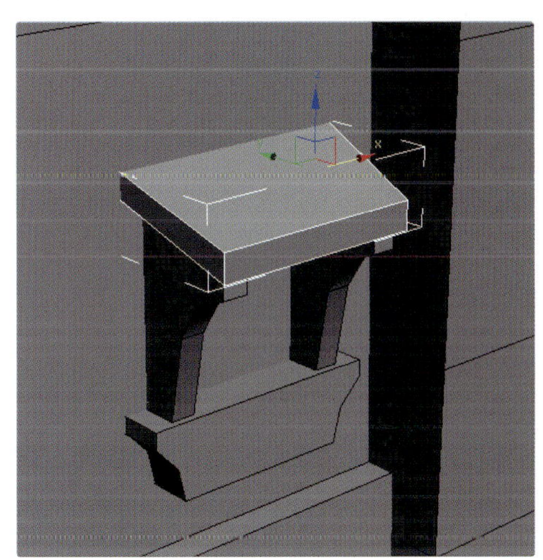

13 Perspective View에서 바라본 이미지입니다. Plane을 사용해서 창문의 크기에 낮게 세삭한 후에 배치하겠습니다.

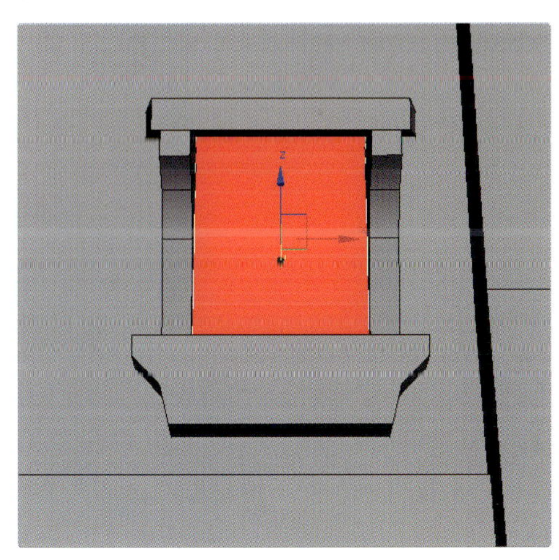

14 집의 문에 관련된 부분 중에 문 옆에 있는 기둥 부분을 모델링하겠습니다. 위쪽 Edge를 사용해서 모델링하겠습니다.

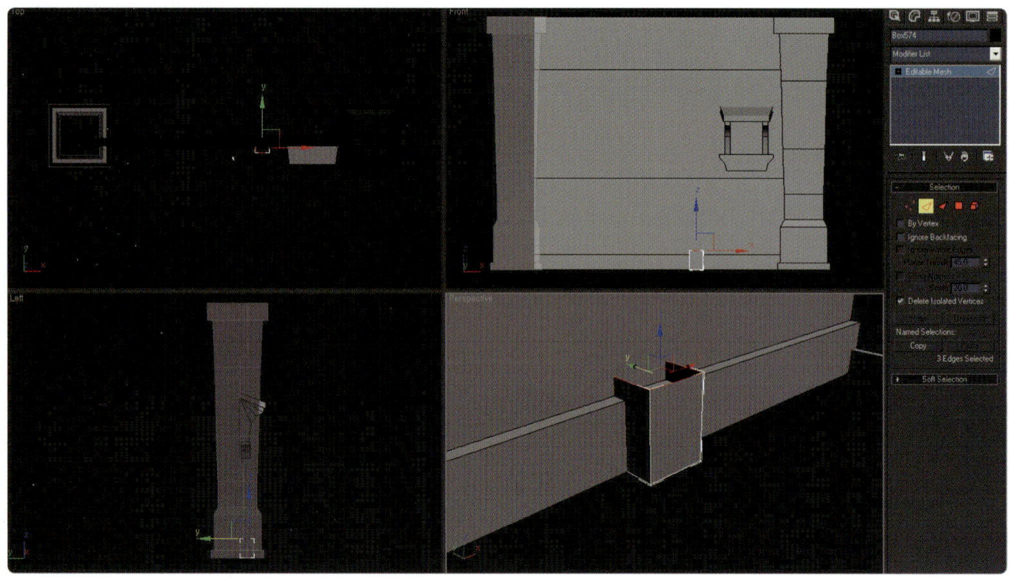

TIP / 모델링을 해 나가면서 불필요한 면들은 지워주는 습관을 가지는 것이 좋습니다.

15 그림과 같이 Edge로 Move와 Scale을 반복해 가면서 모델링하겠습니다. 이 부분도 역시 모델링을 정확히 하기보다는 대략적인 위치만 잡아주는 식으로 모델링하겠습니다.

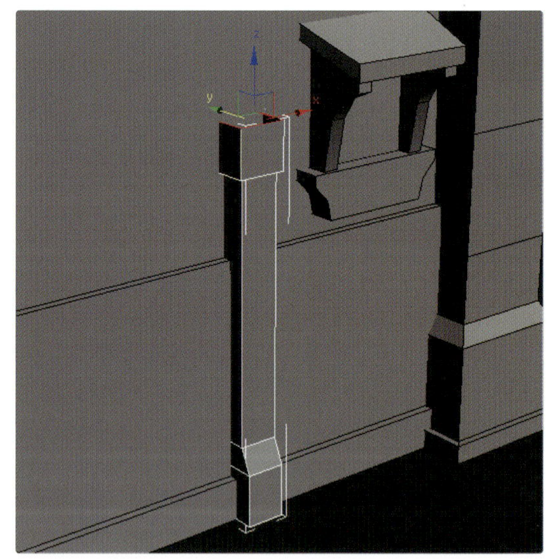

16 그림과 같이 벽면의 반대쪽에도 복사하겠습니다. 집의 앞면 윤곽이 어느 정도 잡혔습니다. 아직까지는 어딘가 이상한 것을 느낄 수 있을 것입니다.

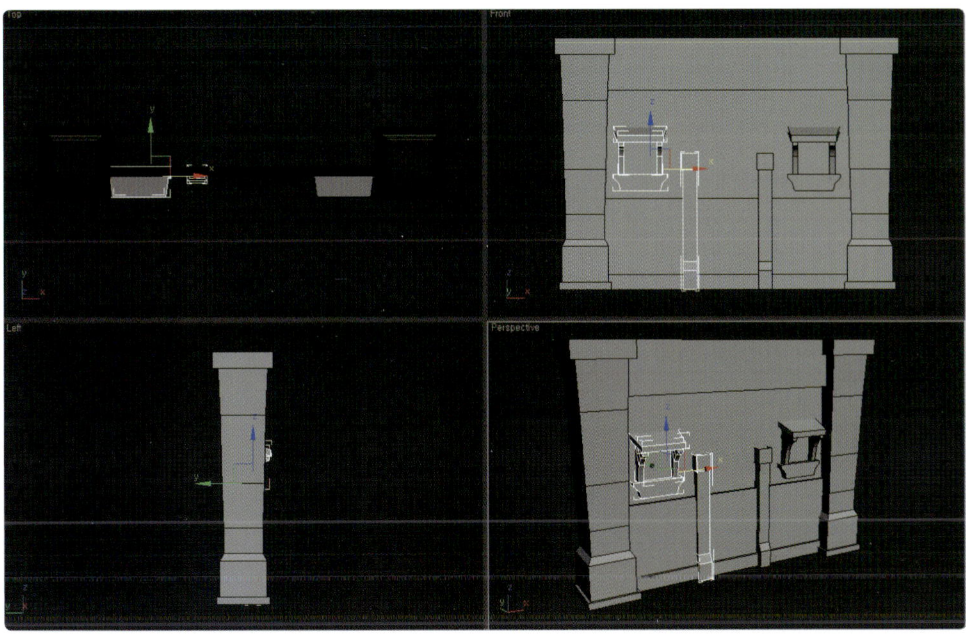

17 그림과 같이 Plane을 하나 생성하여 집 오브젝트 뒤쪽에 위치하도록 하겠습니다.

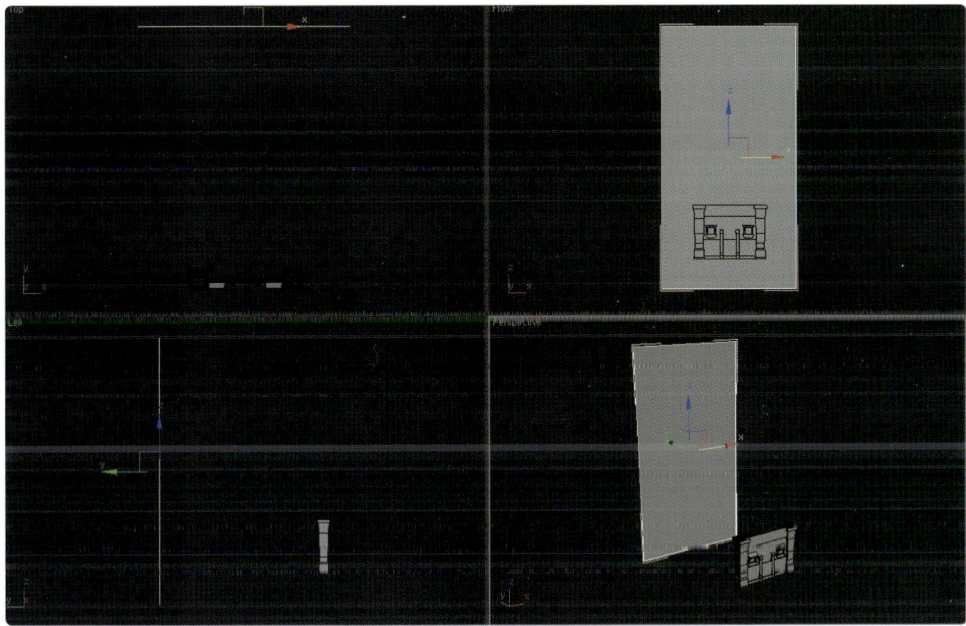

18 그림과 같이 원화에 정면과 측면의 구조도가 있습니다. 이 부분만 텍스처로 변환해서 모델링해 놓은
Plane에 적용하겠습니다.

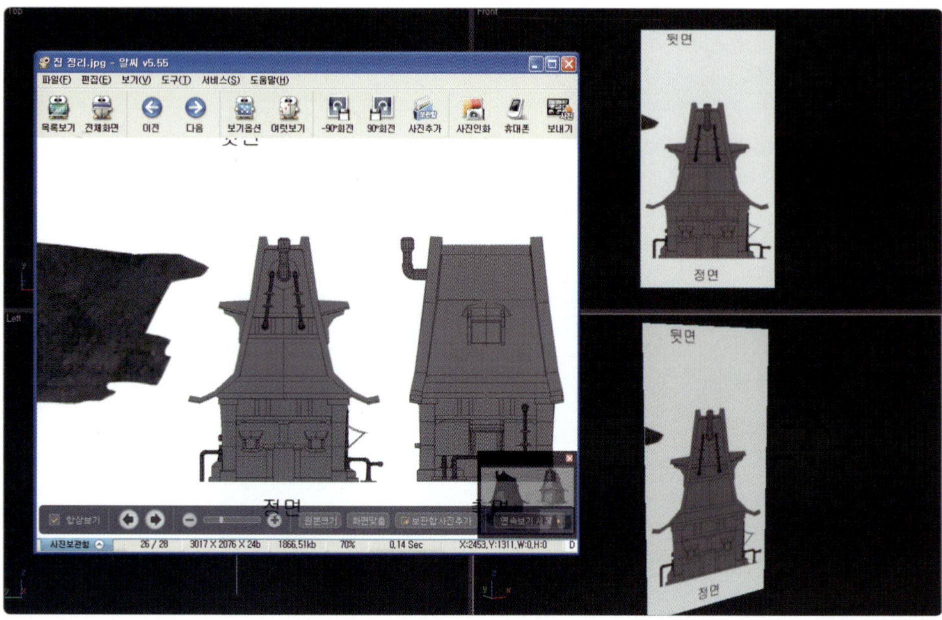

19 이렇게 하는 이유는 조금 더 완벽한 결과물을 만들어 내야 하기 때문입니다. 정
면과 측면의 원화 구조도를 3ds max에서 살펴보면서 모델링할 것입니다. 하
지만 실무에서는 이렇게 정면과 측면이 없는 경우가 많습니다. 이번 집 제작의
경우에는 원화가의 배려로 모델링 쪽에서 조금 더 디테일한 집 결과물이 나올
것입니다.

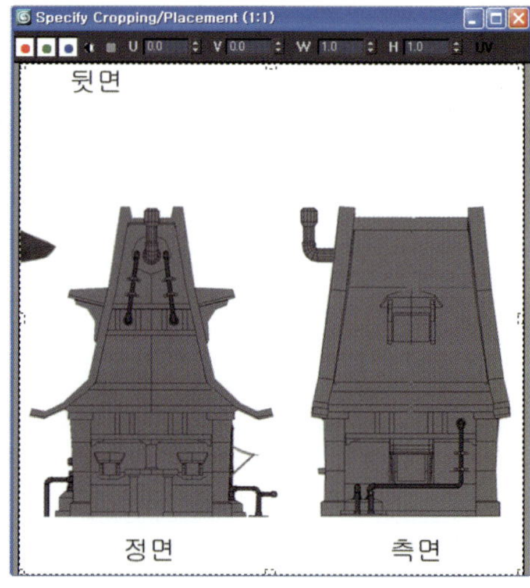

20 Plane에 적용한 결과입니다. 오브젝트와의 거리는 멀어도 크게 상관없습니다. 정면의 이미지는 Front에서
만 참고할 것입니다.

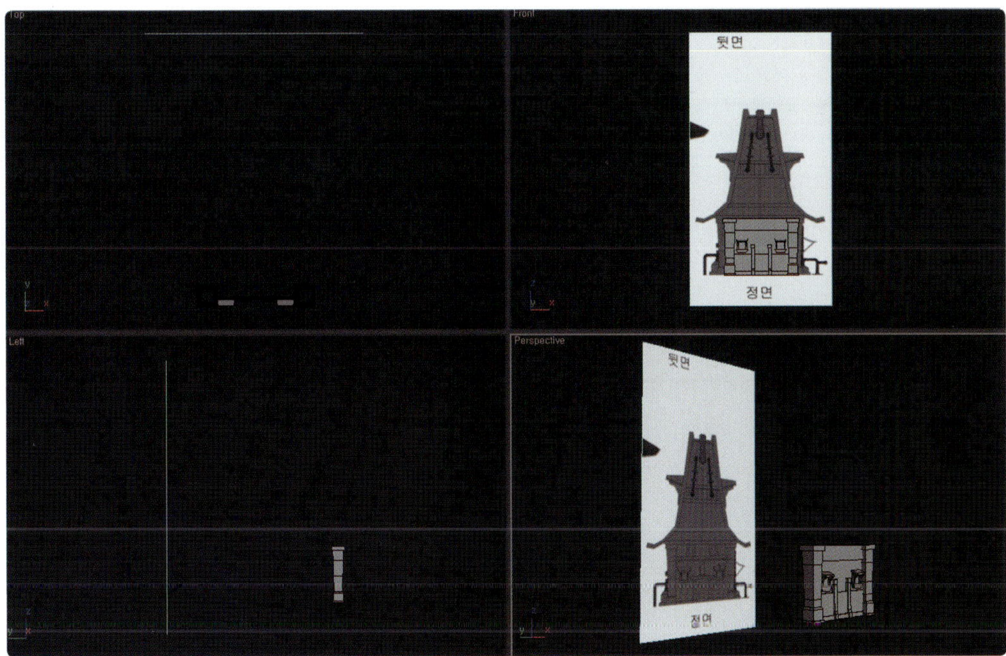

21 Front View에서 바라본 그림입니다. 이전에 제작했던 집의 벽 부분과 원
화 이미지가 맞지 않다는 것을 바로 알 수 있습니다. 원화 이미지보다 전
체적으로 좁게 제작되었습니다.

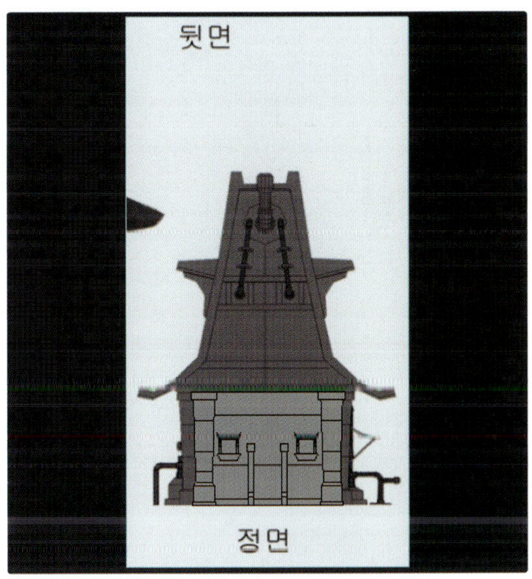

22 왼쪽처럼 전에 제작했던 오브젝트들의 위치 및 크기를 조절하였습니다. 또한 이렇게 뒤에 어떤 이미지를 깔고 제작할 때, 모델링이 복잡할 때, 뒤에 있는 모델링을 보면서 제작을 해야 할 때 모델링을 클릭한 후에 [Alt]+[X]를 사용하면 모델링이 좀 더 편할 것입니다. 그림을 보면 왼쪽이 기본 모델링이고, 오른쪽이 [Alt]+[X]를 적용한 모델링입니다.

23 문의 위쪽 모델링을 제작하겠습니다. Tube를 사용해서 모델링하겠습니다. 이제부터는 원화 이미지와 맞춰 가면서 제작하겠습니다. 참고로 처음부터 원화 이미지가 있다면 이러한 방식으로 참고해 가면서 제작해도 됩니다.

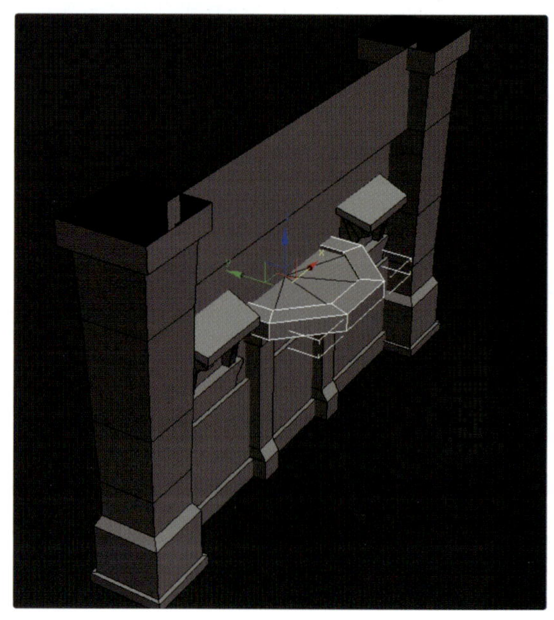

24 그림과 같이 문이 될 오브젝트를 Plane을 사용해서 제작하겠습니다.

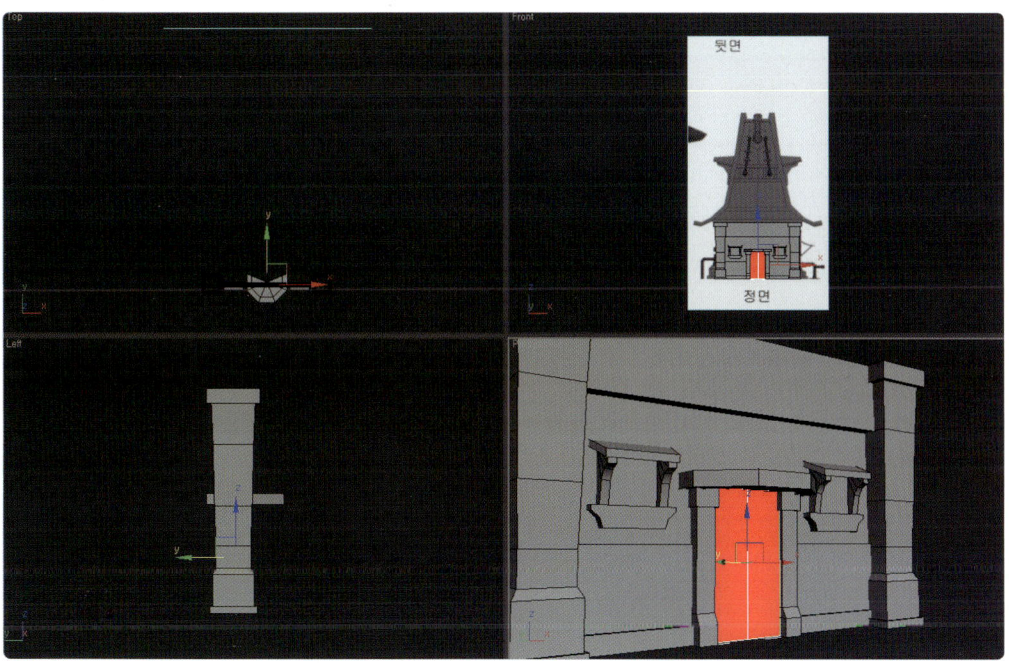

25 Box를 사용해서 문 윗부분을 받쳐주는 오브젝트를 제작하겠습니다. 그림처럼 뒤에 원화 이미지를 참고해 가면서 모델링하겠습니다. 무조건 똑같이 하는 것이 아니라 말 그대로 참고하면서 모델링하겠습니다.

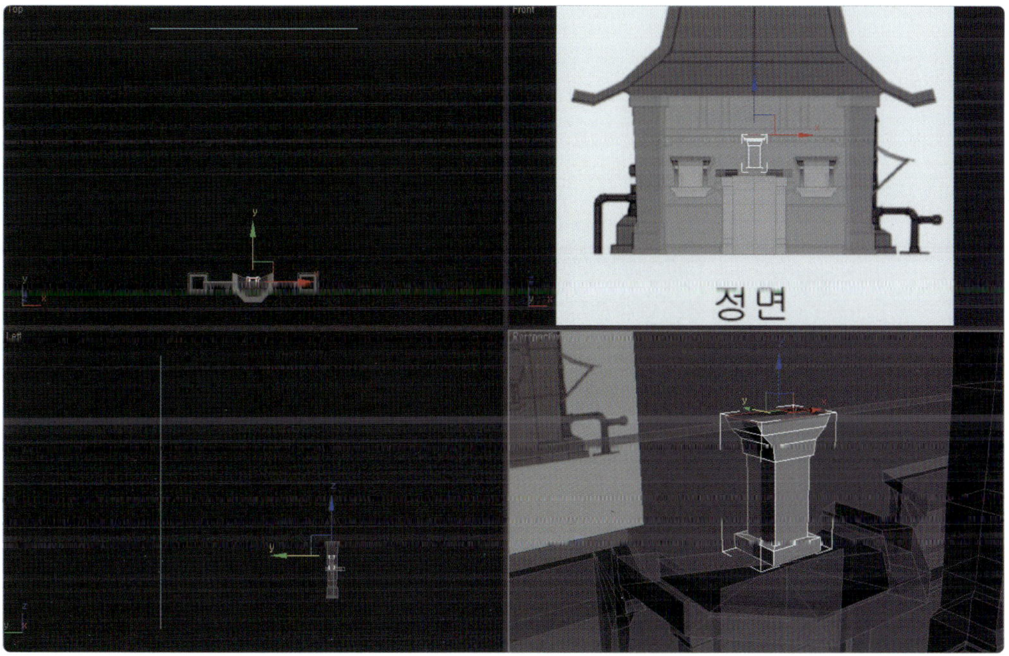

26 그림처럼 Plane을 사용해서 면을 추가하면서 모델링하겠습니다. 모델링이 크면 창문과 이질감이 느껴질 수 있으므로 적당한 크기로 제작하겠습니다.

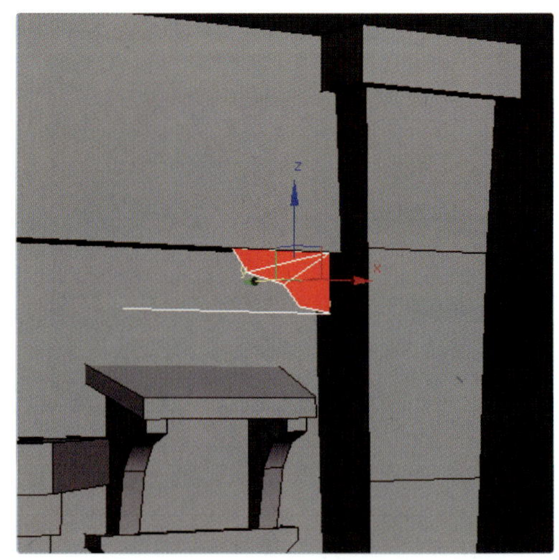

27 그림과 같이 Edge를 잡고 면을 추가하겠습니다. 제작을 한 후 반대쪽도 Mirror를 사용해서 복사하겠습니다.

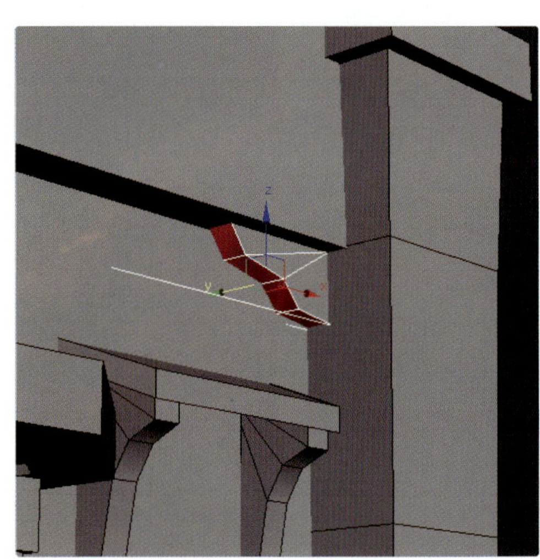

28 정면 쪽 모델링과 원화 이미지를 비교해 가면서 잘못된 부분들을 수정하겠습니다. 물론 다른 Views에서도 정면 쪽 모델링을 확인하기 바랍니다.

29 이번에는 측면 쪽 모델링해보기 전에 정면과 같은 방법으로 측면도 Plane에 이미지를 적
용해보겠습니다.

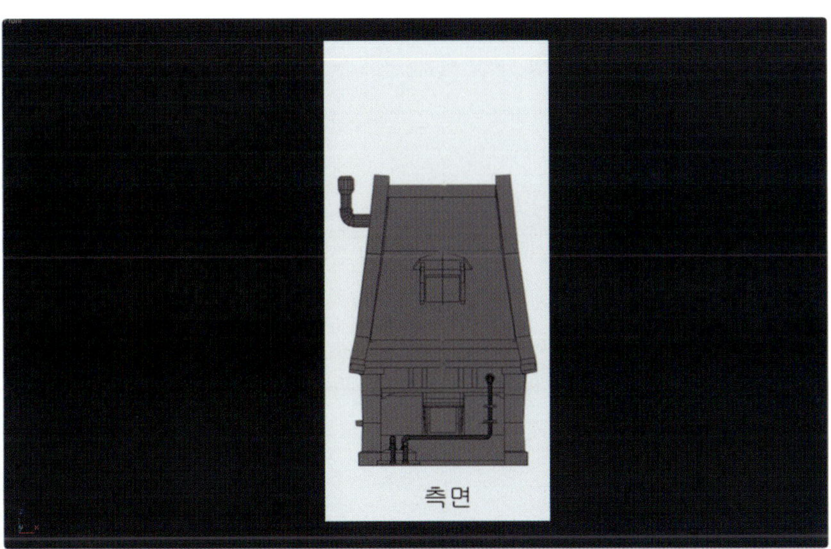

30 정면에서 모델링했던 벽과 기둥 부분을 측면 쪽으로 가져오겠습니다. 가져온 후에 원화 이미지에 맞추어 위
치 및 크기를 조절하겠습니다.

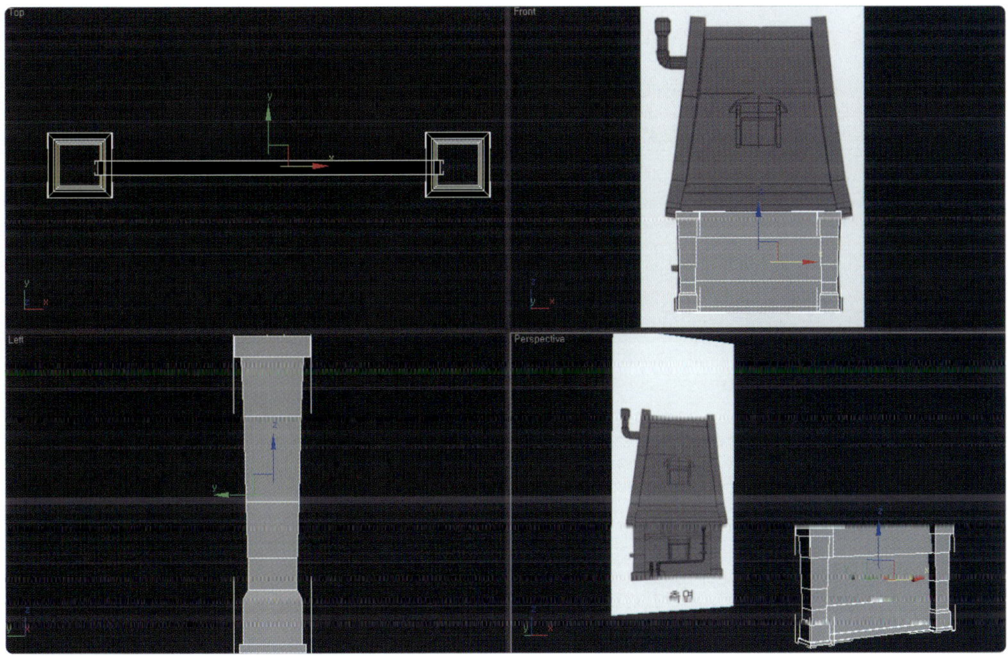

31 측면의 창문은 기본 Box만을 사용해서 벽보다 조금 나와 있는 형태로 제작하겠습니다. 창문의 경우는 모델링이 아닌 텍스처로 표현하겠습니다.

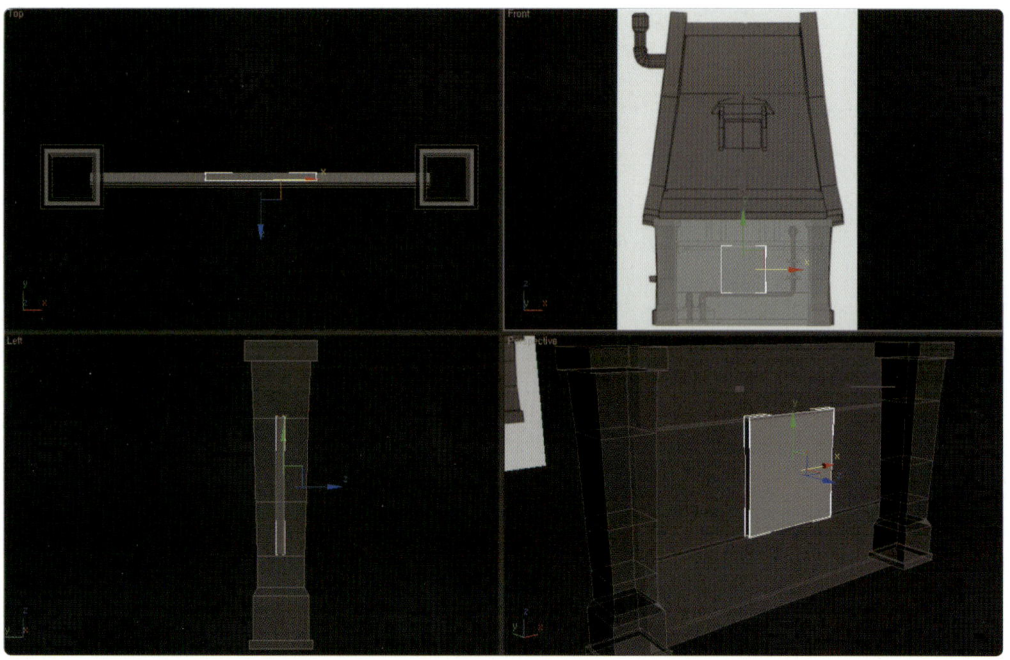

32 측면 창문 위쪽 부분을 모델링하겠습니다. Box를 생성한 후에 그림처럼 모델링하겠습니다.

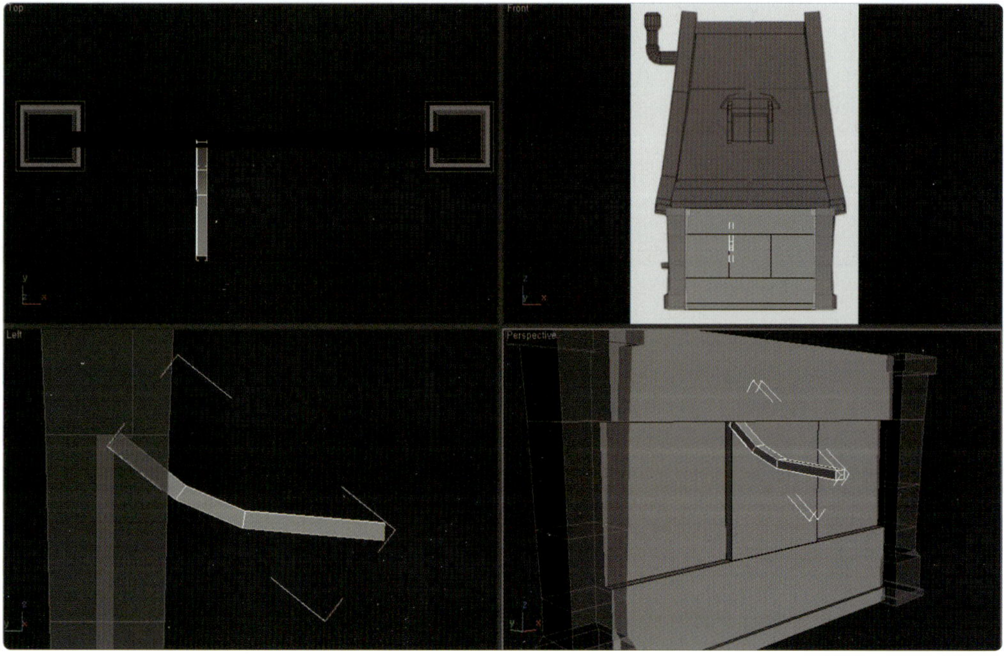

33 그림과 같이 모델링을 복사하겠습니다. 이와 같은 모델링은 제작하면서 크기 및 위치가 변경될 수 있습니다.

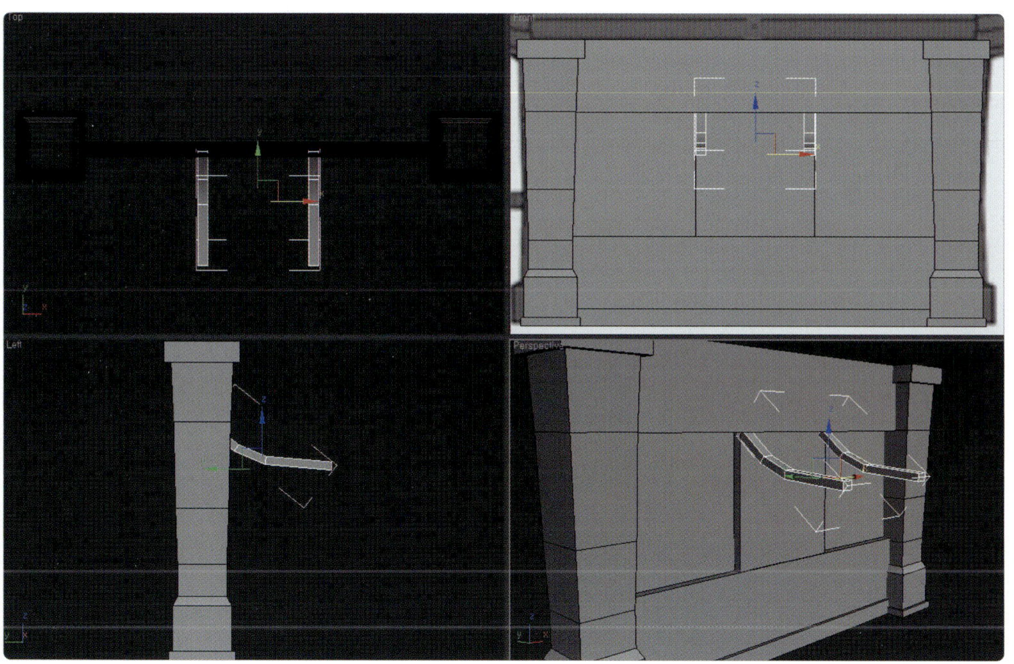

34 그림처럼 클릭된 부분을 모델링하였습니다. 모델링된 것을 보면 바로 전에 제작한 모델링과 폭만 다를 뿐 기본적인 형태는 같다는 것을 알 수 있습니다. 같은 방식으로 모델링하겠습니다. 역시 안 보이는 면들은 삭제하시기 바랍니다.

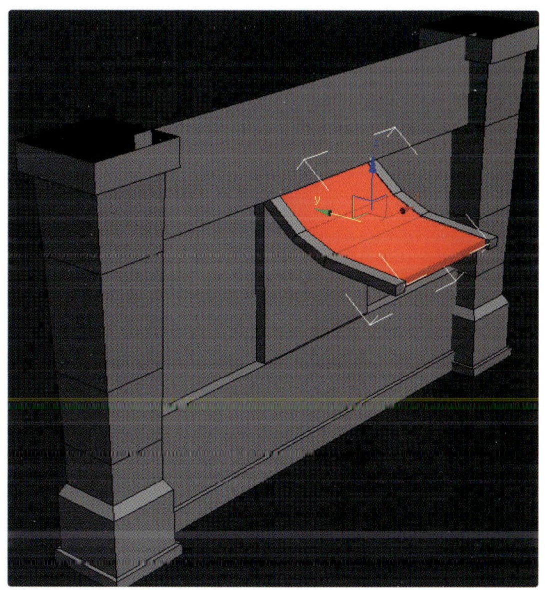

35 그림과 같이 Box를 생성하겠습니다. 집의 전체적인 구조에 큰 영향을
끼치지 않는 부분이므로 간단하게 모델링하겠습니다.

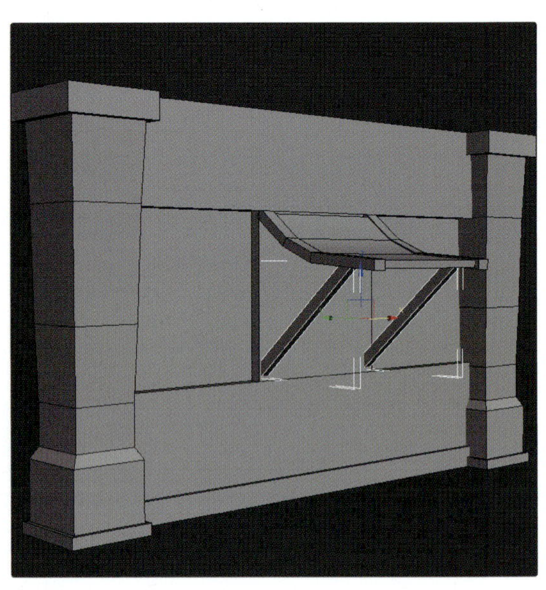

36 측면은 정면과 기본적으로 벽과 기둥이 같기 때문에 어렵지 않을 것입니다. 이제 정면 쪽 모델링과 측면 쪽 모
델링을 합쳐 보았습니다. 모델링에서 문제점은 없는지 확인하겠습니다.

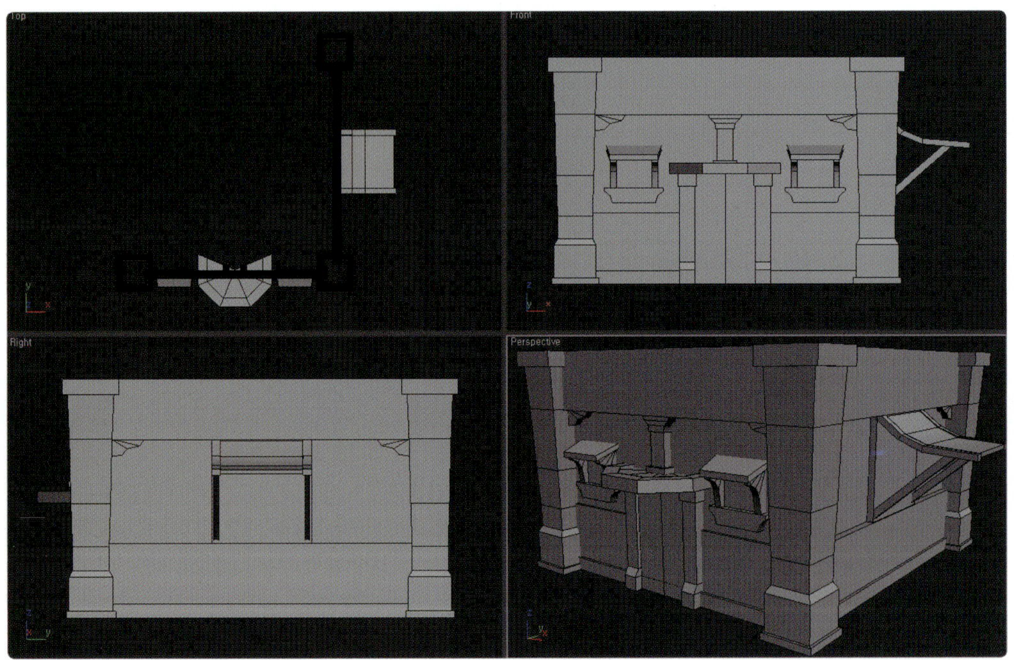

37 큰 문제가 없다면 그림처럼 다른 측면과 뒷면에 복사하겠습니다. 뒷면의 경우에는 우선 벽과 기둥만 복사하 겠습니다.

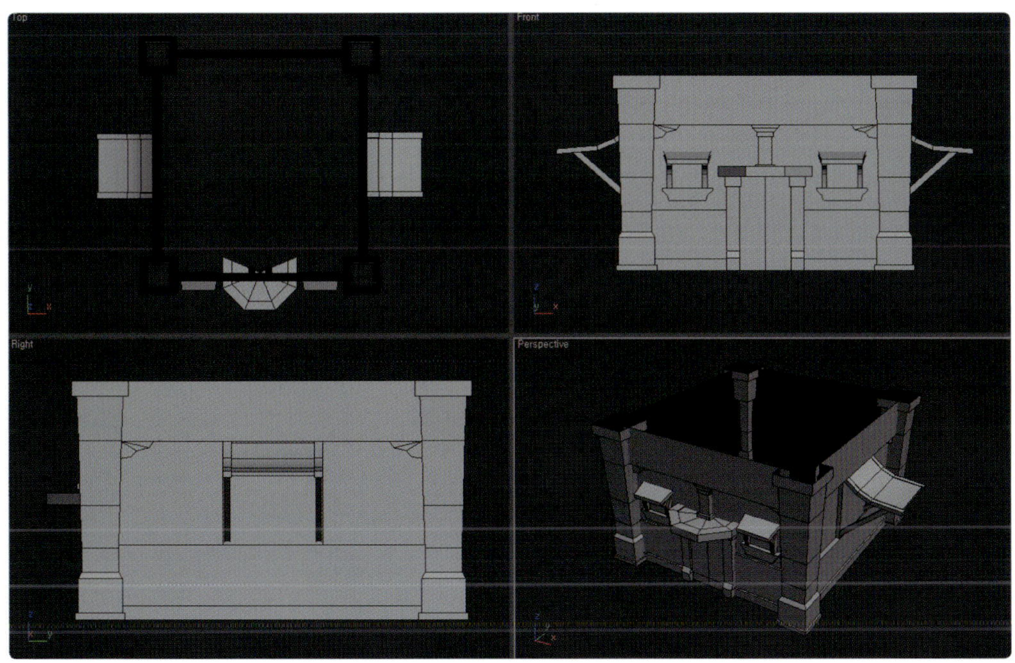

38 그림과 같이 정면과 측면의 원화 이미지를 집에 맞추어 배치하였습니다. 물론 처음부터 이렇게 2개의 원화 이 미지를 배치해 놓고 모델링에 들어가도 상관없습니다.

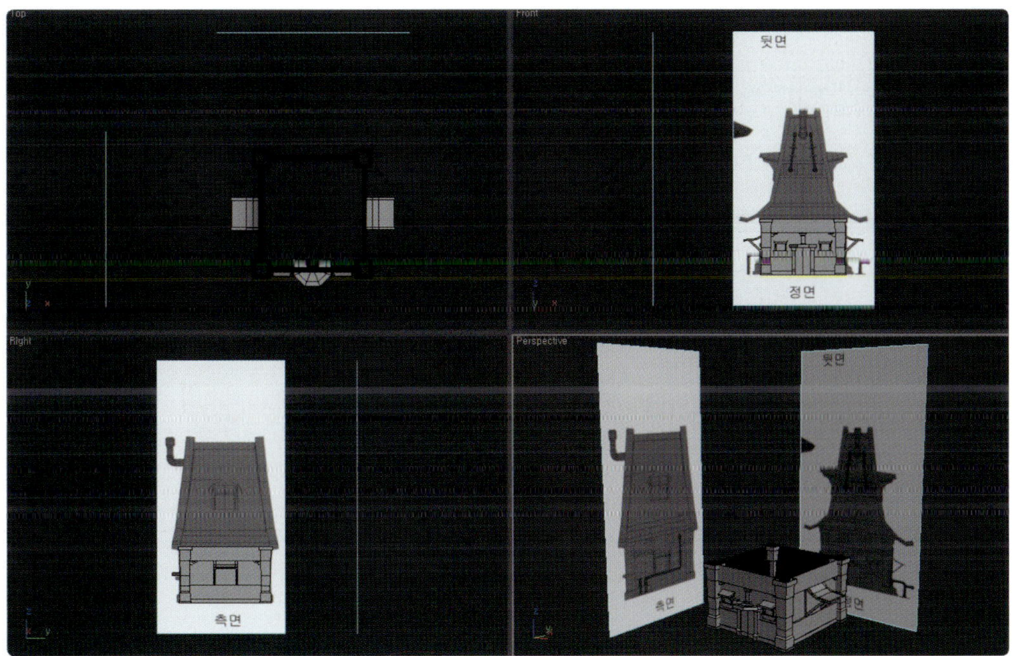

39 Box를 생성한 후에 Mesh 또는 Poly로 변환하겠습니다. 밑의 Polygon을 삭제한 후에 Edge를 사용해서 모델링하겠습니다.

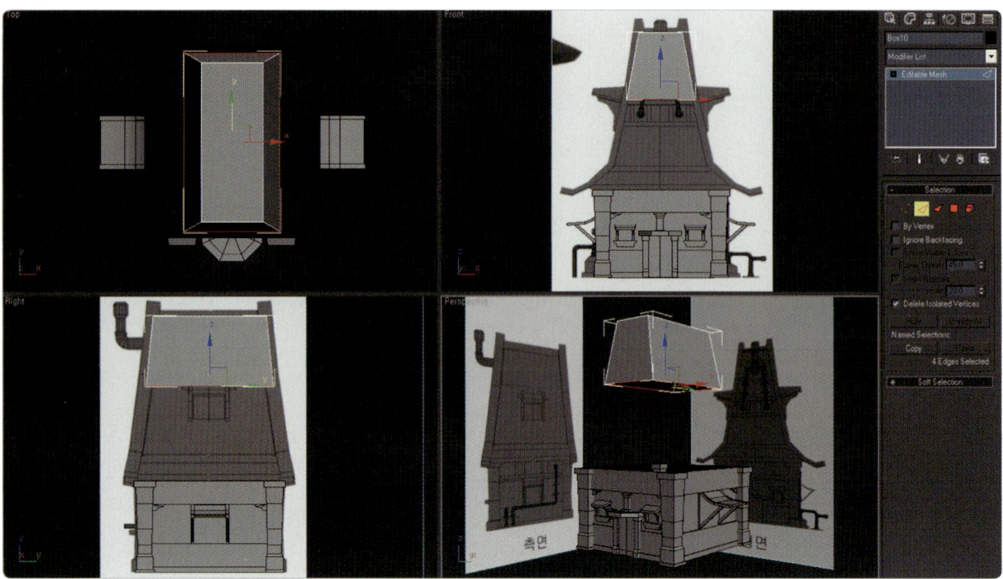

40 그림과 같이 지붕을 모델링하겠습니다. 원화 이미지에서 보이는 지붕에 테두리와 같은 부분은 아직 모델링을 해주기 전이므로 이 점을 고려해서 모델링하기 바랍니다.

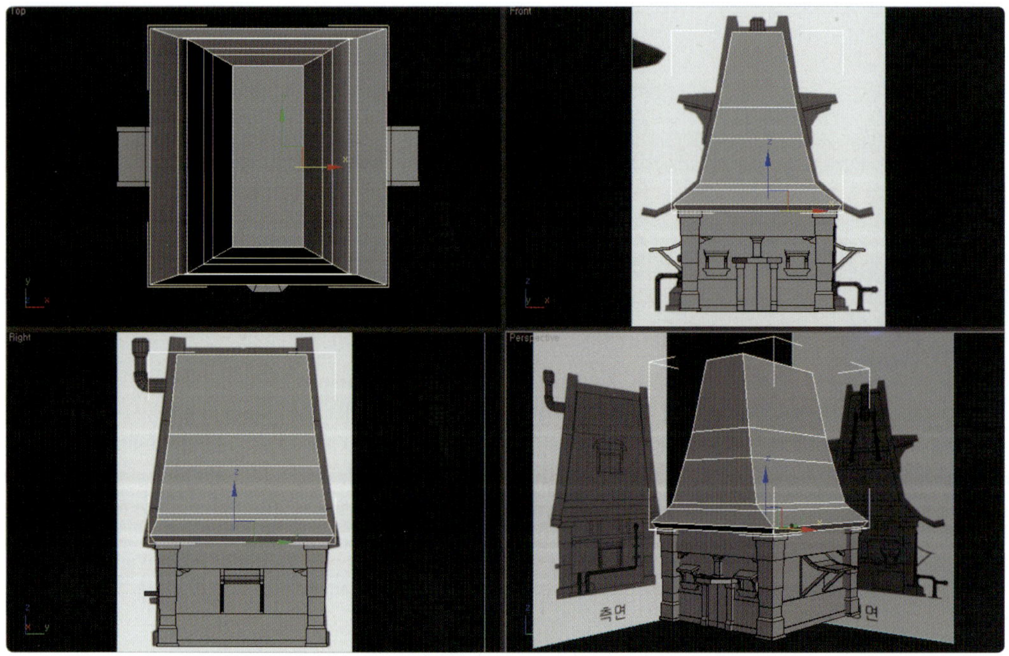

41 지붕의 정면과 측면을 나누었습니다.

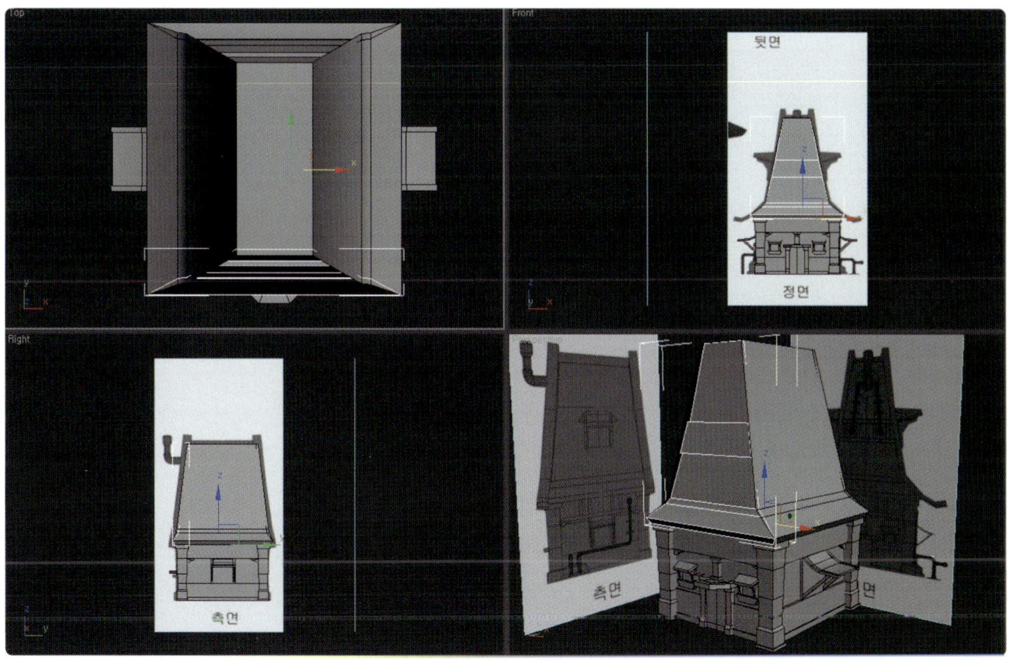

42 우선 지붕 정면 쪽을 보면 중간에 면을 추가하면서 앞으로 빼주었습니다. 그리고 지붕 위쪽을 안으로 넣으면서 아래쪽 지붕이 원화와 같이 나와 있는 것처럼 표현해주었습니다.

43 지붕 측면 쪽은 윗부분을 단순하게 처리하였습니다. 중간에 Edge가 있는 것과 없는 것이 큰 차이가 없다고 판단했기 때문입니다.

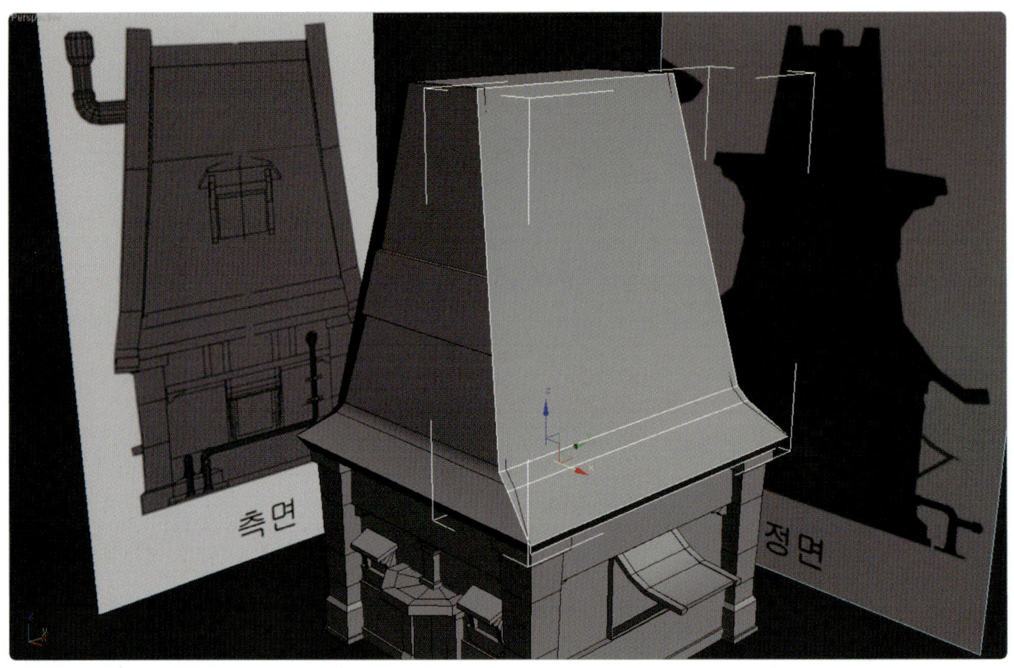

44 지붕에서 정면과 측면을 모두 분리해서 끝부분들이 이상해진 것이 보입니다. 앞으로 모델링하는 지붕의 테두리 같은 부분에 가려져서 안 보일 것이므로 문제가 되지는 않습니다.

45 지붕의 테두리 같은 부분 중에 위쪽에 있는 부분을 모델링하겠습니다. 그림과 같이 Box를 생성한 후에 양쪽 면을 제거하겠습니다.

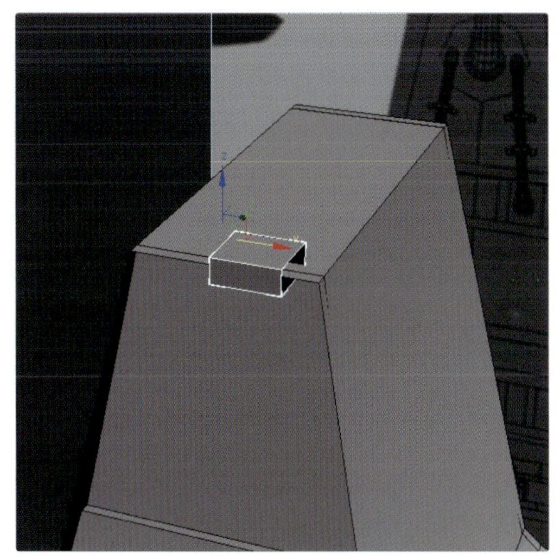

46 그림처럼 아래쪽 Edge를 선택한 후에 측면 쪽으로 이동하겠습니다. Polygon 추가가 아닌 이동이라는 점에 주의하시기 바랍니다.

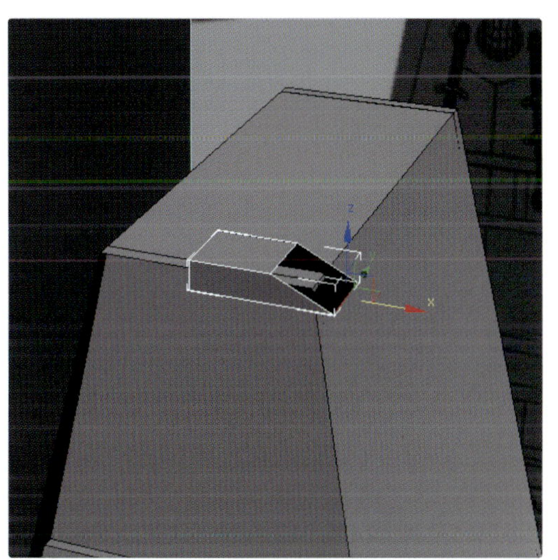

47 그림에서 Edge를 4개 모두 선택한 후에 그림과 같이 위로 모델링하겠습니다. Polygon으로 막아주면서 마무리하겠습니다.

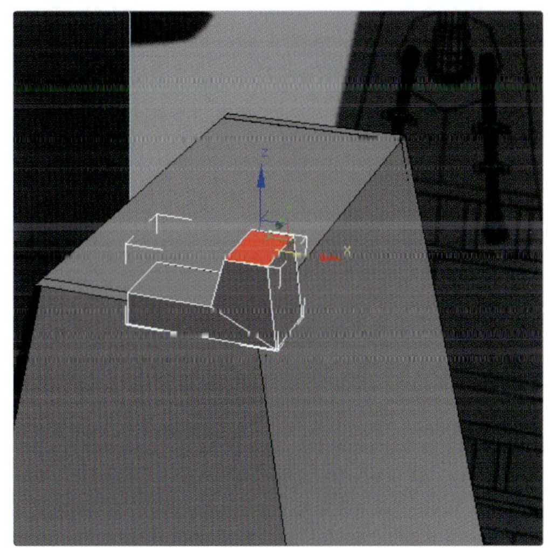

48 반대편 쪽에 Mirror를 사용해서 복사하겠습니다. 복사한 후에는 각각의 Vertex 들을 합쳐주시기 바랍니다.

> **TIP/**　제작을 해 가면서 이러한 Vertex, Polygon 정리들을 해주는 습관을 가지는 것이 좋습니다.

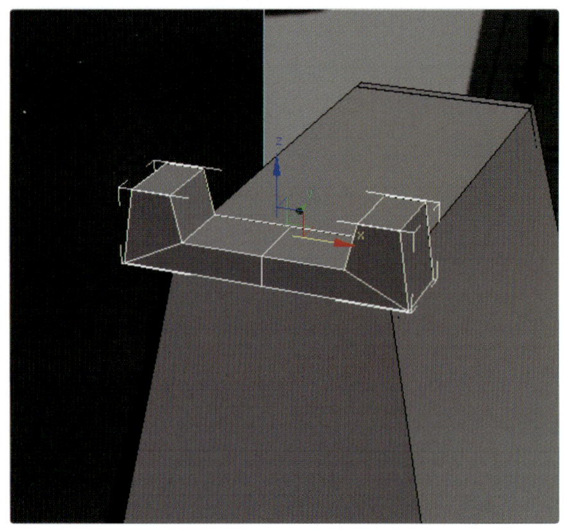

49 지붕의 정면 쪽에 테두리를 모델링할 것입니다. Box를 생성한 후에 그림처럼 위치시킵니다. 그림과 같이 Edge를 선택한 후에 아래쪽으로 면을 생성해 가면서 모델링할 예정입니다.

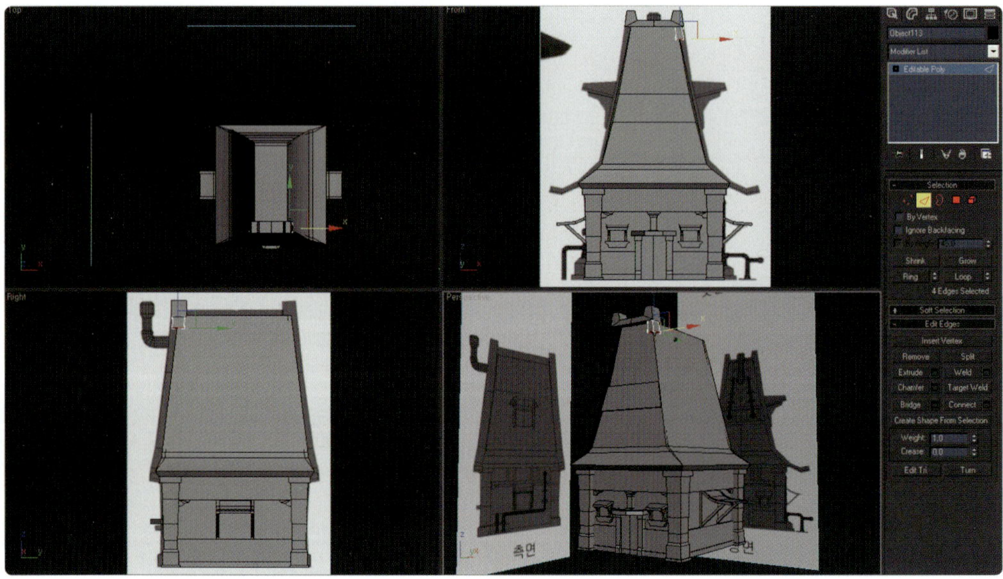

50 정면과 측면의 원화 이미지를 참고해 가면서 모델링하겠습니다.

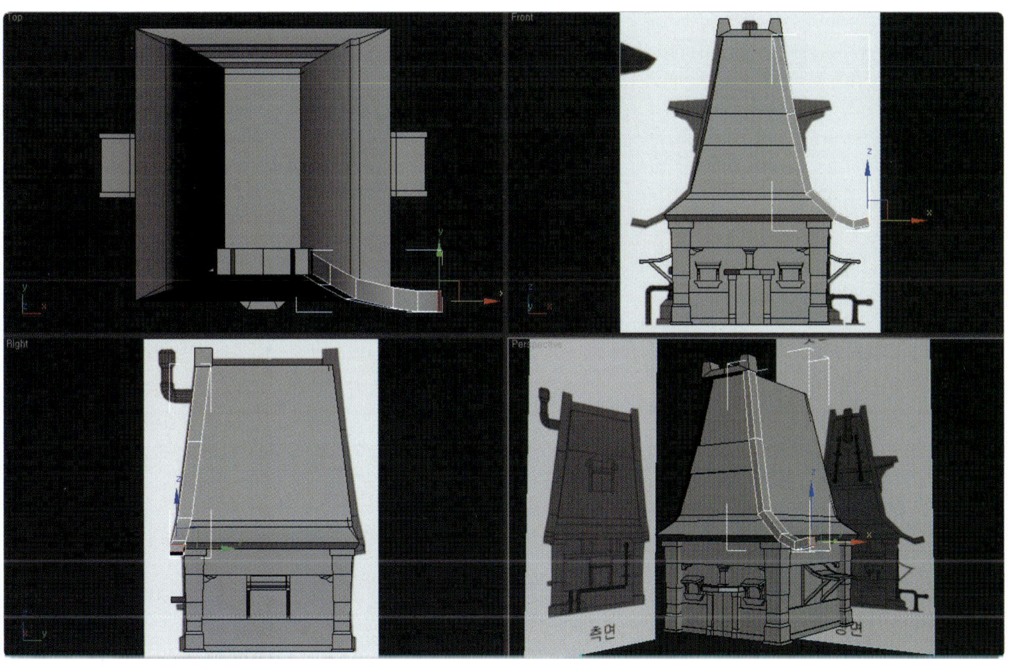

51 제작된 모델링을 반대쪽 지붕에 복사하겠습니다. 원화 이미지가 있으므로 크게 어렵지는 않을 것입니다.

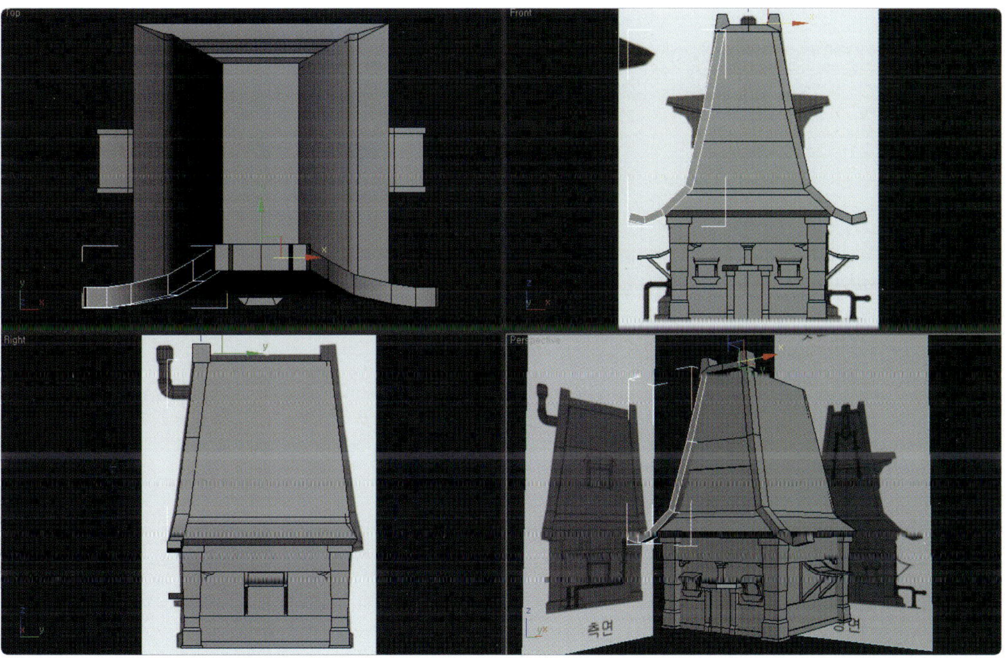

52 지붕의 윗부분 모델링을 Box를 사용하여 제작하겠습니다.

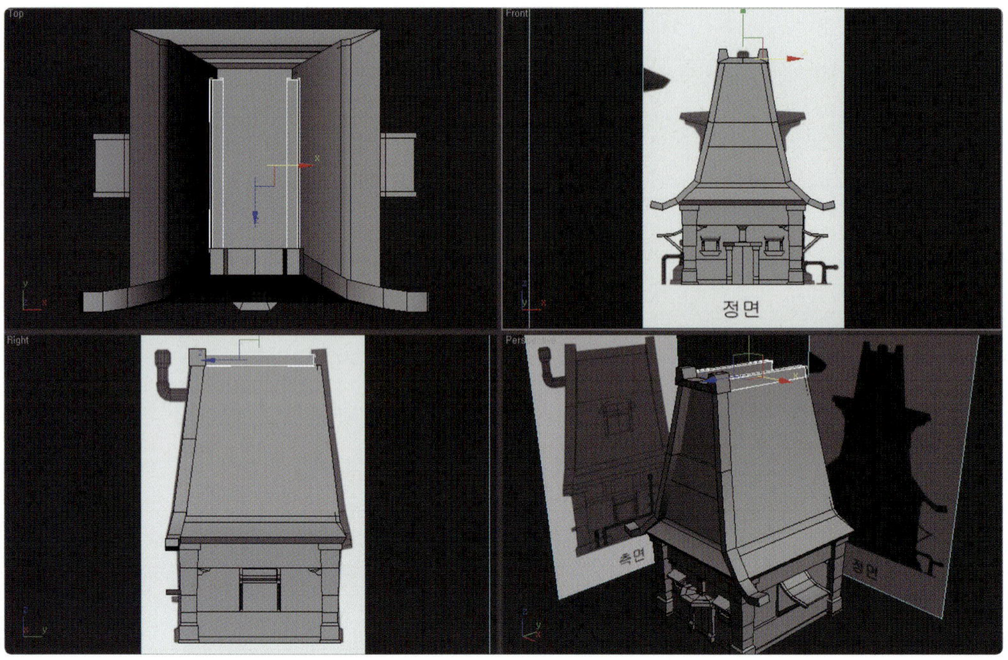

53 집의 뒤쪽에도 정면 쪽 모델링을 복사하겠습니다. 이제 어느 정도 집의 형태가 갖춰졌습니다. 다시 한 번 전체적으로 원화와 비교해 가면서 수정할 부분이 있으면 수정하고 다음 단계로 넘어가는 것이 좋습니다.

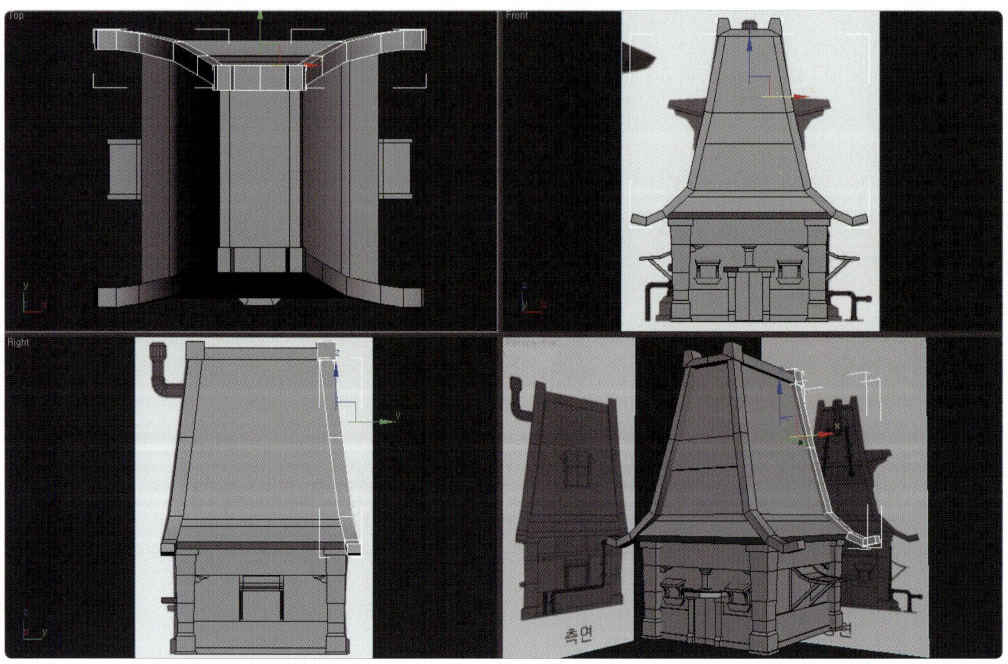

54 지붕의 측면 쪽에 창문 부분을 제작해줄 것입니다. 그림처럼 창문이 들어갈 만한 위치에 가로로 Edge를 생성하겠습니다.

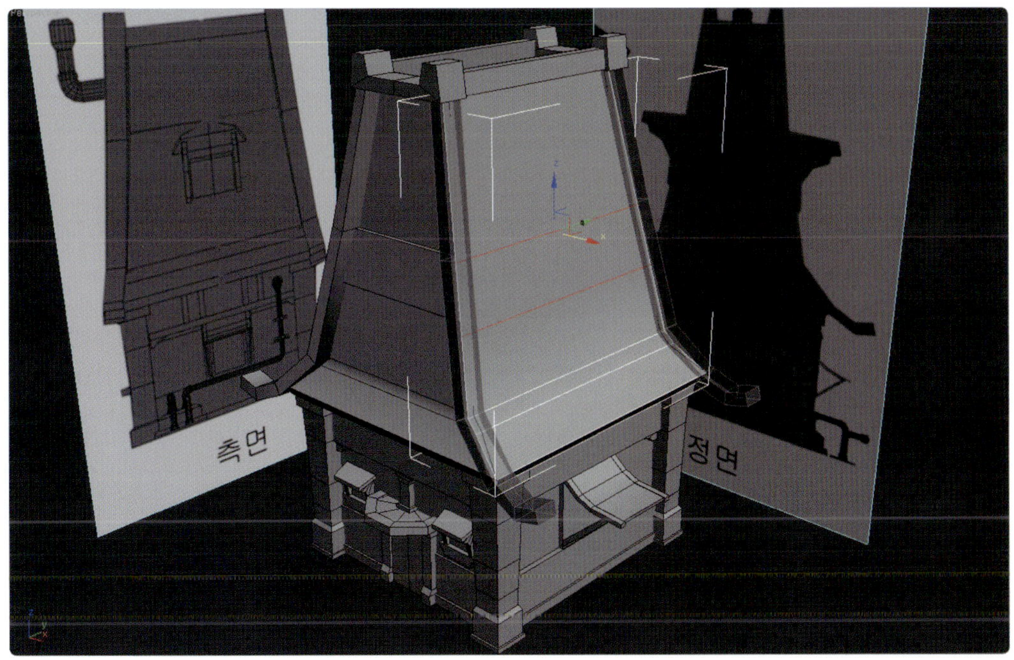

55 창문의 크기에 맞추어 Edge를 생성하였습니다. 원화 이미지를 잘 참고하면 어렵지는 않을 것입니다.

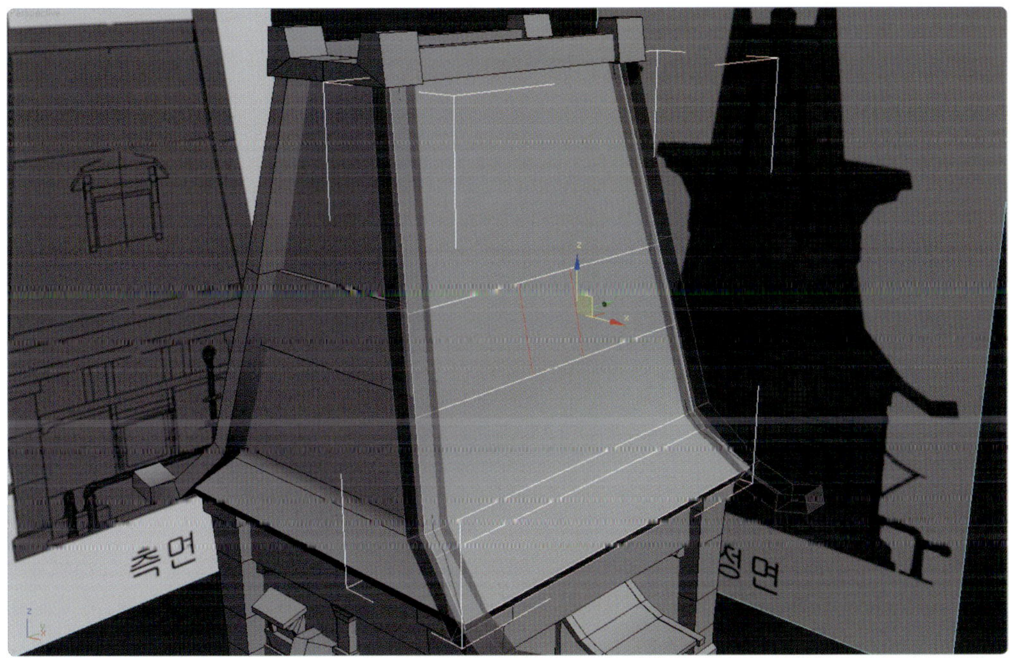

56 그림과 같이 창문의 옆면이 될 부분도 같은 방법으로 모델링해준 후 오른쪽 메뉴에서 Extrude를 사용해서 창문 부분을 안쪽으로 들어가도록 모델링하겠습니다.

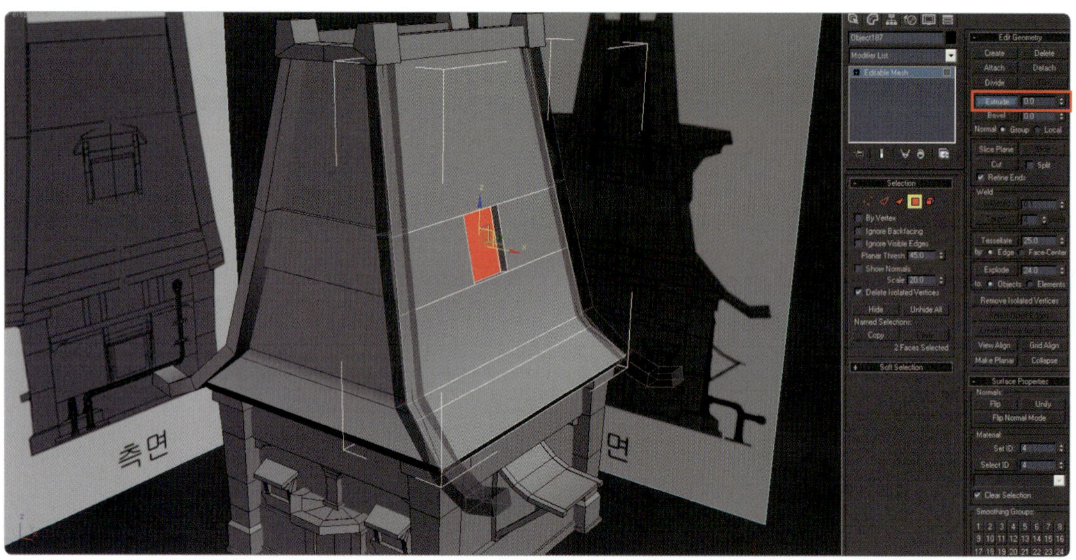

57 지붕 창문 부분의 모델링을 이어서 하겠습니다. 모델링 방식은 앞에서 했던 정면 벽 부분의 창문 부분과 같습니다. 양쪽의 같은 위치에 모델링하겠습니다.

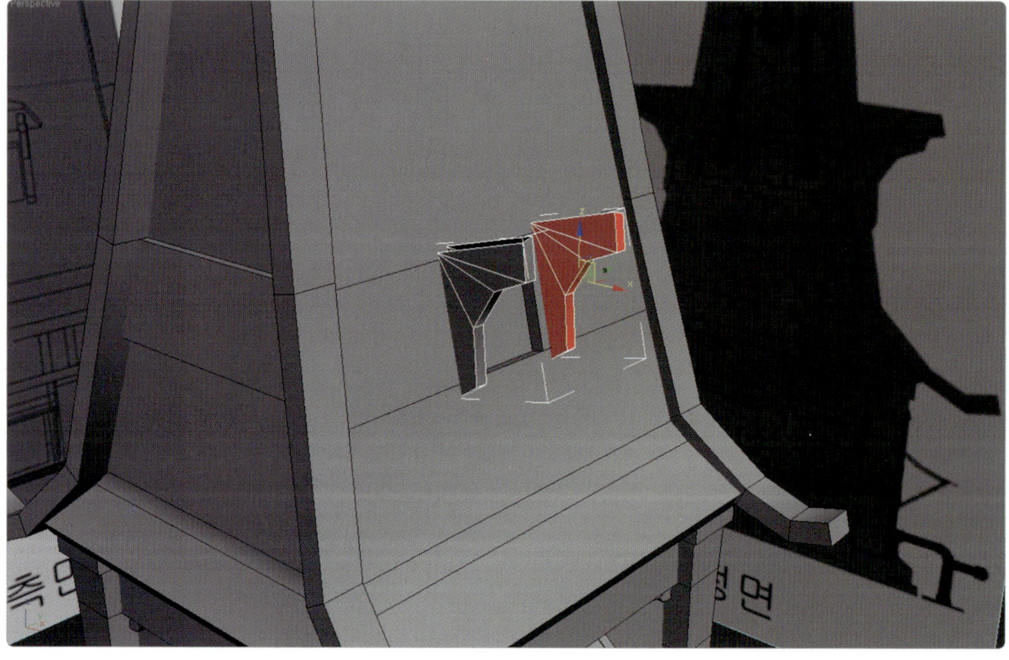

58 지붕에 있는 창문 부분의 모델링입니다. 선택된 부분에 Box를 생성하여 Mesh 또는 Poly로 변환한 후에 모 델링 하였습니다. 이 부분은 원화 이미지가 있으므로 쉽게 할 수 있을 것입니다.

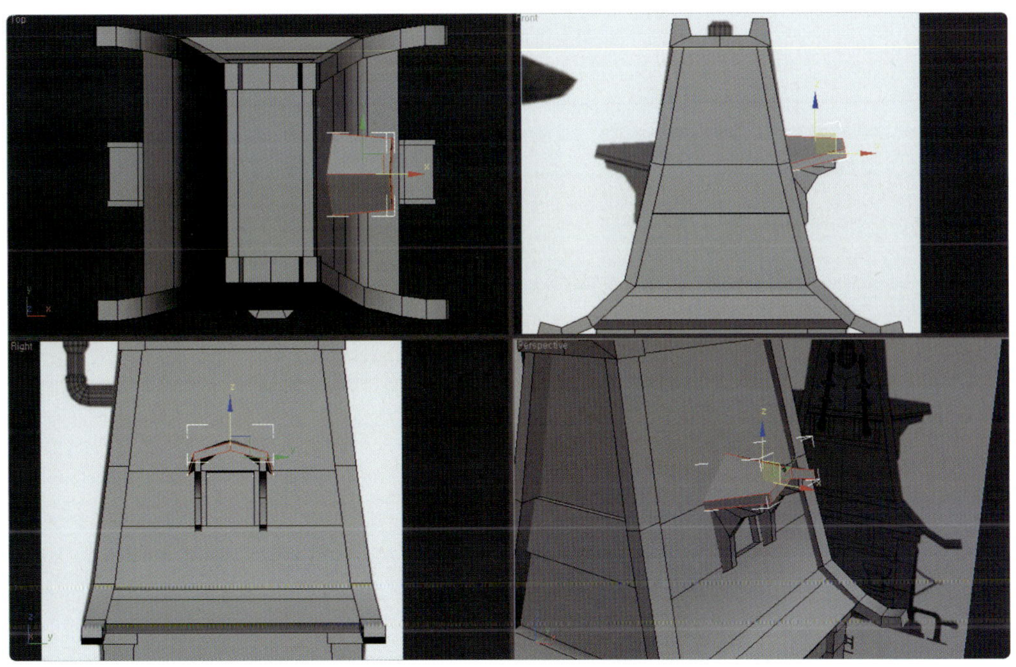

59 그림과 같이 제작해준 모델링들을 반대쪽에도 복사하겠습니다.

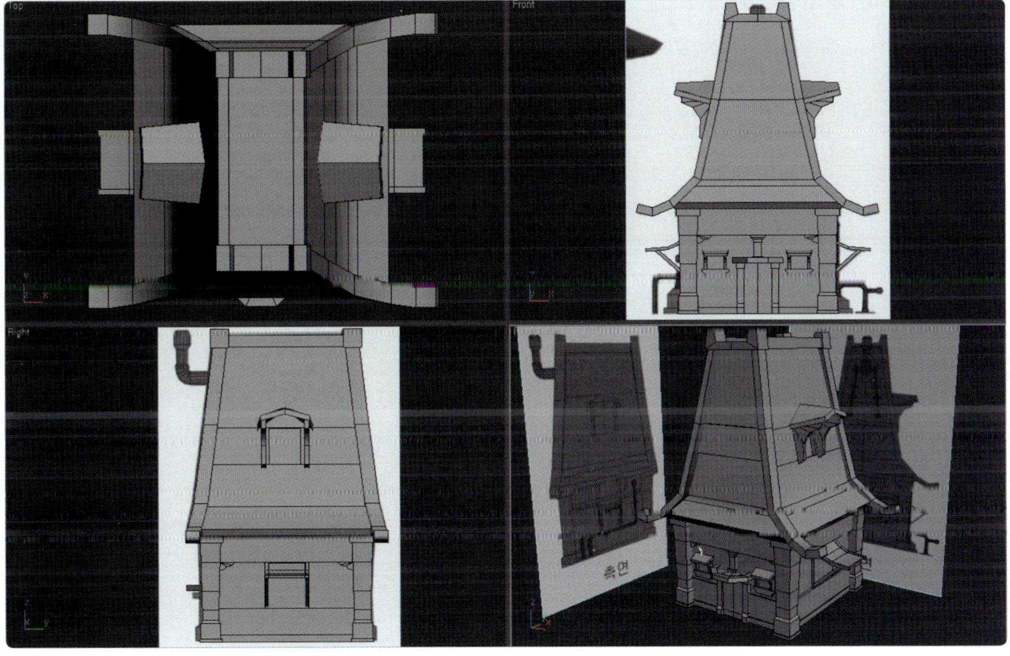

60 그림처럼 Cylinder를 사용해서 큰 파이프가 연결될 곳을 모델링하겠습니다. 원화 이미지를 참고하여 크기를 조절합니다.

61 이 부분은 집 아래 벽 쪽에 있는 모델링과 같은 것입니다. 크기와 각도를 잘 조절해서 제작하시기 바랍니다.

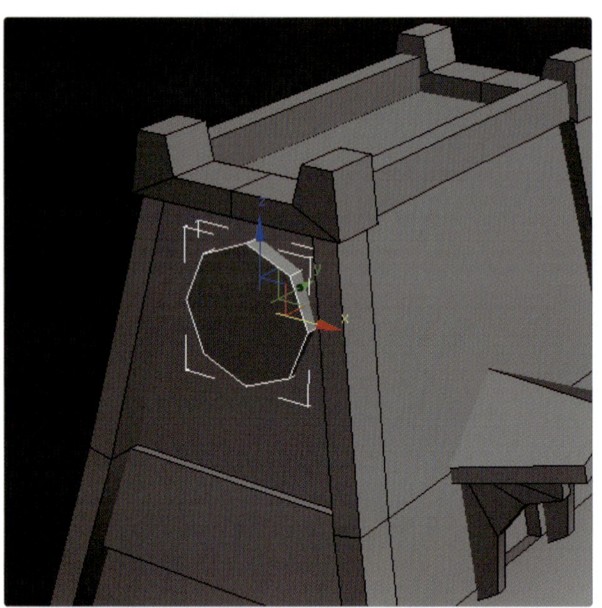
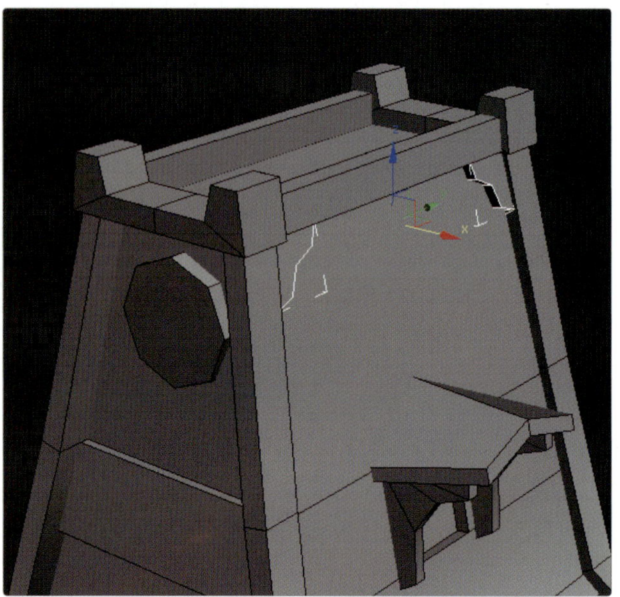

62 다리와 바닥을 제작했을 때 사용했던 파이프 관련 오브젝트들을 Merge로 가져왔습니다.

> **TIP/** File 안에 Merge를 클릭하면 다른 파일에 있는 오브젝트들을 불러올 수 있습니다.

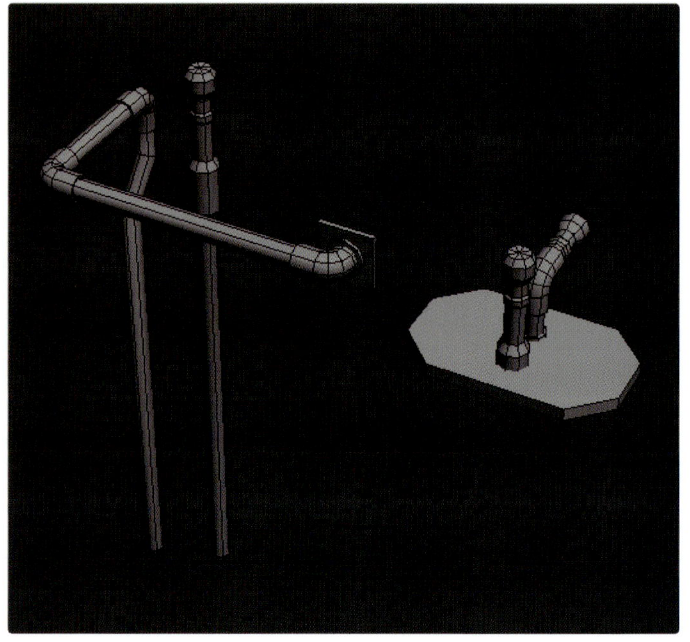

63 Merge로 가져온 파이프 오브젝트들을 지붕 부분에 응용해서 배치하겠습니다. 그림을 보면 파이프를 고정시켜주는 모델링이 있는데, Plane을 사용해서 파이프와 집을 연결시켜주었습니다.

64 집의 아래 벽 측면 쪽에 파이프로 꾸며 주었습니다. 원화를 보면 이 부분에 철통 같은 것이 있는 것을 볼 수 있습니다. 이 부분은 원화가와 상의해서 추가하지 않도록 하였습니다. 지금 이 정도로도 충분히 오브젝트들이 많다고 생각하기 때문입니다.

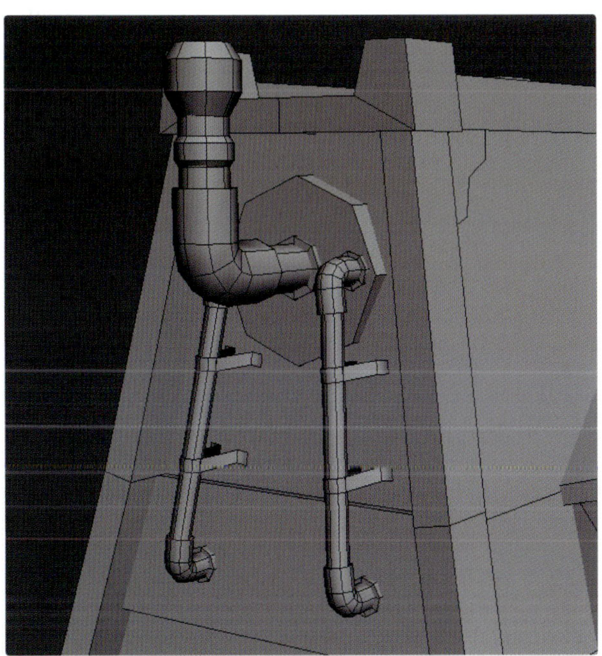
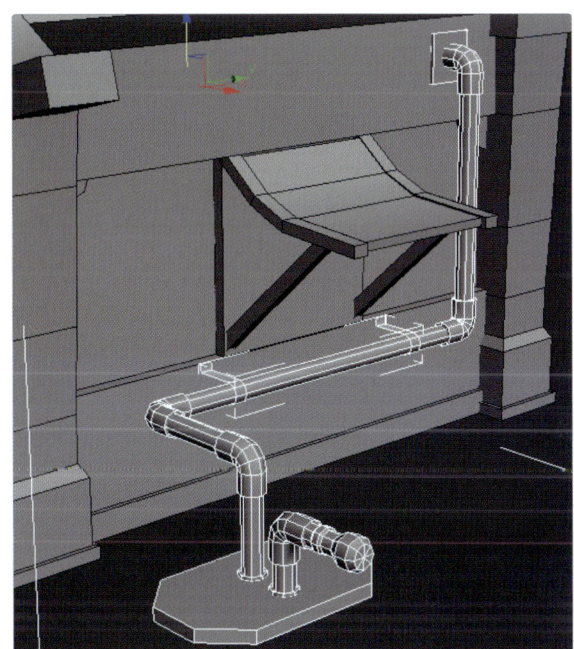

65 집의 정면 부분입니다. 원화와 같이 이 부분에 파이프를 추가하였습니다. 자세히 보면 원화에서는 파이프 아래쪽 배수구 부분이 모델링과 다른 것을 알 수 있습니다. 원화처럼 하면 모델링과 텍스처의 양이 늘어납니다. 필요하다면 그렇게 해야 되겠지만 여기에 추가된 배수구 부분은 중요도가 떨어진다고 생각되어 원래 있던 배수구를 사용하기로 했습니다.

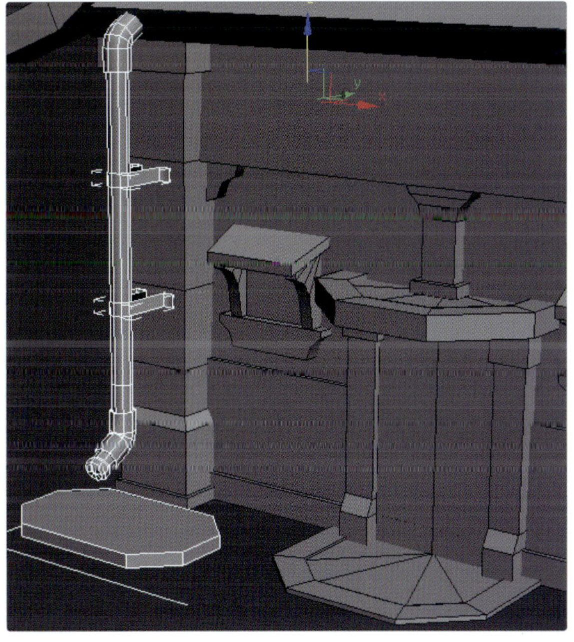

 아래와 같이 모델링이 일차적으로 마무리되었습니다. 대략적으로 라이트가 구조적으로 잘 받는지 렌더링을 걸어보았습니다.

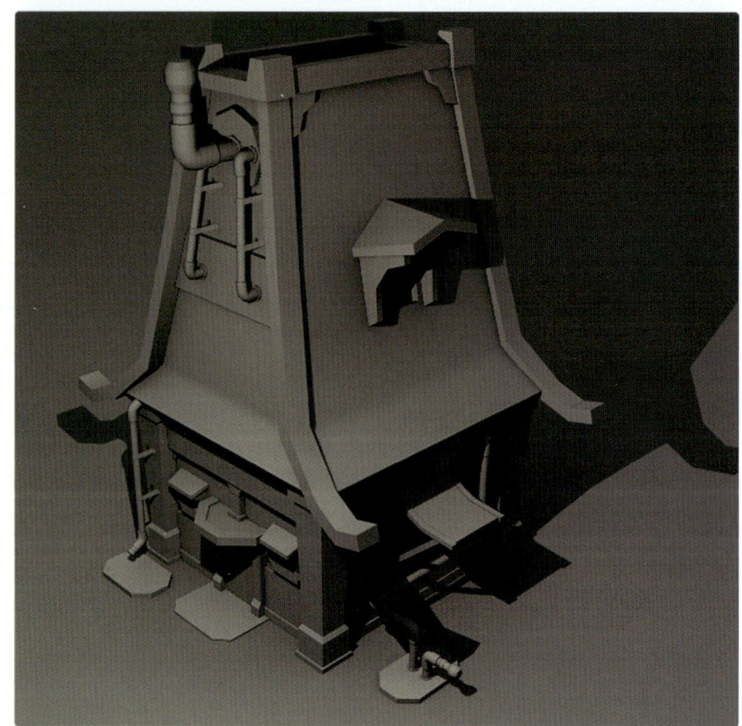

▶ Unwrap UVW 작업

01 첫 번째 텍스처가 적용될 부분입니다. 집 오브젝트 중에서 아래 벽면 부분을 제작할 것입니다. 그러므로 가로로 타일링될 수 있도록 제작할 것입니다. 512×512 한 장을 사용해야 해상도가 다른 오브젝트들과 맞을 것이라고 생각합니다. 세로 방향의 Unwrap은 펴주어야 하겠지만, 가로 방향의 Unwrap은 지금 펴주지 않아도 크게 문제가 되지 않습니다. 그리고 그림을 보면 지붕 쪽도 선택되어 있는 것을 알 수 있습니다. 이 부분은 오브젝트의 전체적인 면을 보았을 때 중요성이 떨어진다고 판단되어 아래 벽면 텍스처를 공유해서 사용할 예정입니다.

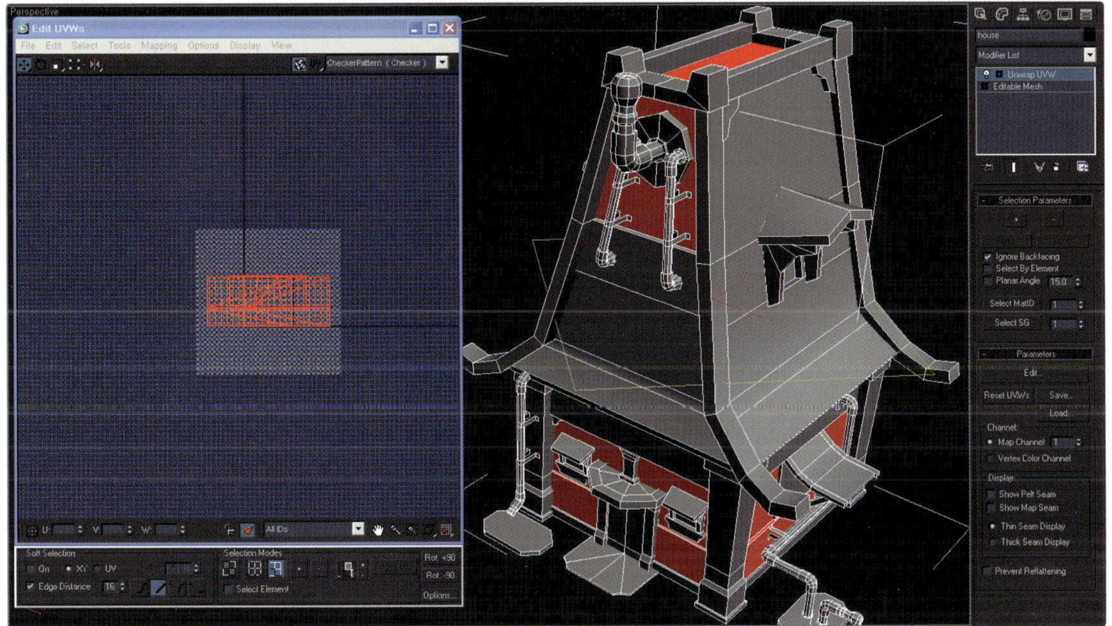

02 두 번째 텍스처가 적용될 부분입니다. 지붕에 들어갈 부분의 Unwrap을 펴주었습니다. 지붕의 경우 사방으로 타일링될 수 있도록 제작해야 합니다. 이러한 경우에는 텍스처 제작 전에 Unwrap을 펴 주지는 않지만, 지붕과 같은 경우에는 Unwrap을 텍스처 제작과 동시에 하는 경우가 많습니다. 왜 냐하면 지붕의 분위기가 모델링에서는 어떻게 보일 것인지도 중요하지만, 텍스처의 밀도도 중요하 기 때문입니다. 집의 전체적인 분위기에 비해 지붕의 기와와 같은 것들이 작거나 크다면 문제가 될 수 있기 때문입니다.

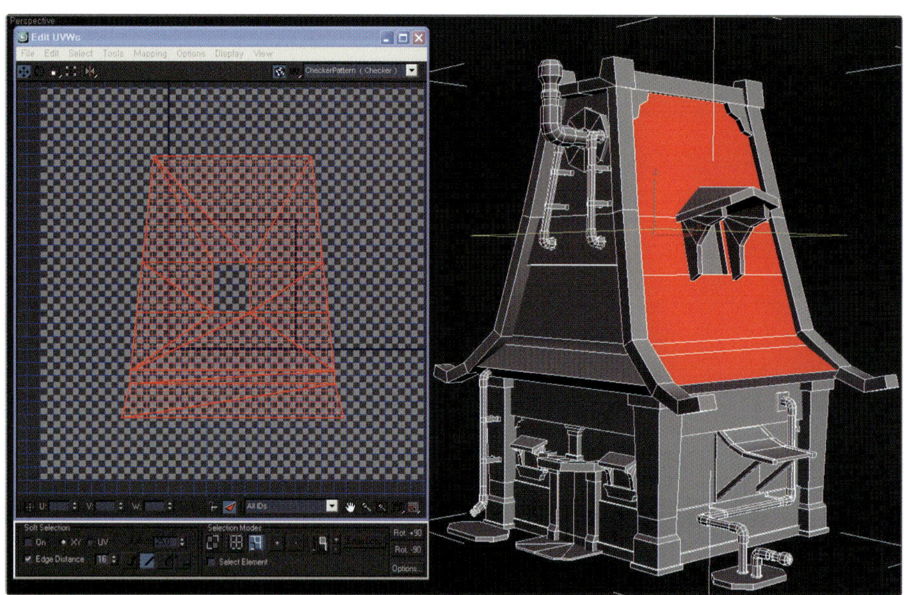

03 세 번째 텍스처가 적용될 부분입니다. 선택된 면 중에 기본적으로 벽면 위쪽과 지붕 아래쪽 그리고 바닥 부분을 위주로 적용할 것입니다. 다른 부분은 공유해서 사용하도록 하겠습니다. 전체적으로 Unwrap이 어느 부분이, 어떻게 펴졌는지 Polygon을 선택해 가면서 Edit UVWs 창을 확인하면 쉽게 알 수 있을 것입니다.

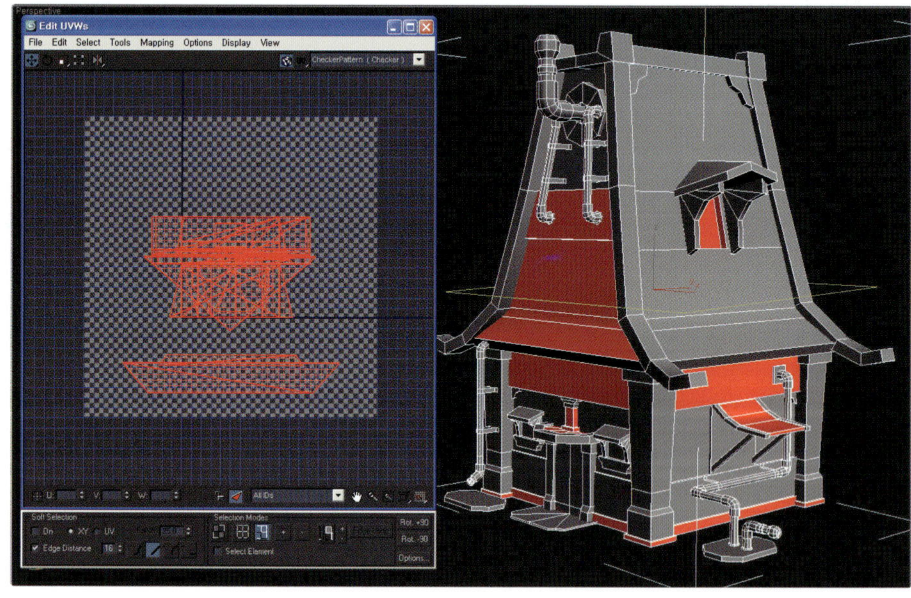

04 네 번째 텍스처가 적용될 부분입니다. 지붕의 테두리 부분은 가로로 타일링되도록 제작할 것입니다. 문 쪽과 지붕 위쪽 파이프와 연결된 부분은 반만 제작한 후 반대쪽을 복사하는 방식으로 제작할 예정 입니다. 벽면에서 윗부분과 기둥 윗부분도 가로로 타일링되도록 제작할 것입니다.

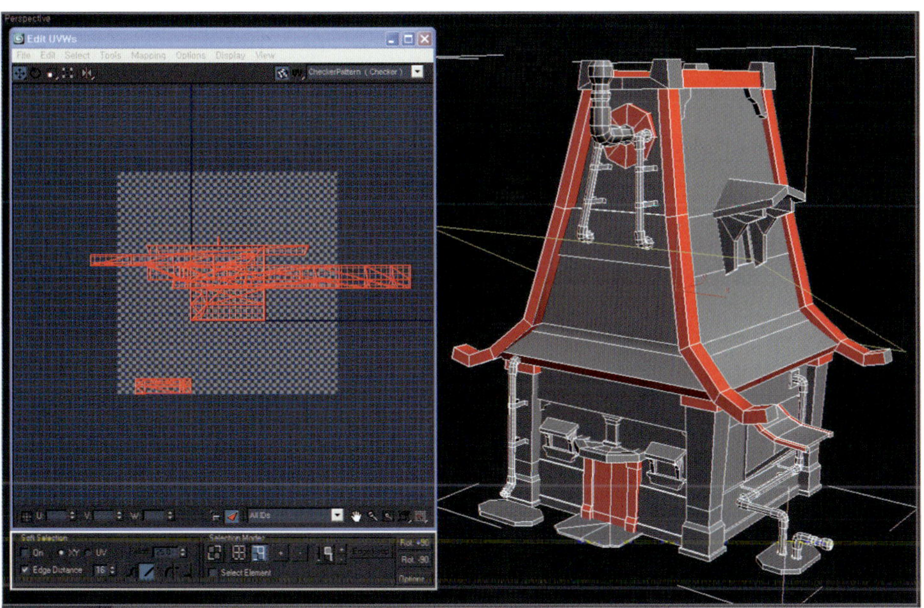

05 다섯 번째 텍스처가 적용될 부분입니다. 이번 텍스처에는 타일링이 되는 부분이 없습니다. 전체적으 로 Unwrap이 어느 부분이 어떻게 펴졌는지 Polygon을 선택해 가면서 Edit UVWs 창을 확인하면 쉽게 알 수 있을 것입니다.

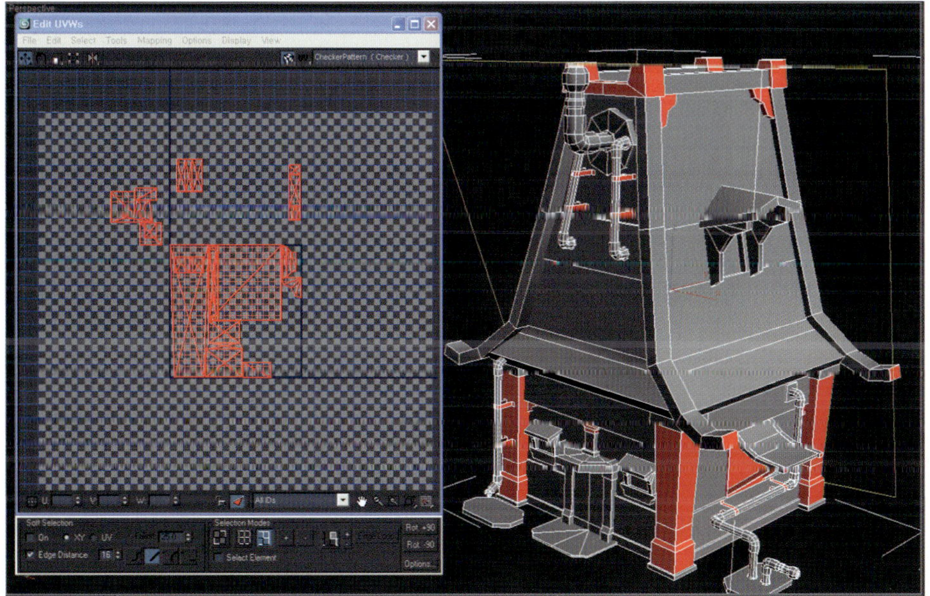

06 여섯 번째 텍스처가 적용될 부분입니다. 창문 부분들 위주로 Unwrap을 펴주었습니다. 이번 텍스처에서도 타일링이 되는 부분이 없습니다. 지금까지 Unwrap을 펴주었습니다. 앞에서 설명한 것과 똑같이 할 필요는 없습니다. 제작하는 사람에 따라서 모델링이 바뀌면 Unwrap이 바뀌고, 그렇게 되면 텍스처 방식도 바뀌기 마련입니다. Unwrap을 어떤 식으로 하는 것이 효과적인 것인지를 제시한 것 뿐이지, 정답은 아니라는 것입니다. Edit UVWs 창을 열어 놓은 상태에서 Polygon을 선택하고 Unwrap을 어떻게 폈는지 확인하면서 학습하시기 바랍니다.

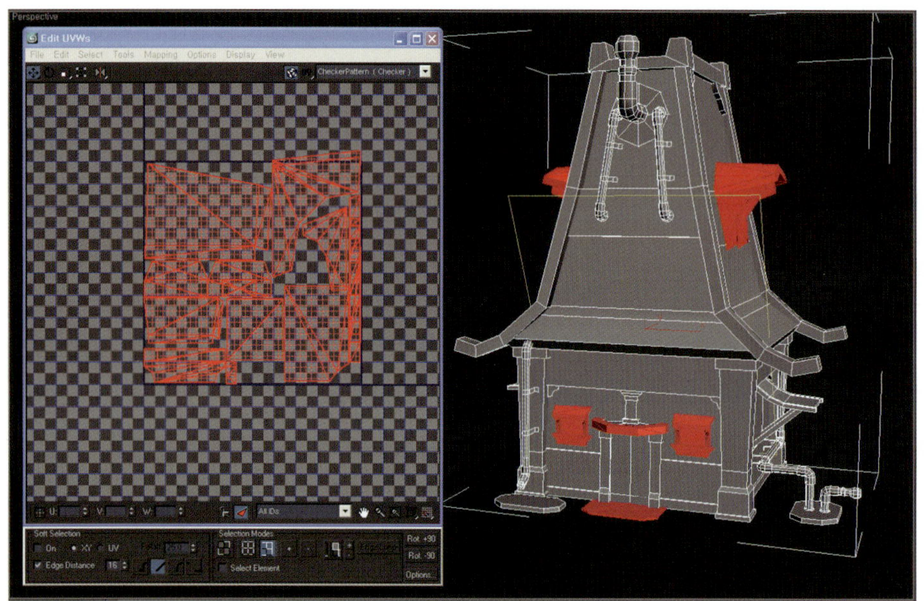

4 집(House) 텍스처 제작

이제부터 앞에서 작업한 UVW맵 작업을 바탕으로 포토샵에서 텍스처 작업을 해보겠습니다. 집과 같은 경우에는 512×512 여섯 장을 사용해서 제작하겠습니다. 파이프와 관련된 텍스처는 전에 다리와 바닥용으로 제작했던 소스를 사용하겠습니다.

예제 소스에 있는 텍스처를 같이 보면서 학습하시기 바랍니다.
- 예제 소스\tutorial\house\max map\house_01.psd ~ house_06.psd를 참조하세요.

▶ Photoshop 텍스처 작업

01 벽 부분의 텍스처를 제작할 것입니다. 윗부분은 일반적인 형태의 벽을 제작할 것 이고, 아랫부분은 벽돌 형태의 벽을 제작할 것입니다.

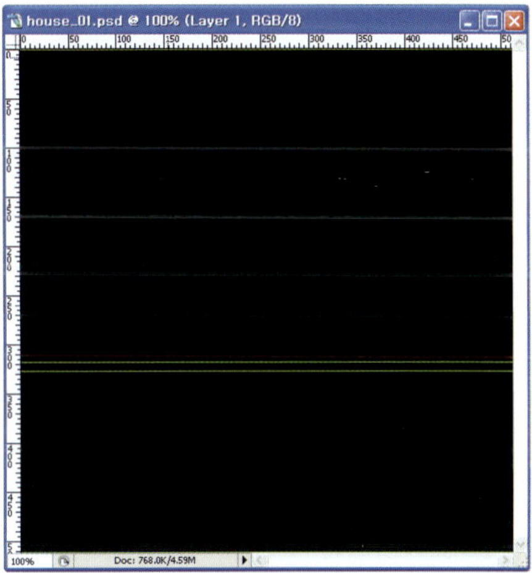

02 그림과 같이 기본적으로 바탕에 들어갈 벽 소스를 추가하겠습니다. 기본 맵 소스 에서 웨더링을 조금 준 상태입니다. 조금 거친 부분이 있으므로 타일링되는 것을 고려해서 제작하겠습니다. 앞에서와 마찬가지로 Offset 기능으로 타일링이 잘 되 는지 확인한 후에 텍스처를 수정할 수 있습니다.

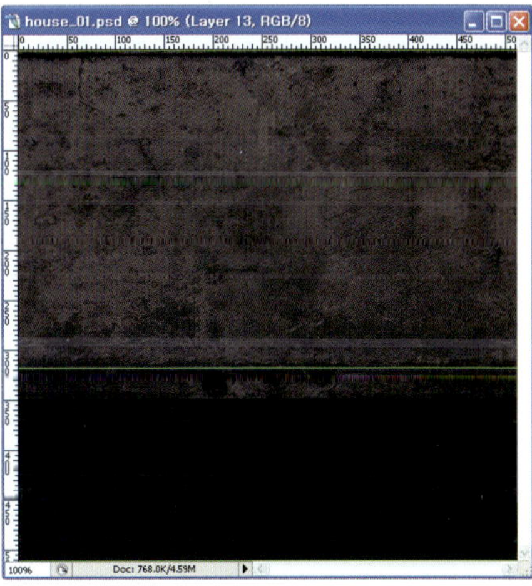

03 아래쪽에 벽돌과 같은 소스를 추가하였습니다. 색감을 위쪽 벽과 어울릴 수 있도록 수정하였습니다. 이 정도에서 두 가지의 벽이 잘 어울리는지 모델링에도 적용해본 후에 수정할 부분이 있으면 수정하시기 바랍니다.

04 그림을 보면 위쪽 벽과 아래쪽 벽 사이에 Overlay를 사용해서 오래되어 파인 듯한 느낌을 주었습니다. 너무 진하면 그림자처럼 보일 수 있으므로 적당히 어둡게 처리하겠습니다.

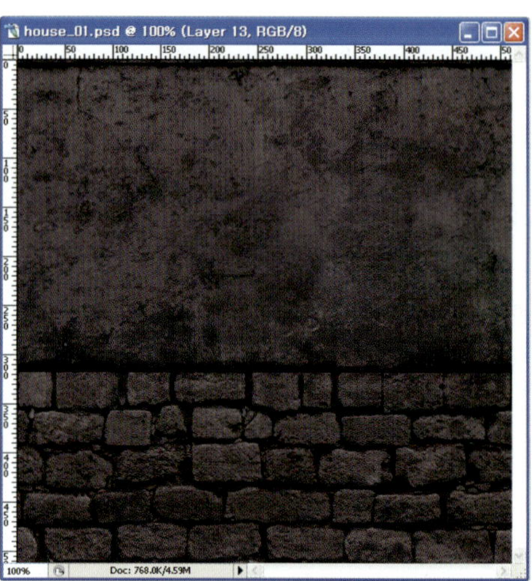

05 Multiply를 사용해서 아래쪽 벽돌 부분의 어두운 면들을 Brush Tool로 그려보겠습니다. 진하게 들어 가도 되지만 면적이 너무 크게 들어가지 않도록 주의하시기 바랍니다.

06 Color Dodge를 사용해서 하이라이트 부분들을 Brush Tool로 그려보겠습니다. 돌 재질이니 만큼 너무 강하게 그려주지 않도록 주의하시기 바랍니다. 완료가 되었으면 모델링에 적용하면서 수정할 곳이 있다면 수정하시기 바랍니다.

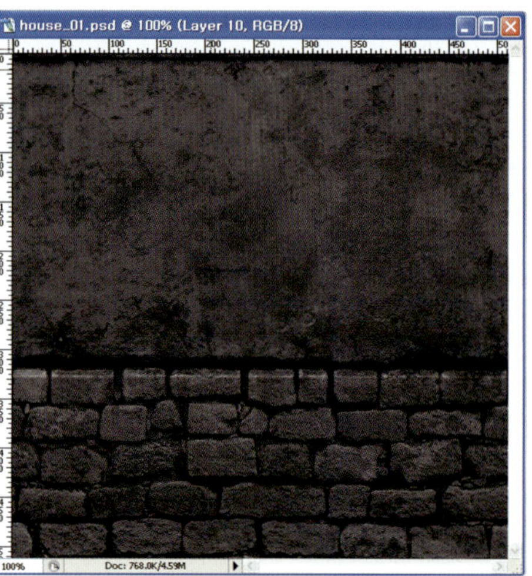

07 두 번째 텍스처를 제작해보겠습니다. 이번에는 지붕을 제작해보겠습니다. 사방
으로 타일링되도록 제작해야 할 것입니다. 그림과 같이 쇠 재질의 지붕 맵 소스
를 넣어주었습니다.

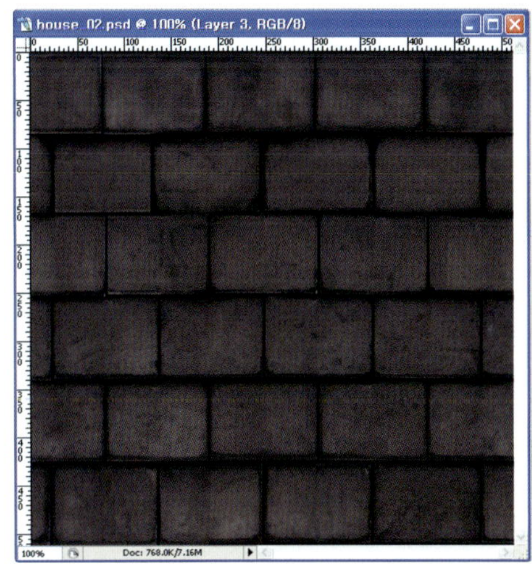

08 [Filter] 메뉴에서 [Other−Offset]
을 선택합니다.

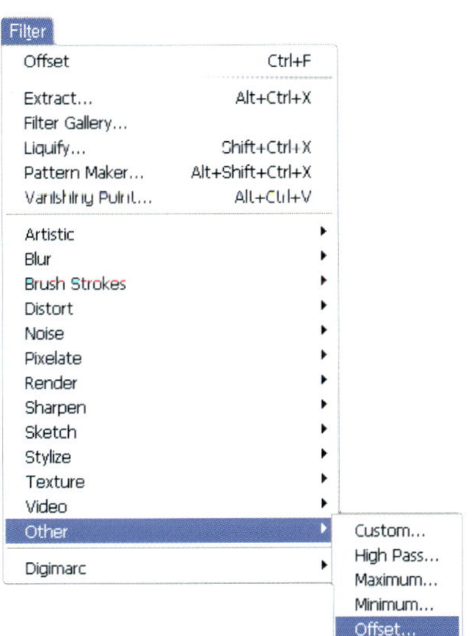

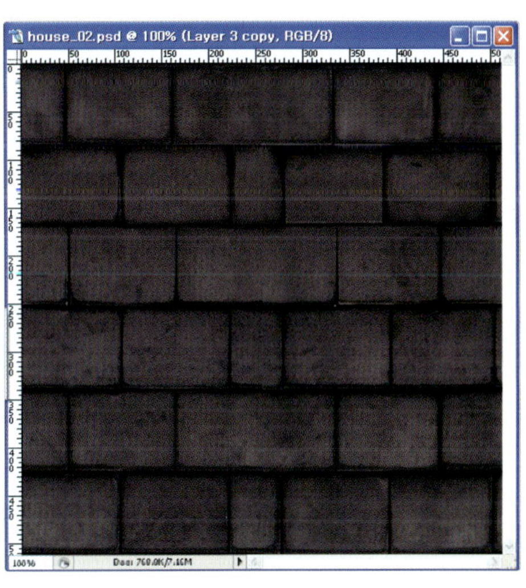

09 [Offset] 창이 나타나면, 가로로만 적용된 것을 알 수 있습니다. 세로는 Free Transform
을 사용해서 충분히 맞출 수 있기 때문입니다.

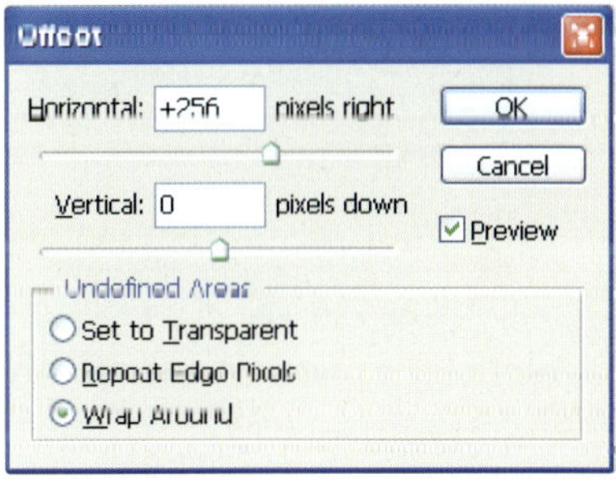

10 중간에 자연스럽게 타일링되지 않는 부분들을 수정하였습니다. 지붕 텍스처를 모델링에 적용해본 결과 패턴 느낌이 나는 것 같아서 그림과 같이 수정하였습니다.

> **TIP／**　타일링되는 텍스처를 제작해줄 때 포토샵의 왼쪽 바에 Spot Healing Brush Tool과 Clone Stamp Tool을 자주 사용합니다. 2개의 툴이 비슷한 것 같지만 사용하다 보면 장단점을 알 수 있을 것입니다.

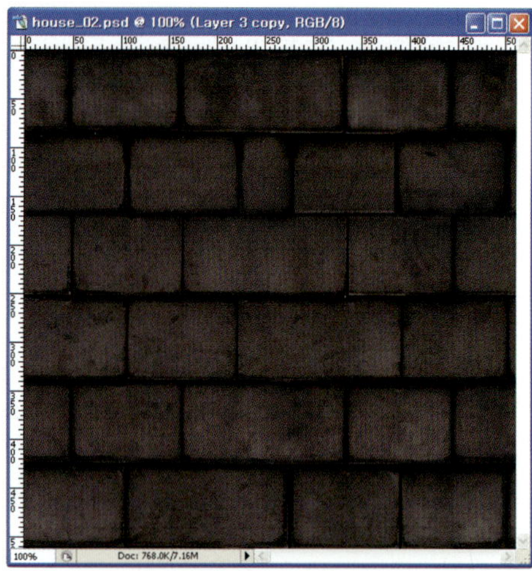

11 지붕 텍스처를 모델링에 적용해보았는데 전체적으로 밋밋해 보였습니다. 그래서 그림처럼 중간에 쇠 재질의 쫄대와 같은 맵 소스를 추가하였습니다.

> **TIP／**　텍스처를 제작하면서　이처럼 원화에는 없지만 무엇인가를 추가해주었을 때 결과물이 좋다면 추가해도 괜찮다고 생각합니다.

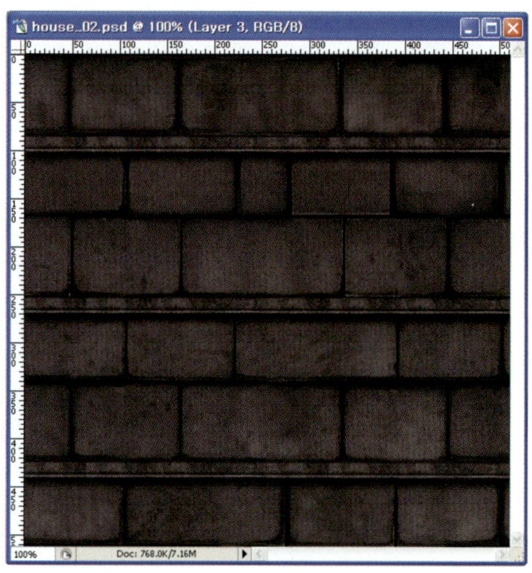

12 그림과 같이 나사 같은 맵 소스를 추가하겠습니다. 너무 크지도, 작지도 않도록 모델링에 적용하면서 제작하겠습니다. 웨더링이 들어갈 것이므로 하나를 추가해준 후에 나머지는 복사해도 문제가 없을 것입니다.

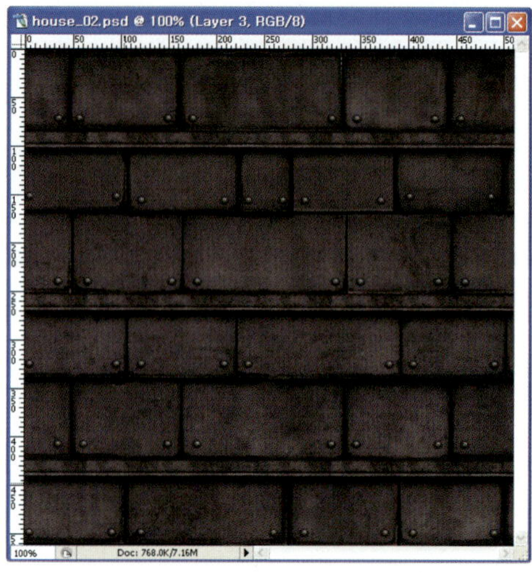

13 텍스처에 Overlay를 사용해서 웨더링을 적용하였습니다. 생각보다 약하게 웨더링을 준 이유는 패턴처럼 보이는 것을 피하기 위함입니다. 모델링에 적용하면서 웨더링의 수치를 조절해주는 것도 좋습니다.

14 Multiply를 사용해서 어두운 부분이나 그림자가 생길 것 같은 부분에 그려주겠습니다. 이 경우에는 너무 강하게 그리지 않도록 주의하시기 바랍니다.

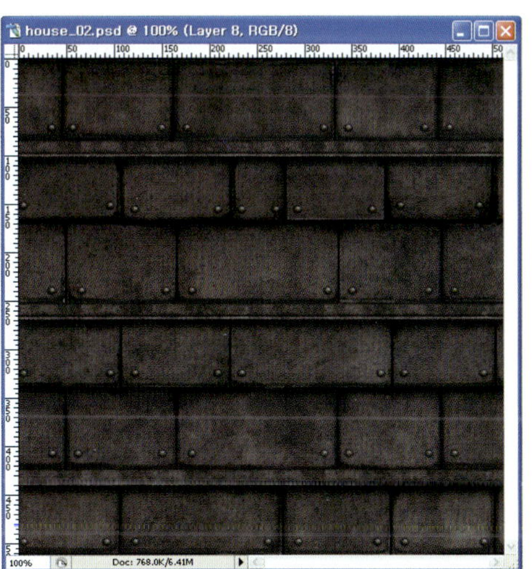

15 Color Dodge를 사용해서 하이라이트 부분들을 제작했습니다. 쇠 재질이라고 해서 강하게 그리지 않도록 주의하시기 바랍니다. 지붕과 같은 경우에는 전체적으로 밝고 어두운 부분들을 크게 눈에 띄지 않게 제작하는 것이 좋습니다.

16 세 번째 텍스처를 제작하겠습니다. 그림과 같이 이번 텍스처는 가로로만 타일링되는 소스들이므로 모델링에 적용하면서 텍스처를 제작하겠습니다.

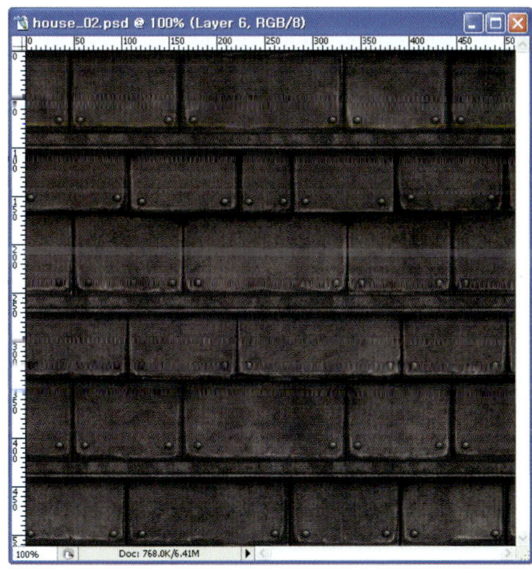

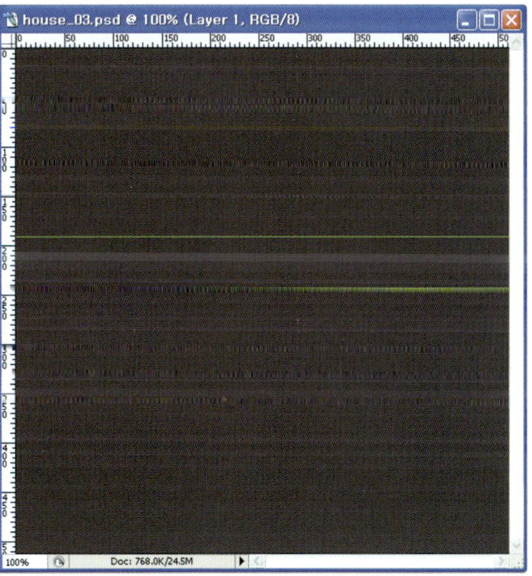

17 집의 벽에서 윗부분을 제작하겠습니다. 우선 나무 소스를 제작하겠습니다. 나무의 두께는 원화를 참고하여 모델링에 적용하면서 수정하면 될 것입니다.

18 그림과 같이 나무로 된 맵 소스를 추가하겠습니다. 모델링에 적용한 후 대략적으로 생각한 위치가 맞는지 확인하겠습니다.

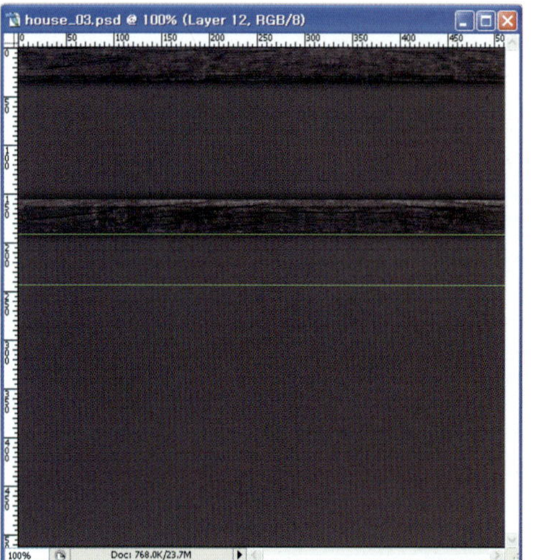
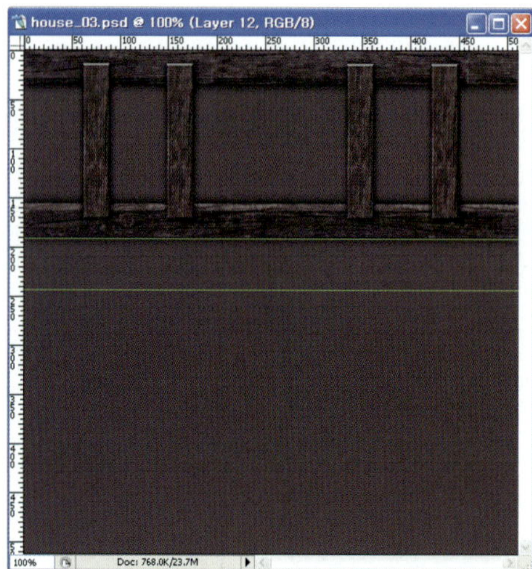

19 만들어 놓은 나무 맵 소스 뒤쪽에 맵 소스들을 추가하겠습니다. 3ds max에 적용한 후에 문제점이 없으면 그대로 진행하겠습니다.

20 뒤쪽 가로로 된 나무에 못 같은 맵 소스를 추가하여 디테일을 올려주었습니다. 그리고 전에 다른 오브젝트에 사용했던 마름모 모양도 쇠 재질과 같이 추가하여 다른 오브젝트와의 연관성을 만들어주었습니다.

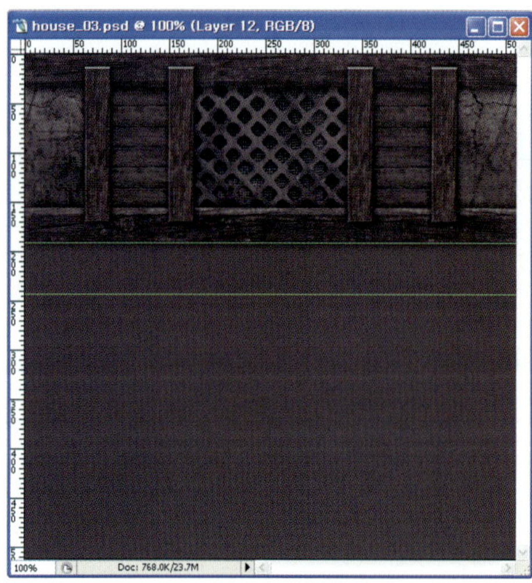
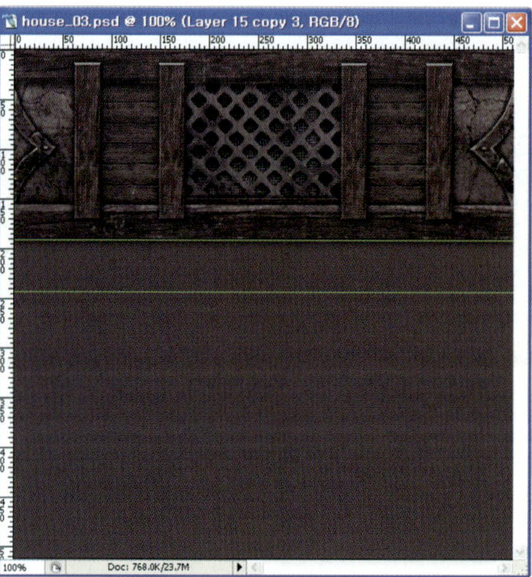

21 나무를 고정해주는 것과 같은 부분을 제작하였습니다. 원화에서와 같이 쇠 재질의 소스로 제작하겠습니다.

22 그림과 같이 쇠 재질의 소스를 사용해서 마무리하겠습니다.

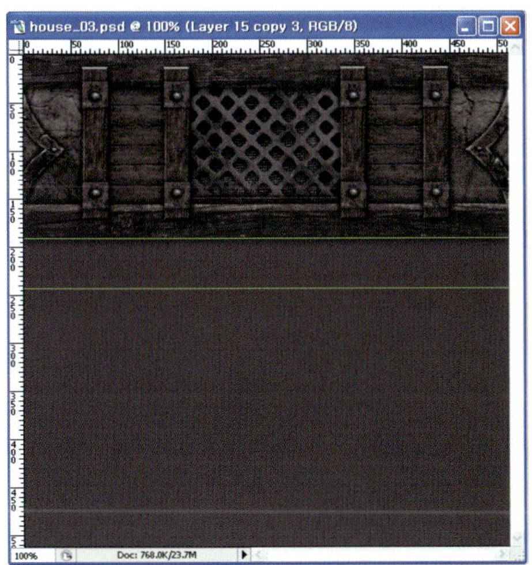 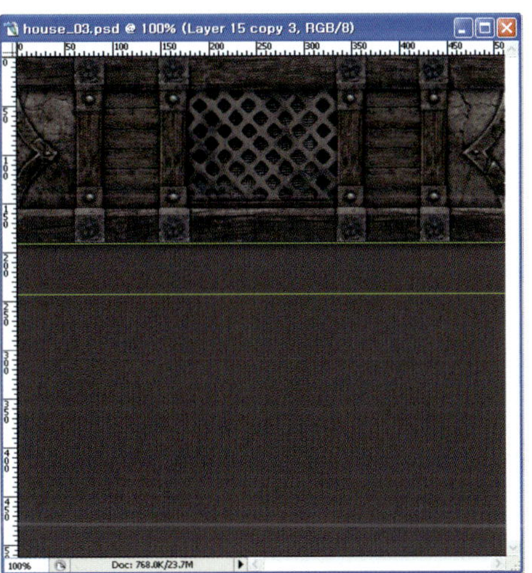

23 하이라이트를 적용해보았습니다. 하이라이트를 모두 조금씩 준 다음, 포인트를 잡아서 다시 한 번 하이라이트를 적용하는 것이 자연스러울 수 있습니다.

24 그림과 같이 집의 벽 아랫부분을 제작하였습니다. 벽이 벽돌 같은 것으로 마무리되는 것보다는 단과 같은 것을 추가하여 마무리가 된 듯한 느낌을 주는 것이 좋다고 생각합니다.

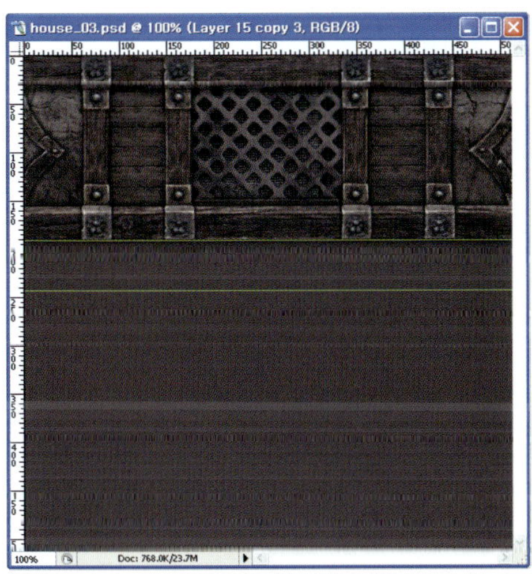 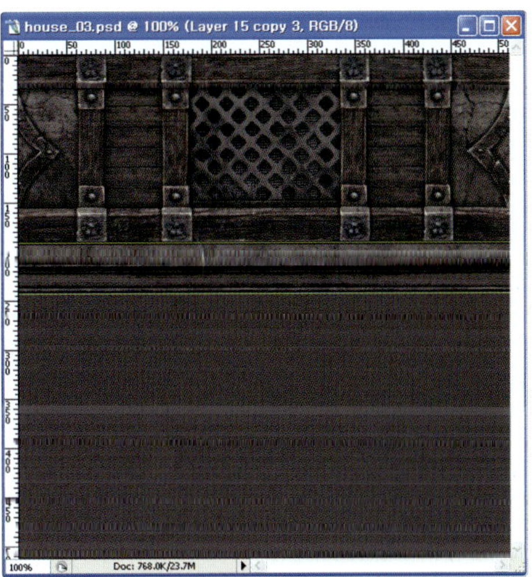

25 그림을 보면 전에 제작했던 박스의 느낌과 비슷하다는 것을 알 수 있습니다. 같은 맵 소스로 제작해도 괜찮다고 생각합니다.

26 나무 위에 나사와 같은 느낌의 쇠 소스를 추가하였습니다. 지금까지 제작한 텍스처를 모델링에 적용해 보고 수정할 부분이 있다면 수정하시기 바랍니다.

27 네 번째 텍스처를 보겠습니다. 어떤 부분의 텍스처를 제작하는 것인지 잘 참고해 가면서 학습하시기 바랍니다.

28 지붕 정면 쪽에 큰 파이프와 연결되는 부분을 제작하겠습니다. 기본이 될 맵 소스를 추가하겠습니다.

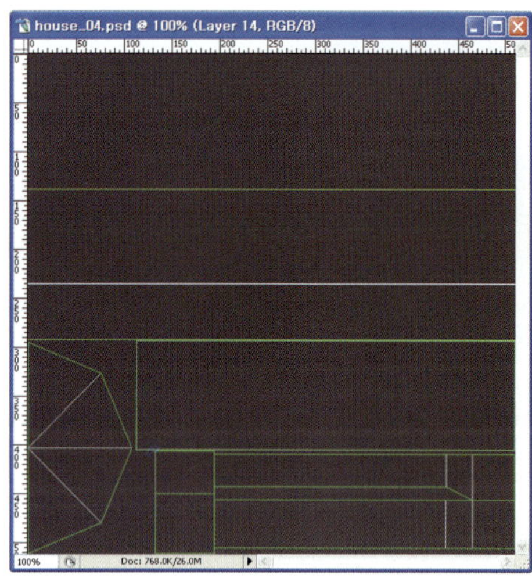 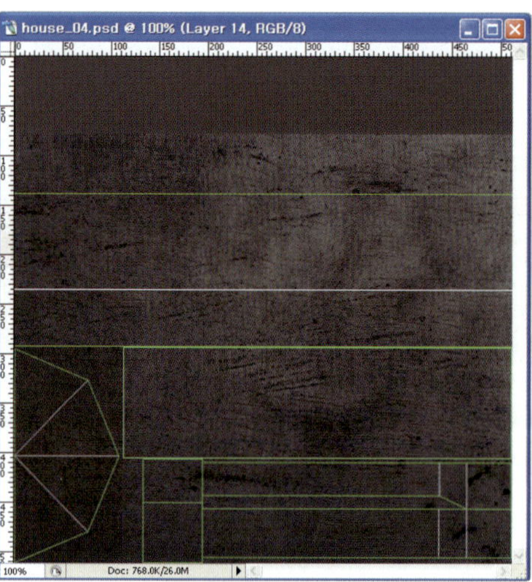

29 테두리 부분을 제작하겠습니다. 집의 윗부분이므로 거의 대부분 아래에서 올려다보는 시점일 것입니다. 그러므로 이런 부분의 텍스처는 그림과 같이 아래에서 위를 바라보는 듯한 느낌으로 제작하는 것이 좋습니다.

30 테두리 부분에 볼트와 같은 소스를 추가하였습니다. 가운뎃부분에 문양 같은 것을 추가해주었는데, 이는 어쩐지 비어 보여 넣은 것일 뿐, 별다른 의미는 없습니다.

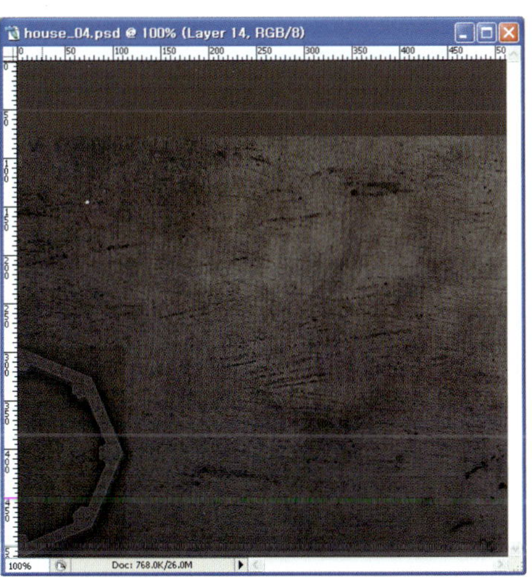
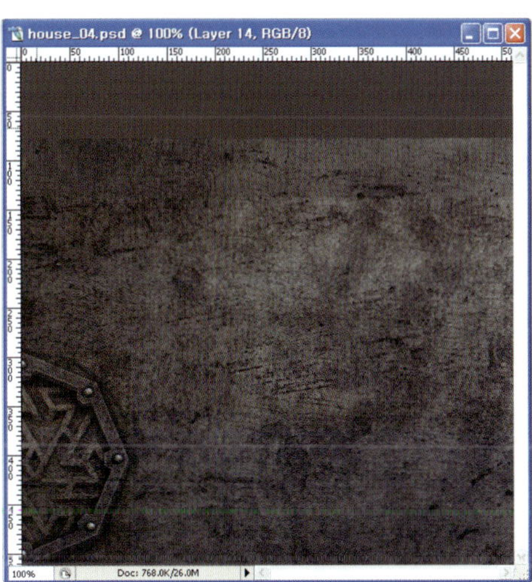

31 하이라이트를 적용해보았습니다. 아직은 완전한 결과물이 아니므로 어느 정도 하이라이트를 적용한 다음에 모델링에 적용된 것을 보면서 수정하겠습니다.

32 지붕 테두리 부분을 제작하겠습니다. 그림과 같이 2개를 제작한 후에 번갈아 가며 타일링되도록 할 것입니다. 두 가지이므로 너무 튀는 웨더링과 리터칭은 피하는 것이 좋습니다. 모델링에 적용해 가면서 밝고 어두운 부분들과 웨더링을 수정하겠습니다.

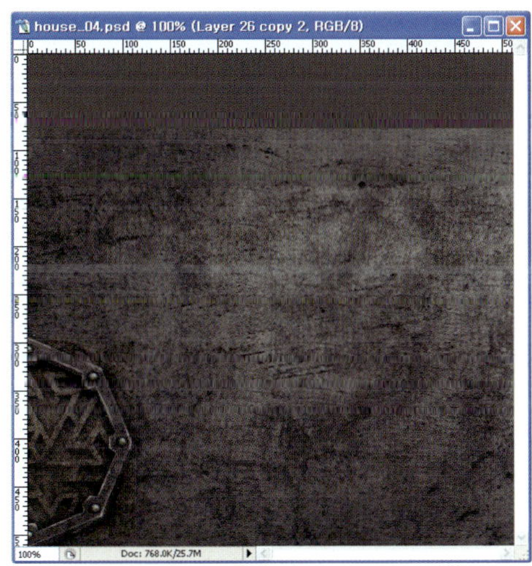

33 지붕 부분에서 처마 쪽 텍스처를 제작하겠습니다. 원화와 비슷한 맵 소스를 찾아서 추가하겠습니다. 맵 소스를 그대로 사용하는 것보다는 제작 중인 오브젝트와 비슷한 느낌으로 수정해서 사용하는 것이 좋습니다.

34 벽면들을 받치고 있는 기둥의 윗부분을 제작하겠습니다. 원화와 같이 패턴 방식으로 제작하겠습니다.

35 문 관련 제작을 하겠습니다. 집과 어울릴 만한 문 소스를 가져오겠습니다. 집 분위기와 맞게 창문과 다른 부분들을 수정하겠습니다.

> **TIP/** 문 같은 부분을 제작할 때에는 캐릭터의 크기와 잘 비교하면서 제작해야 합니다.

36 문 옆의 기둥 같은 부분을 제작하겠습니다. 보통 정면을 만들면 측면도 같이 쓰는데, 정면과 측면을 따로 제작하겠습니다. 그림과 같이 나무 소스와 쇠 소스를 제작하겠습니다.

37 원화를 잘 참고하여 기둥을 꾸며보겠습니다. 기둥에는 쇠로 된 마름모꼴 무늬가 3개인데, 원화에는 4개로 표현되어 있습니다. 무늬의 개수가 중요한 것이 아니라 예상했던 느낌이 나는 것이 중요합니다.

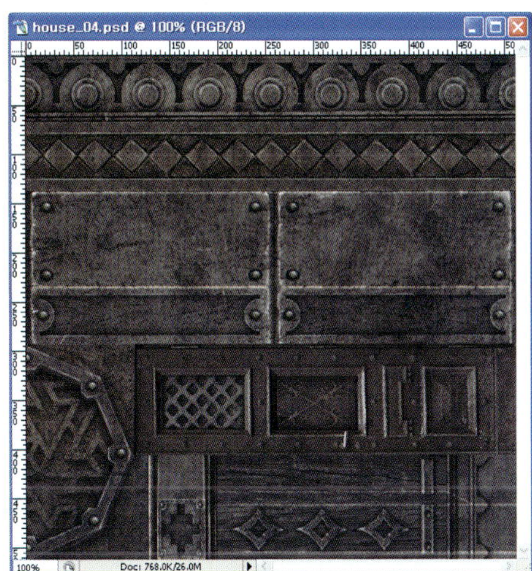

38 다섯 번째 텍스처를 제작하겠습니다. 어떤 부분의 텍스처를 제작하는 것인지 잘 참고해 가면서 학습하시기 바랍니다.

39 기둥 부분의 텍스처를 제작하겠습니다. 원화의 느낌과 같은 맵 소스를 추가해주었습니다. 맵 소스를 이러한 방식으로 넣어주었을 경우에는 모델링에 적용했을 때 기둥이 밋밋하고 굴곡이 없어 보일 수도 있습니다. 다음 그림을 보면서 비교해보겠습니다.

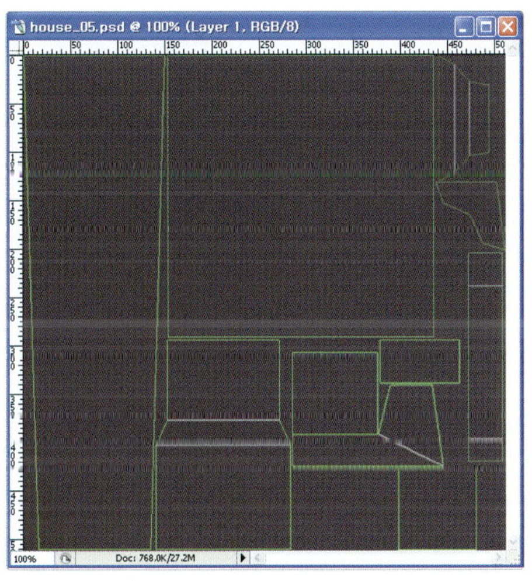
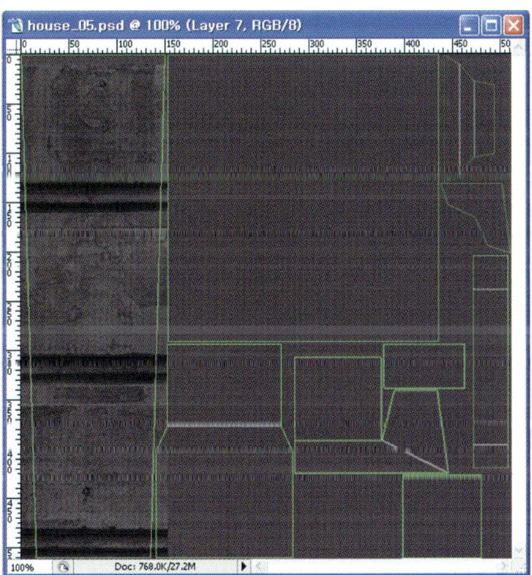

40 이번 기둥의 맵 소스를 보면 앞의 맵 소스와 다른 점을 알 수 있습니다. 맵 소스 자체도 전보다 굴곡이 있고, 입체적입니다. 모델링에 적용하였을 경우 정면과 측면에서 볼 때는 괜찮지만 대각선에서 볼 때는 이질감이 생길 수도 있습니다. 개인적으로는 둘 중에 이번 맵 소스를 사용하는 편입니다.

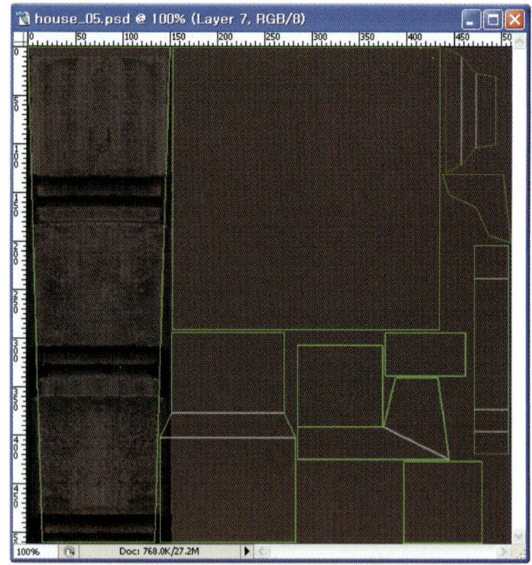

41 기둥의 윗부분을 원화와 같이 제작하였습니다. 기둥에 못 같은 소스를 추가하였습니다. 긁힌 것 같은 느낌의 웨더링을 추가하였습니다. 기둥과 같은 경우에는 웨더링을 약하게 주어서 뒤에 맵 소스의 질감이 같이 살아날 수 있도록 해주는 것이 좋습니다.

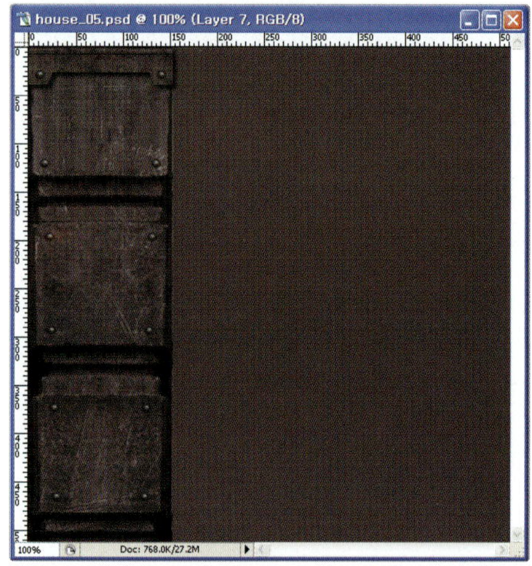

42 Color Dodge를 사용해서 하이라이트를 표현하였고, Multiply를 사용해서 어두운 부분을 표현하였습니다. 이러한 경우에 하이라이트 표현은 Brush로 긁는 듯한 느낌으로 그려주는 것이 좋습니다.

43 그림과 같이 기둥의 아랫부분을 제작하겠습니다. 원화와 같은 느낌을 주면서 가운뎃부분에 마름모 모양의 맵 소스를 추가하였습니다. 다른 오브젝트와의 연관성을 두기 위해 개인적으로 추가하였습니다.

44 그림과 같이 무늬를 주어서 표현하였습니다. 기둥 자체가 단순한 디자인인 만큼 아래 부분은 원화보다 조금 복잡하고 디테일하게 들어가주는 것이 좋습니다.

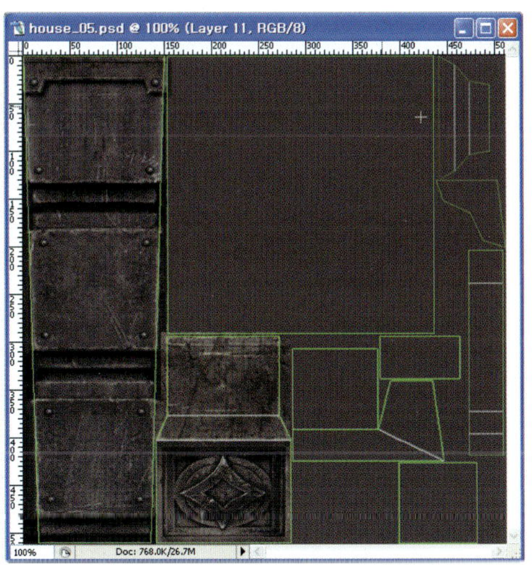 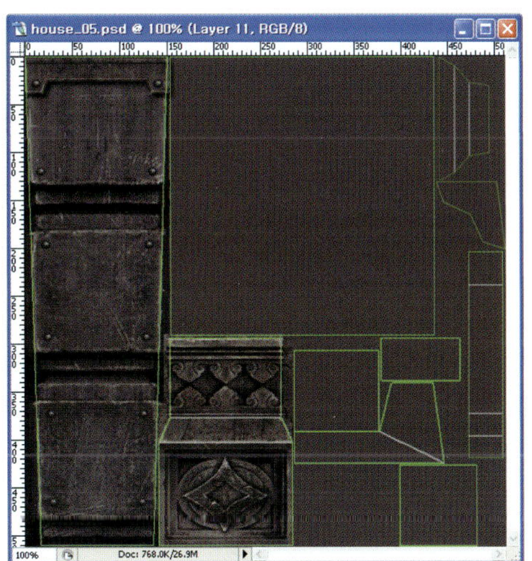

45 창문 부분을 제작하겠습니다. 집과 어울릴 만한 창문 맵 소스를 추가하겠습니다.

46 창문의 문고리와 같은 부분을 제작하겠습니다. 그리고 창문의 외곽 부분을 제작하겠습니다. 외곽의 나무 느낌은 전에 써 왔던 나무 재질을 사용해도 크게 문제가 되지 않을 것입니다.

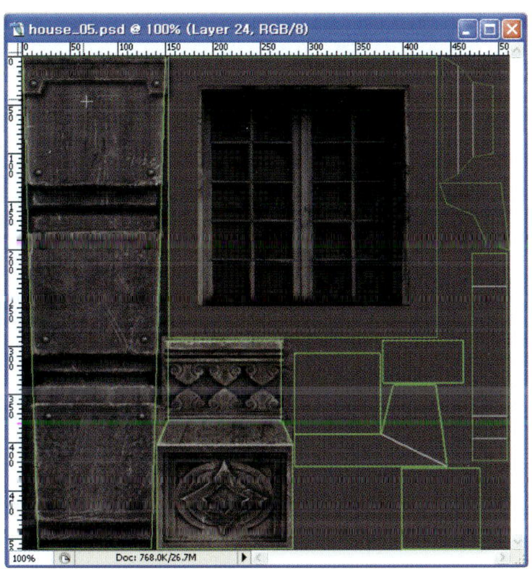 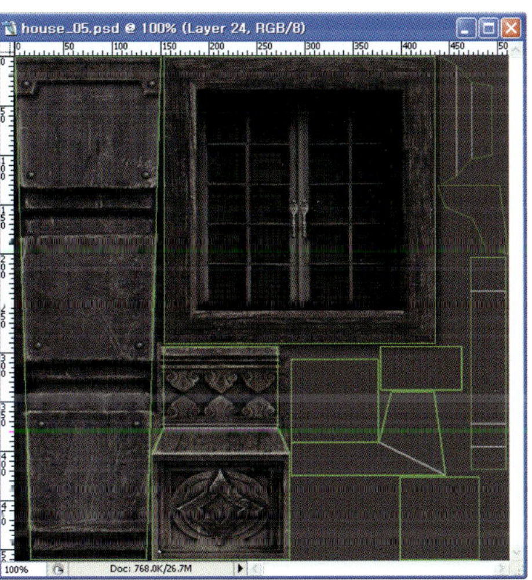

47 창문의 모서리 부분들에 쇠 재질의 맵 소스를 사용해서 마무리하였습니다. 그리고 하이라이트 표현으로 조금 더 입체적으로 보일 수 있도록 해주었습니다. 그림을 보면 하이라이트가 생각보다 강하지 않다는 것을 알 수 있습니다. 하이라이트를 강하게 주면 뒤에 창문과 이질감이 생길 수 있으므로 주의하시기 바랍니다.

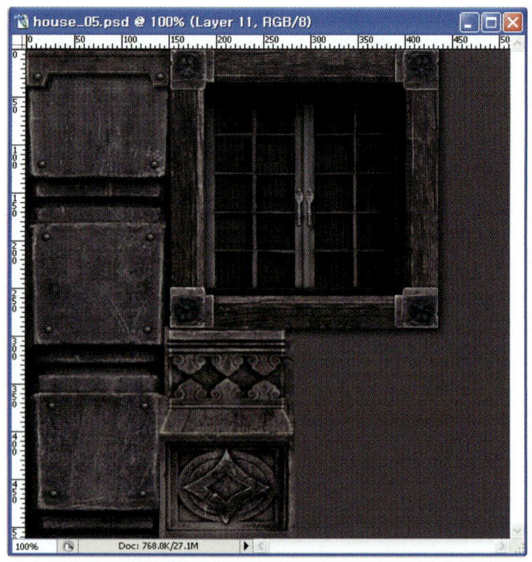

48 파이프를 고정시켜 주는 텍스처를 제작하겠습니다. 쇠 재질로 제작하였지만 파이프와는 다른 느낌으로 제작하였습니다. 안으로 굽어지는 부분은 Multiply를 사용해서 어둡게 표현하였습니다.

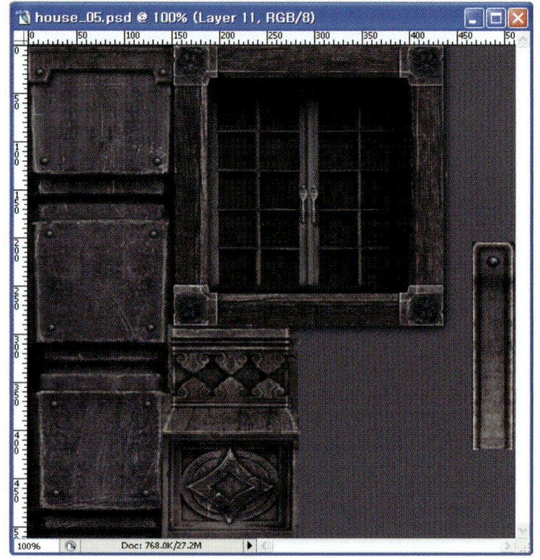

49 그림을 보면 나머지는 오브젝트의 작은 부분들을 표현해준 것입니다. Max에서 Edit UVWs 창을 열어 놓은 상태에서 Polygon을 선택해 가며 어느 부분들이 어떻게 제작되었는지 텍스처에서 확인하면 쉽게 알 수 있을 것입니다.

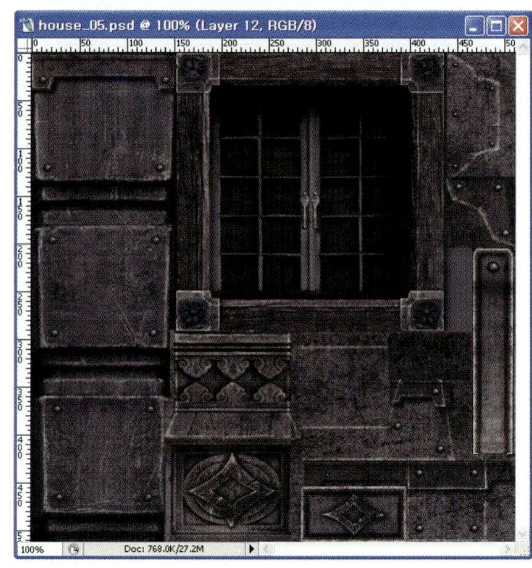

50 이제 마지막 텍스처를 제작하겠습니다. 이번 텍스처에서는 지붕 쪽 창문 관련 부분과 정면 쪽 창문 부분, 그리고 문의 위아래 부분을 제작하겠습니다.

51 지붕 쪽 창문 관련 부분 중에 윗부분을 제작하겠습니다. 우선 나무 소스를 추가하겠습니다. 전에 사용했던 나무 소스도 괜찮습니다. Unwrap에 맞게 나무 맵 소스를 조절합니다.

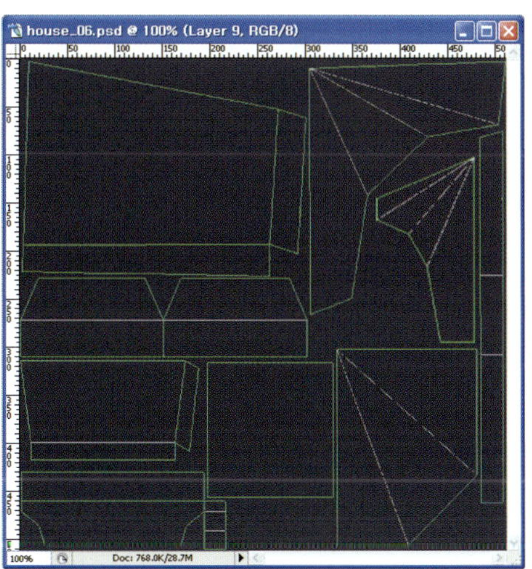
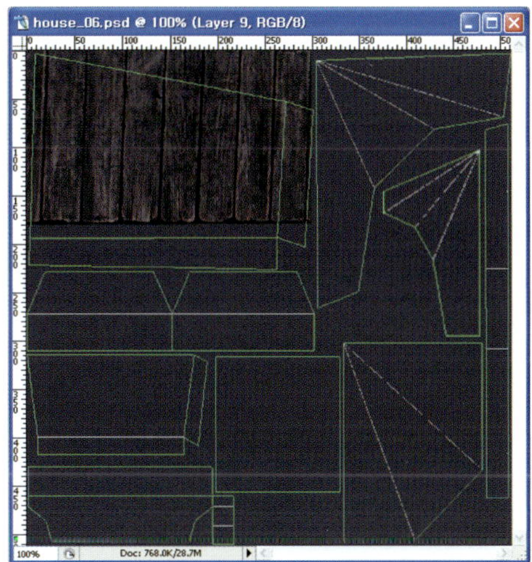

52 테두리 부분을 쇠 맵 소스를 사용해서 마무리하겠습니다. 웨더링은 너무 튀지 않으면서 쇠가 나무와 이질감이 나지 않도록 적용하겠습니다. 모델링에 적용시켜 가면서 텍스처를 제작하는 것이 좋습니다.

53 하이라이트를 적용해보았습니다. 지붕 쪽에 있는 부분이기 때문에 벽면보다는 멀리 있는 오브젝트입니다. 그래서 하이라이트를 조금 강하게 주어 보았습니다. 이런 경우 하이라이트를 너무 조금 적용하면 구분조차 안 갈 때도 있기 때문입니다.

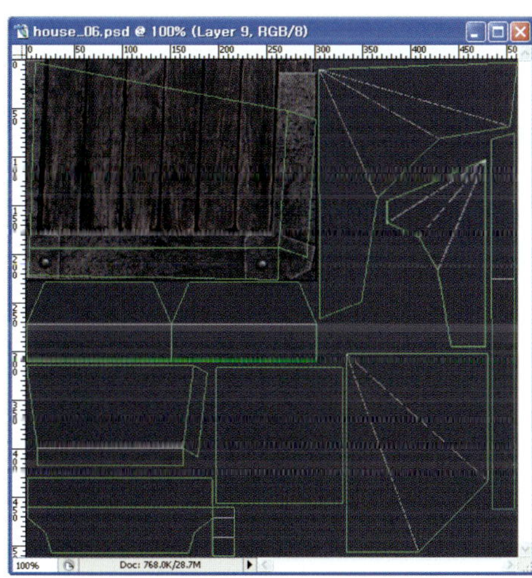
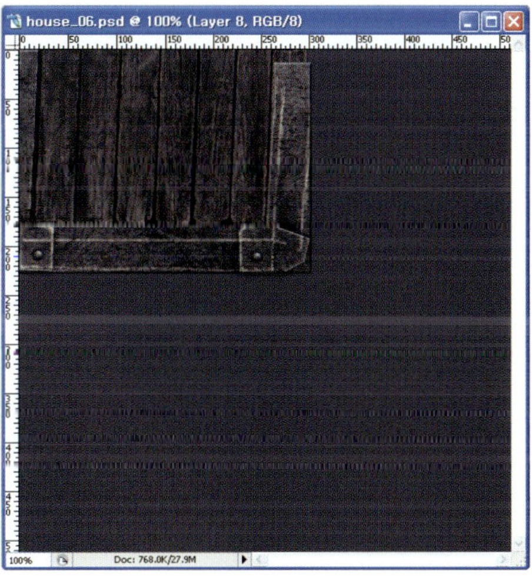

54 지붕 쪽 창문 관련 부분 중에 옆 부분을 제작하겠습니다. 제작 방식은 위와 동일합니다. 이처럼 지붕 쪽 창문 관련 부분들은 디테일하게 제작하는 것도 좋지만 지붕과 잘 어울릴 수 있게 제작하는 것이 좋습니다.

55 집 정면 쪽에 창문 부분을 제작하겠습니다. 우선 윗부분을 제작하겠습니다. 나무 맵 소스를 추가하겠습니다. Unwrap에 맞게 나무 맵 소스를 조절합니다.

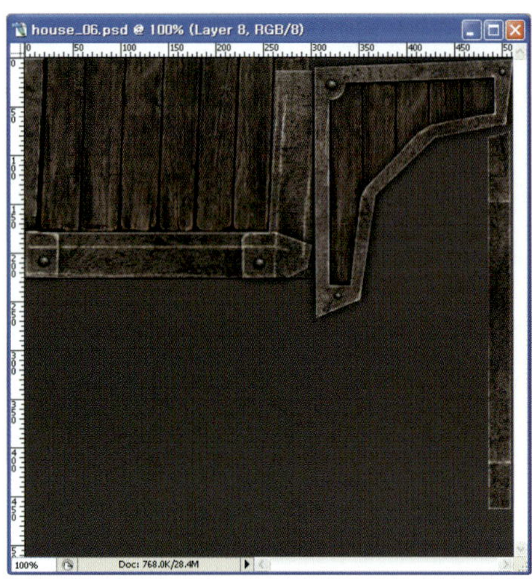
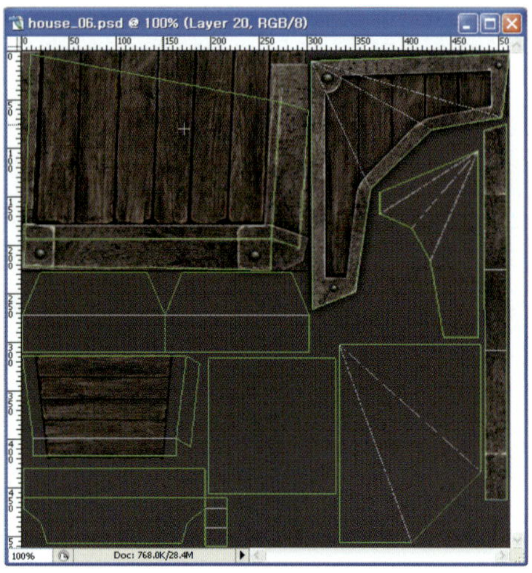

56 전에 했던 방법과 마찬가지로 테두리 부분을 쇠 맵 소스를 사용해서 마무리하겠습니다. 이 부분 역시 집이라는 큰 덩어리와 잘 어울릴 수 있도록 제작하는 것이 좋습니다.

57 집 정면 쪽 창문 부분 중에 아래 받침 같은 부분을 제작하겠습니다. 기본 쇠 재질을 넣어준 후에 Layer Style을 사용해서 제작하겠습니다. 하이라이트를 지나치게 적용하지 않도록 주의하시기 바랍니다.

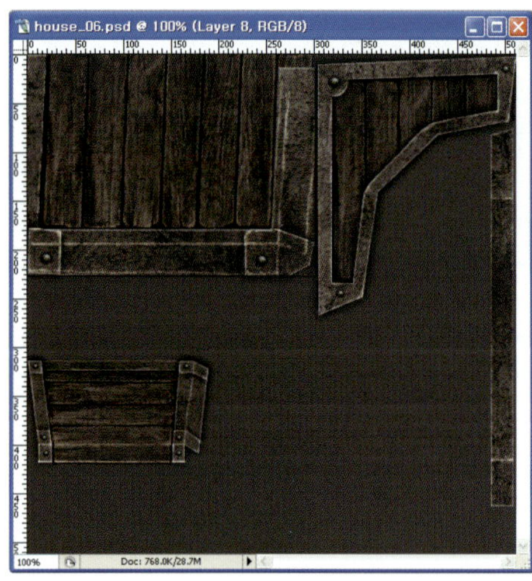
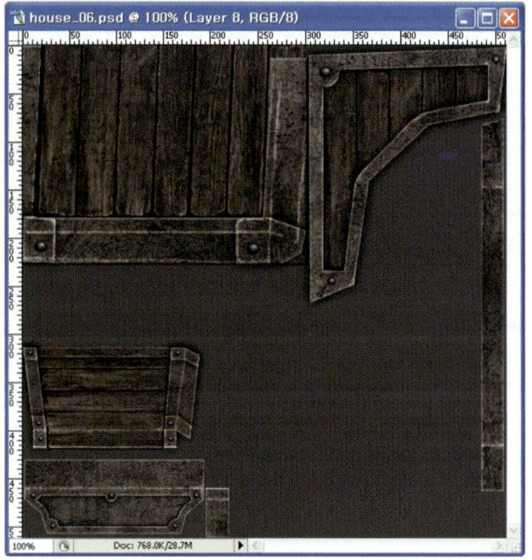

58 집 정면 쪽 창문 부분 중에 옆 부분을 제작해보겠습니다. 이전과 같은 방법으로 제작하겠습니다.

59 집 정면 쪽 창문을 제작하겠습니다. 창문 맵 소스를 넣어보겠습니다. 맵 소스 그대로 쓰기보다는 맵 소스들을 섞어서 제작하다 보면 더 좋은 맵 소스가 나올 것입니다.

 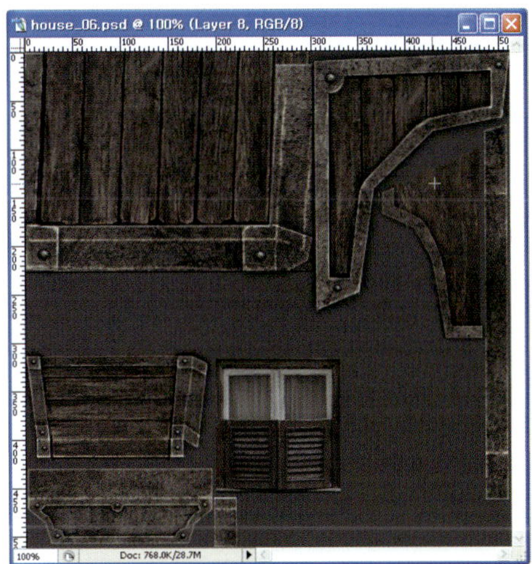

60 창문 위쪽에 하얗게 된 부분이 잘 어울리지 않는 것 같아서 다른 맵 소스로 수정하였습니다. 측면에 있는 창문과도 잘 어울리는 것 같습니다.

61 문 윗부분을 제작하겠습니다. 그림과 같이 기본 쇠 재질을 넣어보겠습니다. Color Dodge와 Multiply를 사용해서 윤곽을 잡아보겠습니다. 윤곽을 잡으면서 하이라이트도 조금 표현해주면 좋습니다.

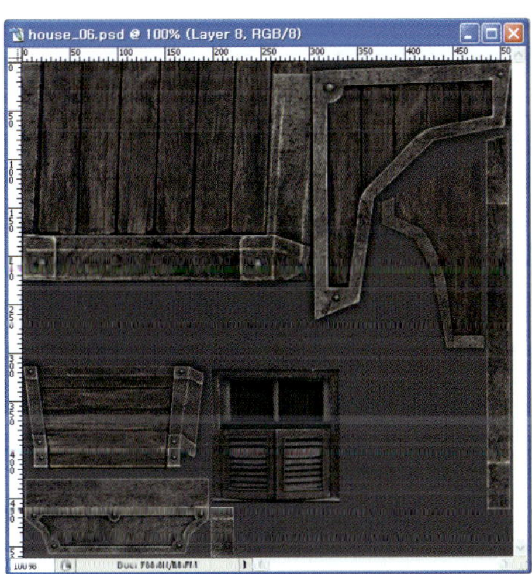 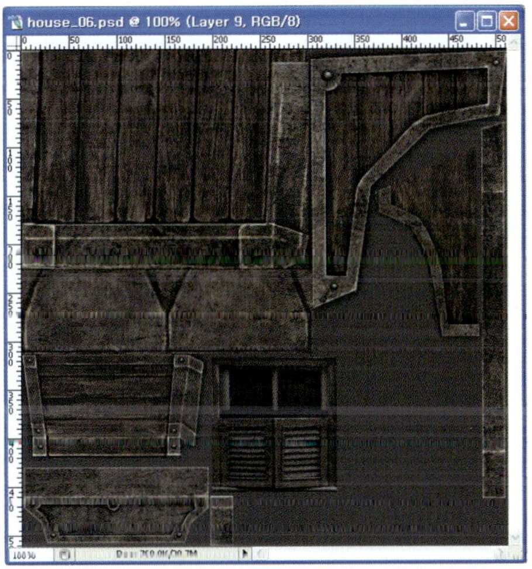

62 원화와 비슷한 느낌으로 꾸며보겠습니다.

63 문 바닥 부분을 제작하겠습니다. 바닥에 어울릴 만한 맵 소스를 추가하겠습니다. 그리고 집의 분위기
와 맞도록 색을 보정하겠습니다.

64 가운뎃부분이 집과 어울리지 않는 것 같아서 수정하였습니다. 이런 경우 Max에서 Mirror로 반대쪽
을 복사할 것이므로 이 점을 고려해서 제작해야 합니다. 모델링에 적용하면서 텍스처를 제작하는 것
이 좋습니다.

65 안쪽에도 바깥쪽과 같은 맵 소스로 테두리를 만들겠습니다. 마지막으로 너무 튄다거나 부족한 부분이
있으면 Brush로 리터칭 작업을 하시기 바랍니다.

 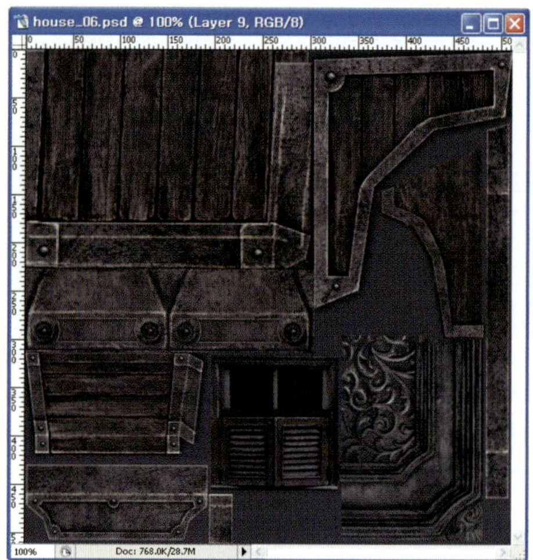

● 3ds max에 적용하기

01 그림과 같이 제작된 텍스처를 모델링에 적용한 후 늘어난 면이 없는지 확인하고 UVW맵을 맞추겠습니다.

02 전체적으로 텍스처가 모델링에 잘 적용된 것 같습니다. 작업 과정을 잘 참고하여 학습했다면 다른 비슷한 모델링도 좀 더 쉽게 해볼 수 있을 것입니다.

>> 집 작업에 대한 콘셉트와 3D 결과물의 조율

지금까지 집 원화를 스케치하고 컬러링을 거치는 작업 과정과 원화를 바탕으로 3D 모델링과 텍스처 제작에서 완성까지의 작업 과정에 대해 알아보았습니다. 이번 집 작업에서는 특히 원화에서 간단하게 모델링한 것을 바탕으로 정면과 측면에 대한 정확한 비율을 제시하여 만족스러운 3D 결과물을 얻을 수 있었습니다. 그래서 이번에는 집 작업을 하면서 다르게 시도해본 원화에서 모델링하는 것에 대해 간단하게 설명하고자 합니다.

집은 보기에는 단순해 보여도 문이나 창문, 그리고 벽면 표현에 지붕까지 표현하려보면 그리 만만한 작업이 아닙니다. 여기에 재미를 주는 요소들까지 첨가되어 디자인되면 더욱 더 어려워지고, 그렇게 되면 집의 정면과 측면, 그리고 뒷면까지 원화에서 모두 그려주어야 제작에서도 구조를 이해하고 작업을 할 수 있기 때문에 그려주어야 할 양이 많아집니다. 따라서 작업에 신경이 더 많이 쓰이고 작업 시간도 길어질 것입니다. 그래서 이번 작업에서는 스케치가 어느 정도 나온 후에 그 스케치를 보고 원화 쪽에서 간단하게 3D 모델링을 해보았습니다. 그리고 3D 제작자에게 여러 방향에서 스샷을 찍어 보여주었고, 제작에서는 원화에 대해서 정확하게 이해하고 원화와 거의 똑같은 결과물을 만들 수 있었습니다.

원화가는 그림을 그려서 결과물을 내야 합니다. 많은 원화가들이 이러한 방식으로 작업을 하고 있습니다. 하지만 원화가는 3D를 잘 알아야 제작에 적합한 원화를 그려내기가 더욱 수월하므로 간단한 모델링 제작 방법은 배워서 활용하는 것이 작업에 많은 도움이 될 것이라 생각합니다. 좀 더 쉽게 이해가 갈 수 있도록 집의 작업 과정을 예로 들어보겠습니다.

원화에서 집을 스케치하고 중간 과정 스케치를 활용하여 집 모델링을 제작해보았는데, 전체적인 형태나 비율 등에 신경을 써서 모델링하였을 뿐 세세한 부분까지 모델링을 하지는 않았습니다. 그래서 간단하게 모델링된 3D 모델링 이미지를 출력하여 그 위에 스케치를 하면서 원화를 완성시켰습니다. 그래서 모델링을 활용하여 비율과 투시가 정확한 집 원화가 나온 것입니다. 하지만 모델링을 하다 보면 시간이 오래 걸리고 3D 제작자들에 비해 서툰 것이 당연합니다. 자칫 작업 시간이 배로 더 걸릴 수 있다는 것에 문제가 있습니다. 하지만 간단한 외형 정도나 비례를 3D로 만드는 것은 어느 정도 숙달되면 그리 오랜 시간이 걸리지 않을 것입니다. 모델링 제작도 스케치처럼 작업 과정의 한 부분으로 보고 짧은 작업 시간으로 모델링을 할 수 있다면 3D 제작에도 전체적인 비례와 외형 등에 도움을 주면서 원화 결과물에서 투시도를 고민할 필요가 없고, 어떤 시점에서도 그림을 멋지게 완성시킬 수 있다는 것에 커다란 장점이 있습니다.

필자가 이야기하고 싶은 것은 원화가는 스케치를 하여 원화 작업을 해야 하지만 모델링을 스케치의 과정 중에 하나로 보고 적절하게 잘 이용하여 작업하면 더욱 좋은 결과물이 나올 것이라는 점입니다. 이번 집 작업에서는 이 방법으로 만족스러운 결과물을 만들어 냈다는 것입니다.

지금 게임 그래픽에 관심이 많은 분들은 아마도 3D나 원화 중 어떤 것을 할까 고민하시는 분들이 많을 것입니다. 둘 다를 같이 할 수는 없으므로 나중에 어느 한쪽을 선택하실 것입니다. 원화를 선택하든, 3D를 선택하든 선택하지 않은 것에 대해서 무관심하지는 말아주시기 바랍니다. 원화와 3D는 같이 보아야 합니다. 하나를 활용하여 결과물에 큰 영향을 줄 수 있다면 너무 좋겠지만, 설사 그렇지 않더라도 이해하려고 노력하는 것이 좋습니다.

완성된 집(House)

집의 규모는 크지 않지만, 벽, 기둥, 지붕 등과 같이 기본적인 구성들을 안정적인 형태들로 디자인하였고, 실루엣 또한 일반적인 집의 기둥에 약간의 변화만 주면서 전체적인 집 원화를 완성하였으며, 3D에서도 원화에 충실하면서 무게감 있게 집을 제작하였습니다.

◀ 원화 완성

◀ 3D 완성

UDK 엔진에 적용시켜본 집(House)

여러 집들이 나열된 모습입니다. 메인 집과 공중다리로 연결된 집들의 배치 모습들과 달빛에 비쳐 분위기 있는 집의 모습입니다.

콘셉트와 3D를 이용한
던전 제작하기

Chapter 09

이번에는 던전을 작업해보겠습니다. 지금까지의 과정이 필드에 꾸며지는 오브젝트 위주의 작업들이었다면 이번에 들어갈 던전 작업은 지하 공간 작업입니다. 필드 오브젝트들은 디자인 콘셉트가 비교적 일반적인 디자인 작업들이었습니다. 이 필드 작업들과 같은 콘셉트로 던전 콘셉트를 잡는 것이 일반적일 수 있지만, 비슷하고 비교적 평범한 콘셉트를 던전에서 보여주는 것보다 다른 새로운 콘셉트와 제작 방법을 보여주자는 쪽으로 작업 방향을 바꾸게 되었습니다. 던전의 크기는 난이도를 고려하여 기존 MMORPG 게임과 비교했을 때 중간 정도의 크기로 제작할 것입니다. 디자인 콘셉트는 정통 판타지 게임에 나오는 종족인 다크 엘프와 어울리며, 판타지하면 상징적으로 떠올리게 되는 용의 날카로움과 곡선적인 느낌을 기본 콘셉트로 할 것입니다. 메인 던전이 아닌 보통 크기의 던전이기 때문에 화려하지는 않지만 콘셉트에 맞는 적절한 분위기로 작업을 진행하겠습니다.

Step 1

던전 스케치 학습하기

던전(Dungeon)은 기본적으로 벽과 바닥, 천장으로 이루어져 있습니다. 이 중에서 벽은 대부분 패턴화하여 작업하는데, 그 이유는 게임에서의 던전 공간이 게임 진행상 여러 번 나오고, 하나하나의 공간을 각기 다른 벽면으로 잡을 경우 제작 기간이 너무 오래 걸리기 때문입니다. 그러므로 보통 벽면의 주제 부분이나 메인으로 잡아야 할 부분을 화려하게 표현하고, 나머지는 기본적인 구조로 반복 패턴화하는 것이 일반적입니다. 그럼 이제부터 던전의 벽면 패턴을 만들어주고, 바닥과 천장도 벽면과 어울리게 잡아 전체적인 던전 분위기를 그려보겠습니다.

작업에 들어가기에 앞서 던전은 지금까지 제작했던 작업물들과 달리 규모가 크기 때문에 여러 장의 스케치와 컬러링 작업을 해야 합니다. 크게 보면 지금까지 제작했던 오브젝트들과 작업 과정은 같지만, 여러 부분을 작업하고 설명하는 과정에서 약간은 복잡해 보일 수 있습니다. 이 점에 유의하시고 차근차근 읽어보시기 바랍니다.

> 예제 소스에 있는 스케치 파일을 같이 보면서 학습하시기 바랍니다.
> - 예제 소스\Concept\dungeon\jpg\dungeon sketch01.jpg~dungeon sketch04.jpg
> \dungeon wall sketch01.jpg~dungeon wall sketch03.jpg를 참조하세요

▶ 전체 구조-스케치 1단계

위에서 설명한 내용을 바탕으로 스케치해보겠습니다. 우선 벽면 구조가 난해하면 학습이 어려울 수
있기 때문에 공간 구조는 기본적인 사각 구조로 잡았습니다. 시점은 평범하지 않게 밑에서 올려다보
이게 약간 왜곡하여 스케일감이 느껴지도록 했습니다.

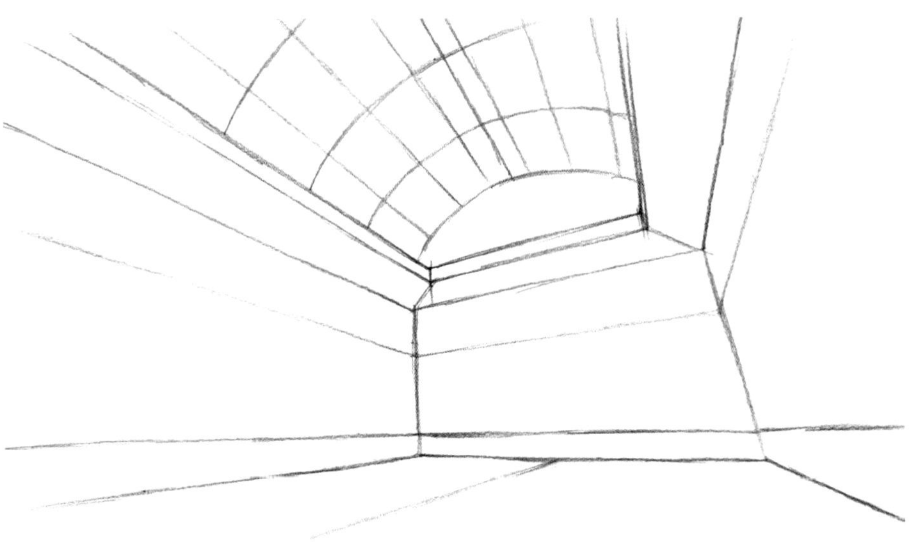

▶ 전체 구조-스케치 2단계

벽면에 창과 기둥의 위치와 크기를 정한 후, 단조로워 보일 수 있는 벽면에 복층 구조를 만들어 전체
분위기로 잡아보았습니다.

▶ 전체 구조–스케치 3단계

크게 잡은 구조물들에 디테일한 설명을 추가하는 단계입니다. 벽면의 타일 크기나 단의 높이, 그리고 바닥의 타일 크기 같은 부분을 잡을 때 스케일에 맞게 잡아야 완성한 후에 스케일감이나 공간감이 생기게 됩니다. 또한 벽면에서 바닥으로 이어지는 단과 2층이 시작하는 단의 위치, 두께 또한 적절한 위치에 잡아서 비율적으로 안정된 느낌이 들도록 신경을 써서 잡아야 합니다. 처음에는 어려울 수 있지만 항상 신경을 쓰면서 작업에 임하시기 바랍니다.

▶ 전체 구조–스케치 4단계

디테일한 부분까지 설명하고 정리하여 던전이 완성되었습니다.

전체 구조를 스케치를 통하여 설명하였는데, 전체 뷰로 잡다 보니 벽면 형태가 약간 왜곡되고 작은 이미지 때문에 조금 더 큰 디테일 작업이 필요하다는 3D 제작자의 의견이 있어서 벽면만 따로 스케치하였습니다. 이 원화를 가지고 컬러링 작업을 진행하겠습니다.

◐ 벽면 구조–스케치 1단계

던전의 벽면만 따로 크게 잡아서 다시 한 번 디테일하게 설명하겠습니다. 먼저 위에서 잡은 벽면을 좀 더 크게 그린다고 생각하면서 크게 형태를 잡아갑니다.

◐ 벽면 구조–스케치 2단계

벽면 느낌이나 창과 바닥의 타일과 문양, 그리고 햇불이 들어갈 곳 등을 러프하게 잡아갑니다. 던전은 어둡기 때문에 조명 역할을 하는 무엇인가를 넣어야 하는데, 이때에는 보통 햇불이나 창을 이용하여 표현합니다. 여기서는 이 두 가지를 함께 사용할 것입니다.

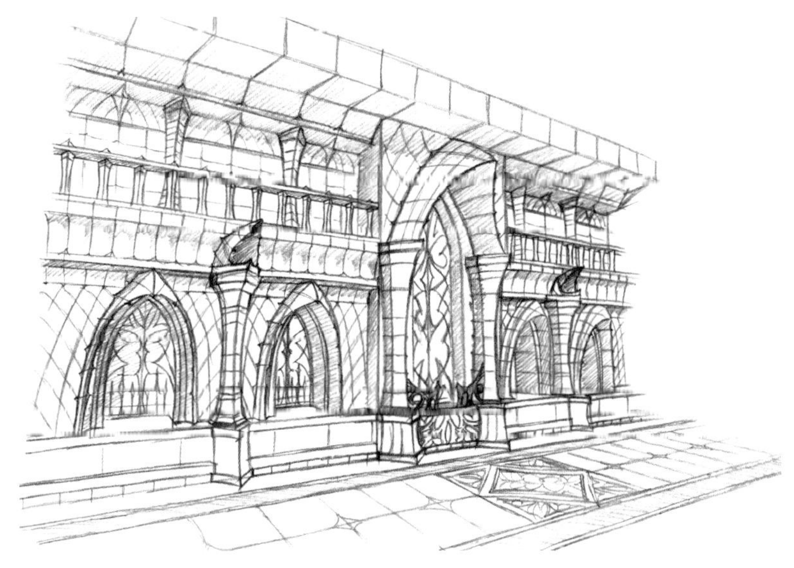

▶ 벽면 구조–스케치 3단계

디테일한 부분까지 설명하고 정리하여 좀 더 큰 벽면과 바닥의 원화가 완성되었습니다. 이 벽면 작업을 바탕으로 3D 제작을 진행할 것이기 때문에 이 원화로 컬러링 작업을 진행하겠습니다.

Step 2 던전 컬러링 작업 학습하기

지금까지 배운 오브젝트 원화와 마찬가지로 던전도 같은 방법으로 진행하면 됩니다. 던전의 벽면 패턴 원화를 가지고 컬러링 작업을 하겠습니다. 우선 스케치한 원화를 스캔하고 이미지를 보정하여 포토샵에서 컬러링 작업을 하기 위한 준비 과정을 거칩니다.

> 예제 소스에 있는 컬러링 파일을 같이 보면서 학습하시기 바랍니다.
> - 예제 소스\Concept\dungeon\jpg\dungeon color01.jpg~dungeon color06.jpg를 참조하세요.

▶ 컬러링 1단계

스캔한 이미지의 보정 작업 또한 지금까지 작업했던 오브젝트들과 같습니다. 앞으로 컬러링 작업 과정 또한 같은 방법으로 진행될 것입니다. 보정 작업에 대한 설명은 생략하겠습니다. 선명한 이미지로 보정되었습니다. 보정 전과 후를 비교해보면 훨씬 선명하고 보기 좋게 보정된 것을 알 수 있습니다.

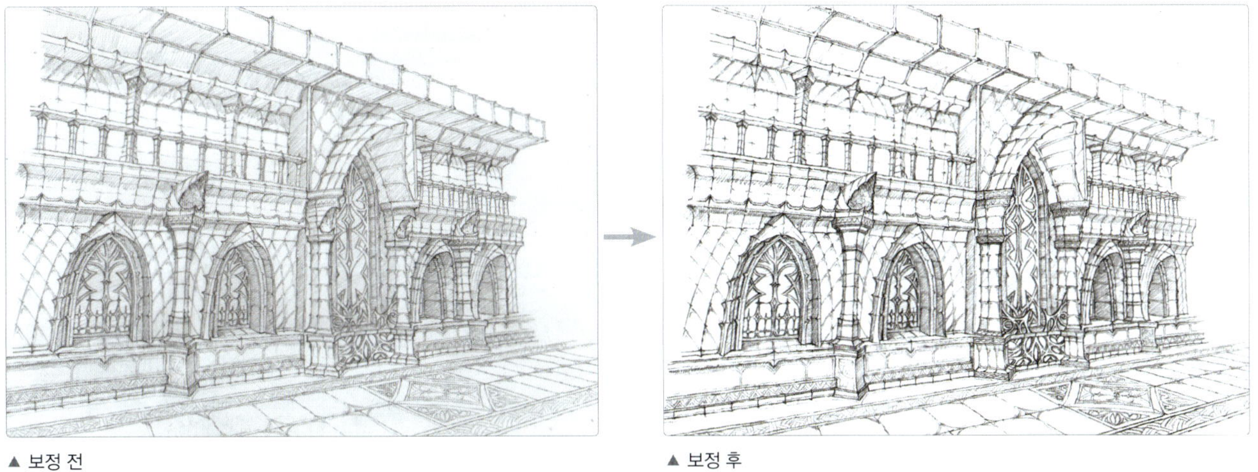

▲ 보정 전　　　　　　　　▲ 보정 후

⦿ 컬러링 2단계

이번에는 보정된 이미지에 본격적으로 컬러링해보겠습니다. 이번도 앞 단계와 마찬가지로 모노톤 (Monotone)으로 컬러링 작업을 할 예정인데, 이 작업은 특히 던전에서 많이 사용하는 편입니다. 그 이유는 어두운 던전에 밝고 다양한 색감보다는 어두움 속에서 한두 가지 정도 저채도로 이루어진 색을 지정해 주어야 자연스러운 던전의 분위기를 표현할 수 있기 때문입니다. 그러므로 한두 가지의 색감 표현에 유용한 모노톤 방법으로 작업한 후에 색감을 정하여 분위기 있게 넣어주는 방법이 적합한 것입니다. 던전 작업은 분위기 위주로 컬러링 작업을 하기 때문에 조명의 역할이 매우 중요합니다. 앞으로는 이러한 부분을 중심으로 설명할 것입니다.

모노톤으로 채색된 던전의 이미지가 완성되었습니다. Multiply 속성을 이용하여 손쉽게 벽면에 입체감을 표현하였습니다. 던전은 대부분 화려한 색감 표현이 많이 들어가지 않기 때문에 한두 가지의 색감으로 분위기를 잡는 것이 일반적입니다. 이후에 조명 역할을 할 수 있는 요소들을 표현하여 분위기를 잡게 되는 것입니다.

▲ 모노톤으로 채색된 던전의 이미지

◉ 컬러링 3단계

01 이번에는 모노톤으로 채색된 이미지에 컬러를 입혀보겠습니다. Color 속성으로 벽면의 금속 색감과 바닥의 돌 색감을 넣어줄 것인데, 던전이 전체적으로 어둡고 나중에 횃불이나 창문에서 비치는 빛의 색이 벽이나 바닥에 비쳐지면서 색감이 많이 드러나지 않을 수 있기 때문에 적당한 색을 찾아 차이를 조금 두면서 금속과 돌 색감을 지정합니다.

02 레이어를 하나 생성하고 이 레이어의 속성을 color 속성으로 만든 후에 색 지정에 들어갑니다.

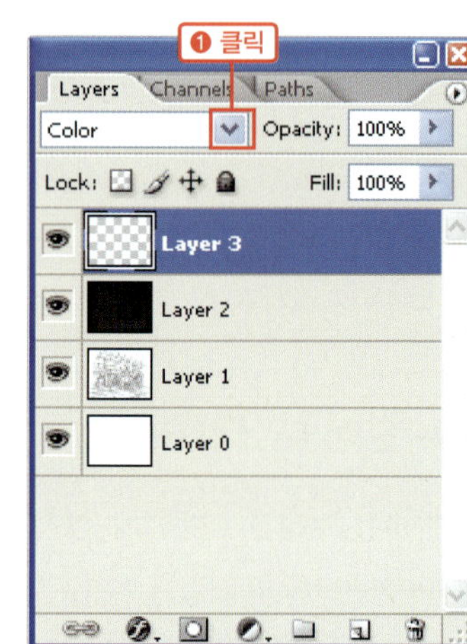

03 [Color Picker] 대화상자를 열고 벽면 색과 바닥의 색을 지정합니다. 벽면은 전부 금속 재질로 이루어져 있지만, 금속 색을 조금씩 바꾸어 색과 재질의 단조로움을 줄이겠습니다.

컬러가 들어간 던전 벽면의 이미지입니다. 분위기에서 보듯이 날카롭지만 잘 정리된 디자인에 어울릴 수 있는 황금색 계열로 부분적으로 잡아보았는데, 어두운 공간이고 오래되어 빛바랜 금속 컬러로 지정을 해보았습니다. 이 밖에 금속색은 살짝 붉은색과 푸른색이 어우러져 있어 살짝 보라색으로도 보일 수 있는 색으로 지정했습니다.

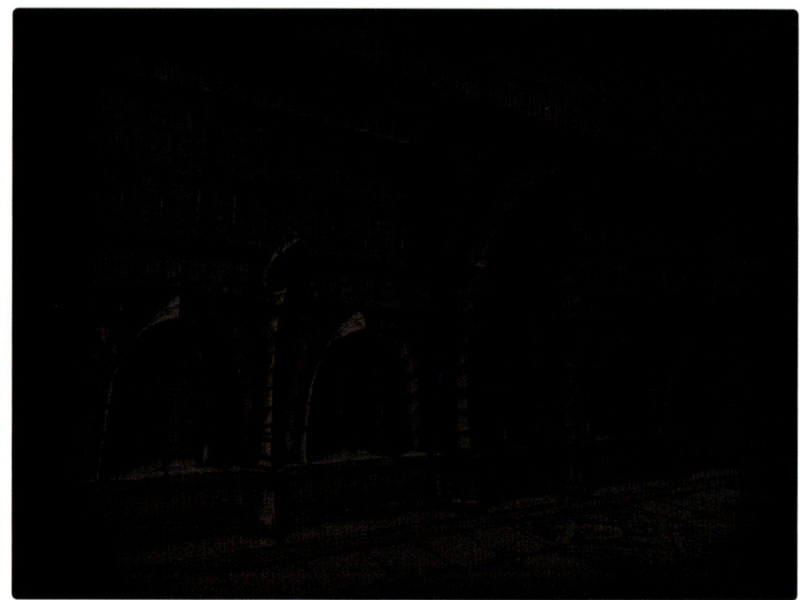

▲ 컬러가 들어간 던전 벽면의 이미지

◉ 컬러링 4단계

01 이번에는 그림 이미지에 약간의 텍스처를 입혀 좀 더 사실감 있는 원화를 그려보겠습니다. 이는 대부분의 원화가들이 즐겨 쓰는 방법 중의 하나입니다. 쓰는 정도가 개개인마다 다를 수 있고, 사용하는 텍스처의 종류 또한 다양하기 때문에 각자가 하고 싶은 것들을 찾아 작업에 활용하면 좋을 것입니다. 어두운 던전에서는 텍스처의 입자가 잘 보이지 않기 때문에 입자가 좀 거친 텍스처도 사용할 수 있습니다. 이번 작업에서 사용되는 텍스처는 지금까지 작업하면서 사용했던 금속과 돌 재질의 텍스처를 이용하여 작업할 것입니다.

02 옆에 보이는 금속 텍스처를 사용하였는데, 어두운 던전 원화 위에 Overlay 속성을 입히면 이미지가 더욱 어두워집니다. 그러므로 [Levels] 대화상자를 열어 조금 밝게 보정하겠습니다.

▲ 던전 금속 텍스처

03 옆에 사용하려고 하는 돌 텍스처는 조금 밝기 때문에 [Image→Adjustmentst→Hue/Saturation] 경로로 대화상자를 열어 좀 더 밝게 보정하겠습니다. 돌 재질은 자세히 보면 입자가 선명하고 실물 느낌이 강하기 때문에 [Filter–Paint Daubs] 메뉴를 선택하여 입자를 부드럽게 보정하겠습니다.

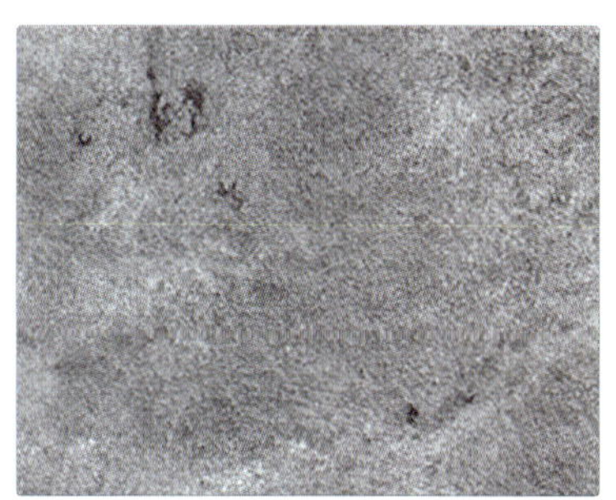

▲ 던전 툴 텍스처

04 이제 위의 두 가지 텍스처에 차례대로 보정 설명을 하고, 보정된 텍스처를 이미지에 입혀보겠습니다.

먼저 [Levels] 대화상자를 열어 금속 텍스처를 밝게 보정합니다. 여기서는 [Levels] 내화상사보 밝게 보정하였지만, 이미지가 흐러지지 않고 신명하게 유지되면서 밝게 보정되는 [Curves] 대화상지를 열이 보정할 수도 있습니다.

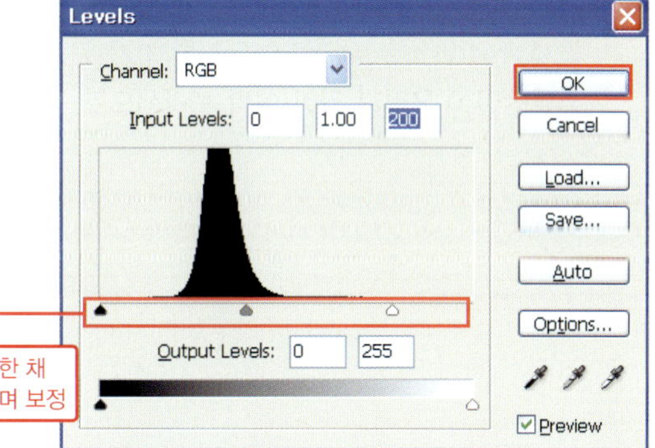

05 보전 전후를 비교해보겠습니다. 이렇게 보정 작업을 설명하는 이유는 텍스처를 사용할 경우 원화가 어두워지기 때문에 텍스처의 밝기 조절을 신중하게 해야 한다는 것을 강조하기 위해서입니다.

▲ 보정 전

▲ 보정 후(전체적으로 밝아지고 입자가 부드러워진 모습)

06 이번에는 돌 재질을 보정하겠습니다. 돌 재질을 자세히 살펴보면 입자가 선명하고 실물의 느낌이 강하다는 것을 알 수 있습니다. 지금까지 사용했던 [Levels] 대화상자로 보정하면 이미지가 더욱 선명해지고, 그렇게 되면 텍스처로 사용하기가 적합하지 않습니다. 그래서 전체적으로 약간 뿌옇고 어둡게 되는 [Hue/Saturation] 대화상자를 활용하였습니다. 경로는 [Image→Adjustments→Hue/Saturation]이고, 네모칸으로 표시되어 있는 Lightness의 가운데 눈금 같은 것을 움직여 보정합니다. 보는 방향에서 왼쪽으로 가져 가면 이미지가 점점 어두워지고, 오른쪽으로 가져 가면 점점 밝아집니다.

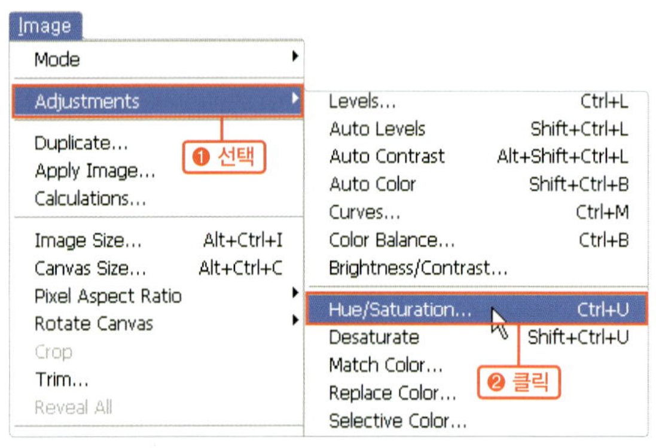

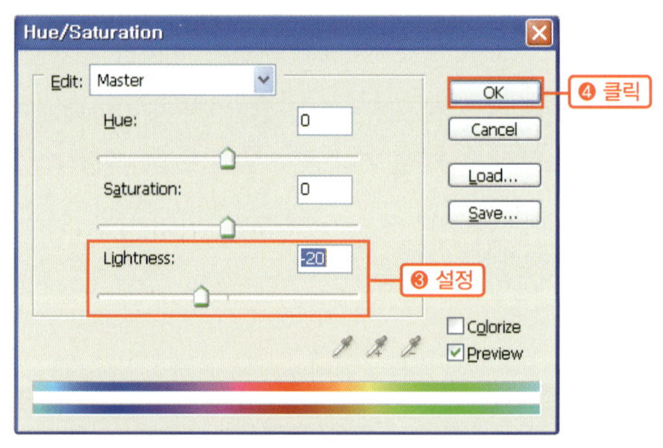

07 [Hue/Saturation] 대화상자로 어둡게 보정한 후에 금속 텍스처의 입자를 브러시로 그린 듯한 입자로 보이도록 하기 위해 [Filter–Paint Daubs] 메뉴를 사용하겠습니다.

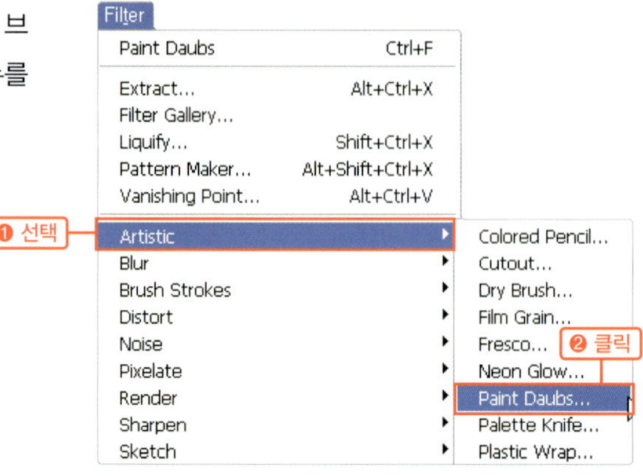

08 [Paint Daubs] 대화상자에서 적당한 입자로 수정한 후 [OK] 버튼을 클릭합니다.

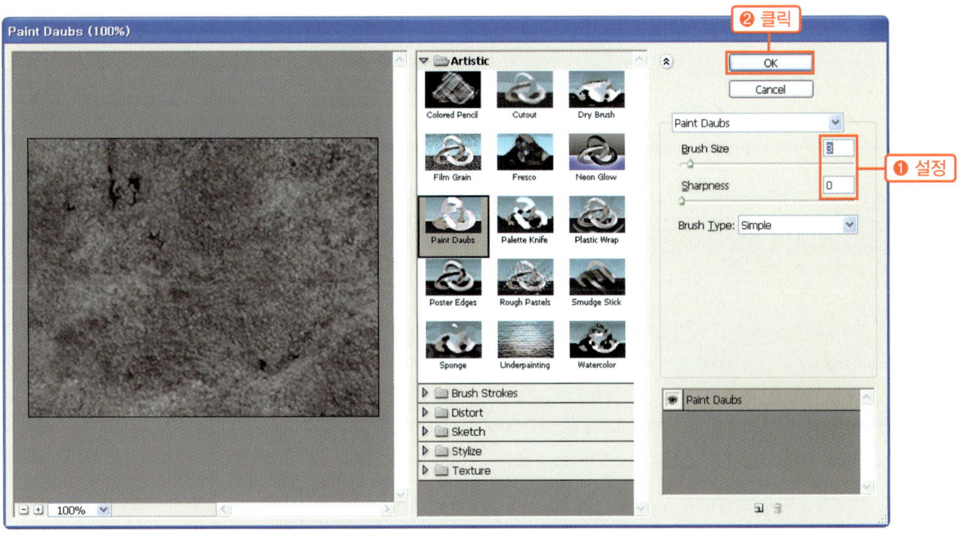

09 돌 텍스처도 비교해보겠습니다. 이미지
가 어두워지고 부드러워진 것을 알 수
있습니다. 이렇게 텍스처를 수정하여 사
용하면 원화의 이미지 또한 사실적인 텍
스처 느낌이 덜하면서 그린 것 같은 질
감 을 훨씬 수월하게 표현할 수 있을 것
입니다.

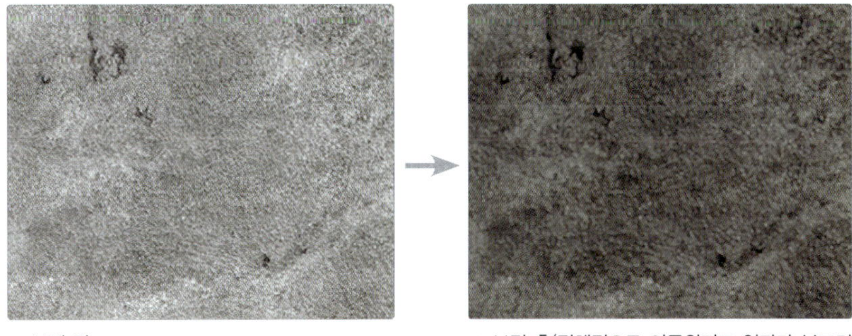

▲ 보정 전

▲ 보정 후(전체적으로 어두워지고 입자가 부드러
워진 모습)

10 이제 차례로 보정된 금속과 돌 텍스처를 차례대로 이미지 위에 올린 후에
Overlay 속성으로 바꿔줍니다. 변화된 레이어 창의 모습입니다.

> **TIP** 이두운 던전의 경우 텍스처를 사용해도 크게 눈에 띄지 않을 수 있으
> 므로 텍스처의 입자나 문양들이 적당히 잘 보이는 블랜딩 모드 속성을 잘 선택하
> 여 사용하는 것이 좋을 것입니다.

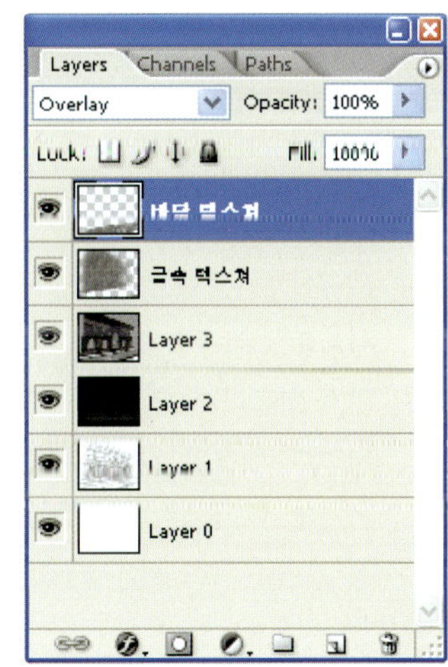

11 텍스처가 입혀진 벽면 원화가 완성되었습니다. 앞에서 언급했듯이 실내의 어두운 분위기 때문에 색의 채도를 많이 낮추고 텍스처 또한 선명하지는 않지만 입혀진 것을 볼 수 있습니다.

> **TIP /** 텍스처 사용으로 던전 분위기가 더 어두워졌지만 다음 단계로 조명 표현을 하면 자연스럽게 밝아질 것이므로 문제될 것은 없습니다.

▶ 컬러링 5단계

묘사에 들어가기 전에 던전에서 해야 할 작업은 바로 조명의 표현입니다. 던전 원화에서 보면 창문 사이사이에 기둥들이 있는데, 그 윗부분이 바로 횃불을 피울 부분입니다. 이 부분에 횃불이 들어갈 것이고, 큰 창문과 작은 창문에서도 빛이 새어 나올 것입니다. 이 표현을 먼저 크게 잡아준 후에 묘사를 할 것입니다.

01 먼저 횃불과 창문 색을 정한 후 채색하여 분위기를 낼 것입니다. 창문에는 Soft Light 속성을 사용하였고, 횃불은 그냥 그렸습니다. 창문에 Soft Light 속성을 사용하는 이유는 은은하게 나오는 빛 느낌을 적절하게 표현하기가 좋기 때문입니다. 또한 횃불은 보통 이미지를 사용하여 블랜드 모드에서 속성을 정한 후에 넣기도 하지만, 이번 던전에서는 먼저 그려보겠습니다.

02 먼저 브러시를 선택한 후에 [Color Picker] 대화상자에서 창문에 들어갈 빛 색감을 찍어 채색합니다. 창문에서 새어 나오는 빛의 색은 [Color Picker] 대화상자에서 보이는 두 가지 색을 넣을 것입니다.

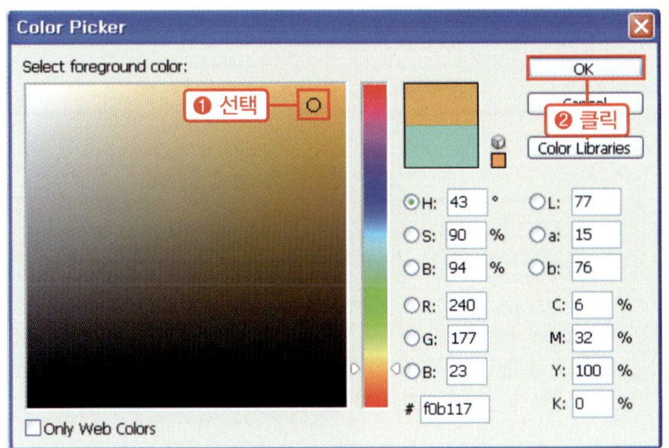
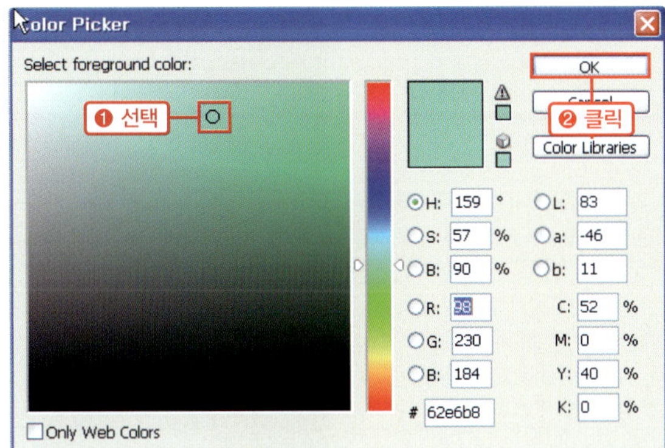

03 옆에 보이는 기본 브러시를 선택하여 창문 창살 안쪽에서 색을 채색하는데, 빛은 퍼지게 표현해야 하므로 퍼지는 브러시(❶)를 하나 더 사용하여 분위기를 냅니다.

> **TIP /** ❶번 브러시는 퍼지는 빛 표현이나 안개와 구름, 하늘 등과 같이 자연스럽게 밝거나 어두워지는 분위기를 표현하기에 좋습니다.

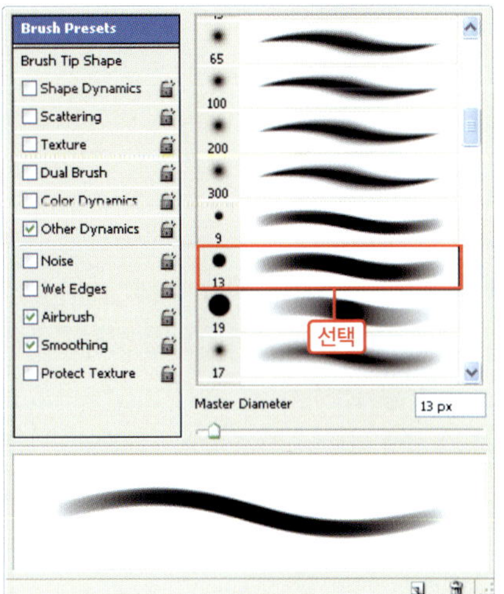

04 Soft Light 속성을 사용하여 창문에 채색한 색이 자연스럽게 입혀지도록 합니다.

> **TIP /** 은은하게 비춰지는 빛 표현에 적합하여 Soft Light 속성을 사용한 것입니다. 좀 더 강한 빛을 설정할 경우, 그에 적합한 블랜드 모드 속성으로 사용할 수 있습니다. 이러한 표현 방법은 외울 필요가 없으며, 각각의 상황에 맞게 사용하면 되는 것입니다.

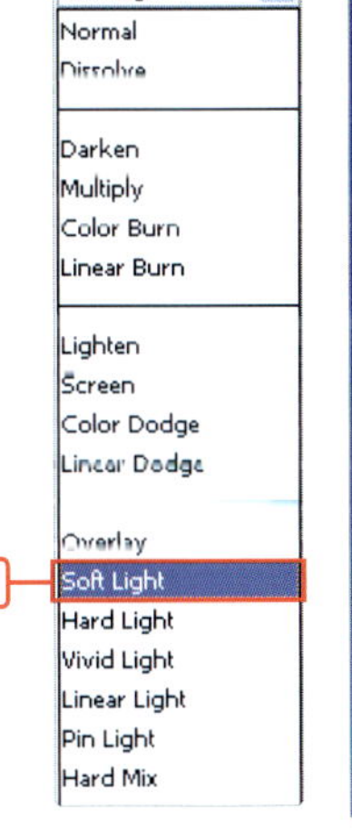
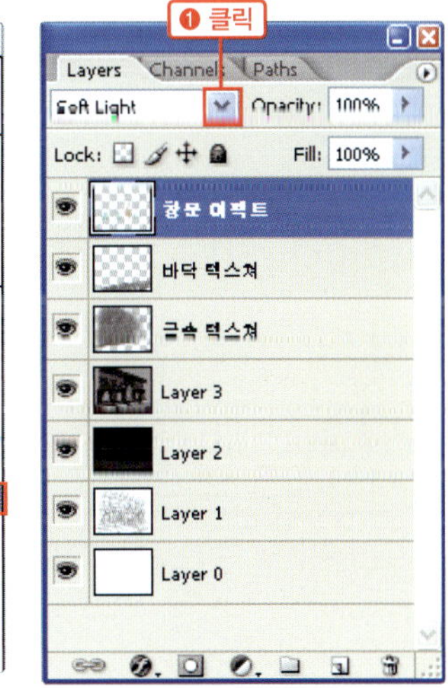

 창문에서 은은하게 새어 나오
는 빛이 표현된 모습입니다.

06 이제 횃불을 표현할 차례입니
다. 타오르고 있는 횃불의 이미
지를 그려보았습니다. 이렇게
하여 횃불과 창문의 빛 표현이
들어간 원화가 완성되었습니다.

07 창문의 빛과 횃불이 표현되었으므로 자연스럽게 퍼지는 듯한 조명을 추가하겠습니다. 새 레이어를 생성한 후 레이어 속성을 Linear Dodge 속성으로 바꿔주고, 퍼지는 브러시를 사용하여 은은하게 퍼지는 횃불과 창문에 빛의 표현을 해줄 것입니다.

먼저 브러시를 선택한 후에 [Color Picker] 대화상자에서 횃불과 창문 빛에 사용했던 색과 비슷한 컬러로 지정합니다. 이때 [Color Picker] 대화상자를 보면 선택된 컬러가 먼저 채색한 횃불이나 창문의 색보다 조금 어두운 컬러를 사용한 것을 알 수 있습니다. 그 이유는 빛은 퍼져 나가면서 없어지게 되므로 좀 어두운 색을 선택하여 채색해야만 이러한 느낌이 더 나기 때문입니다.

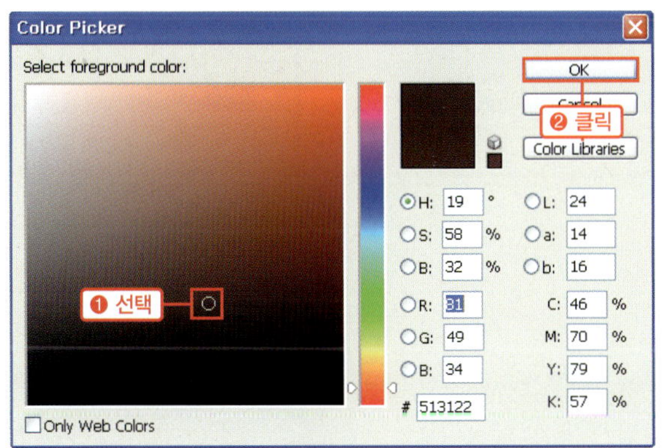
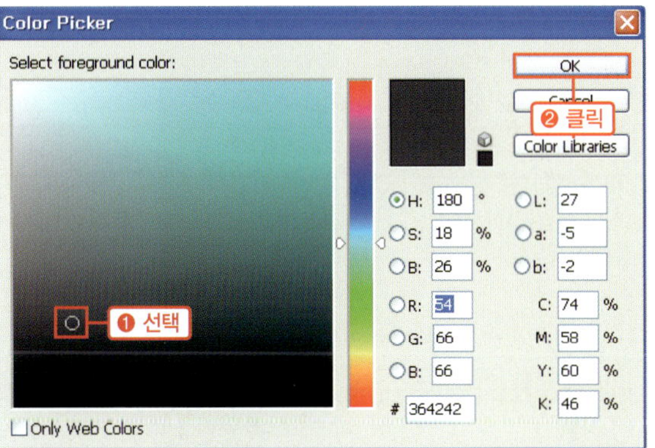

08 기본 브러시 중에 퍼지는 표현이 자연스러운 브러시를 선택하여 채색합니다. 브러시들은 저마다 특징이 있기 때문에 잘 사용하지 않는 브러시 중에서도 효과적으로 사용할 수 있는 브러시들이 많습니다. 시간날 때마다 브러시들을 하나하나 사용해 보면서 연구하는 것이 좋습니다.

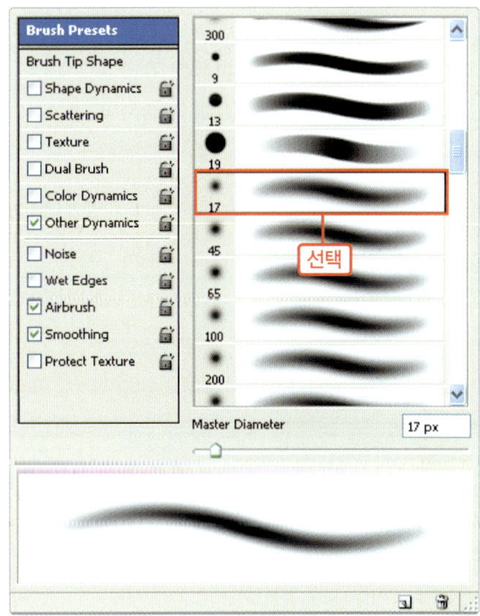

09 Linear Dodge 속성을 사용한 레이어 창의 모습입니다.

> **TIP／** 빛이 퍼지는 효과 표현을 위해 앞에서 소개한 브러시로 Linear Dodge
> 속성을 사용하였습니다. 빛 효과에 적합한 다른 속성이 있다면 다른 것을 사용해
> 도 무방합니다.

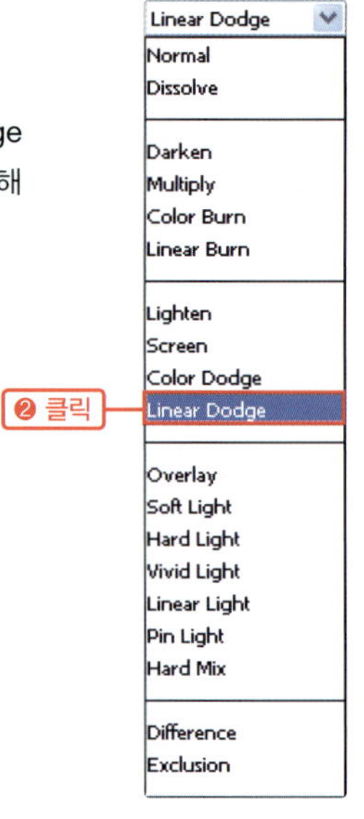
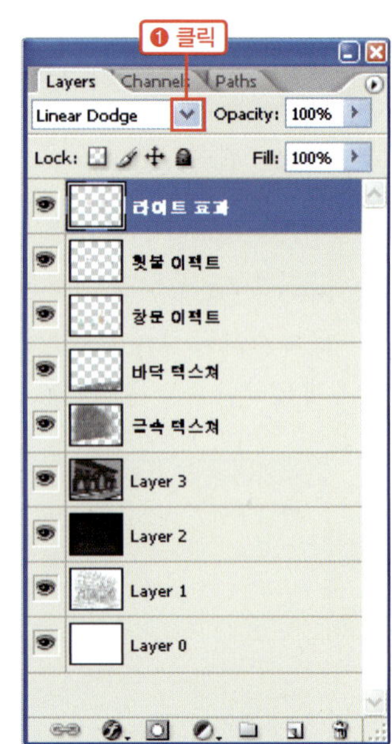

10 빛이 은은하게 퍼지는 표현까지 완
성된 이미지입니다.

> **TIP／** 레이어 창에 있는 각각
> 의 블랜드 모드 속성들을 잘 이
> 해하고 있으면 이렇게 빛의 효과
> 같은 빛나는 느낌들을 손쉽게 표
> 현할 수 있으며, 이 밖에도 다양
> 한 효과들에 사용할 수 있습니다.

▶ 컬러링 6단계

이번에는 지금까지 명암과 텍스처를 입히고 조명 효과까지 표현하여 전체적인 분위기를 잡은 이미지를
완성시키는 단계입니다. 여기서 완성이라는 의미는 이미지를 보았을 때 질감이 적절하게 표현되었고, 형
태를 확실히 알아볼 수 있게 명암과 그림자가 적절하게 표현되어 전체적으로 완성도 있는 이미지가 나왔
는지를 말합니다. 지금까지 만들어 놓은 이미지의 완성을 위해 작업을 시작하겠습니다.

01 먼저 각자 다른 속성인 레이어를 하나로 합치는 작업을 합니다. 이러한 작업이 필요한 이유는 하나의 이미지로 만들어야 작업이 수월하기 때문입니다. 이 방법은 지금까지 계속 사용한 방법이며, 던전에서도 마찬가지로 사용합니다. 단축키는 (Ctrl + A)+(Shift + Ctrl + C)+(Ctrl + V)입니다.

02 레이어가 합쳐진 모습입니다. 밑에 레이어들은 그대로 있는 상태에서 맨 위에 모든 레이어가 합쳐져서 하나의 레이어가 생성되었습니다.

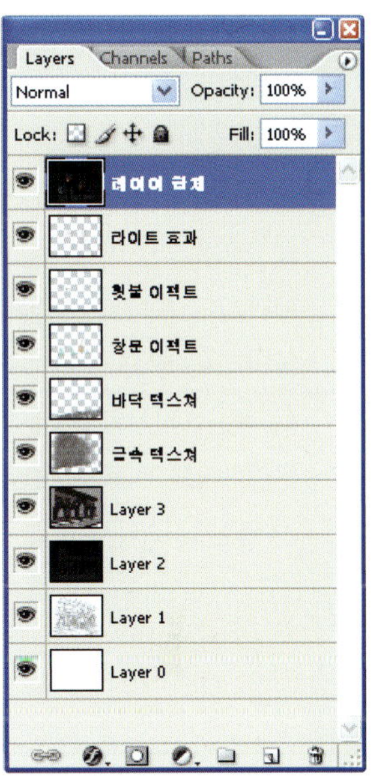

> **TIP** / 레이어를 합친 이유는 전체적으로 이미지에 대한 보정을 하면서 완성 분위기를 만들어 주어 묘사하면서 정리해야 하기 때문입니다. 전체적인 이미지를 멀리서 보면서 어두워졌거나 밝아진 부분들을 보정하여 전체적인 색감의 밸런스를 맞추는 단계이기도 합니다.

03 이제 묘사에 들어가게 되는데, 먼저 닷지 툴 과 번 툴 을 이용하여 밝고 어두운 부분과 하이라이트 부분을 잡아주는 방법으로 전체적인 던전 분위기를 자연스럽게 만들 것입니다. 던전에서는 어

두운 공간을 표현해야 하기 때문에 조명 빛을 받은 밝은 부분들 같은 경우는 정확하고 자세하게 표현해야 하며, 그래야만 생략하는 부분들이 있더라도 전체적으로 자연스러운 분위기를 만들 수 있습니다. 번 툴 과 닷지 툴 을 이용하여 이미지를 좀 더 자연스러운 분위기로 잡아본 이미지입니다. 밝고 어두운 부분을 찾아주었더니 벽면의 입체감이 너욱 살아났습니다.

04 이제 닷지 툴 🔍 을 이용하여 밝은 부분을 찾아주면서 횃불과 창에서 비춰지는 빛을 받는 부분을 좀 더 밝게 잡아주고, 바닥에 비춰지는 빛 느낌도 잡아줄 것입니다. 브러시는 기본 브러시 두 가지를 이용하여 적절하게 묘사합니다.

브러시에 대해서 간단히 이야기하면 밑의 브러시는 기본 브러시들입니다. 지금까지 오브젝트와 던전 작업을 하면서 가장 많이 사용한 브러시들이기도 하며, 모든 이미지가 자연스럽게 표현되는 브러시이기도 합니다. 그림을 많이 그리다 보면 자신이 많이 쓰고 있는 브러시들이 있다는 것을 알 수 있을 것입니다. 어느 브러시든지 그 브러시에 적응되면 기본적인 표현들이 가능해질 것입니다. 이를 위해서는 브러시와 친해지는 것이 좋은데, 이를 위해서는 많은 그림들을 열심히 그려서 빨리 익숙해지는 것이 그림을 잘 그리는 지름길이라고 생각합니다.

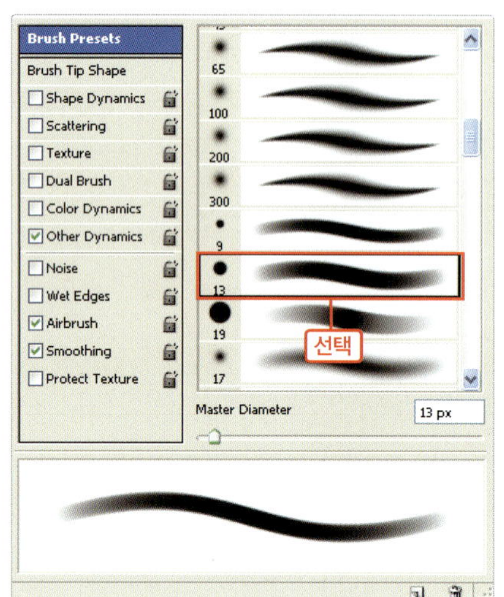
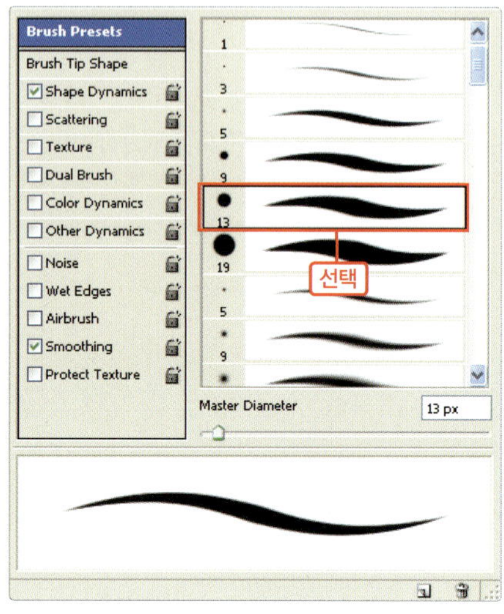

05 이제 위에서 설명한 기본 브러시를 가지고 묘사해볼 것입니다. 조명이 들어가기 전과 들어가면서 묘사된 후의 이미지를 비교하면서 설명하겠습니다. 먼저 앞 부분에 있는 창과 기둥 부분에 대해 설명하겠습니다. 맨 오른쪽 완성 이미지를 보면 주변 벽면들이 빛을 받아 자연스럽게 밝아진 느낌을 표현한 것을 알 수 있습니다.

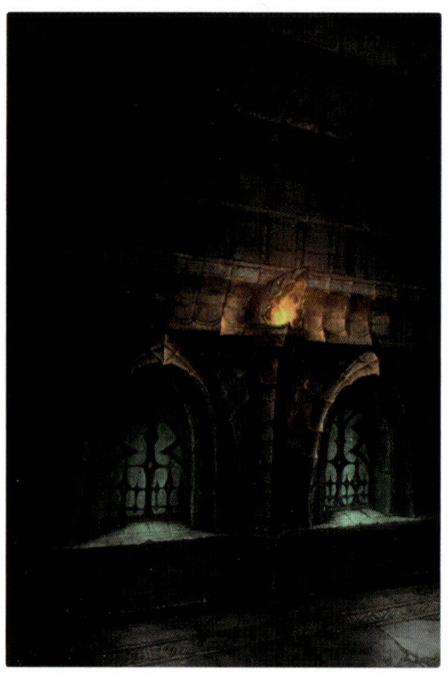

06 이미지에 텍스처를 입히고 조명의 느낌을 넣어준 후에 묘사하여 완성한 이미지입니다. 창문에서 빛이 들어온다고 생각하면서 창문의 형태나 생긴 구조에 따라 빛이 어떻게 퍼져 나가며, 어느 부분에 빛이 맺히게 될 것인지를 생각하면서 빛을 받은 느낌을 표현하였습니다. 횃불 또한 주변의 형태들을 자연스러운 빛을 받은 느낌을 표현하였습니다. 바닥 또한 창문의 빛을 고려하여 밝게 표현하였습니다. 이처럼 자연스러운 느낌을 만들어주기 위해서는 신경을 쓰면서 컬러링 작업을 해야 합니다.

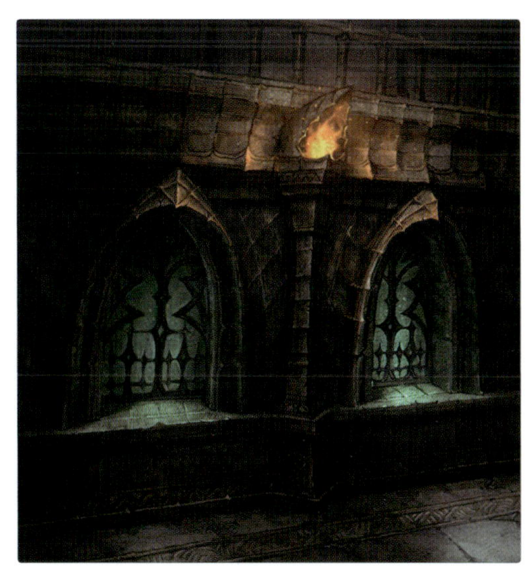

07 2층 난간과 벽면을 표현한 이미지입니다. 2층은 1층과 같은 벽면 재질로 이루어져 있고, 빛의 영향을 많이 받지 않기 때문에 많은 묘사를 하지 않았고, 기본적으로 밝은 면과 어두운 면, 그리고 형태들을 정리하여 3D 제작 시 문제가 없을 정도로만 묘사해주었습니다. 이런 부분까지 많은 묘사가 들어가는 것은 어떻게 보면 비효율적이라고 할 수 있으므로 작업 시간을 효율적으로 안배하기 위해서는 적당한 선에서 마무리하는 것이 좋습니다.

08 바닥에 비쳐지는 빛의 느낌도 표현하였습니다. 빛의 퍼지는 삭노와 방향을 생각하면서 빛이 가장 밝게 맺히는 부분과 약하게 풀어줄 부분을 잘 생각하면서 표현합니다. 바닥의 문양들이 빛을 받아 군데군데 밝아지는 느낌도 자연스럽게 표현합니다.

09 이번에는 중간의 커다란 창문과 작은 창, 기둥을 함께 같이 묘사하겠습니다. 앞 부분의 큰 창문이 강조되었고, 작은 창과 기둥은 앞에서 설명했기 때문에 빛의 자연스러운 느낌 정도로만 마무리하였습니다. 또한 커다란 창문 앞에 있는 바닥은 창문에서 비쳐지는 빛이 넓게 퍼지면서 자연스럽게 빛을 받도록 표현했습니다. 전체적으로는 작은 창과 기둥 부분이 살짝 흐려지게 풀어주어 거리감을 표현했습니다.

10 중간의 가장 큰 창문입니다. 이미지 중간에 위치하고 있지만, 묘사를 많이 해주어야 할 부분입니다. 벽면에서 가장 눈에 잘 띄고, 주제가 될 부분이기도 하므로 성실하게 묘사해주어야 합니다. 양쪽 기둥과 창의 윗부분이 빛을 받는 느낌을 자세히 잡아주면서 어두운 부분에 있는 형태에도 같은 표현을 하였습니다. 빛을 받는 각도도 잘 조절해야만 자연스럽게 표현할 수 있습니다.

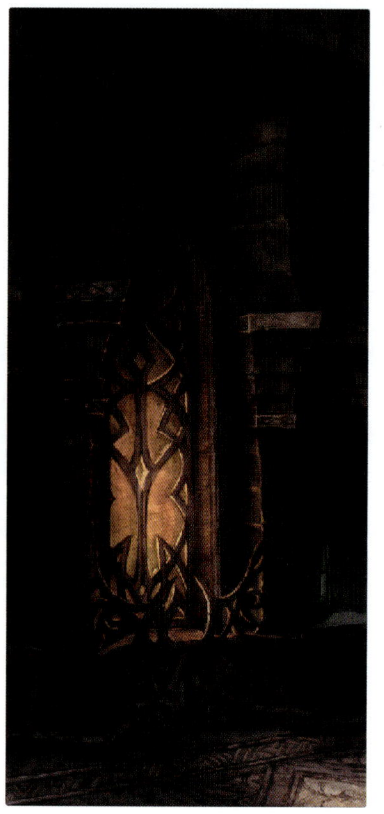

11 벽면에서 가장 멀리 있는 부분입니다. 이 부분은 또한 중간의 창문을 기준으로 좌우가 같은 형태이기 때문에 분위기 정도만 표현하겠습니다. 스케치도 자세하게 나왔기 때문에 묘사는 많이 하지 않고 빛을 받는 표현과 거리감을 표현하기 위하여 닷지 툴 을 이용하여 손쉽게 표현해주었습니다.

> **TIP／** 이러한 부분들은 앞에서 충분히 설명하였기 때문에 굳이 자세히 잡아주지 않아도 됩니다. 적당한 색감과 명암 표현으로 마무리해주는 것이 좋습니다.

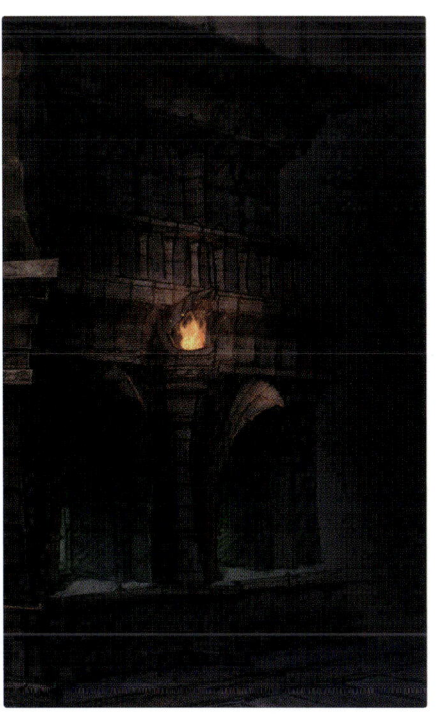

12 다음은 바닥 표현 이미지입니다. 빛을 받은 바닥을 잡아보았는데, 빛으로 인해 군데군데 밝아진 문양들도 표현하였습니다. 문양들의 형태가 자세하지는 않지만 중세 시대 저택 같은 곳에서 쓰인 화려한 문양일 것이라는 느낌만 주었습니다. 이 부분은 문양 표현을 정확하게 해주는 것도 좋지만, 손이 많이 가는 부분입니다. 3D 제작에서 중세 시대 문양들을 찾은 후 바닥 텍스처로 만들어 완성할 수 있는 부분이기 때문에 해주려면 정확하게 해주고, 그렇지 않으면 느낌으로만 잡아주고 어떤 문양인지 직접 설명해주는 것도 작업을 효율적으로 진행하는 방법이 될 것입니다.

14 전체적으로 보았을 때 묘사와 강조를 가장
많이 해준 부분입니다. 작은 창문과 기둥은
앞에 있는 부분이므로, 자세히 표현하였고,
중간의 큰 창문 또한 벽면에서 가운데 있으
면서 주제가 되는 부분이므로 성실하게 묘사
해야 합니다.

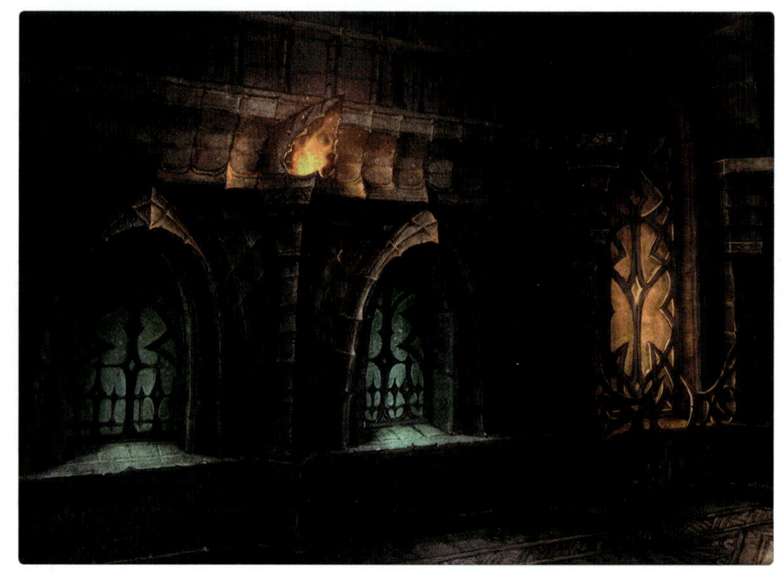

15 바닥에도 빛을 받는 부분과 문양의 느낌을 세밀하게 표현하였습니다.

16 지금까지 벽면 던전 컬러링 작업에 대해 알아보았습니다. 앞에서 작업한 필드 오브젝트들과 컬러링 과정은 다르지 않지만 디자인을 잡고 들어가는 부분은 설명만으로 되는 부분이 아닙니다. 어느 작업이든 컬러링 부분은 몇 번의 연습 작업을 거치면 그리 어렵지 않게 할 수 있지만, 디자인 같은 경우에는 끊임없이 연구하고, 그려보고, 자료를 찾아봐야 나올 수 있는 부분입니다. 또한 머리에서 떠오르는 이미지를 스케치로 보여주기 위해서는 많이 그려보는 수밖에 없다고 생각합니다. 앞으로 많이 스케치하고 많은 자료들을 통해 연구하여 원하는 작업물들이 나올 수 있도록 노력하시기 바랍니다. 마지막으로 레이어를 정리해보았습니다.

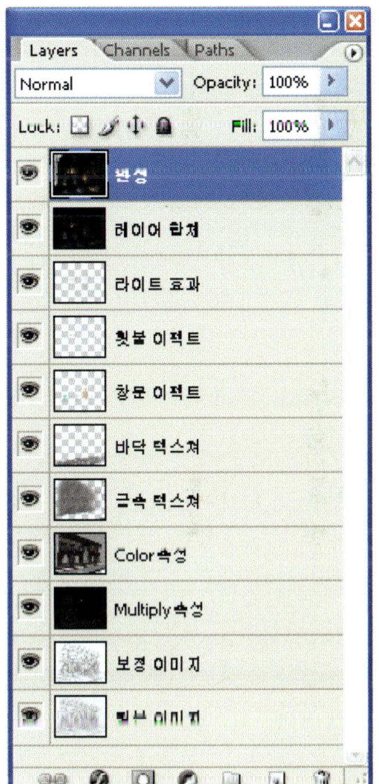

> 예제 소스에 있는 psd 파일을 참고하시면 작업 과정을 한눈에 확인할 수 있습니다.
> - 예제 소스\Concept\dungeon\psd\dungeon.psd를 참조하세요.

던전 작업은 필드의 오브젝트들에 비해 작업 규모가 크기 때문에 추가로 그려주어야 할 원화가 많습니다. 지금까지 작업했던 벽면 패턴만 가지고는 던전 전체를 만들 수 없습니다. 맨 앞에서 그려보았던 던전 전체 이미지를 보고 던전 작업을 하면 되지만 입구나 천장과 바닥 같은 부분에도 좀 더 디테일한 작업이 필요합니다. 이번 단계에서는 입구나 천장과 바닥, 그리고 벽면에 들어가는 벽면 텍스처와 창살 문양 작업을 추가로 해보겠습니다.

● 던전 입구 추가 작업하기

던전 학습하기 스케치 과정에서 던전의 전체 이미지를 그렸지만, 입구 부분은 그리지 않았습니다. 이러한 부분을 추가로 그리는 것입니다. 아치형의 입구 외형에 문은 직사각형의 형태로 잡아보았습니다. 문의 문양은 던전에 사용한 용의 콘셉트와 어울리게 스케치하였는데, 겹겹이 입은 날카로운 갑옷 형상을 정리된 문양으로 디자인하였습니다.

예제 소스에 있는 컬러링 파일을 같이 보면서 학습하시기 바랍니다.
■ 예제 소스\Concept\dungeon\jpg\door color.jpg를 참조하세요.

정면에서 바라본 문의 문양을 정리하여 그려보았습니다. 이 부분은 3D에서 문 텍스처로 필요한 부분이기 때문에 그려주는 것이 좋습니다. 문의 문양은 일반적으로 대칭이 되는 형태로 잡는 경우가 많습니다. 직선과 곡선을 적절히 사용하여 자유로우면서 정리된 문양의 느낌을 잡아보았습니다. 이 정도로 잡아서 3D 제작자에게 넘겨주면 재질 작업을 하여 모델링에 입힙니다.

예제 소스에 있는 컬러링 파일을 같이 보면서 학습하시기 바랍니다.
■ 예제 소스\Concept\dungeon\jpg\door texture.jpg를 참조하세요.

▶ 던전 천장 수정 설명하기

01 처음 던전 원화로 나온 천장 디자인으로 진행을 해도 상관 없지만, 3D 제작자와 논의한 끝에 단순하게 바꾸기로 하였습니다. 그 이유는 던전 전체에 쓰인 디자인들의 느낌이 강해서 천장까지 강하면 전체적인 디자인들이 분산된 느낌을 줄 것 같았기 때문입니다. 이처럼 실무에서는 완성된 콘셉트라고 하더라도 바뀌는 경우가 많습니다. 원화가로서는 기분이 상할 수도 있지만 3D로 완성되는 과정에서 작업의 효율성과 완성도를 생각하지 않을 수 없습니다. 그러므로 원화와 제작 간에는 많은 대화가 필요한 것입니다. 처음 나온 천장 디자인과 나중에 수정한 천장 디자인을 같이 첨부하였습니다. 비교라기보다는 바꾸어서 진행했다는 사실을 인지하시고 살펴보시기 바랍니다.

> 예제 소스에 있는 컬러링 파일을 같이 보면서 학습하시기 바랍니다.
> ■ 예제 소스\Concept\dungeon\jpg\new ceiling.jpg를 참조하세요.

02 처음 나온 천장 디자인입니다. 제작에서는 천장이 바뀌어 제작되었지만 일러스트에서는 이 천장으로 그대로 그렸습니다. 일러스트는 홍보용으로 사용하기 때문에 좀 더 화려하게 들어가도 좋습니다.

03 위에서 언급한 대로 단순한 형태로 천장을 수정하였습니다. 디자인으로 보았을 때는 처음에 작업한 것이 던전 분위기와 어울리지만 제작에서의 효율성을 고려하여 단순하게 바꿔보았습니다.

● 던전 벽면 문양 텍스처 지원하기

벽면 문양 텍스처 같은 작업 지원은 많이 하지 않지만, 이번 작업에서는 원화
에 대한 충분한 이해를 위해 간단하게나마 3D 제작에서 벽면 텍스처 작업 시
도움을 주고자 벽면의 텍스처를 만들어 보았습니다. 지금은 재질 표현까지 되
어 있지만, 3D 제작에서 좀 더 어울리는 재질을 만들어서 작업하였습니다.

> 예제 소스에 있는 컬러링 파일을 같이 보면서 학습하시기 바랍니다.
> ■ 예제 소스\Concept\dungeon\jpg\wall texture.jpg를 참조하세요.

● 던전 벽면 창살 문양 디자인 지원하기

작은 창살 텍스처 지원 작업입니다. 아직까지는 금속 재질 느낌이 들어가지 않은 이미지로 작업하였습니
다. 창살 작업 또한 전체적인 텍스처 느낌에 맞추어 작업해야 하기 때문에 제작에서 마무리해야 할 것입
니다.

> 예제 소스에 있는 컬러링 파일을 같이 보면서 학습하시기 바랍니다.
> ■ 예제 소스\Concept\dungeon\jpg\window bar01.jpg를 참조하세요.

큰 창살 텍스처 작업입니다. 이 작업물 또한 금속 재질 느낌이 들어가지 않은 이미지로 작업하였습니다.
큰 창문 또한 전체적인 텍스처 느낌에 맞추어 작업해야 하기 때문에 제작에서 마무리해야 할 것입니다.

> 예제 소스에 있는 컬러링 파일을 같이 보면서 학습하시기 바랍니다.
> ■ 예제 소스\Concept\dungeon\jpg\window bar02.jpg를 참조하세요.

이제까지 추가 작업에 대해서 알아보았습니다. 3D 제작 시 필요로 하는 부분은 원화에서 그려주어야 합
니다. 그래야만 원화의 느낌 그대로 제작할 수 있을 것입니다.

지금까지 마을의 오브젝트들과 던전을 끝으로 원화의 작업 과정에 대해 간단하게 알아보았습니다. 그림
을 그리는 과정을 책의 설명으로만 이해하려 하고 직접해 보지 않으면 이해가 가지 않을 수도 있습니다.
예제 소스에 psd 파일도 첨부하였으므로 직접해보면서 책을 함께 읽으시기 바랍니다.

4 던전(Dungeon) 3ds max 모델링 제작

이번 과정에서는 던전을 제작해보겠습니다. 앞에서 제작한 오브젝트들이 필드에 배치되는 것이라면, 던전은 주로 지하에 배치되는 것이라 할 수 있습니다. 일반적으로 던전은 입구방, 일반방, 보스방 등과 같이 여러 종류의 방으로 이루어져 있습니다. 그 중에서 일반적으로 쓰일 수 있는 작은 방을 제작해보겠습니다. 앞에서 그린 원화를 바탕으로 3D를 제작해보겠습니다.

예제 소스에 있는 모델링을 같이 보면서 학습하시기 바랍니다.
- 예제 소스\tutorial\dungeon\max map\dungeon.max를 참조하세요.

▶ 3ds max 모델링 작업

01 그림과 같이 Box를 하나 생성하겠습니다. 생성된 Box를 이용하여 벽부터 제작해도 되고, 바닥이나 다른 부분부터 제작해도 크게 문제가 되지는 않지만, 여기서는 벽부터 제작해보겠습니다.

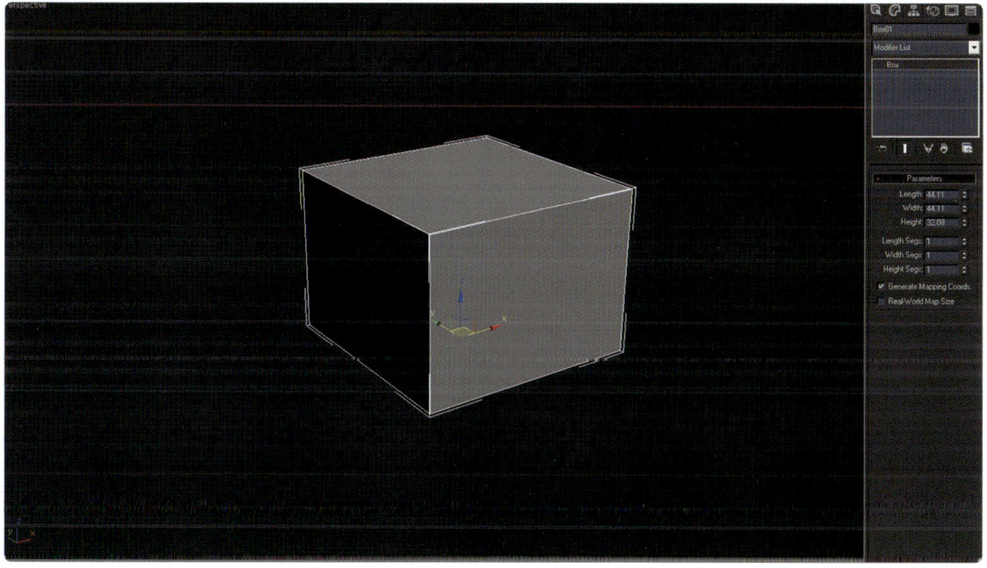

02 Box를 생성한 후에 그림과 같이 Mesh 또는 Poly로 변환합니다. 그림과 같이 벽 부분의 기초가 될 두 부분을 제외한 부분들을 제거하겠습니다.

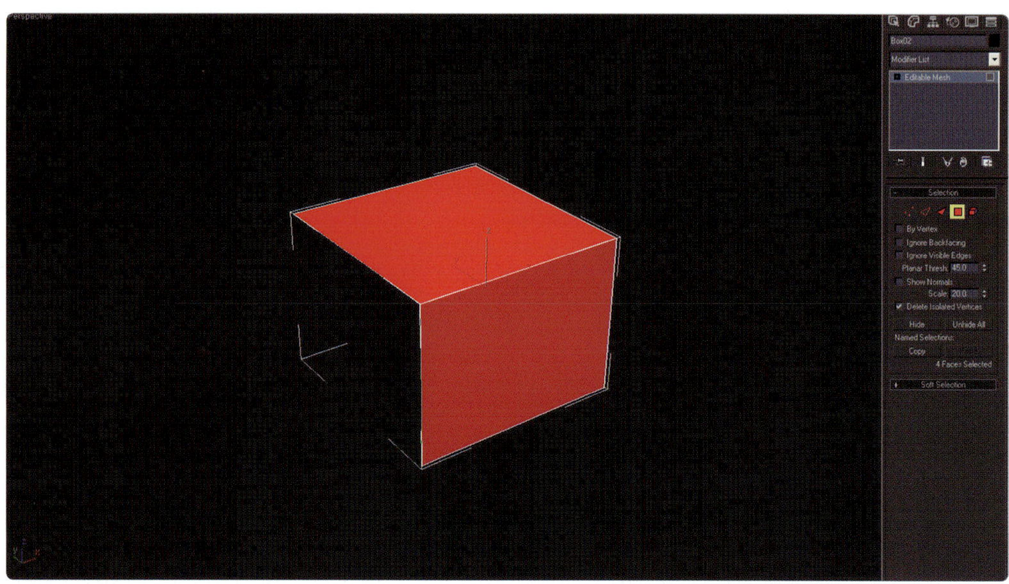

03 그림과 같이 Edge를 잡고 양쪽 옆으로 늘려보겠습니다. 벽 면 쪽이 밑부분이 될 것입니다. 디테일한 모델링보다는 대략적인 큰 덩어리를 잡는다는 생각으로 모델링하겠습니다.

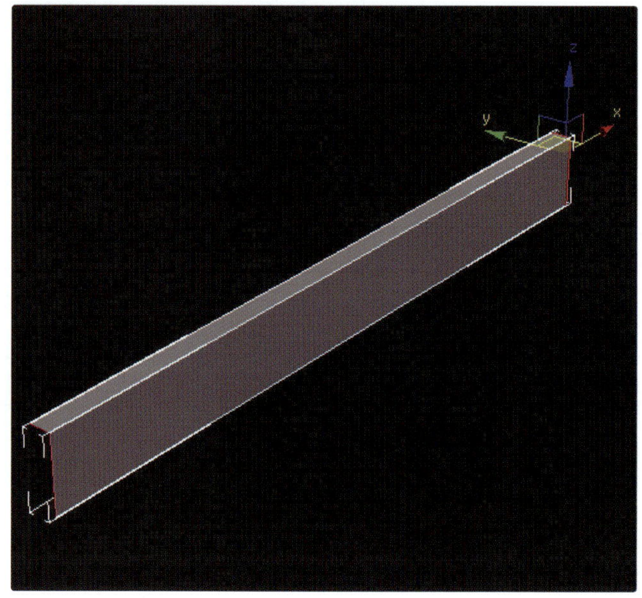

04 그림과 같이 Edge를 사용해서 모델링하겠습니다. 맨 아래쪽에 제작
된 부분의 크기에 맞추어 위쪽으로 모델링한 것입니다.

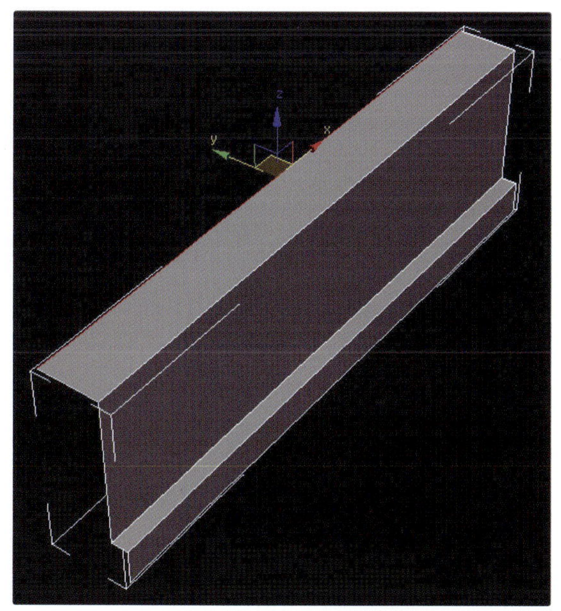

05 그림과 같이 Edge를 사용해서 1층 벽이 될 부분까지 모델링하겠습
니다. 대략적으로 모델링한 후에 이쯤에서 던전의 전체적인 크기를
생각해 가면서 좀 더 디테일하게 모델링하겠습니다.

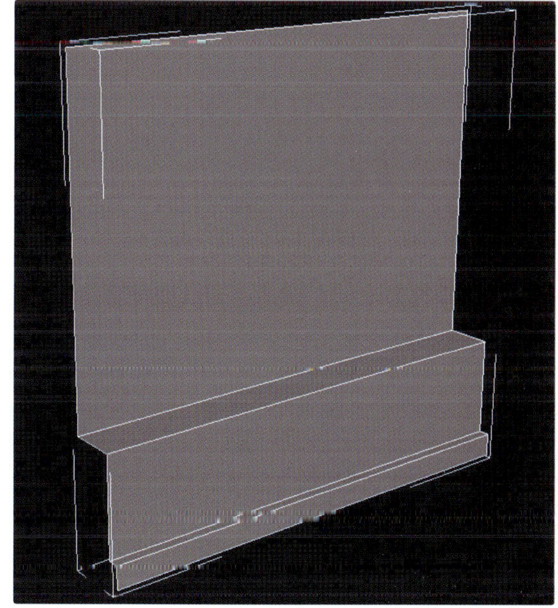

06 그림과 같이 Edge를 사용해서 1층 벽의 윗부분까지 모델링하겠습니다. 1층 벽 부분의 위쪽에 있는 굴곡 부분을 표현합니다.

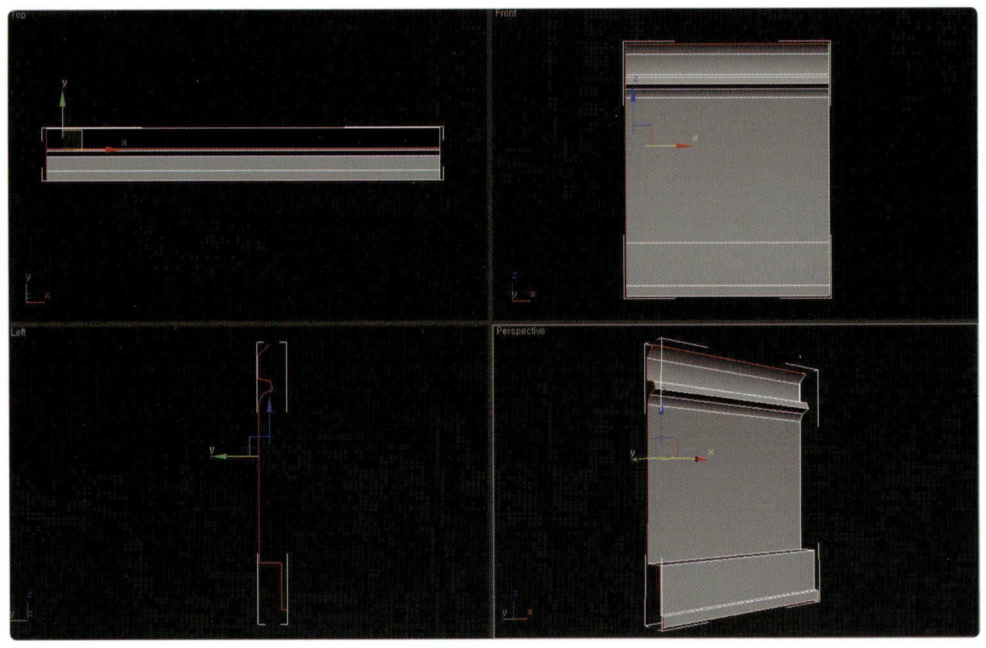

07 그림과 같이 Edge를 사용하여 2층 벽면이 될 부분까지 모델링하겠습니다. 2층 벽면은 1층보다 좀 더 뒤에 넣겠습니다.

08 1층과 2층 사이에 굴곡이 있는 부분입니다. 이 부분은 원화에서 보는 바와 같이 모델링으로 표현하기에는 무리가 있습니다. 따라서 선택되어 있는 polygon의 경우, 알파맵을 사용해서 텍스처로 표현할 것입니다.

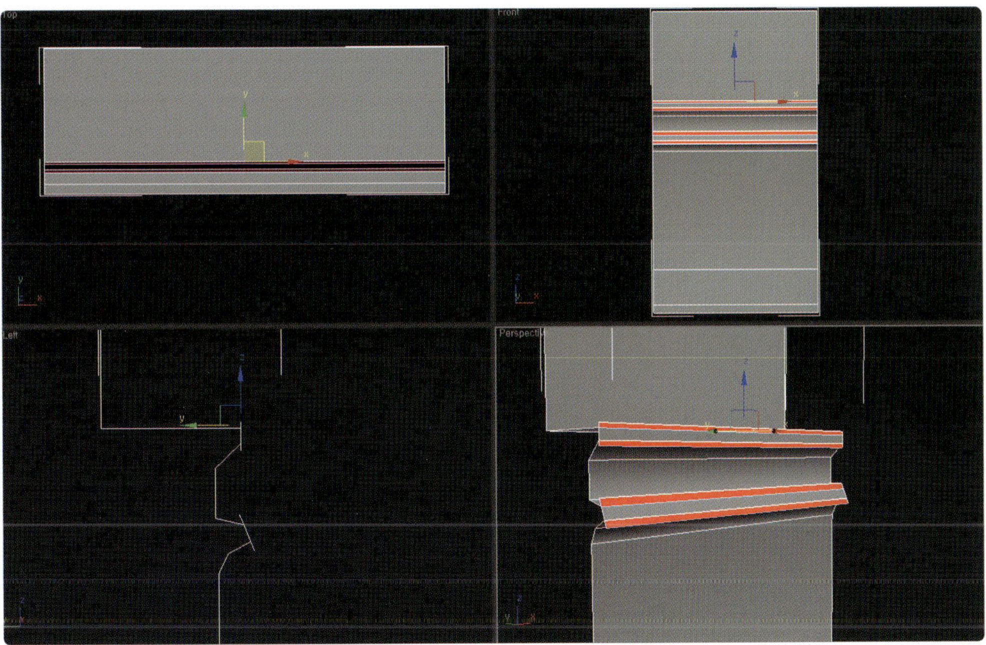

09 1층 벽면에 아치 형태의 창틀을 제작할 것입니다. 그림과 같이 Tube를 사용해서 창틀의 위쪽에 제작될 부분을 모델링하겠습니다. 위치와 크기는 대략 정하겠습니다.

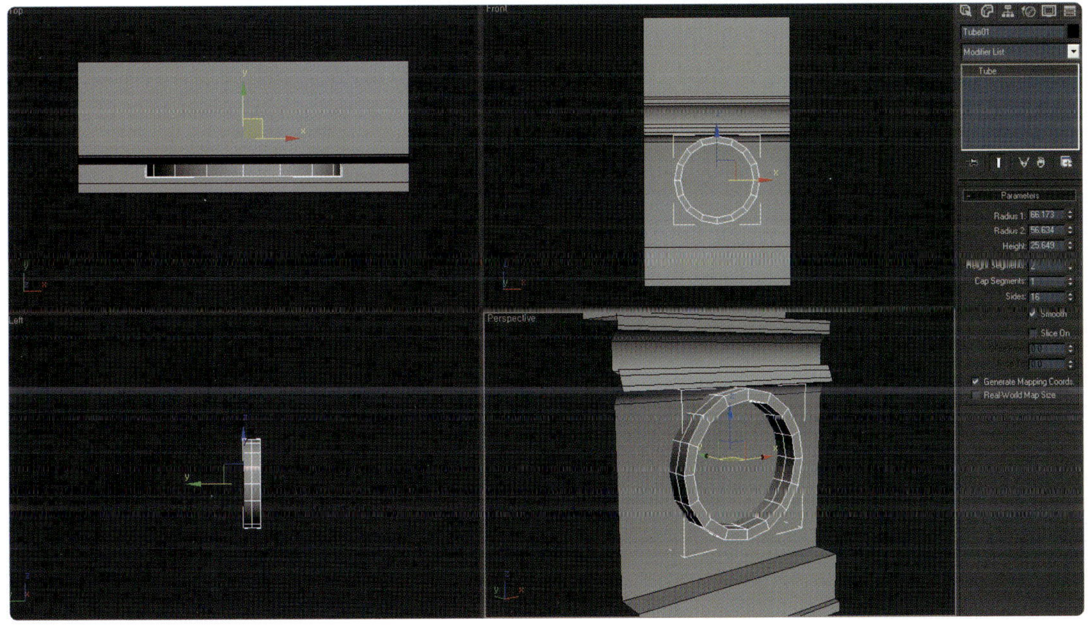

10 그림과 같이 Tube를 Mesh 또는 Poly로 변환합니다. 창틀의 위쪽
에서부터 모델링해서 내려올 것이므로 아래쪽은 제거하겠습니다.

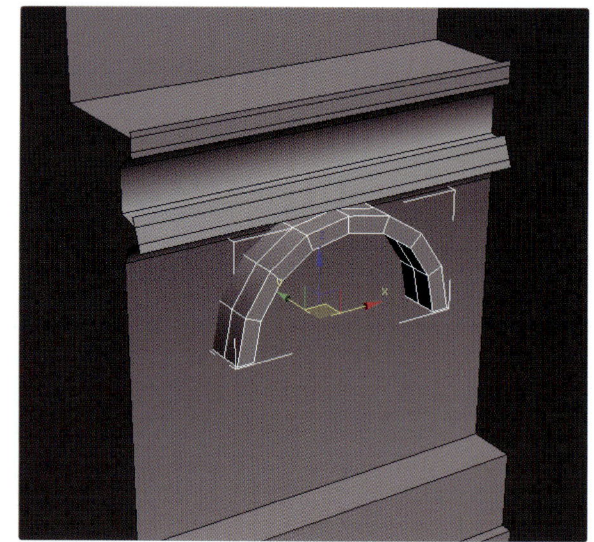

11 모델링의 아래쪽 Edge를 잡고, 창틀 형태로 모델링하겠습니다.

TIP／ Tube에서 Height Segments 값을 2로 설정한 이유는 창
틀의 두께는 어느 정도 있는데 창틀의 끝부분으로 갈수록 칼날처럼
날렵해지는 경우에는 2∼3으로 설정하는 것이 좋습니다. 다음 그림
을 보면 이해하기가 쉬울 것입니다.

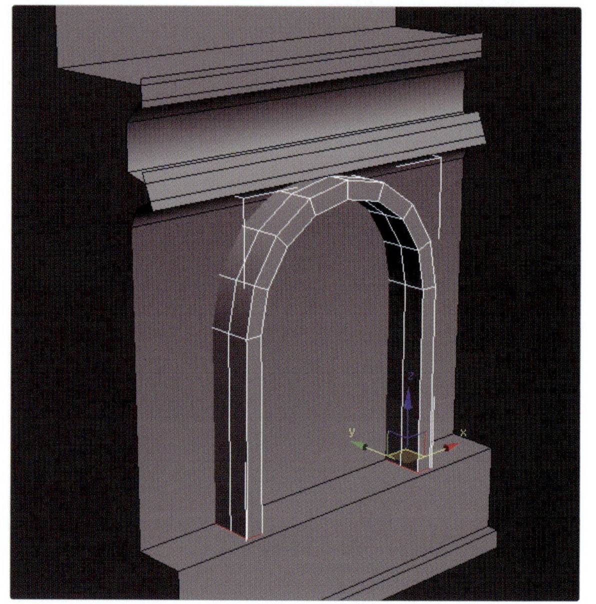

12 그림과 같이 창틀의 끝부분들을 합치겠습니다. 바깥쪽 Edge를 안쪽 Edge쪽에 합치면 원화에서 원하는 창틀의 형태와 비슷해질 것입니다.

13 Modifier List에서 FFD 4×4×4를 선택합니다. 그림과 같이 주황색 선이 생기면 Control Points를 사용해서 원화에서 원하는 모양의 창문틀을 제작하겠습니다.

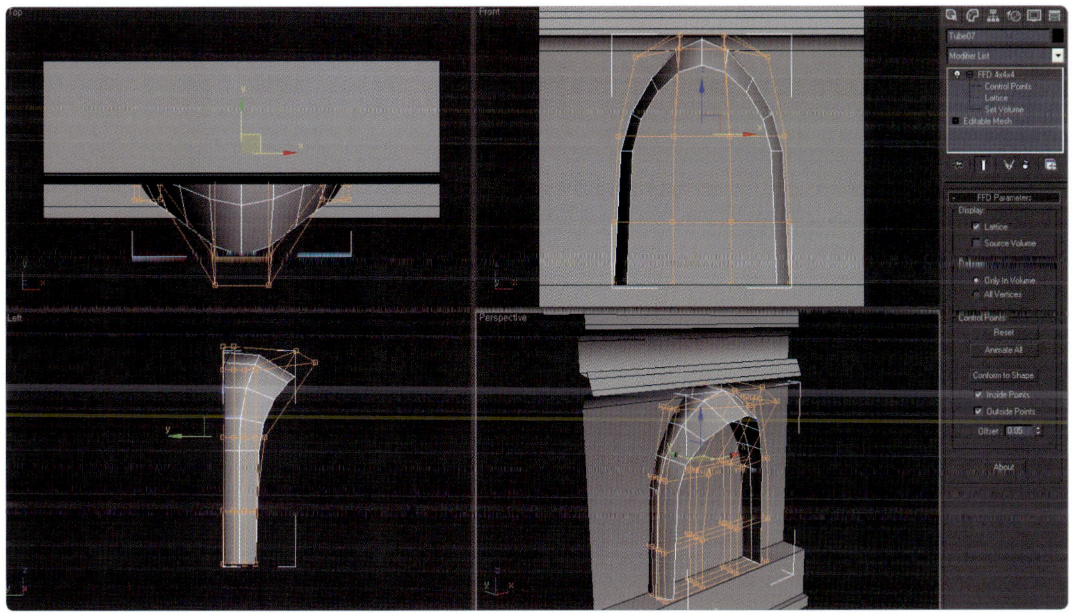

14 그림에서 보는 바와 같이 **Edge**를 사용해서 선택된 부분만큼 면을 연장합니다. 선택되어 있는 polygon은 알파맵을 사용해서 텍스처로 표현할 것입니다.

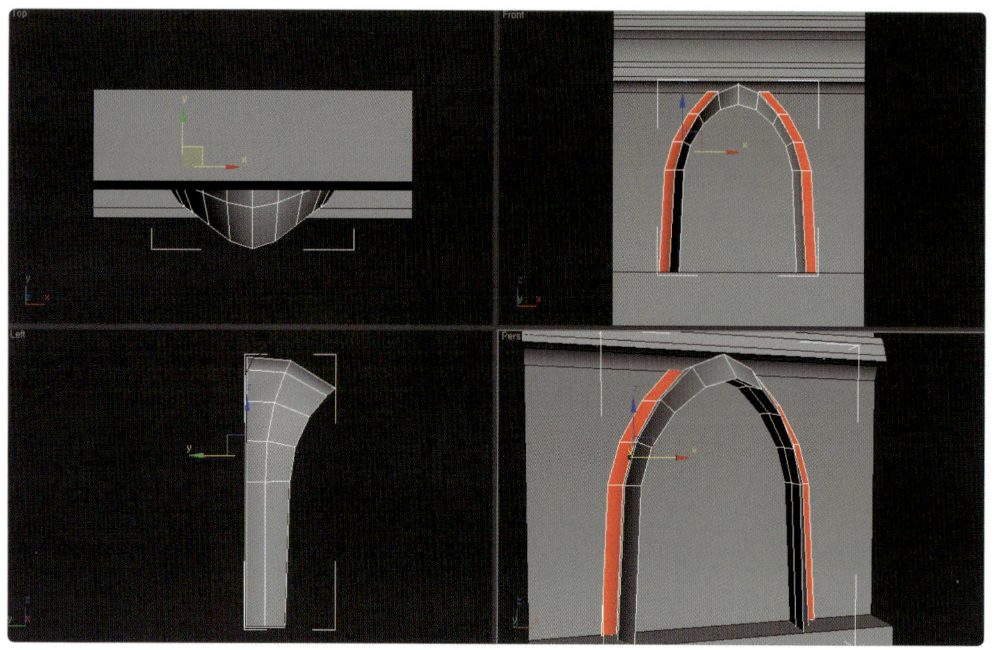

15 이번 창문 틀의 앞쪽도 그림에서 보는 바와 같이 **Edge**를 사용해서 선택된 부분만큼 면을 연장합니다. 선택되어 있는 **polygon**은 알파맵을 사용해서 텍스처로 표현할 것입니다.

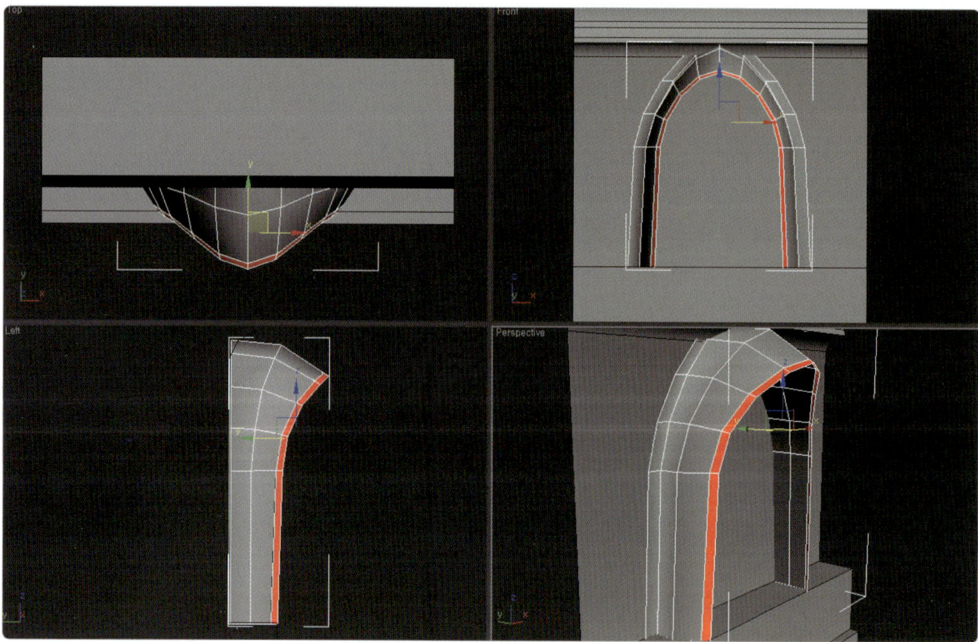

16 창문 틀의 안쪽을 모델링하겠습니다. Alt + X 를 클릭하면
그림에서 보는 바와 같이 반투명 상태가 되어서 좀 더 편하
게 안쪽을 모델링할 수 있을 것입니다.

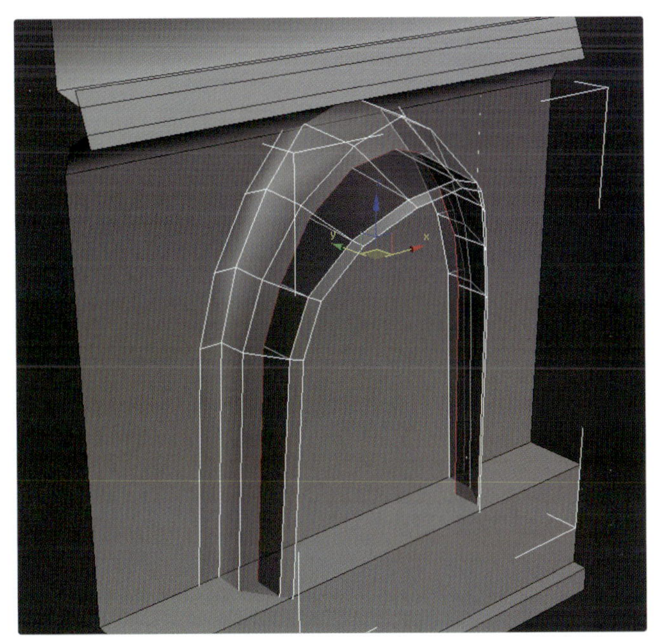

17 그림과 같이 선택된 부분만큼 모델링하겠습니다. **Left View**에서 '벽 안쪽으로 얼마만큼 깊이 모델링 해줄
것인가?'라는 문제는 다음에 벽을 창문 형태로 뚫은 후에 해결할 예정이므로 지금은 대략적으로만 정하겠
습니다.

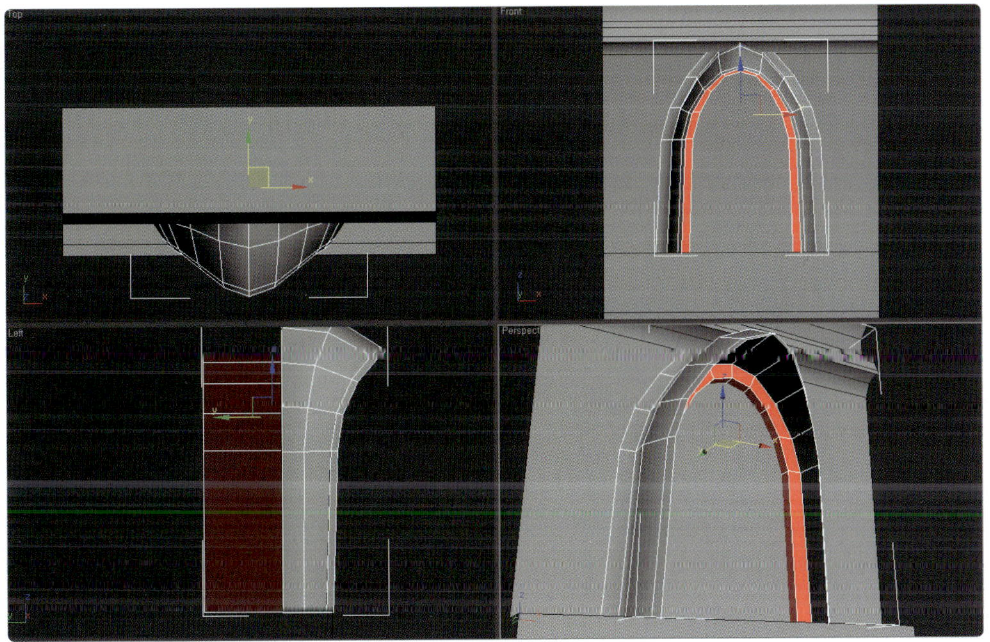

18 선택된 부분을 보면 창문 쪽 중앙 부분이 뚫려 있는 것을 볼 수 있습니다. 창문이 생길 부분의 벽을 제거한 것입니다. 면을 단순화하여 제거한 이유는 어차피 안 보이는 Edge이기 때문입니다.

19 그림과 같이 창문의 안쪽을 모델링하겠습니다.

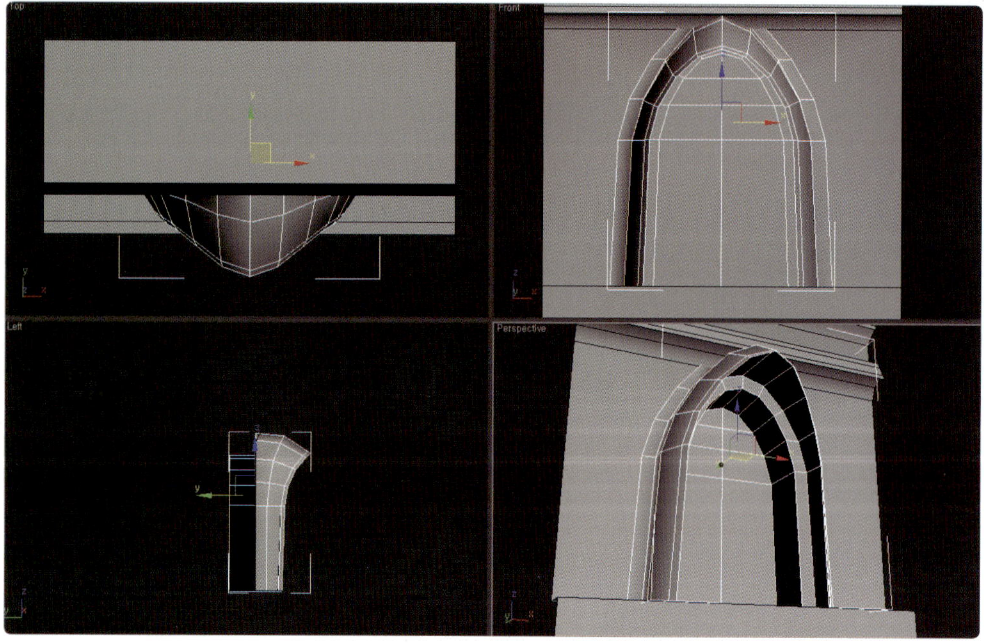

20 1층의 대략적인 모델링이 나왔습니다.

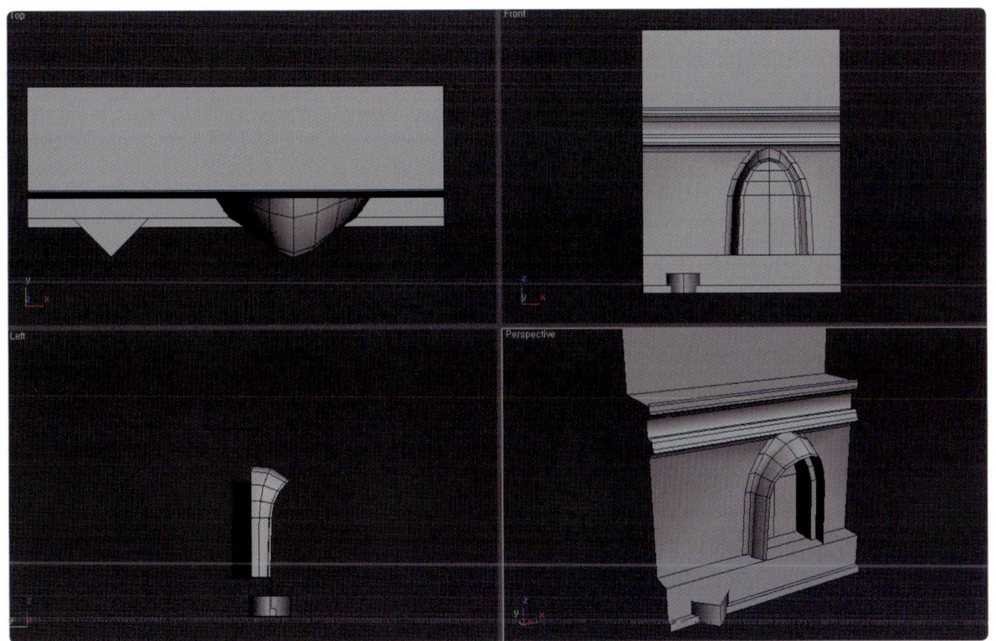

이제 1층 벽 중간에 기둥 같은 오브젝트를 제작하겠습니다. 그림과 같이 1층 벽 부분에 기둥을 제작할 수 있도록 공간을 넓혀주겠습니다. 그 이후에 Cylinder를 생성하겠습니다. Cylinder는 기둥의 기초가 되는 맨 아랫부분입니다.

21 생성된 Cylinder를 Mesh 또는 Poly로 변환합니다. 그림과 같이 실제로 쓰일 면들을 제외한 부분들을 제거한 후에 **Edge**를 사용해서 모델링하겠습니다.

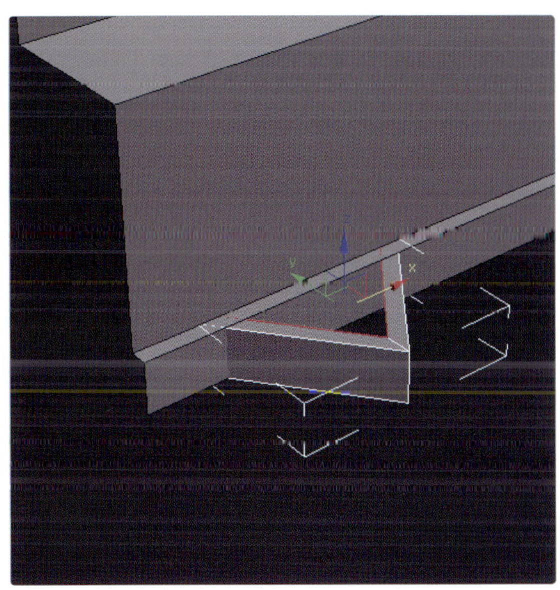

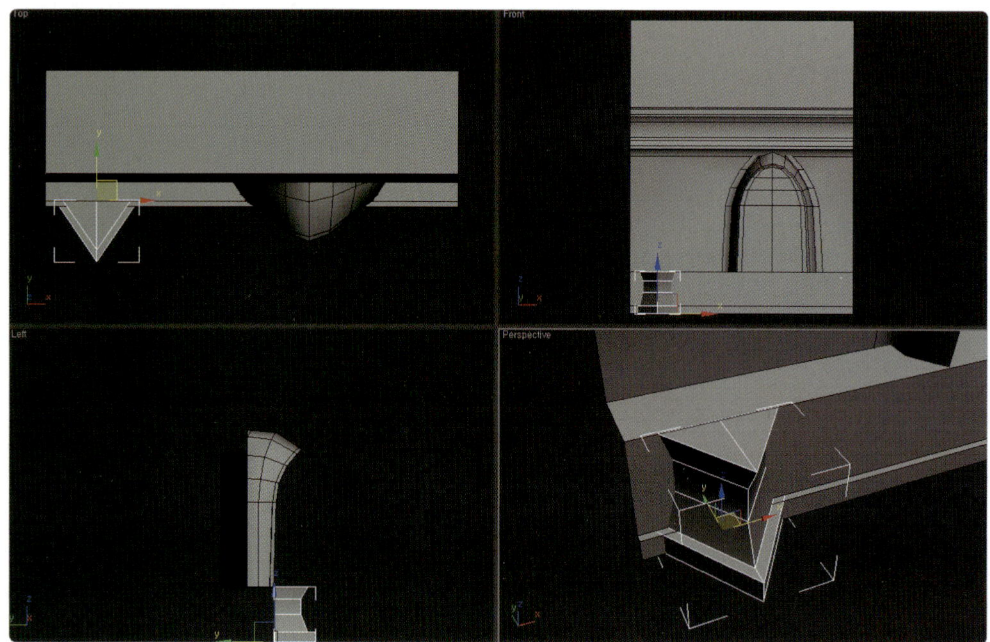

23 기둥의 밑받침 부분을 제작하였습니다. 기둥의 중간 부분을 제작
하기 위해서 그림처럼 Cylinder를 생성하겠습니다. 원화의 기둥
을 참고한 결과 Cylinder의 Sides는 6으로 설정하는 것이 좋을
것 같습니다.

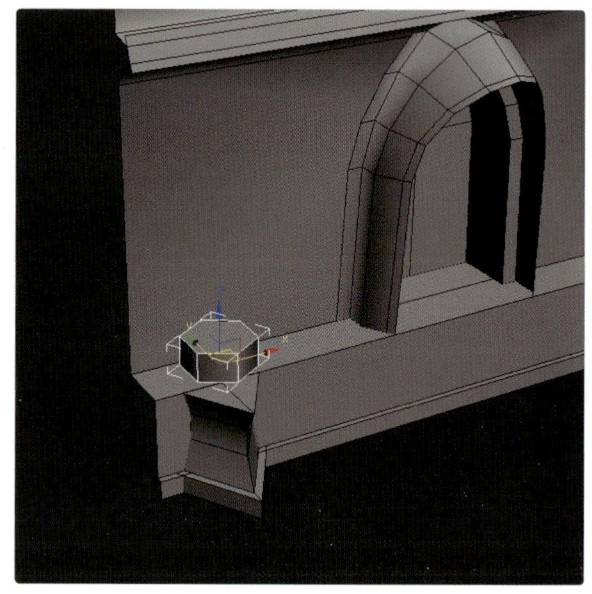

24 생성된 Cylinder를 Mesh 또는 Poly로 변환합니다. Cylinder의 윗면과 아랫면을 제거한 후에 그림처럼 모델링하겠습니다. 모델링은 원화와 모양이 조금 다르더라도 우선은 아래쪽 모델링에 맞추어 제작하는 것이 좋습니다.

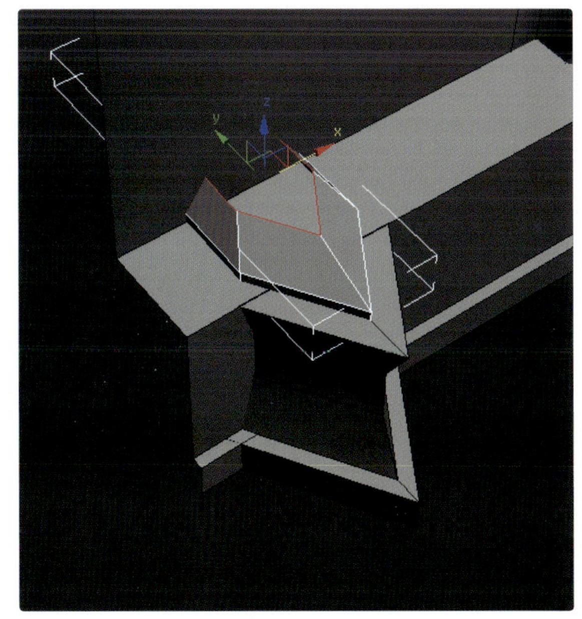

25 그림과 같이 기둥의 중간 부분을 모델링하겠습니다. 원화와 같이 중간에 Edge를 추가하여 기둥의 중간 부분을 약간 잘록하게 만들어 보겠습니다.

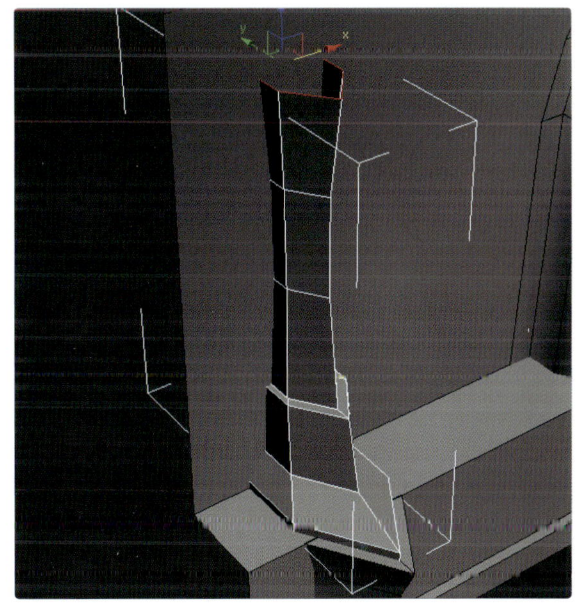

26 Edge를 사용해서 모델링하겠습니다. 그림을 보면 선택되어 있는 Edge를 벽에 있는 Edge와 맞추어 기둥
의 윗부분을 마무리하는 것이 좋습니다.

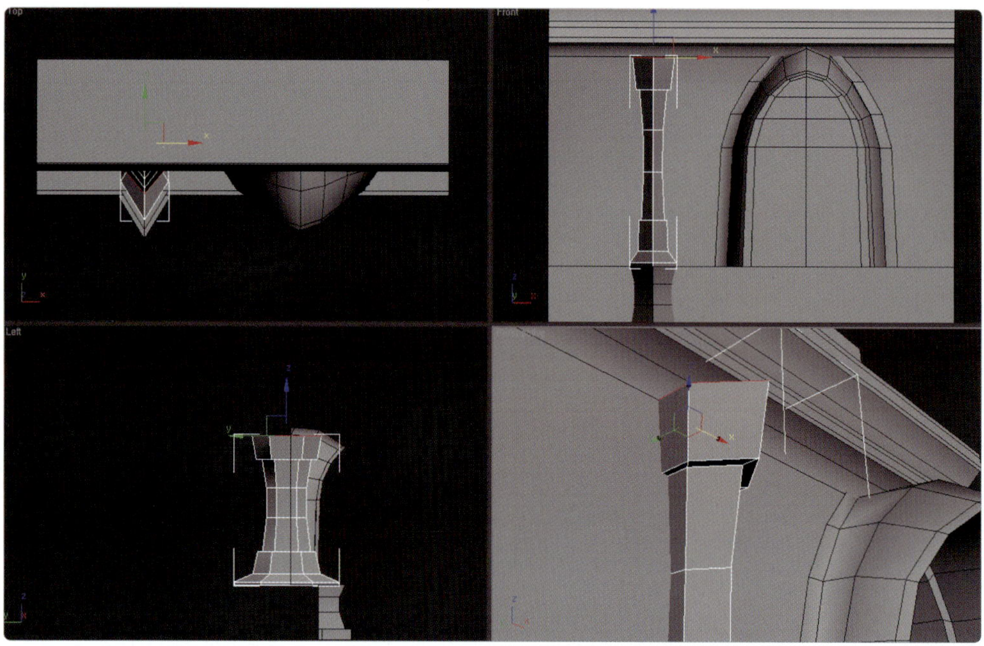

TIP /　　Left View에서 보면 벽 뒤쪽도 벽 앞쪽의 기둥과 같이 모델링되고 있는데, 이유는 뒤쪽의 면들을 지우고
모델링을 하면 Scale 또는 Rotate를 사용할 때 정확한 크기로 모델링하기가 어렵기 때문입니다. 모델링이 모두 끝
난 후에 필요없는 부분들은 제거해도 상관없습니다.

27 그림과 같이 기둥의 위쪽 부분을 제작하기 위해 Cylinder를 생
성하겠습니다.

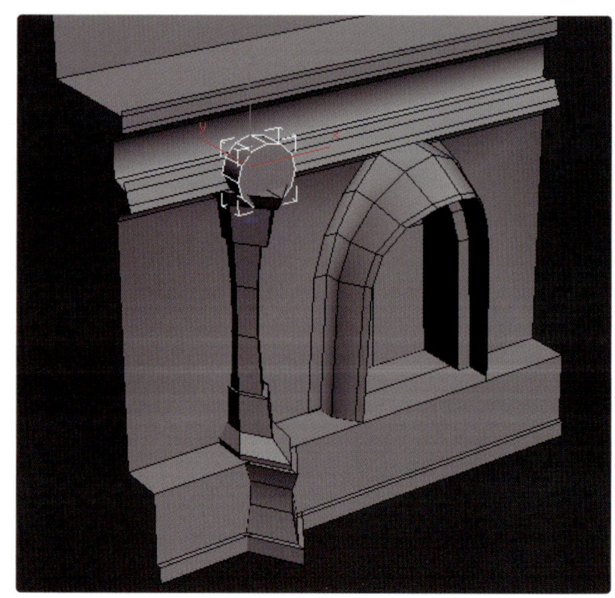

28 생성된 Cylinder를 Mesh 또는 Poly로 변환합니다. Polygon을 선택한 후 필요없는 부분들을 제거하겠습니다. Cylinder의 위치와 크기는 제작된 기둥에 맞추어 조절하겠습니다.

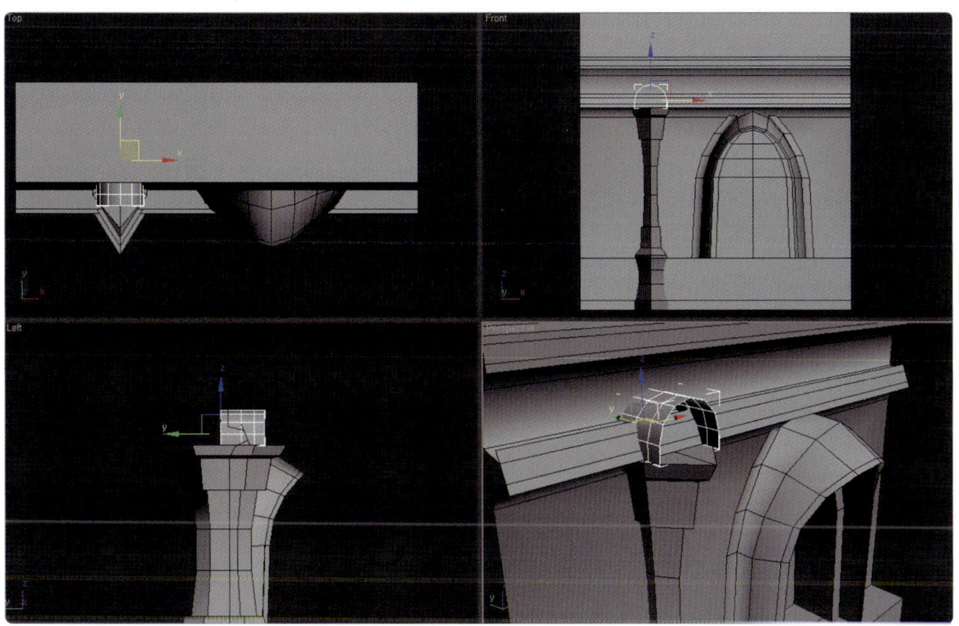

29 Modifier List에서 FFD 4×4×4를 선택합니다. 그림과 같이 주황색 선이 생기면 Control Points를 사용해서 형태를 잡습니다.

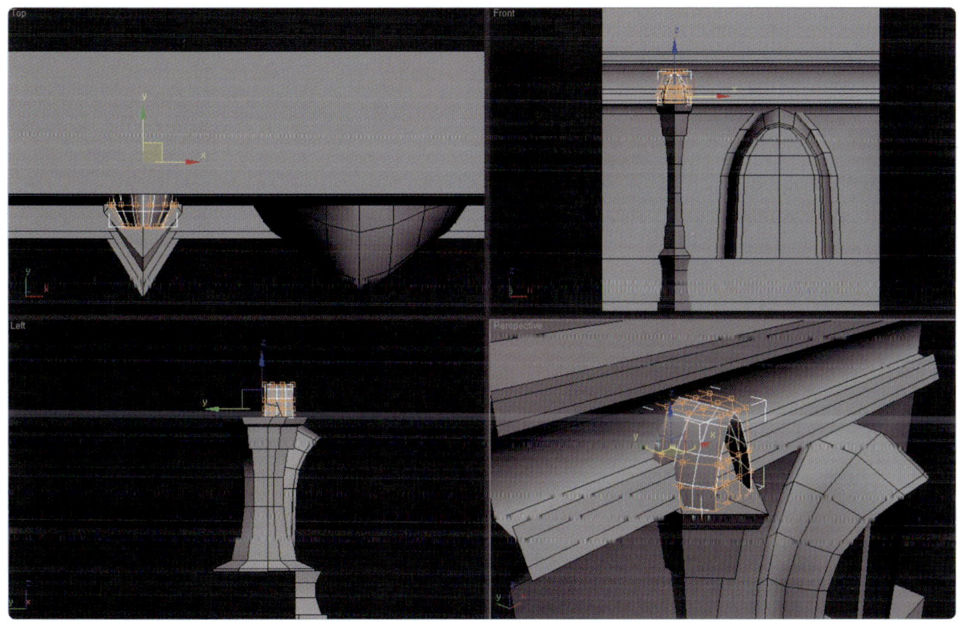

30 원화를 잘 참고해 가면서 그림과 같이 모델링하겠습니다.

> **TIP**／ FFD 4×4×4는 곡선을 모델링할 때 사용하면 좋습니다. 하
> 지만 너무 지나치게 사용하면 텍스처를 제작하기가 어려워질 수 있으
> 므로 전체적인 형태를 잡아주는 쪽으로 사용하시기를 권합니다.

31 그림과 같이 안쪽 부분을 모델링하겠습니다. 선택된 부분처럼 모델
링하면 앞쪽 부분이 Plane으로 남게 되는데, 이 부분은 알파맵으로
처리할 예정입니다.

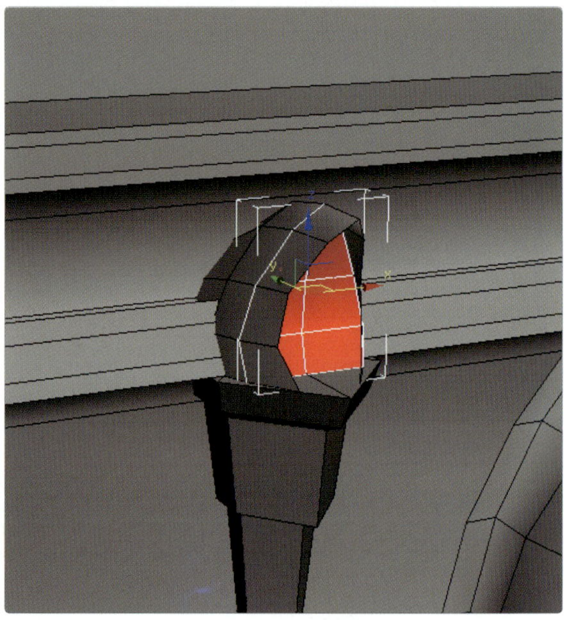

32 어느 정도 1층 부분이 제작된 것 같으면, 기둥 오브젝트의 뒷부분을 그림과 같이 제거하겠습니다. 원화와 비교해 가면서 전체적으로 느낌이 비슷한지 검토하겠습니다.

33 양쪽 벽 중간에 위치할 큰 창문 부분을 제작하기 위해 Box를 적당한 위치에 생성하겠습니다.

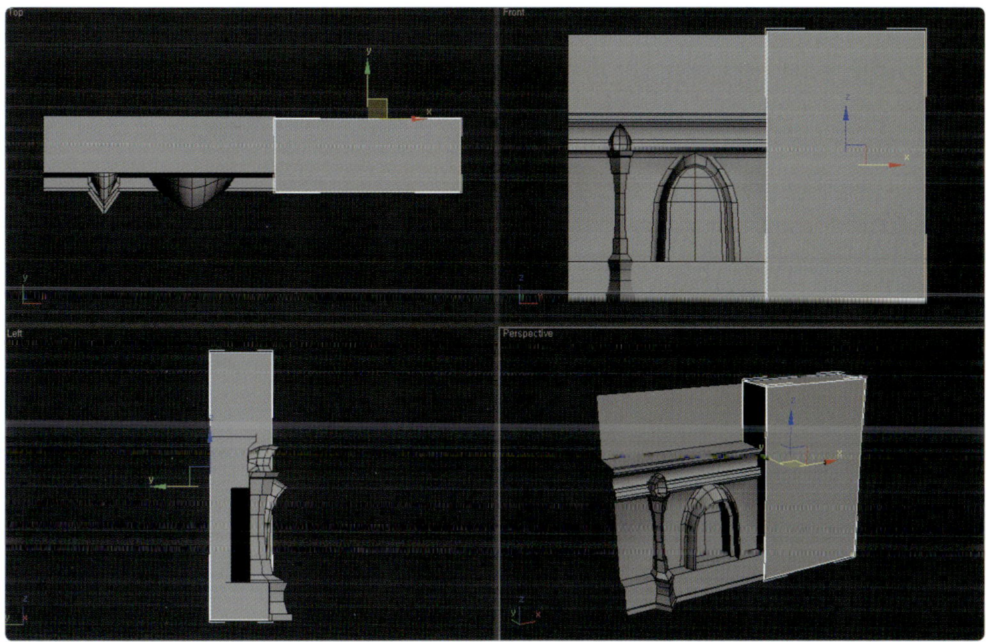

34 큰 창문의 양쪽 옆에 놓이게 될 기둥을 제작할 것입니다. 이전과 같은 방법으로 기둥의 아래쪽을 제작하겠습니다.

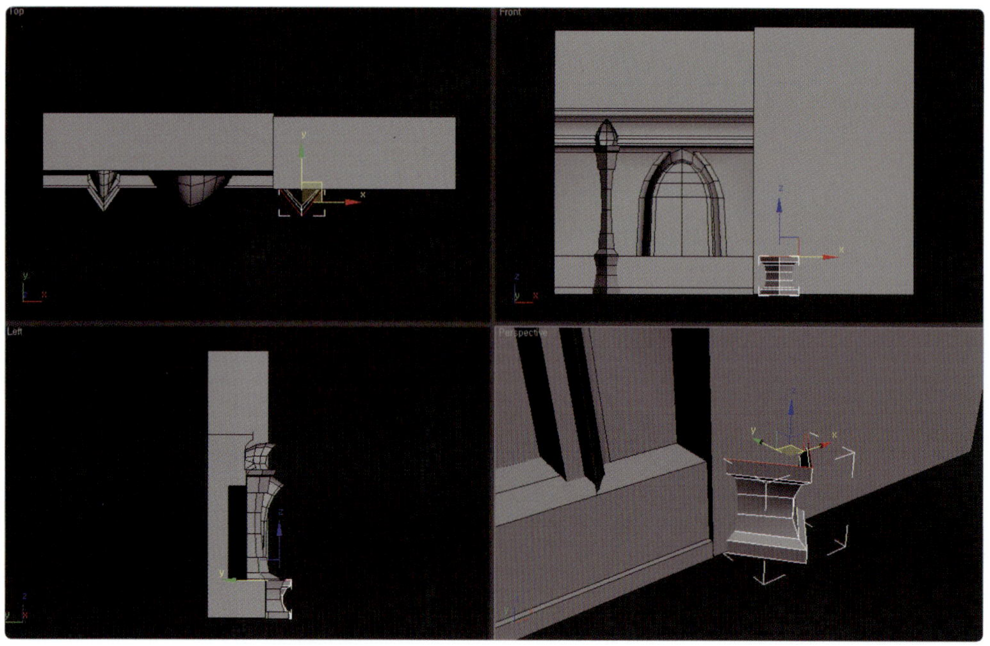

35 큰 창문에 들어갈 아래쪽 부분을 기둥 아래쪽 부분과 맞추어 대략적인 크기로 제작하겠습니다.

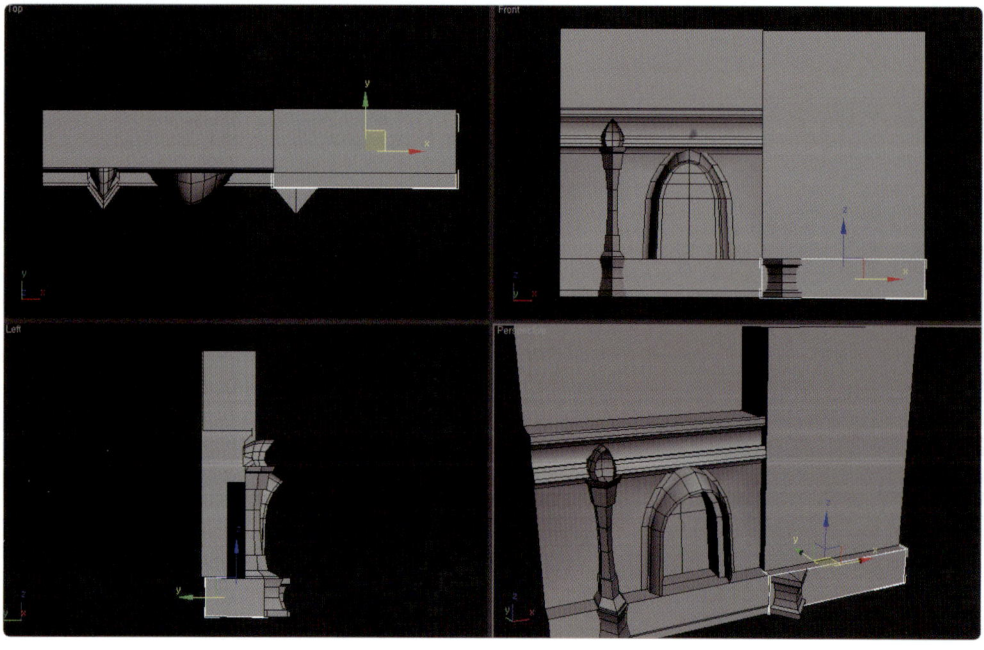

36 Cylinder를 생성하겠습니다. 생성된 Cylinder를 Mesh 또는 Poly
로 변환합니다. 그림과 같이 실제로 쓰일 면들을 제외한 부분들은
제거한 후에 Edge를 사용해서 모델링하겠습니다.

37 이전과 같은 방식으로 큰 창문의 양쪽 기둥 부분도 제작하겠습니다. 모델링 결과물은 다르지만 제작하는
방법은 같습니다.

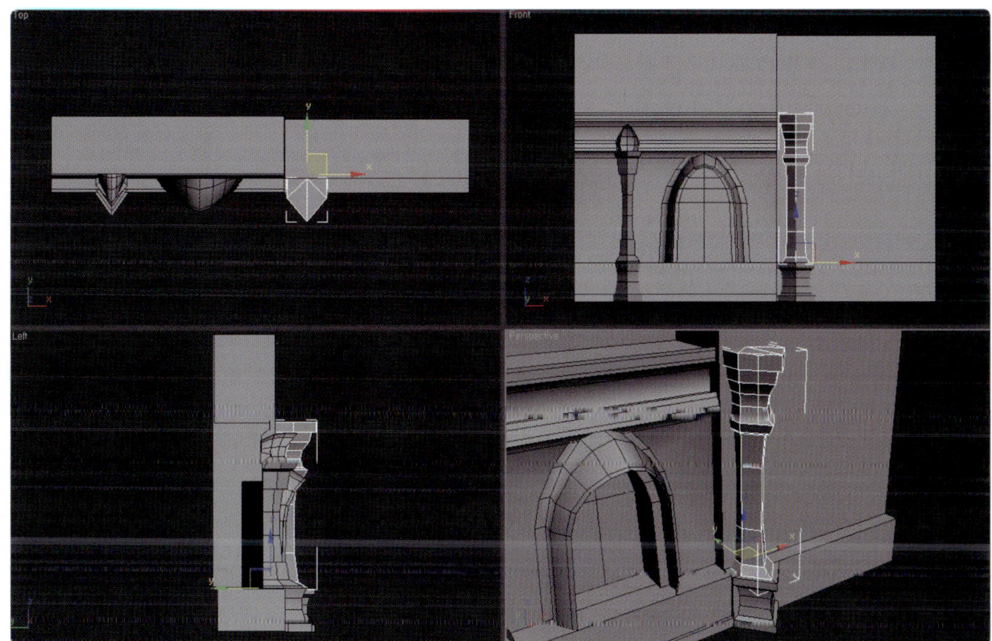

38 제작된 기둥을 반대쪽에도 복사하겠습니다. 두 기둥을 참고하여 큰 창문이 들어갈 크기를 생각하면서 전체
적으로 수정하겠습니다.

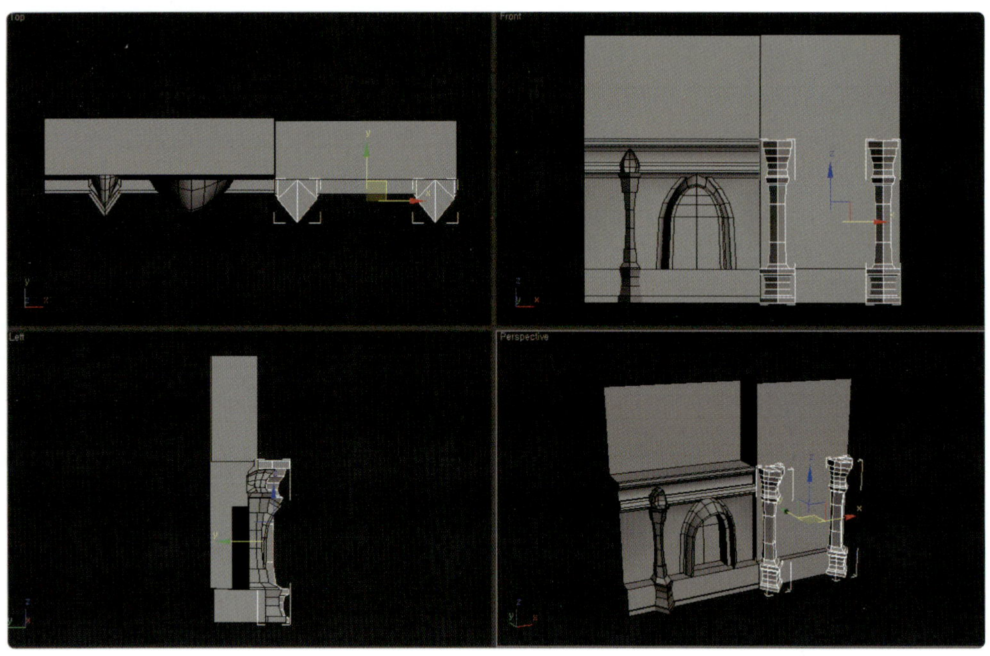

39 이전에 제작했던 창문과 같은 방식으로 큰 창문의 위쪽을 제작하겠습니다. 이 부분은 창문 쪽을 제작하면
서 계속 수정될 수도 있습니다.

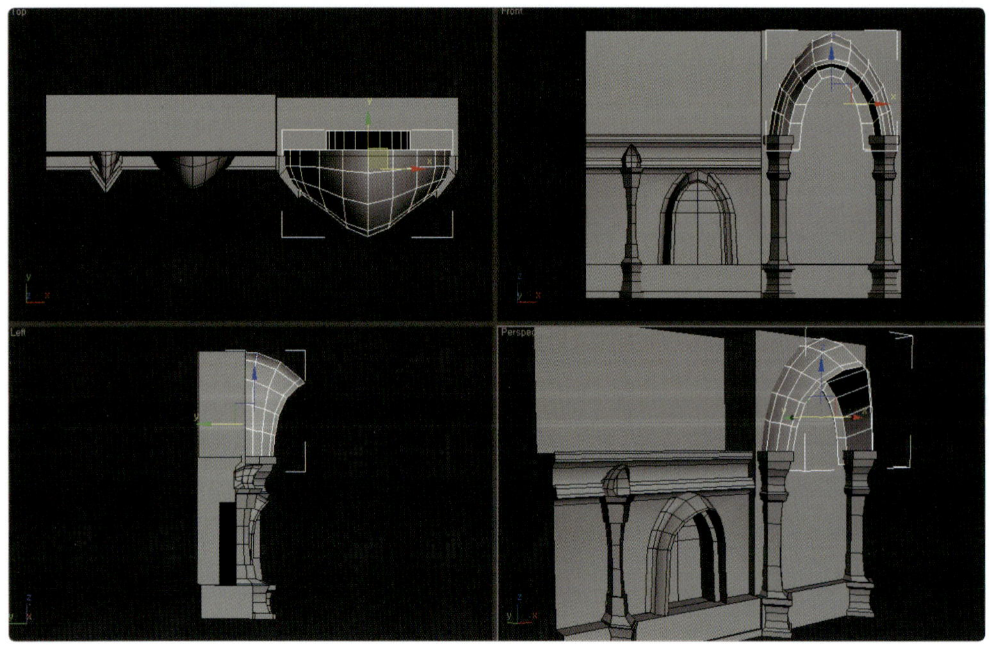

40 그림과 같이 창문의 뒷부분을 Poly에서 Connect를 사용하여 반으로 나누어주겠습니다.

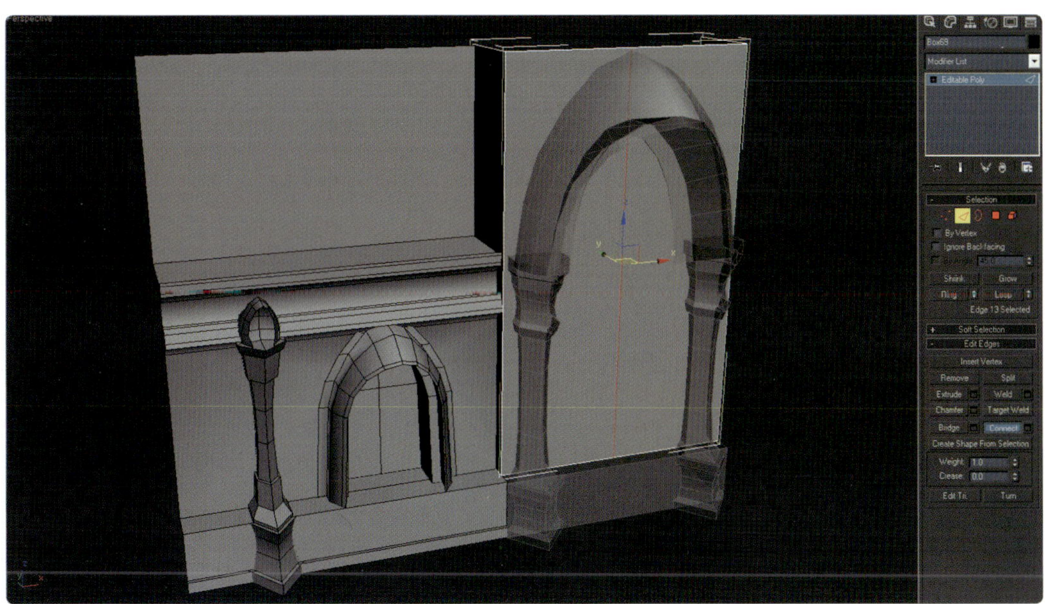

41 이전과 같은 방법으로 Poly의 Edge 안에 있는 Cut을 사용하여 선택된 부분만 남겨두고 나머지는 제거하겠습니다.

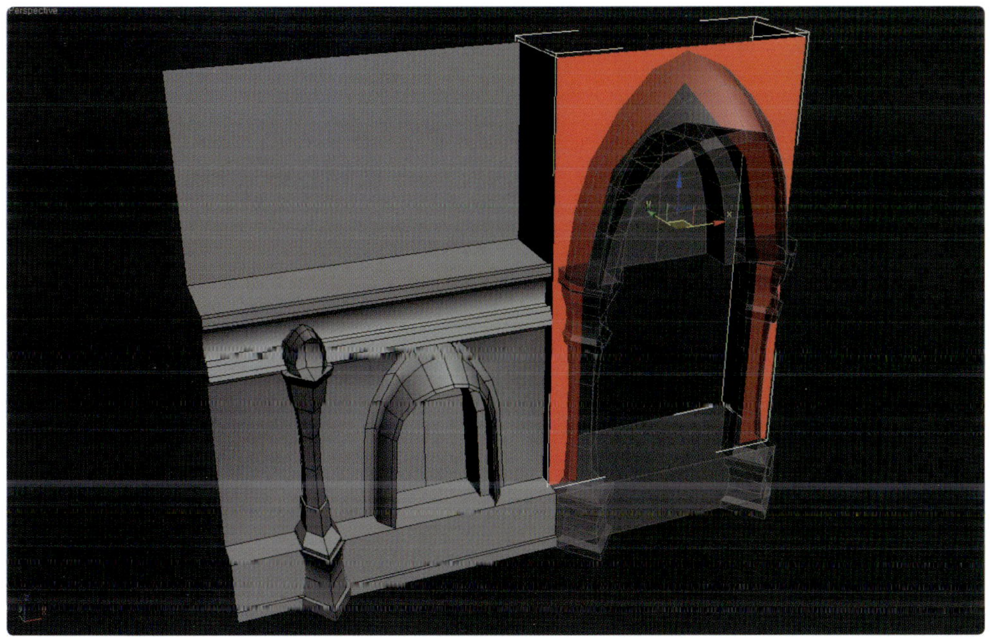

42 그림과 같이 창문이 될 부분의 **Edge**를 잡고 아래로 모델링한 다음, 전체적으로 모델링의 크기와 비율 등을 다시 한 번 체크하면서 수정하겠습니다.

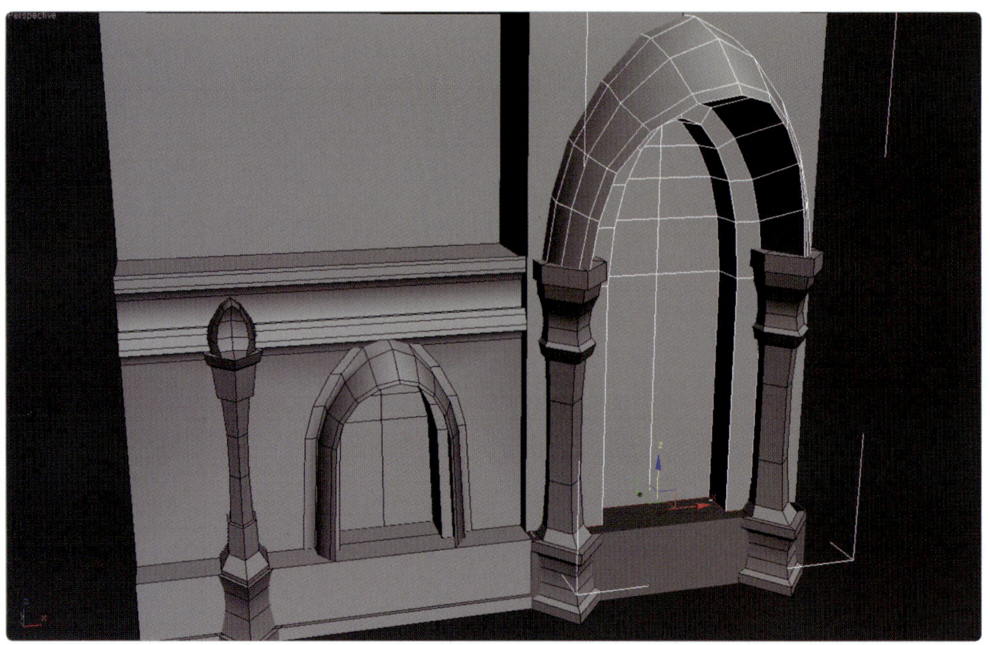

43 큰 창문 앞에 특별한 무늬를 띤 철창 같은 느낌의 오브젝트가 들어갈 곳입니다. **Plane**으로 제작하였습니다. 알파맵을 사용하여 제작할 것입니다.

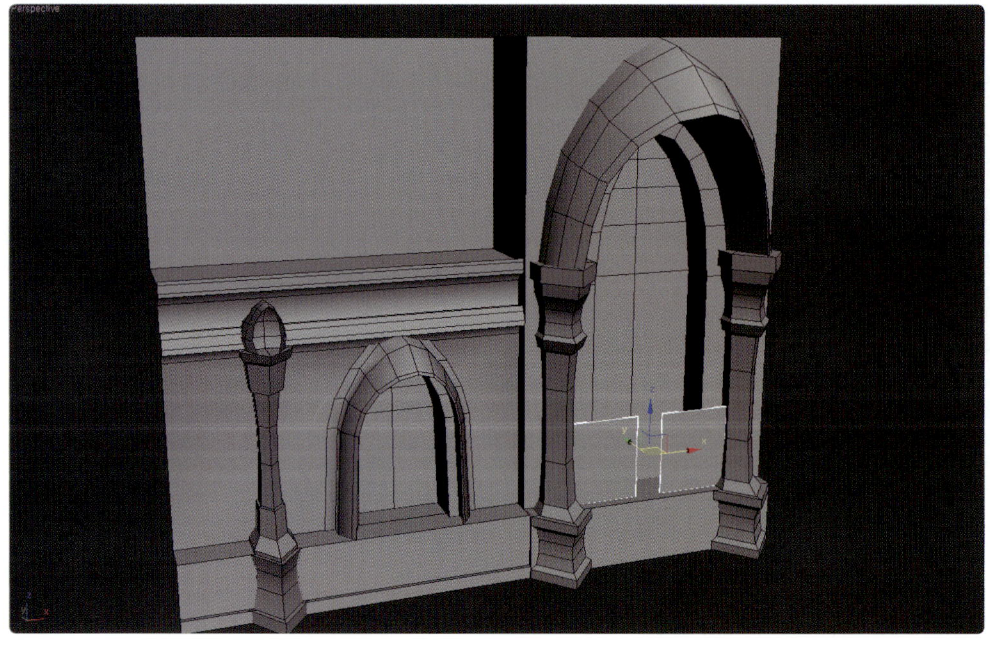

44 2층 벽 부분을 이어서 제작하겠습니다. 그림과 같이 선택된 부분처럼 **Edge**를 사용해서 모델링하겠습니다.

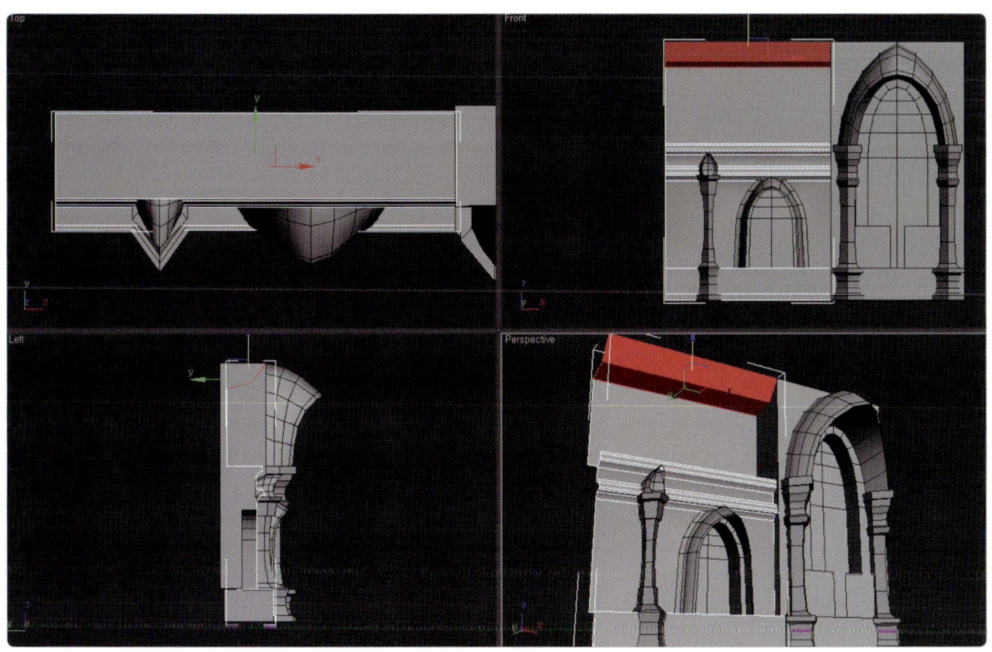

45 1층 기둥을 수정하여 2층 기둥을 제작하겠습니다. 전체적인 느낌을 보기 위해 옆으로 확장하겠습니다.

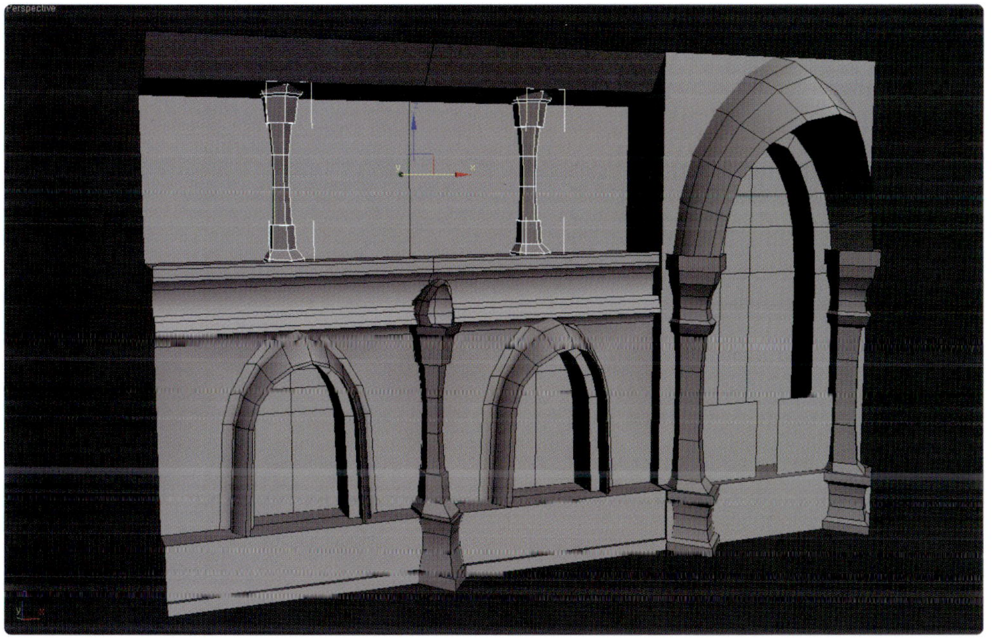

46 2층 기둥 사이에 배치될 오브젝트를 제작하겠습니다. Sphere를 생성하겠습니다. Segments 값은 '4'로
설정합니다.

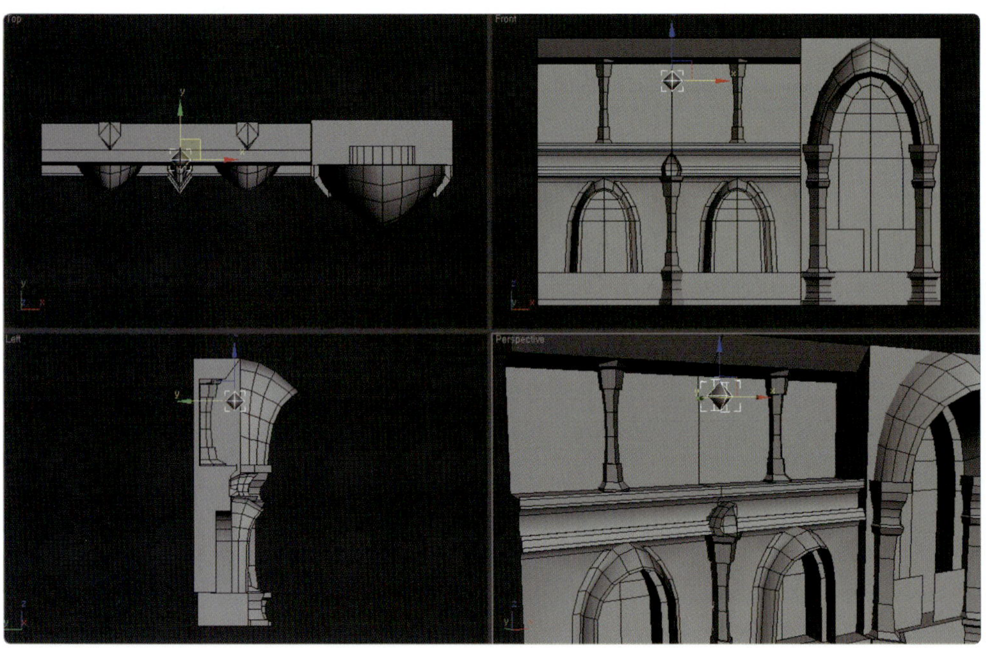

47 생성된 Sphere를 Mesh 또는 Poly로 변환합니다. 필요없는 부분들을 제거한 후에 그림처럼 모델링하겠
습니다.

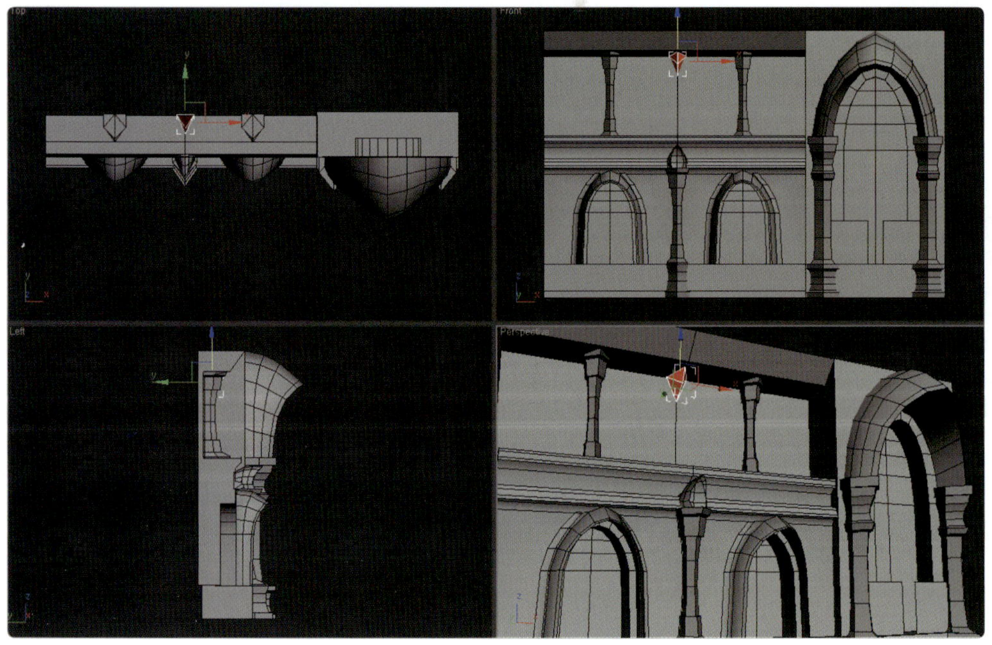

48 옆쪽으로도 복사하겠습니다. 이쯤에서 전체적인 분위기를 보면서 수정하는 것도 좋습니다.

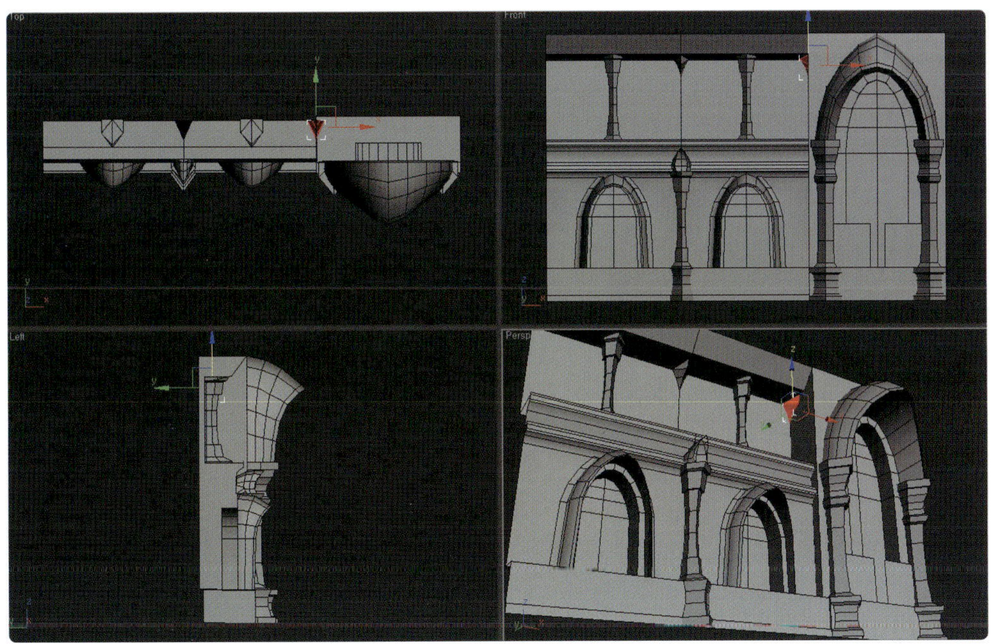

49 2층 난간 부분을 제작하겠습니다. **Box**를 생성해서 간단히 난간의 기본 틀을 만들겠습니다.

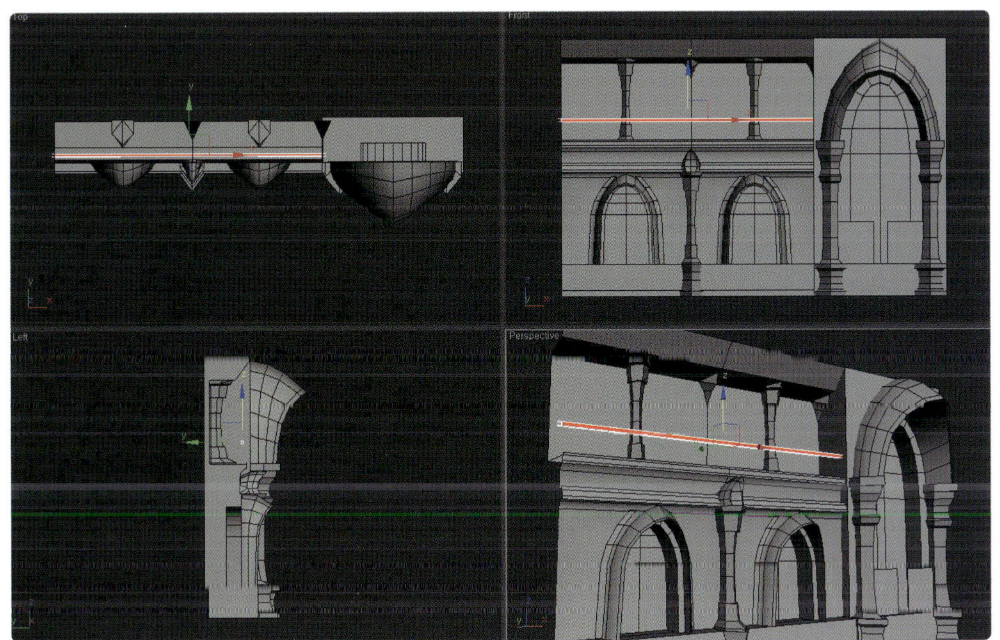

50 Cylinder를 생성하겠습니다. 난간의 작은 기둥들을 제작할 것입니다. 오브젝트는 작고 반복성이 높으므로 Side 값을 '4'로 정하겠습니다.

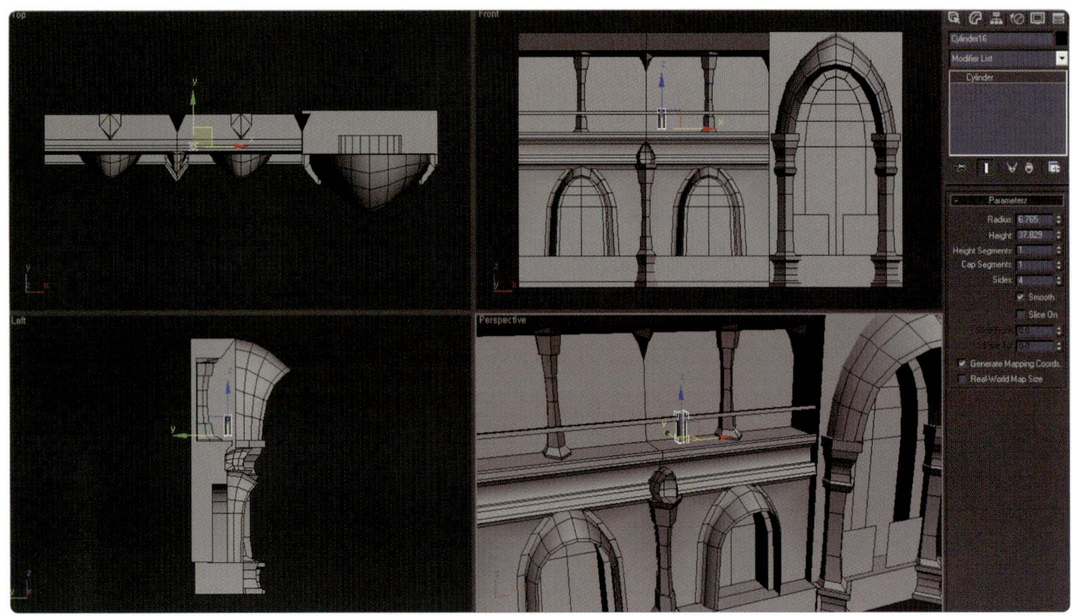

51 생성된 Cylinder를 Mesh 또는 Poly로 변환한 후에 그림과 같이 난간 모양처럼 모델링하겠습니다.

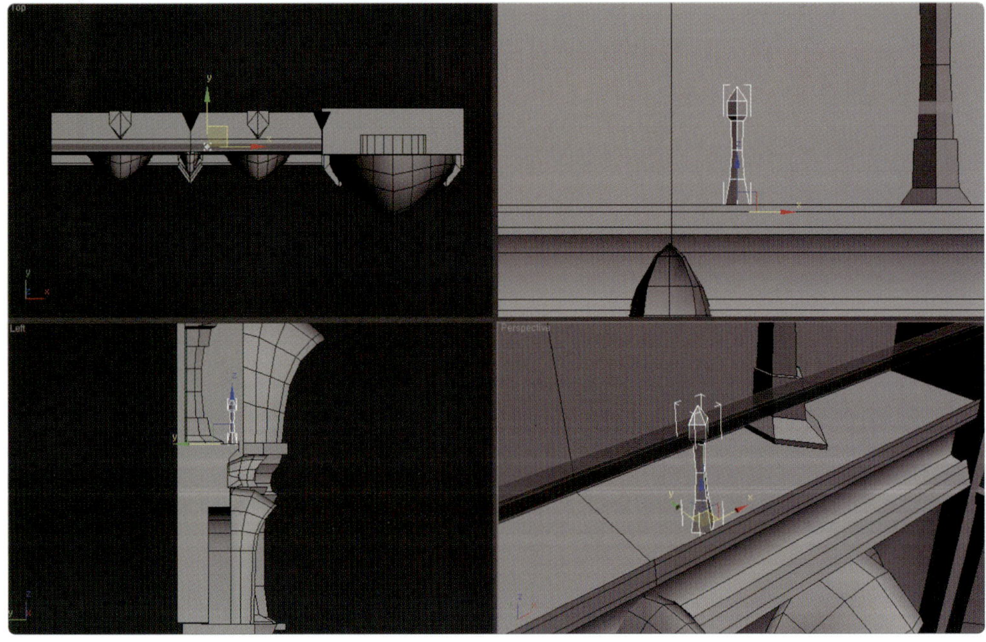

52 그림과 같이 적당한 거리를 유지하면서 복사합니다.

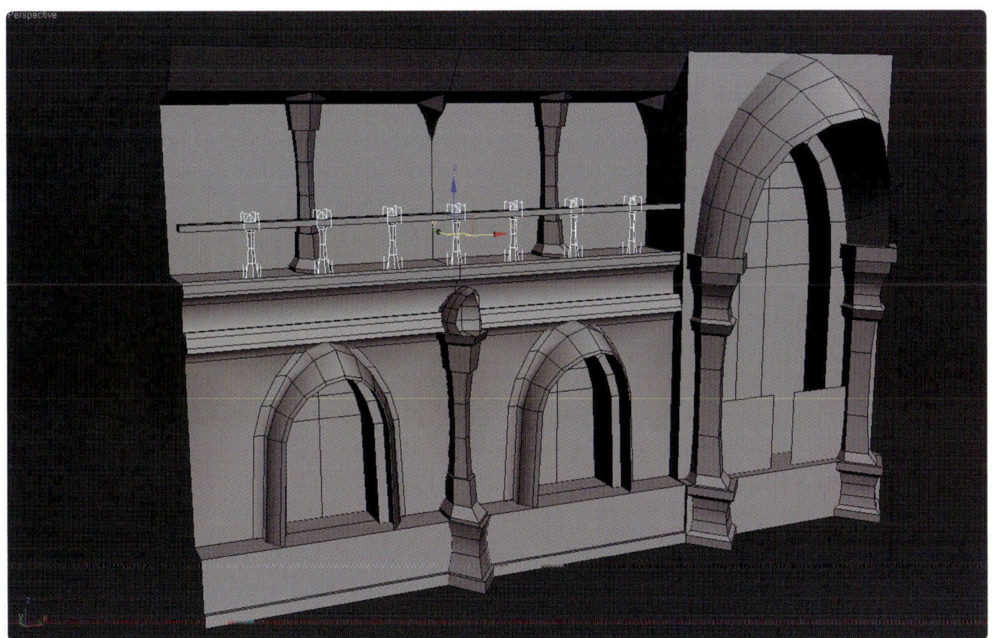

53 2층 벽면 위쪽으로 천장과 이어지는 부분을 Edge를 사용하여 모델링하겠습니다. 너무 크게 모델링하면 벽면들이 작아 보일 수 있습니다. 나중에 천장을 제작하면서 수정할 수도 있습니다.

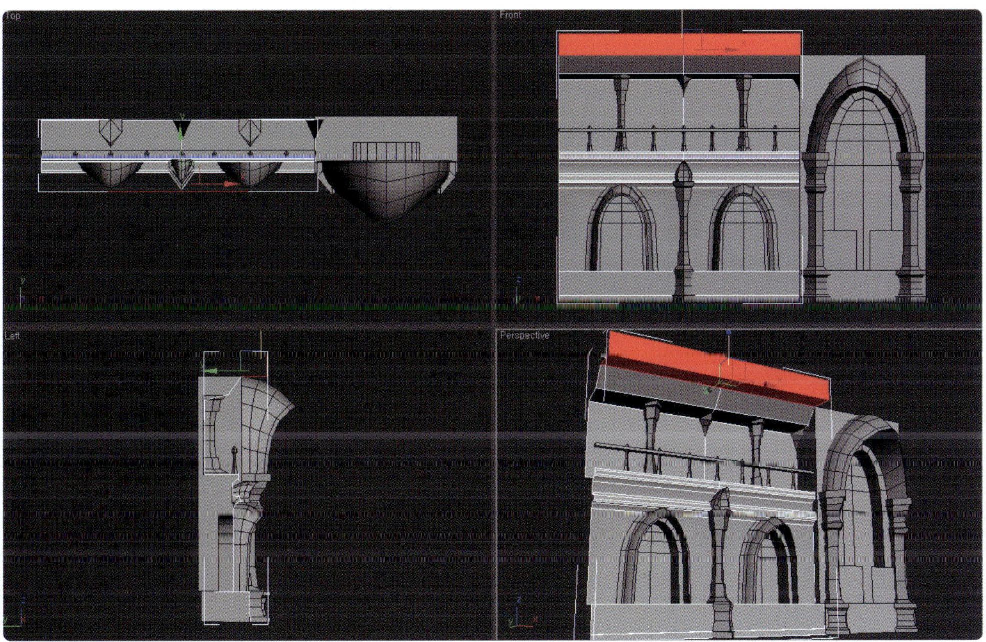

54 반대쪽 벽도 복사하겠습니다.

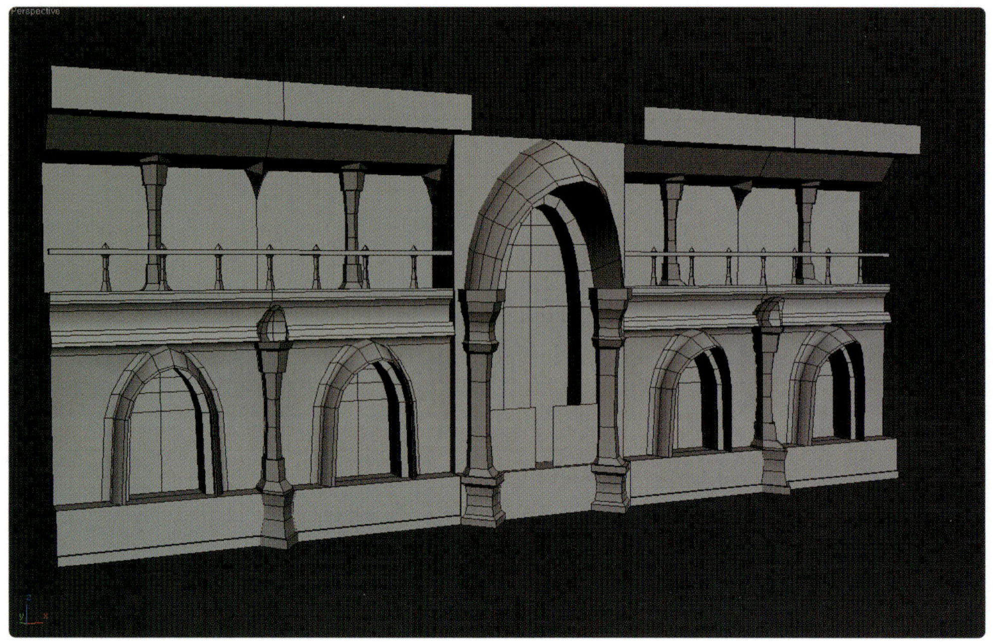

55 벽면 위에 천장과 이어지는 부분도 마무리합니다. 이제 전체적으로 벽 부분은 마무리된 것 같습니다. 이쯤
에서 잘못된 부분이 없는지 체크하기 바랍니다.

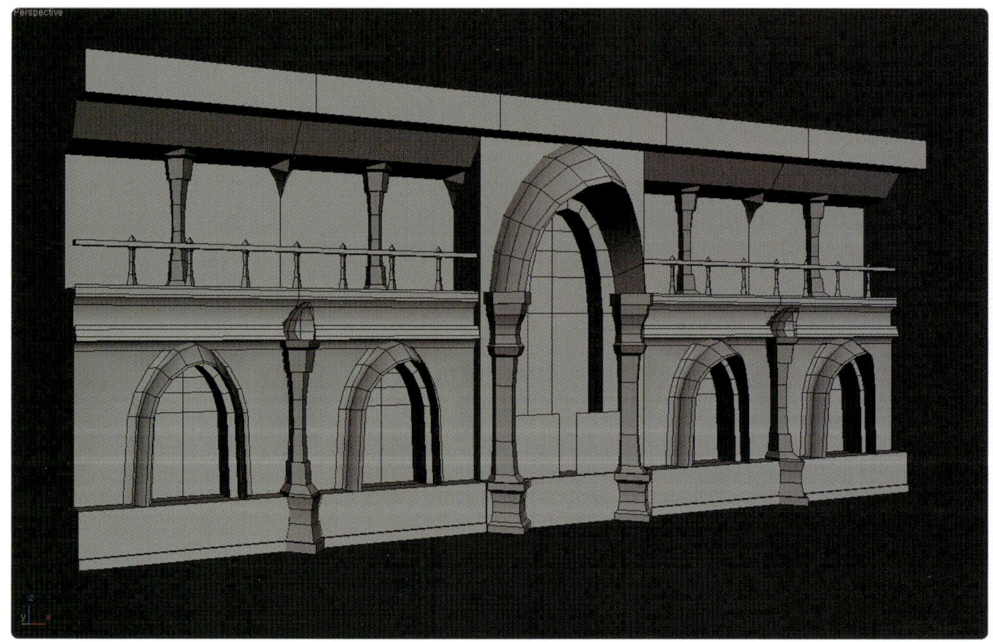

56 넓은 벽 쪽에 제작된 오브젝트를 짧게 수정해서 배치하겠습니다. 좁은 벽에 배치된 큰 창문은 나중에 문으로 대체될 것입니다. 큰 창문과 문의 크기가 비슷하기 때문에 우선 큰 창문을 배치하였습니다.

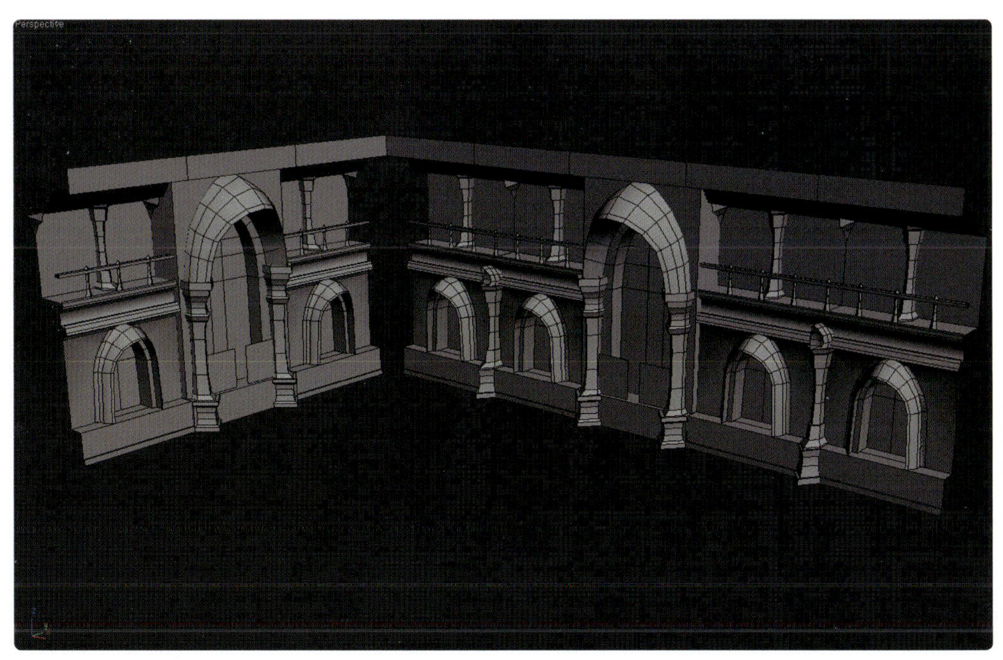

57 넓은 벽과 좁은 벽을 이어주겠습니다.

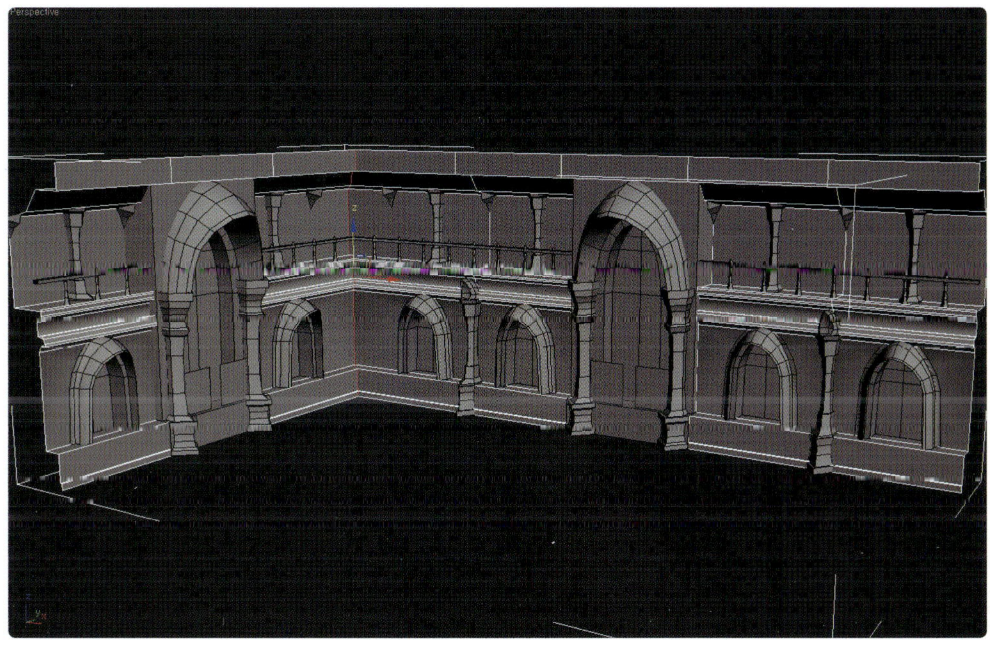

58 같은 방법으로 전체적으로 복사해서 작업하겠습니다. 이러한 방인 경우에는 좁은 벽 쪽이 너무 좁지 않게 항상 Top view에서 체크하면서 제작해야 합니다. 그 이유는 잘못하면 복도 같은 느낌을 줄 수도 있기 때문입니다.

59 천장을 제작하겠습니다. 그런 다음 Plane을 생성하겠습니다.

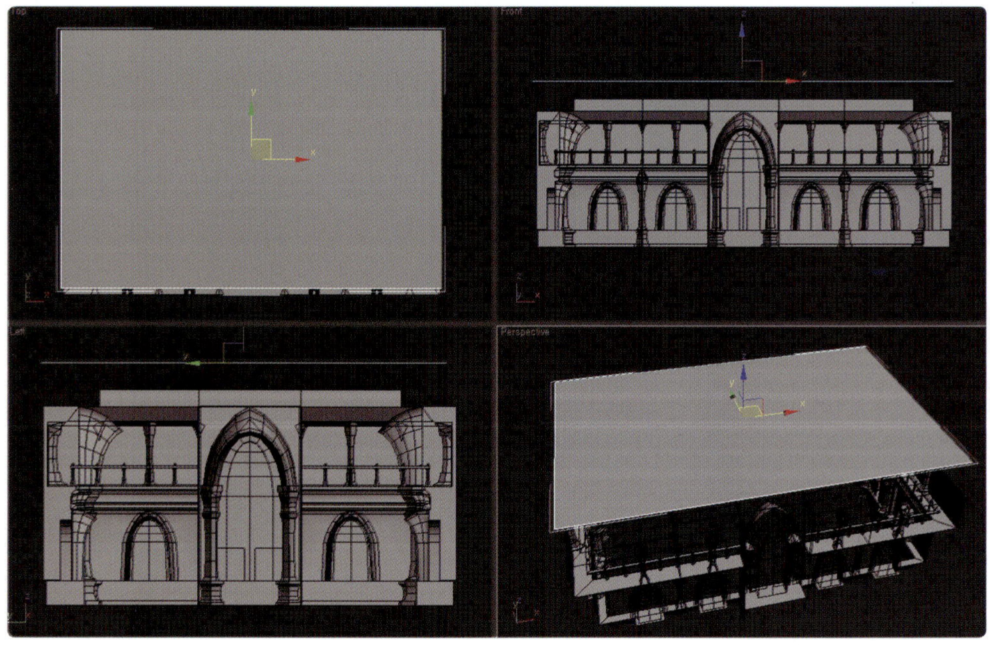

60 Plane을 생성한 후에 그림과 같이 Mesh 또는 Poly로 변환하고, 모델링하겠습니다.

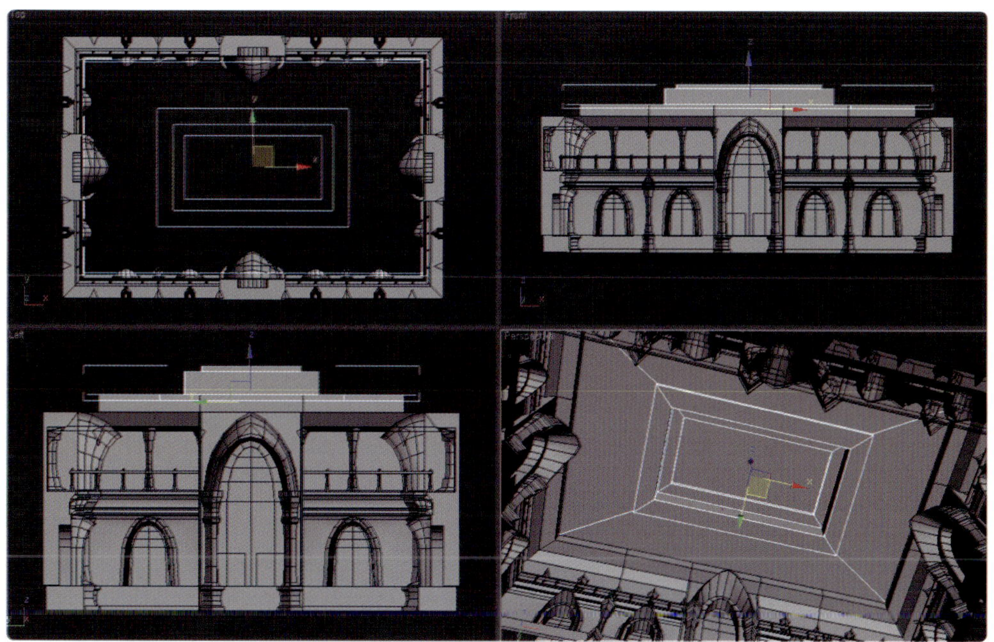

61 천장과 같은 방법으로 바닥도 제작하겠습니다.

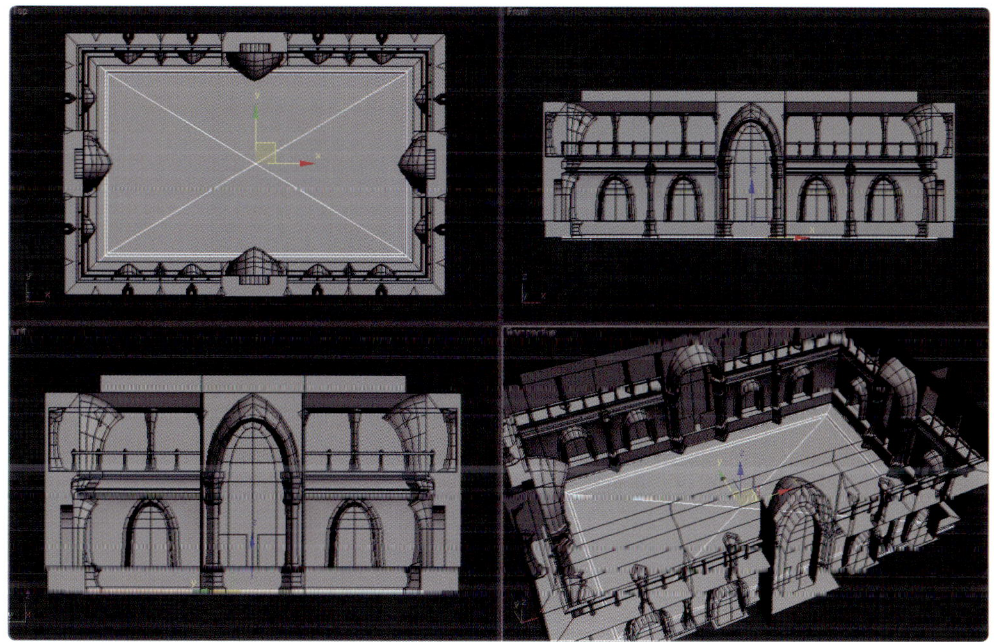

 좁은 벽 부분에 큰 창문을 빼고 문을 제작하겠습니다. Box를 사용해서 문의 윗부분을 제작하겠습니다.

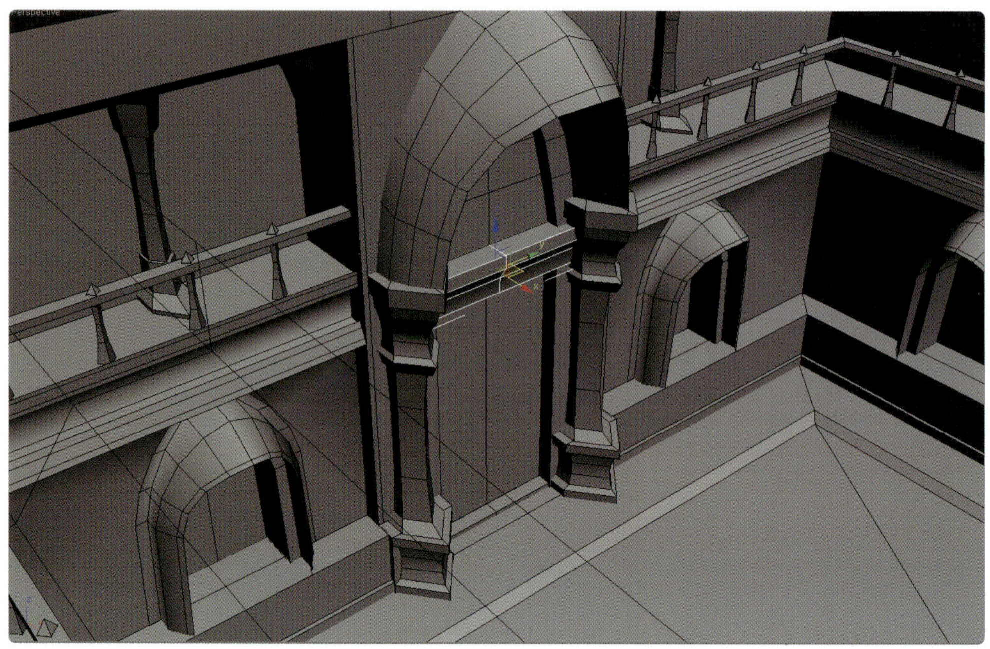

63 Box를 생성하여 Mesh 또는 Poly로 변환한 다음에 문의 아래 받침 부분을 제작하겠습니다.

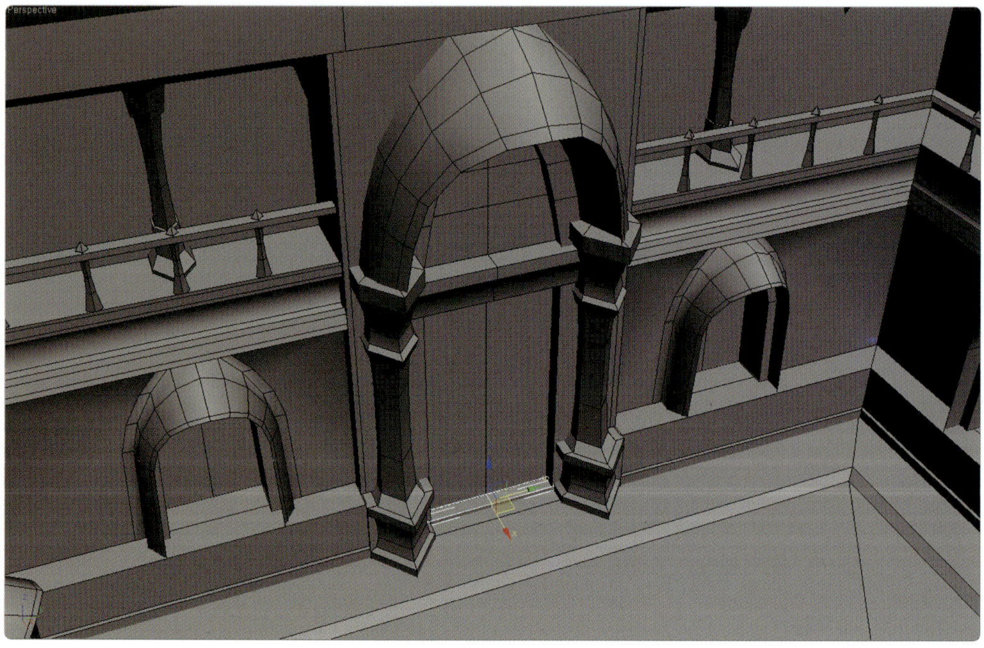

모델링이 일차적으로 마무리되었습니다. 대략적으로 라이트가 구조적으로 잘 받는지 렌더링을 걸어 보았습니다.

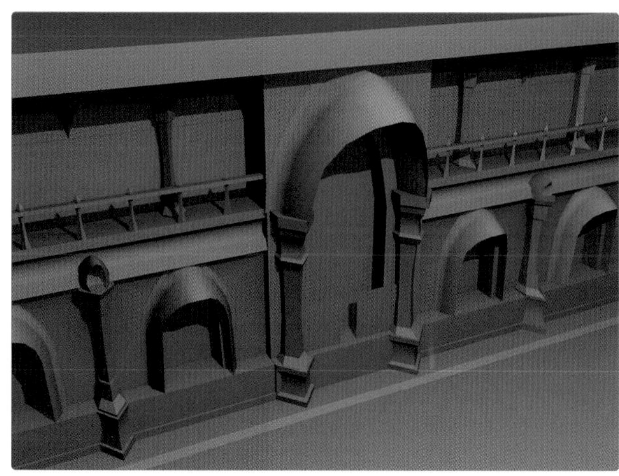
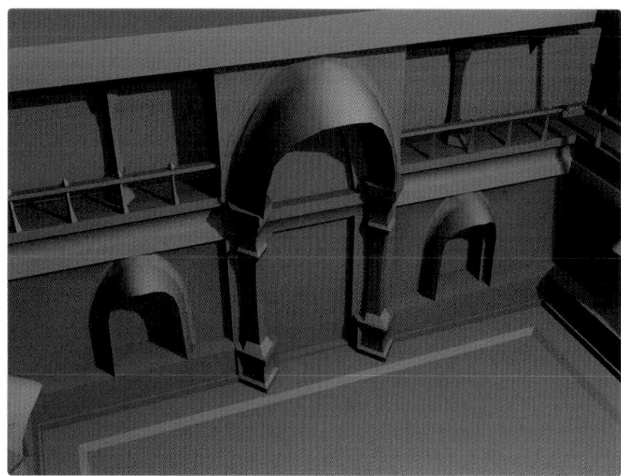

⊙ Unwrap UVW 작업

던전마다 다르겠지만 던전은 일반적으로 타일링이 되는 텍스처를 많이 사용하는 편입니다. 이번에 제작한 던전의 벽, 바닥, 천장 부분의 텍스처는 모두 타일링되는 텍스처를 사용할 것입니다. 그리고 오브젝트 중에서 중요도가 떨어지는 부분들은 다른 텍스처를 공유해서 사용하도록 할 것입니다. 예를 들어 천장 부분이나 어떤 오브젝트의 잘 보이지 않는 아랫부분 등이 포함될 것입니다. 천장 같은 경우에는 보스방 또는 특별한 방과 같이 천장을 화려하게 제작할 경우 천장 텍스처를 별도로 제작하는 것이 맞지만, 이번 던전과 같은 경우에는 천장을 단순하게 표현해서 다른 곳에 사용된 텍스처를 분위기에 맞도록 다시 활용해도 괜찮다고 생각합니다.

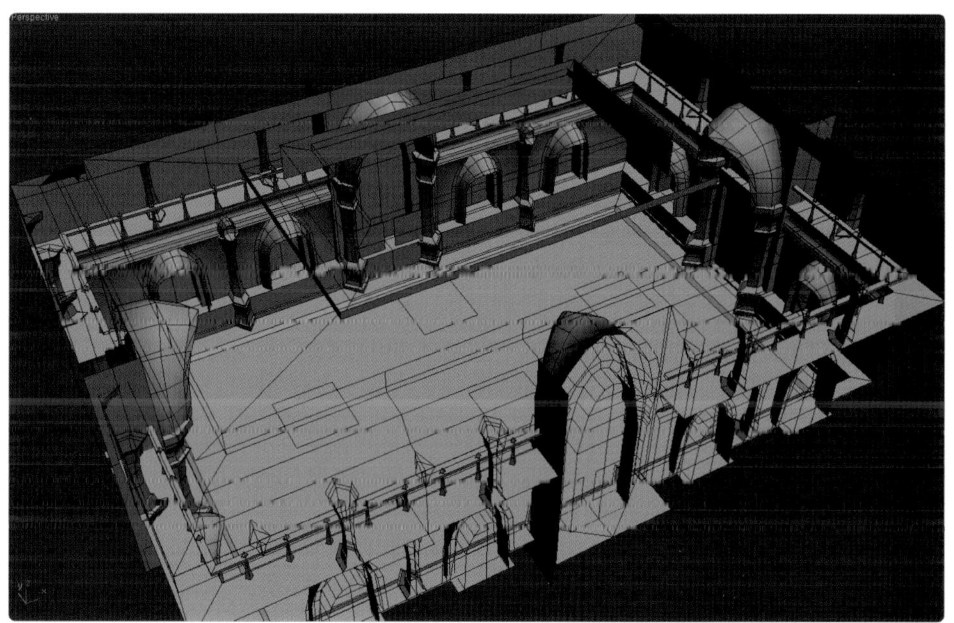

▲ Perspective view에서 본 완성된 던전의 모습

텍스처 제작의 순서는 다음과 같습니다.

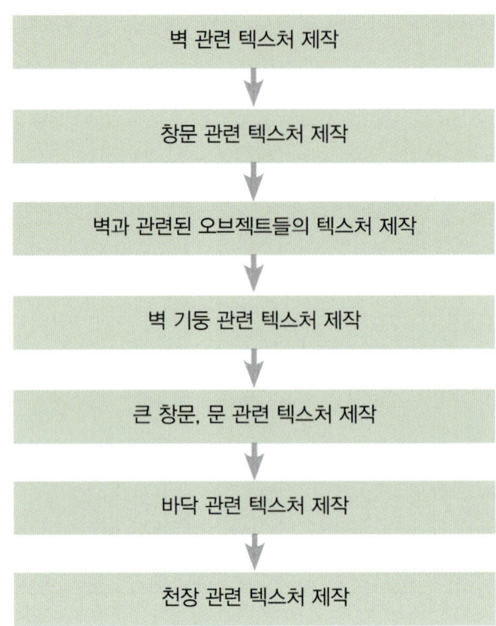

전체적인 텍스처 제작 순서를 나열해보았습니다. 벽을 첫 번째로 제작하는 이유는 다음과 같습니다.

- 던전을 제작할 때 가장 기본이 되면서 전체적으로 쓰일 기본 소스를 제작해야 합니다. 기본 텍스처로
  는 일반적인 벽이 가장 좋다고 생각하기 때문입니다.
- 전체적으로 중요도가 가장 높은 부분 중에 하나가 벽이라고 생각하기 때문입니다.

이렇게 벽에 관련된 부분들을 제작한 후에 다른 부분들을 벽의 분위기에 맞추어 제작하는 것이 좋다고 생
각합니다. Unwrap의 경우에는 앞에서 설명한 바와 같이 Edit UVWs 창을 열어 놓은 상태에서 Polygon
을 선택해 가면서 Unwrap을 어떻게 폈는지, 공용으로 쓰인 것이 어떤 부분인지 확인할 수 있을 것입니
다. Unwrap에 대한 보충 설명은 텍스처를 제작하면서 추가적으로 하겠습니다.

<table>
<tr><td>Step</td><td>5</td><td></td></tr>
</table>

Step 5 | 던전 텍스처 제작

이제부터 앞에서 작업한 UVW맵 작업을 바탕으로 포토샵에서 텍스처 작업을 하겠습니다. 던전과 같은 경우에는 512×512 열 장,
512×1024 두 장, 256×256 한 장을 사용해서 제작하겠습니다. 이전에 제작했던 작업들보다 텍스처의 수가 많으므로 하나하나
잘 학습하시기 바랍니다.

예제 소스에 있는 텍스처를 같이 보면서 학습하시기 바랍니다.
- 예제 소스\tutorial\dungeon\max map\dungeon_01.psd∼dungeon_13.psd를 참조하세요.

▶ Photoshop 텍스처 작업

01 512×512 사이즈로 생성하겠습니다. 1층 벽 부분의 텍스처를 제작할 것입니다. 좌우 방향으로 타일링될 수 있도록 텍스처를 제작할 것입니다.

02 1층 던전의 벽면에 기본적으로 쓰일 텍스처입니다. 그림을 살펴보면 텍스처가 한쪽으로 기울어지면서 아래쪽으로 갈수록 넓어지는 것을 알 수 있습니다. 1층 창문을 중심으로 퍼져 나가는 형태로 제작할 것입니다.

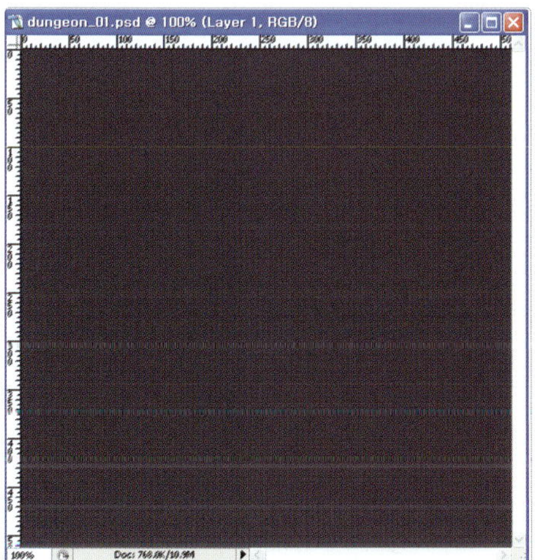
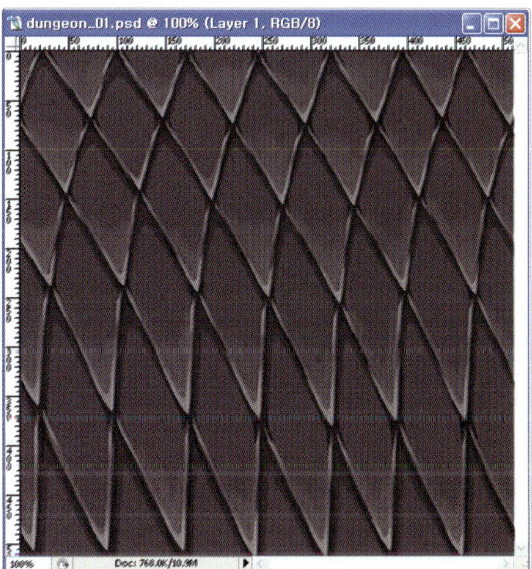

03 일반적인 평범한 재질의 웨더링을 추가하겠습니다. 텍스처의 전체적인 느낌을 보기 위해 추가한 것입니다. 던전의 전체적인 분위기를 잡아주고, 그만큼 많이 쓰이는 부분이기 때문에 거친 듯한 느낌보다는 약간 안정적인 웨더링이 낫다고 생각합니다.

04 웨더링이 약한 것 같아서 또 다른 웨더링을 Multiply를 사용해서 적용하였습니다. 자세히 살펴보면 조금 거칠어지고 어두워진 것을 알 수 있습니다.

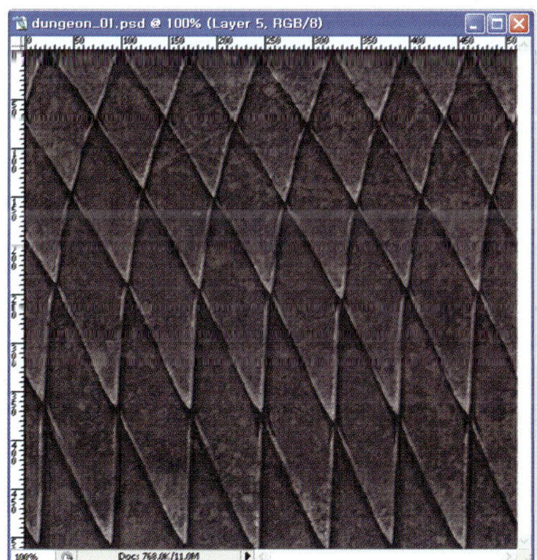
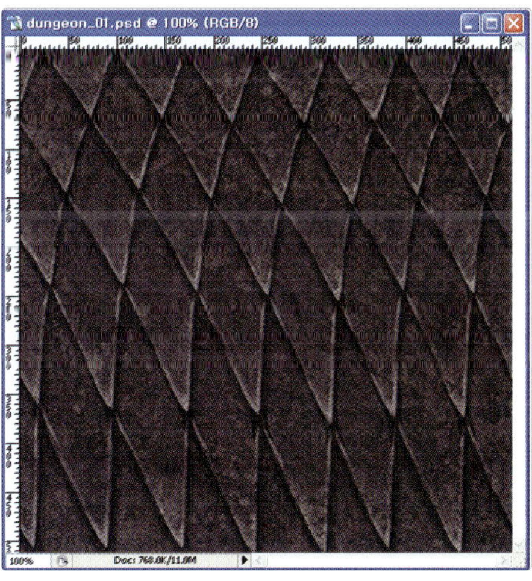

05 그림과 같이 Color Dodge를 사용해서 밝은 부분을 표현하였고, Multiply를 사용해서 어두운 부분을 표현하였습니다. 벽 같은 경우에는 쇠 재질에 가깝다고 무조건 하이라이트를 강하게 주지 말고 안정적인 느낌이 들 수 있도록 제작하는 것이 좋습니다.

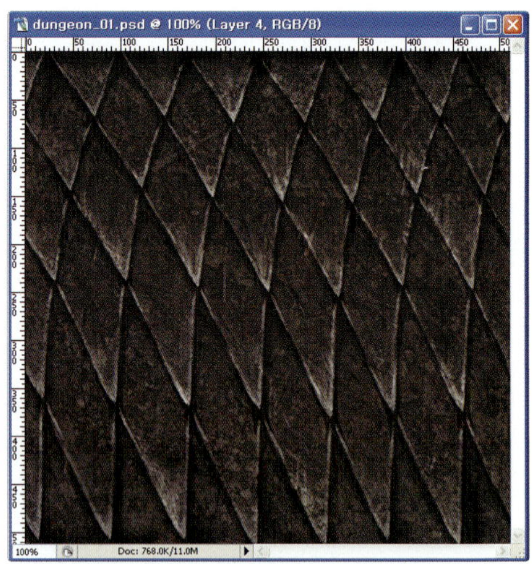

06 2층 벽면에 들어갈 텍스처를 제작하겠습니다. 우선 기본이 될 맵 소스를 가져온 후에 512×512 사이즈에 맞게 자르겠습니다. 포토샵 상위 목록에서 Filter의 Other 안에 Offset을 256×256으로 적용한 후 텍스처가 타일링될 수 있도록 수정합니다.

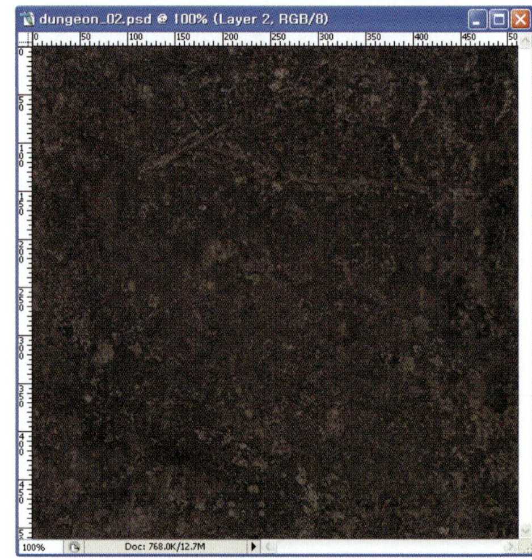

07 그림과 같은 방법과 Layer Style를 사용해서 2층 벽면의 텍스처 느낌을 표현하겠습니다.

08 Color Dodge를 사용해서 하이라이트 부분을 제작하겠습니다. 전체적으로 하이라이트를 적용하는 것보다는 튀어 나온 듯한 부분들만 잡아서 처리하는 것이 더욱 효과적입니다.

09 1층 벽면과 연관성을 주기 위해 1층에 사용했던 웨더링을 추가하였습니다. Opacity 값을 낮추어 너무 강하게 들어가지 않도록 했습니다.

10 1층 작은 창문 부분을 제작할 것입니다. 창문과 창틀 부분의 Unwrap을 펼쳐서 가져왔습니다. 텍스처 오른쪽의 비어 있는 부분은 중요도가 낮은 부분에 공용으로 사용할 것입니다.

11 그림과 같이 기본이 될 맵 소스를 깔아주겠습니다. 이쯤에서 모델링을 적용한 후에 분위기에 맞는지 체크해보는 것이 좋습니다.

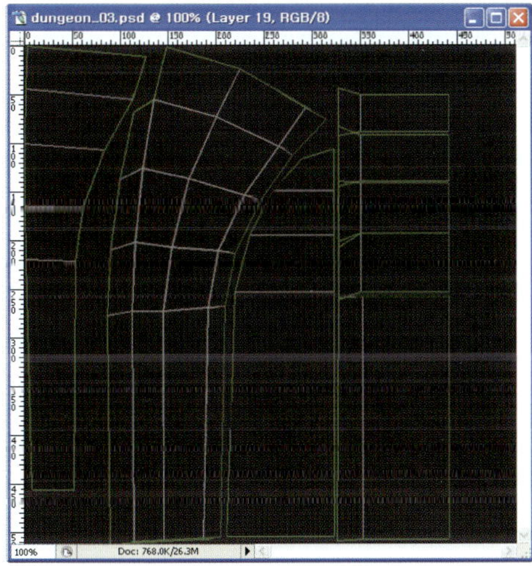
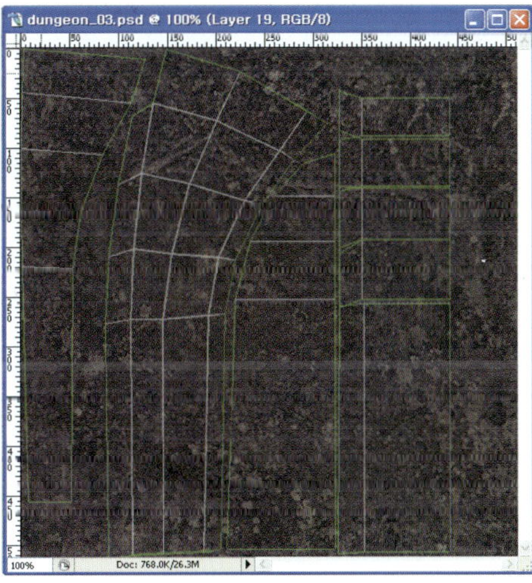

12 창문을 감싸고 있는 창문 틀의 바깥 부분을 제작하겠습니다. 2층 벽면과 마찬가지로 제작하겠습니다.

> **TIP** / 이 경우에 어두운 부분을 적당히 어둡게 하겠습니다. 그 이유는 나중에 Multiply를 사용하거나 Layer Style에서 수정하면 되는 부분이기 때문입니다.

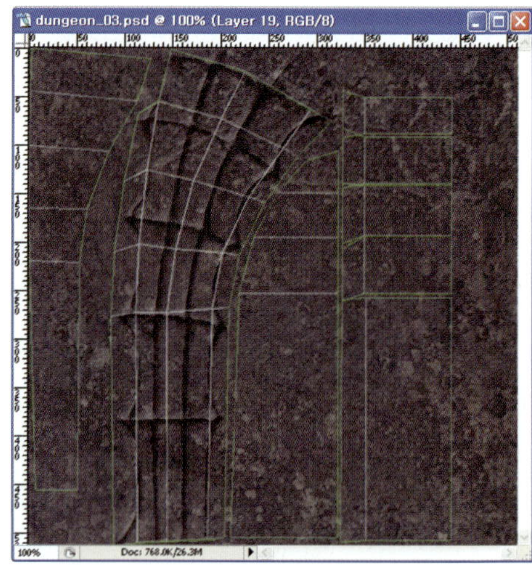

13 창문을 감싸고 있는 창문 틀의 안쪽 부분을 제작하겠습니다. 2층 벽면과 마찬가지로 제작하겠습니다.

> **TIP** / 이러한 분위기의 텍스처를 제작할 때에는 정확히 디테일하게 제작해주는 것보다는 어느 정도 풀어주는 것이 좋다고 생각합니다.

14 창문 부분을 제작하겠습니다. 원화와 같은 창문의 무늬를 제작하겠습니다. 창문이 파란색이므로 창문 앞에 있는 무늬의 하이라이트 부분도 파란색에 가깝게 처리하는 것이 좋습니다.

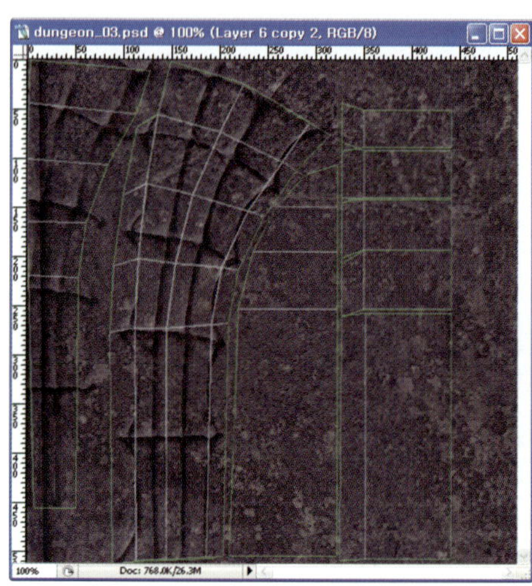 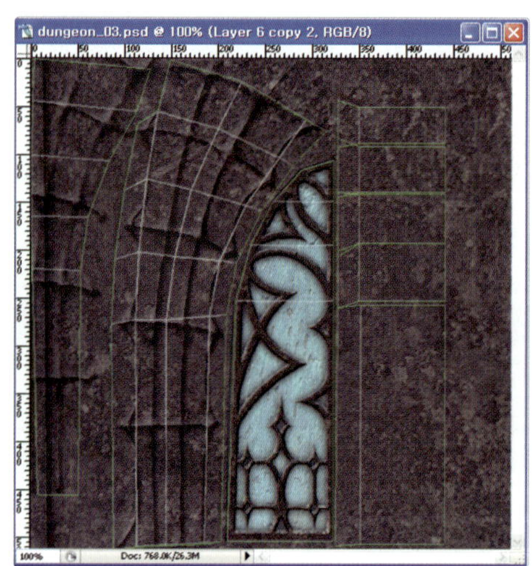

15 창문과 아치 형태의 창틀 사이에 안쪽 부분을 제작하겠습니다. 위와 아래로 타일링될 수 있도록 제작하는 것이 좋습니다. 그래야만 다른 곳에서 필요할 때 사용할 수 있기 때문입니다.

16 전체적으로 Color Dodge를 사용해서 밝은 부분을 표현하였고, Multiply를 사용해서 어두운 부분을 표현하였습니다. 쇠 재질이라고 해서 하이라이트를 남용하는 일이 없도록 주의하시기 바랍니다.

 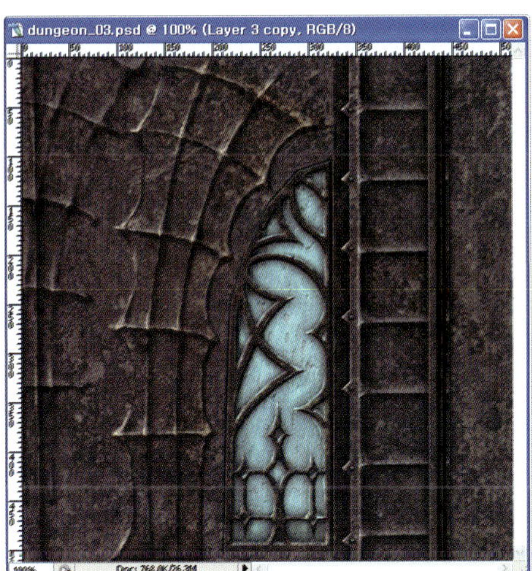

17 그림과 같이 전에 제작한 벽면들과 어울리도록 웨더링을 추가하였습니다.

18 1층 벽 아랫부분과 2층 난간 부분을 제작하겠습니다. 그림과 같이 기본 바탕이 될 맵 소스를 불러오겠습니다.

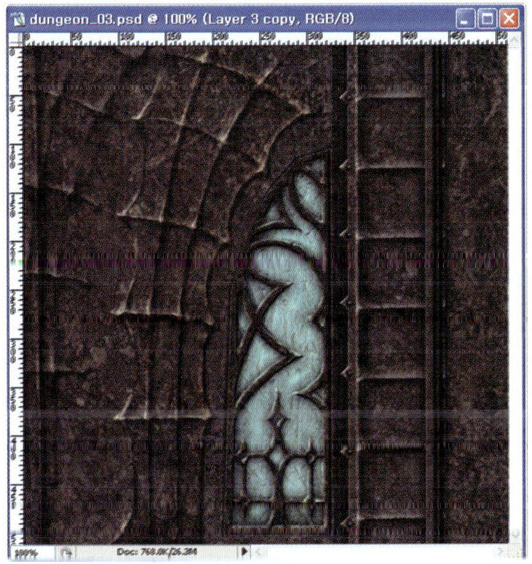 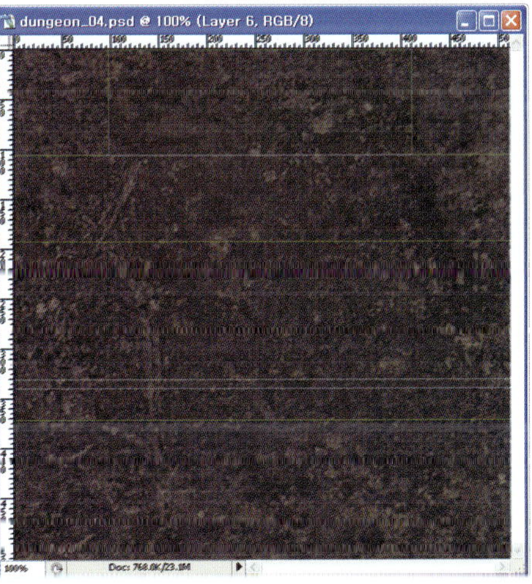

19 1층 창문과 이어지는 바닥 부분을 제작하겠습니다.

> **TIP /** 이렇게 큰 의미 없는 바닥과 같은 경우에는 최대한 단순하게 가는 것도 좋
> 은 방법 중의 하나입니다. 모든 오브젝트가 문양과 복잡한 형태를 가지고 있다면 정
> 작 중요도가 높은 부분은 묻힐 수도 있기 때문입니다.

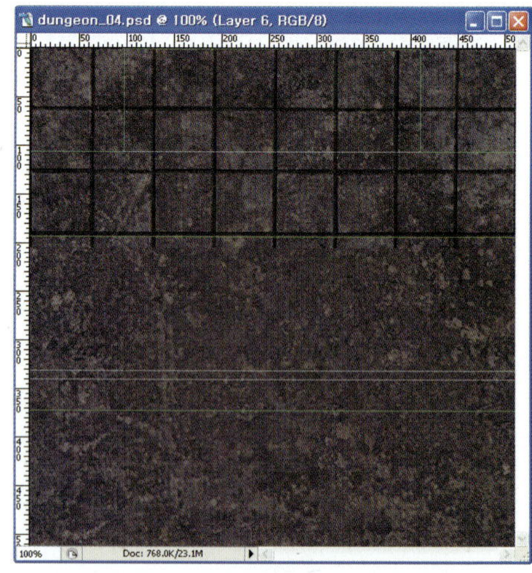

20 1층 벽면 밑부분을 제작하겠습니다. 좌우로 타일링될 수 있도록 제작합니다.

> **TIP /** 원화와 텍스처가 조금 다른 것을 느낄 수 있습니다. 원화가와 상의한 후에
> 텍스처를 조금 수정하였습니다. 이렇게 원화가와 조율하며 제작해 나가는 것도 좋
> 은 방법 중의 한가지입니다.

21 1층 벽면 가장 아랫부분을 제작하였습니다. 이번 텍스처는 다른 텍스처와 비슷
한 느낌을 줄 수 있는 부분이 거의 없기 때문에 가장 아래를 다른 텍스처와 비
슷한 느낌으로 마무리하였습니다.

22 2층 난간 부분에 1층 벽면과 이어지는 부분을 추가 제작하였습니다. 안쪽에 들어가는 부분이기 때문에 느낌 위주로 제작하였습니다.

23 그림과 같이 전체적으로 Color Dodge를 사용해서 밝은 부분을 표현하였고, Multiply를 사용해서 어두운 부분을 표현하였습니다. 그리고 웨더링을 추가하여 다른 텍스처와 비슷한 느낌을 주었습니다.

> **TIP** / 웨더링은 오브젝트에 적용해 가면서 Opacity 값을 조절해주는 것이 좋습니다.

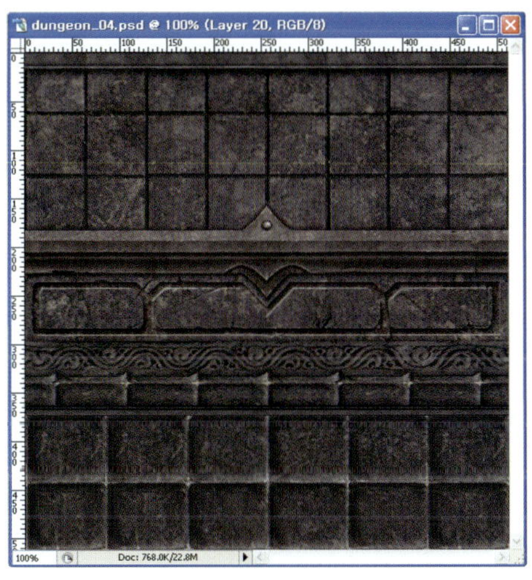 

24 2층 난간과 벽면 위쪽을 제작하겠습니다. 그림과 같이 Unwrap와 함께 기본으로 쓰일 맵 소스를 추가하겠습니다.

25 2층 난간의 맨 아랫부분을 제작하겠습니다. 눈에 잘 안 띄고 중요도가 낮은 부분이지만, 1층 벽면과 이어지는 부분이기 때문에 분위기에 맞추어 제작하겠습니다.

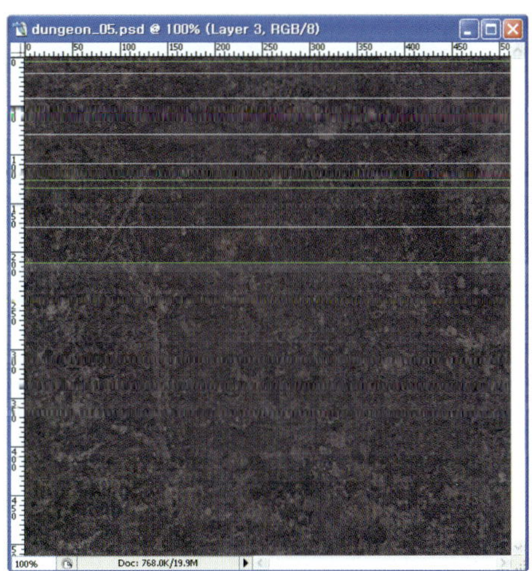 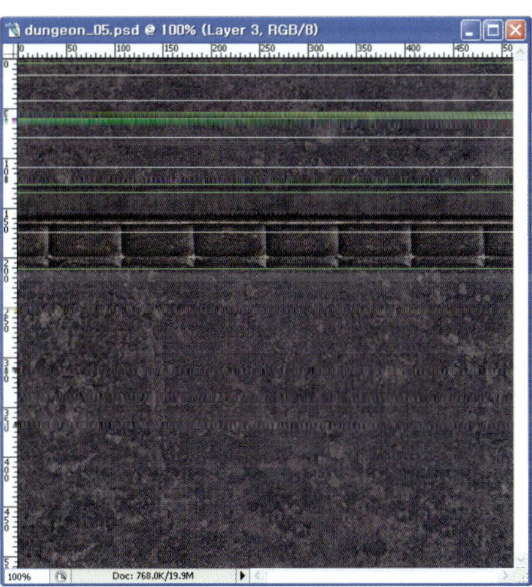

26 2층 난간의 튀어 나온 부분을 제작하겠습니다. 이 부분은 모델링으로 제작하는 데 한계가 있기 때문에 Alpha로 표현할 것입니다. 그러므로 불러온 Unwrap 에 잘 맞추어 텍스처를 제작하기 바랍니다.

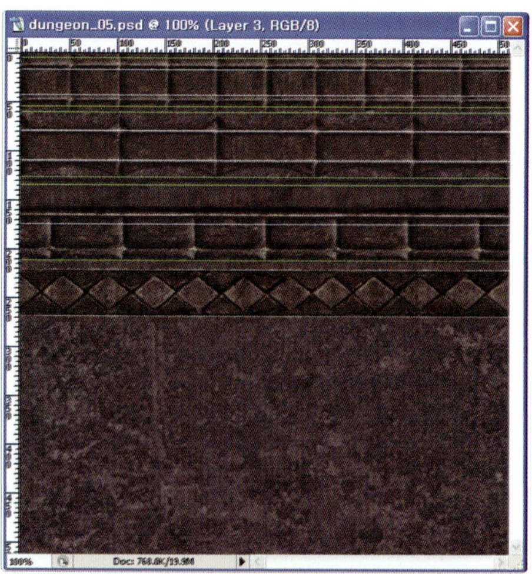

27 2층 벽면 위쪽에 텍스처와 기둥에 들어갈 텍스처를 제작하겠습니다. 빨간색 부분을 제외한 부분을 모델링으로 제작하기에는 한계가 있기 때문에 Alpha로 표현할 것입니다.

> **TIP /** 텍스처 효율성을 높이기 위해 기둥에 쓰여질 텍스처도 좌우 타일링 형식으로 함께 제작하였습니다.

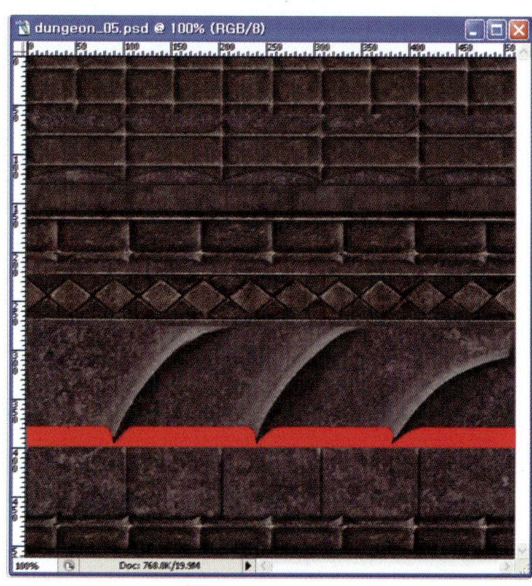

28 그림과 같이 전체적으로 Color Dodge를 사용해서 밝은 부분을 표현하였고, Multiply를 사용해서 어두운 부분을 표현하였습니다. 그리고 전에 적용해주었던 웨더링을 이번 텍스처에도 적용하였습니다.

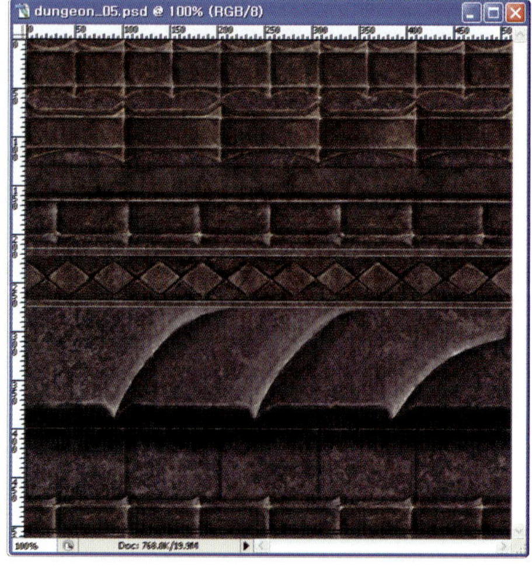

29 이번에는 기둥 위주로 제작하겠습니다. 그림과 같이 Unwrap와 함께 기본으로 쓰일 맵 소스를 추가하겠습니다.

30 기둥을 받쳐주고 있는 가장 아랫부분을 제작하겠습니다. 그림에서 보듯이 위 부분이 벽면 아랫부분과 이어질 수 있도록 같은 맵 소스로 제작하였습니다.

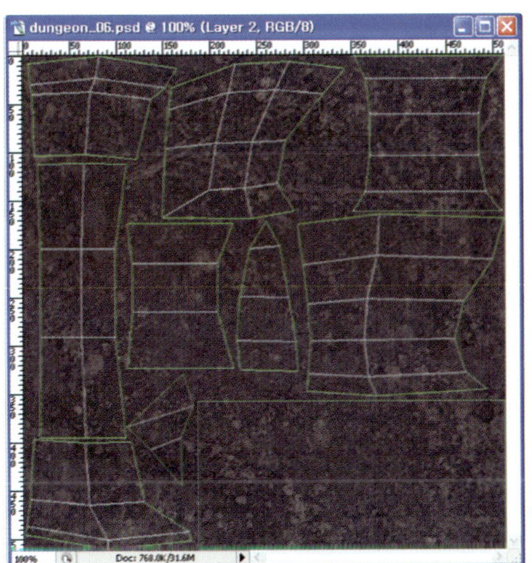
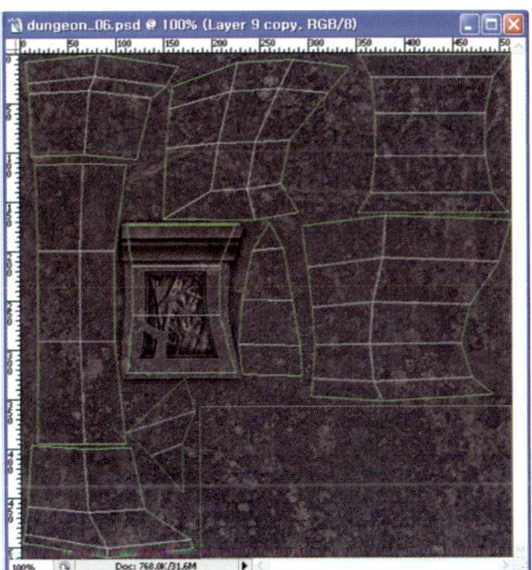

31 기둥의 가장 위쪽에 위치해 있는 오브젝트의 내부 텍스처입니다. 기둥을 받쳐주고 있는 가장 아랫부분과 비슷하게 분위기를 잡아주었습니다.

32 앞에서 학습한 방법과 같이 기둥에 관련된 부분들을 전체적으로 제작하겠습니다. 마찬가지로 너무 지나치지 않도록 Brush Tool을 사용하기 바랍니다.

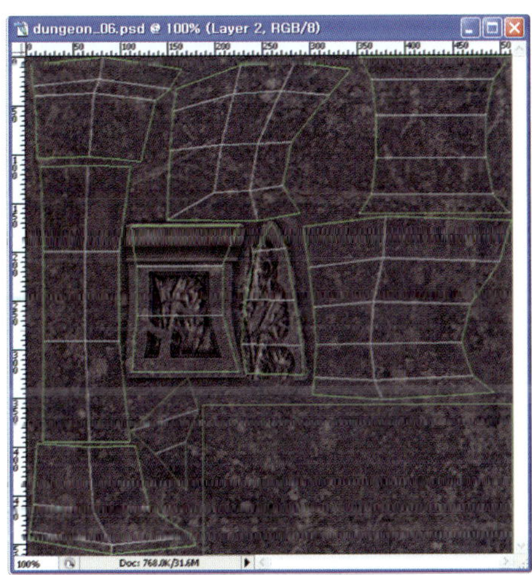
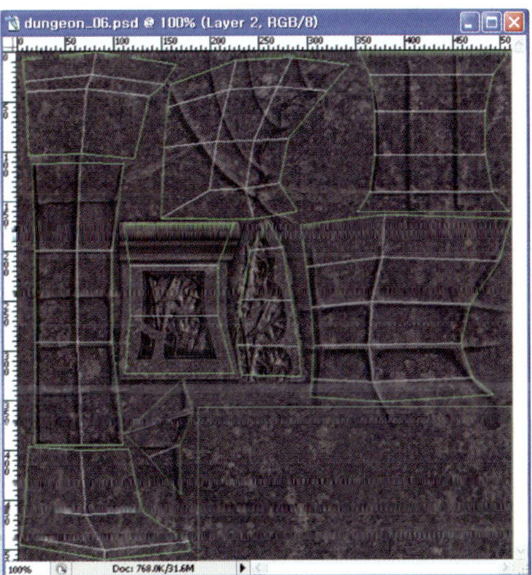

33 그림과 같이 기둥의 아랫부분을 제작하겠습니다. 이 부분을 좌우 타일링 방식으로 제작해도 큰 문제
는 없지만, 이렇게 제작한 이유는 많이 쓰일 것 같지 않고, 모델링의 크기가 일정하지 않아서 텍스처
가 늘어날 수도 있기 때문입니다.

34 기둥의 다른 부분들도 원화를 참고해 가면서 꾸며보겠습니다. 꾸며주는 요소들이 벽 부분들과 이질
감이 없는지 모델링을 적용해보면서 점검해보는 것이 좋습니다. 벽과 너무 비슷하면 기둥 느낌이 묻
힐 수도 있으므로 주의하시기 바랍니다.

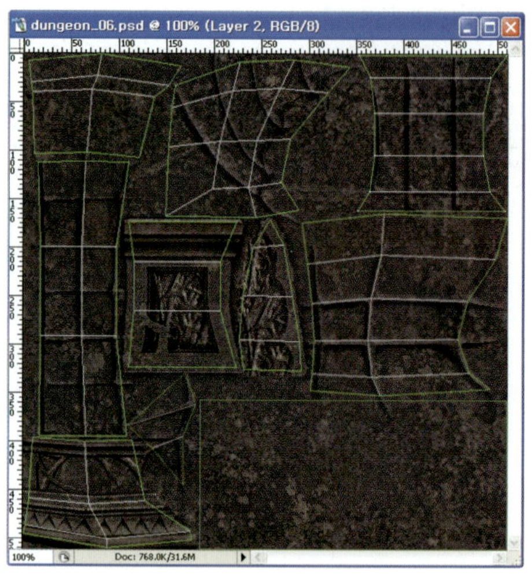 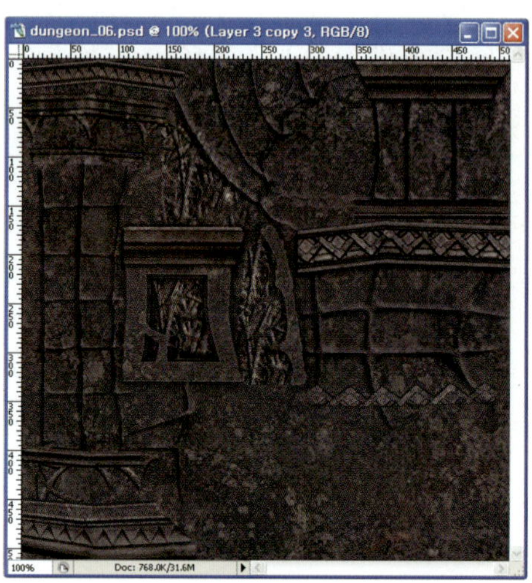

35 큰 창문의 아랫부분을 제작하겠습니다.

> **TIP/** 텍스처를 반쪽만 제작할 경우에는 모델링에 적용시켜 가면서 같이 진행
> 하는 것이 좋습니다. 반쪽만 제작해서 Mirror시키는 경우에는 생각과 다르게 나올
> 수도 있기 때문입니다.

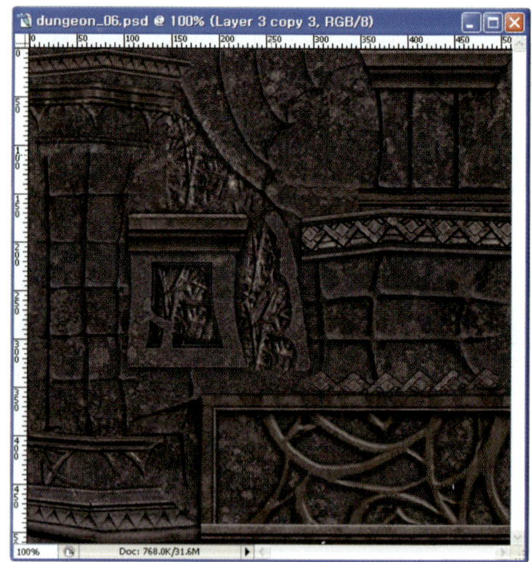

36 그림과 같이 전체적으로 Color Dodge를 사용해서 밝은 부분을 표현하였고, Multiply를 사용해서 어두운 부분을 표현하였습니다.

37 웨더링을 적용하였습니다. 모델링에 적용한 후에 벽과 분위기가 잘 맞는지 확인해보시기 바랍니다.

 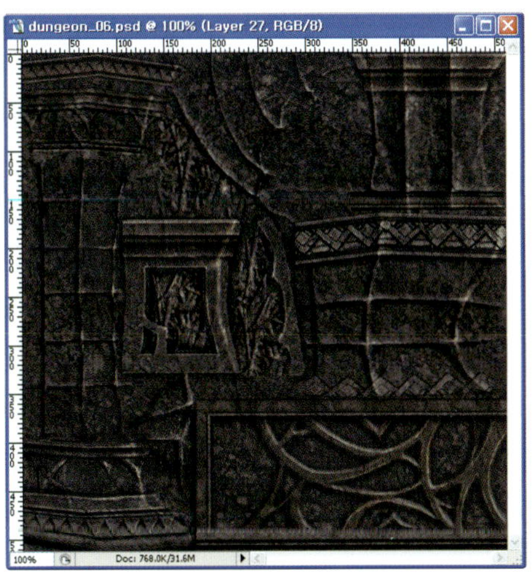

38 큰 창문을 제작하겠습니다. 아래 2개의 그림을 살펴보면, 왼쪽은 3ds max에서 Unwrap를 가져온 후에 기본 맵 소스를 적용한 것이고, 오른쪽은 창문 모양을 제작한 후에 Layer Style를 사용해서 창문의 색깔에 맞추어 하이라이트 처리한 것임을 알 수 있습니다.

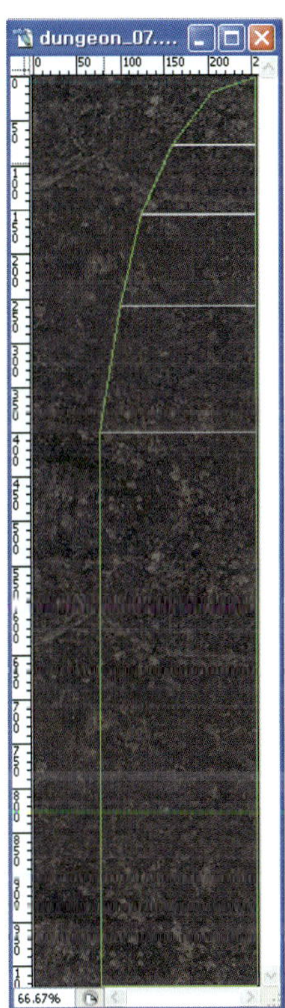 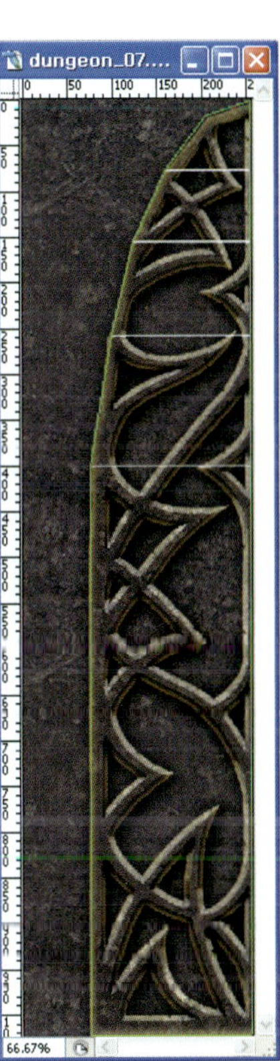

39 왼쪽 그림에는 보면 창문 색을 넣었습니다. 던전의 분위기와 맞도록 창문의 재질은 일반적인 창문 느낌보다는 조금 거친 듯한 느낌으로 제작하였습니다. 오른쪽 그림에는 창문의 바깥쪽 부분이 라이트를 받지 못하도록 맵 소스로 처리하였습니다.

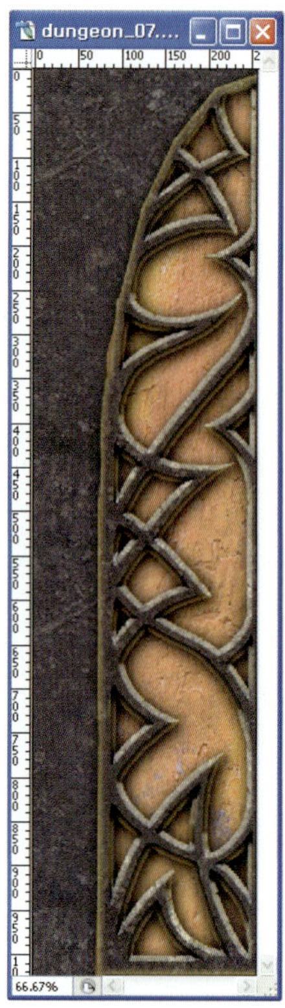
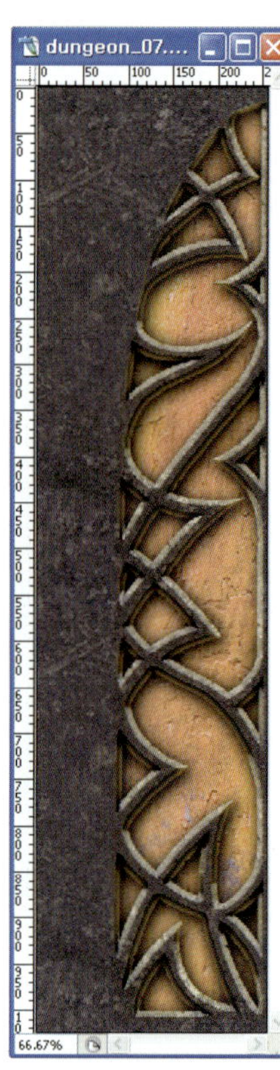

40 왼쪽 그림에는 웨더링을 추가하였습니다. 웨더링이 너무 강하게 들어가면 창문 모양의 느낌이 예상했던 것과 다르게 나올 수도 있으므로 주의하시기 바랍니다. 오른쪽 그림에는 창문 모양에 부분적으로 하이라이트를 추가하였습니다.

> **TIP /** 하이라이트 처리 시에 라이트의 색에 맞춰서 같은 색으로 처리하면 텍스처에 더욱 풍성한 느낌이 생길 것입니다.

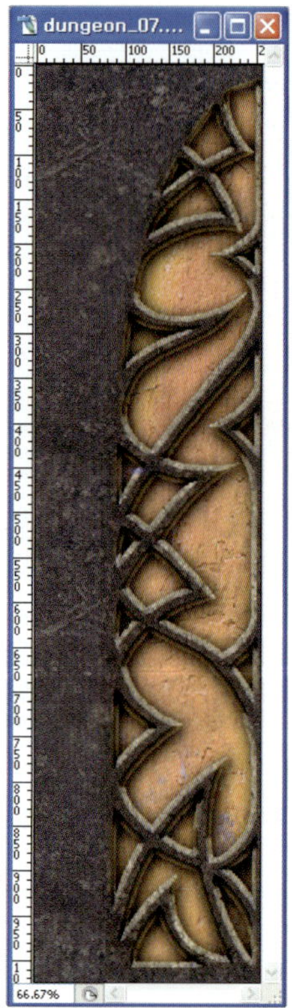
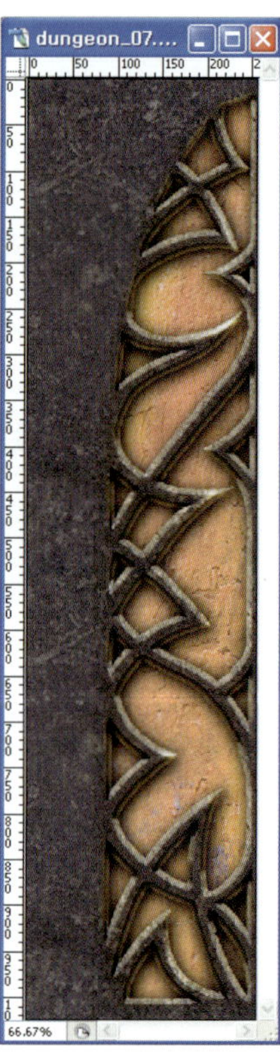

41 큰 창문 앞에 놓이는 창문을 감싸는 구조물 같은 부분을 제작하겠습니다. 그림과 같이 먼저 256×256 사이즈의 맵을 1장 생성하겠습니다. 참고로 알파맵을 사용해서 제작할 것입니다.

42 그림과 같이 원화를 잘 참고해서 문양을 그리겠습니다. 문양을 그린 후에 Layer Style를 사용해서 문양의 두께 느낌을 주겠습니다.

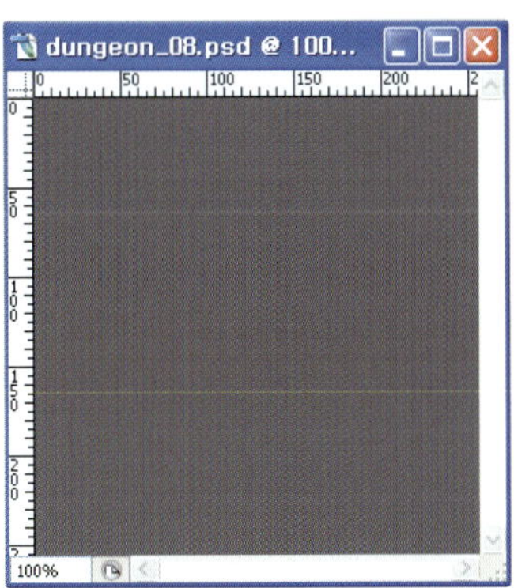
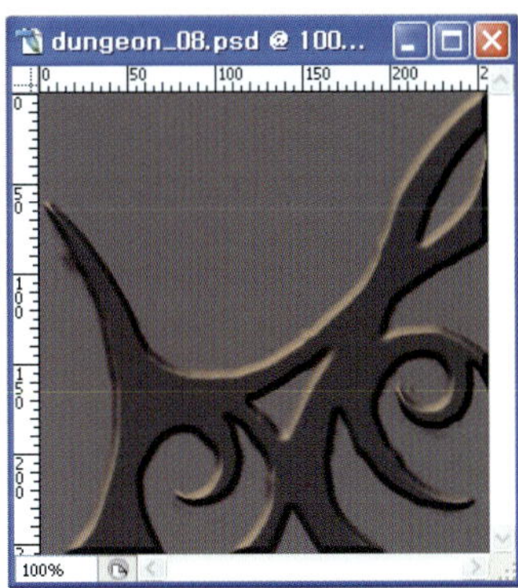

43 제작된 문양 위에 쇠 재질의 맵 소스를 적용하겠습니다. 적용할 때는 포토샵 상단에 있는 Layer 안의 Release Clipping Mask를 이용하면 됩니다.

44 텍스처가 조금 밋밋한 느낌이 들어 웨더링을 추가하였습니다. 웨더링의 재질은 던전 내부에 썼던 재질의 맵 소스를 사용하였습니다.

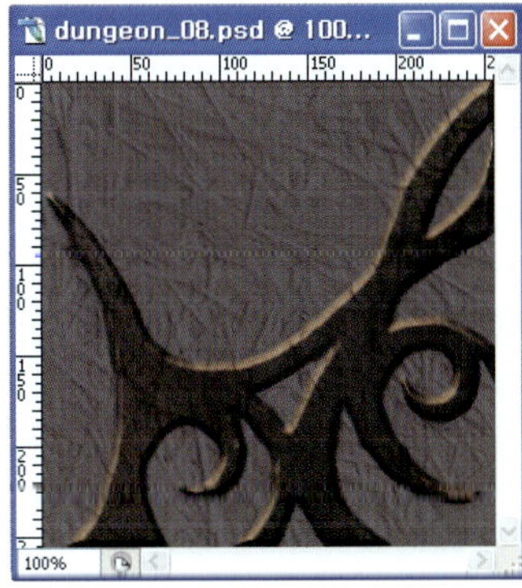

45 이 부분과 만나는 부분은 Multiply를 사용해서 어둡게 처리하였습니다.

46 그림과 같이 Color Dodge를 사용해서 하이라이트 부분을 처리하였습니다. 하이라이트는
외부 쪽 위주로 처리하는 것이 좋습니다.

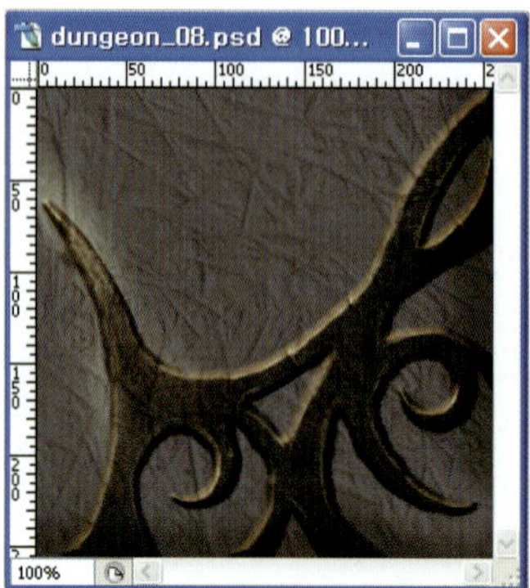

47 2층 벽과 천장 부분을 연결시켜주는 곳을 제작하겠습니다. 그림과 같이 Unwrap을 불러와서 텍스
처 사이즈에 맞게 펼치겠습니다. 그 아래에 기본적으로 사용될 맵 소스를 추가합니다.

48 Unwrap에 맞춰서 원화를 잘 파악해 가며 텍스처를 제작하겠습니다. 이번 텍스처에서는 포토샵 상
단의 Layer 안에 있는 Release Clipping Mask를 사용해서 텍스처를 제작하겠습니다.

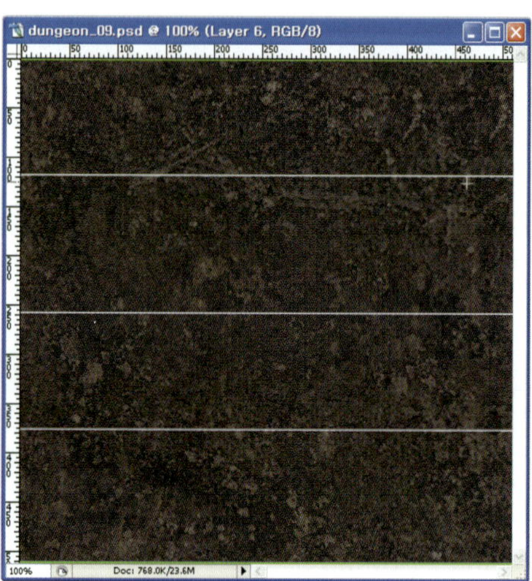
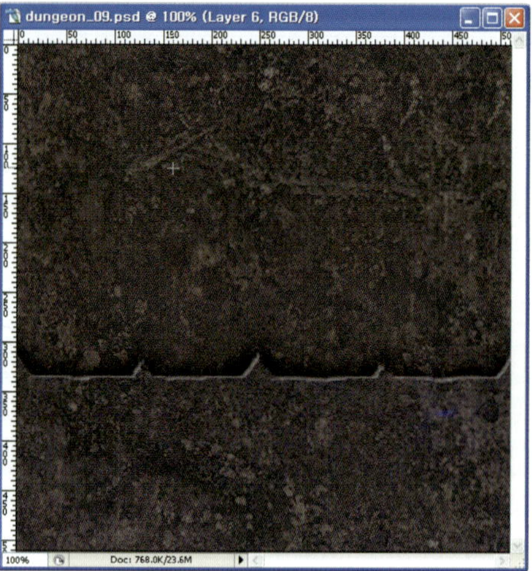

49 그림과 같이 튀어 나온 듯한 느낌으로 텍스처를 제작하겠습니다. 부족한 부분은 나중에 수정하겠습니다.

50 제작된 텍스처에 웨더링을 추가하겠습니다. 구석에 있는 부분이므로 어둡게 처리하는 것보다는 웨더링으로 처리하는 것이 좋을 것 같습니다.

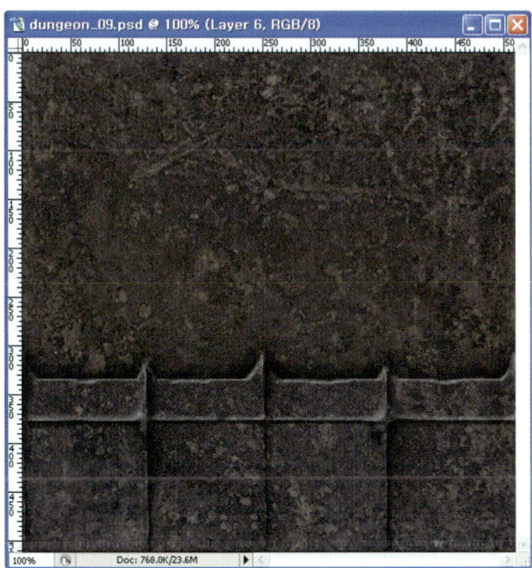 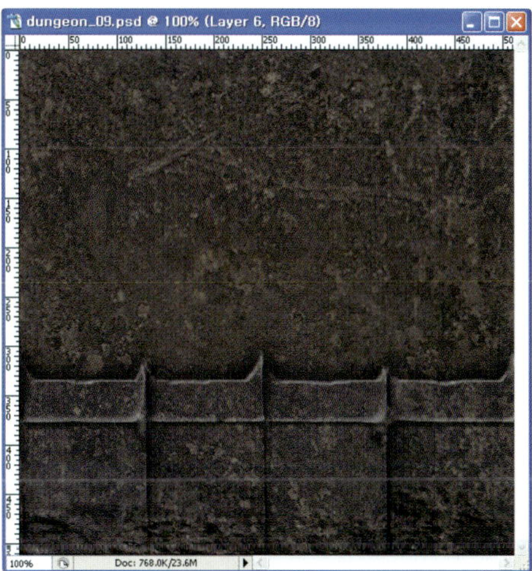

51 텍스처의 윗부분도 아랫부분에 제작한 부분과 동일한 방식으로 제작하겠습니다. 느낌은 아래에 제작한 것보다 약간 두툼한 느낌으로 제작하겠습니다.

52 전체적으로 웨더링을 추가하겠습니다. 전에 사용했던 웨더링을 사용하여 같은 느낌이 날 수 있도록 합니다.

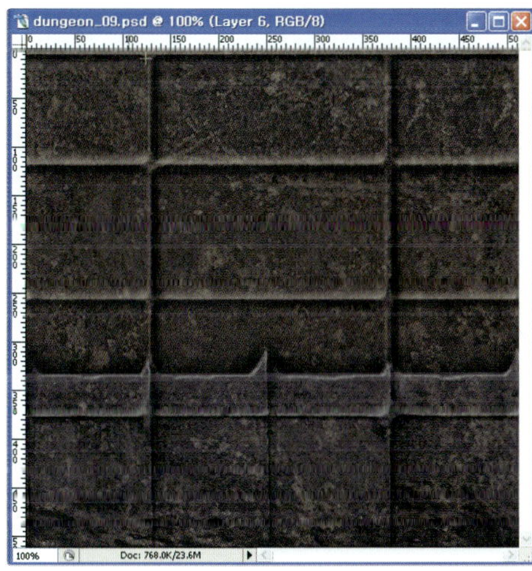 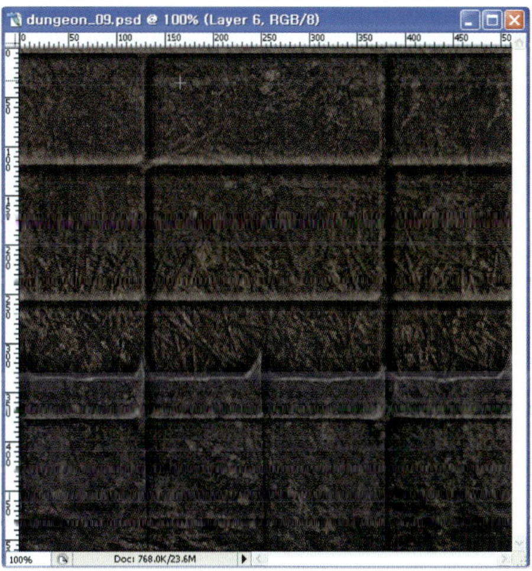

53 전체적으로 튀어 나온 부분 위주로 하이라이트 처리를 하겠습니다. 중요한 부분이 아니라 전체적으로 받쳐주는 부분이므로 하이라이트를 적당히 적용하겠습니다. 실제로 엔진에 들어가도 많이 묻히는 부분입니다.

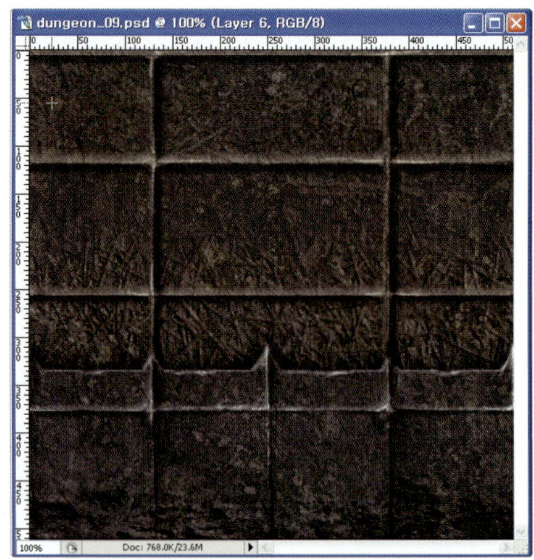

54 이제 문을 제작하겠습니다. 왼쪽 그림은 문 부분의 Unwrap을 불러와서 텍스처 사이즈에 맞게 펼쳤습니다. 오른쪽 그림에는 기본으로 쓰일 맵 소스를 넣었습니다. 전에 사용해 왔던 기본 소스와 같습니다.

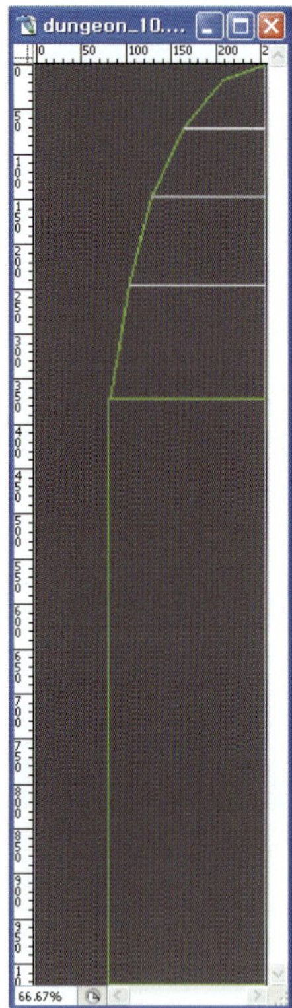

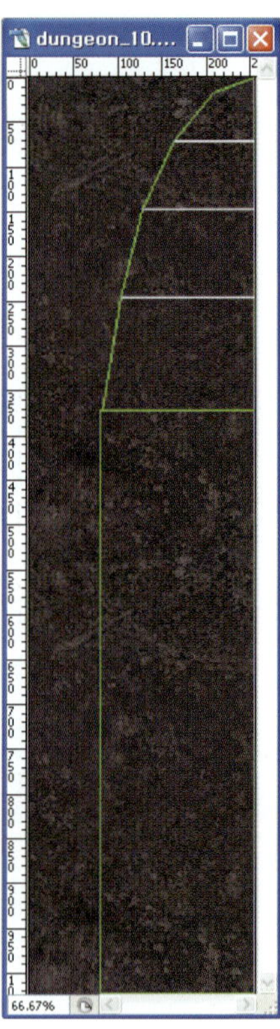

55 왼쪽 그림은 문의 문양을 중심으로 제작하였습니다. 오른쪽 그림은 원화에서 보이는 것처럼 둥근 못 같은 모양의 맵 소스를 추가하여 문의 단조로움을 어느 정도 없앨 수 있었습니다.

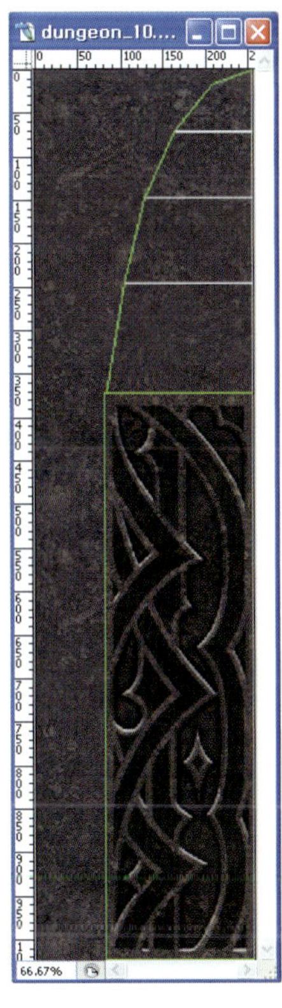
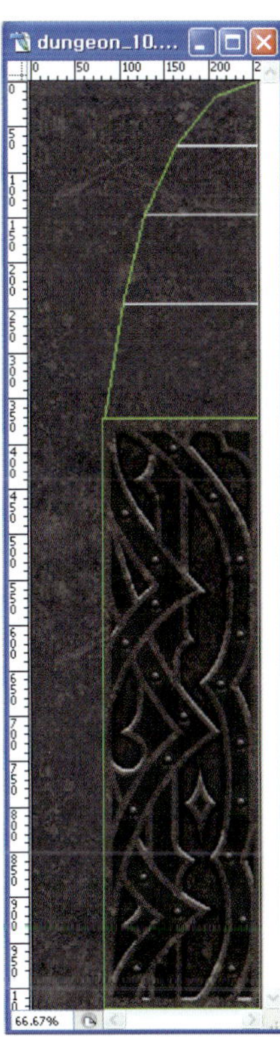

56 이제 문의 윗부분을 제작하겠습니다. 왼쪽 그림은 던전과 어울릴 수 있는 맵 소스를 찾아 수정한 후에 추가하였습니다. 오른쪽 그림에는 문과 문 사이에 맵 소스를 추가하였습니다.

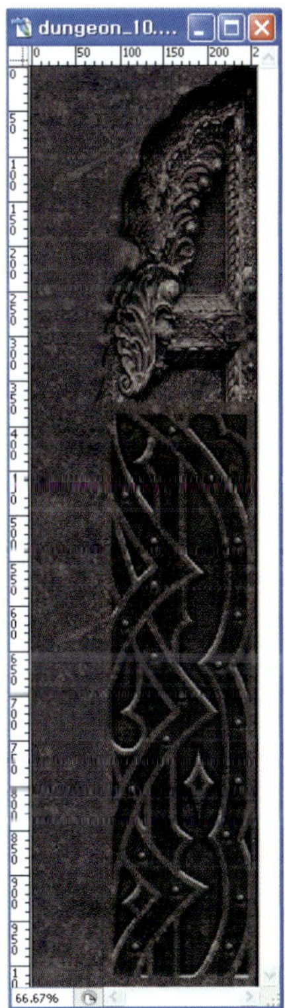
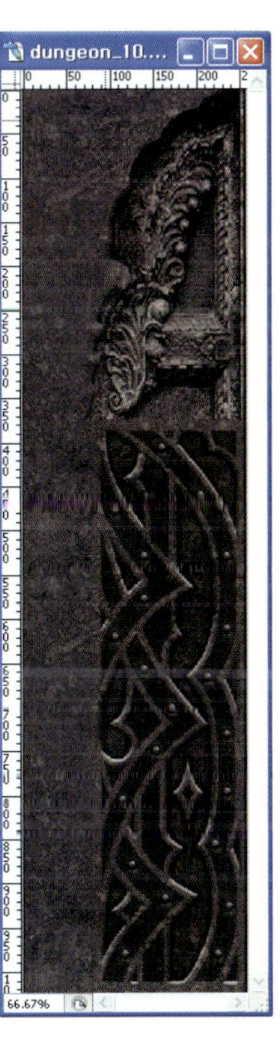

57 왼쪽 그림에는 전체적으로 웨더링을 추가하였습니다. 오른쪽 그림에는 Color Dodge를 사용해서 하이라이트 부분을 표현하였습니다. 문 역시 하이라이트가 너무 강하지 않도록 주의하면서 제작하시기 바랍니다.

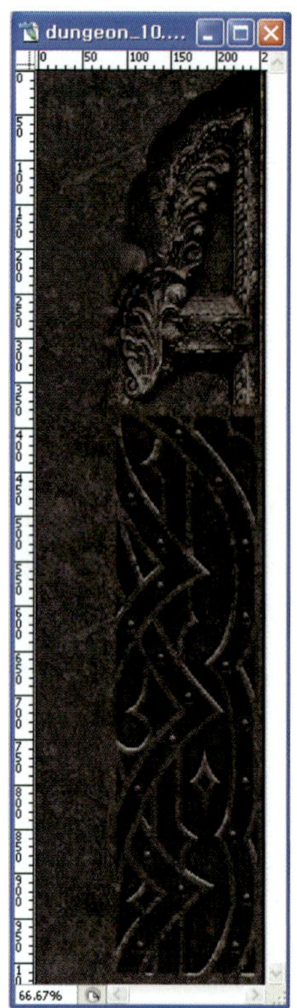

58 던전의 바닥 부분을 제작하겠습니다. 바닥의 기본인 맵 소스를 추가하겠습니다.

59 그림과 같이 바닥 타일 같은 부분의 맵 소스를 추가하였습니다.

> **TIP／** 타일링되는 텍스처의 경우에는 모델링에 적용시켜 가면서 튀는 부분은 없는지 점검하는 것이 좋습니다.

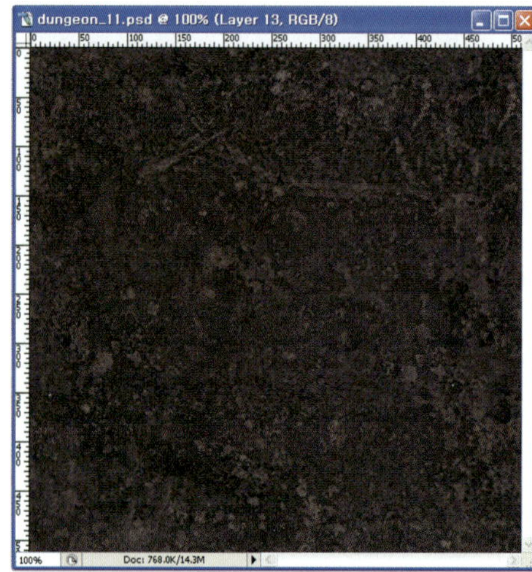
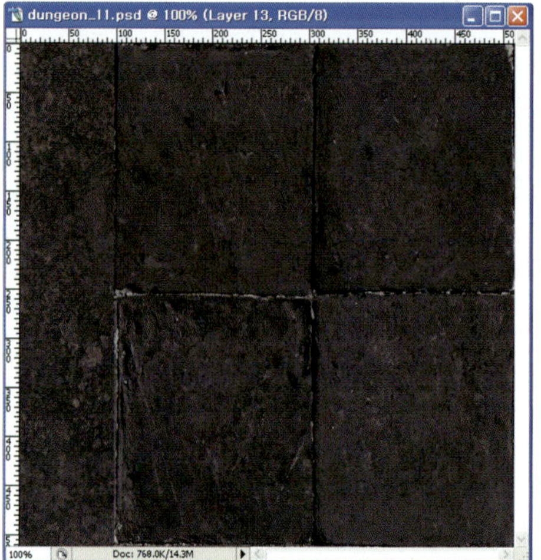

60 바닥 타일 중간에 원화에서 표현하려 했던 문양을 표현하겠습니다. 문양의 모양은 원화와 똑같지 않아도 크게 문제가 되지 않습니다. 바닥 타일과 잘 어우러지는 것이 우선입니다. 학습을 하실 때 다른 더 좋은 소스가 있다면 그것으로 하셔도 문제가 되지 않습니다.

61 왼쪽 부분에 맵 소스를 추가하였습니다. 던전 벽면의 느낌과 어울릴 수 있도록 제작하였습니다. 또한 하얗게 튀는 부분들을 제거하였습니다.

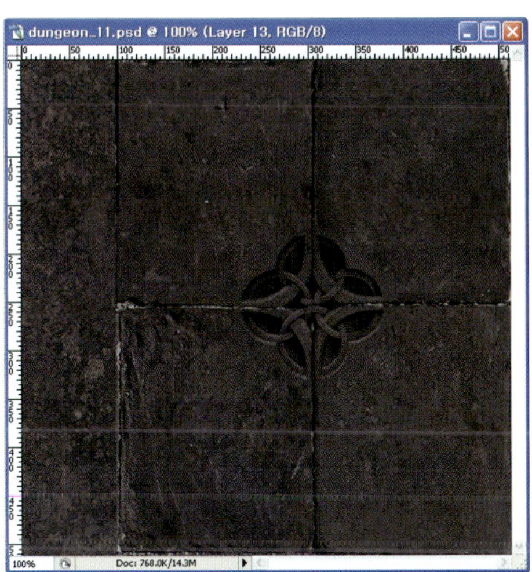
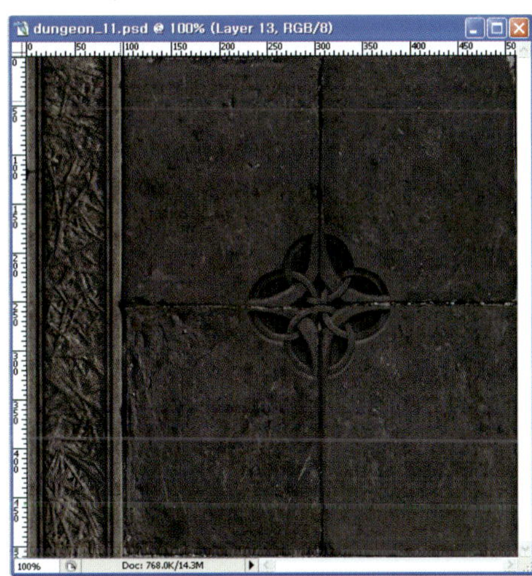

62 던전의 분위기에 맞도록 웨더링을 추가했습니다. 이전에 다른 텍스처에서 사용해 왔던 웨더링과 또 다른 웨더링을 추가하였습니다. 던전 분위기에 맞도록 웨더링을 하나 더 추가했습니다.

63 그림과 같이 하이라이트를 추가했습니다.

> **TIP** / 개인적으로 던전과 같은 장소에서는 하이라이트를 적용하는 것보다는 풀어주듯이 작업하는 것이 좋다고 생각합니다.

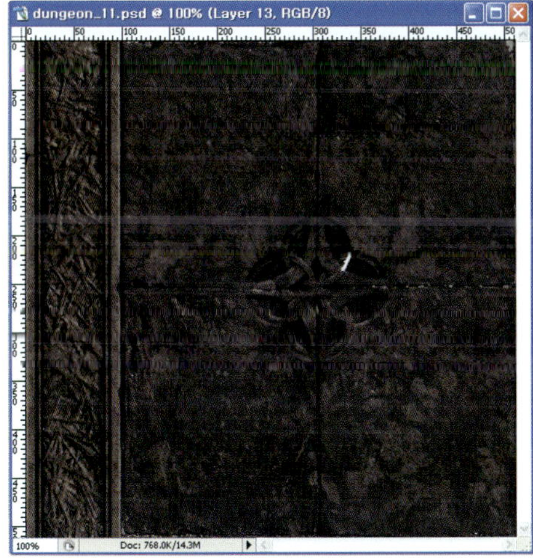
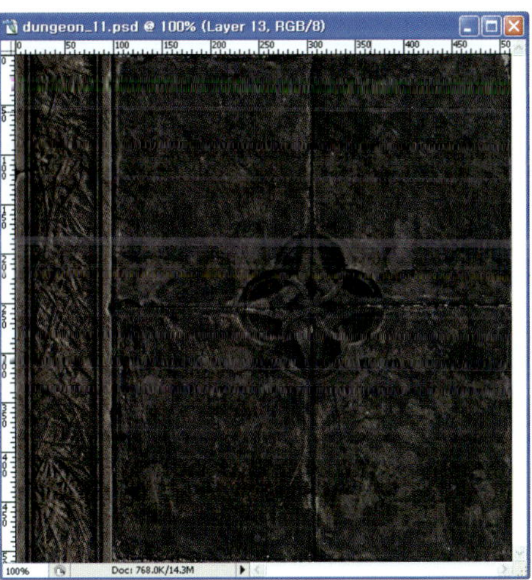

64 던전 바닥의 중간 중간에 정사각형의 문양을 추가하겠습니다. 우선 기본이 될 텍스처를 추가하겠습니다. 추가한 후에 원화에서처럼 색을 조절하겠습니다.

65 텍스처의 외곽 라인을 제작하겠습니다. 이러한 외곽 라인은 깔끔한 것이 좋습니다. 왜냐하면 던전의 바닥과 같은 경우에는 대부분 부서지고 웨더링이 강한 편이기 때문에 어느 정도 이러한 외곽 라인으로 구분하는 것도 괜찮다고 생각합니다.

66 텍스처의 바깥쪽 부분을 제작하겠습니다.

67 텍스처의 중앙 부분을 제작하겠습니다. 던전 내부에는 창문 부분과 비슷한 느낌을 낼 수 있도록 표현하는 것이 좋습니다.

68 그림과 같이 전체적으로 하이라이트를 적용하였습니다. 이번에도 역시 하이라이트를 적용할 때 정확히 해주는 것보다는 풀어주듯이 작업하는 것이 좋습니다.

69 천장 부분을 제작한 이미지입니다. 천장의 제일 기본인 동시에 일반적으로 쓰일 수 있도록 제작하는 것이 좋습니다. 중요도도 낮은 편이기 때문에 크게 문제가 안 된다면 다른 모델링에서 사용했던 텍스처를 가져와도 괜찮을 것 같습니다.

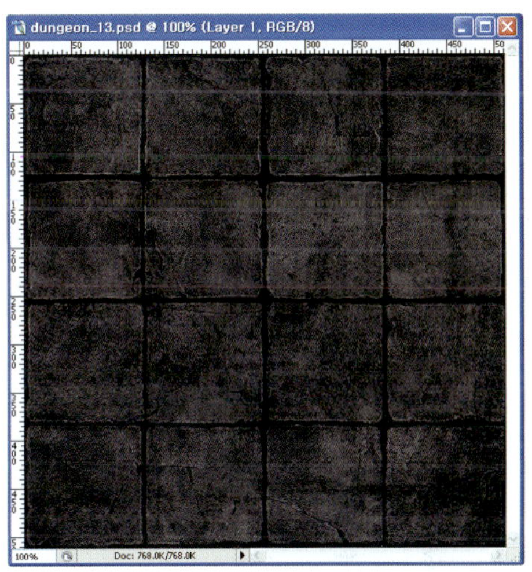

▶ 3ds max에 적용하기

그림과 같이 제작된 텍스처를 모델링에 적용한 후 늘어난 면이 없는지 확인하고 UVW맵을 맞추겠습니다. 전체적으로 텍스처가 모델링에 잘 적용된 것 같습니다. 작업 과정을 잘 참고하여 학습했다면 다른 비슷한 모델링도 좀 더 쉽게 할 수 있을 것입니다.

◀ 던전의 큰 창문 부분 이미지

◀ 던전의 문이 있는 부분 이미지

◀ 던전의 바닥 부분 이미지

◀ 던전의 천장 부분 이미지

>> 던전 작업에 대한 콘셉트와 3D 결과물의 조율

지금까지 던전을 디자인하고 스케치하여 컬러링 작업을 하면서 추가해야 할 부분을 그려주고, 이러한 작업들을 바탕으로 3D 모델링을 거쳐 텍스처 제작하고 결과물을 만들어 내는 일련의 과정에 대해 알아보았습니다.

던전이라는 부분에서 앞에서의 작업들과 다른 점들이 많았고, 하나의 공간을 디자인하고 컬러링하면서 설명을 하는 부분이 작은 오브젝트들보다는 쉽지 않고, 작업량도 많았습니다. 특히 3D 제작은 혼자 작업을 하면서 많이 고생하였고 힘들었습니다. 하지만 던전 작업의 초기에는 쉽게 접근하였습니다. 마을의 분위기를 그대로 가져와서 비슷한 콘셉트로 작업하기로 결정했기 때문입니다. 그리하여 디자인을 하고 스케치를 거쳐 3D 제작자와 스케치를 가지고 작업에 대한 방향과 서로의 의견을 주고받았습니다. 그러던 중에 처음에 쉽게 생각했던 비슷한 콘셉트로 가자고 정했던 것이 전체적으로 보면 너무 단순해 보이지 않을까라는 의견이 나오게 되었습니다. 마을 분위기는 소박하고 오브젝트들의 디자인들도 평범하기 때문에 던전에서도 비슷하게 간다면 전체적으로 너무 평범하고 단순해 보일 것이라는 의견이었고, 그래서 좀 더 디자인적으로 접근을 해보는 것이 어떨까라는 생각을 하게 되었습니다. 그래서 생각한 것이 지금까지 작업한 던전의 모습이었습니다.

'판타지'라고 하면 떠오르는 상상의 동물인 용에서 모티브를 얻어 디자인적으로 볼거리가 있으면서 하나의 공간을 작업해도 단순하거나 지루해 보이지 않을 던전을 생각하면서 디자인하게 된 것입니다. 던전의 경우 지금까지의 작업보다는 힘들었지만 작업을 마무리하고 보니 너무 뿌듯했습니다. 같은 작업이지만 손이 조금 덜 가도 결과물에서 더 눈에 띄는 작업이 있습니다. 그러한 효과를 보기 위해서 많이 고민한 끝에 지금의 던전 작업물이 나온 것입니다.

의견 조율은 이렇게 반전의 결과가 나오게 하기도 합니다. 원화가 혼자만의 생각으로 밀고 나갔다면 나중에 다 해 놓고 다시 해야 하는 상황이 생겼을 수도 있었겠지만, 3D 제작자와 원화를 보고 대화를 한 것이 새로운 상황을 만들어 내는 데 도움이 되었습니다. 하나의 결과물을 완성하기 위해서 원화와 3D는 다른 방법으로 작업을 하고, 작업 속에서 생각하는 것도 다를 것이라고 생각합니다.

원화는 최대한 예쁘고 멋있거나 웅장하고 디테일하게 표현하여 눈에 화려하게 보이기를 원하지만 3D에서는 게임에 직접 쓰이는 결과물을 만들기 때문에 현실적인 문제점들을 생각하게 되는 것 같습니다. 이 부분은 앞에서 이야기한 '던전의 콘셉트가 바뀌게 된 결정적 계기가 아니었나'라는 생각이 듭니다. '원화에서는 같은 분위기나 같은 재질을 사용하더라도 던전이라는 원화를 보면 마을과 다른 이미지이며, 조금씩 디자인을 다르게 하여 새로운 던전을 만들 수 있지 않을까'라는 생각을 하면서 스케치하였습니다. 반면 3D 제작사는 마을의 오브젝트들을 하나하니 만드는 과정 중 재질 표현에서 조금 지루했다고 생각하고 있었습니다. 그러던 중에 원화가 깊은 재질과 비슷한 중세 느낌의 던전을 디자인을 한 것을 보고, 변화된 다른 던전을 생각하게 된 것입니다.

이렇게 원화와 3D는 서로가 생각을 못하는 부분을 생각하고 지적해줄 수 있다고 생각합니다. 이러한 부분을 잘 활용하기 위해서는 서로 많은 대화를 해야 한다고 생각합니다.

앞으로 이 책을 보시는 분들 중에서 실무에서 일을 하시게 된다면 다양한 배경 작업을 하시게 될 것입니다. 그럴 때마다 원화에서나 3D에서 어려운 일이 생기거나 혼자서 해결하기 어려운 일들이 생길 수도 있을 것입니다. 그럴 때는 주변의 많은 동료 분들과 의견을 나누어보십시오. 그러면 한결 수월하게 문제를 해결할 수 있을 것입니다. 게임 그래픽 작업은 혼자만의 작업이 절대 아니라는 것을 꼭 알아주셨으면 좋겠습니다.

완성된 던전(Dungeon)

원화와 3D 모습이 거의 흡사하게 제작된 것을 알 수 있습니다. 다만 원화에서는 이미지 전체를 어둡게 하고 창문에서 나오는 조명 빛이 밝게 빛나는 효과를 넣어 완성하였으며, 3D에서는 기본 조명만 넣고 던전을 제작하여 완성하였습니다.

◀ 원화 완성

◀ 3D 완성

UDK 엔진에 적용시켜본 던전(Dungeon)

3D Game Graphic Concept Design

던전의 전체적인 모습입니다. 한 공간을 한 번에 보여줄 수 없기 때문에 던전의 입구와 벽면, 그리고 천장으로 나누어보았습니다.

▶ 던전 전체 이미지

▶ 던전 입구 이미지

배경 일러스트 작업 과정 알아보기

이번 과정에서는 지금까지 학습한 하나하나의 오브젝트들을 조합한 마을의 분위기와 던전의 전체 분위기를 볼 수 있는 일러스트 작업을 할 것입니다. 일러스트 작업은 게임의 분위기를 보여줄 수 있는 중요한 이미지이므로 완성도 있으면서 디테일하게 작업해야 할 것입니다.

마을 일러스트의 분위기는 앞에서 나온 원화들을 조합하여 안정적인 뷰로 마을의 분위기를 잡았으며, 이미 앞에서 학습한 오브젝트들의 조합이기 때문에 스케치 과정은 생략하고, 바로 정리된 마을의 스케치를 가지고 채색 과정을 알아볼 것입니다. 던전 일러스트의 스케치 과정은 이미 '던전 학습하기'에서 알아보았기 때문에 정리된 스케치 작업을 바탕으로 하여 채색 작업 과정을 단계별로 알아보겠습니다.

마을 일러스트 작업 과정 알아보기

마을의 일러스트 작업을 하는 이유는 게임에 대한 홍보용으로 사용하기 위해서입니다. 초기에 러프하게 잡은 콘셉트 이미지를 홍보용 일러스트로 사용하는 경우도 있으며, 마을처럼 구체적인 디자인과 형태가 들어가는 작업들은 보통 3D 작업까지 마무리된 후에 홍보용으로 사용하기도 합니다. 그럼 지금부터 마을 일러스트 작업 과정에 대해서 알아보겠습니다.

예제 소스에 있는 jpg 파일을 같이 보면서 학습하시기 바랍니다.
- 예제 소스\Concept\illust\village illust\jpg\village illust01.jpg~village illust06.jpg을 참조하세요.

▶ 마을 일러스트–컬러링 1단계

마을의 전체 분위기를 스케치한 원화를 스캔하여 지저분한 부분들을 포토샵에서 정리하였습니다. 여기서 잠깐 짚고 넘어가야 할 것이 있는데, 요즘에는 연필 그림보다는 포토샵에서 스케치부터 컬러까지 해결하거나 스케치 없이 컬러링을 하면서 바로 묘사에 들어가는 분들이 많은 것 같습니다. 어떤 것이 옳은 방법인지는 알 수 없지만, 필자의 입장에서는 연필로 스케치를 잡는 습관을 기르는 것을 권해 드리고 싶습니다. 태블릿보다는 연필로 그리는 것이 훨씬 느낌이 좋으며, 결과물의 느낌 또한 많은 차이가 있기 때문에 가능하면 연필로 스케치하는 것이 좋습니다. 지금까지 학습한 오브젝트들로 마을이 만들어졌는데, 마을 집들의 경우, 앞에서 작업한 기본 집 모양을 가지고 부분적으로 응용하여 두 종류의 집을 그려보았습니다. 그리하여 크고 작은 집들이 모여 있는 마을 분위기의 스케치를 완성하였습니다.

▶ 마을 일러스트 - 컬러링 2단계

모노톤으로 들어가는 이 방법은 앞에서 오브젝트 작업에 사용하였지만, 일러스트에서도 빛의 방향을 정하고, 이미지 전체의 밝고 어두운 부분을 구분하여 전체적으로 명암의 밸런스를 한눈에 확인하면서 들어가기가 쉽기 때문에 많이 사용됩니다. 연필 선을 살린 상태에서 채색하므로 채색 작업에 부담이 없지만, 연필선 위에 채색되는 레이어 속성상 러프하게 그려져서 형태를 알아보기 힘든 세세한 부분들은 좀 더 디테일한 설명 작업과 형태의 정리가 필요합니다. 그래서 보통 레이어를 위에 하나 더 만들어서 레이어 블렌드 모드 속성을 Normal로 하여 연필 툴로 깔끔하게 형태를 더 그려주고 다듬어줍니다. 그러면 훨씬 더 디테일하고 정리된 이미지가 만들어집니다.

▶ 마을 일러스트 – 컬러링 3단계

회색 톤의 마을 이미지에 블렌드 모드의 color 속성을 사용하여 컬러링해보았습니다. 하늘의 컬러와 구름의 분위기를 잡고 물의 컬러도 하늘색이 비치는 것이므로, 비슷하거나 약간 어둡게 잡습니다. 집과 다리 바닥, 그리고 오브젝트들의 컬러가 은은한 색감으로 들어갔는데, 중세 시대의 마을 분위기를 내기 위해 채도가 낮은 색감으로 컬러 계획을 잡았습니다. 또한 낮에 강하게 햇빛을 받고 있으므로 밝은 부분과 어두운 부분의 명도 차이를 좀 더 확실하게 주었습니다.

▶ 마을 일러스트 – 컬러링 4단계

이번에는 전체적으로 텍스처를 사용하여 이미지의 밀도감을 높여 보겠습니다. 오브젝트들 하나하나에 재질감을 효과적으로 표현하기 위해 텍스처를 사용하였는데, 앞에 크게 보이는 오브젝트들에 적절하게 텍스처를 사용하였으며, 멀리 있는 부분은 거리감을 표현하기 위해 옅게 사용하였습니다. 여기서 중요한 것은 적절한 텍스처의 활용입니다. 너무 지나치지 않게 사용하면 리얼한 일러스트 이미지 표현에 도움이 될 것입니다.

▶ 마을 일러스트 – 컬러링 5단계

텍스처의 활용으로 불분명해지고 어두워진 이미지의 명암 구분이 확실히 정리되었으므로 이제 명확한 형태를 생각하면서 묘사를 해야 합니다. 이 부분은 닷지 툴과 번 툴을 적절하게 활용하면 좋을 것입니다. 빛의 방향에 따라 밝게 해주어야 할 부분과 어둡게 해주어야 할 부분, 그리고 그림자 부분을 잘 정리하면

서, 특히 하이라이트 면을 찾아 강조하면서 전체적으로 선명한 느낌의 이미지로 정리될 수 있도록 작업을 진행합니다.

▶ 마을 일러스트 – 컬러링 완성 단계

앞에 있는 오브젝트들과 바닥을 좀 더 선명하고 디테일하게 잡아주었고, 멀리 보이는 부분들과 가까이에 있는 부분들의 차이를 주기 위해서 공간감과 원근감을 강조하였으며, 멀리 보이는 집들과 돌산은 공기 원근법을 활용하여 하늘과 비슷한 푸른 색감을 살짝 넣어 멀리 있는 느낌을 강조하였습니다. 하늘의 구름은

좀 더 풍성하게 표현해 주면서 가깝고 멀리 있는 구름들을 구분지어줌으로써 하늘에서의 공간감을 더욱 살려주었습니다. 또한 파이프에 연기를 넣어 표현함으로써 정적인 이미지에 역동성을 부여하고자 하였습니다. 이로써 마을 일러스트가 완성되었습니다.

예세 소스에 있는 psd 파일을 같이 보면서 학습하시기 바랍니다.
- 예제 소스\Concept\illust\village illust\psd\village illust.psd를 참조하세요.

Step 2 던전 일러스트 작업 과정 알아보기

던전 컬러링 작업과 같은 일러스트 작업에서는 처음 컬러링 작업을 들어가기 전에 전체적인 원화의 구조를 꼼꼼히 살펴보고 컬러의 계획을 세우는 것이 중요합니다. 콘셉트의 특성에 맞게 밝은 분위기로 그릴 것인지, 어두운 분위기로 그릴 것인지를 먼저 고민하고, 밝게 한다면 색은 어떻게 쓰면 좋을 것인지, 어둡게 한다면 조명의 효과를 어떻게 살릴 것인지, 이펙트를 넣어 화려하면서 역동적인 분위기를 낼 것인지 등의 고민을 해보는 것입니다. 이번에 들어갈 던전은 어두운 분위기로 그릴 것이며, 횃불과 창문 빛을 이용하여 어두움 속에서 화려한 분위기를 연출할 생각입니다. 이제부터 던전 컬러링을 해보겠습니다.

예제 소스에 있는 jpg 파일을 같이 보면서 학습하시기 바랍니다.
- 예제 소스\Concept\illust\dungeon illust\jpg\dungeon illust01.jpg~dungeon illust07.jpg을 참조하세요.

● 던전 분위기 – 컬러링 1단계

'던전 학습하기'에서 설명한 러프 스케치 과정을 거쳐 정리된 던전 원화가 나왔습니다. 마을 일러스트와 마찬가지로 스캔받은 스케치를 포토샵으로 가져와서 부분적으로 확대하여 지저분한 부분을 정리합니다. 그래야만 좀 더 깨끗하고 정리된 원화로 컬러 작업을 할 수 있습니다.

◉ 던전 분위기-컬러링 2단계

회색 컬러를 사용하여 화면 앞쪽에 있는 부분은 밝게 잡고, 화면 안쪽으로 갈수록 어둡게 하여 공간감을 살려줍니다. 입체적으로 표현하기 위해 들어가 있는 부분은 어둡게 하고, 나와 있는 부분은 밝게 하여 이미지를 평면에서 입체적

인 이미지로 바꿔줍니다. 모노톤으로 전체적인 분위기를 잡는 이유는 전체적으로 명도 차이를 쉽게 보면서 들어갈 수 있다는 점 때문입니다. 던전 컬러는 대부분 많은 컬러가 들어가지 않기 때문에 모노톤으로 분위기를 잡고 나중에 컬러를 입히는 방법을 많이 사용합니다.

◉ 던전 분위기-컬러링 3단계

2단계에서 잡은 분위기에서 좀 더 완성도 있는 공간감 표현과 부분적인 디테일한 묘사를 추가한 이미지입니다. 마을 일러스트와 마찬가지로 연필 선을 살려서 채색하므로 채색 작업에는 부담이 없지만, 연필 선 위에 채색되는 레이어 속성상 러프하게 그려져서 형태를 알아보기 힘든 세세한 부분들은 좀 더 디테일한 설명 작업과 형태의 정리가 필요합니다. 그래서 레이어를 위에 하나 더 만들어서 레이어 블렌드 모드 속성을 Normal로 하여 연필 툴로 깔끔하게 형태를

더 그려주면서 큰 형태들을 묘사하였습니다. 던전은 지하의 어두운 공간이기 때문에 여러 컬러가 들어가지 않으며, 컬러링 작업 또한 한 가지 톤으로 분위기를 잡는 것이 보통입니다. 이번 단계에서 컬러 색감이 들어가지 않고 디테일한 묘사까지 한 이유는 다음 단계에서 하나의 색감으로 바꾸어주는 것은 어렵지 않은 작업이기 때문에 묘사가 좀 더 수월한 회색 색감으로 좀 더 묘사 작업을 한 것입니다.

◉ 던전 분위기 – 컬러링 4단계

이번 단계에서는 벽면과 바닥, 천정 색감을 붉은 금속으로 잡고 컬러링을 하였으며, 앞에서 학습한 방법으로 금속 텍스처를 입혀보았습니다. 이제야 거친 던전의 분위기가 나타나는 것 같습니다. 텍스처를 지나치게 사용하면 안 되겠지만, 적절하게 사용하면 결과물을 좀 더 사실적으로 표현하는 데 많은 도움을 줍니다. 때로는 텍스처가 들어가지 않은 작업물이 효과적일 때가 있으므로 그때마다 적절하게 사용 유무를 정하여 작업하시기 바랍니다.

◉ 던전 분위기 – 컬러링 5단계

지금까지 밋밋한 던전 컬러링 작업이었다면, 이제부터는 조명 색감을 이용하여 분위기를 내는 작업을 하게 됩니다. 횃불의 빛과 창문에서 나오는 빛이 조화를 이루는지, 색감이 자연스러운지 살펴보면서 색감을 정합니다. 앞에 있는 조명의 밝기와 멀리서 빛나는 조명 밝기의 강도를 적절하게 조절하여 공간감 표현에 신경을 씁니다. 또한 조명의 주변 표면에 비쳐지는 조명 밝기의 강도와 색감을 자연스럽게 표현해주면서 전체적으로 실제 조명이 켜져 있는 듯한 던전 분위기를 잡기 위해 노력합니다.

▶ 던전 분위기-컬러링 6단계

이제 조명을 기준으로 묘사가 들어갈 차례입니다. 뿌옇게 들어간 조명의 밝은 부분을 찾아 강조하고, 조명으로 인하여 밝아진 주변 색감의 변화와 빛을 받는 느낌을 자연스럽게 표현합니다. 그리고 조명에 따른 형태들의 변화와 강조되는

형태들을 확실하게 잡아 주면서 묘사합니다. 공간 안쪽에 있는 부분들은 실루엣 정도만 표현하여 깊고 멀리 있는 듯한 웅장한 스케일감을 표현해주었습니다.

▶ 던전 분위기-컬러링 완성 단계

드디어 던전이 완성되었습니다. 6단계에서 완성 단계로 오면서 표현되지 않았던 천장을 은은한 빛이 빛나는 분위기로 잡아주었습니다. 그리고 밝은 부분에서 가장 밝은 부분, 즉 하이라이트를 찾아주었으며, 전체적으로 어두운 부분이 많았는데, 어두움 속에서도 1~2단계의 밝은 색감, 즉 쉽게 말하면 전체 색감의 중간 톤을 찾아주는 것으로 마무리하였

습니다. 완성 이미지와 완성 전의 이미지는 면의 정리나 형태의 정리 같은 부분의 차이뿐 아니라 색감의 단계 차이를 더 만들어 주는 것 또한 중요하다고 할 수 있습니다. 주변에서 흔히 말하는 색감이 풍부한 그림들 말입니다.

예제 소스에 있는 psd 파일을 같이 보면서 학습하시기 바랍니다.
■ 예제 소스\Concept\illust\ dungeon illust\psd\ dungeon illus.psd를 참조하세요.

배경 일러스트 완성

▲ 마을 일러스트 완성

▲ 던전 일러스트 완성

거대 식물 지형 콘셉트 배경 일러스트

거대 식물에 의해 하늘이 덮여 빛을 받지 못하는 지형 콘셉트입니다. 이로 인해 어두운 곳에서 살아남기 위해 생겨난 돌연변이 식물들만이 가득한데, 그 식물들이 바로 자체 발광을 하는 생명력이 강한 선인장 같은 형상을 한 식물들이라는 설정으로 그려보았습니다.

오브젝트를 이용하여
마을 구성하기

지금까지 마을을 구성하고 있는 오브젝트들에 대해 학습했습니다. 이제 지금까지 만들어본 오브젝트들을 이용하여 마을을 구성해보겠습니다.

Step 1 마을 일러스트 알아보기

먼저 앞에서 작업한 마을 일러스트 이미지를 보면서 어떻게 구성할 것인지에 대해 고민해봅니다. 일러스트 속 마을은 지금까지 학습한 오브젝트들이 적절하게 구성되어 있는 모습을 띠고 있습니다. 여러 채의 집들이 모두 다르게 보이지만, 자세히 살펴보면 외형은 두 가지의 집으로 구성되어 있고, 3D를 제작하기 쉽도록 하였으며, 텍스처들을 같이 사용할 수 있게 디자인하였습니다. 마을 일러스트를 바탕으로 3D에서 마을을 구성할 것입니다.

3D 공간에서 마을 구성하기

드디어 마을 일러스트를 바탕으로 3D 제작에서 배치한 마을의 이미지가 나타났습니다. 터레인 작업은 돌로 이루어진 기본 지형을 만들고 마을 일러스트 이미지를 바탕으로 3D 제작에서 완성된 하나하나의 오브젝트들을 배치하여 마을을 만들었으며, 추가로 3D 제작이 필요한 전선들이나 다른 형태의 집들을 몇 채 더 만들어서 일러스트와 비슷한 구성이 되도록 하였습니다. 다만 일러스트에서 잡은 마을의 공간 크기가 큰 관계로 3D에서 원활하게 돌아갈 수 있는 적절한 데이터량을 고려하여 적당한 크기로 공간을 줄였습니다.

다른 시점에서 본 마을의 모습들

물가를 중심으로 바라본 마을의 전경입니다.

여러 작고 큰 오브젝트들이 모여서 형성된 마을의 전경입니다.

노멀맵
학습하기

이번에는 노멀맵(Normal map)에 대해 학습하겠습니다. 노멀맵을 사용하는 가장 큰 이유는 로우 모델링
으로도 높은 퀄리티의 결과물을 창출할 수 있기 때문입니다.

Part 5

노멀맵에 대해 이해하기

노멀맵(Normal map)은 어떠한 원리를 가지고 있고, 게임에 적응하는 이유는 무엇인지에 대해 알아보겠습니다.

노멀맵은 '노멀 범프맵'이라고도 합니다. 노멀맵은 모델링의 변화 없이 조명에 의해 표현하는 범프맵과 달리 RGB를 인식하기 때문에 실제로 모델링한 것 같은 느낌을 줄 수 있습니다. 쉽게 이야기하면 메시 표면의 노멀 벡터를 텍스처 파일에 옮겨놓은 것이라고 할 수 있습니다.

예를 들어 MMORPG처럼 실시간으로 진행되는 3차원 게임의 경우에는 초당 프레임율이 게임을 진행하는 데 큰 영향을 미칩니다. 영향을 미치는 요소로는 모델링의 폴리곤 수, 텍스처의 크기 및 수, 이펙트 등을 들 수 있습니다. 게임 그래픽의 품질을 높이기 위해 폴리곤과 텍스처의 수를 늘리면, 그래픽이 풍성해지는 반면, 초당 프레임율이 현저히 낮아져 게임에 대한 몰입도와 흥미를 잃게 됩니다. 이와 반대로 폴리곤과 텍스처의 수를 줄이면, 초당 프레임율이 올라가는 반면 배경 그래픽이 단순해져서 유저들이 큰 매력을 느끼지 못합니다.

노멀맵을 사용하는 이유는 바로 이러한 문제점을 해결하기 위해서입니다. 노멀맵은 저해상도 모델링 데이터를 이용하여 고해상도 모델링 데이터처럼 많은 시스템 리소스를 사용한 것과 같은 효율적인 작업을 진행할 수 있도록 해줍니다. 이와 동시에 초당 프레임율의 향상에도 많은 도움을 줍니다.

노멀맵은 그동안 캐릭터 분야에서 많이 사용하였지만, 이제는 배경 그래픽 분야에서도 많이 사용하고 있습니다. 이처럼 노멀맵은 배경이든, 캐릭터든 어느 분야를 막론하고 사용할 수 있기 때문에 게임 그래픽의 전체적인 수준을 향상시키는 데 기여하고 있습니다. 그렇다면 노멀맵의 원리와 방법만 알면 디퓨즈맵은 필요없는 것일까요? 물론 아닙니다. 배경 그래픽에서 노멀맵을 많이 사용하기는 하지만, 아직까지는 모든 실무에서 사용한다고는 할 수 없습니다. 노멀맵을 사용한다고 하더라도 부분적으로만 사용하는 실무팀도 많습니다. 그만큼 디퓨즈맵도 중요합니다. 만일 노멀맵에 너무 의지하면 디퓨즈맵 제작 능력이 저하될 수 있습니다.

개인적으로는 디퓨즈맵 제작 능력이 안정적일 때 노멀맵 제작을 학습하는 것이 바람직하다고 생각합니다.

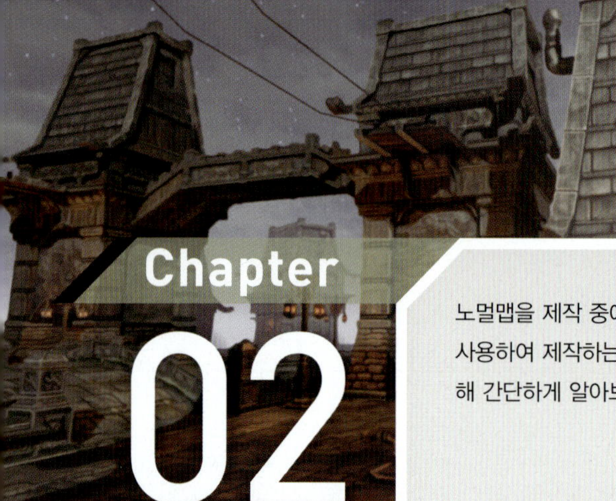

노멀맵에 도움이 되는
툴 알아보기

노멀맵을 제작 중에는 툴에는 디퓨즈 텍스처를 사용하여 바로 뽑아낼 수 있는 툴도 있고, 하이폴리곤 모델링을 사용하여 제작하는 툴도 있습니다. 이번에는 노멀맵에는 어떠한 툴들이 있고, 이 툴은 어떻게 사용하는지에 대해 간단하게 알아보겠습니다.

● Crazy Bump

Crazy Bump는 노멀맵을 생성하는 툴 중의 하나입니다. 현재 몇 가지 노멀맵을 생성할 수 있는 툴들이 있는데, 개인적으로는 Crazy Bump가 시간 대비 결과물을 보았을 때 가장 좋다고 생각합니다.

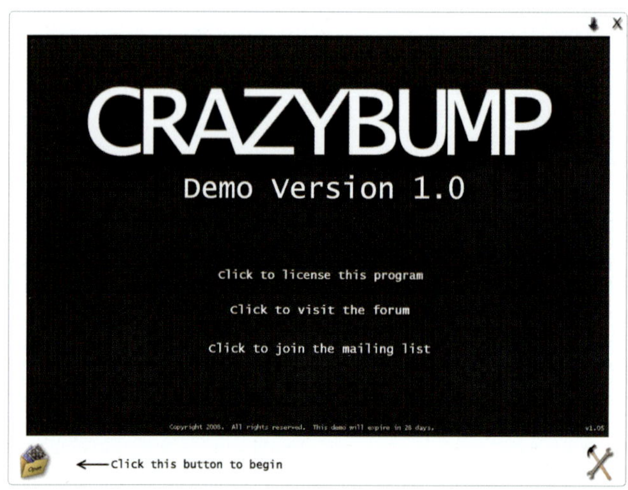

▲ Crazy Bump를 실행했을 때 나타나는 화면

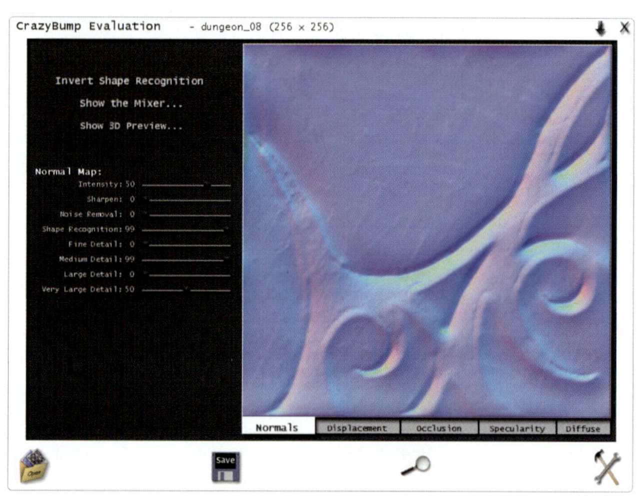

▲ Crazy Bump에서 노멀맵을 추출할 이미지를 불러왔을 때 나타나는 화면
(여러 수치들을 조절하여 원하는 방향으로 제작할 수 있음.)

오른쪽 그림과 같이 미리 보기 기능으로 제작한 이미지의 결과물을 실시간으로 볼 수 있습니다.

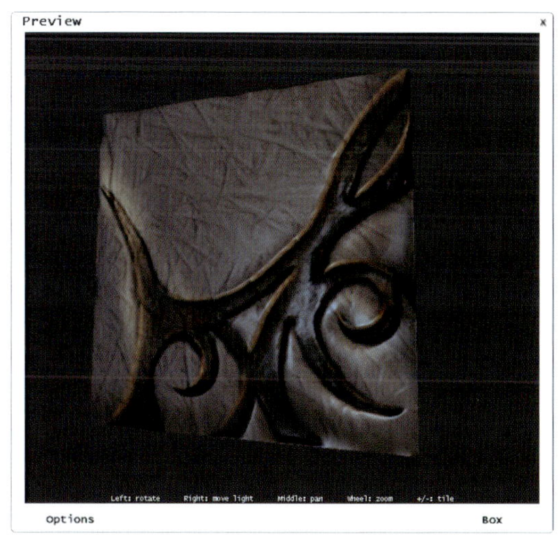

▶ nDo2

nDo2도 노멀맵을 생성하는 툴 중의 하나입니다. nDo2의 장점은 Crazy Bump와 기본 기능들이 비슷하지만 포토샵과 연동되어 포토샵에서 맵 소스를 제작하듯이 노멀맵을 비슷한 방식으로 제작할 수 있다는 것입니다. 이 밖에도 추가적인 기능들이 있습니다. 이와 반대로 nDo2의 단점은 무겁고 느리다는 것입니다. 그 결과 시간 대비 효율이 조금 떨어진다는 느낌을 받았습니다. 아래 그림과 같이 nDo2를 실행하면 포토샵도 함께 실행되는 것을 알 수 있습니다. nDo2는 항상 위에 위치해 있는 상태입니다.

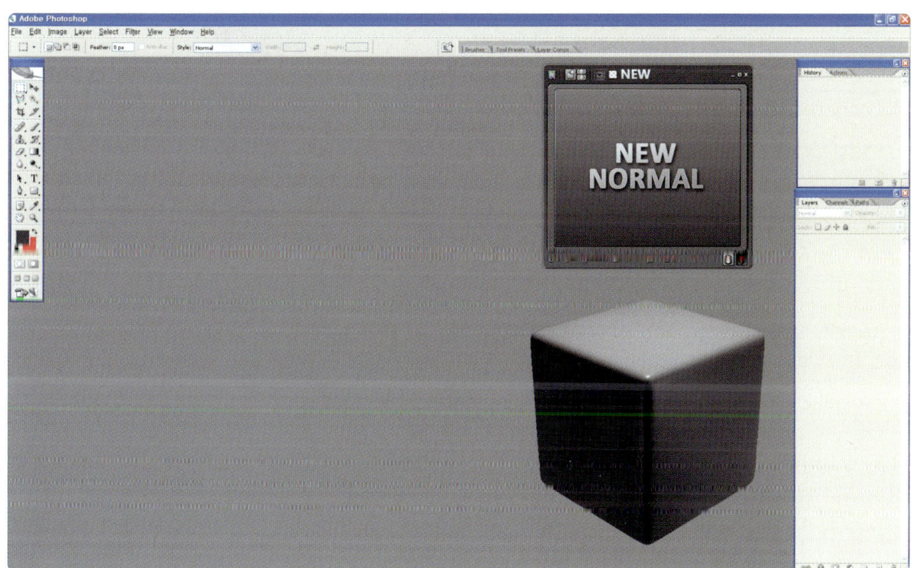

◀ nDo2를 실행했을 때 나타나는 화면

그림과 같이 어떤 재질의 노멀맵을 제작할 것인지에 따라 노멀맵의 재질을 더욱 특화시킬 수 있는 메뉴들이 있습니다. 이를 잘 활용하면 시간 대비 큰 효과를 거둘 수 있습니다.

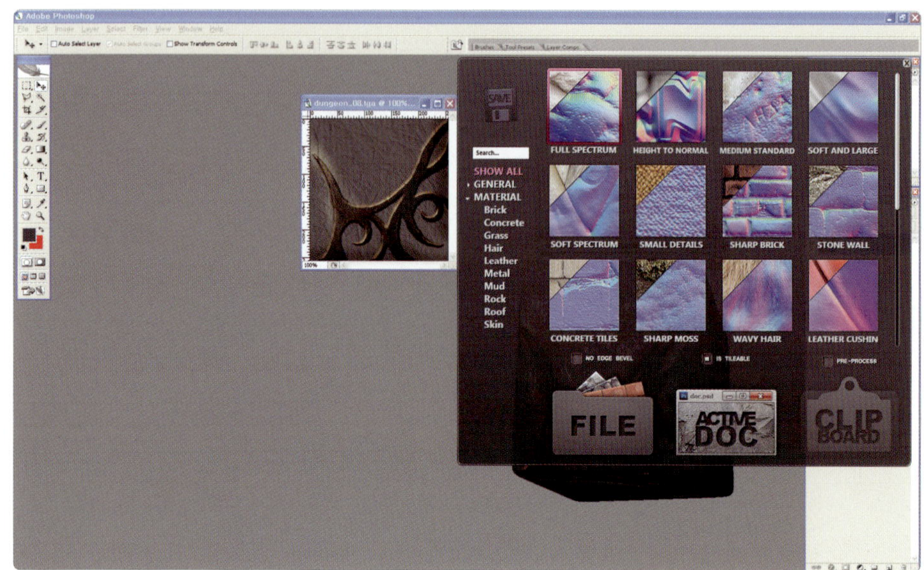

▶ 포토샵에서 노멀맵을 제작할 텍스처를
불러온 후의 nDo2 화면

오른쪽 그림과 같이 미리 보기 화면에서 마우스 오른쪽 버튼을 클릭하면 미리 보기 기능을 제어할 수 있는 메뉴가 나타납니다. 제작과는 큰 관련이 없지만 개인적으로 잘 조절하여 사용하시기 바랍니다.

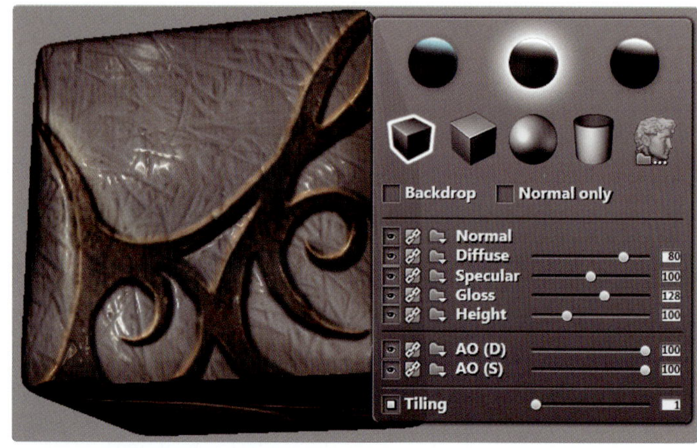

▲ 미리 보기(왼쪽), 설정 메뉴(오른쪽)

● ZBrush

ZBrush 또한 배경 그래픽에서 노멀맵을 만들 수 있는 툴 중의 하나로, 캐릭터 모델러에게 중요한 2.5D 툴입니다. 이제는 배경 모델러도 사용되고 있습니다. 간략하게 설명하면 3ds max와 같은 3D 툴에서 제 작한 모델링을 ZBrush로 가져와 고해상도 모델링과 높은 재질감을 표현한 후, 노멀맵으로 추출하고, 이 를 다시 로우 폴리곤 모델링에 적용하는 방식이라고 생각하면 됩니다.

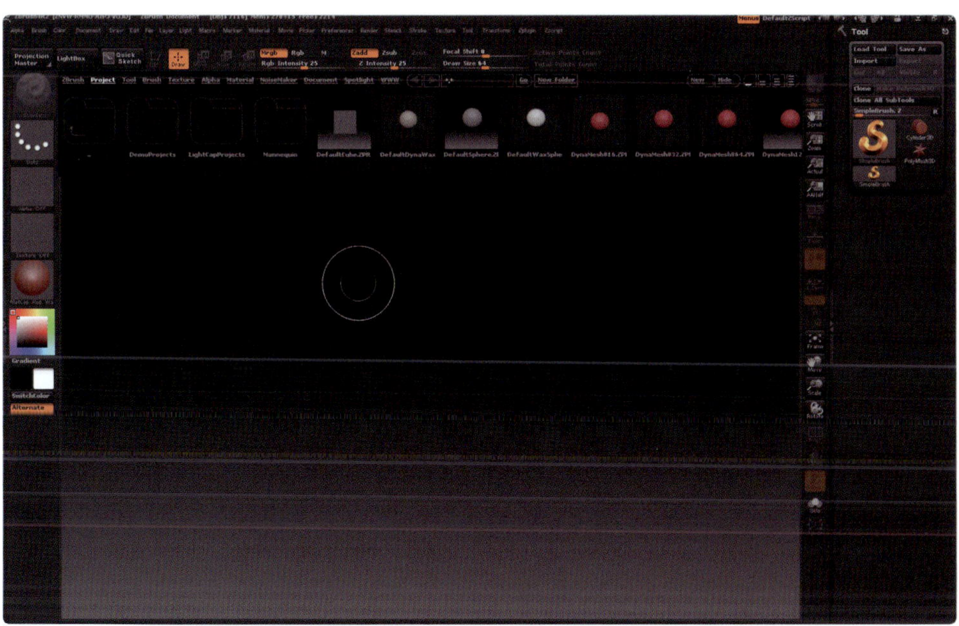

▲ ZBrush를 처음 실행했을 때 나타나는 화면

● xNormal

xNormal 역시 노멀맵을 생성하는 툴 중의 하나입니다. 하이 폴리곤과 로우 폴 리곤을 가지고 노멀맵을 뽑아 내는 방식입니다. 개인적으로는 ZBrush를 더 많 이 사용하는 편입니다.

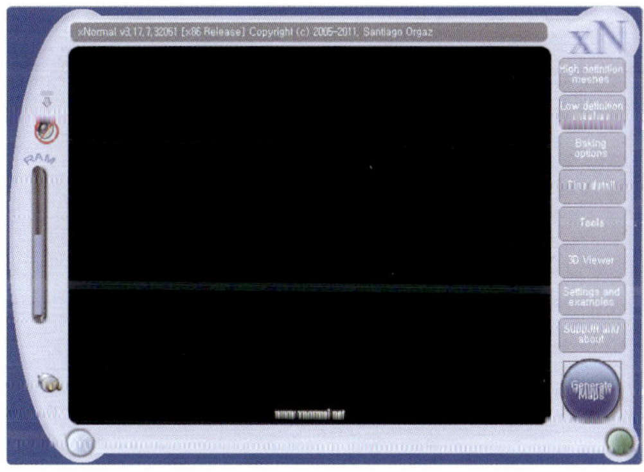

▲ xNormal을 처음 실행했을 때 나타나는 화면

● Render To Texture

Render To Texture 또한 하이 폴리곤에서 노멀맵을 추출하는 방법 중의 하나로, 'RTT'라고도 합니다. Render To Texture는 하이 폴리곤과 로우 폴리곤을 같은 위치에 놓은 다음, 하이 폴리곤의 모델링 및 재질이 로우 폴리곤에 적용될 수 있도록 도와주는, 맥스 내부에 있는 툴이라고 할 수 있습니다.

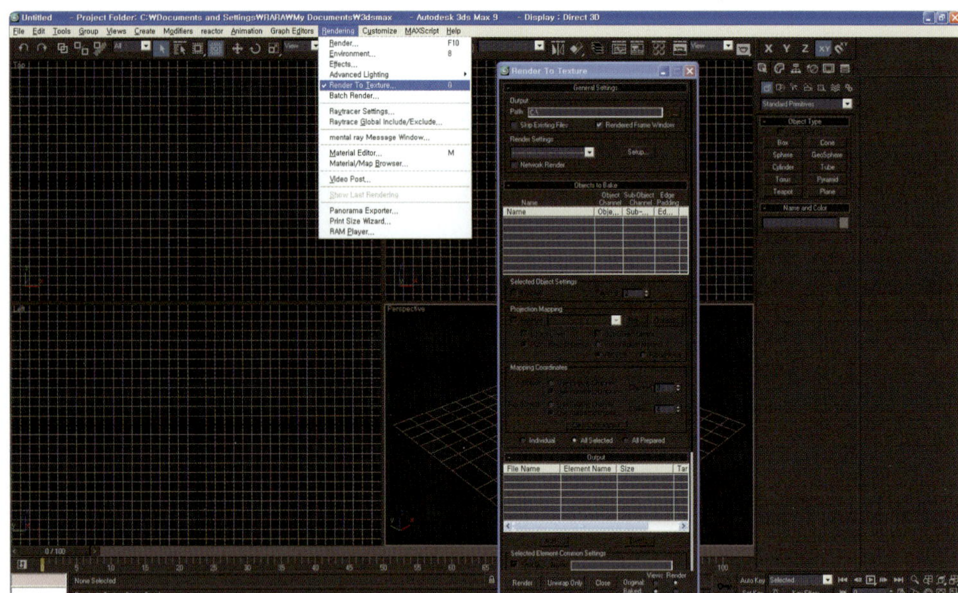

◀ Render To Texture를 처음
실행했을 때 나타나는 화면

마을에 배치되어 있는 오브젝트 중에 다리 부분 위주로 노멀맵만 적용한 부분부터 디퓨즈맵까지
적용된 부분을 자연스럽게 표현해보았습니다.

Crazy Bump를 이용한
노멀맵 학습하기

노멀맵을 추출하는 여러 툴들 중에서 Crazy bump와 포토샵을 활용하여 좀 더 디테일하게 추출해보겠습니다.

앞에서 설명했던 노멀맵 제작 툴 중에서 가장 많이 사용되고 있
는 Crazy bump에 대해 알아보겠습니다.

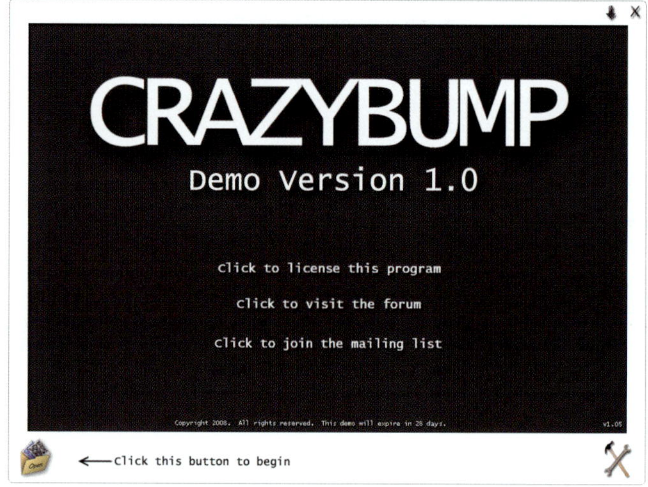

▲ Crazy bump를 실행한 초기 화면

화면의 오른쪽 아랫부분에 있는 망치 모양을 클릭하면 Crazy
bump 내의 여러 가지 기능을 설정할 수 있는 창이 나타납니
다. Preferences 부분은 많이 사용하지 않습니다. 화면의 왼쪽
아랫부분에 있는 Click this button to begin 부분을 클릭하면
Crazy bump가 실행됩니다.

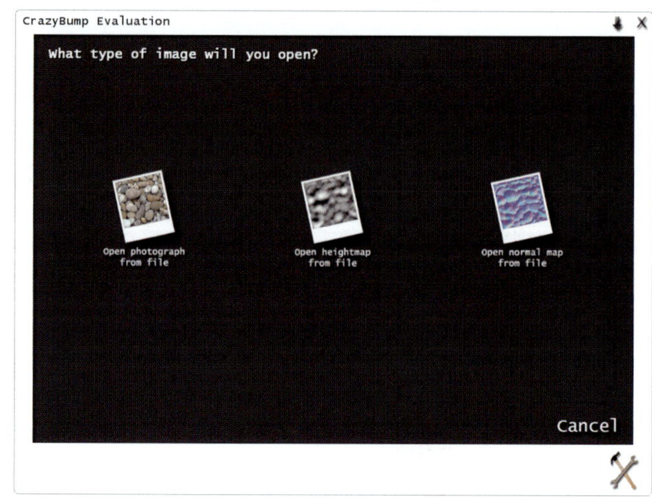

▲ CrazyBump Evaluation의 세 가지 타입

화면을 보면 '어떤 타입의 이미지를 열 것인가?'라고 묻는 경고창이 나타납니다. 총 세 가지 타입으로 파일을 열 수 있습니다.

- Open photograph from file : 디퓨즈맵을 불러오는 기능입니다.
- Open height map from file : 하이트맵을 불러오는 기능입니다.
- Open normal map from file : 노멀맵을 불러오는 기능입니다.

TIP / 필자는 개인적으로 Crazy bump를 사용하여 노멀맵을 제작할 때 하이트맵을 포토샵에서 제작하여 노멀을 추출합니다. 하이트맵으로 뽑은 노멀맵은 텍스처의 기본적인 형태를 이룹니다. 그런 다음, 디퓨즈맵을 사용하여 노멀맵을 만듭니다. 디퓨즈맵으로 만든 노멀은 재질 위주로 노멀맵에 적용됩니다. 두 가지 노멀맵을 포토샵에서 합쳐 제작합니다. 합쳐진 노멀맵이 개인적으로 만족스럽지 못하면 Crazy bump에서 노멀맵을 불러와 다시 한 번 수정하면 됩니다.

오른쪽 그림은 Open photograph from file로 디퓨즈맵을 불러온 것입니다. 둘 중 하나의 형태를 선택하여 들어가면 됩니다. 일반적으로 양각과 음각의 차이라고 생각하면 쉬울 것입니다.

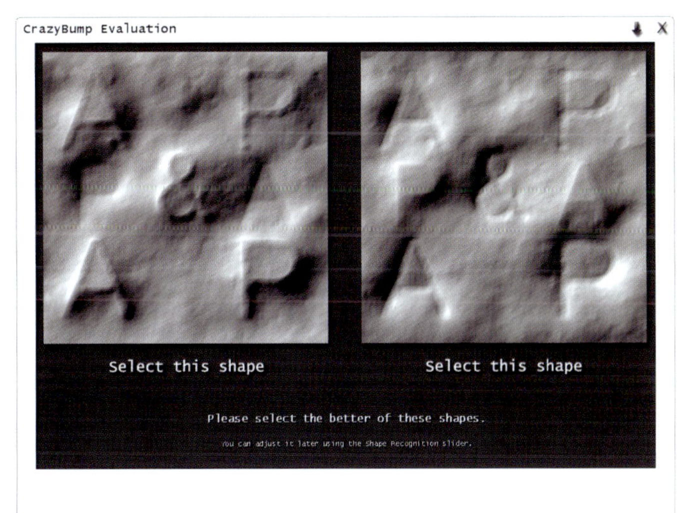

아래 그림과 같이 기본적인 노멀이 생성됩니다. 그리고 오른쪽에 미리 보기 화면이 나타납니다.

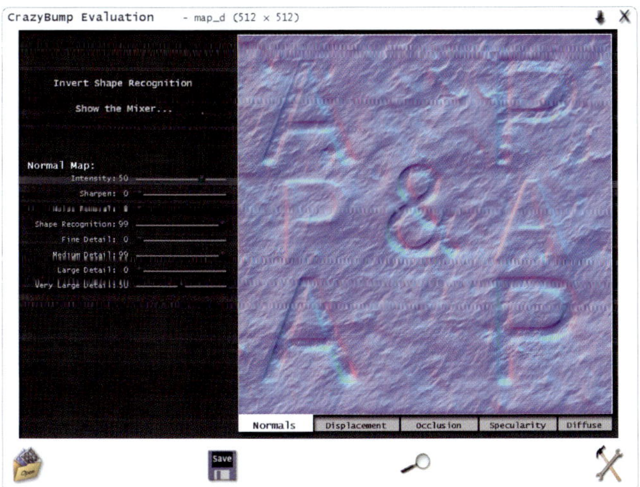

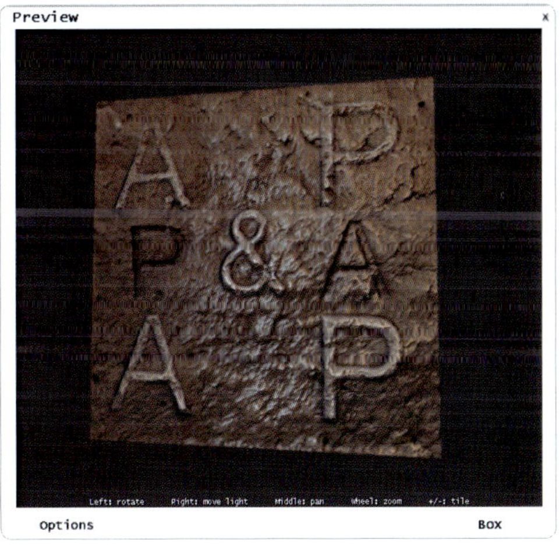

그림을 통해 Normal Map의 기능을 살펴보겠습니다.

Intensity

- −99～99 사이의 값을 가집니다.
- 정가운데의 값이 0일 경우에는 깊이 값을 가지지 않습니다. 양쪽 99 방향으로 갈수록 튀어나오거나 들어간 형태를 만들어줍니다.

Sharpen

- 0～99 사이의 값을 가집니다.
- 노멀의 밀도에 대한 거친 정도를 설정할 수 있습니다.

Noise Removal

- 0～3 사이의 값을 가집니다.
- 노이즈를 제거하는 설정입니다.
- 0일 경우에는 효과가 거의 없고, 3으로 갈수록 노이즈가 많이 제거됩니다.

Shape Recognition

- 0～99 사이의 값을 가집니다.
- 노멀의 형태가 분명하게 나타나도록 해주는 설정입니다.
- 기본은 99로 낮추어 사용합니다.

Fine Detail

세부적인 부분들을 디테일하게 묘사해주는 설정입니다.

Medium Detail

중간 정도의 부분들을 디테일하게 묘사해주는 설정입니다.

Large Detail

큰 부분들을 디테일하게 묘사해주는 설정입니다.

Very Large Detail

매우 큰 부분들을 디테일하게 묘사해주는 설정입니다.

이 밖에 결과물의 디테일을 더욱 높여줄 수 있는 Displacement Map, Occlusion Map, Specularity Map, Diffuse Map이 있습니다. 한 번씩 사용해보면 금방 익힐 수 있을 것입니다.

이제 Open height map from file로 하이트맵을 불러오겠습니다.

기본적으로 노멀과 미리 보기 화면이 오른쪽에 생성됩니다. 텍스처는 넣지 않고 흑백으로만 제작하여 불러온 것입니다. 디퓨즈맵을 불러왔을 때보다는 음양의 구분이 확실하다는 것을 알 수 있습니다. 나머지 기능들은 앞에서 학습한 것과 같습니다.

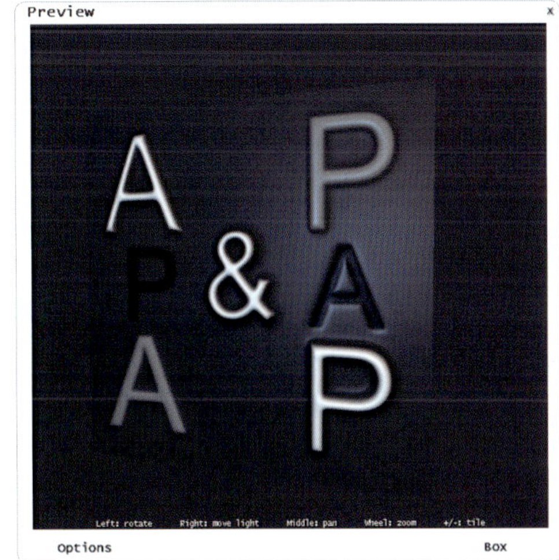

▲ 노멀이 생성된 모습

이제 앞에서 만들어진 노멀맵을 합성하겠
습니다.

▲ Open photograph from file을 사용하여 추출한
노멀맵

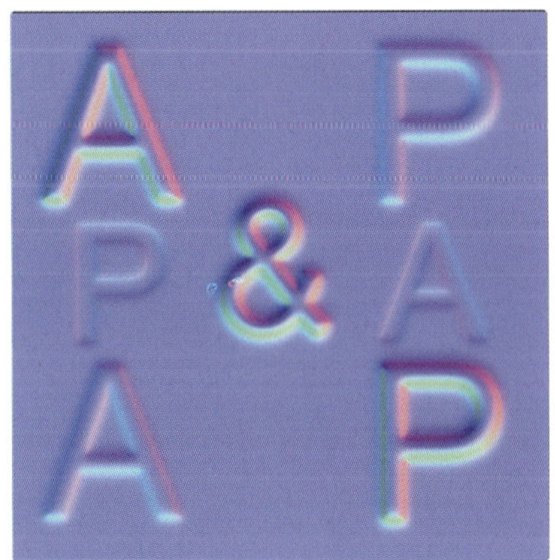

▲ Open height map from file을 사용하여 추출한
노멀맵

포토샵에서 Overlay를 사용하여 합성하겠습니다. 두 가지를 합성하여 나온 결과물입니
다. 영어로 된 부분이 더욱 뚜렷해지고, 재질도 더욱 좋아진 것을 알 수 있습니다.

▶ 두 가지(Open photograph from file, Open height
map from file)를 합성하여 나온 결과 화면

3ds max에서의
노멀맵 확인 방법

이번에는 제작된 노멀맵이 맥스상에서 모델링에 어떻게 적용이 되는지 간단하게 알아보겠습니다.

맥스 내에 기본 기능으로 설정되어 있는 DirectX Shader를 사용하면, 기본적인 노멀맵과 스펙큘러
맵의 적용 여부를 알 수 있습니다.

01 메뉴에서 [Customize-Preferences]를 선택합니다.

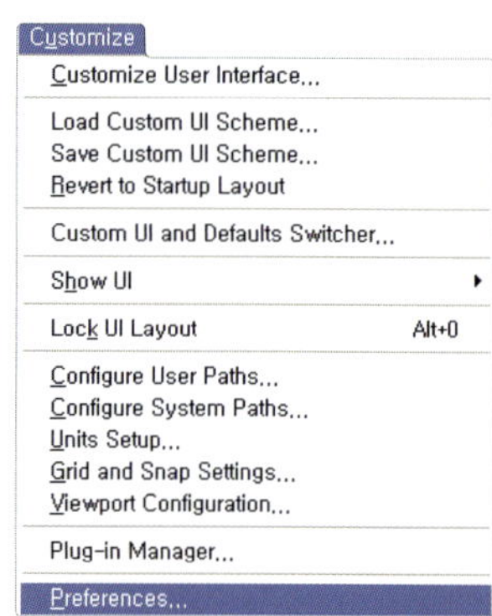

02 그림과 같이 Viewports 안에 있는 Choose Driver를 선택하여 DirectX로 설
정되어 있는지 확인합니다. 일반적으로 맥스는 다이렉트 X를 지원하기 때문에
기본적으로 그림과 같이 되어 있을 것입니다.

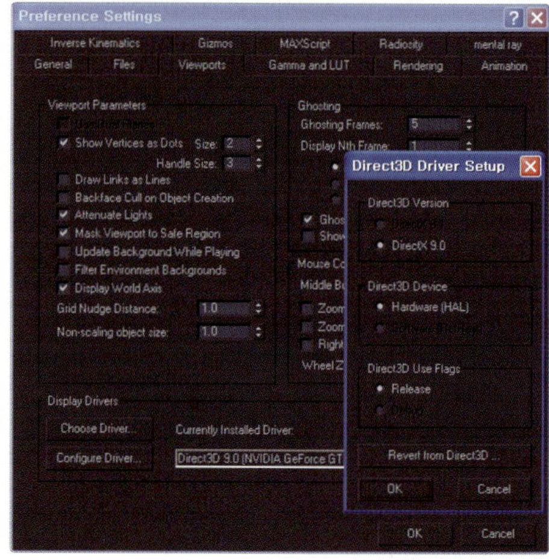

03 일반적인 정사각형 박스를 생성하여 앞에서 예제로 해보았던 노멀맵을 적용해보겠습니다. 그림과 같이 박스를 생성한 후, 오른쪽 메뉴에서 Target Directional Light를 설치하고 Shadows의 On에 체크 표시를 합니다.

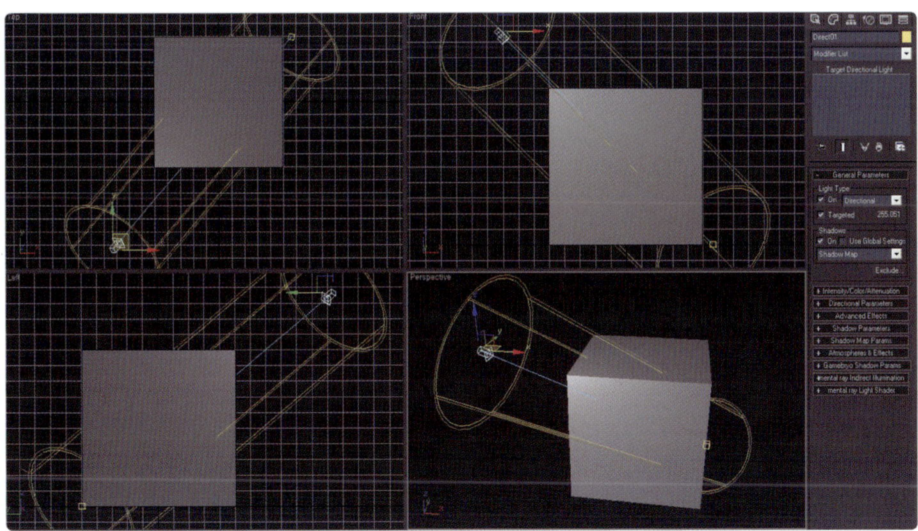

04 [Material Editor] 창을 연 후, [Standard] 버튼을 클릭합니다. [Material/Map Browser] 창에서 DirectX Shader를 선택합니다.

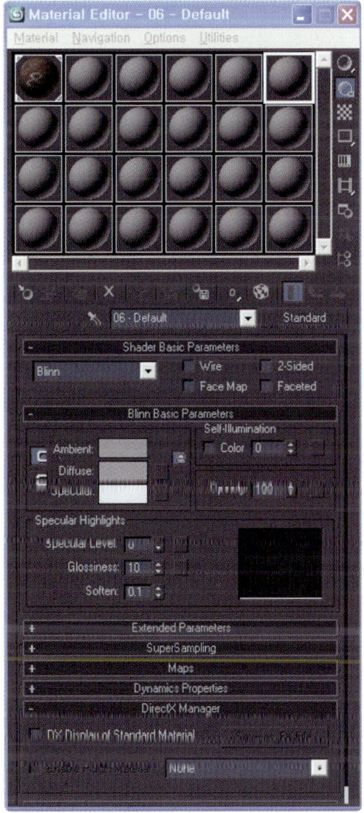

05 계속해서 왼쪽 그림과 같은 창이 나타납니다. 이제 DirectX Shader 안에 있는 박스를 클릭하면 오른쪽 그림과 같은 [Load Effect File] 창이 나타납니다. StandardFX.fx를 선택합니다.

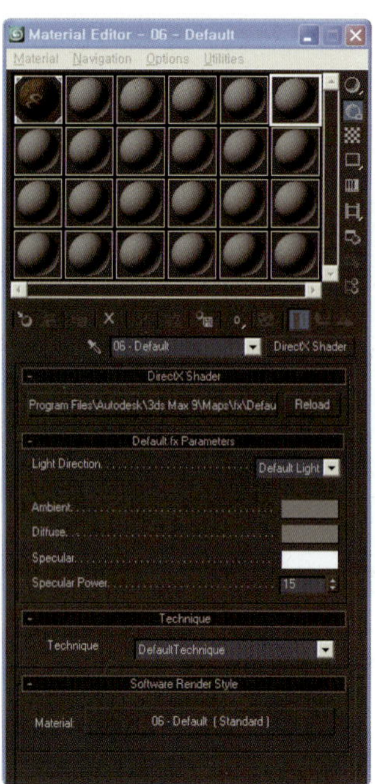

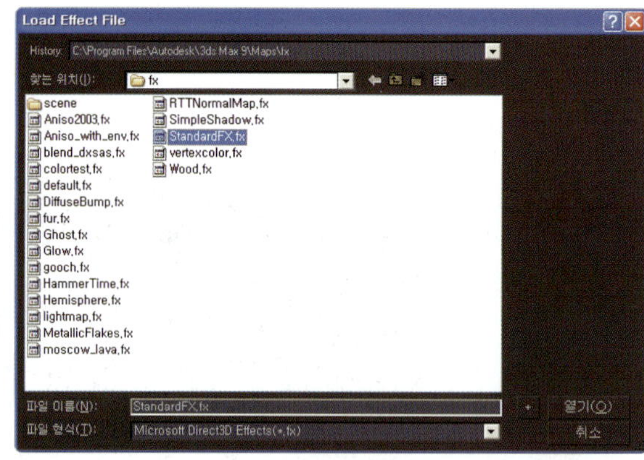

06 오른쪽 그림과 같은 [Material Editor] 창이 나타납니다. [Material Editor] 창에서 아래 네 가지 항목에 체크 표시를 한 후 이미지를 적용하겠습니다.

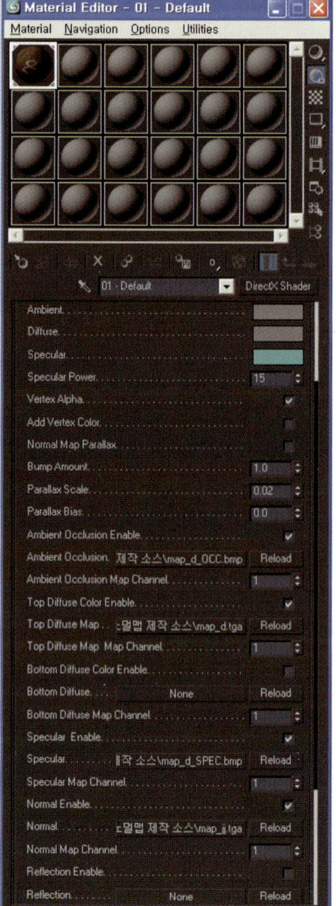

- Ambient Occlusion Enable에 체크 표시를 한 후, Ambient Occlusion에서 디퓨즈맵을 불러옵니다.
- Top Diffuse Color Enable에 체크 표시를 한 후, Top Diffuse Map에서 디퓨즈맵을 불러옵니다.
- Specular Enable에 체크 표시를 한 후, Specular에서 스펙큘러맵을 불러옵니다.
- Normal Enable에 체크 표시를 한 후, Normal에서 노멀맵을 불러옵니다.

TIP
- Specular : 스펙큘러의 색을 조절할 수 있습니다.
- Specular Power : 스펙큘러의 강도를 조절할 수 있습니다.

07 단계별로 적용된 이미지를 확인해보겠습니다. 이해도를 높이기 위해 각 옵션을 보통보다 강하게 설
정하겠습니다.

▲ Diffuse Map만 적용된 경우

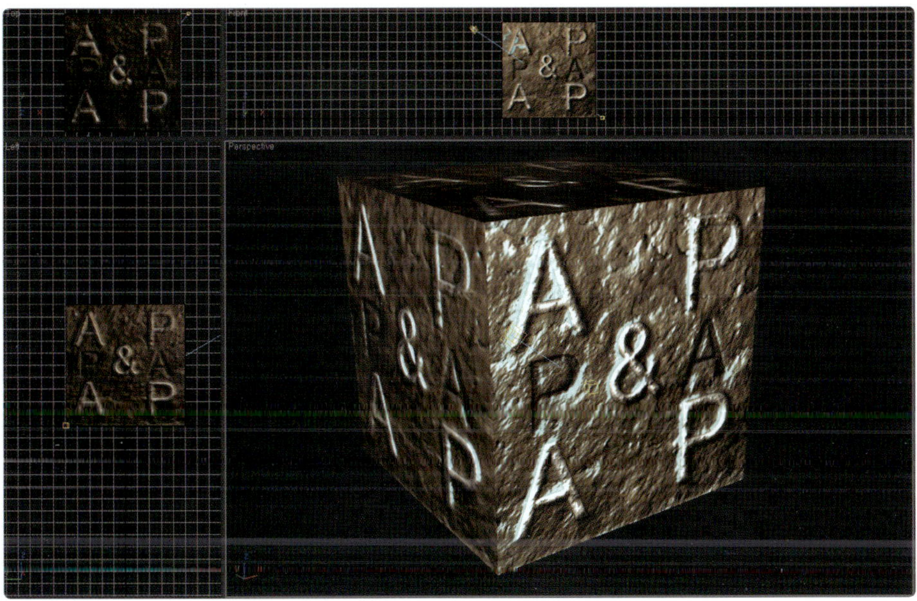

▲ Normal Map이 적용된 경우

▲ Specular Map이 적용된 경우

▲ Ambient Occlusion Map이 적용된 경우

다음은 앞에서 제작한 텍스처 중에서 몇 가지를 골라 제작하겠습니다. 학습하는 데 참고하시기 바랍니다.

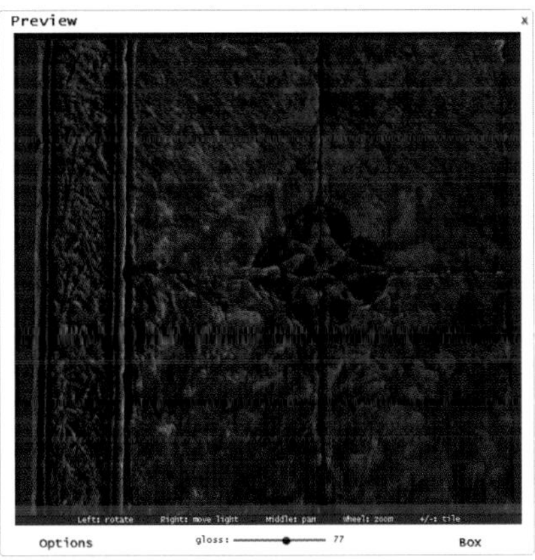

UDK 엔진에
적용하기

모델링과 텍스처의 제작이 완료되었다고 해서 모두 끝난 것이 아니라, 마지막으로 모델링에 텍스처가 제대로 적용되는지, 노멀, 스펙큘러 등이 잘 적용되었는지를 엔진에 넣어 결과물을 확인해보아야 합니다. 이번에는 모델링과 텍스처를 어떻게 엔진에 적용시키는지 알아보기 위하여 제작된 원통의 모델링과 텍스처를 엔진에 적용해보겠습니다.

Part 6

3ds max에서 Export하기

3ds max에서 어떤 방법으로 Export하는지에 대해 알아보도록 하겠습니다.

지금까지 제작한 모델링과 텍스처를 UDK 엔진으로 가져와 배치하겠습니다.

01 다음 그림과 같이 Export하려는 모델링을 3ds max에서 불러오겠습니다. 여기서는 원통을 예로 들어 설명하겠습니다. 원통의 중앙에 위치하고 있는 Pivot의 위치를 원통의 아래쪽으로 옮깁니다.

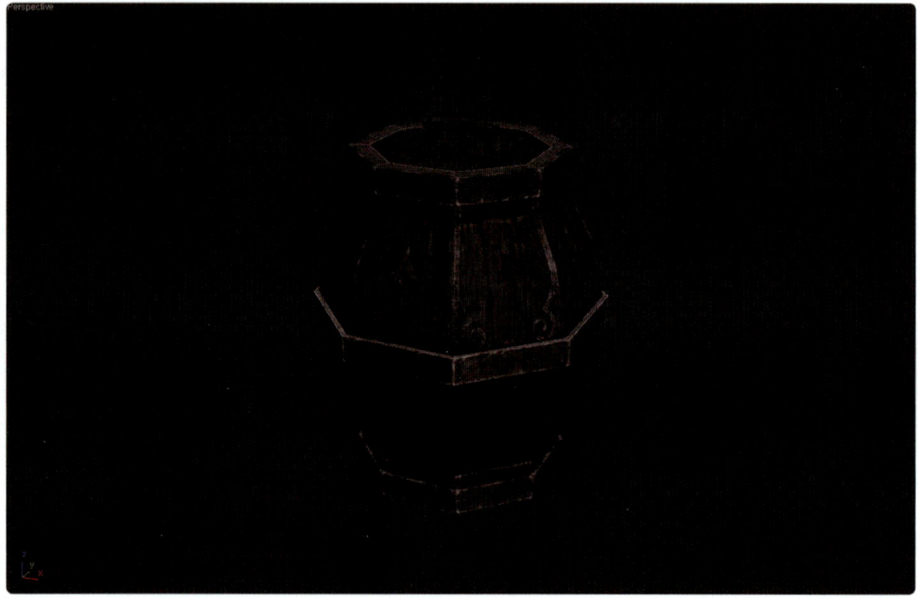

02 이제 라이트맵을 생성하겠습니다. Unwrap UVW를 생성한 후, 옵션에서 Channel을 2번으로 설정합니다. 참고로 1번은 디퓨즈맵을 펴주는 것이고, 2번은 라이트맵을 펴주는 것입니다.

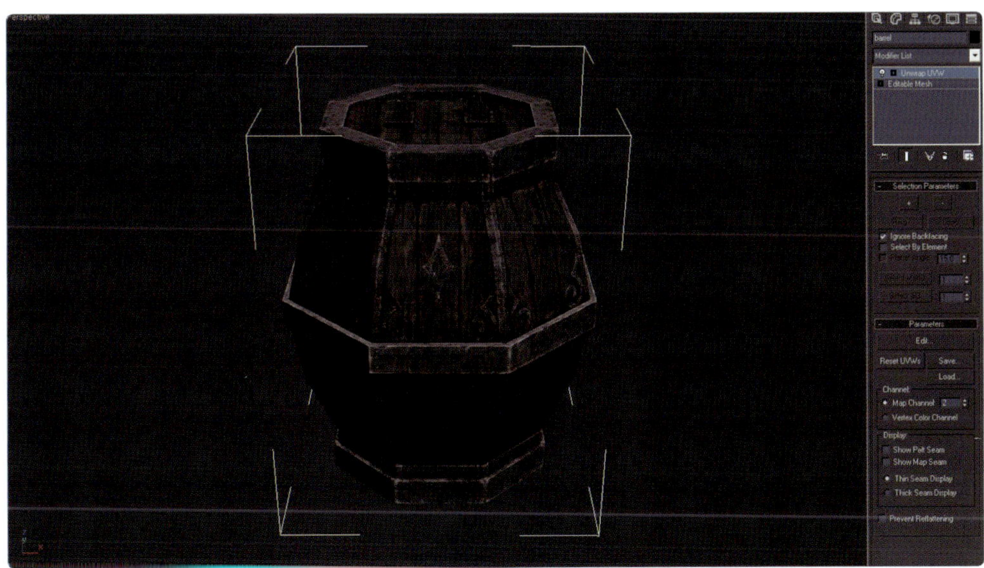

03 그림과 같이 [Edit UVWs] 창에서 Flatten Mapping을 이용하여 모든 면들이 골고루 펴질 수 있도록 해줍니다. 필자는 손으로 하나씩 펴서 남는 면이 없도록 하는 것이 가장 좋다고 생각합니다. 이번에는 Mesh 또는 Poly로 변화를 주어 보겠습니다.

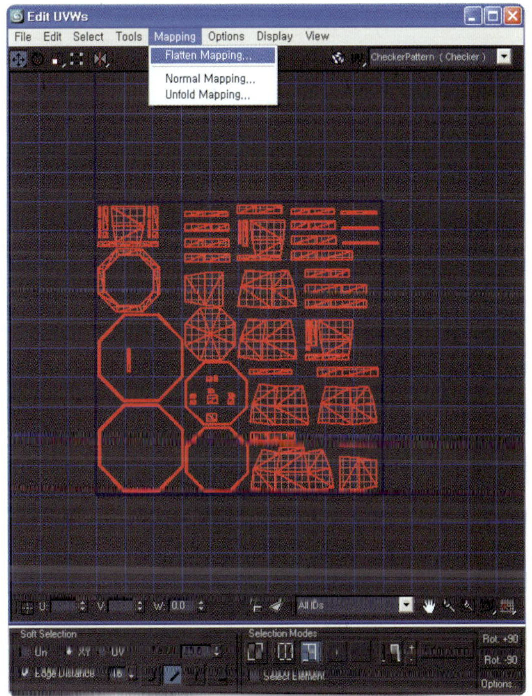

04 [File] 메뉴에서 [Export Selected]를 선택합니다. Export Selected는 현재 선택된 오브젝트만
Export해주는 것입니다.

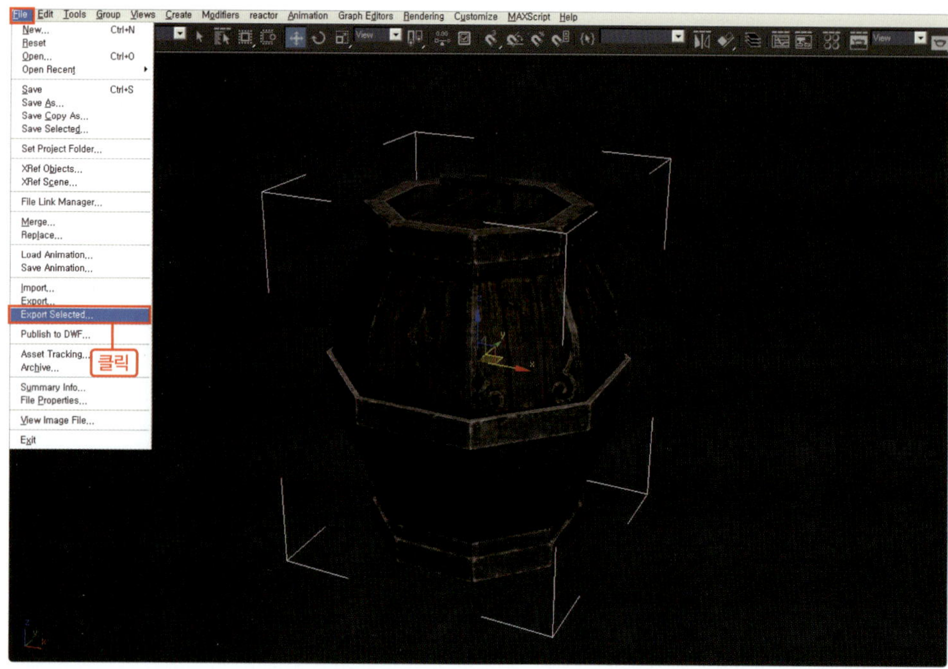

05 그림과 같이 파일 형식을 ASE로 바꿔 Export하겠습니다.

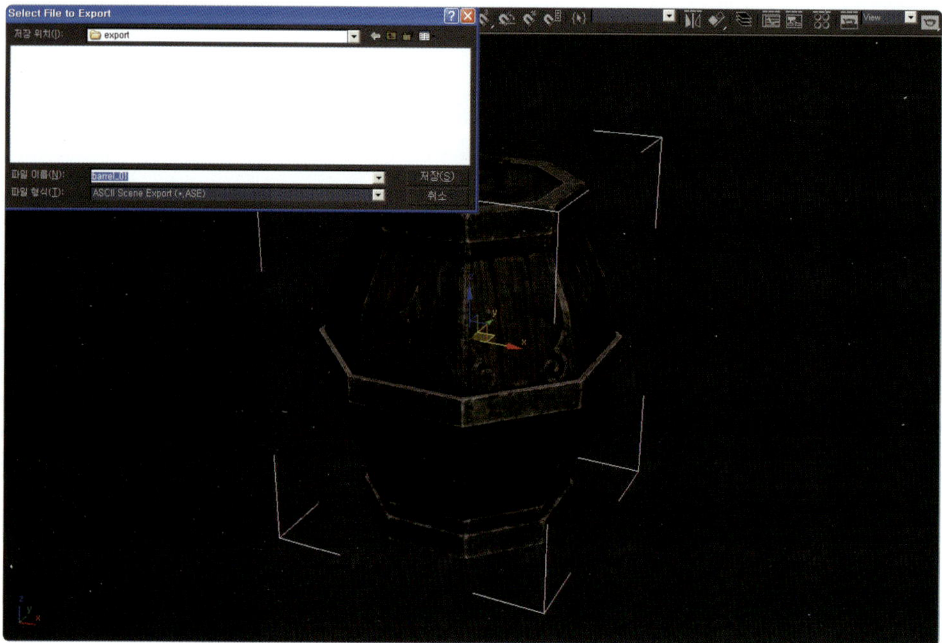

06 [ASCII Export] 창에서 옵션을 설정한 후, [OK] 버튼을 클릭합니다.

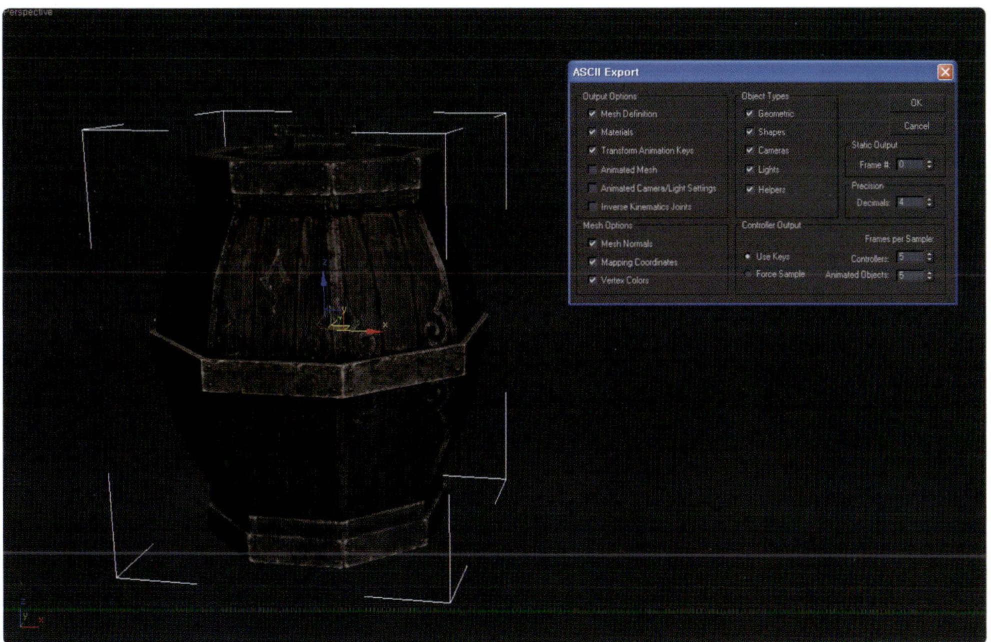

이제 모델링이 Export되었습니다. Export한 폴더로 이동하여 확인하겠습니다. 모델링과 텍스처는 같은 폴더에 넣어주는 것이 좋습니다. 만일 같은 폴더에 없다면 모델링 폴더에 디퓨즈맵과 노멀맵을 옮겨야만 UDK 엔진에서 불러올 때 편리합니다.

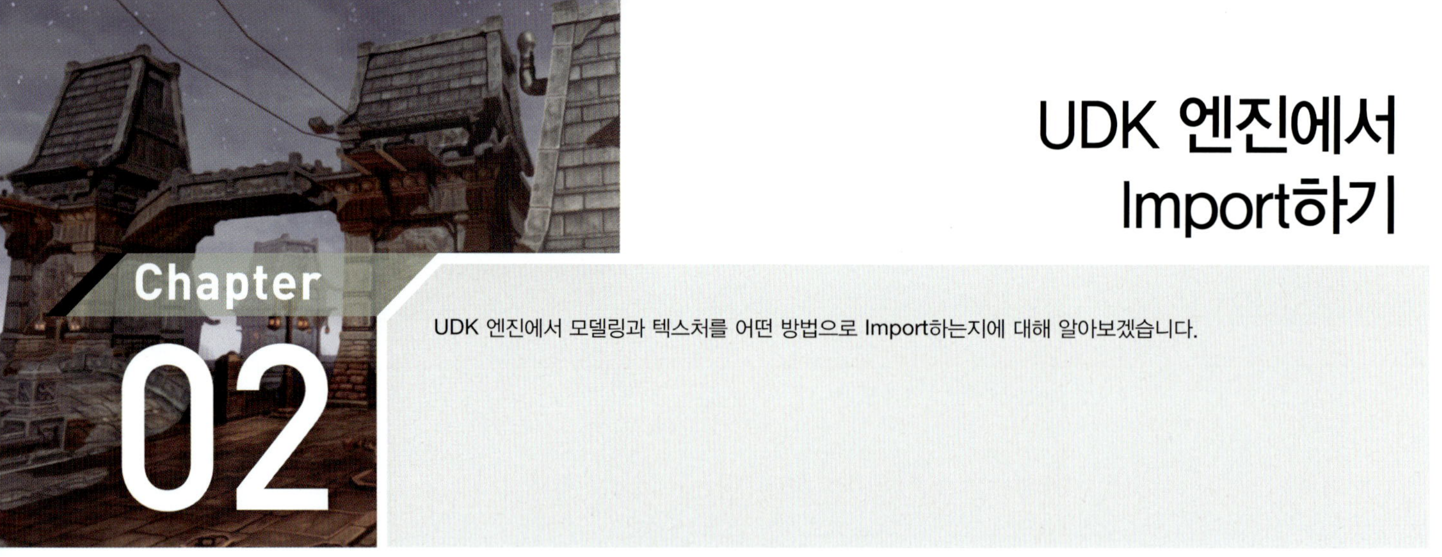

Chapter 02

UDK 엔진에서 Import하기

UDK 엔진에서 모델링과 텍스처를 어떤 방법으로 Import하는지에 대해 알아보겠습니다.

모델링과 텍스처를 Import해보겠습니다.

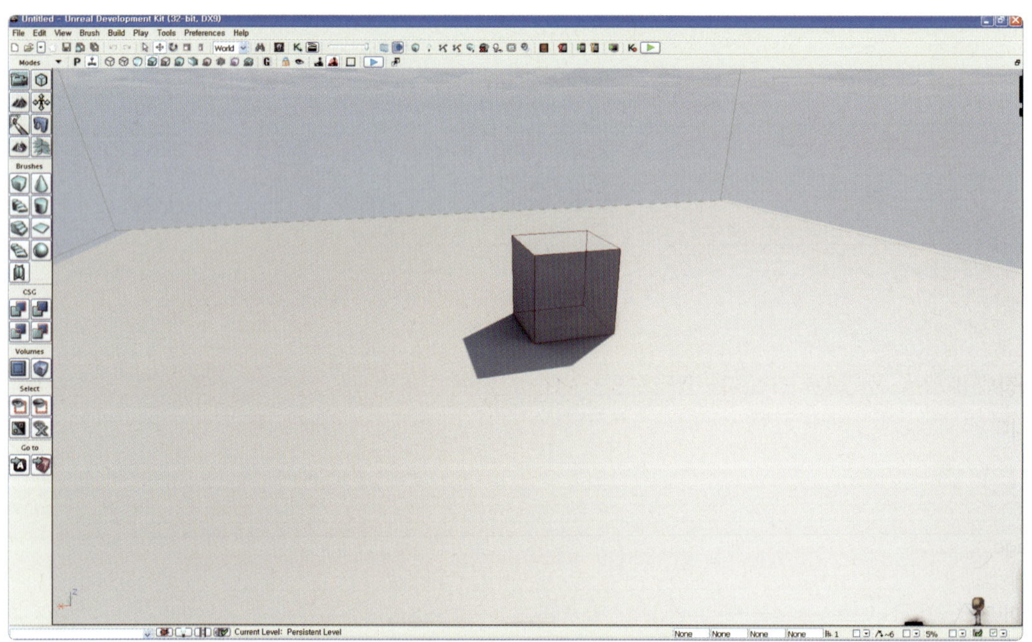

01 UDK 엔진을 처음 실행하면 나타나는 화면입니다. 그림에서 Content Browser라고 되어 있는 아이콘을 클릭합니다.

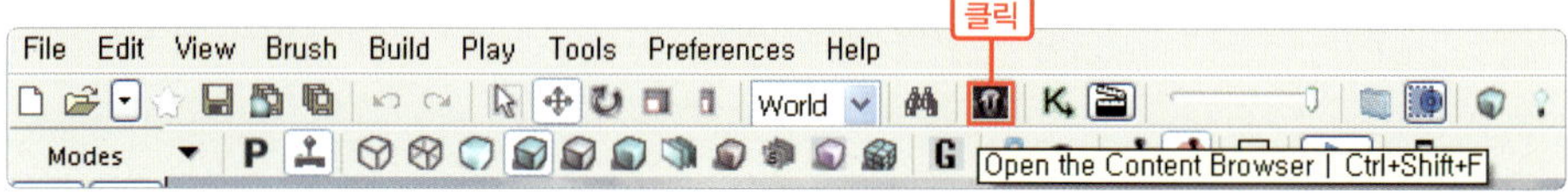

02 [Content Browser] 창이 나타납니다. 그림의 왼쪽 아랫부분에 있는 [Import] 버튼을 클릭하여 제작된 모델링과 텍스처를 불러옵니다.

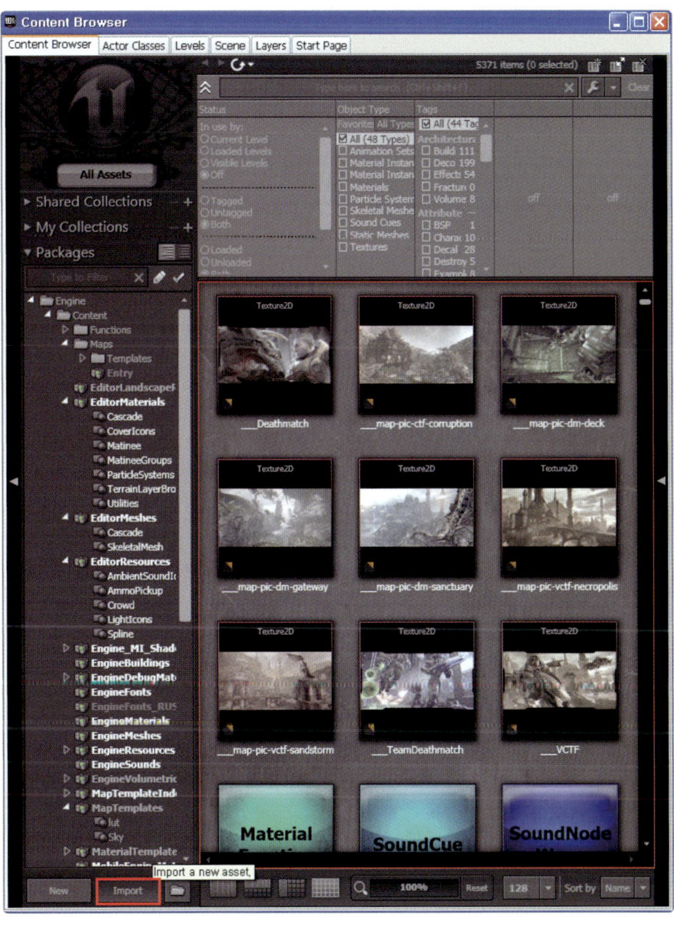

03 모델링과 텍스처가 저장되어 있는 폴더에서 소스들을 불러오면 [Import] 창이 나타납니다.

TIP／ [Import] 창

Info 안에는 ❶ Package, ❷ Grouping, ❸ Name의 세 종류가 있습니다. 예를 들어 쉽게 설명하면 Package는 가방이고, Grouping은 가방 안에 있는 주머니들 중의 하나이며, Name은 주머니에 들어가는 물건이라고 할 수 있습니다. Options에 있는 Compression Settings 중에서 디퓨즈 텍스처는 TC_Default로 해도 무방합니다. 노멀맵의 경우에는 이 부분을 TC_Normalmap로 변경한 후에 Import 하기를 바랍니다.

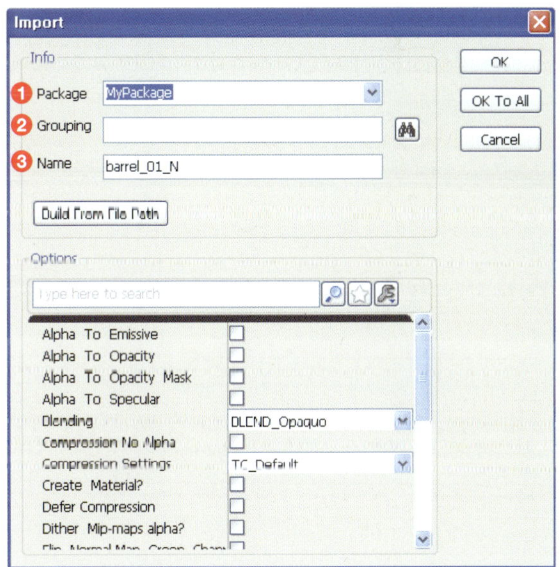

04 그림을 보면 왼쪽 아랫부분에 Test라는 Package가
생성되어 있고, Test_Barrel이라는 Grouping이 생
성되어 있는 것을 알 수 있습니다. 그림에 보이는 모
델링과 텍스처는 Grouping 안으로 Import한 것들입
니다.

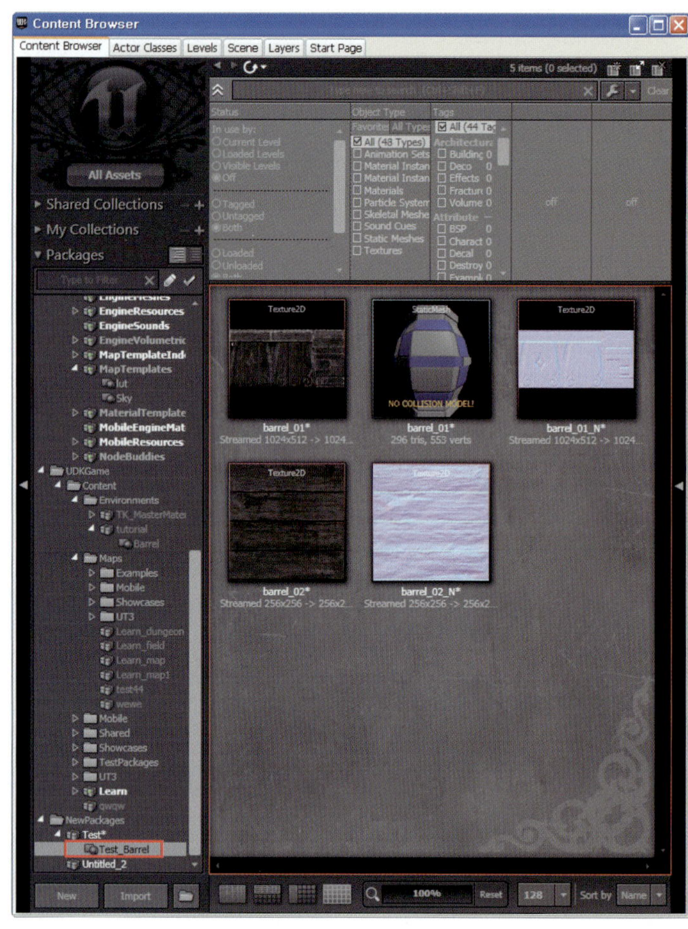

05 맵 소스를 불러왔다고 해서 그대로 모델링에 넣을 수 있는 것이 아닙니다. 그림
과 같이 디퓨즈맵을 마우스 오른쪽 버튼을 클릭하여 Material을 생성하겠습니다.

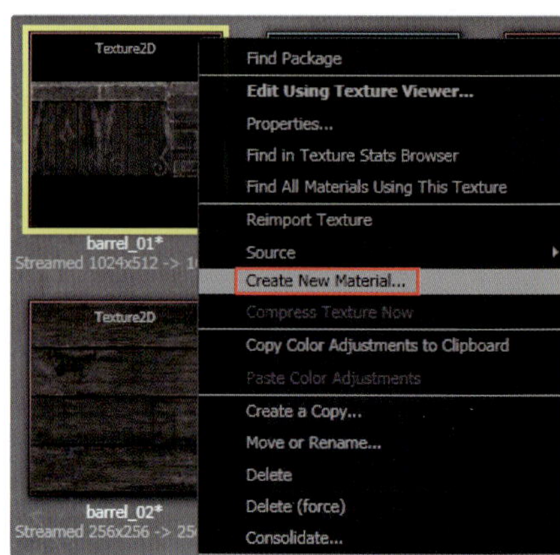

06 그림과 같이 새로운 Material이 생성된 것을 볼 수 있습니다. 생성된 Material 안에 기본적으로 디퓨즈맵, 노멀맵, 스펙큘러 맵을 적용하겠습니다. 스펙큘러맵은 생성된 Material 안에서 간단하게 만들어 보겠습니다.

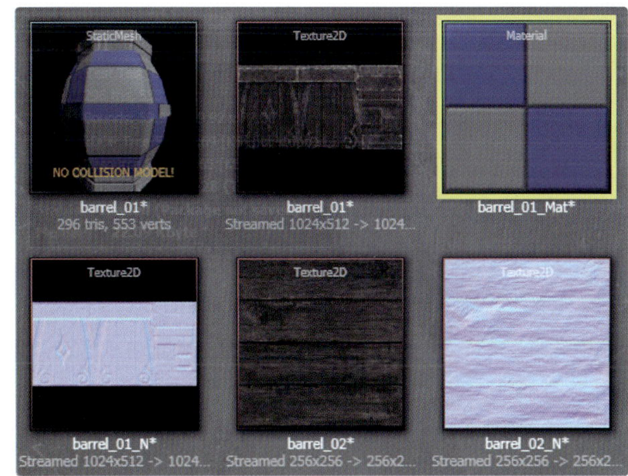

07 생성된 Material을 더블클릭하면 [Unreal Material Editor] 창이 나타납니다. 기본 디퓨즈 텍스처를 사용하여 Material을 생성했기 때문에 디퓨즈는 Material 안에 들어가 있는 상태입니다.

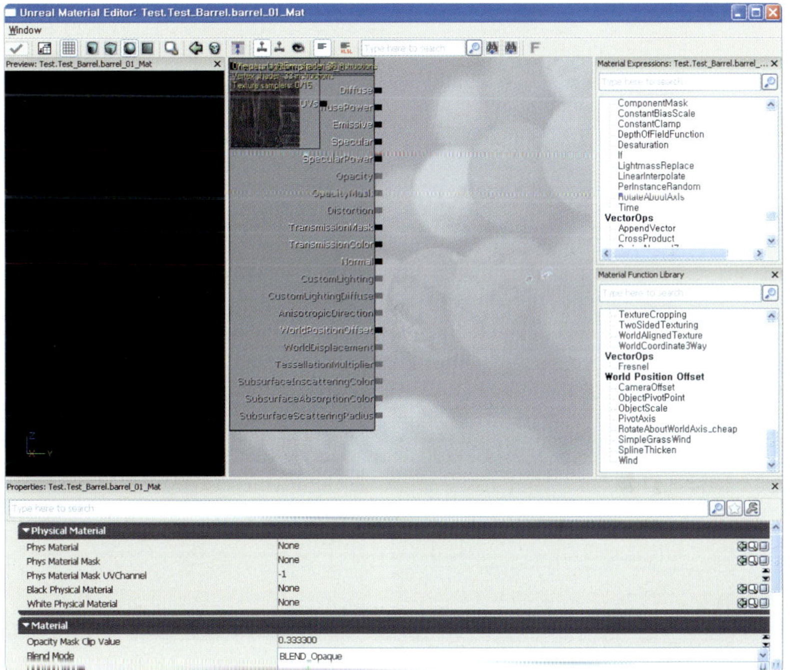

08 그림과 같이 노멀맵도 Content Browser에서 드래그하여 가져오겠습니다. 마우스 왼쪽 버튼을 누른 채 움직이면 전체를 이동할 수 있고, Texture Sample을 각각 움직일 때는 Ctrl 을 누른 상태에서 마우스 왼쪽 버튼을 클릭하여 하나씩 이동시킬 수 있습니다.

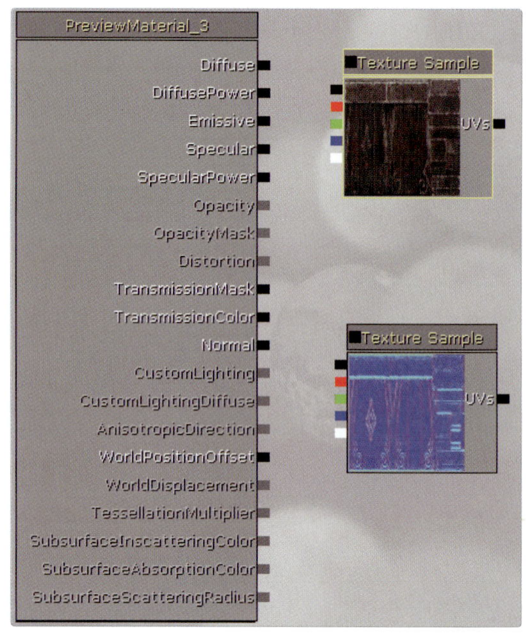

09 그림과 같이 Diffuse에 디퓨즈맵을 연결한 후에 Normal에 노멀맵을 연결하겠습니다. 그러면 왼쪽에 디퓨즈와 노멀이 적용된 것이 나타납니다.

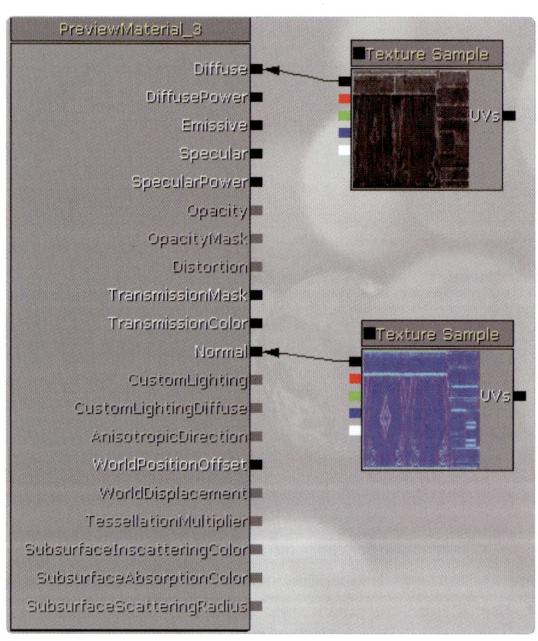

10 이제 Specular을 Diffuse를 사용하여 간단히 제작하겠습니다. 그림과 같이 화면에서 마우스 오른쪽 버튼을 클릭한 후에 Multiply를 생성하겠습니다.

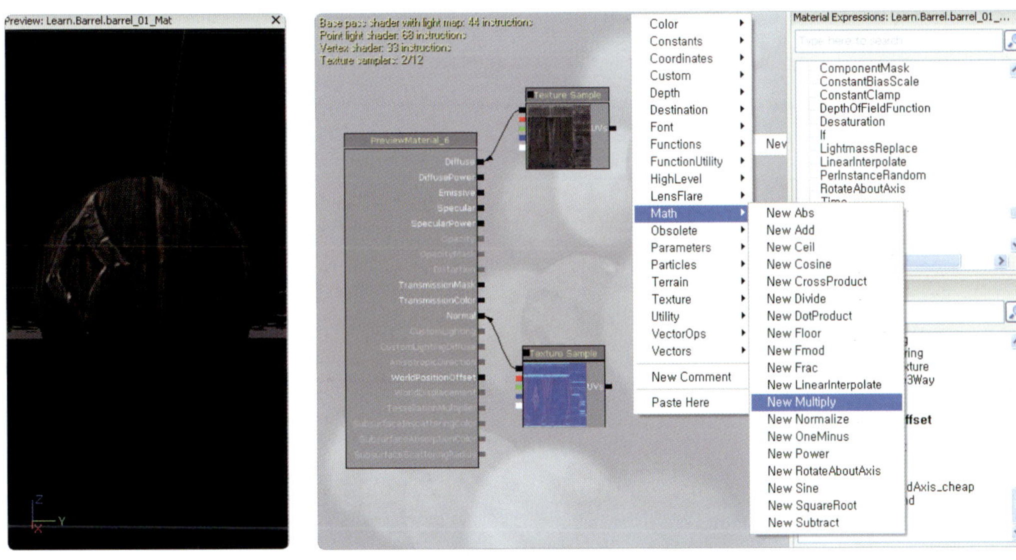

11 그림과 같이 화면에서 마우스 오른쪽 버튼을 클릭한 후에 ScalarParameter를 생성하겠습니다. Diffuse와 Multiply, Scalar Parameter를 사용하여 Specular를 제작하겠습니다.

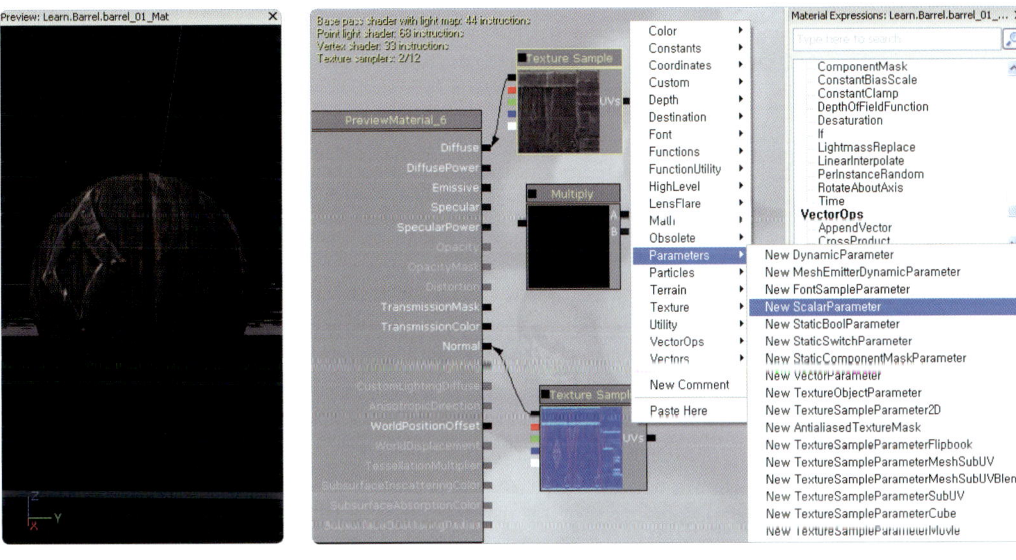

12 그림과 같이 Multiply를 Specular에 연결합니다. Diffuse는 Multiply의 A 부분에 연결하고, 생성된 Scalar Parameter는 Multiply의 B 부분에 연결하겠습니다. 왼쪽의 그림을 보면 Specular가 적용된 것을 알 수 있습니다.

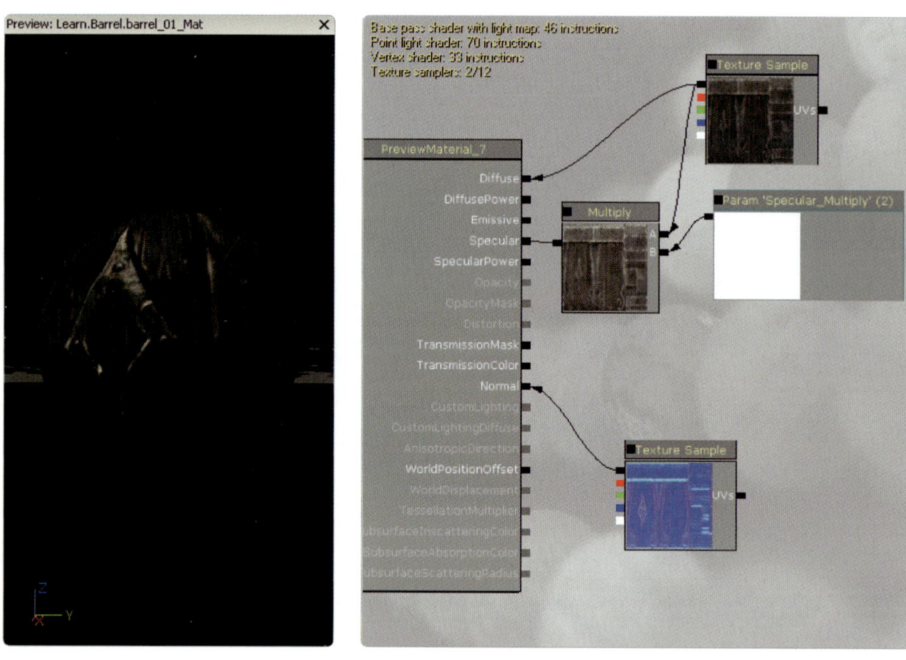

13 Scalar Parameter의 값은 '2' 정도로 설정했습니다. 숫자를 높이면 Specular의 강도가 높아집니다. Parameter의 Name은 'Specular_Multiply'로 설정했습니다.

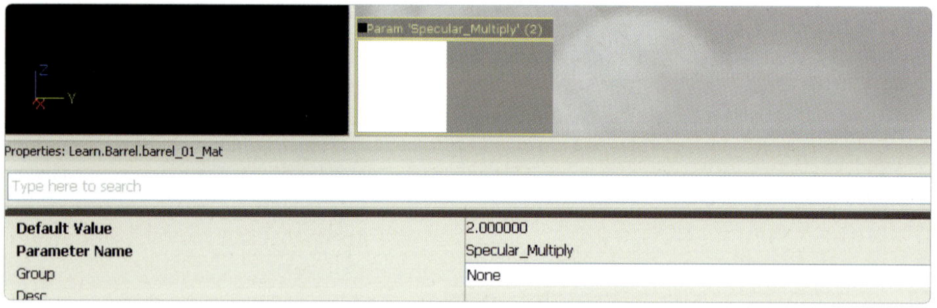

14 Scalar Parameter의 값은 '10' 정도로 설정했습니다. 숫자를 낮추면 Specular의 강도가 높아진 다고 생각하면 쉬울 것입니다. Parameter의 Name은 'Specular_Level'로 설정했습니다.

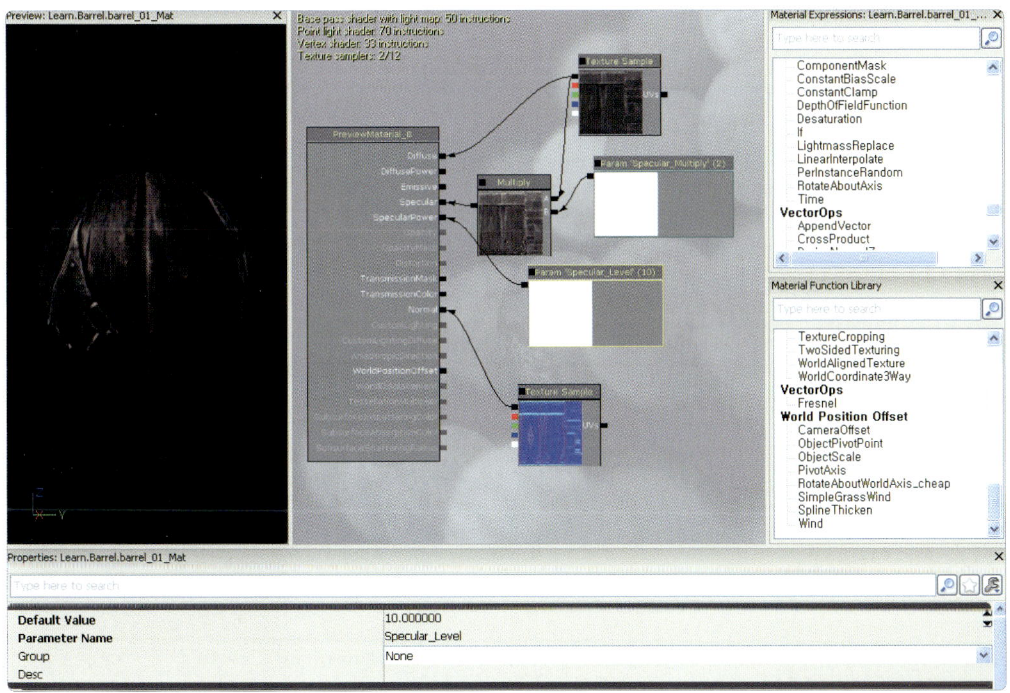

15 Parameter의 수치는 어느 정도가 적당한지 학습하면서 조절해보시기 바랍니다. 대략 적으로 완료된 것 같으면 왼쪽 윗부분에 있는 녹색의 체크 이미지를 클릭하여 저장합 니다. 다른 텍스처들도 같은 방법으로 제작하기 바랍니다.

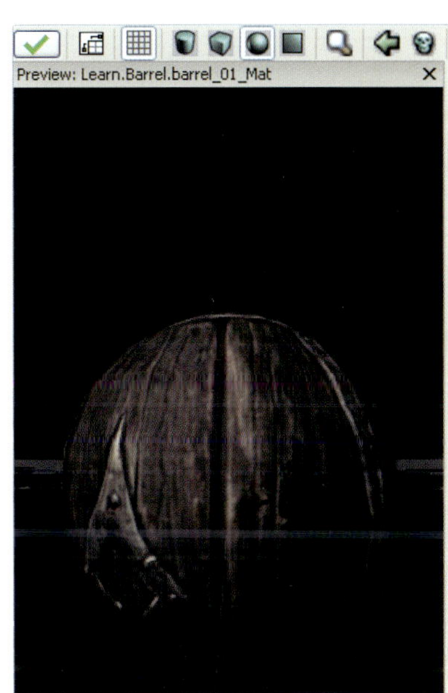

16 원통에 들어가는 두 가지 텍스처를 모두 제작하면 오른쪽 그
림과 같은 결과물이 나타납니다. 녹색 테두리로 되어 있는
Material 2개가 모델링에 사용될 것입니다.

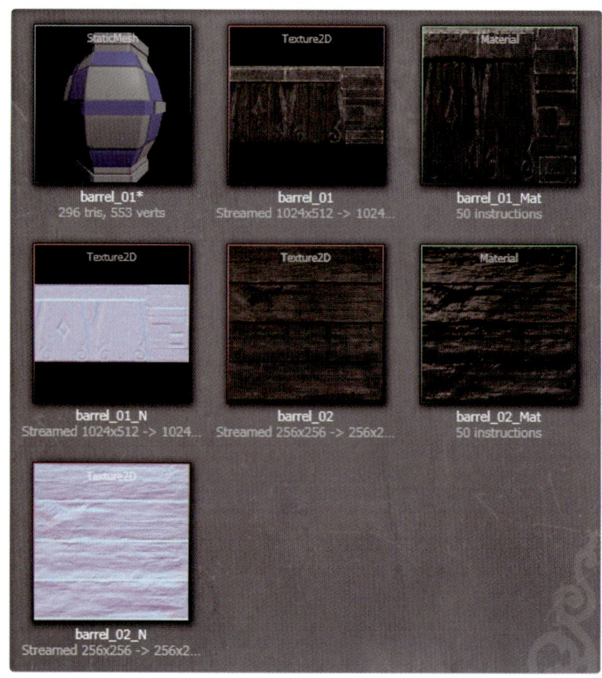

이제 제작된 Material을 사용하여 Material Instance를 제작해보겠습니다. Material Instance
를 제작하는 이유는 각각의 오브젝트마다 Parent를 적용시켜주다 보면 데이터의 양도 커질 뿐만
아니라 텍스처를 수정해줄 때마다 일일이 수정해야 하는 번거로움이 있기 때문입니다. 따라서 실제
모델링에 적용되는 Material은 Material Instance가 됩니다. 여기서 Parent는 위 그림에서 보면
현재 제작된 Material을 뜻합니다.

17 그림과 같이 제작된 Material에 마우스 오른쪽 버튼을 클릭한 후 Material
Instance를 클릭합니다.

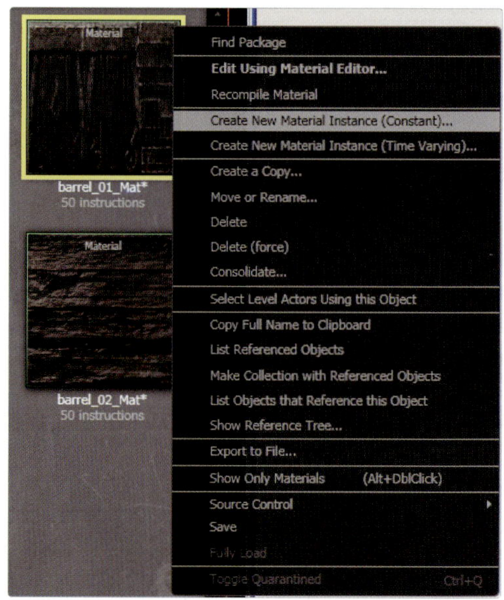

18 그림과 같이 Material Instance와 관련된 [Create New Material Instance Constant] 창이 나타납니다. Package, Grouping, Name 항목을 확인한 후에 [OK] 버튼을 클릭합니다.

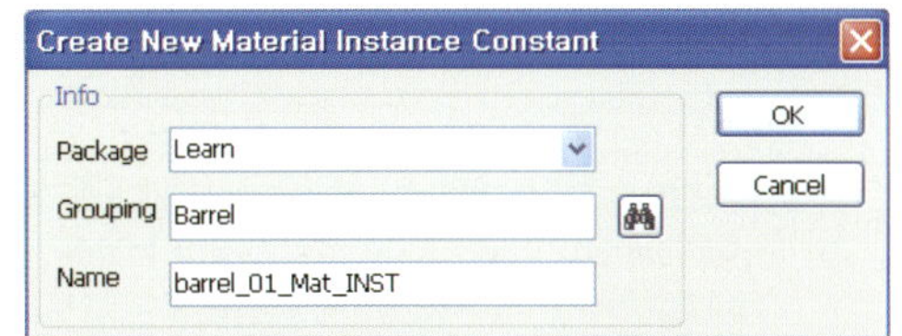

19 그림과 같이 [Unreal Material Instance] 창이 나타납니다. 그림을 보면 Parent란에 전에 생성했던 Material이 적용되어 있는 것을 알 수 있습니다. Scalar Parameter Values 부분의 아래쪽에는 Specular_Level과 Specular_Multiply가 있는데, 이는 Material Parent에서 제작한 Specular와 관련된 옵션들입니다. 이 수치들을 바꿔 가면서 Specular 값을 조절할 수 있습니다.

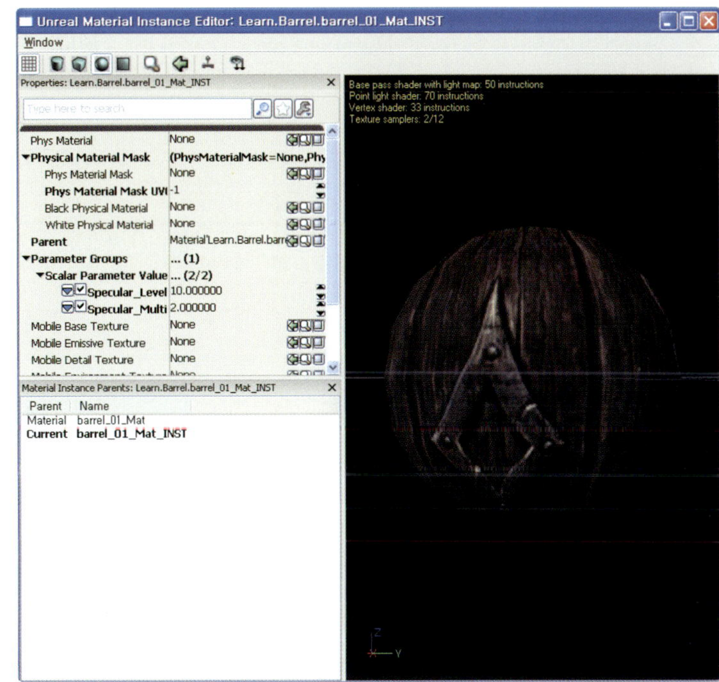

20 다음 그림을 보면 두 가지 Specular 값이 다르다는 것을 알 수 있습니다.

> **TIP**／ 오른쪽 그림은 비교를 위해 석용한 것이기 때문에 학습할 때는 오브젝트에 어울릴 만한 수치를 적용하시기 바랍니다.

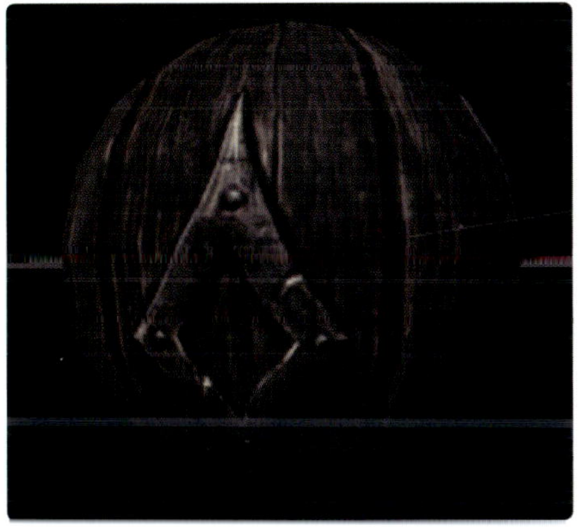

Specular_Level 10
Specular_Multiply 2

Specular_Level 8
Specular_Multiply 20

이번에는 Texture Sample이 Material Instance와 연동될 수 있도록 변경하겠습니다.

TIP/ Parameter를 사용하여 Parent와 Instance를 연동할 수도 있습니다. 예를 들어, Texture Sample를 Parameter로 제작한 후에 Material Instance를 만들면 Parent에서 디퓨즈맵이 변경될 경우 제작된 Material Instance를 사용한 모든 오브젝트의 디퓨즈 값이 자동적으로 변경됩니다.

01 현재까지 간단하게 제작해본 Material Editor 화면입니다. 그림에서 보이는 Texture Sample를 변경하겠습니다.

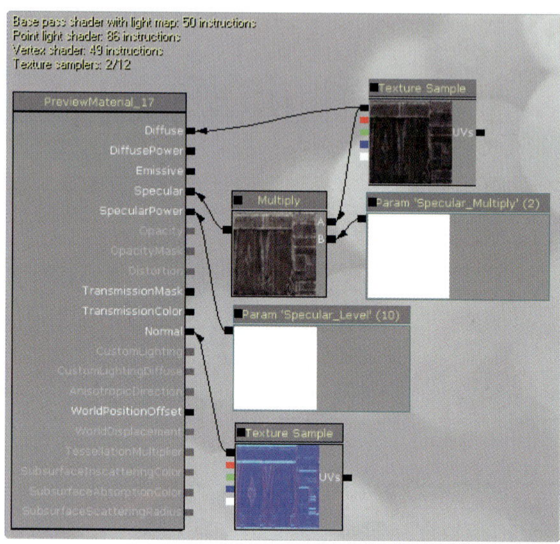

02 그림과 같이 마우스 오른쪽 버튼을 클릭한 후에 Parameters 안에 있는 New TextureSample Parameter2D를 선택합니다.

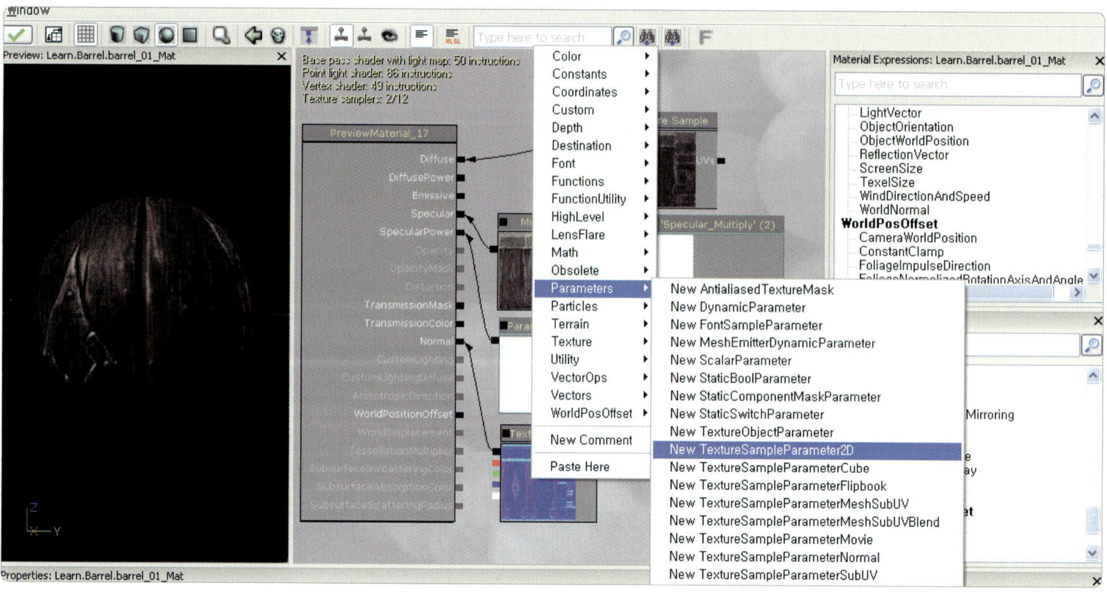

03 그림과 같이 TextureSampleParameter2D가 생성되었습니다. 기본적으로 여기에 사용된 디퓨즈맵이 적용될 수도 있는데, 적용이 안 되어 있을 경우에는 화면 아래쪽에 있는 Texture에 원하는 디퓨즈를 적용하면 됩니다.

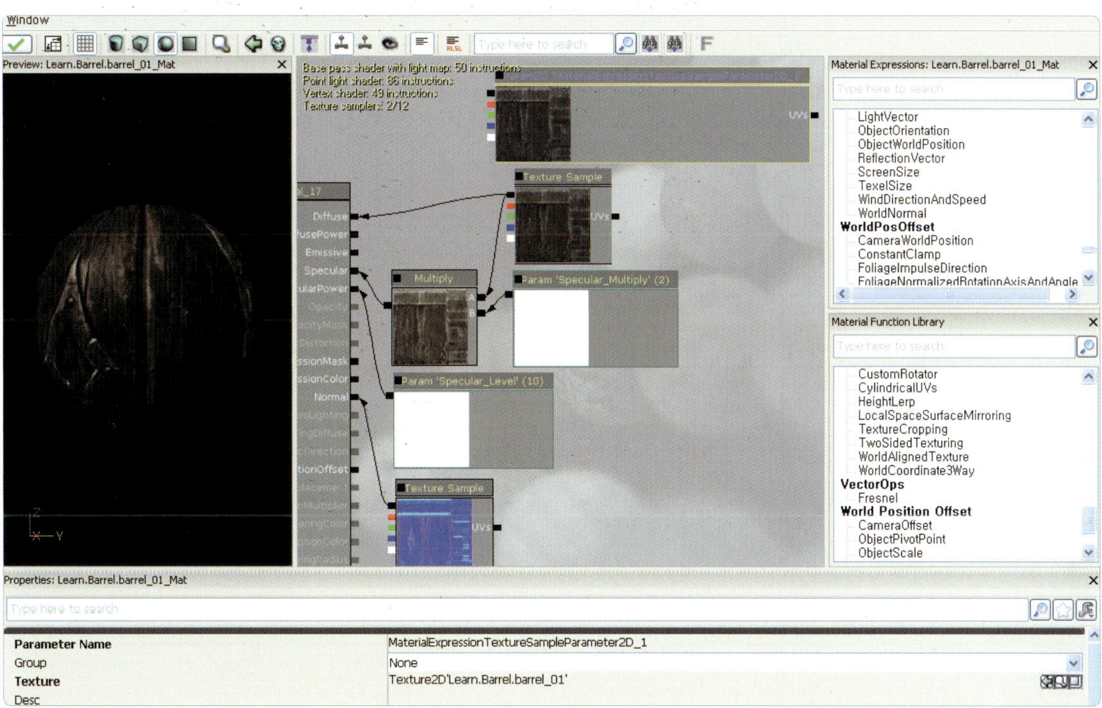

04 Texture Sample 대신 TextureSampleParameter2D를 적용합니다.

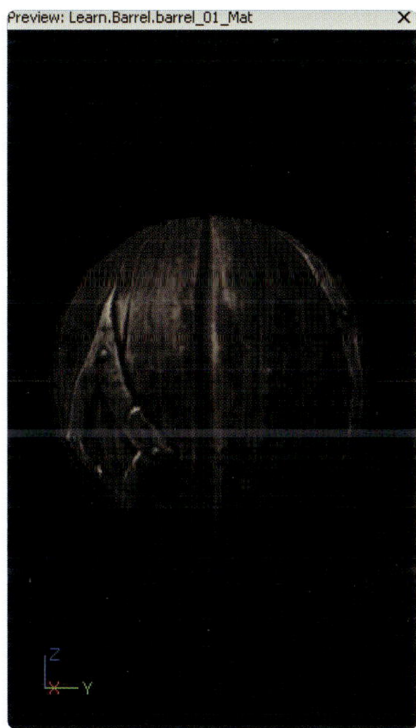

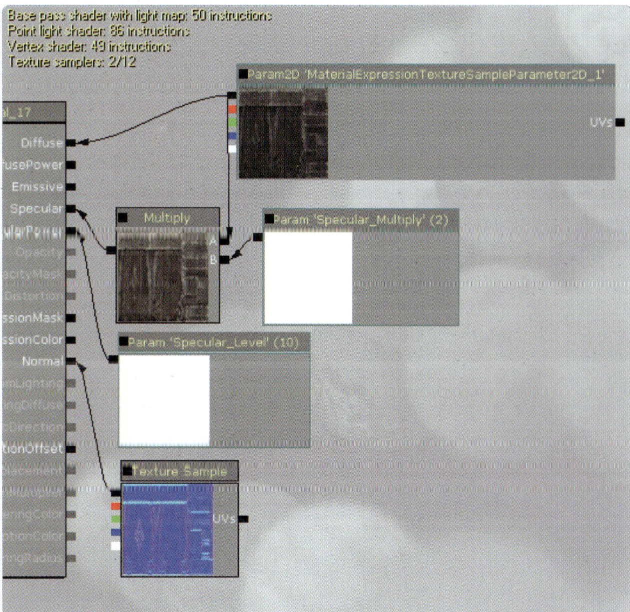

05 그림과 같이 [Material Instance Parents] 창이 변경된 것을 알 수 있습니다.

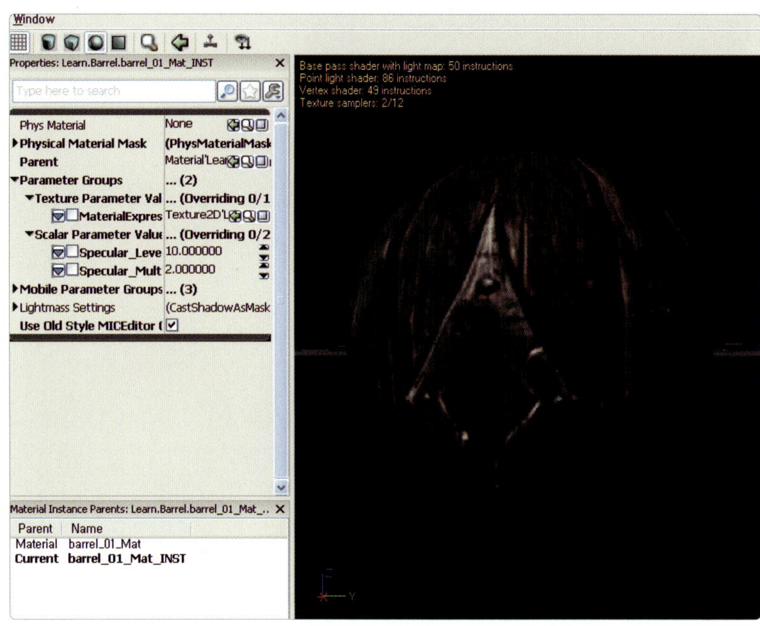

평소에 학습하면서 Material을 제작할 때는 이렇게 Material Instance를 사용하여 모델링에 적용하기를 바랍니다. 이제 모델링에 제작된 Material을 적용해보겠습니다.

01 모델링을 더블클릭하면 [Unreal Static Mesh Editor] 창이 나타납니다. 모델링의 세부적인 화면에서 왼쪽 윗부분에 UV Channels가 '2'로 되어 있다면 디퓨즈맵과 라이트맵 UV가 제대로 적용된 것입니다.

> **TIP/** [Unreal Static Mesh Editor] 속성
> Light Map Coordinate Index는 UV 채널을 의미합니다. 여기에서 0번은 3ds max에서 1번 UV이고, 1번은 2번 UV입니다. 그리고 Light Map Resolution은 UV맵의 크기라고 생각하면 됩니다. Elements 아래에 있는 경로를 보면 0번과 1번이 있는데, 바로 이곳에 제작한 Material을 적용하면 됩니다.

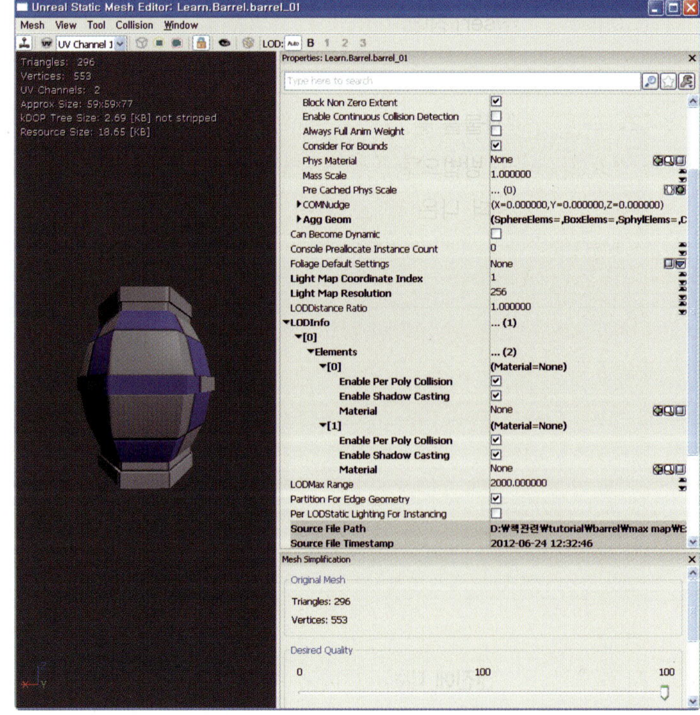

02 0번에 첫 번째 Material을 적용하고, 1번에 두 번째 Material을 적용하겠습니다. 다음 그림은 모두 적용한 상태입니다. 문제가 없으면 [Content Browser] 창으로 돌아가 저장하겠습니다.

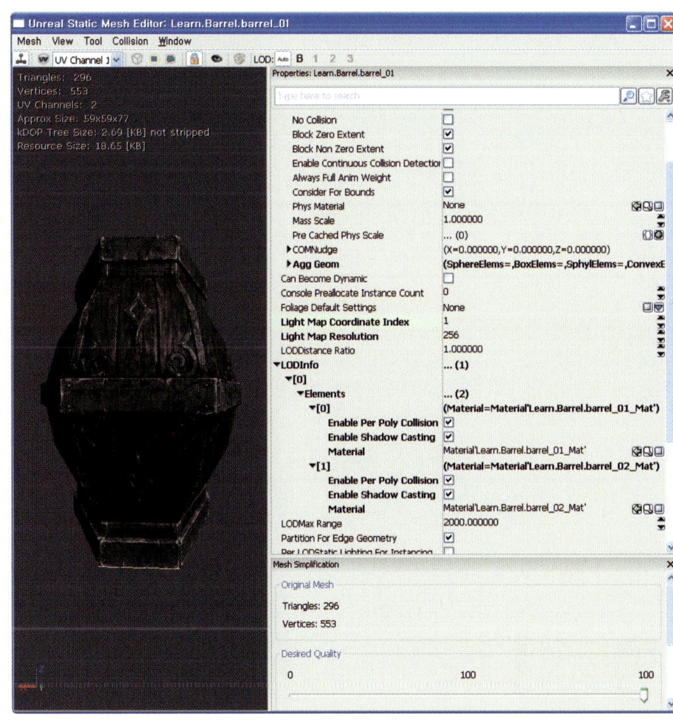

이제 기본 화면에 제작한 오브젝트를 배치해보겠습니다. [Content Browser] 창에서 모델링을 클릭한 후, 기본 화면에서 마우스 오른쪽 버튼을 클릭하고 Add StaticMesh로 불러와도 되며, [Content Browser] 창에서 모델링을 클릭한 후에 기본 화면으로 드래그하여 불러와도 됩니다.

03 그림과 같은 결과물을 볼 수 있습니다. 다른 오브젝트들도 같은 방법으로 제작하면 됩니다. 학습을 하면서 좀 더 나은 결과물을 만들어 보시기 바랍니다.

지금까지 UDK 엔진에 대해 간략하게 학습해보았습니다. 온라인과 오프라인상에 UDK에 관련된 정보들이 많으므로 이를 참고하면서 학습한다면 더욱 좋은 결과물을 얻을 수 있을 것입니다.

UDK 엔진에 적용 배치

지금까지 제작된 오브젝트들을 위와 같은 방법을 사용하여 UDK에 적용, 배치해보겠습니다. 바닥과 같은 경우에는 Terrain으로 처리하기도 하는데, 학습 과정에서 다리와 함께 제작하였으므로 다른 오브젝트들과 함께 배치하겠습니다. 배치된 바닥의 경우 실제 실무에서는 하나하나 분리하여 배치합니다. 하지만 이 책의 학습 포인트는 모델링과 텍스처 제작이므로 바닥과 다리 부분은 임의로 분리하여 배치하겠습니다.

Terrain의 경우에는 간략하게 주변 분위기만 잡아보겠습니다. 그리고 하늘과 물 효과는 UDK에 있는 것을 사용하겠습니다. 다음 그림들은 UDK에 배치한 것입니다. 학습할 때 참고하시기 바랍니다.

마치면서

필자들이 게임 그래픽을 배우려고 할 때에는 게임 그래픽 학원도 마땅히 없었고, 관련 서적도 거의 없었습니다. 특히 배경 그래픽 서적은 전혀 찾아볼 수 없었습니다.

그때에 비하면 지금은 게임 그래픽 관련 서적들도 볼 수 있으며, 특히 자료들을 온라인이나 오프라인으로 쉽게 찾아볼 수 있게 되었습니다.

그렇지만 아직도 배경 원화와 3D 제작에 대한 서적은 찾아보기 힘든 실정입니다.

그래서 원화와 3D 제작을 하나로 묶어 공부를 할 수 있다면 큰 도움이 될 수 있지 않을까하는 마음으로 집필을 하게 되었습니다.

처음에는 두 분야를 하나로 묶어 보여준다는 것이 어려운 점이 많았지만, 돌이켜보면 저희에게 작업의 초심을 느끼게 해준 소중한 시간이었던 것 같습니다.

이 책을 보고 공부하시는 분들에게 작게나마 도움이 되었으면 좋겠습니다.

마지막으로 집필 기간 내내 많은 힘이 되어준 가족과 사랑하는 와이프, 딸에게 고맙다는 말을 전하고 싶습니다. 그리고, 작게나마 도와준 떡파리형(씨)과 이야기만 들어준 현건형(씨)에게 감사드리고, 저희에게 좋은 기억이 되어준 리니지2 그래픽팀에도 감사의 말을 전합니다.

저자 **안승철, 박재형**

A&P 배경 원화부터 3D까지의 제작 과정을 담은

게임 배경 그래픽 디자인 제작노트

2013. 2. 15. 초 판 1쇄 발행
2015. 3. 10. 초 판 2쇄 발행
2018. 2. 19. 초 판 3쇄 발행
2019. 10. 15. 초 판 4쇄 발행
2022. 10. 19. 초 판 5쇄 발행
2025. 1. 8. 초 판 6쇄 발행

감수 | 안승철, 박재형
펴낸이 | 이종춘
펴낸곳 | BM ㈜도서출판 성안당
주소 | 04032 서울시 마포구 양화로 127 첨단빌딩 3층(출판기획 R&D 센터)
      | 10881 경기도 파주시 문발로 112 파주 출판 문화도시(제작 및 물류)
전화 | 02) 3142-0036
     | 031) 950-6300
팩스 | 031) 955-0510
등록 | 1973. 2. 1. 제406-2005-000046호
출판사 홈페이지 | www.cyber.co.kr
ISBN | 978-89-315-5539-4 (13000)
정가 | 40,000원

이 책을 만든 사람들
책임 | 최옥현
진행 | 조혜란
교정 · 교열 | 안종군
본문 · 표지 디자인 | 디자인 휴
홍보 | 김계향, 임진성, 김주승, 최정민
국제부 | 이선민, 조혜란
마케팅 | 구본철, 차정욱, 오영일, 나진호, 강호묵
마케팅 지원 | 장상범
제작 | 김유석

■ 도서 A/S 안내

성안당에서 발행하는 모든 도서는 저자와 출판사, 그리고 독자가 함께 만들어 나갑니다.
좋은 책을 펴내기 위해 많은 노력을 기울이고 있습니다. 혹시라도 내용상의 오류나 오탈자 등이 발견되면 **"좋은 책은 나라의 보배"**로서 우리 모두가 함께 만들어 간다는 마음으로 연락주시기 바랍니다. 수정 보완하여 더 나은 책이 되도록 최선을 다하겠습니다.
성안당은 늘 독자 여러분들의 소중한 의견을 기다리고 있습니다. 좋은 의견을 보내주시는 분께는 성안당 쇼핑몰의 포인트(3,000포인트)를 적립해 드립니다.

잘못 만들어진 책이나 부록 등이 파손된 경우에는 교환해 드립니다.